1000 RECEITAS COM BACALHAU

GIRASSOL

Dados Internacionais de Catalogação na Publicação (CIP)
(Câmara Brasileira do Livro, SP, Brasil)

1000 receitas com bacalhau / [seleção Regina Reis]. -- São Paulo : Girassol, 2005.

ISBN 85-7488-471-5

1. Bacalhau (Culinária) 2. Culinária (Receitas) I. Reis, Regina.

05-7368 CDD-641.494

Índices para catálogo sistemático:

1. Bacalhau : Receitas : Culinária : Economia doméstica 641.494

Publicado no Brasil por
Girassol Brasil Edições Ltda.
Avenida Ceci, 608 – B-12
Tamboré – Barueri – SP – 06460-120
E-mail: leitor@girassolbrasil.com.br
Site: www.girassolbrasil.com.br

Seleção: Regina Reis
Revisão: Kátia Cardoso e
Maria Luisa de Abreu Lima Paz
Fotos da capa e contracapa: António Rodrigues

Impresso na Espanha

ÍNDICE

O EMBAIXADOR DOS MARES

De todos os povos que imigraram para o Brasil, os portugueses foram os que mais influenciaram nossa cozinha, deixando sabores e aromas de sua culinária que passaram a fazer parte do nosso cardápio. A bacalhoada e o bolinho de bacalhau, por exemplo, são pratos consagrados em nossas mesas na Semana Santa, no Natal e outras ocasiões em que este peixe merece um destaque especial.

Mas o bacalhau se presta a centenas de criações culinárias. Pensando nisso, resolvemos preparar 1000 receitas com ele. E, com modéstia, que edição! Para elaborá-la, tivemos que fazer uma verdadeira viagem gastronômica. O resultado está aqui: são receitas das mais simples às mais sofisticadas, preparadas no forno, no fogão e até no microondas.

A história desse peixe começa nos mares gelados do Atlântico e Pacífico Norte. Segundo os historiadores, foram os vikings que descobriram o potencial do Gadus morhua, *conhecido como Cod, espécie em abundância nos mares que navegavam. Como não possuíam sal, secavam o peixe ao ar livre até que perdesse parte de seu peso e endurecesse, para ser consumido em pedaços nas viagens que faziam. Mas acredita-se que os responsáveis pelo comércio do bacalhau tenham sido os bascos, povo que habitava os Pireneus, entre a Espanha e a França. Eles já conheciam o sal e passaram a salgar o peixe para conservá-lo por mais tempo.*

Os portugueses só descobriram o bacalhau no século XV, época das grandes navegações. Como precisavam de produtos não perecíveis para suas longas viagens, encontraram nesse peixe o alimento ideal para suas peripécias marítimas. Às mesas brasileiras o bacalhau chegou em 1808, com a vinda da corte portuguesa trazida por D. João VI.

Porém, engana-se quem pensa que o bacalhau consumido hoje no Brasil vem só de Portugal, pois quase 90% dessa tradicional iguaria é originária da Noruega. Sua capital mundial é a cidade de Aalesund, na costa do Atlântico Norte, o principal ponto de pesca. Em virtude da abundância de bacalhau em sua costa, a Noruega se tornou o maior exportador do mundo, seguida por Portugal, Dinamarca, Canadá, Espanha e Islândia. Nos mares noruegueses são pescados quase dois milhões de toneladas por ano. Como os cardumes ficam perto do litoral, são preparados no mesmo dia em que são recolhidos. O produto é salgado e colocado para secar ao sol e ao vento, um processo semelhante ao utilizado para a carne-seca.

A arte de preparar o bacalhau começa na hora da compra. Apesar de ser pescado entre maio e outubro, é encontrado à venda durante todo o ano. Existem vários tipos, que são classificados de acordo com a qualidade. O mais cobiçado é o Cod (ou Porto) imperial, que é maior, mais largo e bem curado. Para conferir a qualidade do bacalhau é preciso examinar a cauda, que deve ser larga e aberta. Se o bacalhau já estiver cortado, prefira as postas largas e grossas.

A escolha correta dos ingredientes também é fundamental para o sucesso do prato. Batatas, pimentões, ovos, tomates, azeitonas, cebolas e azeite são indispensáveis na maioria deles, mas este peixe aceita muitas outras combinações, como castanha, vinho, leite de coco e azeite-de-dendê. Enfim, basta usar a criatividade.

E, além de saudável, nutritivo e versátil, o bacalhau tem excelente rendimento, pois permite aproveitar desde as postas mais grossas até as menores lascas, como vamos mostrar nas receitas aqui selecionadas. Aproveite cada página deste livro e convide a todos para saborear uma deliciosa refeição.

Bom Apetite!

PRATOS COM ESTILO

As entradas e acompanhamentos com bacalhau são ótimos recursos para dar um toque de sofisticação à refeição. Afinal, além de saboroso, esse peixe combina com quase tudo: queijos, torradas, azeitonas, batata e, claro, o inseparável azeite de oliva. Na maioria das vezes, basta apenas caprichar um pouco mais no tempero e adicionar algumas ervas para arrancar suspiros e aplausos dos convidados.

Nas próximas páginas, você vai encontrar receitas para inovar o cardápio com esse peixe. Quer o clássico bolinho? Nós temos. Mas temos também almôndegas, caldos, calzones e até bacalhau folhado com queijo brie. Tintim por tintim, desvendamos os segredos dos colonizadores para você ter sempre à mão opções deliciosas para um jantar com a família, amigos ou simplesmente para curtir o próximo final de semana.

Acelga recheada com bacalhau

Para 4 pessoas
Tempo de preparo: 30 minutos
Fácil

Ingredientes:

- *1 acelga*
- *3 xícaras (chá) de água*
- *500 g de bacalhau demolhado*
- *1 ovo*
- *1 colher (sopa) de ervas finas*
- *sal e pimenta-do-reino a gosto*
- *7 colheres (sopa) de margarina*
- *2 colheres (sopa) de azeite*
- *1 lata de molho de tomate refogado*

Preparo:

1. *Separe as folhas de acelga e lave-as bem. Ponha a água e as folhas em uma panela e escalde, tomando cuidado para não cozinhar. Escorra e reserve.*
2. *À parte, afervente e limpe o bacalhau, removendo a pele e as espinhas. Desfie-o. Numa vasilha, misture o bacalhau, o ovo, as ervas, o sal e a pimenta. Misture muito bem. Pegue as folhas reservadas e coloque sobre elas um pouco do preparado. Enrole-as com cuidado.*
3. *Aqueça a margarina junto com o azeite e doure os rolinhos. Leve-os ao forno preaquecido a 160°C por 15 minutos. À parte, aqueça o molho de tomate. Numa travessa, coloque os rolinhos e cubra com o molho. Sirva quente.*

Achatadinhos de bacalhau

Para 4 pessoas
Tempo de preparo: 30 minutos
Fácil

Ingredientes:

- *100 g de farinha de milho*
- *4 gemas*
- *1 xícara (chá) de vinho Madeira*
- *2 xícaras (chá) de bacalhau demolhado, limpo e desfiado*
- *1 pimentão verde sem sementes cortado em cubos*
- *1 cebola picada*
- *1 dente de alho esmagado*
- *sal e pimenta-malagueta a gosto*
- *1 ramo de manjericão*

Para fritar

Azeite

Preparo:

1. *Misture a farinha às gemas, ao vinho e ao bacalhau. Adicione o pimentão, a cebola e o alho. Tempere com sal e pimenta. Misture bem e forme bolinhos.*
2. *Achate-os e frite no azeite quente. Doure dos dois lados. Escorra sobre papel-toalha, sem colocar um sobre o outro para que não murchem. Sirva em seguida.*

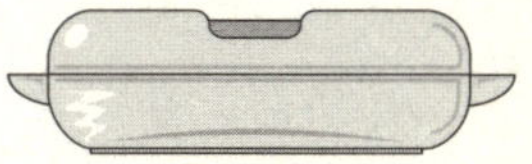

Almofada de bacalhau com camembert

Para 4 pessoas
Tempo de preparo: 30 minutos
Fácil

Ingredientes:

- *200 g de bacalhau demolhado*
- *2 dentes de alho picados*
- *6 colheres (sopa) de azeite*
- *sal e pimenta-do-reino a gosto*
- *8 quadrados de massa de lasanha pré-cozida*

- 1 gema
- 100 g de queijo camembert em pedaços
- 1 cebola pequena
- 2 tomates sem sementes picados
- 1/2 xícara (chá) de vinho branco seco

Preparo:

1. Afervente o bacalhau e retire a pele e espinhas. Desfie-o e refogue com o alho em três colheres (sopa) de azeite. Tempere com sal e pimenta. Reserve.
2. Ponha quatro folhas de lasanha sobre uma superfície lisa e pincele-as com a gema batida. Coloque no centro das folhas o bacalhau e o queijo. Cubra com as outras folhas de massa, apertando as extremidades como um pastel. Cozinhe em água fervente com sal e um fio de azeite. Quando estiverem macias, retire com cuidado.
3. Refogue a cebola e o tomate no azeite restante. Tempere com sal e pimenta. Junte o vinho e deixe ferver em fogo baixo por dez minutos com a panela tampada. Bata o molho no liquidificador e sirva sobre as almofadas recheadas.

Almôndegas de bacalhau com purê de batata-doce

Para 4 pessoas
Tempo de preparo: 30 minutos
Fácil

Ingredientes:

- 200 g de postas de bacalhau demolhadas
- 1 pão francês
- 1 xícara (chá) de leite
- 2 colheres (sopa) de queijo parmesão ralado
- 1 ramo de salsa
- suco de 1 limão
- 4 gemas
- sal e pimenta-do-reino a gosto
- 1/2 xícara (chá) de óleo
- 1 colher (sopa) de banha
- 1 colher (sopa) de azeite
- 1 cebola grande picada
- 1 colher (sopa) de farinha de trigo

Purê:

- 1 kg de batata-doce
- 2 colheres (sopa) de açúcar mascavo
- 2 gemas
- noz-moscada e sal a gosto
- 3 colheres (sopa) de margarina
- 1/4 xícara (chá) de leite de coco

Para empanar

Farinha de rosca

Preparo:

1. Afervente o bacalhau e reserve a água. Remova a pele e as espinhas. Separe-o em lascas e passe no processador. Reserve.
2. Retire a cascas do pão e regue o miolo com leite até ficar bem úmido. Escorra e amasse com o bacalhau processado. Adicione o queijo, a salsa bem picada, a pimenta, metade do suco de limão e duas gemas. Tempere com sal. Misture e faça pequenas almôndegas. Passe-as na farinha de rosca.
3. Numa frigideira funda, aqueça o óleo e frite as almôndegas. Escorra sobre papel-toalha e reserve.
4. Em outra panela, aqueça a banha e o azeite. Acrescente a cebola e refogue. Quando estiver transparente, junte um pouco da água reservada do bacalhau e deixe levantar fervura. Junte a farinha e a água restante e ponha as almôndegas para cozinhar por dez minutos. Retire as almôndegas e reserve, mantendo-as aquecidas.
5. Acrescente à água da fervura as gemas restantes batidas com o suco do limão. Mexa bem para não talhar. Tempere com pimenta e prove o sal. Regue as almôndegas com esse molho.

Purê

1. Cozinhe a batata em água e sal. Retire a casca e passe por um espremedor. Junte o açúcar, as gemas, a noz-moscada e o sal.
2. À parte, coloque em uma panela a margarina e leve ao fogo para aquecer. Junte o purê de batata-doce e acrescente aos poucos o leite de coco até obter textura macia. Sirva as almôndegas com o purê.

Almôndegas de bacalhau com salsicha

Para 4 pessoas
Tempo de preparo: 35 minutos
Fácil

Ingredientes:

- 1 pão francês
- 1/2 xícara de (chá) de leite
- 1 kg de bacalhau demolhado
- pimenta-malagueta sem sementes picada e sal a gosto
- 2 cebolas picadas
- 1 colher (sopa) de cheiro-verde
- 2 ovos
- 2 colheres (sopa) de farinha de rosca
- 2 dentes de alho
- 2 colheres (sopa) de azeite
- 2 tomates maduros sem pele e sementes picados
- 1/2 xícara de (chá) de vinho branco seco
- 4 salsichas do tipo alemã cortadas em rodelas

Preparo:

1. Ponha o pão de molho no leite. Esprema e reserve. À parte, afervente o bacalhau em água temperada com sal e pimenta. Escorra, retire a pele e as espinhas e separe-o em lascas. Adicione metade da cebola, o pão, o cheiro-verde, os ovos e a farinha de rosca. Prove o sal e misture até obter uma massa.
2. Modele as almôndegas e reserve. Pique o alho e junte a cebola restante. Aqueça o azeite e refogue. Adicione o tomate e o vinho e cozinhe por cinco minutos. Acrescente as almôndegas e as salsichas. Prove o sal e cozinhe por dez minutos. Sirva em seguida.

Almôndegas simples de bacalhau

Para 4 pessoas
Tempo de preparo: 40 minutos
Fácil

Ingredientes:

Almôndegas

- 500 g de filé de bacalhau demolhado e limpo
- 1 fatia de pão de forma
- 1/2 xícara (chá) de leite
- 1 dente de alho
- 2 ovos batidos
- 4 colheres (sopa) de salsa picada

Molho

- 1 colher (sopa) de azeite
- 1 colher (sopa) de cebola
- 1 lata de molho de tomate refogado
- sal, açafrão e pimenta-do-reino a gosto
- 1/4 de xícara (chá) de água

Para empanar

Farinha de trigo

Para fritar

Óleo

Preparo:

1. Separe o peixe em lascas. À parte, molhe o pão no leite, escorra e transfira para uma tigela com o bacalhau, o alho e os ovos. Misture bem.
2. Junte a salsa e forme bolinhas. Passe-as na farinha e frite em óleo bem quente. Escorra sobre papel-toalha e reserve.
3. Numa panela, doure a cebola no azeite e adicione os ingredientes restantes. Deixe apurar um pouco. Ponha as almôndegas e aqueça por cinco minutos. Sirva em seguida.

Arroz com bochechas de bacalhau

Para 4 pessoas
Tempo de preparo: 35 minutos
Fácil

Ingredientes:

- 700 g de bochechas de bacalhau
- 1 pimentão vermelho
- 2 cebolas médias
- 2 dentes de alho
- 2 tomates maduros
- 1/2 xícara (chá) de azeite
- 1 folha de louro
- 1/2 maço de coentro picado
- 1/2 xícara (chá) de vinho branco seco
- 6 xícaras (chá) de caldo de peixe
- 2 xícaras (chá) de arroz
- sal e pimenta-branca moída a gosto

Preparo:

1. Em uma vasilha, demolhe as bochechas de bacalhau por 12 horas mudando a água duas vezes. Escorra, pique e reserve.
2. Retire as sementes do pimentão e corte-o em tiras. Pique a cebola e o alho. Elimine a pele do tomate, retire as sementes e pique. Reserve.
3. Leve uma panela ao fogo com o azeite e junte a cebola, o alho, o louro, o coentro e o pimentão. Refogue, mexendo de vez em quando.
4. Quando a cebola estiver dourada, junte o tomate e o vinho. Refogue por três minutos. Junte o caldo de peixe, deixe levantar fervura e ponha o arroz. Tempere com sal e pimenta. Cozinhe por 15 minutos. Nos dez minutos finais, junte as bochechas de bacalhau e mexa. Sirva em seguida.

Arroz com bacalhau e erva-doce

Para 4 pessoas
Tempo de preparo: 25 minutos
Fácil

Ingredientes:

- sal a gosto
- 3 cenouras cortadas em cubos
- 3 xícaras (chá) de alho-poró (só a parte branca)
- 1 3/4 de xícara (chá) de arroz
- 3 colheres (sopa) de margarina
- 250 g de bacalhau dessalgado, limpo e desfiado
- 1 bulbo de erva-doce cortado em cubos

Preparo:

1. Leve ao fogo uma panela com água e um pouco de sal. Deixe ferver. Adicione a cenoura e o alho-poró e espere levantar fervura novamente. Acrescente o arroz e cozinhe até que fique macio. Escorra e reserve.
2. Em outra panela, derreta a margarina e doure o bacalhau. Em seguida junte o arroz e a erva-doce. Refogue por cinco minutos e sirva.

Arroz com escarola e bacalhau

Para 4 pessoas
Tempo de preparo: 25 minutos
Fácil

Ingredientes:

- 1 3/4 de xícaras (chá) de arroz
- 4 colheres (sopa) de azeite
- 1 cebola ralada
- 250 g de bacalhau demolhado e desfiado
- 2 xícaras (chá) de escarola cortada à juliana
- 1 colher (sopa) de nozes picadas
- 1/2 xícara (chá) de azeitona preta sem caroço

Preparo:

1. Cozinhe o arroz como de costume. Refogue no azeite a cebola e o bacalhau. Junte a escarola e prove o sal. Deixe no fogo por cinco minutos, com a panela tampada.
2. Acrescente ao refogado as nozes e a azeitona. Mexa bem. Escorra o arroz e misture ao preparado. Sirva imediatamente.

Arroz de bacalhau apimentado

Para 4 pessoas
Tempo de preparo: 40 minutos
Fácil

Ingredientes:

- 200 g de postas de bacalhau demolhadas
- 4 colheres (sopa) de azeite
- 2 colheres (sopa) de cebola picada
- 3 colheres (sopa) de molho de tomate refogado e temperado
- 1 xícara (chá) de água
- 1 pimenta-malagueta sem sementes picada
- sal, pimenta-do-reino branca e salsa a gosto
- 1 xícara (chá) de arroz

Preparo:

1. Afervente o bacalhau e elimine a pele e as espinhas. Refogue-o no azeite com a cebola. Junte o molho de tomate e cozinhe por cinco minutos. Acrescente a água, a malagueta e tempere com os ingredientes restantes, exceto o arroz.
2. Assim que ferver, junte o arroz. Cozinhe em fogo baixo por 12 minutos ou até o arroz ficar al dente.

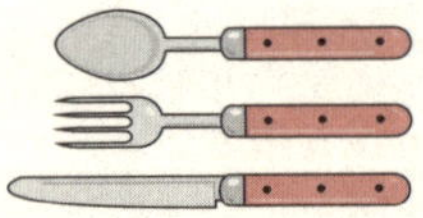

Arroz de bacalhau à portuguesa

Para 4 pessoas
Tempo de preparo: 45 minutos
Fácil

Ingredientes:

- 400 g de postas de bacalhau demolhadas
- 4 xícaras (chá) de água
- 3 colheres (sopa) de manteiga
- 3 cebolas
- sal a gosto
- 2 xícaras (chá) de arroz
- 3/4 de xícara (chá) de azeite
- 2 xícaras (chá) de molho de tomate
- 2 colheres (sopa) de farinha de rosca
- 2 ovos cozidos cortados em gomos

Para empanar

Farinha de trigo

Preparo:

1. Afervente o bacalhau e reserve a água. Retire a pele e as espinhas. Separe-o em lascas e reserve. Leve ao fogo a água na qual escaldou o bacalhau e junte metade da margarina e uma cebola cortada ao meio. Ponha o sal e, quando levantar fervura, junte o arroz. Se necessário, adicione mais água.
2. Tampe a panela e cozinhe em fogo baixo por 20 minutos. No final, retire a cebola. Reserve. Em seguida, descasque as cebolas restantes e corte-as em meia-lua. Passe-as na farinha de trigo e frite no azeite. Escorra sobre papel-toalha. À parte, aqueça ligeiramente o molho de tomate.
3. Coloque em um refratário uma camada de arroz, uma de cebola e outra de bacalhau. Cubra com um pouco de molho de tomate. Repita a operação até terminarem os ingredientes, sendo que a última camada deve ser de arroz. Leve ao forno alto preaquecido até dourar ligeiramente.
4. Ponha a farinha de rosca numa frigideira e junte a margarina restante. Leve ao fogo baixo até formar uma farofa úmida. Polvilhe sobre o arroz assim que retirá-lo do forno. Decore com os ovos e sirva em seguida.

Arroz de bacalhau

Para 4 pessoas
Tempo de preparo: 30 minutos
Fácil

Ingredientes:

- 200 g de postas de bacalhau demolhadas
- 1 cebola
- 5 colheres (sopa) de azeite
- 2 dentes de alho picados
- 2 xícaras (chá) de arroz
- 4 xícaras (chá) de água
- sal a gosto
- 2 grãos de pimenta-rosa

Preparo:

1. Afervente o bacalhau por cinco minutos e deixe esfriar na própria água. Escorra, reservando a água. Remova a pele e as espinhas.
2. Pique a cebola em cubos pequenos e leve ao fogo com o azeite e o alho. Refogue até ficar transparente. Acrescente o arroz e misture bem até mudar de cor. Adicione água. Prove o sal e tempere com pimenta. Deixe cozinhar até ficar al dente e sirva em seguida.

Arroz de bacalhau colorido

Para 4 pessoas
Tempo de preparo: 35 minutos
Fácil

Ingredientes:

- 3 colheres (sopa) de azeite
- 1 colher (sopa) de cebola ralada
- 1 xícara (chá) de pimentão verde sem sementes picado
- 1 xícara (chá) de milho verde escorrido
- 1 xícara (chá) de ervilhas frescas
- 3 xícaras (chá) de sobras de bacalhau ensopado
- 3 xícaras (chá) de arroz cozido
- 3 colheres (sopa) de água fervente
- 2 ovos cozidos cortados em rodelas
- 1/2 xícara (chá) de queijo parmesão ralado
- 1/2 xícara (chá) de azeitona preta picada

Preparo:

1. Aqueça duas colheres (sopa) de azeite e refogue a cebola e o pimentão. Acrescente o milho e a ervilha. Misture bem. Adicione o bacalhau e junte a água fervente. Deixe apurar bem.
2. Em um refratário untado com o azeite restante faça camadas de arroz, outra do refogado e de ovo. Proceda assim até terminarem os ingredientes. Polvilhe com queijo e decore com azeitonas. Leve ao forno para aquecer e sirva.

Arroz de bacalhau com açafrão

Para 4 pessoas
Tempo de preparo: 45 minutos
Fácil

Ingredientes:

- 4 postas grossas de bacalhau demolhado
- 4 dentes de alho picados
- 2 cebolas picadas
- 2 xícaras (chá) de azeite
- 1/2 xícara (chá) de vinho branco seco
- 3 colheres (sopa) de margarina
- 1/2 colher (sopa) de açafrão
- 1/2 xícara (chá) de azeitona preta sem caroço cortada em rodelas
- 2 1/2 xícaras (chá) de arroz cru
- 1/2 xícara (chá) de tomate seco

Preparo:

1. Afervente o bacalhau e retire a pele e as espinhas. Desfie o peixe e reserve. Refogue o alho e a cebola no azeite. Assim que estiverem dourados, ponha o bacalhau e o vinho e cozinhe em fogo baixo. Junte duas colheres (sopa) de margarina e o açafrão. Ponha a azeitona e cozinhe por mais cinco minutos. Retire do fogo e reserve.
2. À parte, cozinhe o arroz como de costume. Quando estiver cozido, junte ao bacalhau e à margarina restante. Misture ligeiramente o tomate seco e sirva em seguida.

Arroz de bacalhau com chouriço

Para 4 pessoas
Tempo de preparo: 40 minutos
Fácil

Ingredientes:

- 400 g de postas de bacalhau demolhadas
- 2 cebolas
- 2 dentes de alho
- 2 colheres (sopa) de azeite
- 1/2 chouriço
- 1/2 pimentão vermelho sem sementes
- 2 tomates maduros sem pele e sem sementes
- 3 xícaras (chá) de água quente
- 450 g de batata sem casca cortada em cubos
- 1 colher (sopa) de cheiro-verde

- 1 folha de louro
- sal e pimenta-do-reino a gosto
- 1 xícara (chá) de arroz cru

Preparo:

1. Afervente o bacalhau. Remova a pele e as espinhas. Separe-o em lascas e reserve.
2. Pique a cebola e o alho. Refogue-os em um pouco de azeite. Junte o chouriço cortado em rodelas, o pimentão em tiras e o tomate cortado em pedaços. Adicione o azeite restante e refogue mais um pouco. Regue com a água quente.
3. Acrescente a batata, o cheiro-verde e o louro. Tempere com sal e pimenta. Cozinhe por dez minutos. Adicione o bacalhau e o arroz e mexa bem. Prove o sal e cozinhe em fogo baixo por mais dez minutos ou até o arroz ficar macio. Apague o fogo, tampe a panela e deixe repousar por cinco minutos antes de servir.

Arroz de bacalhau com grão-de-bico

Para 4 pessoas
Tempo de preparo: 50 minutos
Fácil

Ingredientes:

- 1 cebola média ralada
- 3 dentes de alho picados
- 1/4 de xícara (chá) de azeite
- 1/2 colher (sopa) de açafrão
- 1 tomate maduro picado
- 2 xícaras (chá) de água
- 1 xícara (chá) de arroz
- 200 g de postas de bacalhau demolhadas e limpas
- 1 xícara (chá) de grão-de-bico cozido
- sal e pimenta-malagueta a gosto
- 1/2 xícara (chá) de azeitona preta sem caroço

Preparo:

1. Refogue a cebola e o alho no azeite. Junte o açafrão. Em seguida, acrescente o tomate e frite bem.
2. Adicione a água e, quando levantar fervura, ponha o arroz e cozinhe por cinco minutos. Quando a água começar a borbulhar, ponha o bacalhau em pedaços e cozinhe até ficar macio. Acrescente o grão-de-bico, o sal e a pimenta sem sementes picada. Adicione mais água quente, se necessário. Tampe e cozinhe até o arroz ficar macio. Na hora de servir, decore com a azeitona.

Arroz de bacalhau com legumes

Para 4 pessoas
Tempo de preparo: 50 minutos
Fácil

Ingredientes:

- 600 g de bacalhau demolhado
- 1/2 xícara (chá) de azeite
- 3 dentes de alho picados
- 3 tomates pequenos sem pele e sem sementes em pedaços
- sal a gosto
- 1 pitada de pimenta-do-reino

Arroz

- 3 dentes de alho
- 1 xícara (chá) de azeite
- 2 xícaras (chá) de arroz arbório
- 1 xícara (chá) de alho-poró em rodelas (só a parte branca)
- 1 cebola picada
- 3 cebolinhas verdes picadas
- 10 cebolinhas em conserva
- 1 xícara (chá) de azeitona verde
- 1 maço de brócolis refogado a gosto
- 2 xícaras (chá) de batata palha

Preparo:

1. Escalde o bacalhau, reservando a água. Remova a pele e as espinhas.
2. Refogue no azeite o alho e o tomate. Tempere com sal e pimenta. Acrescente uma xícara (chá) de água do bacalhau e cozinhe com a panela tampada, mexendo às vezes até o tomate se desfazer. Retire do fogo e reserve.

Arroz

1. Refogue o alho em duas colheres (sopa) de azeite e ponha o arroz. Cubra com a água restante do bacalhau. Cozinhe até ficar al dente. Apague o fogo e reserve.
2. No azeite restante refogue o alho-poró, a cebola, a cebolinha e a cebolinha em conserva escorrida e cortada ao meio. Acrescente o arroz, a azeitona e o preparado de bacalhau. Cubra com água quente, se necessário, e cozinhe até o arroz ficar macio.
3. Transfira para uma travessa. Decore com brócolis e batata palha e sirva.

Arroz de bacalhau com repolho

Para 4 pessoas
Tempo de preparo: 15 minutos
Fácil

Ingredientes:

- 500 g de bacalhau dessalgado
- 1 colher (sopa) de bacon
- 2 dentes de alho picados
- 1 cebola picada
- 2 xícara (chá) de repolho cortado em tiras
- 3 xícaras (chá) de arroz cozido
- 1/2 xícara (chá) de azeitonas pretas sem caroço
- 1 colher (sopa) de azeite

Preparo:

1. Afervente o bacalhau e remova a pele e as espinhas. Refogue o bacon com o alho e a cebola. Acrescente o bacalhau e refogue mais um pouco. Adicione o repolho e, após alguns minutos, junte o arroz e a azeitona.
2. Misture, coloque em um refratário, regue com azeite e leve ao forno médio para aquecer. Sirva bem quente.

Arroz de bacalhau com tomate

Para 4 pessoas
Tempo de preparo: 30 minutos
Fácil

Ingredientes:

- 200 g de postas de bacalhau demolhadas
- 1 cebola grande picada
- 1/4 de xícara (chá) de azeite
- 3 tomates maduros
- 1 1/2 xícara (chá) de arroz
- 3 xícaras (chá) de caldo de legumes
- sal e pimenta-do-reino a gosto
- 1/2 xícara (chá) de cebolinha verde picada

Preparo:

1. Afervente o bacalhau e remova a pele e as espinhas. Separe-o em lascas.
2. Ponha a cebola numa panela e refogue no azeite. Junte o bacalhau, mexendo bem até refogá-lo.
3. Acrescente o tomate cortado em meia-lua e refogue novamente. Junte então o arroz e o caldo de legumes bem quente. Tempere com sal e pimenta. Cozinhe em fogo baixo até o arroz ficar macio. Retire e sirva polvilhado com a cebolinha.

Arroz de bacalhau de Macau

Para 4 pessoas
Tempo de preparo: 30 minutos
Fácil

Ingredientes:

- 350 g de bacalhau
- 3 colheres (sopa) de azeite
- 1 cebola picada
- 2 ovos
- 4 xícaras (chá) de arroz cozido
- 1 colher (sopa) de cebolinha verde

Preparo:

1. Afervente o bacalhau, remova a pele e as espinhas. Escorra-o e separe em lascas. Refogue em duas colheres (sopa) de azeite junto com a cebola. Retire e reserve.
2. Na mesma panela, ponha o azeite restante e frite os ovos. Em seguida, adicione o arroz, mexa, acrescente o bacalhau e a cebolinha. Envolva e refogue por mais alguns instantes. Sirva em seguida.

Arroz de bacalhau em forminhas

Para 4 pessoas
Tempo de preparo: 40 minutos
Fácil

Ingredientes:

- 600 g de bacalhau demolhado e limpo
- 2 cebolas grandes picadas
- 1/2 xícara (chá) de azeite
- 2 dentes de alho amassados
- 1/2 colher (sopa) de orégano
- sal e pimenta-do-reino a gosto
- 2 xícaras (chá) de arroz
- 1 xícara (chá) de seleta de legumes
- 4 tomates maduros picados
- 1 colher (sopa) de cheiro-verde picado

Preparo:

1. Afervente o bacalhau e remova a pele e as espinhas. Separe-o em lascas. Doure a cebola em duas colheres (sopa) de azeite e junte metade do bacalhau. Misture bem e adicione o alho, o orégano, sal e pimenta. Acrescente o arroz e refogue. Adicione a água suficiente para cobrir os grãos e cozinhe até o arroz ficar macio.
2. Refogue o bacalhau restante e o tomate no azeite que sobrou. Adicione a seleta de legumes e misture bem. Em forminhas individuais, ponha uma camada de arroz e outra de bacalhau refogado, mas termine com uma camada de arroz. Proceda assim até terminarem os ingredientes.
3. Polvilhe com cheiro-verde e cubra com papel-alumí-

nio. Leve ao forno médio por 30 minutos. Antes de servir, retire da forma.

Arroz de bacalhau e polvo

Para 4 pessoas
Tempo de preparo: 1h40m
Difícil

Ingredientes:

- 500 g de polvo lavado e limpo
- 4 colheres (sopa) de azeite
- 3 dentes de alho
- 3 cebolas pequenas picadas
- 1 folha de louro
- 1 xícara (chá) de salsão picado
- 1 pimenta-malagueta sem sementes picada
- 1 1/2 xícara (chá) de vinho branco
- 1 xícara (chá) de tomate pelado
- sal e açúcar a gosto
- 2 xícaras (chá) de arroz
- 3 colheres (sopa) de margarina
- 4 xícaras (chá) de caldo de legumes
- 2 colheres (sopa) de queijo parmesão ralado
- 10 aspargos frescos
- 1 pitada de bicarbonato de sódio
- 200 g de bacalhau demolhado e limpo

Preparo:

1. Numa frigideira, frite o polvo na metade do azeite quente até que doure dos dois lados. Junte o alho picado, metade da cebola, o louro, o salsão, a pimenta, uma xícara do vinho, o tomate, sal e uma pitada de açúcar. Tampe e cozinhe por 1 hora em fogo baixo ou até o polvo ficar macio. Retire e corte-o em pedaços. Passe o molho que sobrou por uma peneira e reserve.
2. Numa panela, refogue o arroz com a cebola restante em duas colheres de margarina e junte o vinho reservado. Aos poucos, acrescente uma parte do caldo de legumes aquecido. Ao começar a secar, junte o molho do polvo (mas reserve metade para a montagem do prato). Quando o arroz estiver "al dente", misture o queijo e a margarina restante.
3. Cozinhe o aspargo em água com o bicarbonato. Depois de cozido, corte-o em pedaços. Reserve.
4. Refogue o bacalhau e o aspargo no azeite restante. Acrescente o caldo de legumes restante e cozinhe por cinco minutos. Antes de servir, aqueça o polvo com o caldo reservado. Deixe apurar um pouco.
5. Em um refratário, faça camadas de arroz, polvo e o preparado de bacalhau. Leve ao forno por alguns minutos e sirva.

Arroz de bacalhau no forno

Para 4 pessoas
Tempo de preparo: 1h35m
Fácil

Ingredientes:

- 3 postas de bacalhau demolhadas
- 2 cebolas grandes picadas
- 3 colheres (sopa) de azeite
- 2 dentes de alho
- 2 colheres (sopa) de manjericão
- sal e pimenta-do-reino a gosto
- 2 xícaras (chá) de arroz
- 4 xícaras (chá) água
- 4 tomates maduros

Preparo:

1. Afervente o bacalhau, retire as espinhas e a pele. Em seguida, separe-o em lascas grossas. Leve ao fogo a cebola com duas colheres (sopa) de azeite. Refogue um pouco e junte as lascas de bacalhau. Misture bem e adicione o alho esmagado, metade do manjericão, sal e pimenta. Junte o arroz, misture e acrescente água suficiente para cobrir os grãos. Cozinhe até o arroz ficar al dente.
2. Se ainda sobrar água na panela, escorra. Numa forma untada com azeite alterne camadas de arroz e de tomate picado e refogado no azeite restante. Proceda assim até terminarem os ingredientes. Polvilhe com o manjericão restante.
3. Cubra com papel-alumínio e leve ao forno em temperatura média por 20 minutos. Sirva em seguida.

Arroz de bacalhau tricolor

Para 4 pessoas
Tempo de preparo: 40 minutos
Fácil

Ingredientes

- 2 colheres (sopa) de margarina
- 4 colheres (sopa) de azeite
- 2 cebolas grandes raladas
- 2 xícaras (chá) de arroz
- 1 tablete de caldo de legumes
- 4 xícaras (chá) de água fervente
- 1 cenoura grande ralada grosso
- sal a gosto
- 500 g de bacalhau demolhado
- 1 colher (sopa) de salsa picada
- 1 colher (sopa) de cebolinha picada
- 1 folha de louro
- 1 pimentão vermelho sem sementes e em tiras

- 1 pimentão verde sem sementes e em tiras
- 2 tomates picados sem pele e sem sementes
- 1 xícara (chá) de queijo meia-cura ralado

Preparo:

1. Leve ao fogo uma panela grande com a margarina e a metade do azeite. Assim que a margarina se derreter, refogue metade da cebola. Junte o arroz. Dissolva o tablete de caldo de legumes na água e despeje no arroz. Acrescente a cenoura e o sal. Cozinhe em fogo médio até que o arroz esteja quase seco.
2. À parte, afervente o bacalhau. Retire a pele e as espinhas. Separe-o em pedaços pequenos. Leve ao fogo uma panela com o azeite restante a cebola reservada. Refogue o bacalhau por 15 minutos. Ponha a salsa, a cebolinha, o louro, os pimentões e o tomate. Cozinhe em fogo baixo até evaporar todo o líquido. Prove o sal. Misture bem ao arroz.
3. Transfira para um refratário e polvilhe com o queijo. Leve ao forno preaquecido por dez minutos e sirva bem quente.

Arroz de língua de bacalhau com camarão

Para 4 pessoas
Tempo de preparo: 40 minutos
Fácil

Ingredientes:

- 1 kg de línguas de bacalhau demolhadas
- 1 kg de camarão com casca
- 1 colher (sopa) de banha de porco
- 1 cebola grande ralada
- 3 dentes de alho picados
- 2 colheres (sopa) de manjericão
- 1 pimenta-malagueta picada
- 2 colheres (sopa) de azeite
- 2 colheres (sopa) de manjericão picado
- 1 pimenta-malagueta picada
- 6 colheres (sopa) de molho de tomate refogado
- 1/2 xícara (chá) de vinho branco seco
- sal a gosto
- 2 xícaras (chá) de arroz

Preparo:

1. Afervente as línguas. Escorra, limpe e reserve. Cozinhe o camarão com a casca em água fervente por um minuto. Retire e reserve a água do cozimento.
2. Numa panela grande, aqueça a banha, junte a cebola, o alho, o manjericão e a pimenta. Refogue e adicione as línguas.
3. Acrescente o molho de tomate, refogue por alguns minutos e despeje o vinho na panela.
4. Tempere com sal e acrescente a água, ainda quente, do cozimento dos camarões. Espere levantar fervura e ponha o arroz. Se necessário, acrescente mais água quente até cobrir os grãos. Mexa bem e deixe no fogo por 25 minutos, mexendo de vez em quando. Coloque o camarão e tampe. Cozinhe por mais alguns minutos em fogo baixo, mantendo o arroz com bastante caldo. Sirva imediatamente.

Bacalhau com arroz e feijão

Para 4 pessoas
Tempo de preparo: 50 minutos
Fácil

Ingredientes:

- 2 xícaras (chá) de feijão carioca
- 1 colher (sopa) de azeite
- 1 cebola picada
- 2 dentes de alho esmagados
- 2 tomates sem pele e sem sementes
- 2 xícaras (chá) de arroz
- sal e pimenta-do-reino moída a gosto
- 1 colher (sopa) de coentro
- 1 colher (sopa) de cebolinha verde
- 400 g de postas de bacalhau demolhadas
- 2 ovos batidos

Para empanar

Farinha de trigo

Para fritar

Azeite

Preparo:

1. Um dia antes do preparo, deixe o feijão de molho em água. No dia do preparo, cozinhe na panela de pressão. Escorra, reservando o caldo. Aqueça o azeite e junte a cebola, o alho e o tomate picado. Refogue e deixe apurar.
2. Junte o feijão e o arroz. Ponha o caldo do feijão, tempere com sal e pimenta. Tampe e cozinhe até o arroz ficar macio. Tempere com coentro e cebolinha. Reserve aquecido.
3. Afervente o bacalhau e retire a pele e espinhas. Corte-o em pedaços grossos. Passe-os na farinha, previamente temperada com sal e pimenta, e depois pelo ovo batido. Frite em azeite quente. Escorra sobre papel-toalha.
4. Transfira o feijão com arroz para uma travessa. Por cima, ponha os pedaços de bacalhau e sirva.

Bacalhau crocante com cogumelos e salmão

Para 4 pessoas
Tempo de preparo: 30 minutos
Fácil

Ingredientes:

- 400 g de bacalhau demolhado
- 1 xícara (chá) de cogumelos cortados em fatias
- 1 colher (sopa) de margarina
- 100 g de salmão defumado cortado em tiras
- 1/4 de xícara (chá) de vinho branco seco
- 1/4 de xícara (chá) de creme de leite
- sal a gosto
- 1 pitada de pimenta-branca moída
- 1/2 colher (sopa) de noz-moscada
- 1 rolo de massa folhada descongelada
- 1 gema

Preparo:

1. Afervente o bacalhau. Remova a pele e as espinhas. Mantenha as postas inteiras. Refogue o cogumelo na margarina. Assim que estiver macio e sem água, acrescente o salmão em tiras. Refogue por mais cinco minutos.
2. Adicione o vinho e, quando tiver evaporado, o creme de leite. Tempere com o sal, a pimenta e a noz-moscada.
3. Abra a massa com cuidado até obter quatro porções de tamanho um pouco maior que a posta de bacalhau. Ponha o peixe sobre a massa, e sobre ele o refogado de cogumelo. Feche cada pedaço de massa como se fosse um pastel e pressione as bordas.
4. Com uma faca faça, alguns cortes na massa e pincele com a gema batida. Asse em forno preaquecido por 25 minutos. Retire e sirva.

Bacalhau com pão sírio

Para 4 pessoas
Tempo de preparo: 1 hora
Fácil

Ingredientes:

- 600 g de molho de tomate
- 1 1/2 xícara (chá) de água
- 1 xícara (chá) de azeitonas verdes sem caroço
- 1 fio de azeite
- 1 cebola picada
- 4 dentes de alho amassados
- 500 g de bacalhau demolhado, limpo e desfiado
- 100 g de lingüiça calabresa moída
- 1/2 xícara (chá) de vinho branco seco
- 1 colher (sopa) de orégano
- 1 colher (sopa) de manjericão fresco
- 400 g de pão sírio cortado ao meio
- 400 g de mussarela ralada grosso

Molho bechamel com cream cheese

- 2 colheres (sopa) de margarina
- 2 colheres (sopa) de farinha de trigo
- 4 xícaras (chá) de leite
- sal e noz-moscada a gosto
- 1 pitada de gengibre
- 200 g de cream cheese

Preparo:

1. Bata no liquidificador o molho de tomate com a água e a azeitona. Reserve.
2. Aqueça o azeite e refogue a cebola e o alho. Adicione o bacalhau e a lingüiça. Refogue bem. Despeje o vinho e deixe evaporar.
3. Junte o molho de tomate batido e os ingredientes restantes, exceto o pão e o queijo. Deixe cozinhar em fogo baixo por 30 minutos, mexendo às vezes. Reserve.

Molho

Numa panela, aqueça a margarina e doure a farinha. Sem parar de mexer, junte o leite aos poucos até engrossar. Tempere com sal, noz-moscada e o gengibre. Por último, ponha o cream cheese.

Montagem

Em um refratário alterne camadas de molho, o peixe refogado, pão sírio e mussarela, terminando com o queijo. Leve ao forno por 25 minutos. Retire, deixe amornar e sirva.

Bacalhau com polenta cremosa

Para 4 pessoas
Tempo de preparo: 1 hora
Fácil

Ingredientes:

- 1 kg de bacalhau
- 1 cebola picada
- 2 colheres (sopa) de azeite
- 1 lata de molho de tomate refogado
- 1 folha de louro
- 2 cravos-da-índia
- 3/4 de xícara (chá) de vinho branco seco
- 1/4 xícara (chá) de água

Polenta

- 4 xícaras (chá) de água
- 2 tabletes de caldo de legumes

- 1 colher (sopa) de margarina sem sal
- 2 xícaras (chá) de flocos de milho pré-cozidos
- 1 xícara (chá) de creme de leite fresco
- 200 g de mussarela ralada
- 100 g de queijo parmesão ralado
- 1 colher (sopa) de cheiro-verde

Preparo:

1. Afervente o bacalhau e remova a pele e as espinhas. Desfie o peixe.
2. Refogue a cebola no azeite e ponha o bacalhau, o molho de tomate, o louro, o cravo, o vinho e a água. Cozinhe por 30 minutos e adicione sal, se necessário. Descarte o cravo e reserve.

Polenta

1. Numa panela grande, junte a água, os tabletes de legumes e a margarina. Leve ao fogo e deixe ferver. Adicione os flocos de milho, sem parar de mexer. Mantenha no fogo por cinco minutos. Retire do fogo e junte o creme de leite e a mussarela.
2. Coloque a polenta numa travessa redonda, formando uma coroa. No centro, disponha o bacalhau, polvilhe com o queijo parmesão e o cheiro-verde e leve ao forno por dez minutos. Sirva em seguida.

Bacalhau com polenta frita

Para 4 pessoas
Tempo de preparo: 1 hora
Fácil

Ingredientes:

- 200 g de postas de bacalhau demolhadas
- 4 dentes de alho
- 3/4 de xícara (chá) de azeite
- 1 pimentão amarelo sem sementes e em tiras
- 1 pimentão verde sem sementes e em tiras
- 2 tomates maduros sem sementes e em cubos
- sal e pimenta-do-reino a gosto
- 1 colher (sopa) de salsa picada
- 1 xícara (chá) de azeitonas pretas
- 1 pacote de polenta semipronta

Preparo:

1. Afervente o bacalhau e retire a pele e as espinhas. Separe-o em lascas.
2. Pique o alho e refogue na metade do azeite. Acrescente os pimentões e o tomate. Refogue bem e junte o bacalhau. Tempere com sal e pimenta.
3. Cozinhe por cinco minutos e, no final, polvilhe com salsa. Adicione a azeitona. Retire do fogo e reserve.
4. Prepare a polenta conforme as instruções da embalagem. Corte em quadrados e frite no azeite restante até dourar.
5. Ponha a polenta nos pratos e regue com o preparado de bacalhau. Sirva em seguida.

Bacalhau folhado com queijo brie

Para 4 pessoas
Tempo de preparo: 40 minutos
Média dificuldade

Ingredientes:

- 1 ovo
- 1 colher (sopa) de água
- 1 rolo de massa folhada descongelada
- 300 g de bacalhau demolhado e limpo
- 200 g de ricota
- sal e noz-moscada a gosto
- 2 colheres (sopa) de salsa
- 1 xícara (chá) de azeitona preta sem caroço
- 1 queijo brie com cerca de 400 g

Preparo:

1. Numa vasilha, misture o ovo e a água. Estenda a massa folhada e corte um círculo com 40 cm de diâmetro.
2. Preaqueça o forno em temperatura alta. Desfie o bacalhau e misture-o à ricota. Tempere com sal e noz-moscada. Junte a salsa e a azeitona. Abra o queijo brie ao meio e recheie-o com esse preparado. Ponha o queijo recheado no meio da massa folhada. Pincele as pontas da massa com o ovo misturado com água e feche, cobrindo o recheio. Dê o formato que desejar.
3. Unte uma assadeira com margarina e coloque a massa, com as pontas para baixo. Pincele novamente com o ovo e leve ao forno por 20 minutos. Retire do forno e deixe descansar por mais dez minutos antes de servir.

Bacalhau surpresa

Para 4 pessoas
Tempo de preparo: 50 minutos
Média dificuldade

Ingredientes:

- 1/2 maço de brócolis
- 300 g de postas de bacalhau demolhado e limpo
- 2 1/2 xícaras (chá) de farinha de trigo
- 1 xícara (chá) de água
- 2 ovos
- sal e pimenta-do-reino a gosto
- 2 dentes de alho amassados
- 3/4 de xícara (chá) de molho de tomate refogado

Para fritar

Azeite

Preparo:

1. Separe os brócolis em buquês e cozinhe. Escorra e reserve. Separe o bacalhau em pedaços grandes
2. Misture a farinha com a água e os ovos batidos, aos poucos, até obter consistência líquida. Tempere com sal e pimenta. Se necessário, ponha mais água.
3. Passe os pedaços de bacalhau nessa mistura e frite no azeite.
4. Refogue os brócolis no azeite com o alho. Aqueça o molho de tomate e sirva com o bacalhau e os brócolis.

Barquetes de endívia com bacalhau

Para 4 pessoas
Tempo de preparo: 20 minutos
Fácil

Ingredientes:

- 200 g de bacalhau demolhado e limpo
- 8 folhas grandes de endívia
- 6 colheres (sopa) de azeite
- 4 colheres (sopa) de aceto balsâmico
- sal e pimenta-do-reino branca moída a gosto
- 1 xícara (chá) de cebolinha

Preparo:

1. Desfie o bacalhau e reserve.
2. Lave as folhas de endívia e escorra bem. Reserve.
3. Em uma frigideira, aqueça o azeite e adicione o bacalhau. Refogue, mexendo até dourar. Retire do fogo e transfira o bacalhau para uma tigela. Acrescente o aceto, o sal, a pimenta e a cebolinha.
4. Na hora de servir, ponha as folhas de endívia em uma travessa e recheie com a mistura de bacalhau.

Batata recheada com bacalhau

Para 4 pessoas
Tempo de preparo: 30 minutos
Fácil

Ingredientes:

- 300 g de bacalhau demolhado e limpo
- 4 batatas grandes
- 4 colheres (sopa) de margarina
- 1 cebola picada
- 3 dentes de alho amassados
- 2 tomates pequenos sem pele e sem sementes picados
- 2 colheres (sopa) de cheiro-verde
- 1 colher (sopa) de molho de tomate com pimentão
- 1/2 xícara (chá) de azeitonas pretas picadas

Para pincelar

Azeite

Preparo:

1. Desfie o bacalhau e reserve.
2. Cozinhe a batata em água suficiente para cobri-la. Quando estiver al dente, escorra e corte ao meio no sentido do comprimento. Retire parte da polpa, formando uma cavidade. Reserve a batata e amasse a polpa com um garfo.
3. Em uma panela, derreta a margarina em fogo baixo e doure a cebola e o alho. Acrescente o tomate e refogue até murchar.
4. Adicione o bacalhau reservado, a polpa da batata, o cheiro-verde, o molho de tomate e a azeitona. Refogue por mais dois minutos.
5. Pincele a batata com um pouco de azeite. Distribua o recheio nas cavidades. Arrume-as em um refratário e leve ao forno por dez minutos. Retire e sirva.

Batata recheada com bacalhau e queijo parmesão

Para 4 pessoas
Tempo de preparo: 2h20m
Fácil

Ingredientes:

- 400 g de bacalhau demolhado
- 4 batatas grandes
- 6 colheres (sopa) de azeite
- 1 cebola
- 3 colheres (sopa) de salsa picada
- 1/2 xícara (chá) de leite
- sal e pimenta-do-reino a gosto
- 200 g de queijo parmesão ralado

Preparo:

1. Afervente o bacalhau e remova a pele e as espinhas. Desfie-o em lascas.
2. Preaqueça o forno em temperatura média. Lave as batatas e embrulhe, uma a uma, em papel-alumínio. Leve ao forno por 2 horas ou até as batatas ficarem cozidas. Retire do forno e desembrulhe com cuidado. Corte uma tampa de cada batata no sentido do comprimento.
3. Com uma colher, retire a polpa da batata com cuidado para não romper a casca. Amasse a polpa e reserve. Leve uma frigideira ao fogo alto e espere aquecer.

Acrescente o azeite e a cebola em cubos e refogue por dois minutos.

4. Acrescente o bacalhau, a salsa, o leite e a polpa de batata. Mexa muito bem. Tempere com sal e pimenta. Retire do fogo. Recheie a batata com esse creme e polvilhe com o queijo. Leve ao forno somente para aquecer e sirva.

Batata recheada com bacalhau cremoso

Para 4 pessoas
Tempo de preparo: 40 minutos
Fácil

Ingredientes

- 250 g de bacalhau
- 4 batatas grandes
- 2 colheres (sopa) de azeite
- 1 xícara (chá) de crème fraîche (ver receita na pg. 90)
- 2 colheres (sopa) de coentro
- 100 g de azeitonas pretas sem caroço
- sal
- 4 colheres (sopa) de queijo parmesão

Preparo:

1. Afervente o bacalhau e remova a pele e as espinhas. Separe-o em lascas.Lave a batata, escove e retire os pontos escuros. Ferva por 15 minutos. Escorra e pincele toda a superfície com azeite. Embrulhe em papel-alumínio e asse em forno quente até ficar macia.
3. Retire a batata do forno. Corte ao meio e retire parte da polpa com uma colher. Coloque a polpa numa tigela e amasse. Junte o creme, o bacalhau desfiado, o coentro, a azeitona e o sal. Misture bem.
4. Recheie a batata com esse creme. Polvilhe o queijo e leve ao forno bem quente até gratinar. Sirva em seguida.

Bisque de bacalhau

Para 4 pessoas
Tempo de preparo: 1 hora
Média dificuldade

Ingredientes:

- 250 g de bacalhau demolhado
- 6 xícaras (chá) de caldo de peixe
- 1 cebola
- 2 cenouras sem casca
- 1 dente de alho
- 2 colheres (sopa) de margarina
- 1/4 de xícara (chá) de conhaque
- 1/2 xícara (chá) de vinho branco
- 1 colher (sopa) de cheiro-verde
- 1 colher (sopa) de cardomomo
- sal e pimenta-do-reino branca a gosto
- 1/2 xícara (chá) de creme de leite fresco
- 300 g de massa folhada
- 1 ovo bem batido

Preparo:

1. Afervente o bacalhau no caldo de peixe. Retire e remova a pele e as espinhas. Reserve o caldo.
2. Pique bem a cebola, metade da cenoura e o alho. Refogue com duas colheres (sopa) das lascas de bacalhau por cinco minutos. Retire do fogo, regue com o conhaque e flambe. Acrescente o vinho e o caldo reservado. Misture com cuidado. Junte o cheiro-verde, o cardomomo, o sal e a pimenta. Leve ao fogo por 20 minutos.
3. Passe o preparado no processador ou liquidificador e depois coe. Ponha numa tigela e adicione o creme de leite e o bacalhau restante. Rale a cenoura que sobrou e adicione também. Prove o sal e distribua em potes de cerâmica próprios para irem ao forno.
4. Abra a massa folhada e corte-a em círculos maiores que os potes. Tampe os potes com essa massa, pressionando bem. Passe o ovo sobre a massa e leve ao forno preaquecido por dez minutos ou até dourar. Sirva imediatamente.

Bola de bacalhau

Para 4 pessoas
Tempo de preparo: 1h20m
Média dificuldade

Ingredientes:

- 1 tablete de fermento para pão
- sal a gosto
- 4 xícaras (chá) de farinha de trigo
- 1 xícara (chá) de azeite
- 200 g de postas de bacalhau demolhadas
- 2 cebolas picadas
- 1 colher (sopa) de salsa picada
- 1 gema

Preparo:

1. Numa tigela, dilua o fermento em um pouco de água morna e tempere com sal.
2. Acrescente a farinha e metade do azeite. Amasse bem. Acrescente água, se necessário, para obter uma massa homogênea. Cubra a massa com um pano e deixe descansar por 30 minutos.
3. Afervente o bacalhau e retire a pele e as espinhas. Separe-o em lascas. Refogue as lascas no azeite restante com a cebola. Tempere com sal e adicione a salsa.

4. Distribua a massa em uma assadeira untada e enfarinhada, esticando bem. Coloque o recheio no centro e puxe sobre ele as pontas da massa. Vire a massa, deixando as pontas para baixo. Pincele a massa com a gema batida e asse em forno médio por 35 minutos ou até dourar bem.

Bola de bacalhau rápida

Para 4 pessoas
Tempo de preparo: 1h20m
Média dificuldade

Ingredientes:

- 4 xícaras (chá) de farinha de trigo peneiradas
- 1 tablete de fermento para pão
- 1 pitada de sal
- 100 g de margarina
- 3 cebolas grandes
- 1 xícara (chá) de azeite
- 200 g de postas de bacalhau demolhadas e limpas

Preparo:

1. Numa tigela, misture a farinha com o fermento desfeito num pouco de água morna. Acrescente o sal e sove bem até obter uma massa firme.
2. Adicione a margarina, aos poucos. Só pare de trabalhar a massa quando se desprender das mãos. Polvilhe com um pouco de farinha e embrulhe num pano de prato. Deixe em local aquecido por 1 hora ou até dobrar de volume.
3. À parte, pique grosseiramente a cebola e ponha numa panela com o azeite. Junte o bacalhau e refogue até o bacalhau ficar macio.
4. Quando a massa tiver crescido, retire dois terços e ponha numa assadeira redonda untada com azeite.
5. Umedeça as mãos com um pouco de azeite e estique a massa, cobrindo o fundo e as laterais da assadeira. Distribua o bacalhau sobre a massa e cubra com a massa restante. Puxe os lados da massa sobre a parte de cima e dobre as pontas, unindo-as para que o recheio não escape.
6. Unte a superfície da massa com mais azeite e asse em forno bem quente até dourar.

Bolinhas de bacalhau com massa de pão

Para 4 pessoas
Tempo de preparo: 1h20m
Média dificuldade

Ingredientes:

- 25 g de fermento para pão
- 1 kg de farinha de trigo
- sal e pimenta-do-reino a gosto
- 4 postas de bacalhau demolhadas
- 2 colheres (sopa) de margarina
- 2 cebolas picadas
- 2 dentes de alho amassados

Para fritar

Azeite

Preparo:

1. Dilua o fermento em um pouco de água morna, junte a farinha, uma pitada de sal e amasse até que todos os ingredientes estejam bem ligados. Deixe repousar por 30 minutos em local aquecido.
2. Afervente o bacalhau e remova a pele e as espinhas. Separe-o em lascas e refogue na margarina com a cebola e o alho. Tempere com sal e pimenta. Escorra o molho que se formou.
3. Retire porções de massa e faça pequenas bolas. No centro de cada uma, coloque um pouco do recheio de bacalhau. Modele as bolinhas e frite no azeite. Escorra sobre papel-toalha e sirva.

Bolinhas de bacalhau com queijo

Para 4 pessoas
Tempo de preparo: 20 minutos
Média dificuldade

Ingredientes:

- 600 g de bacalhau demolhado
- 5 batatas
- 3 colheres (sopa) de azeite
- 2 dentes de alho amassados
- 1 cebola picada
- sal e pimenta-do-reino a gosto
- 1 colher (sopa) de salsa
- 2 ovos
- 150 g de queijo meia-cura cortado em cubos
- 1 xícara (chá) de farinha de trigo

Para fritar

Azeite

Para decorar

Folhas de alface, de agrião e 1 pimentão vermelho

Preparo:

1. Afervente o bacalhau e reserve a água. Remova a pele e

as espinhas e o separe em lascas. Cozinhe a batata nessa água até ficar macia. Escorra a batata, retire a casca e passe pelo espremedor. Junte o bacalhau.

2. Aqueça o azeite e doure levemente o alho e a cebola. Acrescente a mistura de bacalhau. Tempere com sal, pimenta, salsa e com os ovos levemente batidos. Faça pequenas bolas e recheie com um cubinho de queijo.
3. Passe as bolinhas pela farinha e frite-as em azeite quente até dourarem. Escorra sobre papel-toalha. Sirva com folhas de alface, agrião e o pimentão sem sementes e cortado em tiras.

Bolinho de bacalhau com arroz

Para 4 pessoas
Tempo de preparo: 40 minutos
Fácil

Ingredientes:

- 250 g de bacalhau demolhado e limpo
- 2 ovos
- 1 xícara (chá) de leite
- 1 xícara (chá) de farinha de trigo
- 1 colher (sopa) de fermento em pó
- 1/2 xícara (chá) de cebolinha picada
- 1 colher (sopa) de gengibre ralado
- sal e pimenta-do-reino a gosto
- 1/2 colher (sopa) de orégano
- 1 xícara (chá) de arroz cozido

Para fritar

Óleo

Preparo:

1. Afervente o bacalhau e remova a pele e as espinhas. Separe-o em lascas.
2. Ponha o bacalhau no liquidificador. Junte os ovos, o leite, a farinha, o fermento e bata bem.
3. Transfira para uma vasilha e junte a cebolinha, o gengibre, o sal, a pimenta, o orégano e o arroz.
4. Aqueça o óleo e frite colheradas da massa. Frite aos poucos até que dourem. Escorra sobre papel-toalha e sirva.

Bolinho de bacalhau com batata-doce

Para 4 pessoas
Tempo de preparo: 40 minutos
Fácil

Ingredientes:

- 500 g de bacalhau demolhado
- 2 batatas-doces
- 2 colheres (sopa) de salsa picada
- 1 ovo
- 1 colher de (sopa) de azeite
- sal e pimenta-do-reino a gosto

Para fritar

Azeite

Preparo:

1. Afervente o bacalhau e remova a pele e as espinhas.
2. Cozinhe a batata-doce com casca. Depois de cozida, retire a casca e esprema. Misture ao bacalhau reservado.
3. Acrescente a salsa, o ovo, o azeite, o sal e a pimenta. Misture tudo muito bem. Forme bolinhos com as mãos.
4. Aqueça bem o azeite e frite os bolinhos. Escorra sobre papel-toalha e sirva.

Bolinho de bacalhau com vinho

Para 4 pessoas
Tempo de preparo: 20 minutos
Fácil

Ingredientes

- 600 g de bacalhau demolhado
- 1 colher (sopa) de salsa picada
- 1 colher (sopa) de coentro picado
- 6 batatas sem casca
- 1 cebola picada
- 1/2 xícara (chá) de vinho do Porto
- 2 ovos
- sal, pimenta-do-reino e noz-moscada a gosto

Para empanar

Farinha de rosca
2 claras em neve

Para fritar

Óleo

Preparo:

1. Afervente o bacalhau e remova a pele e as espinhas. Separe-o em lascas.
2. Misture o bacalhau com a salsa e o coentro e reserve. Cozinhe a batata. Quando estiver cozida, escorra e esprema. Junte esse purê ao bacalhau reservado. Acrescente a cebola e o vinho. Tempere com sal, pimenta e noz-moscada.
3. Ponha os ovos e mexa até dar liga. Forme os bolinhos com a ajuda de duas colheres (sopa). Passe na farinha de rosca e depois na clara. Aqueça o óleo e frite. Escorra sobre papel-toalha e sirva.

Bolinho de bacalhau recheado

Para 4 pessoas
Tempo de preparo: 20 minutos
Fácil

Ingredientes:

- 600 g de bacalhau demolhado
- 1 cebola ralada
- 1 colher (sopa) de cheiro-verde
- 3 batatas sem casca
- 4 colheres (sopa) de farinha de trigo
- 2 ovos
- sal a gosto
- 1 pitada de pimenta-do-reino
- 100 g de azeitonas verdes recheadas

Para fritar

Azeite

Preparo:

1. Afervente o bacalhau e retire a pele e as espinhas. Desfie e reserve. Em uma panela, aqueça uma colher (sopa) de azeite e coloque a cebola, o bacalhau e o cheiro-verde. Refogue até o bacalhau ficar bem sequinho.
2. Cozinhe a batata. Quando estiver cozida, escorra e esprema.
3. Misture esse purê ao bacalhau até virar uma massa homogênea. Acrescente a farinha e os ovos. Tempere com sal e pimenta e misture bem.
4. Unte as mãos com um pouco de azeite e forme os bolinhos. No centro de cada um coloque uma azeitona.
5. Aqueça o azeite e frite. Retire assim que dourarem e escorra sobre papel-toalha. Sirva.

Bolinho de bacalhau com ricota

Para 4 pessoas
Tempo de preparo: 40 minutos
Fácil

Ingredientes:

- 1,5 kg de bacalhau demolhado
- 1 kg de batatas sem casca
- 1 colher (sopa) de cheiro-verde
- 1 colher (sopa) de manjericão
- 1/4 de xícara (chá) de queijo parmesão ralado
- 2 colheres (sopa) de ricota amassada
- 1 pitada de pimenta-do-reino
- 2 claras
- 1 xícara (chá) de sementes de gergelim

Para fritar

Azeite

Preparo:

1. Afervente o bacalhau, retire a pele e as espinhas. Desfie. Cozinhe a batata, escorra e esprema.
2. Pique o cheiro-verde e o manjericão. Junte-os ao queijo ralado, à ricota, ao bacalhau e à batata. Tempere com sal e pimenta. Com a ajuda de duas colheres (sopa), faça bolinhos. Passe-os pela clara e depois pelas sementes de gergelim. Frite em azeite quente e escorra sobre papel-toalha. Sirva em seguida.

Bolinho de bacalhau tradicional

Para 6 pessoas
Tempo de preparo: 1 hora
Fácil

Ingredientes

- 500 g de bacalhau demolhado
- 2 batatas
- 5 colheres (sopa) de amido de milho
- 5 colheres (sopa) de cheiro-verde picado
- sal e pimenta-do-reino a gosto
- 4 ovos (claras e gemas separadas)
- 2 xícaras (chá) de azeite

Preparo:

1. Afervente o bacalhau, retire a pele e as espinhas. Desfie. Cozinhe a batata, escorra e esprema. Misture o purê e o bacalhau. Junte o amido, o cheiro-verde, o sal, a pimenta e as gemas. Misture até ficar homogêneo e acrescente as claras em neve. Mexa delicadamente. Forme os bolinhos com ajuda de duas colheres (sopa).
2. Aqueça o azeite e frite os bolinhos aos poucos. Deixe dourar, retire com uma escumadeira e escorra sobre papel-toalha.

Bolo de bacalhau

Para 4 pessoas
Tempo de preparo: 1h15m
Fácil

Ingredientes:

- 5 batatas
- 300 g de bacalhau demolhado e limpo
- 3/4 de xícara (chá) de margarina
- sal, pimenta-do-reino e salsa a gosto

- 6 ovos
- 1/4 de xícara (chá) de creme de leite fresco

Preparo:

1. Afervente o bacalhau, reservando a água. Remova a pele e as espinhas. Cozinhe a batata na água reservada. Escorra e retire a casca. Passe a batata pelo processador. Passe também o bacalhau e a margarina. Tempere com sal, pimenta e salsa. Misture bem e reserve.
2. Numa tigela, misture os ovos batidos com o creme de leite e despeje sobre o bacalhau. Misture bem e transfira para uma forma com buraco no meio untada e polvilhada com farinha de trigo. Asse em banho-maria no forno, em temperatura média, por 40 minutos ou até que, ao espetar um palito no centro do bolo, ele saia limpo. Sirva morno.

Bolo de bacalhau com leite de coco

Para 4 pessoas
Tempo de preparo: 40 minutos
Fácil

Ingredientes:

- 300 g de bacalhau demolhado
- 7 batatas
- 1 cebola ralada
- 2 dentes de alho amassados
- 6 colheres (sopa) de azeite
- 1 pitada de pimenta-do-reino em pó
- 1/2 xícara (chá) de leite de coco
- 1 colher (sopa) de cheiro-verde
- 3 ovos
- 3 colheres (sopa) de farinha de rosca
- 3 colheres (sopa) de farinha de trigo
- 1/2 xícara (chá) de molho bechamel

Para polvilhar

Farinha de rosca

Preparo:

1. Afervente o bacalhau, reservando a água, e remova a pele e as espinhas. Cozinhe a batata na água reservada. Quando estiver cozida, escorra, retire a casca e esprema.
2. Refogue a cebola e o alho no azeite. Acrescente o bacalhau, a pimenta, o leite de coco e o cheiro-verde. Misture bem e reserve.
3. Misture com a batata e os ingredientes restantes, exceto o bechamel. Unte uma forma com azeite e polvilhe com farinha de rosca. Distribua o preparado e asse em forno preaquecido até dourar. Sirva com o molho bechamel à parte.

Bolo de bacalhau simples

Para 4 pessoas
Tempo de preparo: 50 minutos
Fácil

Ingredientes:

- 500 g de bacalhau demolhado
- 1 cebola média picada
- 2 pimentões vermelhos sem pele e sem sementes
- 4 tomates maduros sem pele e sem sementes
- 1/2 xícara (chá) de azeite
- 3 gemas
- 4 batatas
- 3 claras em neve
- 3/4 de xícara (chá) de amido de milho
- 2 colheres (sopa) de margarina
- 1/2 colher (sopa) de fermento em pó
- 1 xícara (chá) de leite
- sal e pimenta-do-reino a gosto

Preparo:

1. Afervente o bacalhau. Remova a pele e as espinhas. Ponha o peixe no processador com a cebola, o pimentão e o tomate. Pulse até obter uma mistura não muito pastosa.
2. Numa panela, ponha o azeite e refogue a mistura de bacalhau. Cozinhe por dez minutos em fogo alto. Apague o fogo e adicione as gemas. Misture bem.
3. Cozinhe a batata com a casca até ficar macia. Escorra, descasque, esprema e reserve.
4. Misture delicadamente as claras e o amido, a margarina, o fermento, o preparado de bacalhau e a batata. Por último, adicione o leite e misture. Tempere com sal e pimenta.
5. Despeje em um refratário untado e asse em forno médio por 25 minutos. Espere esfriar e sirva.

Bolo de bacalhau de liquidificador

Para 4 pessoas
Tempo de preparo: 40 minutos
Fácil

Ingredientes:

- 12 colheres (sopa) de farinha de trigo
- 4 colheres (sopa) de queijo parmesão
- 1 xícara (chá) de leite
- 1/2 xícara (chá) de azeite
- 3 ovos
- 2 colheres (sopa) de fermento em pó

- sal, pimenta-branca e cominho a gosto

Recheio

- 1 cebola ralada
- 2 colheres (sopa) de azeite
- 3 tomates sem pele e sem sementes
- 300 g de bacalhau demolhado e limpo
- 1 lata de ervilha
- 1 colher (sopa) de salsa
- 100 g de azeitonas verdes

Preparo:

Massa

Ponha todos os ingredientes no liquidificador, começando pelos líquidos, e bata. Desligue o aparelho, mexa com uma colher de pau e misture com cuidado. Bata mais uma vez e reserve.

Recheio

1. Doure a cebola no azeite e junte o tomate. Cozinhe até a cebola ficar transparente. Ponha o bacalhau, a ervilha escorrida, a salsa e as azeitonas picadas. Prove o sal e mexa bem. Deixe esfriar.
2. Despeje metade da massa numa forma untada e enfarinhada. Espalhe o recheio reservado e cubra com o restante da massa. Leve para assar em forno preaquecido em temperatura alta até dourar.

Brandade de bacalhau

Para 4 pessoas
Tempo de preparo: 50 minutos
Fácil

Ingredientes:

- 200 g de postas de bacalhau demolhadas
- 1/4 de xícara (chá) de azeite
- 1/3 de xícara (chá) de leite
- 1/3 de xícara (chá) de farinha de trigo
- 2 ovos
- sal e pimenta-do-reino a gosto
- 1 colher (sopa) de salsa
- 2 colheres (sopa) de margarina

Preparo:

1. Afervente o bacalhau e remova a pele e as espinhas. Separe em lascas e passe no processador. Reserve.
2. Leve ao fogo uma panela com o azeite, o leite, a farinha, os ovos e o bacalhau. Tempere com sal, pimenta e salsa. Mexa bem até obter um purê cremoso. Se necessário, acrescente mais um pouco de farinha.
3. Transfira para forminhas individuais e aperte bem. Aqueça a margarina e, quando se derreter, despeje-a por cima do preparado de bacalhau. Leve ao forno para dourar. Sirva em seguida.

Brandade de bacalhau com creme de leite

Para 4 pessoas
Tempo de preparo: 50 minutos
Fácil

Ingredientes:

- 600 g de bacalhau demolhado e limpo
- 3/4 de xícara (chá) de azeite
- 2 colheres (sopa) de pasta de alho
- 3/4 de xícara (chá) de óleo
- 2 xícaras (chá) de creme de leite
- sal e pimenta-do-reino a gosto

Preparo:

1. Desfie o bacalhau e reserve. Em uma panela, aqueça o azeite e, em seguida, refogue o bacalhau com a pasta de alho. Mexa bem até o bacalhau se transformar numa pasta. Abaixe o fogo e continue mexendo.
2. Despeje o óleo aos poucos, alternando com o creme de leite. Tempere com sal e pimenta. Mexa até atingir a consistência de purê, retire do fogo e sirva.

Brandade de bacalhau à espanhola

Para 4 pessoas
Tempo de preparo: 50 minutos
Fácil

Ingredientes:

- 400 g de bacalhau demolhado e limpo
- 2 cebolas em fatias finas
- 2 xícaras (chá) de azeite
- 1/2 colher (sopa) de açúcar
- 4 batatas
- 1 colher (sopa) de margarina
- sal e pimenta-do-reino a gosto
- 6 dentes de alho picados
- 2 colheres (sopa) de creme de leite fresco
- 4 gemas
- 2 gotas de vinagre

Preparo:

1. Separe o bacalhau em lascas e reserve. Numa frigideira, refogue a cebola, em fogo baixo, com uma colher (sopa)

de azeite. Quando dourar, junte o açúcar e deixe por cinco minutos, mexendo de vez em quando. Reserve.

2. Cozinhe a batata. Quando estiver cozida, remova a casca e esprema. Leve ao fogo esse purê e junte a margarina, sal e pimenta, fazendo um creme espesso. Se necessário, junte um pouco de leite. Retire do fogo e reserve.
3. Ponha o bacalhau reservado num refratário e acrescente o alho. Leve ao fogo em banho-maria, em fogo bem baixo, mexendo sempre. Aos poucos, adicione o azeite restante, sem parar de mexer. Cozinhe até obter uma textura cremosa.
4. Adicione o creme de leite e pimenta a essa mistura. Mexa, retire do fogo e reserve.
5. Ponha em cumbucas pequenas a cebola reservada. Por cima, despeje a mistura de bacalhau e sobre o peixe, uma camada de purê de batata.
6. Cozinhe as gemas inteiras em uma panela com água fervente e as gotas de vinagre. Retire com cuidado. Distribua sobre as cumbucas e sirva.

Brandade de bacalhau à moda

Para 4 pessoas
Tempo de preparo: 40 minutos
Média dificuldade

Ingredientes:

Tutano

- 4 pés de vaca em pedaços
- 1/2 colher (sopa) de molho inglês
- sal e pimenta-do-reino a gosto
- 1 colher (sopa) de cheiro-verde

Brandade

- 3 batatas
- 1/2 xícara (chá) de creme de leite fresco
- 3 colheres (sopa) de margarina
- 1/2 xícara (chá) de leite
- 1 colher (sopa) de azeite
- 1 dente de alho inteiro
- 300 g de bacalhau demolhado, limpo e em lascas
- 2 colheres (sopa) de cebolinha

Preparo:

Preaqueça o forno em temperatura alta. Ponha numa assadeira grande os pés de vaca e leve ao forno até que o tutano se solte. Assim que esfriar um pouco, retire o tutano e reserve. Espere amornar e tempere o tutano com molho inglês, sal, pimenta e cheiro-verde. Reserve.

Brandade

1. À parte, cozinhe a batata, descasque e esprema. Ponha numa tigela e misture o creme de leite, a margarina e o leite. Misture bem até obter um purê.
2. Numa panela pequena, aqueça o azeite e junte o alho. Assim que começar a liberar o aroma, retire o alho e acrescente o bacalhau. Misture e cozinhe por alguns minutos. Junte a cebolinha e o purê de batata. Tempere com sal e pimenta. Coloque o preparado em forminhas com aro removível e reserve.
3. Na hora de servir, retire as formas e sirva em pratos individuais com o tutano aquecido à parte.

Brandade de bacalhau com tomate

Para 4 pessoas
Tempo de preparo: 45 minutos
Fácil

Ingredientes:

- 500 g de bacalhau demolhado
- 5 batatas
- 5 tomates maduros sem sementes picados
- 2 gemas
- 1 xícara (chá) de creme de leite fresco
- sal e pimenta-do-reino a gosto
- 1 colher (sopa) de queijo parmesão ralado

Para untar

Margarina

Preparo:

1. Afervente o bacalhau, remova a pele e as espinhas. Desfie o peixe muito bem e reserve. Cozinhe a batata em água com sal. Escorra, retire a casca e esprema até virar um purê.
2. Misture o purê com o bacalhau e o tomate. Acrescente as gemas e o creme de leite e mexa muito bem. Tempere com sal e pimenta.
3. Ponha esse preparado em uma assadeira untada com margarina e polvilhe com o queijo. Leve ao forno preaquecido, em temperatura baixa, por 30 minutos ou até dourar bem. Sirva.

Brandade prática

Para 4 pessoas
Tempo de preparo: 40 minutos
Fácil

Ingredientes:

- 450 g de bacalhau demolhado
- 1 dente de alho
- 3/4 de xícara (chá) de azeite

- 1/2 xícara (chá) de creme de leite fresco

Preparo:

1. Afervente o bacalhau e remova a pele e as espinhas. Ponha no processador e bata por alguns segundos até obter um patê.
2. Amasse o alho e coloque em uma panela pequena com o azeite. Aqueça levemente e reserve. Coloque o patê em uma panela e leve ao fogo baixo.
3. Adicione alternadamente o azeite e o creme de leite ao purê, mexendo sempre com uma colher de pau, por cinco minutos. Sirva em seguida.

Brioche recheado com bacalhau

Para 6 pessoas
Tempo de preparo: 1h50m
Difícil

Ingredientes:

Massa

- 1 tablete de fermento para pão
- 1/4 de xícara (chá) de água morna
- 1/2 xícara (chá) de leite morno
- 7 colheres (sopa) de margarina
- 3 ovos grandes
- 1 gema
- 1/4 xícara (chá) de açúcar
- sal a gosto
- 5 xícaras (chá) de farinha de trigo

Recheio

- 500 g de bacalhau demolhado
- 2 colheres (sopa) de azeite
- 1 cebola grande
- 2 dentes de alho
- 1 folha de louro
- 1 colher (sopa) de salsa
- 1 colher (sopa) de cebolinha
- 4 xícaras (chá) de caldo de legumes
- 5 gemas
- 1 colher (sopa) de margarina
- 2 colheres (sopa) de amido de milho

Molho

- 2 xícaras (chá) de cogumelos fatiados
- 1 colher (sopa) de margarina
- 1 cebola ralada
- 1 colher (sopa) de salsa
- 1 xícara (chá) de creme de leite
- 1 xícara (chá) de caldo de legumes

Para pincelar

1 gema batida com azeite

Para regar

Azeite

Preparo:

Massa

1. Dissolva o fermento na água. À parte, misture o leite, a margarina, os ovos, a gema, o açúcar e o sal. Acrescente o fermento e a farinha e misture bem.
2. Sove até se tornar uma massa elástica e pegajosa. Transfira para uma vasilha untada com margarina e vire a massa para que unte uniformemente. Cubra com um pano de prato e deixe descansar por 1 hora.

Recheio

Afervente o bacalhau e remova a pele e as espinhas. Ponha numa panela o azeite e refogue o bacalhau com a cebola picada, o alho amassado, o louro, a salsa e cebolinha. Junte o caldo, as gemas, a margarina e o amido. Mexa bem até engrossar. Retire do fogo e reserve.

Montagem

1. Sove bem a massa sobre uma superfície polvilhada com farinha. Retire um pedaço da massa do tamanho de uma laranja. Com a massa restante, forme uma bola e ponha em uma forma alta e redonda untada com margarina.
2. Pincele a superfície com a gema batida e faça um buraco no centro da massa.
3. Forme uma bola com a massa reservada. Coloque-a na depressão feita na massa e pincele com a gema. Deixe crescer novamente.
4. Preaqueça o forno em temperatura alta. Pincele a massa novamente e leve ao forno até dourar. Retire do forno e remova da forma.
5. Corte uma tampa na parte de cima da massa e reserve. Retire uma parte do miolo, com cuidado para não danificar as laterais. Esfarele o miolo com cuidado e misture ao preparado de bacalhau. Recheie com essa mistura e regue com azeite. Ponha a tampa e reserve.

Molho

Numa panela refogue os cogumelos na margarina com a cebola e a salsa. Retire do fogo, ponha o creme de leite e o caldo. Leve ao fogo, mexendo sempre, até engrossar o molho. Prove o sal e sirva com o brioche à parte.

Caixinhas de pão com bacalhau

Para 4 pessoas
Tempo de preparo: 40 minutos
Difícil

Ingredientes:

- 100 g de espinafre
- 1 cenoura sem casca
- 12 fatias de pão de forma
- 3 dentes de alho picados
- 3 colheres (sopa) de azeite
- 1 xícara (chá) de bacalhau demolhado, limpo e desfiado
- 1 xícara (chá) de cogumelos cortados em quatro
- sal e pimenta-do-reino a gosto
- 1/2 xícara (chá) de margarina
- 1 colher (sopa) de cheiro-verde
- 4 fatias de queijo fresco

Preparo:

1. Cozinhe o espinafre e a cenoura, separadamente, em água e sal. Escorra, pique e reserve.
2. Com um cortador redondo, corte um círculo no centro de oito fatias de pão. Monte as caixas com uma fatia inteira e duas cortadas sobrepostas.
3. Numa panela, doure o alho no azeite. Junte o bacalhau e os cogumelos e refogue. Tempere com sal e pimenta. Acrescente o espinafre e a cenoura. Misture bem e retire do fogo.
4. Espalhe a margarina numa assadeira e coloque as caixas de pão montadas. Distribua o recheio no meio das caixinhas e polvilhe com o cheiro-verde. Cubra com as fatias de queijo e leve ao forno preaquecido em temperatura média por 20 minutos. Regue às vezes com a margarina da assadeira. Retire do forno e sirva.

Caldo de bacalhau com ovo pochê

Para 4 pessoas
Tempo de preparo: 1h10m
Fácil

Ingredientes:

- 3 colheres (sopa) de azeite
- 500 g de bacalhau demolhado, limpo e em lascas
- 3 batatas sem casca e cortadas em cubos
- 4 colheres (sopa) de arroz
- 2 1/2 xícaras de (chá) de caldo de peixe
- sal e pimenta-do-reino a gosto
- 2 xícaras (chá) de alho-poró (só a parte branca)
- 1 cebola grande cortada em quatro

Ovos pochês

- 2 xícaras (chá) de água
- 1/2 colher (sopa) de vinagre
- sal a gosto
- 4 ovos

Preparo:

1. Numa panela ponha o azeite e refogue o bacalhau. Na mesma panela, ponha a batata e o arroz. Cubra com o caldo e deixe cozinhar até o arroz ficar al dente.
2. Tempere com sal e pimenta. Adicione o alho-poró em rodelas e a cebola. Deixe cozinhar em fogo baixo.

Ovos pochês

1. À parte, ferva a água com o vinagre e tempere com sal. Assim que a água ferver, quebre um ovo em uma tigela e despeje cuidadosamente na panela.
2. Deixe o ovo cozinhar por um minuto ou até que a clara esteja completamente branca. Retire com cuidado. Faça o mesmo com os demais ovos. Sirva o caldo de bacalhau com os ovos.

Calzone de bacalhau com brócolis

Para 4 pessoas
Tempo de preparo: 40 minutos
Fácil

Ingredientes:

Massa

- 40 g de fermento para pão
- 1/2 colher (sopa) de açúcar
- 2 pitadas de sal
- 2 ovos
- 1/2 xícara (chá) de azeite
- 3 colheres (sopa) de margarina sem sal
- 1/2 xícara (chá) de água morna
- 1/2 xícara (chá) de leite morno
- 4 xícaras (chá) de farinha de trigo

Recheio

- 300 g de brócolis cozido picado
- 3 colheres (sopa) de azeite
- sal a gosto
- 1 pitada de cominho
- 2 colheres (sopa) de cebolinha
- 1 cebola ralada
- 2 dentes de alho
- 300 g de bacalhau demolhado, limpo e em lascas
- 3 tomates médios sem pele e sem sementes

• 1 xícara (chá) de requeijão cremoso
• 1 1/2 xícara (chá) de mussarela ralada

Para pincelar

1 gema batida com azeite

Preparo:

Numa vasilha, esfarele o fermento com o açúcar. Junte os demais ingredientes aos poucos. Amasse bem e puxe a massa até obter uma textura macia e uniforme. Cubra com um pano de prato e deixe descansar até dobrar de volume.

Recheio

1. Refogue o brócolis em metade do azeite. Tempere com o sal, cominho e cebolinha. Reserve.
2. Refogue no azeite restante a cebola e o alho até a cebola ficar transparente. Adicione o bacalhau e o tomate picado. Misture com o preparado de brócolis. Acrescente o requeijão e misture bem. Reserve e deixe esfriar.

Montagem

1. Numa superfície lisa, abra a massa com o rolo de macarrão em forma de discos. Pincele cada disco com um pouco de azeite. Ponha um pouco do recheio no centro do disco de massa e polvilhe com a mussarela.
2. Dobre a massa sobre o recheio deixando uma borda de 1 cm. Feche, apertando bem, e pincele com a gema.
3. Ponha os calzones em uma assadeira untada com óleo. Asse em forno quente por 30 minutos ou até a massa dourar. Sirva em seguida.

Carpaccio de bacalhau

Para 4 pessoas
Tempo de preparo: 3 horas
Fácil

Ingredientes:

• 600 g de bacalhau demolhado
• 3 colheres (sopa) de azeite
• 2 colheres (sopa) de aceto balsâmico
• 3 tomates bem maduros
• 1 colher (sopa) de alcaparras

Preparo:

1. Afervente o bacalhau e remova a pele e as espinhas. Ponha no freezer até endurecer.
2. Com uma faca afiada, corte o bacalhau em fatias bem finas. Disponha as fatias em um prato e regue com o azeite e o aceto. Deixe tomar gosto por 3 horas.
3. Remova as sementes do tomate e corte em pedacinhos. Distribua o tomate e a alcaparra sobre as fatias de bacalhau. Sirva em seguida.

Carpaccio de bacalhau com legumes

Para 4 pessoas
Tempo de preparo: 1h45m
Fácil

Ingredientes:

• 1 kg de bacalhau demolhado e limpo
• 2 colheres (sopa) de azeite
• 2 colheres (sopa) de suco de limão
• 1 colher (sopa) de água
• 1/2 colher (sopa) de mostarda
• 1/2 xícara (chá) de cogumelos bem picados
• 2 colheres (sopa) de azeitonas verdes picadas
• 1/2 colher (sopa) de tomilho fresco
• sal a gosto
• 10 buquês de brócolis cozido
• 10 buquês de couve-flor cozida

Preparo:

1. Corte o bacalhau em fatias finas.
2. Numa molheira, misture o azeite, o suco de limão, a água, a mostarda, o cogumelo, a azeitona, o tomilho e o sal. Misture bem e regue o bacalhau com uma parte desse molho. Deixe apurar por 1 hora.
3. Num prato grande, disponha todas as fatias de bacalhau. Por cima, ponha o brócolis e a couve-flor. Regue com o molho restante e leve à geladeira por 30 minutos. Sirva em seguida.

Carpaccio de bacalhau com rúcula

Para 4 pessoas
Tempo de preparo: 3 horas
Fácil

Ingredientes:

• 500 g de postas de bacalhau demolhado, limpo e congelado
• 1/2 xícara (chá) de azeite
• 1 colher (sopa) de aceto balsâmico
• 1 pitada de pimenta-do-reino
• 1/2 maço de rúcula lavado
• 1/4 de xícara (chá) de queijo parmesão ralado grosso

Preparo:

1. Corte o bacalhau em fatias bem finas com uma faca muito afiada. Regue com o azeite e o aceto. Polvilhe com a pimenta e deixe apurar por 3 horas.
2. Em um prato, coloque a rúcula. Por cima, disponha as fatias de bacalhau. Polvilhe com o queijo e sirva imediatamente.

Carpaccio de palmito e bacalhau

Para 4 pessoas
Tempo de preparo: 1 hora
Fácil

Ingredientes:

- 6 pedaços grandes de palmito
- suco de 1 limão
- 1 colher (sopa) de mostarda
- sal e pimenta-do-reino a gosto
- 2 colheres (sopa) de azeite
- 1 cebola média picada
- 2 dentes de alho amassados
- 300 g de bacalhau demolhado e limpo
- 1 abacaxi pérola sem casca

Preparo:

1. Corte metade do palmito em rodelas finas e tempere com o suco de limão, a mostarda, o sal e a pimenta. Reserve.
2. À parte, refogue no azeite a cebola e o alho. Junte o palmito restante picado. Retire do fogo e bata no liquidificador até obter um creme. Reserve.
3. Separe o bacalhau em lascas, tempere com sal e pimenta. Reserve.
4. Corte o abacaxi em rodelas. Pique metade e misture ao purê de palmito.
5. Numa travessa, arrume o palmito reservado ao redor das rodelas de abacaxi. Distribua as lascas de bacalhau por cima e regue com o creme de palmito. Leve à geladeira até o momento de servir.

Casquinha de bacalhau

Para 4 pessoas
Tempo de preparo: 35 minutos
Fácil

Ingredientes:

- 1 cebola grande
- 2 colheres (sopa) de azeite
- 2 colheres (sopa) de amido de milho
- 1/2 xícara (chá) de água
- 400 g de bacalhau demolhado, limpo e desfiado
- 1/2 colher (sopa) de cheiro-verde picado
- 4 colheres (sopa) de molho de tomate refogado
- sal e pimenta-do-reino a gosto
- 1 xícara (chá) de leite de coco
- 8 casquinhas de vieira
- 2 colheres (sopa) de queijo parmesão ralado

Preparo:

1. Preaqueça o forno em temperatura média por dez minutos. Rale a cebola e reserve. Aqueça o azeite e refogue a cebola até dourar.
2. À parte, dissolva o amido de milho na água. Junte ao refogado de cebola. Acrescente o bacalhau, o cheiro-verde, o molho de tomate, o sal e a pimenta. Misture, mexendo às vezes, até ficar consistente.
3. Junte o leite de coco e misture bem. Retire do fogo e distribua o recheio nas casquinhas. Disponha as casquinhas em uma assadeira, polvilhe com queijo e leve ao forno até gratinar. Retire e sirva.

Casquinha de bacalhau com leite de coco

Para 4 pessoas
Tempo de preparo: 45 minutos
Média dificuldade

Ingredientes:

- 250 g de bacalhau demolhado, limpo e desfiado
- 4 colheres (sopa) de azeite
- 1 pitada de pimenta-do-reino moída
- 1 cebola
- 3 tomates sem pele e sem sementes
- 1 pimenta-malagueta
- 1/2 xícara (chá) de leite de coco
- 1/2 xícara (chá) de cheiro-verde picado
- 3 colheres (sopa) de farinha de rosca
- 2 claras batidas
- 8 casquinhas de vieira

Preparo:

1. Ponha numa tigela o bacalhau, metade do azeite e a pimenta-do-reino. Tampe e deixe na geladeira por 30 minutos. Descasque a cebola, corte-a em pedaços e reserve. Pique a polpa do tomate em cubos e reserve. Retire a semente da malagueta, pique e reserve.
2. Preaqueça o forno em temperatura média por dez minutos. Ponha em uma panela o azeite restante e a cebola. Leve ao fogo e refogue, mexendo de vez em quando, por três minutos ou até a cebola ficar transparente. Acrescente o bacalhau e o tomate. Cozinhe, mexendo até o bacalhau ficar macio. Ponha o leite de coco, o cheiro-verde e a pimenta reservada.
3. Cozinhe, mexendo de vez em quando, por mais três minutos. Adicione uma colher (sopa) de farinha de rosca. Misture bem, retire do fogo e reserve. Despeje as claras sobre essa mistura e mexa delicadamente até ficar homogêneo.
4. Distribua o refogado nas casquinhas e polvilhe com a farinha de rosca restante. Leve ao forno até dourar a superfície. Retire do forno e sirva.

Casquinha de bacalhau com molho bechamel

Para 4 pessoas
Tempo de preparo: 45 minutos
Média dificuldade

Ingredientes:

- 400 g de bacalhau demolhado
- 1 cebola
- 2 dentes de alho
- 2 colheres (sopa) de margarina
- 1/2 xícara (chá) de presunto picado
- 1/4 de xícara (chá) de azeitonas verdes recheadas e picadas
- 2 xícaras (chá) de molho bechamel
- sal e pimenta-do-reino a gosto
- 8 casquinhas de vieira
- 2 colheres (sopa) de farinha de rosca
- 1/2 xícara (chá) de queijo parmesão ralado

Preparo:

1. Afervente o bacalhau, escorra, retire a pele e as espinhas. Desfie e reserve.
2. Pique a cebola e o alho. Refogue-os na margarina. Acrescente o presunto e as azeitonas. Misture então o bacalhau reservado e regue com o molho bechamel. Tempere com sal e pimenta e mexa. Retire do fogo. Distribua pelas casquinhas e polvilhe com farinha de rosca e queijo. Leve ao forno para gratinar e sirva.

Cebolas ao forno com bacalhau

Para 4 pessoas
Tempo de preparo: 30 minutos
Fácil

Ingredientes:

- 2 colheres (sopa) de margarina
- 4 cebolas em rodelas
- 1 pitada de açúcar
- 1 colher (sopa) de farinha de trigo
- 1 xícara (chá) de caldo de legumes
- 300 g de bacalhau demolhado, limpo e desfiado
- 1 xícara (chá) de creme de leite
- 6 fatias de pão de forma torradas
- 1/2 xícara (chá) de mussarela ralada
- 1/2 xícara (chá) de parmesão ralado

Preparo:

1. Numa panela, refogue na margarina a cebola com o açúcar. Acrescente a farinha e mexa sempre até dourar.
2. Junte, aos poucos, o caldo e deixe ferver por cinco minutos. Ponha o bacalhau e mexa. Adicione o creme de leite, mexa e retire do fogo.
3. Em um refratário, ponha as torradas. Por cima, espalhe metade de cada tipo de queijo e o creme de bacalhau. Cubra com o queijo restante e leve ao forno médio por 30 minutos. Retire e sirva.

Cebolas recheadas com bacalhau

Para 4 pessoas
Tempo de preparo: 30 minutos
Fácil

Ingredientes:

- 8 cebolas grandes
- 300 g de bacalhau demolhado, limpo e desfiado
- 3/4 de xícara (chá) de queijo parmesão ralado
- 1/2 xícara (chá) de farinha de rosca
- 1 colher (sopa) de salsa
- 1 pitada de pimenta-do-reino
- 2 colheres (sopa) de azeite
- sal a gosto
- 1 xícara (chá) de molho bechamel
- 1 colher (sopa) de cebolinha francesa

Para untar

Margarina

Preparo:

1. Descasque a cebola e ferva em água com sal por oito minutos. Escorra e deixe esfriar. Com ajuda de uma faca bem afiada, corte-a ao meio e escave um pouco do miolo.
2. Coloque a cebola com a cavidade virada para cima em um refratário untado. Leve ao forno por 15 minutos.
3. Misture o bacalhau com o queijo, a farinha de rosca, a salsa e a pimenta. Regue com azeite, tempere com sal e misture bem.
4. Retire a cebola do forno e recheie com o preparado anterior. Se necessário, ponha pedaços de margarina sobre a cebola para untá-la. Cubra com o molho bechamel e polvilhe com a cebolinha. Leve ao forno até gratinar.

Consomê de bacalhau cremoso

Para 4 pessoas
Tempo de preparo: 1 hora
Fácil

Ingredientes:

- 500 g de bacalhau demolhado, limpo e desfiado
- 2 cebolas picadas

- 2 dentes de alho amassados
- 1 colher (sopa) de coentro
- sal, pimenta-do-reino e cominho a gosto
- 2 colheres (sopa) de azeite
- 5 batatas sem casca em pedaços
- 4 xícaras (chá) de água
- 1 xícara (chá) de creme de leite
- 8 torradas médias

Preparo:

1. Misture o bacalhau com metade da cebola, do alho e o coentro. Tempere com sal, pimenta e cominho. Mexa e deixe apurar por 30 minutos.
2. À parte, refogue em metade do azeite a batata com o alho e cebola restantes. Adicione metade da água. Quando a batata estiver cozida, escorra, reservando uma xícara (chá) da água do cozimento, e deixe esfriar.
3. Bata no liquidificador a batata com a água do cozimento. Reserve. Numa panela, refogue o bacalhau no azeite restante e adicione a batata batida. Deixe ferver e junte a água restante. Cozinhe por 15 minutos.
4. Retire do fogo e ponha o creme de leite. Mexa com cuidado e sirva com as torradas.

Consomê de bacalhau com mussarela de búfala

Para 4 pessoas
Tempo de preparo: 1 hora
Fácil

Ingredientes:

- 4 tomates sem pele e sem sementes
- 2 xícaras (chá) de suco de tomate
- 3 colheres (sopa) de azeite
- 1 cebola picada
- 1 cenoura sem casca picada
- 1 talo de salsão picado
- 1 folha de louro
- 1/2 xícara (chá) de manjericão picado
- sal a gosto
- 1/2 colher (sopa) de molho de pimenta
- 4 fatias de pão de forma preto
- 1 dente de alho
- 200 g de bacalhau demolhado, limpo e desfiado
- 100 g de mussarela de búfala

Preparo:

1. Bata o tomate com o suco no liquidificador e reserve. Em uma panela funda, refogue em uma colher (sopa) de azeite a cebola, a cenoura, o salsão, o louro e o manjericão. Junte o tomate batido e deixe ferver por dez minutos em fogo baixo. Tempere com sal e molho de pimenta. Passe por uma peneira bem fina e reserve o caldo.
2. Aqueça o azeite restante e doure levemente as fatias de pão. Retire e esfregue com o alho. Reserve.
3. Aqueça o caldo passado pela peneira e junte o bacalhau. Acrescente a mussarela picada. Mexa rapidamente e sirva com as fatias de pão.

Coroa de bacalhau

Para 4 pessoas
Tempo de preparo: 45 minutos
Média dificuldade

Ingredientes:

Recheio

- 4 abobrinhas
- 1 cebola picada
- 2 colheres (sopa) de margarina
- 250 g de bacalhau demolhado, limpo e desfiado
- 2 ovos batidos
- 1/2 xícara de molho bechamel
- 1/2 xícara (chá) de creme de leite fresco
- sal e pimenta-do-reino a gosto
- 1/2 xícara (chá) de cheiro-verde
- 200 g de mussarela ralada grosso

Molho

- 1 xícara (chá) de creme de leite fresco
- 1 colher (sopa) de endro picado
- sal e pimenta-do-reino branca a gosto

Para pincelar

Azeite

Preparo:

Recheio

1. Corte uma abobrinha em cubos. Corte as demais em fatias no sentido do comprimento e reserve. Refogue a cebola na margarina e junte a abobrinha em cubos. Ponha o bacalhau e misture bem. Acrescente os ovos, o molho bechamel e o creme de leite. Tempere com sal, pimenta e cheiro-verde. Misture bem, deixe cozinhar por cinco minutos e reserve.
2. Pincele com azeite um refratário redondo. Distribua as fatias de abobrinha até cobrir todo o fundo, deixando as pontas para fora. Despeje o recheio no centro e polvilhe com a mussarela. Dobre as pontas da abobrinha para dentro, fechando a coroa.
3. Preaqueça o forno em temperatura alta e leve a forma ao forno por 20 minutos ou até gratinar.

Molho

1. Numa panela, coloque o creme de leite fresco e o endro. Tempere com sal e pimenta e deixe cozinhar até se reduzir e encorpar.
2. Retire a forma do forno e deixe amornar um pouco. Retire da forma com cuidado e regue com o molho antes de servir.

Couve-de-bruxelas com bacalhau

Para 4 pessoas
Tempo de preparo: 1 hora
Fácil

Ingredientes:

- 1 cebola picada
- 3/4 de xícara (chá) de azeite
- 600 g de postas de bacalhau demolhadas e limpas
- 4 batatas sem casca em pedaços
- sal e pimenta-do-reino a gosto
- 3 ovos batidos
- 400 g de couve-de-bruxelas
- 1/2 xícara (chá) de azeitonas pretas sem caroço picadas

Preparo:

1. Refogue a cebola em metade do azeite. Acrescente as postas de bacalhau e a batata. Cubra com água e cozinhe até a batata ficar macia. Tempere com sal e pimenta.
2. Retire o bacalhau e reserve. Bata no liquidificador o restante do caldo com a batata. Numa tigela, ponha o caldo batido, o bacalhau desfiado e os ovos. Misture bem e reserve.
3. Cozinhe a couve-de-bruxelas em água e sal. Escorra, corte ao meio e reserve.
4. Unte uma forma de aro removível e distribua metade do preparado de bacalhau. Ponha metade da couve reservada e cubra com o preparado restante. Leve ao forno médio por 35 minutos. Salteie a couve restante no azeite reservado e junte a azeitona. Misture bem e sirva à parte com o preparado de bacalhau.

Coxinhas de bacalhau com queijo cremoso

Para 4 pessoas
Tempo de preparo: 1h30m
Média dificuldade

Ingredientes:

Caldo

- 800 g de bacalhau demolhado e limpo
- 6 xícaras (chá) de água
- 1 cebola cortada em quatro
- 1 folha de louro
- sal a gosto

Recheio

- 2 colheres (sopa) de azeite
- 2 cebolas picadas
- 4 dentes de alho amassados
- 4 colheres (sopa) de molho de tomate refogado
- 1 colher (sopa) de pimentão vermelho sem pele e sem sementes em tiras
- 1 folha de louro
- 1/2 xícara (chá) de azeitonas verdes picadas
- 1/2 xícara (chá) de cheiro-verde
- sal a gosto
- 1/2 colher (sopa) de molho de pimenta
- 400 g de requeijão cremoso

Massa

4 xícaras (chá) de farinha de trigo

Para empanar

Leite
Farinha de rosca

Para fritar

Óleo

Preparo:

Caldo

Ponha numa panela todos os ingredientes e leve ao fogo até o bacalhau ficar macio. Retire o bacalhau e coe o caldo, reservando dois litros. Desfie o bacalhau e reserve.

Recheio

1. Numa panela ponha o azeite, a cebola e o alho. Refogue por cinco minutos e junte o bacalhau reservado. Acrescente o molho de tomate, o pimentão, o louro, a azeitona e o cheiro-verde. Tempere com sal e o molho de pimenta. Refogue até o bacalhau ficar seco e reserve.

Massa

1. Numa panela, ponha o caldo reservado e leve ao fogo. Assim que levantar fervura, acrescente a farinha de uma só vez, mexendo vigorosamente com uma colher de pau. Cozinhe por dez minutos, mexendo sem parar até a massa se desprender do fundo da panela. Se necessário, ponha mais farinha. Espalhe a massa sobre uma superfície lisa e deixe amornar coberta com filme plástico.
2. Quando estiver morna, retire o filme. Unte as mãos com azeite e forme bolinhas. Com o auxílio de uma colher, faça uma depressão no centro de cada bolinha

e ponha o recheio de bacalhau misturado com o requeijão. Feche, dando o formato de coxinhas. Passe pelo leite e pela farinha de rosca.

3. Frite em óleo quente e escorra sobre papel-toalha.

Creme de abóbora com bacalhau

Para 4 pessoas
Tempo de preparo: 1 hora
Fácil

Ingredientes:

- 300 g de postas de bacalhau demolhadas
- 1 colher (sopa) de salsa
- 2 colheres (sopa) de azeite
- 4 colheres (sopa) de suco de limão
- sal a gosto
- 300 g de abóbora sem casca e cortada em cubos
- 1/2 colher (sopa) de margarina
- 1/2 xícara (chá) de leite

Preparo:

1. Afervente o bacalhau por 15 minutos, reservando a água. Escorra, remova a pele e as espinhas e o desfie em lascas. Ponha numa tigela e tempere com a salsa, o azeite, o suco de limão e o sal. Reserve.
2. Cozinhe a abóbora na água reservada. Escorra, passe pelo espremedor e refogue na margarina. Adicione o leite e mexa até obter a consistência de purê. Ponha o creme de abóbora nos pratos. Por cima, despeje o bacalhau temperado.

Creme de abóbora com bacalhau e leite de coco

Para 4 pessoas
Tempo de preparo: 1 hora
Fácil

Ingredientes:

- 400 g de bacalhau demolhado, limpo e em pedaços
- 2 colheres (sopa) de cheiro-verde picado
- 4 colheres (sopa) de suco de limão
- 2 colheres (sopa) de azeite
- 1 kg de abóbora sem casca e cortada em cubos
- 2 xícaras (chá) de caldo de legumes
- 1 colher (sopa) de margarina
- 1/2 xícara (chá) de leite
- 1/2 xícara (chá) de leite de coco
- sal a gosto

Preparo:

1. Ponha o bacalhau em uma panela. Junte o cheiro-verde, o suco de limão e o azeite. Misture e refogue por cinco minutos. Reserve.
2. Coloque a abóbora em uma panela com o caldo de legumes. Leve ao fogo e cozinhe por 20 minutos ou até ficar macia. Retire do fogo, escorra a água e amasse.
3. Numa panela, ponha a margarina, os dois tipos de leite e a abóbora amassada. Leve ao fogo e cozinhe, mexendo de vez em quando, até obter um creme. Tempere com sal e retire do fogo.
4. Distribua o creme nos pratos. Por cima, ponha o bacalhau aquecido. Sirva em seguida.

Creme de batata com bacalhau

Para 4 pessoas
Tempo de preparo: 1 hora
Fácil

Ingredientes:

- 300 g de postas de bacalhau
- 4 batatas sem casca e cortadas em quatro
- 2 dentes de alho picados
- 2 cebolas em pedaços
- 1 colher (sopa) de salsa
- 1 colher (sopa) de azeite
- sal e pimenta-malagueta em flocos a gosto

Preparo:

1. Afervente o bacalhau, reservando a água, e retire a pele e espinhas. Coe a água e ponha nela a batata, o alho, a cebola, a salsa e o azeite. Cozinhe em fogo médio, adicionando mais água, se necessário. Ponha o bacalhau e cozinhe até a batata ficar macia. Retire o bacalhau e reserve.
2. Transfira o caldo para o processador e triture bem, adicionando mais azeite, se desejar que fique mais cremoso. Tempere com sal e pimenta. Leve ao fogo novamente com os pedaços de bacalhau e aqueça. Sirva em seguida.

Creme de batata-doce com bacalhau

Para 4 pessoas
Tempo de preparo: 30 minutos
Fácil

Ingredientes:

- 400 g de postas de bacalhau demolhadas

- 5 batatas-doces
- 1 colher (sopa) de farinha de trigo
- 5 colheres (sopa) de margarina
- 2 xícaras (chá) de creme de leite
- sal a gosto
- 1 pitada de noz-moscada
- 1 cebola
- 4 tomates
- 4 xícaras (chá) de caldo de legumes
- 2 colheres (sopa) de cheiro-verde

Preparo:

1. Afervente o bacalhau e reserve a água. Retire a pele e espinhas. Desfie.
2. Descasque a batata-doce, corte-a em pedaços e cozinhe na água reservada. Escorra e reserve.
3. Numa panela, refogue a farinha em uma colher (sopa) de margarina. Doure um pouco e junte o creme de leite. Misture por dois minutos e ponha o bacalhau. Mexa bem até obter uma pasta. Tempere com sal e a noz-moscada. Leve à geladeira até ficar bem gelado.
4. Aqueça a margarina restante e refogue a cebola picada até amolecer. Junte o tomate sem pele e sementes. Refogue, junte a batata-doce e o caldo de legumes. Bata no liquidificador.
5. Volte ao fogo e deixe o creme apurar. Sirva sobre o bacalhau gelado e polvilhe com o cheiro-verde.

Creme de milho com bacalhau

Para 4 pessoas
Tempo de preparo: 1 hora
Fácil

Ingredientes:

- 450 g de bacalhau demolhado e limpo
- 1 colher (sopa) de margarina
- 1 cebola picada
- 1/4 de xícara (chá) de farinha de trigo
- 2 latas de milho escorridas
- 2 tabletes de caldo de legumes
- 4 xícaras (chá) de leite
- 3 xícaras (chá) de água
- sal e pimenta-do-reino a gosto
- 1 colher (sopa) de azeite
- 1 colher (sopa) de manjericão

Preparo:

1. Desfie o bacalhau e reserve. Numa panela, derreta a margarina e refogue a cebola, em fogo baixo, até que fique transparente.
2. Junte a farinha e deixe dourar um pouco. Ponha o milho, os tabletes esfarelados e o leite. Deixe no fogo até ferver.
3. Apague o fogo e espere amornar. Transfira para o liquidificador e adicione a água. Bata, coe e tempere com sal e pimenta.
4. Aqueça o azeite e refogue bem o bacalhau com mais sal e pimenta. Reserve. À parte, aqueça o creme de milho batido. Na hora de servir, ponha um pouco de bacalhau no centro do prato e o creme ao lado, polvilhado com manjericão.

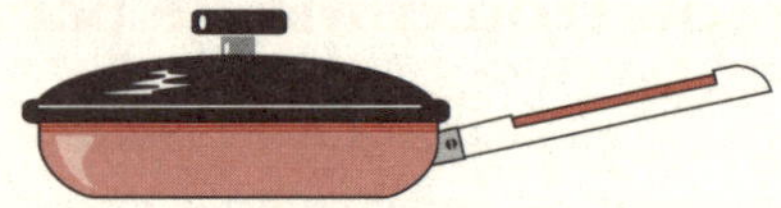

Crepes empanados de bacalhau

Para 4 pessoas
Tempo de preparo: 40 minutos
Fácil

Ingredientes:

Massa

- 1 3/4 de xícara (chá) de farinha de trigo
- 1/4 de xícara (chá) de margarina em temperatura ambiente
- 4 ovos
- 2 xícaras (chá) de leite
- sal a gosto

Recheio

- 200 g de postas de bacalhau demolhadas, limpas e em lascas
- 1 xícara (chá) de molho bechamel
- sal e pimenta-do-reino a gosto

Para empanar

4 ovos bem batidos
Farinha de rosca

Para untar

Azeite

Preparo:

Massa

1. Misture bem todos os ingredientes. Unte uma frigideira antiaderente com azeite e espalhe um pouco da massa até cobrir o fundo.
2. Deixe dourar a parte de baixo. Vire a massa com ajuda de uma colher de pau para dourar do outro lado. Repita a operação até terminar a massa.

Recheio

1. Numa frigideira, refogue o bacalhau em um pouco de azeite. Misture o bechamel e tempere com sal e pimenta.

Retire do fogo.

2. Ponha um pouco do recheio no centro de cada crepe. Enrole os crepes e dobre as pontas para dentro, dando uma forma regular. Passe no ovo e depois na farinha de rosca. Frite em azeite bem quente. Escorra sobre papel-toalha e sirva.

Crepe-trouxinha de bacalhau

Para 4 pessoas
Tempo de preparo: 1 hora
Fácil

Ingredientes:

Recheio

- 1 colher (sopa) de azeite
- 1 dente de alho picado
- 2 tomates sem pele e sem sementes picados
- 500 g de bacalhau demolhado, limpo e desfiado
- 1 xícara (chá) de creme de leite fresco
- 1 colher (sopa) de salsa picada
- sal a gosto

Massa

- 2 xícaras (chá) de leite
- 3 ovos
- 1 pitada de sal
- 1 3/4 de xícara (chá) de farinha de trigo
- 1 colher (sopa) de margarina

Para untar

Margarina

Preparo:

Recheio

1. Aqueça o azeite em uma panela e doure o alho. Adicione o tomate, o bacalhau e deixe no fogo até levantar fervura.
2. Ponha o creme de leite e cozinhe até o molho se reduzir. Acrescente salsa e tempere com sal. Mexa e retire do fogo. Reserve.

Massa

1. Ponha no liquidificador todos os ingredientes e bata até obter uma mistura homogênea. Deixe descansar por três minutos.
2. Aqueça uma frigideira untada com um pouco de margarina. Com uma concha, coloque um pouco da mistura e deixe dourar. Vire e doure do outro lado. Retire do fogo e repita a operação até terminar a massa.
3. Recheie os crepes com o molho de bacalhau. Feche os crepes como se fossem trouxinhas e sirva em seguida.

Cogumelos ao creme de gengibre com bacalhau

Para 4 pessoas
Tempo de preparo: 1 hora
Fácil

Ingredientes:

- 2 colheres (sopa) de margarina
- 1 kg de bacalhau demolhado, limpo e desfiado
- 300 g de cogumelos grandes partidos ao meio

Creme de gengibre

- 2 colheres (sopa) de margarina
- 2 colheres (sopa) de farinha de trigo
- 2 xícaras (chá) de leite
- sal e noz-moscada a gosto
- 1/2 colher (sopa) de gengibre ralado
- 1 xícara (chá) de cream cheese

Para polvilhar

Queijo parmesão ralado

Preparo:

Ponha metade da margarina na frigideira e adicione o bacalhau. Refogue por cinco minutos. Reserve. À parte, salteie o cogumelo na margarina restante e reserve.

Creme de gengibre

1. Aqueça a margarina e doure a farinha. Junte, aos poucos, o leite e mexa até que engrosse. Tempere com sal e noz-moscada. Ponha o gengibre e o cream cheese. Misture bem. Reserve.
2. Num refratário, ponha metade do creme. Por cima o cogumelo e o bacalhau. Cubra com o creme restante e polvilhe com o queijo ralado. Leve ao forno por 15 minutos e sirva.

Croquete de bacalhau ao molho bechamel

Para 4 pessoas
Tempo de preparo: 50 minutos
Fácil

Ingredientes:

- 500 g de bacalhau demolhado
- 1 colher (sopa) de margarina
- 1/2 colher (sopa) de mostarda
- 2 colheres (sopa) de cheiro-verde

Molho bechamel

- 4 colheres (sopa) de margarina
- 4 colheres (sopa) de farinha de trigo
- 2 1/2 xícaras (chá) de leite
- 1 folha de louro
- 1 cravo-da-índia
- 1 cebola pequena
- sal a gosto
- 1 pitada de pimenta-do-reino branca
- 2 pitadas de noz-moscada

Para empanar

2 gemas batidas
Farinha de rosca

Para fritar

Azeite

Preparo:

1. Afervente o bacalhau em fogo baixo por cinco minutos. Escorra, remova a pele e as espinhas. Ponha numa panela a margarina e refogue o bacalhau.
2. Acrescente a mostarda e polvilhe com o cheiro-verde. Misture e reserve.

Molho

1. Ponha na panela a margarina com a farinha e leve ao fogo baixo. Misture com uma colher de pau. Acrescente o leite aos poucos, sem parar de mexer.
2. Abaixe o fogo e cozinhe por cinco minutos. Espete a folha de louro com o cravo e espete na cebola. Ponha a cebola na panela com o molho e leve ao fogo por 20 minutos, em fogo baixo, mexendo de vez em quando.
3. Retire a cebola e tempere o molho com sal, pimenta e noz-moscada. Transfira para uma vasilha e junte o bacalhau. Misture e modele os croquetes. Passe-os pela gema e pela farinha de rosca. Frite em azeite bem quente e escorra sobre papel-toalha. Sirva em seguida.

Croquete recheado com bacalhau

Para 4 pessoas
Tempo de preparo: 50 minutos
Fácil

Ingredientes:

Recheio

- 3 colheres (sopa) de azeite
- 1 cebola picada
- 2 tomates sem peles e sementes picados
- 2 postas de bacalhau demolhadas, limpas e desfiadas
- 1 pitada de pimenta-malagueta em flocos
- 1/2 xícara (chá) de salsa

Massa

- 2 xícaras (chá) de caldo de legumes
- 3 xícaras (chá) de farinha de trigo
- 3 batatas cozidas sem casca espremidas
- sal a gosto

Para empanar

1 gema batida
Farinha de rosca

Para fritar

Óleo

Preparo:

Recheio

Aqueça o azeite e refogue a cebola até ficar transparente. Adicione o tomate e o bacalhau e refogue mais um pouco. Acrescente os ingredientes restantes e deixe apurar por cinco minutos. Deixe esfriar.

Massa

1. Em uma panela, aqueça o caldo de legumes. Tempere com sal e ponha a farinha. Mexa até se desgrudar da panela.
2. Espalhe a massa em uma superfície lisa untada com azeite e deixe esfriar um pouco. Em seguida, adicione a batata espremida. Trabalhe a massa até ficar homogênea. Se necessário, acrescente mais um pouco de azeite.
3. Abra uma porção da massa e distribua o recheio de bacalhau. Enrole, dando o formato de croquete. Passe pelo ovo e pela farinha de rosca. Frite em óleo quente e escorra sobre papel-toalha. Sirva em seguida.

Croquete de bacalhau

Para 4 pessoas
Tempo de preparo: 30 minutos
Fácil

Ingredientes:

- 250 g de bacalhau demolhado
- 2 colheres (sopa) de azeite
- 1 colher (sopa) de cebola picada
- 1/2 colher (sopa) de salsa frisé picada
- 1 pitada de pimenta-do-reino branca moída
- 1 xícara (chá) de molho de tomate refogado

- 1 xícara (chá) de batata cozida e espremida
- 1 xícara (chá) de farinha de trigo

Para empanar

2 gemas bem batidas
Farinha de rosca

Para fritar

Azeite

Preparo:

1. Afervente o bacalhau, reservando a água. Remova a pele e as espinhas e desfie o peixe. Aqueça o azeite e refogue a cebola. Adicione o bacalhau, a salsa, a pimenta, o molho e a água reservada. Misture bem.
2. Junte a batata e a farinha e mexa até formar um angu. Cozinhe até se soltar da panela. Retire do fogo e espere esfriar.
3. Separe a massa em duas partes. Faça cordões e corte em pedaços, dando a forma de croquetes. Passe na farinha de rosca e depois no ovo. Passe outra vez na farinha de rosca. Aqueça o azeite e frite os croquetes aos poucos. Escorra sobre papel-toalha e sirva.

Curry de bacalhau

Para 4 pessoas
Tempo de preparo: 1 hora
Média dificuldade

Ingredientes:

- 400 g de postas de bacalhau demolhadas
- 2 folhas de louro
- sal a gosto
- 2 colheres (sopa) de azeite
- 1/2 colher (sopa) de mostarda em grãos
- 2 cebolas picadas
- 2 maçãs ácidas descascadas e cortadas em cubos
- suco de 1 limão
- 1 xícara (chá) de leite de coco
- 1 colher (sopa) de curry
- 250 g de arroz basmati cozido
- 1 xícara (chá) de pistache
- 100 g de sementes de gergelim

Preparo:

1. Afervente o bacalhau com o louro e sal. Escorra, reservando a água. Remova a pele e as espinhas do peixe e separe-o em lascas.
2. Numa frigideira, aqueça o azeite e refogue os grãos de mostarda até dourarem bem. Junte a cebola e refogue-a até dourar.
3. Acrescente a maçã, o suco de limão e o leite de coco. Cozinhe por dez minutos e coloque o curry. Cozinhe por mais cinco minutos em fogo baixo. Se ficar muito seco, junte um pouco da água reservada.
4. Misture o arroz ao pistache. Para servir, faça nos pratos um círculo com o arroz e no centro ponha as postas regadas com o molho de curry aquecido. Polvilhe com o gergelim e sirva.

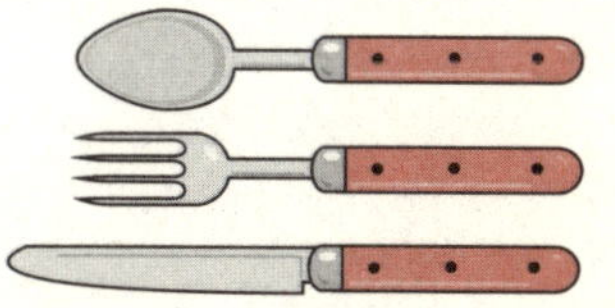

Cuscuz de bacalhau

Para 4 pessoas
Tempo de preparo: 50 minutos
Fácil

Ingredientes:

Cuscuz

- 5 xícaras (chá) de farinha de milho amarela
- 1 xícara (chá) de azeite
- 1 cebola picada
- 3 dentes de alho picados
- 1 colher (sopa) de cebolinha verde picada
- 1 colher (sopa) de salsa picada
- 5 tomates sem pele e sem sementes picados
- 3 xícaras (chá) de caldo de legumes
- 500 g de bacalhau demolhado, limpo e desfiado
- 150 g de ervilhas frescas
- 100 g de azeitonas verdes recheadas
- sal a gosto
- 2 pimentões vermelhos sem pele e sem sementes
- 1 xícara (chá) de farinha de mandioca crua
- 2 ovos cozidos cortados em rodelas

Molho

- 1 xícara (chá) de azeite
- 2 colheres (sopa) de cebola picada
- 2 dentes de alho picados
- 6 tomates sem pele e sementes
- 1 kg de camarão pequeno limpo
- 1 colher (sopa) de coentro picado
- sal e pimenta-do-reino
- 1 pitada de orégano e de tempero baiano

Preparo:

Cuscuz

1. Esfarele os flocos de farinha de milho com as mãos e reserve. Em uma panela, ponha o azeite e leve ao fogo. Acrescente a cebola e o alho e refogue-os em fogo baixo

até a cebola ficar transparente. Adicione a cebolinha e a salsa, misture bem e refogue por alguns minutos.

2. Acrescente o tomate e refogue até que se desmanche. Adicione o caldo e ferva por 15 minutos em fogo baixo. Depois, aumente o fogo e acrescente o bacalhau, a ervilha e a azeitona picada. Tempere com sal, junte metade do pimentão picado e cozinhe por dez minutos em fogo baixo. Aos poucos, acrescente as farinhas.
3. Cozinhe por dez minutos, mexendo sem parar até que se desprenda da panela. Unte uma forma com buraco no meio com azeite e cubra o fundo e as laterais com as rodelas de ovo e tiras do pimentão restante. Despeje a massa com cuidado, apertando-a bem na forma.

Molho

1. Em uma panela grande ponha o azeite, a cebola, o alho e refogue até que estejam macios. Acrescente o tomate batido no liquidificador.
2. Deixe no fogo até que o molho engrosse. Adicione o camarão e cozinhe por mais dez minutos. Polvilhe com o coentro e tempere com sal, pimenta, o orégano e o tempero baiano. Mexa, retire do fogo e sirva com o cuscuz.

Empadas de bacalhau

Para 4 pessoas
Tempo de preparo: 50 minutos
Fácil

Ingredientes:

Recheio

- 600 g de bacalhau demolhado, limpo e desfiado
- 1/2 colher (sopa) de margarina
- 1 cebola picada
- 1 colher (sopa) de coentro picado
- 1/2 xícara (chá) de azeitonas pretas picadas
- 1 pimenta-malagueta sem sementes
- 1 tomate sem pele e sem sementes picado
- 2 colheres (sopa) de requeijão cremoso

Massa

- 4 xícaras (chá) de farinha de trigo
- 1 xícara (chá) de banha de porco
- 2 ovos
- 1 pitada de sal

Para pincelar

1 ovo batido com gotas de azeite

Preparo:

Recheio

Afervente o bacalhau, remova a pele e as espinhas. Desfie-o em lascas e reserve. Leve ao fogo a margarina com a cebola, refogando-a. Junte o bacalhau, o coentro e a azeitona. Mexa bem e cozinhe por cinco minutos. Junte a pimenta e o tomate. Misture novamente e ponha o requeijão. Mexa, retire do fogo e deixe esfriar.

Massa

1. Numa tigela, misture bem todos os ingredientes até formar uma massa homogênea. Com uma parte da massa, forre forminhas individuais. Reserve a massa restante.
2. Coloque o recheio nas forminhas e cubra com a massa reservada. Pincele com o ovo e asse em forno preaquecido por 20 minutos ou até dourar.

Estrogonofe de bacalhau com batata-doce

Para 4 pessoas
Tempo de preparo: 30 minutos
Fácil

Ingredientes:

- 1 kg de bacalhau demolhado
- 1 kg de batata-doce
- 3 xícaras (chá) de açúcar
- 3 xícaras (chá) de água
- 2 dentes de alho picados
- 1 cebola ralada
- 1/2 xícara (chá) de azeite
- 3 tomates batidos sem pele e sem semente
- 1 xícara (chá) de creme de leite
- 1/2 xícara (chá) de conhaque
- 1 1/2 xícara (chá) de cogumelos fatiados
- 2 colheres (sopa) de ketchup
- 1 colher (sopa) de mostarda

Preparo:

1. Afervente o bacalhau, remova a pele e as espinhas. Desfie-o em lascas e reserve.
2. Cozinhe a batata-doce em panela de pressão. Quando estiver cozida, retire a casca. Leve ao fogo uma panela com o açúcar. Assim que caramelizar, junte a água. Quando ferver, adicione a batata em pedaços e deixe ferver mais um pouco. Retire do fogo e reserve.
3. À parte, refogue o alho e a cebola no azeite. Junte o tomate e refogue. Acrescente o bacalhau. Adicione o creme de leite e o conhaque. Flambe e ponha o cogumelo, o ketchup e a mostarda. Mexa rapidamente e sirva com a batata-doce caramelada.

Estrogonofe de bacalhau aromático

Para 4 pessoas
Tempo de preparo: 50 minutos
Fácil

Ingredientes:

- 400 g de bacalhau demolhado
- 2 colheres (sopa) de azeite
- 2 dentes de alho socados
- 2 cebolas cortadas em cubos
- 5 tomates sem peles e sem sementes picados
- 1/2 xícara (chá) de vinho do Porto branco
- sal e pimenta-do-reino a gosto
- 1/2 colher (sopa) de orégano
- 1/2 bulbo de erva-doce
- 1/2 xícara (chá) de cogumelos fatiados
- 100 g de queijo gruyère ralado
- 1 xícara (chá) de creme de leite fresco
- 1 pitada de açafrão

Preparo:

1. Afervente o bacalhau e retire a pele e as espinhas. Separe-o em lascas e reserve.
2. Refogue no azeite o alho e a cebola. Acrescente o tomate e cozinhe em fogo baixo até que o tomate se desfaça. Ponha o vinho e tempere com sal, pimenta e orégano.
3. Junte a erva-doce picada, o bacalhau e os cogumelos. Tampe e deixe apurar por cinco minutos. Retire do fogo e acrescente o queijo e o creme de leite misturado com o açafrão. Misture bem e sirva em seguida.

Favas com bacalhau

Para 4 pessoas
Tempo de preparo: 30 minutos
Fácil

Ingredientes:

- 1 cebola picada
- 3 dentes de alho picados
- 2 xícaras (chá) de azeite
- 1,5 kg de favas frescas
- 2 tomates sem pele e sem sementes picados
- 1 1/2 xícara (chá) de caldo de legumes
- sal e pimenta-do-reino a gosto
- 300g de postas de bacalhau demolhadas e limpas
- 1 colher (sopa) de ervas finas

Preparo:

1. Refogue metade da cebola e do alho em duas colheres (sopa) de azeite. Junte a fava, o tomate, metade do caldo, sal e pimenta. Cozinhe em fogo médio por 20 minutos.
2. Separe o bacalhau em lascas grandes e doure-o no azeite restante. Junte o alho e a cebola restantes.
3. Ponha o bacalhau refogado na panela com a fava. Despeje o caldo restante e cozinhe até a fava ficar macia. Ponha mais caldo, se necessário. Acrescente as ervas, mexa e sirva em seguida.

Feijão-branco com bacalhau

Para 4 pessoas
Tempo de preparo: 30 minutos
Fácil

Ingredientes:

- 3 xícaras (chá) de feijão-branco
- 2 cebolas
- 4 dentes de alho
- 1 folha de louro
- 2 colheres (sopa) de molho de tomate refogado
- sal e cominho a gosto
- 2 postas de bacalhau demolhadas
- 1/4 de xícara (chá) de azeite
- 1 cenoura sem casca picada
- 1 lingüiça defumada em rodelas
- 200 g de bacon
- 2 colheres (sopa) de coentro picado

Preparo:

1. Deixe o feijão de molho por 4 horas. Cozinhe na pressão com metade da cebola e do alho cortados em pedaços. Junte o louro, o molho de tomate, o sal e o cominho. Ferva até o feijão ficar macio.
2. Escorra, reservando o caldo e os grãos separadamente. Cozinhe o bacalhau no mesmo caldo por dez minutos. Escorra, reservando a água, e remova a pele e as espinhas. Separe-o em lascas grandes.
3. À parte, pique a cebola e o alho restantes e refogue-os no azeite. Junte a cenoura e a lingüiça. Ponha o bacon picado e frite um pouco. Acrescente a água reservada. Deixe ferver e adicione o bacalhau. Polvilhe com o coentro e tampe por alguns segundos. Sirva com o feijão cozido.

Flã de parmesão com bacalhau e cogumelos

Para 4 pessoas
Tempo de preparo: 2 horas
Média dificuldade

Ingredientes:

Flã

- 2 colheres (sopa) de margarina
- 2 colheres (sopa) de farinha de trigo
- 1 xícara (chá) de creme de leite fresco
- 1/2 xícara (chá) de leite
- 2 ovos
- 1 gema
- 100 g de queijo parmesão ralado
- 1 pitada de noz-moscada
- sal e pimenta-do-reino a gosto

Para untar

Azeite

Bacalhau e cogumelos

- 150 g de cogumelo shiitake
- 1 cenoura em rodelas
- 1 alho-poró em rodelas
- 1 pitada de louro
- 1 colher (sobremesa) de tomilho
- 2 colheres (sopa) de azeite
- 400 g de bacalhau demolhado e em lascas grossas
- 2 xícaras (chá) de vinho branco seco
- 2 xícaras (chá) de caldo de legumes
- 2 colheres (sopa) de margarina
- sal, pimenta-branca e folhas de sálvia, a gosto

Preparo:

Flã

1. Preaqueça o forno em temperatura baixa. Unte forminhas individuais com azeite. Ponha a margarina em uma panela e adicione a farinha. Leve ao fogo, mexendo sempre, e cozinhe até obter a consistência pastosa. Adicione aos poucos o creme de leite e o leite. Mexa bem e deixe ferver. Retire do fogo e espere amornar.
2. Distribua um pouco do preparado anterior sobre os ovos e a gema bem batidos. Misture bem e leve à panela novamente.
3. Junte o parmesão e misture bem. Tempere com noz-moscada, sal e pimenta. Transfira para as forminhas e cubra com papel-alumínio. Leve ao forno e asse em banho-maria por 1 hora ou até que, ao espetar um palito, ele saia limpo. Retire do forno. Assim que amornar, desenforme.

Bacalhau e cogumelos

1. Limpe o cogumelo com uma folha de papel-toalha. Pique e reserve. Coloque a cenoura e o alho-poró numa panela. Tempere com o louro, o tomilho e refogue no azeite. Acrescente o bacalhau e regue com o vinho e o caldo. Cozinhe por dez minutos. Reserve.
2. Aqueça a margarina numa panela e refogue o cogumelo em fogo alto por cinco minutos. Junte ao preparado de bacalhau e deixe ferver até apurar um pouco. Tempere com sal e pimenta. Sirva com o flã e decore com a sálvia.

Fogazza de bacalhau

Para 4 pessoas
Tempo de preparo: 40 minutos
Fácil

Ingredientes:

- 1 tablete de fermento para pão
- 4 xícaras (chá) de farinha de trigo
- 1 xícara (chá) de água
- 2 colheres (sopa) de açúcar
- 1 pitada de sal
- 2 colheres (sopa) de azeite
- 1 ovo

Recheio

- 200 g de postas de bacalhau demolhadas
- 2 cebolas
- 1 xícara (chá) de azeite
- 1 colher (sopa) de passas sem caroço
- 2 colheres (sopa) de cheiro-verde picado
- 1/2 colher (sopa) de cominho
- 1 lingüiça defumada
- 1 pimentão vermelho sem sementes
- 2 colheres (sopa) de molho de tomate
- 1 pitada de açafrão
- sal e pimenta-malagueta a gosto

Para pincelar

1 gema batida com gotas de azeite

Preparo:

1. Numa vasilha, misture bem o fermento, uma xícara (chá) de farinha e 1/2 xícara (chá) de água. Deixe descansar por dez minutos. Junte aos poucos os ingredientes restantes. Misture bem até formar uma massa bem macia.
2. Faça bolinhas do tamanho de um ovo e deixe descansar novamente por 15 minutos cobertas com um pano.

Recheio

1. Afervente o bacalhau, escorra, retire a pele e as espinhas. Separe-o em lascas. À parte, pique a cebola e doure-a no azeite. Acrescente a passa, o cheiro-verde,

o cominho, a lingüiça triturada e o pimentão em cubos.

2. Mexa e misture o molho de tomate. Refogue por dez minutos em fogo baixo. Adicione as lascas de bacalhau, o açafrão e tempere com sal e pimenta.Cozinhe por mais 20 minutos e deixe esfriar bem.
3. Abra com o rolo as bolas de massa reservada e coloque o recheio. Feche cada uma como um pastel e pincele com a gema. Asse em forno médio até dourar e sirva.

Fogazza de bacalhau e azeitonas

Para 4 pessoas
Tempo de preparo: 40 minutos
Fácil

Massa

- 2 xícaras (chá) de leite
- 3 ovos
- 1/4 de xícara (chá) de margarina
- 2 xícaras (chá) de farinha de trigo
- 1 xícara (chá) de amido de milho
- 1 pitada de sal
- 1 colher (sopa) de fermento em pó

Recheio

- 1 cebola picada
- 1 colher (sopa) de alho amassado
- 3 colheres (sopa) de azeite
- 3 tomates sem pele e sem sementes
- 400 g de bacalhau demolhado, limpo e desfiado
- 1 colher (sopa) de manjerona
- sal e pimenta-do-reino a gosto
- 100 g de azeitonas pretas picadas
- 300 g de mussarela ralada

Preparo:

Massa

Bata bem no liquidificador o leite, os ovos e a margarina. Acrescente a farinha, o amido, o sal e o fermento. Bata novamente. Despeje parte da massa em uma forma retangular untada com manteiga e polvilhada com farinha.

Recheio

1. Numa panela, refogue a cebola e o alho no azeite. Mexa até a cebola ficar transparente. Junte o tomate em cubos, o bacalhau e a manjerona. Refogue e tempere com sal e pimenta. Adicione a azeitona picada.
2. Mexa, retire do fogo e deixe esfriar. Abra a massa com o rolo e coloque o recheio. Polvilhe com a mussarela e feche como um pastel. Leve ao forno preaquecido em temperatura média por 20 minutos ou até dourar.

Folhado de bacalhau com arroz

Para 4 pessoas
Tempo de preparo: 40 minutos
Fácil

Ingredientes:

- 2 xícaras (chá) de arroz cozido
- 2 ovos (claras e gemas separadas)
- sal a gosto
- 250 g de cogumelos
- 3 ovos cozidos sem casca
- 1 pacote de massa folhada descongelada
- 300 g de bacalhau demolhado, limpo e desfiado
- 1 xícara (chá) de azeitonas pretas sem caroço em rodelas

Para pincelar

1 gema batida

Preparo:

1. Numa panela, misture o arroz com as gemas. Tempere com sal. Corte os cogumelos e os ovos cozidos em fatias.
2. À parte, abra a massa folhada com 3 mm de espessura. Distribua uma camada de arroz, cogumelo e ovos cozidos. Por cima, espalhe uma camada de bacalhau e outra camada de ovos cozidos, cogumelo e arroz. Por último, a azeitona. Feche a massa no formato de um travesseiro e cole as aberturas com as claras batidas. Ponha a massa numa forma grande e pincele com a gema batida. Leve ao forno e asse por 30 minutos ou até dourar.

Folhado de bacalhau com camarão

Para 4 pessoas
Tempo de preparo: 50 minutos
Fácil

Ingredientes:

- 1 pacote de massa folhada descongelada
- 1 ovo bem batido
- 200 g de postas de bacalhau demolhadas
- 100 g de camarões médios
- 3 colheres (sopa) de azeite
- 1 cebola
- 2 dentes de alho
- 1 pimentão verde sem sementes picado
- 1 pimentão amarelo sem sementes picado
- sal e pimenta-do-reino a gosto

Preparo:

1. Estenda a massa sobre uma superfície enfarinhada e corte-a em oito pedaços. Pincele-os com o ovo e ponha numa assadeira. Leve ao forno preaquecido em tempe-

ratura média por dez minutos.
2. Afervente o bacalhau e escorra, reservando a água. Remova a pele e as espinhas. Desfie-o em lascas. Cozinhe o camarão, descasque e reserve.
3. Refogue no azeite a cebola e o alho picados e junte os pimentões, o bacalhau e os camarões. Tempere com sal e pimenta. Mexa e adicione um pouco da água reservada. Retire os folhados do forno e abra-os ao meio. Recheie com a mistura de bacalhau e sirva em seguida.

Folhado de bacalhau com queijo

Para 4 pessoas
Tempo de preparo: 50 minutos
Fácil

Ingredientes:
- 1 pacote de massa folhada descongelada
- 1 gema bem batida
- 1 dente de alho
- 2 colheres (sopa) de margarina
- 400 g de lascas de bacalhau demolhadas
- 2 batatas cozidas sem casca
- 1 xícara (chá) de creme de leite fresco
- 1 ramo de salsa bem picado
- sal, pimenta-do-reino e noz-moscada a gosto
- 1 colher (sopa) de queijo parmesão ralado

Preparo:
1. Abra a massa sobre uma superfície lisa e estique-a até obter a espessura de 0,5 cm. Corte-a em quatro pedaços. Pincele-os com a gema e leve ao forno para assar em temperatura média por 30 minutos ou até dourar. Retire e reserve.
2. Refogue o alho picado na margarina. Junte o bacalhau e a batata cortada em pedaços. Adicione o creme de leite e a salsa. Tempere com sal, pimenta e a noz-moscada. Junte o queijo e misture bem.
3. Abra os folhados ao meio e recheie com a mistura de bacalhau. Disponha num prato e sirva.

Folhado de bacalhau com molho bechamel

Para 4 pessoas
Tempo de preparo: 50 minutos
Fácil

Ingredientes:
- 1 cebola média picada
- 3 dentes de alho socados
- 3/4 de xícara (chá) de azeite
- 500 g de bacalhau demolhado, limpo e desfiado
- 1 xícara (chá) de molho bechamel
- 2 colheres (sopa) de ervas aromáticas
- sal e pimenta-do-reino a gosto
- 1 embalagem de massa folhada descongelada

Para untar

Margarina

Para pincelar

1 gema bem batida

Preparo:
1. Refogue a cebola e o alho no azeite. Junte o bacalhau e mexa por cinco minutos. Acrescente o molho bechamel e metade das ervas aromáticas. Tempere com sal e pimenta. Retire do fogo e deixe esfriar bem.
2. À parte, abra a massa. Disponha o recheio no centro. Pincele as bordas da massa com a gema. Dobre e cole. Pincele novamente com a gema batida e polvilhe com as ervas restantes.
3. Unte uma assadeira com margarina e ponha o folhado. Asse em forno preaquecido por 15 minutos. Retire e deixe repousar por mais cinco minutos. Corte em fatias e sirva.

Frigideira de bacalhau com repolho

Para 4 pessoas
Tempo de preparo: 20 minutos
Fácil

Ingredientes:
- 1 kg de bacalhau demolhado
- 2 cebolas grandes
- 1 kg de batata sem casca
- 1 repolho médio
- 2 colheres (sopa) de vinagre
- 12 dentes de alho sem casca
- 1 1/4 de xícara (chá) de azeite

Preparo:
1. Afervente o bacalhau. Remova a pele e as espinhas. Separe-o em lascas. Corte a cebola em rodelas. Descasque a batata e corte-a em rodelas. Lave e separe as folhas de repolho e banhe com o vinagre. Corte-o à juliana e reserve.
2. Numa frigideira alta, faça camadas de batata, cebola,

dentes de alho inteiros, bacalhau e repolho. Regue com metade do azeite. Repita as camadas até terminarem os ingredientes, mas finalize com o repolho. Regue com azeite restante, tampe e deixe cozinhar em fogo baixo até que a batata fique macia. Retire e sirva.

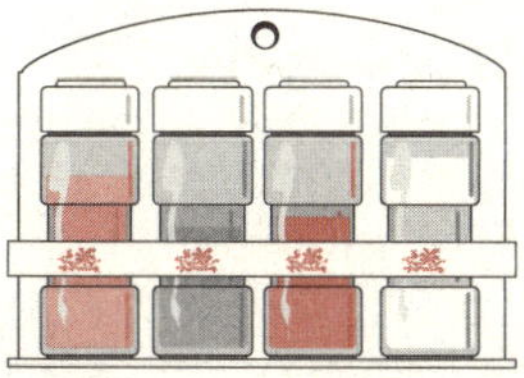

Frigideira de bacalhau

Para 4 pessoas
Tempo de preparo: 25 minutos
Fácil

Ingredientes:

- 500 g de bacalhau demolhado
- 1 xícara (chá) de azeite
- 3 cebolas picadas
- 2 dentes de alho socados
- 30 camarões médios limpos e moídos
- 6 tomates sem pele e sem sementes picados
- 2 chuchus sem casca
- sal e pimenta-do-reino a gosto
- 1 xícara (chá) de cheiro-verde picado
- 2 pimentas-malaguetas sem sementes picadas
- 1/2 xícara (chá) de leite de coco
- 6 ovos
- 3 colheres (sopa) de amido de milho

Para untar

Azeite

Preparo:

1. Afervente o bacalhau. Escorra, reservando a água, e remova a pele e as espinhas. Separe-o em lascas e transfira para uma panela. Refogue com o azeite, a cebola, o alho e o camarão. Ponha o tomate e misture bem. Deixe cozinhar por 20 minutos em fogo baixo. Se necessário, adicione um pouco da água reservada. Na água restante, cozinhe o chuchu.
2. Quando estiver cozido, amasse o chuchu e misture ao refogado de bacalhau. Tempere com sal, o cheiro-verde e a malagueta. Despeje o leite de coco, misture bem, cozinhe por dez minutos e reserve.
3. Bata bem os ovos. Misture o amido e bata mais um pouco. Adicione a mistura de bacalhau e tempere com sal e pimenta. Transfira para uma frigideira grande untada e deixe dourar de um lado. Vire e deixe dourar do outro lado. Retire do fogo e sirva em seguida.

Fritada de bacalhau

Para 4 pessoas
Tempo de preparo: 30 minutos
Fácil

Ingredientes:

- 500 g de bacalhau demolhado
- 1 xícara (chá) de azeite
- 2 cebolas cortadas em rodelas
- 3 tomates sem pele e sem sementes picados
- 1 folha de louro
- sal e pimenta-malagueta em flocos a gosto
- 6 ovos (claras e gemas separadas)

Preparo:

1. Afervente o bacalhau. Escorra e remova a pele e as espinhas. Separe-o em lascas e reserve. Em uma frigideira antiaderente, refogue no azeite a cebola e o tomate. Adicione o louro e tempere com o sal e a pimenta. Junte o bacalhau.
2. Cozinhe por dez minutos, retire do fogo e reserve. Bata as claras em neve e acrescente, delicadamente, as gemas. Misture e ponha o refogado de bacalhau.
3. Despeje numa frigideira untada com azeite e cozinhe até dourar. Vire e doure do outro lado. Retire do fogo e sirva.

Fritada de bacalhau ao forno

Para 4 pessoas
Tempo de preparo: 25 minutos
Fácil

Ingredientes:

- 500 g de bacalhau demolhado
- 2 colheres (sopa) de azeite
- 1 cebola média picada
- 2 tomates sem pele e sem sementes picados
- 3 colheres (sopa) de cheiro-verde
- sal e pimenta-do-reino a gosto
- 1 xícara (chá) de milho em conserva escorrido
- 1 xícara (chá) de caldo de legumes
- 100 g de azeitonas pretas
- 3 ovos (claras e gemas separadas)
- 2 colheres (sopa) de queijo parmesão ralado

Preparo:

1. Afervente o bacalhau. Retire a pele e as espinhas. Desfie-o em lascas e reserve. Numa panela, aqueça o azeite e doure a cebola picada. Ponha o tomate e o cheiro-verde e refogue por cinco minutos.
2. Adicione o bacalhau e tempere com sal e pimenta.

Ponha o milho e o caldo de legumes. Cozinhe em fogo baixo, mexendo de vez em quando, até se reduzir. Retire do fogo, acrescente a azeitona picada e misture bem. Retire do fogo e deixe esfriar.

3. Bata as gemas, uma a uma, mexendo sem parar e junte metade do preparado de bacalhau, mexendo delicadamente. Transfira para um refratário, junte as claras, misture e ponha o refogado restante. Polvilhe com queijo e leve ao forno preaquecido por 25 minutos ou até dourar. Sirva em seguida.

Frigideira de bacalhau com pimentão

Para 4 pessoas
Tempo de preparo: 25 minutos
Fácil

Ingredientes:

- 500 g de bacalhau demolhado
- 3 ovos cozidos
- 3 tomates maduros
- 1 pimentão verde
- 1 pimentão vermelho
- 1 dente de alho
- 1 cebola grande
- 1/4 de xícara (chá) de azeite
- 1 colher (sopa) de cheiro-verde
- sal e pimenta-do-reino a gosto
- 1/2 colher (sopa) de vinagre
- 100 g de azeitonas pretas

Preparo:

1. Afervente o bacalhau e reserve a água, a pele e as espinhas. Desfie-o em lascas. Leve novamente ao fogo a água, a pele e as espinhas. Deixe ferver por dez minutos. Retire do fogo, coe e reserve.
2. Corte os ovos e os tomates em gomos e os pimentões em tiras. Pique o alho e a cebola. Numa frigideira ponha o azeite e refogue a cebola e o alho. Quando começar a dourar, ponha o tomate, o pimentão e o bacalhau. Refogue bem e junte uma xícara do caldo reservado. Deixe apurar por dez minutos e junte os ingredientes restantes. Mexa bem e sirva em seguida.

Galette de bacalhau com bacon

Para 4 pessoas
Tempo de preparo: 50 minutos
Média dificuldade

Ingredientes:

Massa

- 1 tablete de fermento para pão
- 1 xícara (chá) de água morna
- 1 1/2 xícara (chá) de farinha de trigo
- 1 ovo
- 3 colheres (sopa) de margarina
- 1 pitada de sal
- 1 pitada de açúcar

Recheio

- 2 colheres (sopa) de azeite
- 2 dentes de alho amassados
- 1 cebola ralada
- 400 g de bacalhau demolhado, limpo e desfiado
- 4 tomates sem pele e sem sementes picados
- 2 colheres (sopa) de pignoli picado
- sal e pimenta-malagueta em flocos a gosto
- 100 g de bacon picado

Para pincelar

1 ovo batido

Preparo:

Massa

1. Numa tigela, misture o fermento à água. Cubra com um pano e deixe descansar por dez minutos. Numa superfície, coloque a farinha e faça um buraco no centro. Adicione o ovo, a margarina, o sal, o açúcar e a mistura de fermento e água.
2. Com auxílio de uma colher de pau, misture a farinha com os ingredientes que estão no centro e incorpore até obter uma massa macia.
3. Coloque a massa sobre uma superfície polvilhada com farinha e amasse até se desprender das mãos. Ponha numa tigela untada com margarina e rode a massa para que fique bem untada. Cubra com um pano de prato e deixe crescer por 40 minutos. Pressione, então, a massa com as mãos e deixe descansar por mais 20 minutos.

Recheio

1. Aqueça o azeite e refogue o alho e a cebola até ficar transparente. Adicione o bacalhau e o tomate. Cozinhe por dez minutos, mexendo sempre. Espere apurar e ponha o pignoli. Tempere com sal e pimenta. Acrescente o bacon e misture bem. Cozinhe por dez minutos em fogo baixo. Retire do fogo e deixe esfriar.
2. Abra a massa num círculo de 30 cm de diâmetro sobre uma assadeira com o fundo virado para cima. Distribua o recheio no centro e deixe uma borda de 6 cm. Dobre a borda sobre o recheio e pincele com o ovo batido. Preaqueça o forno em temperatura alta e asse a galette por 25 minutos ou até dourar. Sirva em seguida.

Galette de bacalhau com batata e maçã

Para 4 pessoas
Tempo de preparo: 50 minutos
Média dificuldade

Ingredientes:

- 2 postas de bacalhau demolhadas
- 1 kg de batata sem casca e cortada em rodelas finas
- 2 cebolas picadas
- 3 maçãs ácidas sem casca, sem sementes e cortadas em fatias finas
- 1 colher (sopa) de ervas finas
- 1 colher (sopa) de cebolinha
- sal a gosto
- 1/4 de xícara (chá) de margarina derretida

Para untar

Margarina

Preparo:

1. Afervente o bacalhau. Escorra e remova a pele e as espinhas. Desfie-o em lascas. Preaqueça o forno em temperatura baixa e unte uma forma de aro removível com margarina.
2. Faça camadas alternadas, começando pela batata temperada com sal, depois a cebola, a maçã e o bacalhau. Polvilhe com as ervas e a cebolinha e regue com metade da margarina. Repita as camadas, sendo que a última deverá ser de batata. Regue com a margarina restante.
3. Cubra com papel-alumínio e leve ao forno por 25 minutos ou até que a batata esteja cozida. Retire o papel-alumínio e asse até dourar a superfície. Deixe amornar, desenforme e sirva em seguida.

Hambúrguer de bacalhau

Para 4 pessoas
Tempo de preparo: 30 minutos
Fácil

Ingredientes:

- 4 colheres (sopa) de margarina
- 3 dentes de alho picados
- 1 cebola picada
- 350 g de bacalhau demolhado, limpo e em lascas
- 1/2 colher (sopa) de cheiro-verde
- 2 pães franceses (só o miolo)
- 1/4 de xícara (chá) de azeite
- 1 ovo bem batido
- sal e pimenta-do-reino a gosto

Para envolver

Farinha de trigo

Preparo:

1. Aqueça metade da margarina e frite o alho e a cebola até dourarem. Junte o bacalhau e o cheiro-verde. À parte, molhe o pão em metade do azeite e esprema. Em seguida, passe pelo ovo e misture ao bacalhau. Tempere com sal e pimenta e misture bem.
2. Divida a mistura em partes iguais. Molde em formato de hambúrgueres e passe na farinha.
3. Aqueça a margarina e o azeite restantes e frite os hambúrgueres até dourarem. Se necessário, ponha mais margarina.

Iscas de bacalhau ao leite de coco

Para 4 pessoas
Tempo de preparo: 30 minutos
Fácil

Ingredientes:

- 1/4 xícara (chá) de azeite
- 1 cebola picada
- 2 tomates sem pele e sem sementes picados
- sal, cominho e tempero baiano a gosto
- 250 g de bacalhau demolhado, limpo e desfiado
- 1 xícara (chá) de leite de coco
- 1 colher (sopa) de salsa picada

Massa

- 3 colheres (sopa) de farinha de trigo
- 1/2 colher (sopa) de fermento em pó
- 3 ovos batidos

Para fritar

Azeite

Preparo:

1. Aqueça o azeite e refogue a cebola. Acrescente o tomate, sal, o cominho e o tempero baiano. Ponha o bacalhau e misture bem.
2. Junte o leite de coco, tampe a panela e deixe em fogo baixo por dez minutos ou até secar bem. Deixe esfriar e polvilhe com salsa.

Massa

Peneire a farinha com o fermento e ponha os ovos. Misture bem. Adicione o refogado de bacalhau e mexa com cuidado. Em uma frigideira de fundo largo, aqueça o azeite e frite colheradas (sopa) da massa de bacalhau. Escorra sobre papel-toalha e sirva em seguida.

Iscas de bacalhau com alho assado

Para 4 pessoas
Tempo de preparo: 25 minutos
Fácil

Ingredientes:

- 3 cabeças grandes de alho
- 1 xícara (chá) de caldo de legumes
- 1/2 xícara (chá) de vinho branco seco
- 1 xícara (chá) de azeite
- 2 postas de bacalhau demolhadas e limpas, em lascas grandes
- 1 colher (sopa) de ervas finas

Preparo:

1. Aqueça o forno em temperatura média. Corte a parte superior de cada cabeça de alho, retirando apenas a casca que a reveste. Ponha as cabeças em uma assadeira com a parte cortada para cima. Regue com o caldo de legumes e o vinho. Leve ao forno por 1 hora ou até o alho ficar macio. Regue às vezes com o caldo que se forma na assadeira. Quando estiver cozido, retire e reserve.
2. À parte, aqueça o azeite. Junte o bacalhau e salteie-o rapidamente. Transfira para um prato e polvilhe com as ervas finas. Sirva com o alho reservado.

Iscas de bacalhau empanadas

Para 4 pessoas
Tempo de preparo: 2h30m
Fácil

Ingredientes:

- 600 g de bacalhau demolhado
- 2 colheres (sopa) de azeite
- 2 colheres (sopa) de vinagre
- 1 pitada de estragão
- 1 colher (sopa) de tomilho
- 1 colher (sopa) de salsa
- 1 folha de louro
- 1 pitada de noz-moscada
- 2 grãos de pimenta-do-reino preta
- 1 cebola ralada

Para empanar

Farinha de trigo, farinha de rosca e duas gemas bem batidas

Para fritar

Azeite

Preparo:

1. Afervente o bacalhau. Escorra e remova a pele e as espinhas. Separe-o em lascas grossas.
2. Numa tigela, ponha o azeite, o vinagre, as ervas, a noz-moscada, a pimenta e a cebola. Misture bem e regue o bacalhau. Deixe descansar por 2 horas. Escorra o bacalhau e passe as lascas na farinha de trigo, na gema batida e na farinha de rosca. Numa frigideira funda, ponha o azeite. Quando começar a ferver, frite as iscas até dourarem.

Iscas de bacalhau simples

Para 4 pessoas
Tempo de preparo: 30 minutos
Fácil

Ingredientes:

- 600 g de bacalhau demolhado
- 4 ovos
- 4 colheres (sopa) de farinha de trigo
- 1 cebola bem picada
- 1 ramo de cheiro-verde picado
- sal e pimenta-do-reino a gosto

Para fritar

Azeite

Preparo:

1. Afervente o bacalhau. Escorra e reserve parte da água. Remova a pele e as espinhas. Separe-o em lascas grossas.
2. Bata os ovos e misture com a farinha. Adicione um pouco da água do bacalhau até formar uma massa líquida. Junte a cebola e o cheiro-verde. Mexa e acrescente o bacalhau reservado. Tempere com sal e pimenta.
3. Aqueça o azeite e frite o bacalhau com o auxílio de uma colher. Escorra sobre papel-toalha e sirva.

Medalhão de bacalhau

Para 6 pessoas
Tempo de preparo: 45 minutos
Média dificuldade

Ingredientes:

- 1 cebola ralada
- 2 dentes de alho amassados
- 1 colher (sopa) de azeite

- 3 colheres (sopa) de margarina
- 4 colheres (sopa) de molho de tomate refogado
- 350 g de bacalhau demolhado, limpo e em lascas
- sal e pimenta-malagueta a gosto
- 1/2 xícara (chá) de cheiro-verde picado
- 1 xícara (chá) de água
- 3 xícaras (chá) de farinha de trigo

Para empanar

Farinha de trigo e uma gema bem batida

Para fritar

Azeite

Preparo:

1. Refogue a cebola e o alho no azeite e na margarina. Acrescente o molho de tomate e o bacalhau. Cozinhe por dez minutos em fogo baixo.
2. Tempere com sal, pimenta e o cheiro-verde. Ponha a água e deixe ferver. Junte a farinha de trigo e mexa bem até que a massa desgrude da panela. Sove-a em uma superfície lisa untada com azeite.
3. Molde medalhões apertando uma porção da massa entre as mãos. Passe na gema batida e depois na farinha. Frite em azeite bem quente e deixe dourar. Retire, escorra sobre papel-toalha e sirva em seguida.

Medalhão de bacalhau com minilegumes

Para 4 pessoas
Tempo de preparo: 35 minutos
Média dificuldade

Ingredientes:

- 500 g de postas de bacalhau demolhadas
- 4 xícaras (chá) de leite
- 3 dentes de alho picados
- tomilho a gosto
- 2 folhas de louro
- 4 folhas de gelatina incolor
- 200 g de cebolas miúdas
- 1 pitada de sal
- 1 pitada de açúcar
- 400 g de batata aperitivo cozida e temperada
- 6 colheres (sopa) de margarina
- 8 miniberinjelas cortadas ao meio
- sal e pimenta-do-reino a gosto
- 10 tomates-cereja
- 2 colheres (sopa) de azeitonas pretas sem caroço picadas

Para fritar

Azeite

Preparo:

1. Um dia antes do preparo, afervente o bacalhau. Escorra e retire a pele e as espinhas. Numa panela, ponha o bacalhau, o leite, o alho, o tomilho e o louro. Reserve na geladeira até o dia seguinte.
2. Transfira para um refratário o bacalhau e o tempero no qual ficou de molho. Asse por dez minutos. Retire do leite e reserve. Coe o leite e reserve também.
3. Hidrate a gelatina em um pouco de água morna. Depois de hidratada, misture-a ao leite. Coe e reserve na geladeira até ficar firme. Corte-a em cubos. À parte, cozinhe a cebola em um pouco de água, açúcar e sal.
4. Corte a batata ao meio e refogue na metade da margarina. Retire e reserve. Na mesma frigideira, coloque o restante da margarina e salteie as miniberinjelas. Tempere com sal e pimenta. Reserve.
5. Na margarina que sobrar na frigideira, refogue o tomate. Ponha em pratos individuais os pedaços de bacalhau e junte a azeitona. Distribua os legumes e os cubos de gelatina. Regue com mais azeite e sirva.

Medalhão de bacalhau e damasco

Para 4 pessoas
Tempo de preparo: 50 minutos
Difícil

Ingredientes:

- 1 posta de bacalhau demolhada com cerca de 1 kg
- 1 xícara (chá) de grão-de-bico
- 1/4 de xícara (chá) de damascos secos picados
- 1 alho-poró picado (só a parte branca)
- 100 g de tomate seco
- 4 folhas de couve-manteiga

Molho

- 1/2 xícara (chá) de azeite
- 6 dentes de alho em lascas
- 2 colheres (sopa) de molho de tomate refogado
- 1/2 colher (sopa) de orégano
- 1 folha de louro
- 1 pitada de sal
- 4 azeitonas pretas sem caroço picadas
- 2 xícaras (chá) de água

Preparo:

1. Afervente o bacalhau e retire a pele e as espinhas. Separe-o em duas partes e reserve. À parte, cozinhe o grão-de-bico por 15 minutos na panela de pressão. Quando estiver cozido, transfira para o processador e junte o damasco e o alho-poró. Triture até obter uma massa granulosa.
2. Despeje o preparado de grão-de-bico sobre cada pedaço de bacalhau e ponha o tomate seco. Enrole, formando

dois rocamboles. Embrulhe cada pedaço em duas folhas de couve e amarre-os com barbante de cozinha.

Molho

1. Em uma panela grande, aqueça o azeite e doure o alho. Junte o molho de tomate, tempere com orégano, louro e sal. Mexa e acrescente a azeitona e a água. Deixe cozinhar por dez minutos.
2. Ponha os rocamboles de bacalhau na panela e deixe cozinhar por mais dez minutos. Se necessário, acrescente mais água. Retire-os da panela, remova o barbante e corte em fatias grossas como medalhões. Deixe o molho se reduzir e sirva com o bacalhau.

Mexido de bacalhau com batata palha

Para 4 pessoas
Tempo de preparo: 25 minutos
Fácil

Ingredientes:

- 4 ovos
- sal e pimenta-do-reino a gosto
- 1 colher (sopa) de salsa
- 1 colher (sopa) de azeite
- 200 g de bacalhau demolhado, limpo e desfiado
- 200 g de batata palha

Preparo:

1. Bata os ovos e tempere com sal, pimenta e salsa. Reserve. Numa frigideira, ponha o azeite e frite ligeiramente o bacalhau, mexendo sempre. Acrescente a batata e continue mexendo para não grudar na frigideira.
2. Adicione os ovos e mexa bem. Quando o ovo estiver quase cozido, apague o fogo e mexa. Sirva em seguida.

Mexido de bacalhau com pimentão

Para 4 pessoas
Tempo de preparo: 20 minutos
Fácil

Ingredientes:

- 1 colher (sopa) de azeite
- 1 cebola picada
- 2 dentes de alho picados
- 1 pimentão verde sem sementes picado
- 2 postas de bacalhau demolhadas e limpas
- 4 ovos bem batidos
- 1 colher (sopa) de salsa

Preparo:

Aqueça o azeite e refogue a cebola e o alho até a cebola ficar transparente. Adicione o pimentão e mexa. Ponha o bacalhau desfiado e refogue bem. Despeje os ovos, misture e polvilhe com a salsa. Misture bem e deixe no fogo por dez minutos, mexendo às vezes, ou até os ovos ficarem cozidos.

Moqueca de bacalhau

Para 4 pessoas
Tempo de preparo: 30 minutos
Fácil

Ingredientes:

- 4 postas de bacalhau demolhadas
- 1 xícara (chá) de azeite
- 1 cebola picada
- 3 dentes de alho picados
- 3 tomates sem pele e sem sementes picados
- 2 1/2 colheres (sopa) de azeite-de-dendê
- 1 colher (sopa) de coentro picado
- 1 folha de louro
- 2 colheres (sopa) de molho de tomate refogado
- 1 xícara (chá) de leite de coco
- 2 cebolas cortadas em rodelas
- 1/2 xícara (chá) de creme de arroz
- sal e pimenta-malagueta a gosto

Preparo:

1. Afervente o bacalhau. Escorra, reservando a água, e remova a pele e as espinhas. Separe-o em lascas e reserve. Em uma panela ponha o azeite e refogue a cebola picada, o alho e o tomate por cinco minutos. Acrescente a água reservada, duas colheres (sopa) do dendê, o coentro, o louro e o molho de tomate. Deixe o caldo encorpar um pouco. Se necessário, adicione mais água.
2. Despeje o leite de coco e ponha o bacalhau. Mexa delicadamente e tampe a panela. Cozinhe por cinco minutos.
3. À parte, ponha para ferver duas xícaras (chá) de água e acrescente o creme de arroz, as cebolas em rodelas e o dendê restante. Tempere com sal e a pimenta picada. Misture e deixe cozinhar até ficar cremoso. Ao servir,

coloque um pouco do molho de creme de arroz e as postas de bacalhau com seu molho.

Musse de bacalhau

Para 4 pessoas
Tempo de preparo: 8h10m
Fácil

Ingredientes:

- 600 g de bacalhau demolhado
- 1/2 xícara (chá) de azeite
- 2 cebolas picadas
- 2 dentes de alho picados
- sal e pimenta-do-reino a gosto
- 1 xícara (chá) de vinho do Porto
- 6 xícaras (chá) de creme de leite fresco
- 2 colheres (sopa) de margarina
- 1 colher (sopa) de cheiro-verde
- 1/4 de xícara (chá) de azeitona preta sem caroço

Preparo:

1. Afervente o bacalhau em água. Escorra a água e remova a pele e as espinhas. Desfie o peixe.
2. Numa panela, ponha azeite e refogue a cebola e o alho por três minutos. Acrescente o bacalhau e tempere com sal e pimenta. Mexa bem e regue com o vinho. Cozinhe por mais cinco minutos. Junte metade do creme de leite e ferva por um minuto.
3. Retire do fogo e bata levemente com um batedor manual. Leve novamente ao fogo, sem deixar ferver, e ponha a margarina, o cheiro-verde e a azeitona.Deixe esfriar.
4. Bata o creme de leite restante até dobrar de volume. Acrescente ao molho de bacalhau e mexa ligeiramente. Transfira para uma forma redonda de buraco no meio untada com óleo e leve à geladeira por 8 horas ou até endurecer.

Musse de bacalhau e cenoura

Para 4 pessoas
Tempo de preparo: 8h30m
Fácil

Ingredientes:

- 1 posta de bacalhau demolhada
- 2 cenouras sem casca
- 1 cebola
- 6 colheres (sopa) de gelatina branca
- 1 xícara (chá) de água
- 100 g de azeitonas pretas sem caroço picadas
- 1 1/2 xícara (chá) de maionese
- sal e pimenta-do-reino a gosto
- 1 pé de alface

Para untar

Azeite

Preparo:

1. Afervente o bacalhau. Escorra, remova a pele e as espinhas. Rale a cenoura e a cebola no ralo grosso e reserve.
2. Dissolva a gelatina em três colheres (sopa) de água morna. Deixe hidratar por cinco minutos e misture ao restante da água fria. Reserve.
3. Numa tigela grande misture o bacalhau reservado, a cebola, a azeitona, a maionese, a gelatina e mais da metade da cenoura. Tempere com sal e pimenta. Misture bem.
4. Unte com azeite uma forma de bolo inglês e ponha a cenoura restante. Despeje a mistura de bacalhau na forma com cuidado e leve à geladeira por 8 horas ou até endurecer. Desenforme a musse e sirva com as folhas de alface.

Musse de bacalhau com creme de ervas

Para 4 pessoas
Tempo de preparo: 4 horas
Fácil

Ingredientes:

- 3 colheres (sopa) de margarina
- 200 g de bacalhau demolhado, limpo e em lascas
- 3 gemas
- 1 xícara (chá) de creme de leite
- 1 pimentão verde sem pele e sem sementes picado
- 3 colheres (sopa) de ervas variadas
- sal e pimenta-malagueta em flocos a gosto
- 100 g de azeitonas pretas sem caroço em rodelas

Preparo:

1. Unte forminhas de empada com a margarina e reserve. Ponha o bacalhau no processador. Junte as gemas, uma a uma, e bata bem.
2. Com um batedor manual, bata metade do creme de leite e misture ao peixe. Ponha o pimentão e tempere com metade das ervas, sal e pimenta. Preencha as forminhas com esse creme e asse no forno em banho-maria, em temperatura média, por 30 minutos.
3. Ponha o creme de leite restante no liquidificador e junte as ervas restantes. Bata bem e tempere com mais sal e pimenta. Leve ao fogo para aquecer um pouco. Desenforme as musses e sirva com o molho de ervas e a azeitona.

Musse de bacalhau com creme de tomate seco

Para 4 pessoas
Tempo de preparo: 8h20m
Fácil

Ingredientes:

- 200 g de bacalhau demolhado, limpo e em lascas
- 1 xícara (chá) de queijo parmesão ralado
- 1/2 xícara (chá) de creme de cebola
- sal e pimenta-do-reino branca a gosto
- 1 xícara (chá) de pimentão amarelo sem pele e sem sementes em cubos
- 1 colher (sopa) de cheiro-verde
- 1 xícara (chá) de leite
- 1 lata de creme de leite com o soro
- 2 claras batidas em neve
- 1 envelope de gelatina sem sabor
- 5 colheres (sopa) de água
- 250 g de creme de leite fresco
- 200 g de tomate seco

Preparo:

1. Ponha o bacalhau no processador e processe bem. Ponha numa tigela com o queijo, o creme de cebola, sal, a pimenta, o pimentão, o cheiro-verde, o leite e o creme de leite com o soro. Misture bem.
2. Junte as claras e mexa delicadamente. À parte, hidrate a gelatina na água e despeje na mistura. Tempere com sal e pimenta. Mexa com cuidado e transfira para uma forma de buraco no meio untada com água. Leve à geladeira por 8 horas ou até endurecer.
3. Bata no processador o creme de leite com o tomate seco. Sirva com a musse.

Omelete fofa de bacalhau

Para 4 pessoas
Tempo de preparo: 30 minutos
Fácil

Ingredientes:

- 2 xícaras (chá) de leite
- 4 ovos batidos
- 1 xícara (chá) de cebola picada
- 3 colheres (sopa) de cheiro-verde picado
- 200 g de bacalhau demolhado, limpo e desfiado

Para fritar

Azeite

Preparo:

1. Numa tigela, bata com um batedor manual o leite com os ovos. Adicione a cebola e o cheiro-verde. Misture e acrescente o bacalhau. Misture com cuidado.
2. Numa frigideira antiaderente, aqueça o azeite e despeje o preparado de ovos. Frite em fogo baixo dos dois lados até dourarem. Retire e sirva em seguida.

Omeletes de palmito com bacalhau

Para 4 pessoas
Tempo de preparo: 30 minutos
Fácil

Ingredientes:

- 1 posta de bacalhau demolhada
- azeite o suficiente
- 1 xícara (chá) de palmito em rodelas
- 1 pimentão-verde sem pele e sem sementes picado
- 1 colher (sopa) de ervas finas
- sal e pimenta-do-reino a gosto
- 6 ovos (claras e gemas separadas)
- 1 colher (sopa) de amido de milho

Preparo:

1. Afervente o bacalhau. Escorra e remova a pele e as espinhas. Separe-o em lascas. Reserve.
2. Numa panela, refogue em 2 colheres (sopa) de azeite o bacalhau, o palmito e o pimentão. Tempere com as ervas, sal e pimenta. Mexa bem, retire do fogo e deixe esfriar.
3. Bata as claras em neve, adicionando as gemas aos poucos. Continue batendo e junte o amido. Misture bem.
4. Aqueça azeite em uma omeleteira e ponha uma parte dos ovos. Frite e ponha um pouco do refogado de bacalhau no centro. Dobre ao meio e frite até dourar. Repita até terminarem os ingredientes.

Pão de bacalhau

Para 4 pessoas
Tempo de preparo: 1h20m
Fácil

Ingredientes:

Massa

- 2 tabletes de fermento para pão
- 1 xícara (chá) de leite morno
- 1/2 xícara (chá) de azeite
- 1 pitada de sal
- 4 xícaras (chá) de farinha de trigo

Recheio

- 2 colheres (sopa) de azeite
- 1 cebola ralada
- 1 dente de alho amassado
- 1 pimentão verde sem pele e sem sementes cortado em cubos
- 300 g de bacalhau demolhado, limpo e desfiado
- 4 colheres (sopa) de salsa picada
- sal e pimenta-do-reino a gosto

Para pincelar

1 gema batida com gotas de azeite

Preparo:

Massa

Numa tigela, desmanche o fermento no leite. Ponha o azeite e o sal. Misture bem e acrescente a farinha. Misture até formar uma massa homogênea. Sove a massa até ficar elástica e deixe descansar por 40 minutos.

Recheio

1. Numa panela, aqueça o azeite e refogue a cebola e o alho. Junte o pimentão e o bacalhau. Refogue por dois minutos. Ponha a salsa e tempere com sal e pimenta. Misture bem e deixe esfriar.
2. Abra a massa com o auxílio de um rolo e ponha o recheio. Dê o formato que desejar. Transfira para uma assadeira untada e pincele com a gema. Asse por 40 minutos ou até dourar.

Pão de bacalhau com bacon

Para 4 pessoas
Tempo de preparo: 1h
Média dificuldade

Ingredientes:

Massa

- 1 tablete de fermento para pão
- 1 1/2 xícara (chá) de leite
- 3 1/2 xícaras (chá) de farinha de trigo
- 1 pitada de sal
- 3 colheres (sopa) de óleo
- 3 gemas

Recheio

- 100 g de bacon
- 1/2 xícara (chá) de azeite
- 2 cebolas
- 3 dentes de alho
- 600 g de bacalhau demolhado, limpo e em lascas
- sal e pimenta-do-reino a gosto
- 1 ramo de coentro picado
- 1 colher (sopa) de vinho xerez

Para pincelar

Água e 1 gema bem batida

Para polvilhar

Farinha de trigo

Para untar

Margarina

Preparo:

Massa

Dissolva o fermento na metade do leite e adicione uma xícara (chá) de farinha. Misture bem e deixe crescer por 45 minutos. Acrescente os outros ingredientes e sove bem até obter uma massa lisa e elástica. Deixe crescer por mais 30 minutos ou até dobrar de volume.

Recheio

1. Frite o bacon no azeite até ficar crocante. Corte a cebola em rodelas e pique o alho. Refogue ambos no azeite com o bacon e, assim que dourarem, ponha o bacalhau, o sal e a pimenta. Misture bem e polvilhe com coentro. Regue com o vinho e deixe apurar por cinco minutos.
2. Abra a massa sobre uma superfície enfarinhada e coloque o recheio. Umedeça as extremidades com água e dobre. Transfira para uma assadeira untada com margarina e polvilhada com farinha. Pincele a massa com a gema e deixe descansar por mais 20 minutos. Preaqueça o forno e asse a massa por 40 minutos ou até dourar.

Pão de bacalhau com lingüiça

Para 4 pessoas
Tempo de preparo: 1h20m
Fácil

Ingredientes:

Massa

- 2 tabletes de fermento para pão
- 1 xícara (chá) de leite morno
- 1/2 xícara (chá) de azeite

- 1 pitada de sal
- 4 xícaras (chá) de farinha de trigo

Recheio

- 2 cebolas
- 3 dentes de alho
- 1/4 de xícara (chá) de azeite
- 1 lingüiça calabresa
- 600 g de bacalhau demolhado, limpo e desfiado
- sal e pimenta-do-reino a gosto
- 1 ramo de salsa picada
- 1 colher (sopa) de vinagre

Para pincelar

Água e 1 gema bem batida

Para polvilhar

Farinha de trigo

Para untar

Margarina

Preparo:

Massa

Numa tigela, desmanche o fermento no leite. Ponha o azeite e o sal. Misture bem e acrescente a farinha. Misture até formar uma massa homogênea. Sove a massa até ficar elástica e deixe descansar por 40 minutos.

Recheio

1. Corte a cebola em rodelas e pique o alho. Refogue-os no azeite e, quando dourarem, acrescente a lingüiça picada, o bacalhau, o sal e a pimenta.
2. Misture bem e polvilhe com salsa. Regue com o vinagre, misture e reserve.
3. Abra a massa sobre uma superfície enfarinhada e ponha o recheio. Umedeça as extremidades com água. Dobre e transfira para uma assadeira untada e enfarinhada.
4. Pincele com a gema e deixe descansar por mais 20 minutos. Preaqueça o forno e asse a massa em temperatura média por 40 minutos ou até dourar.

Pão de bacalhau com queijo

Para 4 pessoas
Tempo de preparo: 1h20m
Fácil

Ingredientes:

Massa

- 4 xícaras (chá) de farinha de trigo
- 1 pitada de sal
- 2 gotas de vinagre
- 1 tablete de fermento para pão
- 2 gemas batidas

Recheio

- 2 cebolas
- 3 dentes de alho
- 1/2 xícara (chá) de azeite
- 100 g de peito de peru
- 500 g de bacalhau demolhado, limpo e desfiado
- sal e pimenta-do-reino a gosto
- 1 colher (sopa) de salsa
- 100 g de queijo cheddar

Para pincelar

Água e 1 gema bem batida

Para polvilhar

Farinha de trigo

Para untar

Margarina

Preparo:

Massa

1. Ponha numa tigela a farinha, o sal e o vinagre e amasse até dar liga. Dissolva o fermento em um pouco de água morna e junte à massa. Volte a amassar até que ela ficar elástica. Se for necessário, acrescente mais um pouco de água ou farinha até obter uma consistência maleável.
2. Ponha a massa sobre uma superfície lisa e enfarinhada, cubra com um pano deixe descansar por 15 minutos. Acrescente as gemas à massa de pão. Amasse bem e deixar repousar por mais 20 minutos.

Recheio

1. Rale a cebola e pique o alho. Refogue-os no azeite. Quando dourarem, acrescente o peito de peru picado, o bacalhau, o sal e a pimenta. Misture bem e polvilhe com a salsa.
2. Abra a massa sobre uma superfície enfarinhada e coloque o recheio. Distribua o cheddar por cima. Umedeça as extremidades com água e dobre.
3. Transfira para uma assadeira untada e enfarinhada e pincele a massa com a gema. Deixe descansar por 20 minutos. Preaqueça o forno em temperatura média e asse por 40 minutos ou até dourar.

Pastel de bacalhau

Para 4 pessoas
Tempo de preparo: 30 minutos
Fácil

Ingredientes:

Recheio

- 2 kg de bacalhau demolhado, limpo e desfiado
- 1/2 xícara (chá) de azeite
- 2 cebolas picadas
- 1 maço de salsa picado
- sal, cominho e pimenta-malagueta a gosto
- 100 g de azeitonas verdes sem caroço
- 2 ovos cozidos picados

Massa

- 5 xícaras (chá) de farinha de trigo peneirada
- 1 colher (sopa) de sal
- 1/2 colher (sopa) de açúcar
- 5 colheres (sopa) de aguardente
- 1 1/4 de xícara (chá) de água

Para fritar

Óleo

Preparo:

Recheio

Refogue o bacalhau no azeite com a cebola e a salsa. Tempere com sal, cominho e a pimenta sem sementes picada. Deixe apurar por dez minutos e ponha a azeitona picada e os ovos. Misture, retire do fogo e reserve.

Massa

1. Numa tigela grande, misture a farinha, o sal, o açúcar e a aguardente. Amasse bem com as mãos e vá acrescentando lentamente a água até obter uma massa maleável.
2. Abra a massa sobre uma superfície enfarinhada com um rolo de macarrão até que fique bem fina. Corte do tamanho e do formato desejados. Recheie com o refogado de bacalhau e feche as bordas, apertando-as bem. Frite em óleo quente, escorra sobre papel-toalha e sirva.

Pastel de bacalhau prático

Para 4 pessoas
Tempo de preparo: 30 minutos
Fácil

Ingredientes:

- 600 g de bacalhau demolhado
- 2 colheres (sopa) de azeite
- 1 cebola picada
- 1/2 xícara (chá) de coentro picado
- 1/2 xícara (chá) de salsa picada
- 1/2 xícara (chá) de azeitonas verdes sem caroços
- 1 embalagem de massa pronta para pastel

Para fritar

Óleo

Preparo:

1. Afervente o bacalhau. Escorra, remova a pele e as espinhas. Separe-o em lascas. Transfira para uma panela e junte o azeite, a cebola, o coentro e salsa. Refogue bem até ficar sequinho. Junte a azeitona picada. Mexa, retire do fogo e reserve.
2. Recheie a massa e feche os pastéis, apertando as extremidades com um garfo. Aqueça o óleo e frite-os até dourarem. Escorra sobre papel-toalha e sirva.

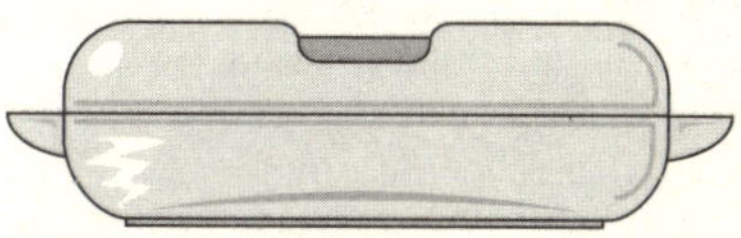

Pastel cozido de bacalhau

Para 4 pessoas
Tempo de preparo: 1h50m
Difícil

Ingredientes:

Recheio

- 200 g de aspargos frescos cozidos
- 3/4 de xícara (chá) de molho bechamel
- 1 colher (sopa) de queijo parmesão ralado
- 2 pães franceses triturados
- 200 g de bacalhau demolhado, limpo e desfiado
- 1 pitada de noz-moscada
- sal e pimenta-do-reino a gosto
- 1/2 colher (sopa) de azeite

Massa branca

- 2 1/2 xícaras (chá) de farinha de trigo
- 4 ovos

Massa preta

- 1 1/3 xícara (chá) de farinha de trigo
- 2 ovos
- 1/2 colher (sopa) de tinta de lula

Sopa de vieiras

- 1 kg de vieiras frescas
- 1/2 xícara (chá) de azeite
- 8 dentes de alho
- 1 cebola
- 1 xícara (chá) de alho-poró em rodelas
- 1 talo de salsão picado
- 2 1/2 xícaras (chá) de vinho branco seco
- 1/2 colher (sopa) de ervas finas
- 2 tomates sem pele e sem sementes picados
- sal e pimenta-do-reino moída a gosto
- 1 colher (sopa) de cebolinha

Preparo:

Recheio

Pique o aspargo, misture com o molho bechamel e acrescente o queijo, o pão moído e o bacalhau desfiado. Tempere com a noz-moscada, o sal e a pimenta. Regue com o azeite e reserve.

Massa branca

Ponha a farinha em uma superfície lisa, faça uma depressão no centro e coloque os ovos ligeiramente batidos. Misture, amassando, até obter uma massa lisa e consistente. Deixe descansar por 30 minutos.

Massa preta

Ponha a farinha em uma superfície lisa e faça uma depressão no centro. Coloque os ovos ligeiramente batidos e a tinta de lula. Misture, amassando, até deixar a massa lisa e consistente. Deixe repousar por 30 minutos.

Sopa

1. Lave bem as vieiras. Escorra e reserve. Numa panela, aqueça o azeite, doure o alho e a cebola picados. Ponha o alho-poró e o salsão. Refogue bem. Adicione o vinho, as ervas, as vieiras e tampe a panela até as cascas das vieras se abrirem (descarte as que não abrirem).
2. Retire metade das vieiras das cascas e reserve-as. Coe o caldo, junte o tomate, adicione um pouco de água e ponha as vieiras reservadas nesse caldo. Tempere com sal e pimenta e leve ao fogo até se reduzir um pouco. Reserve.

Montagem

1. Abra a massa branca com o rolo, numa espessura de 3 mm. Corte a massa preta em tiras não muito grossas. Distribua as tiras sobre a massa branca e pressione bem para que formem listras. Com um cortador redondo, faça círculos na massa. Distribua o recheio e feche a massa, fazendo pregas com a mão.
2. Num caldeirão, ponha bastante água e sal grosso. Cozinhe os pastéis. Quando estiverem cozidos, retire com auxílio de uma escumadeira. Ponha a sopa em pratos individuais e distribua os pastéis. Polvilhe com a cebolinha e sirva com as vieiras restantes.

Pastelão de bacalhau

Para 4 pessoas
Tempo de preparo: 1h20m
Fácil

Ingredientes:

- 2 postas de bacalhau demolhadas
- 1 colher (sopa) de azeite
- 1 cebola picada
- sal e pimenta-do-reino a gosto
- 2 batatas sem cascas em cubos
- 8 ovos
- 1 xícara (chá) de azeitonas pretas sem caroço picadas

Para untar

Azeite

Preparo:

1. Afervente o bacalhau. Escorra, remova a pele e as espinhas. Aqueça o azeite e refogue a cebola. Acrescente o bacalhau e tempere com sal e pimenta. À parte, cozinhe a batata. Depois de cozida, misture ao bacalhau. Adicione os ovos batidos e a azeitona. Misture muito bem.
3. Unte o fundo de um refratário com um fio de azeite e despeje a mistura de bacalhau. Leve ao forno em temperatura baixa por 20 minutos ou até dourar e sirva.

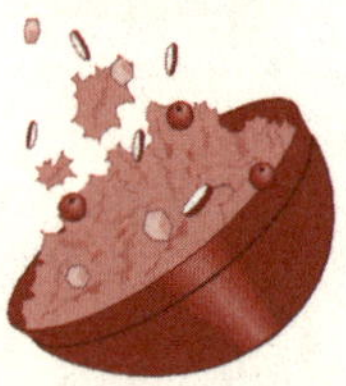

Pataniscas de bacalhau

Para 4 pessoas
Tempo de preparo: 30 minutos
Fácil

Ingredientes:

- 600 g de bacalhau demolhado
- 4 ovos ligeiramente batidos
- 4 colheres (sopa) de farinha de trigo
- 1 cebola
- 1 colher (sopa) de salsa
- sal e pimenta-do-reino a gosto

Para fritar

Azeite

Preparo:

1. Afervente o bacalhau. Escorra, retire a pele e as espinhas.

Separe-o em lascas. Reserve.
2. Junte os ovos à farinha e misture bem. Se necessário, acrescente um pouco de água até formar uma massa homogênea. Pique a cebola e a salsa. Acrescente à massa. Ponha o bacalhau e tempere com sal e pimenta. Mexa bem.
3. Numa frigideira, aqueça o azeite. Com ajuda de uma colher, despeje porções da massa com bacalhau na frigideira. Frite dos dois lados até dourarem. Escorra sobre papel-toalha e sirva.

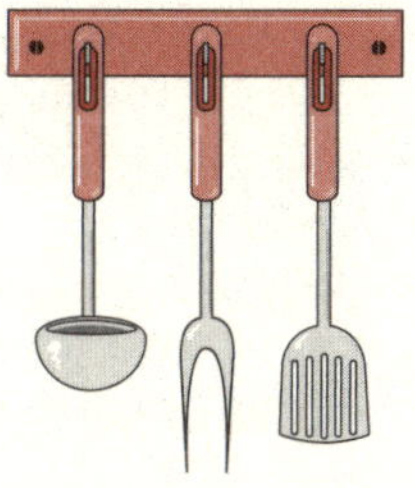

Pataniscas de bacalhau com molho de tomate

Para 4 pessoas
Tempo de preparo: 30 minutos
Fácil

Ingredientes:
- 2 postas de bacalhau demolhadas
- 1 xícara (chá) de farinha de trigo
- 2 gemas
- 1 cebola picada
- 1 colher (sopa) de cebolinhas francesas picadas
- sal e pimenta-do-reino a gosto
- 1 clara em neve

Molho
- 1 dente de alho
- 1 colher (sopa) de azeite
- 2 tomates sem pele e sem sementes picados
- 2 colheres (sopa) de molho de tomate refogado
- 1/2 xícara (chá) de leite
- sal e pimenta-do-reino a gosto
- 1 colher (sopa) de manjericão

Para fritar
Azeite

Preparo:
1. Afervente o bacalhau. Escorra, remova a pele e as espinhas. Separe-o em lascas. Reserve.
2. Numa tigela, misture a farinha com as gemas e os dois tipos de cebola. Tempere com sal e pimenta e misture bem. Acrescente a clara e mexa com cuidado.
3. Por último, misture as lascas de bacalhau. Aqueça o azeite e frite o preparado de bacalhau às colheradas. Escorra sobre papel-toalha e reserve.

Molho
Pique o alho e refogue no azeite. Junte o tomate, o molho de tomate e o leite. Tempere com sal e pimenta e deixe apurar até o líquido se reduzir. Sirva o molho com as pataniscas reservadas. Polvilhe com o manjericão.

Pataniscas de bacalhau com legumes

Para 4 pessoas
Tempo de preparo: 30 minutos
Fácil

Ingredientes:
- 1,5 kg de bacalhau demolhado
- 1 kg de batatas sem casca
- 1 xícara (chá) de salsa picada
- 2 colheres (sopa) de ricota esmigalhada
- 1 colher (sopa) de queijo parmesão ralado
- sal e pimenta-do-reino a gosto
- 2 claras
- 2 cenouras sem casca picadas
- 1 chuchu sem casca picado
- 200 g de vagem picada
- 10 buquês de couve-flor
- 1 xícara (chá) de ervilhas frescas
- 1 cebola picada
- 1 colher (sopa) de azeite
- 1 xícara (chá) de gergelim
- 1 pitada de noz-moscada

Para fritar
Azeite

Preparo:
1. Afervente o bacalhau. Escorra, reservando a água, e remova a pele e as espinhas. Desfie o peixe em lascas. Cozinhe a batata na água reservada. Escorra a batata e esprema.
2. Numa vasilha ponha o bacalhau, a batata, a salsa, a ricota, o queijo e tempere com sal e pimenta. Misture bem e adicione as claras batidas em neve. Mexa delicadamente e reserve.
3. Cozinhe em água e sal a cenoura, o chuchu, a vagem e a couve-flor. Quando estiverem cozidos, escorra e junte a ervilha aferventada. Reserve.
4. Numa panela, refogue a cebola no azeite e misture os legumes cozidos. Misture bem por cinco minutos, retire do fogo e reserve, mantendo-os aquecidos.
5. Para fritar, aqueça azeite suficiente para cobrir o

fundo da panela. Com ajuda de duas colheres (sopa), modele as pataniscas. Passe pelo gergelim temperado com a noz-moscada e frite. Quando estiverem douradas, retire e deixe escorrer sobre papel-toalha. Sirva com os legumes aquecidos.

Pataniscas de bacalhau simples

Para 4 pessoas
Tempo de preparo: 50 minutos
Fácil

Ingredientes:

- 400 g de bacalhau demolhado
- 1 tablete de fermento para pão
- 3 1/4 de xícara (chá) de farinha de trigo
- 1 colher (sopa) de salsa picada
- 1 cebola ralada
- sal e pimenta-do-reino a gosto

Para fritar

Azeite

Preparo:

1. Afervente o bacalhau. Escorra, reservando uma parte da água. Remova a pele e as espinhas. Separe o peixe em lascas e reserve.
2. Dilua o fermento em duas xícaras (chá) da água reservada. Junte a farinha e misture bem. Se necessário, ponha mais água até formar uma massa homogênea. Acrescente o bacalhau, a salsa e a cebola. Misture bem e tempere com sal e pimenta. Misture novamente, cubra e deixe descansar por 30 minutos.
3. Numa frigideira antiaderente, aqueça o azeite. Frite colheradas da massa. Quando dourar, retire do fogo e deixe escorrer sobre papel-toalha.

Pavê de bacalhau

Para 4 pessoas
Tempo de preparo: 50 minutos
Fácil

Ingredientes:

- 2 colheres (sopa) de azeite
- 2 postas de bacalhau demolhadas e limpas
- 4 tomates sem pele e sem sementes picados
- 2 colheres (sopa) de salsa picada
- 1 tablete de caldo de legumes
- 3 xícaras (chá) de água fervente
- sal e pimenta-do-reino a gosto
- 3 pães franceses amanhecidos e cortados em fatias finas
- 2 colheres (sopa) de margarina
- 3 colheres (sopa) de farinha de trigo
- 2 xícaras (chá) de leite morno
- 1 1/2 xícara (chá) de creme de leite
- 200 g de queijo gruyère

Para untar

Margarina

Preparo:

1. Numa panela, aqueça o azeite e doure as postas do bacalhau. Acrescente o tomate, a salsa e o tablete de caldo de legumes dissolvido na água. Tampe e cozinhe até o bacalhau ficar macio. Se necessário, ponha mais água.
2. Retire o bacalhau da panela, desfie e tempere com sal e pimenta. Deixe o molho apurar mais um pouco. Retorne o bacalhau à panela e deixe cozinhar por mais cinco minutos.
3. Em um refratário untado com margarina, espalhe fatias de pão e cubra com o preparado de bacalhau. Reserve.
4. Derreta a margarina e doure a farinha. Aos poucos, ponha o leite, mexendo sempre, até obter um creme. Adicione o creme de leite e mexa bem. Distribua sobre o bacalhau. Polvilhe com o queijo e leve ao forno até gratinar.

Pavê de bacalhau com mandioquinha

Para 4 pessoas
Tempo de preparo: 30 minutos
Fácil

Ingredientes:

- 500 g de bacalhau demolhado
- 1 kg de mandioquinha sem casca
- sal a gosto
- 6 colheres (sopa) de azeite
- 2 xícaras (chá) de leite
- 2 cebolas cortadas em rodelas
- 1 pimentão vermelho sem pele e sem sementes
- 2 dentes de alho espremidos
- 1 maço de brócolis cozido
- 2 claras
- 1 xícara (chá) de iogurte natural
- 4 colheres (sopa) de queijo parmesão ralado
- 1 colher (sopa) de salsa picada

Preparo:

1. Afervente o bacalhau. Escorra, remova a pele e as espinhas. Separe o peixe em lascas e reserve.
2. Cozinhe a mandioquinha em água e sal. Passe-a pelo espremedor até obter um purê. Adicione duas colheres (sopa) de azeite, o leite e o sal. Leve ao fogo até obter

um creme liso que se desprenda da panela. Retire do fogo e reserve.
3. Aqueça duas colheres (sopa) de azeite numa panela e junte a cebola e o pimentão cortado em tiras. Refogue por cinco minutos ou até as cebolas ficarem douradas. Ponha o bacalhau reservado e misture bem. Retire do fogo.
4. À parte, aqueça o azeite restante e refogue o alho e o brócolis picado. Refogue e reserve. Bata as claras em neve, misture o iogurte e reserve.
5. Num refratário coloque o purê de mandioquinha e, por cima, despeje o bacalhau refogado. Cubra com o brócolis e a mistura de iogurte. Polvilhe com queijo e a salsa. Leve ao forno em temperatura média até dourar. Sirva em seguida.

Pimentões verdes recheados com bacalhau

Para 4 pessoas
Tempo de preparo: 30 minutos
Fácil

Ingredientes:
- 1 kg de bacalhau demolhado
- 2 colheres (sopa) de azeite
- 2 cebolas cortadas em rodelas
- 1 dente de alho
- sal e pimenta-do-reino a gosto
- 100 g de azeitonas pretas sem caroço picadas
- 8 pimentões verdes
- 1/2 colher (sopa) de alecrim fresco picado

Para untar
Azeite

Preparo:
1. Afervente o bacalhau. Escorra, remova a pele e as espinhas. Separe-o em lascas e reserve.
2. Numa panela, ponha o azeite e refogue a cebola até ficar transparente. Junte o bacalhau e o alho socado. Tempere com sal e pimenta. Acrescente a azeitona, misture e cozinhe em fogo baixo por dez minutos.
3. Corte a base dos pimentões e retire as sementes e os filamentos brancos. Unte uma assadeira com azeite. Ponha os pimentões e leve ao forno bem quente por 15 minutos ou até ficarem macios. Retire e recheie com o preparado de bacalhau. Polvilhe com alecrim e sirva.

Pimentões vermelhos recheados com bacalhau

Para 4 pessoas
Tempo de preparo: 30 minutos
Fácil

Ingredientes:
- 4 pimentões vermelhos
- 1 posta de bacalhau demolhada
- 3 batatas sem casca cortadas em cubos
- sal e pimenta-branca a gosto
- 1 cebola picada
- 2 dentes de alho picados
- 1/4 de xícara (chá) de azeite
- 4 gemas
- 1 colher (sopa) de cheiro-verde

Preparo:
1. Lave o pimentão e corte uma tampa em cada um. Retire as sementes e os filamentos brancos. Afervente o bacalhau. Escorra e reserve a água. Retire a pele e as espinhas e separe o peixe em lascas finas.
2. Cozinhe a batata na água reservada. Passe num espremedor e reserve.
3. Refogue a cebola e o alho no azeite. Junte o bacalhau e refogue mais um pouco. Misture o purê com o bacalhau. Tempere com sal e pimenta. Acrescente as gemas ligeiramente batidas e polvilhe com o cheiro-verde. Misture bem. Recheie os pimentões com essa mistura e embrulhe-os em papel-alumínio. Leve ao forno em temperatura média por 30 minutos ou até ficarem macios. Retire do forno, remova o papel e sirva.

Piperade de bacalhau

Para 4 pessoas
Tempo de preparo: 40 minutos
Média dificuldade

Ingredientes:
- 6 pimentões vermelhos
- 4 tomates maduros
- 2 cebolas
- 2 dentes de alho
- 6 colheres (sopa) de azeite
- 200 g de bacalhau demolhado e desfiado
- sal a gosto
- 6 ovos
- fatias de pão de forma levemente torradas

Preparo:

1. Remova a pele e as sementes do pimentão e corte-o em tiras. Faça o mesmo com o tomate e esmague-o. Pique bem a cebola e o alho e reserve.
2. Numa panela de barro, aqueça o azeite e frite o pimentão. Ponha o tomate, a cebola e o alho. Deixe cozinhar em fogo baixo até que a cebola fique transparente. Tempere com sal e acrescente o bacalhau. Deixe cozinhar por dez minutos em fogo baixo.
3. À parte, bata os ovos e despeje sobre o preparado de bacalhau. Quando os ovos estiverem cozidos, retire-os do fogo. Transfira para uma travessa e sirva com o pão.

Pizza de bacalhau

Para 4 pessoas
Tempo de preparo: 15 minutos
Fácil

Ingredientes:

- 600 g de bacalhau demolhado
- 1 1/2 xícara (chá) de azeite
- 2 dentes de alho bem picados
- 2 cebolas grandes cortadas em rodelas
- 2 tomates sem pele e sem sementes batidos
- 500 g de queijo mussarela ralado
- 1 disco de massa de pizza pré-pronta grande
- 1 pimentão verde sem sementes cortado em rodelas
- 150 g de azeitonas pretas sem caroço em rodelas
- 2 ovos cozidos picados

Preparo:

1. Afervente o bacalhau. Escorra, remova a pele e as espinhas. Separe-o em lascas e reserve. Numa frigideira, ponha meia xícara (chá) de azeite e doure o alho e a cebola. Acrescente o bacalhau e o tomate. Cozinhe em fogo baixo por dez minutos.
2. Regue o disco de pizza com meia xícara (chá) de azeite e espalhe o refogado de bacalhau. Por cima, ponha o queijo. Espalhe o pimentão, a azeitona e o ovo. Polvilhe com orégano e regue com o azeite restante. Leve ao forno preaquecido por 20 minutos ou até o queijo se derreter.

Pizza de bacalhau à portuguesa

Para 4 pessoas
Tempo de preparo: 15 minutos
Fácil

Ingredientes:

Massa

- 1 tablete de fermento para pão
- 1 pitada de açúcar
- 1/2 xícara (chá) de leite morno
- 1/2 xícara (chá) de água morna
- 1 pitada de sal
- 5 colheres (sopa) de azeite
- 4 xícaras (chá) de farinha de trigo

Molho

- 1/2 xícara (chá) de molho de tomate refogado
- 300 g de bacalhau demolhado, limpo e em lascas
- 150 g de presunto picado
- 150 g de mussarela ralada grosso
- 1 tomate em rodelas
- 1 cebola em rodelas finas
- 2 ovos cozidos picados
- 100 g de azeitonas pretas sem caroço picadas
- azeite a gosto

Preparo:

1. Dissolva o fermento no açúcar. Junte o leite e água. Adicione o sal e o azeite. Ponha metade da farinha e misture até obter uma massa pegajosa.
2. Polvilhe uma superfície e ponha a massa, juntando a farinha restante aos poucos.
3. Sove até que a massa fique lisa e brilhante. Coloque a massa numa tigela e regue com um fio de azeite. Cubra com um pano de prato por 1 hora ou até que dobre de volume.
4. Abra a massa em uma superfície enfarinhada e coloque em uma forma de pizza untada com azeite.
5. Espalhe o molho e deixe descansar por 15 minutos. Leve ao forno preaquecido a 200°C até a massa assar.
6. Retire e faça camadas de bacalhau, presunto, mussarela, tomate, cebola, ovo e azeitona. Polvilhe com orégano e regue com azeite. Leve ao forno por mais 10 minutos. Regue com mais azeite e sirva.

Polenta aromática com bacalhau

Para 4 pessoas
Tempo de preparo: 30 minutos
Fácil

Ingredientes:

Molho de bacalhau

- 1 kg de bacalhau demolhado
- 1 cebola picada
- 2 colheres (sopa) de azeite
- 1/2 xícara (chá) de molho de tomate refogado

- 1 folha de louro
- 2 cravos-da-índia
- 1/2 xícara (chá) de vinho branco
- sal a gosto

Polenta

- 9 xícaras (chá) de água
- 2 xícaras (chá) de fubá fino
- 1 colher (sopa) de sal
- 1 colher (sopa) de salsa picada

Preparo:

Molho de bacalhau

1. Afervente o bacalhau. Escorra, reservando uma xícara (chá) da água. Remova a pele e as espinhas e separe o peixe em lascas.
2. Numa panela, refogue a cebola no azeite e junte o bacalhau, o molho de tomate, o louro, o cravo, o vinho e a água. Cozinhe por 30 minutos e tempere com sal. Retire do fogo e reserve.

Polenta

1. Numa vasilha, misture o fubá com duas xícaras (chá) de água. Misture bem. À parte, ponha a água restante para ferver. Quando ferver, adicione a mistura de fubá sem parar de mexer.
2. Tampe a panela e cozinhe, mexendo às vezes, até obter uma mistura homogênea que se desprenda da panela. Transfira para uma travessa, formando uma coroa. No centro, disponha o bacalhau e polvilhe com a salsa.

Polenta com bacalhau em camadas

Para 4 pessoas
Tempo de preparo: 40 minutos
Fácil

Ingredientes:

- 600 g de bacalhau demolhado
- 6 colheres (sopa) de azeite
- 3 colheres (sopa) de cebola ralada
- 4 xícaras (chá) de fubá em flocos
- 12 xícaras (chá) de água
- sal a gosto
- 1 maço de espinafre aferventado
- 4 tomates grandes sem pele e sem sementes picados

Preparo:

1. Afervente o bacalhau. Escorra, reservando uma xícara (chá) da água. Remova a pele e as espinhas e separe o peixe em lascas. Reserve.
2. Numa panela grande, aqueça duas colheres (sopa) de azeite e refogue uma colher (sopa) de cebola. Junte o fubá, a água e o sal. Cozinhe, mexendo sempre, até se desprender do fundo da panela. Retire do fogo e reserve.
3. Ponha duas colheres (sopa) de azeite numa panela e refogue o espinafre com uma colher (sopa) de cebola por cinco minutos. Misture bem, retire do fogo e reserve.
4. Refogue o bacalhau no azeite e na cebola restantes. Junte o tomate e cozinhe por dez minutos. Em um refratário, ponha camadas de polenta, espinafre, bacalhau e polenta. Leve ao forno preaquecido por cinco minutos e sirva em seguida.

Polpettes de bacalhau

Para 4 pessoas
Tempo de preparo: 15 minutos
Fácil

Ingredientes:

- 400 g de bacalhau demolhado
- 8 colheres (sopa) de farinha de trigo
- 4 colheres (sopa) de margarina
- 1/2 xícara (chá) de leite
- sal e pimenta-do-reino a gosto
- 1 colher (sopa) de salsa picada
- 1 ovo batido
- 1 colher (sopa) de azeite
- 1 folha de louro
- 1/4 de xícara (chá) de água

Para fritar

Azeite

Preparo:

1. Afervente o bacalhau. Escorra e remova a pele e as espinhas. Desfie o peixe e reserve.
2. Ponha em uma panela cinco colheres (sopa) de farinha, a margarina, o leite, o sal e a pimenta. Leve ao fogo e misture bem até engrossar. Retire do fogo e reserve.
3. Numa tigela, misture o bacalhau desfiado, a salsa picada e o ovo. Forme croquetes e reserve.
4. Misture a farinha restante ao azeite. Tempere com uma pitada de sal e o louro. Ponha a água e misture bem. Deixe descansar por 30 minutos.
5. Mergulhe as polpettes nessa mistura e frite em azeite quente. Escorra sobre papel-toalha e sirva.

Profiteroles de bacalhau

Para 4 pessoas
Tempo de preparo: 40 minutos
Fácil

Ingredientes:

Massa

- 1/2 xícara (chá) de manteiga
- 1 1/4 de xícara (chá) de água
- 1 1/3 de xícara (chá) de farinha de trigo
- sal e pimenta-do-reino a gosto
- 3 ovos

Recheio

- 2 postas de bacalhau demolhadas e limpas
- 1 vidro de maionese pequeno
- 1/2 xícara (chá) de mostarda
- 3 colheres (sopa) de cebola picada
- 2 xícaras (chá) de castanha-de-caju torrada e picada
- sal e pimenta-do-reino a gosto
- 1 pé de alface mimosa

Preparo:

Massa

1. Numa panela de fundo largo, ponha a manteiga e a água. Leve ao fogo e espere ferver. Adicione a farinha de uma só vez, mexendo sem parar. Tempere com sal e pimenta.
2. Cozinhe até a massa se desprender da panela. Apague o fogo e deixe amornar. Ponha os ovos, um a um, misturando bem até obter uma massa lisa.
3. Forre uma forma redonda com papel-manteiga untado e reserve. Com o auxílio de um saco de confeiteiro com bico pitanga, faça montinhos com a massa.
4. Preaqueça o forno em temperatura média e asse os profiteroles até dourarem por igual. Retire da forma e deixe esfriar.

Recheio

Desfie o bacalhau. Numa panela, misture todos os ingredientes, exceto as folhas de alface. Reserve. Com cuidado, corte a parte superior dos profiteroles e elimine um pouco do miolo. Ponha uma folha de alface dentro e o preparado de bacalhau. Cubra com a tampa do profiterole e sirva.

Pudim de bacalhau

Para 4 pessoas
Tempo de preparo: 30 minutos
Fácil

Ingredientes:

- 500 g de bacalhau demolhado
- 1 xícara (chá) de leite de coco
- 1 1/4 de xícara (chá) de leite
- 1 xícara (chá) de farinha de trigo
- 3 dentes de alho amassados
- 2 colheres (sopa) de margarina
- 1/2 xícara (chá) de queijo parmesão ralado
- 4 ovos (claras e gemas separadas)
- 6 colheres (sopa) de cheiro-verde picado
- folhas verdes a gosto
- 2 tomates firmes cortados em rodelas

Para polvilhar

Farinha de rosca

Preparo:

1. Afervente o bacalhau. Escorra e remova a pele e as espinhas. Desfie o peixe em lascas e reserve.
2. Bata no liquidificador o leite de coco, o leite e a farinha de trigo. Doure o alho na margarina e adicione a mistura de leite. Cozinhe em fogo baixo, mexendo sem parar, até obter um creme. Retire do fogo, junte o queijo, as gemas, o bacalhau e o cheiro-verde.
3. Misture bem e acrescente as claras batidas em neve. Despeje em forma untada e polvilhada com farinha de rosca e leve ao forno para assar por 30 minutos ou até ficar firme.
4. Lave as folhas de alface e corte o tomate em rodelas. Reserve. Desenforme o pudim quando estiver frio e sirva com a salada.

Pudim de bacalhau com castanha-do-pará

Para 4 pessoas
Tempo de preparo: 40 minutos
Média dificuldade

Ingredientes:

- 500 g de bacalhau demolhado
- 2 colheres (sopa) de margarina
- 1 cebola grande picada
- 3 dentes de alho socados
- 2 colheres (sopa) de farinha de trigo
- 1 xícara (chá) de leite
- 2 ovos batidos
- 1 colher (sopa) de salsa picada
- 1 xícara (chá) de castanha-do-pará picada

Preparo:

1. Afervente o bacalhau, retire a pele e as espinhas. Passe o peixe no processador e reserve. Unte uma forma com

buraco no meio com metade da margarina.
2. Numa panela, derreta a margarina restante e refogue a cebola e o alho. Acrescente a farinha e mexa até começar a dourar. Ponha o leite e os ovos e mexa até engrossar. Adicione o bacalhau e a salsa.
3. Numa frigideira, torre as castanhas e junte à massa com cuidado. Distribua o preparado na forma e asse por 30 minutos em forno alto. Desenforme e deixe esfriar.

Pudim de bacalhau com molho bearnês

Para 4 pessoas
Tempo de preparo: 40 minutos
Média dificuldade

Ingredientes:

- 1 xícara (chá) de passas brancas
- 7 colheres (sopa) de margarina
- 7 colheres (sopa) de farinha de trigo
- 3 xícaras (chá) de leite
- 6 ovos (claras e gemas separadas)
- 250 g de bacalhau demolhado, limpo e desfiado

Molho bearnês

- 3 cebolas pequenas picadas
- 2 colheres (sopa) de vinagre
- 2 colheres (sopa) de vinho branco
- sal a gosto
- pimenta rosa a gosto
- 2 gemas
- 3/4 de xícara (chá) de margarina
- 1/2 colher (sopa) de estragão

Preparo:

1. Hidrate as passas em água fria. Numa panela, derreta a margarina e polvilhe com a farinha. Cozinhe em fogo baixo até começar a aparecer uma espuma esbranquiçada. Despeje o leite e deixe ferver por mais cinco minutos. Retire do fogo e acrescente as gemas, sem parar de mexer.
2. Ponha o bacalhau, as passas escorridas e passadas na farinha de trigo. Misture bem.
3. Junte com cuidado as claras batidas em neve. Despeje a mistura numa forma com buraco no meio. Leve ao forno alto preaquecido, em banho-maria, por 1 hora ou até ficar firme. Retire do fogo e reserve.

Molho

1. Numa panela, leve ao fogo a cebola, o vinagre, o vinho, o sal e a pimenta esmagada. Deixe ferver até quase evaporar todo o líquido. Bata no processador e transfira para uma tigela. Junte as gemas e bata com um batedor manual. Leve ao fogo em banho-maria até a mistura ficar bem fofa.
2. Aos poucos, ponha a margarina batida e o estragão. Misture e mantenha em banho-maria, em fogo baixo. Desenforme o pudim e sirva o molho à parte.

Pudim de bacalhau com molho de tomate e ervilhas

Para 4 pessoas
Tempo de preparo: 50 minutos
Média dificuldade

Ingredientes:

- 350 g de bacalhau demolhado, limpo e desfiado
- 5 ovos
- 1 xícara (chá) de molho bechamel
- 2 xícaras (chá) de leite
- 1 cebola picada
- 5 colheres (sopa) de margarina sem sal
- 1 colher (sopa) de bacon picado
- sal e pimenta-do-reino a gosto
- 1 xícara (chá) de ervilhas frescas cozidas
- 1 colher (sopa) de azeite
- 3/4 de xícara (chá) de molho de tomate refogado

Preparo:

1. Passe o bacalhau no processador. Retire e reserve. Bata os ovos e junte ao molho bechamel. Adicione o leite.
2. À parte, refogue a cebola na margarina. Acrescente o bacon e o bacalhau e misture bem. Ponha a mistura de ovos, mexa e tempere com sal e pimenta. Transfira para uma forma com buraco no meio untada com margarina e polvilhada com farinha de rosca.
3. Asse em banho-maria por 45 minutos. Desenforme depois de morno. À parte, refogue a ervilha no azeite e ponha o molho de tomate. Deixe ferver por cinco minutos e sirva com o pudim.

Purê de grão-de-bico com bacalhau

Para 4 pessoas
Tempo de preparo: 40 minutos
Média dificuldade

Ingredientes:

- 500 g de grão-de-bico demolhado
- 1 cebola cortada em rodelas

- 2 dentes de alho socados
- 300 g de bacalhau demolhado, limpo e em lascas
- 1 colher (sopa) de margarina
- 1/4 de xícara (chá) de leite
- 1 colher (sopa) de azeite
- sal a gosto
- 250 ml de maionese
- 1/4 de xícara (chá) de leite

Para untar

Azeite

Preparo:

1. Cozinhe o grão-de-bico. Escorra e passe pelo espremedor. Reserve.
2. Refogue a cebola, o alho e o bacalhau na margarina. Cozinhe até a cebola ficar transparente. Passe pelo processador. Ponha o grão-de-bico, o leite e o azeite e processe mais um pouco. Tempere com sal.
3. Unte com azeite um refratário e disponha o preparado de bacalhau. Com um saco de confeitar, faça desenhos com a maionese sobre o purê e leve ao forno por 15 minutos ou até gratinar.

Purês com bacalhau

Para 4 pessoas
Tempo de preparo: 50 minutos
Média dificuldade

Ingredientes:

- 300 g de grão-de-bico cozido
- 3 dentes de alho
- sal e pimenta-do-reino a gosto
- 3 batatas sem casca cozidas
- 1 colher (sopa) de coentro
- 2 cebolas
- 1/2 xícara (chá) de azeite
- 500 g de bacalhau demolhado, limpo e em lascas
- 1 paio em rodelas
- 1 gema batida
- 1 colher (sopa) de tomilho picado

Preparo:

1. Passe o grão-de-bico pelo espremedor com um dente de alho. Tempere com sal e pimenta e reserve. Faça também um purê com a batata. Tempere com sal, pimenta e coentro.
2. Corte a cebolas em rodelas finas e pique o alho restante. Refogue-os no azeite e, quando a cebola estiver transparente, ponha o bacalhau. Misture e prove os temperos.
3. Num refratário, disponha o purê de batata. Por cima, ponha o refogado de bacalhau e o purê de grão-de-bico. Faça alguns riscos e encaixe o paio. Pincele com a gema e leve ao forno por 15 minutos. Antes de servir, polvilhe com tomilho.

Quiche de bacalhau

Para 4 pessoas
Tempo de preparo: 1h15m
Fácil

Ingredientes:

- 3 xícaras (chá) de farinha de trigo
- 1 pitada de sal
- 1 colher (sopa) de manjericão seco
- 200 g de margarina em cubos
- 1/4 de xícara (chá) de água gelada
- 5 tomates sem pele e sem sementes picados
- 400 g de bacalhau demolhado, limpo e em lascas
- 2 xícaras (chá) de creme de leite fresco
- 3 ovos batidos
- sal e noz-moscada a gosto

Preparo:

1. Numa tigela, ponha a farinha, o sal, o manjericão e a margarina. Misture com a ponta dos dedos até obter uma farofa. Junte a água aos poucos até conseguir uma massa homogênea.
2. Embrulhe-a em filme plástico e leve à geladeira por 15 minutos. Abra a massa e forre uma forma para quiche.
3. Coloque o tomate e as lascas de bacalhau sobre a massa. À parte, misture o creme de leite, os ovos, o sal e a noz-moscada. Distribua sobre o bacalhau.
4. Leve ao forno por 30 minutos ou até que a massa fique crocante e dourada. Retire e sirva.

Quiche de bacalhau com azeitonas

Para 4 pessoas
Tempo de preparo: 1h15m
Fácil

Ingredientes:

Recheio

- 400 g de bacalhau demolhado, limpo e em lascas
- 2 colheres (sopa) de margarina
- 2 cebolas em rodelas
- 1 pimentão vermelho sem pele e sem sementes picado
- 1 colher (sopa) de ervilhas
- 1/2 xícara (chá) de azeitonas pretas sem caroço picadas

- 2 ovos
- 1 clara
- 1/2 xícara (chá) de leite
- 1 pitada de sal

Massa

- 2 xícaras (chá) de farinha de trigo
- 1 xícara (chá) de margarina
- 1 pitada de sal

Preparo:

Recheio

1. Afervente o bacalhau. Escorra, retire a pele e as espinhas. Desfie o peixe e reserve.
2. Em uma panela média, derreta a margarina e refogue a cebola até dourar ligeiramente. Retire e reserve. Na mesma panela, ponha o pimentão e a ervilha. Acrescente o bacalhau e refogue bem. Reserve.
3. Preaqueça o forno em temperatura média.

Massa

1. Em uma tigela, misture a farinha, a margarina e o sal. Amasse até obter uma massa maleável que se desprenda das mãos. Forre com a massa o fundo e as laterais de uma forma para quiche.
2. Espalhe o bacalhau reservado sobre a massa e cubra com a cebola refogada e a azeitona. Reserve.
3. Em uma tigela, bata ligeiramente os ovos, a clara, o leite e o sal. Espalhe sobre o recheio e leve ao forno até que o recheio fique firme. Sirva.

Quiche de bacalhau com lingüiça

Para 6 pessoas
Tempo de preparo: 1h15m
Fácil

Ingredientes:

Massa

- 1 1/2 xícara (chá) de farinha de trigo
- 1 pitada de sal
- 1/2 xícara (chá) de margarina
- 2 gemas
- 1 colher (sopa) de água

Recheio

- 150 g de lingüiça triturada
- 200 g de bacalhau demolhado, limpo e em lascas
- 1 colher (sopa) de azeite
- 1 xícara (chá) de salsão
- 1/2 xícara (chá) de leite
- 1 1/4 de xícara (chá) de creme de leite
- 3 ovos inteiros
- 3 gemas
- 100 g de queijo emmenthal em cubos

Preparo:

Massa

1. Numa tigela, peneire a farinha com o sal. Junte a margarina, reservando 1 colher (sopa), e misture com a ponta dos dedos até obter uma farofa. Adicione as gemas e água. Misture delicadamente até obter uma massa lisa. Forme uma bola, embrulhe em filme plástico e deixe descansar na geladeira por 30 minutos.
2. Preaqueça o forno à temperatura média. Com a margarina reservada, unte uma forma para quiche. Abra a massa e forre o fundo e as laterais da forma. Ponha na geladeira por mais dez minutos. Em seguida, fure a massa com um garfo e leve ao forno por 15 minutos ou até dourar levemente. Retire do forno e reserve.

Recheio

1. Frite a lingüiça numa frigideira antiaderente untada com azeite até ficar crocante. Misture o bacalhau e refogue um pouco. Despeje sobre a massa.
2. Na mesma frigideira, ponha o azeite e o salsão. Refogue rapidamente e distribua por cima do bacalhau.
3. Numa tigela, bata o leite, o creme de leite, os ovos, as gemas e o queijo. Despeje sobre o salsão e leve ao forno até o recheio ficar firme e a superfície dourada. Sirva imediatamente.

Risoto de bacalhau

Para 4 pessoas
Tempo de preparo: 45 minutos
Fácil

Ingredientes:

- 500 g de bacalhau demolhado
- 1 xícara (chá) de tomate seco
- 2 alhos-porós médios
- 2 dentes de alho
- 3 colheres (sopa) de azeite
- 2 xícaras (chá) de arroz arbório
- 1 xícara (chá) de parmesão ralado

Preparo:

1. Afervente o bacalhau e reserve a água. Remova a pele e as espinhas. Separe-o em lascas e reserve.
2. Corte o tomate seco em tiras finas e reserve. Corte em rodelas finas somente a parte branca do alho-poró e amasse o alho. Reserve.

3. Numa panela grande, ponha o azeite, o bacalhau, o tomate seco, o alho-poró e o alho. Leve ao fogo e refogue, mexendo de vez em quando, até o bacalhau dourar. Em seguida, adicione o arroz e refogue, mexendo de vez em quando, até os grãos ficarem brilhantes.
4. Junte 1/2 xícara (chá) da água do bacalhau fervente e cozinhe, mexendo sem parar, raspando o fundo e as laterais da panela, até não ter mais líquido.
5. Cozinhe e, a cada minuto, despeje 1/2 xícara (chá) da água de cozimento do bacalhau. Se a água do bacalhau não for suficiente, adicione água fervente até completar seis xícaras (chá). Não pare de mexer, raspando o fundo e as laterais da panela até o arroz ficar al dente. Retire do fogo e mantenha a panela tampada por três minutos antes de servir. Polvilhe com queijo.

Risoto de bacalhau com azeitonas

Para 4 pessoas
Tempo de preparo: 1 hora
Fácil

Ingredientes:
- 1 xícara (chá) de azeite
- 2 cebolas picadas
- 800 g de bacalhau demolhado, limpo e desfiado
- 1 xícara (chá) de vinho branco seco
- 1 xícara (chá) de água fervente
- 3 xícaras (chá) de sobras de arroz cozido
- 1/2 xícara (chá) de azeitonas pretas sem caroço em rodelas
- 1/2 xícara (chá) de azeitonas verdes recheadas em rodelas
- 1/2 colher (sopa) de noz-moscada
- raspas de gengibre e sementes de cardamomo a gosto
- 1/2 xícara (chá) de cebolinha francesa
- 1 pitada de pimenta-rosa
- 1 pitada de sal

Preparo:
1. Aqueça três colheres (sopa) de azeite e doure a cebola. Junte o bacalhau e refogue por alguns minutos. Adicione metade do vinho e cozinhe por 15 minutos.
2. Junte o vinho restante e a água. Se necessário, despeje mais água quente. Misture bem e deixe apurar por cinco minutos. Apague o fogo.
3. Acrescente o arroz ao bacalhau. Ponha as azeitonas e regue com o restante do azeite. Misture os ingredientes restantes e aqueça por alguns minutos. Sirva em seguida.

Risoto de bacalhau com aspargos

Para 4 pessoas
Tempo de preparo: 1 hora
Média dificuldade

Ingredientes:
- 500 g de bacalhau demolhado
- 4 xícaras (chá) de caldo de legumes
- 3 colheres (sopa) de margarina
- 2 colheres (sopa) de azeite
- 2 dentes de alho picados
- 1 cebola grande picada
- 2 1/2 xícaras (chá) de arroz arbório
- 1 tomate sem pele e sementes picado
- 2 xícaras (chá) de vinho branco seco
- 2 colheres (sopa) de cebolinha
- 1 pitada de noz-moscada
- sal e pimenta-do-reino a gosto
- 200 g de pontas de aspargo verdes
- 100 g de queijo parmesão ralado

Preparo:
1. Afervente o bacalhau. Remova a pele e as espinhas e desfie o peixe. Aqueça o caldo até levantar fervura. Mantenha-o aquecido.
2. Ponha uma colher (sopa) da margarina numa panela grande e doure o bacalhau por um minuto. Reserve. Junte metade do azeite, mais uma colher (sopa) da margarina e refogue o alho e a cebola até ficarem transparentes.
3. Acrescente o arroz e refogue bem, mexendo por três minutos. Ponha o tomate, metade do vinho e cozinhe por mais cinco minutos. Adicione o caldo e mexa com uma colher de pau. Cozinhe por 20 minutos em fogo médio.
4. Polvilhe com a cebolinha e a noz-moscada e deixe cozinhar em fogo baixo por 25 minutos, mexendo às vezes, ou até o líquido se reduzir um pouco. Tempere com sal e pimenta.
5. Em uma frigideira, refogue as pontas de aspargo no azeite restante. Acrescente o vinho restante e deixe apurar por cinco minutos. Prove os temperos. Antes de servir, ponha o aspargo e a margarina restante na panela com o arroz. Mexa e polvilhe com o queijo. Sirva bem quente.

Risoto de bacalhau primavera

Para 4 pessoas
Tempo de preparo: 1 hora
Média dificuldade

Ingredientes:

- 4 colheres (sopa) de margarina
- 1/2 xícara (chá) de alho-poró em rodelas
- 1 1/2 xícara (chá) de ervilhas frescas
- 1/2 xícara (chá) de salsão cortado
- 1/4 de xícara (chá) de cenoura ralada
- 1 xícara (chá) de tomate pelado com seu molho
- 1/2 xícara (chá) de cogumelo em fatias
- 1/2 xícara (chá) de pimentão verde sem sementes cortado em tiras
- 300 g de bacalhau demolhado, limpo e desfiado
- 6 xícaras (chá) de caldo de legumes
- 1 xícara (chá) de arroz arbório
- 1 xícara (chá) de vinho branco seco
- sal e alecrim a gosto
- 1/2 colher (sopa) de manjericão
- 1 pitada de pimenta-do-reino
- 1/2 xícara (chá) de queijo parmesão ralado

Preparo:

1. Numa panela grande, derreta metade da margarina e refogue o alho-poró em fogo alto por dois minutos. Adicione a ervilha, o salsão, a cenoura, o tomate, o cogumelo e o pimentão. À parte, ferva o caldo e reserve.
2. Refogue mais um pouco e junte o bacalhau. Cozinhe por dez minutos ou até os legumes ficarem tenros. Adicione o arroz e cozinhe, mexendo por dois minutos. Ponha o vinho e deixe evaporar.
3. Acrescente uma xícara (chá) do caldo e misture bem. Vá acrescentando aos poucos o caldo restante à medida que o arroz for secando. Cozinhe até ficar al dente. Retire do fogo e adicione a margarina restante, o sal, o alecrim, o manjericão, a pimenta e o queijo. Misture bem, tampe a panela e deixe descansar por dois minutos. Transfira para uma travessa e sirva em seguida. Se desejar, polvilhe com mais queijo ralado.

Rocambole de arroz com bacalhau

Para 4 pessoas
Tempo de preparo: 30 minutos
Fácil

Ingredientes:

Recheio

- 800 g de bacalhau demolhado
- 1 cebola média picada
- 2 colheres (sopa) de azeite
- 1 xícara (chá) de molho de tomate refogado
- 1 pimenta cumarim picada
- 100 g de azeitonas pretas sem caroço picadas
- sal a gosto

Massa

- 1/2 xícara (chá) de azeite
- 3 ovos
- 1 1/2 xícara (chá) de leite
- 2 1/2 xícaras (chá) de arroz cozido
- 1/2 xícara (chá) de queijo parmesão ralado
- 1/2 xícara (chá) de farinha de trigo
- 1/2 colher (sopa) de fermento em pó
- sal a gosto

Preparo:

Recheio

1. Afervente o bacalhau. Escorra, reservando a água, e remova a pele e as espinhas. Separe o peixe em lascas e reserve.
2. Numa panela, refogue a cebola no azeite por três minutos. Junte o bacalhau e cozinhe, mexendo de vez em quando, por dez minutos ou até dourar. Adicione 1 xícara (chá) da água reservada, o molho de tomate e a pimenta.
3. Cozinhe, mexendo de vez em quando, até a água secar. Junte a azeitona e tempere com sal. Retire do fogo e reserve.

Massa

1. Preaqueça o forno em temperatura média. Ponha no do liquidificador o azeite (reserve uma colher de sopa), os ovos e o leite. Bata por dois minutos e misture o arroz, o queijo, a farinha, o fermento e o sal. Bata novamente até obter uma massa homogênea.
2. Forre uma assadeira rasa com papel-manteiga e unte com o azeite reservado. Polvilhe com farinha de trigo e despeje a massa, distribuindo-a uniformemente.
3. Leve ao forno por 20 minutos ou até dourar e ficar firme. Retire e desenforme sobre um pano úmido. Espalhe o recheio de bacalhau e enrole com a ajuda do pano, formando o rocambole. Sirva em seguida.

Rocambole de bacalhau

Para 4 pessoas
Tempo de preparo: 30 minutos
Fácil

Ingredientes:

Massa

- 2 postas de bacalhau demolhadas
- 1 cebola grande ralada
- 1/4 de xícara (chá) de azeite
- 4 colheres (sopa) de farinha de trigo

- 1 3/4 de xícara (chá) de leite
- sal, pimenta e noz-moscada a gosto
- 4 ovos (claras e gemas separadas)

Recheio

- 1 colher (sopa) de azeite
- 3 tomates sem pele e sementes picados
- 2 cebolas picadas
- pimenta-do-reino a gosto
- 200 g de presunto picado
- 1/2 xícara (chá) de queijo cremoso

Preparo:

1. Afervente o bacalhau. Escorra e remova a pele e as espinhas. Separe o peixe em lascas finas.
2. Doure a cebola no azeite e junte o bacalhau. Mexa bem e, em seguida, acrescente a farinha. Adicione uma xícara de leite. Tempere com sal, pimenta e noz-moscada. Assim que levantar fervura, adicione o leite restante. Deixe no fogo por mais cinco minutos. Retire e deixe esfriar.
3. Junte as gemas, uma a uma, misturando bem a cada adição. Leve novamente ao fogo e deixe engrossar, mas sem ferver. Retire do fogo. Depois de frio, junte as claras batidas em neve firme.
4. Despeje em uma forma untada com margarina e forrada com papel vegetal também untado. Leve ao forno médio por 30 minutos ou até endurecer.

Recheio

1. Numa panela ponha o azeite e refogue o tomate e a cebola. Apague o fogo, tempere com pimenta e acrescente o presunto e o queijo cremoso.
2. Desenforme a massa sobre um pano de prato, recheie e enrole com cuidado. Sirva em seguida.

Rocambole de bacalhau com espinafre

Para 4 pessoas
Tempo de preparo: 1 hora
Média dificuldade

Ingredientes:

- 200 g de bacalhau demolhado
- 1 pão francês (só o miolo)
- 1/2 xícara (chá) de leite
- 6 ovos (claras e gemas separadas)
- 1 colher (sopa) de fermento em pó
- sal e pimenta-do-reino a gosto
- 3 colheres (sopa) de margarina
- 1 maço de espinafre cozido
- 2 xícaras (chá) de leite
- 2 colheres (sopa) de amido de milho

Preparo:

1. Afervente o bacalhau. Escorra e retire a pele e as espinhas. Desfie o peixe e reserve.
2. Desmanche o miolo do pão no leite. Misture o bacalhau, as gemas batidas e o fermento. Tempere com sal e pimenta.
3. Bata as claras em neve e misture bem ao bacalhau.Unte uma forma com metade da margarina e forre-a com papel vegetal também untado. Distribua a massa sobre o papel e asse em forno preaquecido por 20 minutos ou até dourar. Retire e reserve.
4. Numa panela, refogue o espinafre na margarina restante e tempere com sal e pimenta. Adicione o leite e o amido de milho. Leve ao fogo e mexa até engrossar.
5. Desenforme a massa sobre um pano úmido e a enrole como um rocambole com auxílio do pano. Sirva com o creme de espinafre.

Rocambole de batata com bacalhau

Para 4 pessoas
Tempo de preparo: 30 minutos
Fácil

Ingredientes:

Massa

- 250 g de batata cozida e espremida
- 1 colher (sopa) de margarina
- 2 ovos (claras e gemas separadas)
- 2 colheres (sopa) de queijo parmesão ralado
- 1 pitada de noz-moscada
- 1 colher (sopa) de amido de milho
- 1 colher (sopa) de farinha de trigo
- 1/2 colher (sopa) de fermento em pó
- 1/2 xícara (chá) de leite
- sal a gosto

Recheio

- 2 dentes de alho amassados
- 1 colher (sopa) de margarina
- 1 xícara (chá) de leite
- 1 colher (sopa) de farinha de trigo
- 1 gema batida
- 1 colher (sopa) de molho de tomate
- 250 g de bacalhau demolhado, limpo e em lascas grandes

• 1 colher (sopa) de cheiro-verde

Para pincelar

1 gema batida com gotas de azeite

Para polvilhar

Queijo parmesão ralado

Preparo:

Massa

1. Numa tigela junte a batata, a margarina, as gemas, o queijo, a noz-moscada, o amido, a farinha, o fermento, o leite e sal. Misture bem e acrescente as claras batidas. Misture novamente com cuidado.
2. Preaqueça o forno em temperatura média. Distribua a massa sobre uma forma forrada com papel-manteiga, untada e polvilhada com farinha. Leve ao forno e asse por 20 minutos ou até a massa dourar.

Recheio

1. Numa frigideira, doure o alho na margarina. Acrescente o leite, a farinha e a gema. Mexa rapidamente e cozinhe até ferver e engrossar. Ponha o molho de tomate e deixe esfriar. Junte o bacalhau e o cheiro-verde. Misture bem e reserve.
2. Desenforme a massa sobre um pano úmido. Espalhe o recheio e enrole o rocambole com auxílio do pano. Transfira para um refratário e pincele com a gema. Polvilhe com o queijo e leve ao forno por cinco minutos ou até dourar.

Rocambole de cenoura com bacalhau

Para 4 pessoas
Tempo de preparo: 1 hora
Média dificuldade

Ingredientes:

Massa

• 2 tabletes de caldo de legumes
• 4 xícaras (chá) de água
• 4 cenouras raladas
• 3 colheres (sopa) de azeite
• 1/2 xícara (chá) de queijo parmesão ralado
• 4 ovos (claras e gemas separadas)
• 1/2 colher (sopa) de fermento em pó
• 1 colher (sopa) de farinha de trigo

Recheio:

• 2 colheres (sopa) de azeite
• 1 cebola picada
• 1 tablete de caldo de legumes
• 250 g de bacalhau demolhado, limpo e em lascas
• 2 tomates sem pele e sem sementes picados
• 1/2 xícara (chá) de azeitonas pretas sem caroço picadas
• 1 colher (sopa) de cheiro-verde
• sal a gosto

Preparo:

Massa

1. Dilua os tabletes de caldo na água fervente. Ponha a cenoura nesse caldo. Junte o azeite, o queijo e as gemas. Mexa bem e deixe cozinhar até o líquido se reduzir bem. Em outra vasilha, misture o fermento e a farinha. Bata as claras em neve e misture tudo. Se necessário, ponha mais farinha até obter uma massa homogênea.
2. Unte uma assadeira retangular e cubra com papel-manteiga untado. Despeje a massa e asse em forno quente por 20 minutos ou até dourar.

Recheio

1. Refogue no azeite a cebola e o tablete de legumes esmigalhado. Junte o bacalhau e o tomate. Misture bem e ponha a azeitona e o cheiro-verde. Tempere com sal. Misture bem. Se ficar muito seco, ponha um pouco de água quente. Misture e reserve.
2. Desenforme a massa sobre um pano úmido. Ponha o recheio no centro da massa e enrole como um rocambole com ajuda do pano.

Rocambole de flocos de batata com bacalhau e pimentão

Para 4 pessoas
Tempo de preparo: 1 hora
Média dificuldade

Ingredientes:

Massa

• 3/4 de xícara (chá) de água
• 3/4 de xícara (chá) de leite
• 1 colher (sopa) de margarina
• 150 g de flocos de batatas
• 1/2 colher (sopa) de farinha de trigo
• 5 ovos
• suco de 1 limão
• sal, noz-moscada e pimenta-do-reino a gosto

Recheio

• 2 cebolas raladas

- 3/4 de xícara (chá) de azeite
- 1 cenoura sem casca
- 1 folha de louro
- 350 g de bacalhau demolhado, limpo e desfiado
- 1 pimentão vermelho sem pele e sem sementes em tiras
- 1 pimentão amarelo sem pele e sem sementes em tiras
- sal e pimenta-malagueta em flocos a gosto
- 1 colher (sopa) de farinha de trigo
- 1 colher (sopa) de salsa picada

Preparo:

Massa

1. Preaqueça o forno em temperatura baixa. Unte uma assadeira com margarina e forre com papel vegetal também untado.
2. Numa panela ponha a água, o leite e a margarina. Leve ao fogo e, assim que ferver, junte os flocos de batata. Mexa bem. Retire do fogo e acrescente a farinha. Mexa bem. Bata os ovos e ponha na panela aos poucos. Misture bem e tempere com o suco de limão, a noz-moscada, o sal e a pimenta. Se necessário, ponha mais um pouco de farinha. Despeje a massa na forma e asse por 25 minutos ou até dourar.

Recheio

1. Refogue em fogo baixo a cebola no azeite. Junte a cenoura em cubos e o louro. Deixe cozinhar por dez minutos com a panela tampada.
2. Acrescente o bacalhau e o pimentão. Tempere com sal e pimenta. Cozinhe em fogo baixo com a panela tampada. Polvilhe com a farinha e a salsa. Mexa bem e deixe cozinhar por mais dez minutos.
3. Retire a massa do forno e a desenforme sobre um pano de prato. Cubra com o recheio e enrole com o auxílio do pano. Sirva em seguida.

Rocambole simples de bacalhau

Para 4 pessoas
Tempo de preparo: 30 minutos
Fácil

Ingredientes:

Massa

- 6 ovos
- 2 colheres (sopa) de açúcar
- 6 colheres (sopa) de farinha de trigo
- 1/2 colher (sopa) de fermento em pó
- 1 pitada de sal

Recheio

- 1 cebola
- 1 colher (sopa) de azeite
- 1 pitada de pimenta-do-reino
- 250 gramas de bacalhau demolhado, limpo e em lascas
- 100 g de azeitonas verdes recheadas
- 1 colher (sopa) de salsa picada
- 100 g de queijo prato em fatias

Para pincelar

- 1 gema batida com gotas de azeite

Para polvilhar

1/2 xícara (chá) de queijo parmesão ralado

Preparo:

Massa

1. Bata na batedeira os ovos até ficarem cremosos. Acrescente o açúcar e bata mais um pouco. Desligue a batedeira e misture a farinha, o fermento e o sal com cuidado.
2. Preaqueça o forno em temperatura média. Unte uma assadeira retangular e forre com papel vegetal também untado e polvilhado com farinha de trigo. Despeje a massa na forma e asse por 20 minutos ou até dourar.

Recheio

1. Pique a cebola e refogue no azeite até ficar transparente. Junte a pimenta, o bacalhau, a azeitona e a salsa. Misture bem até ficar sequinho.
2. Retire a massa do forno e, ainda quente, vire sobre um pano de prato úmido. Distribua o recheio de bacalhau sobre a massa e cubra com as fatias de queijo. Enrole com a ajuda do pano de prato. Ponha num refratário, pincele com a gema e polvilhe com o queijo ralado. Leve ao forno para dourar e sirva.

Rocambole de queijo com bacalhau

Para 4 pessoas
Tempo de preparo: 40 minutos
Fácil

Ingredientes:

Massa

- 500 g de batata sem casca cozida
- 1 colher (sopa) de margarina

- *4 ovos (claras e gemas separadas)*
- *4 colheres (sopa) de queijo gruyère ralado*
- *1 pitada de noz-moscada*
- *2 colheres (sopa) de amido de milho*
- *2 colheres (sopa) de farinha de trigo*
- *1/2 colher (sopa) de fermento em pó*
- *1 xícara (chá) de leite*

Recheio

- *2 postas de bacalhau demolhadas*
- *2 colheres (sopa) de azeite*
- *1 cebola ralada*
- *1 colher (sopa) de manjericão*
- *2 xícaras (chá) de leite*
- *3 colheres (sopa) de farinha de trigo*
- *2 gemas*
- *sal a gosto*
- *1 dente de alho*
- *1 colher (sopa) de margarina*

Para regar

1 lata de molho de tomate refogado

Para polvilhar

150 g de queijo emmenthal ralado

Preparo:

Massa

1. *Passe a batata pelo espremedor. Na mesma tigela, junte os demais ingredientes, exceto as claras. Acrescente então as claras batidas em neve e misture bem. Se necessário, ponha um pouco mais de farinha de trigo.*
2. *Preaqueça o forno. Ponha a massa em uma assadeira retangular untada e polvilhada com farinha. Asse por 20 minutos ou até dourar.*

Recheio

1. *Refogue o bacalhau no azeite com a cebola e o manjericão. Reserve.*
2. *Bata no liquidificador o leite, a farinha, as gemas e o sal. Numa panela, doure o alho na margarina e junte a mistura batida. Leve ao fogo e deixe cozinhar por dez minutos ou até engrossar. Deixe esfriar e junte o bacalhau. Mexa e deixe amornar.*
3. *Desenforme a massa sobre um pano úmido e espalhe o recheio. Enrole o rocambole com ajuda do pano. Transfira para um refratário e regue com o molho de tomate. Polvilhe com queijo emmenthal e leve ao forno por cinco minutos ou até dourar.*

Rocambole-suflê de bacalhau com cenoura caramelada

Para 4 pessoas
Tempo de preparo: 1 hora
Média dificuldade

Ingredientes:

Massa

- *1 xícara (chá) de azeite*
- *5 colheres (sopa) de farinha de trigo*
- *2 xícaras (chá) de leite quente*
- *4 ovos (claras e gemas separadas)*
- *sal a gosto*
- *1 pitada de pimenta-do-reino*
- *1 pitada de noz-moscada*

Recheio

- *1 dente de alho picado*
- *1 cebola ralada*
- *1 colher (sopa) de azeite*
- *200 g de bacalhau demolhado, limpo e em lascas*
- *200 g de cogumelos em fatias*
- *1 colher (sopa) de coentro picado*

Cobertura

- *1 xícara (chá) de creme de leite*
- *1/2 xícara (chá) de queijo parmesão ralado*

Cenoura caramelada

- *3 cenouras sem casca*
- *2 colheres (sopa) de açúcar*

Preparo:

Massa

1. *Em uma panela antiaderente aquecida, ponha o azeite. Acrescente a farinha e mexa bem. Junte o leite aos poucos, mexendo até formar uma massa lisa e homogênea. Retire do fogo e deixe esfriar.*
2. *Bata as claras em neve. Acrescente as gemas à massa, mexendo bem. Tempere com o sal, a pimenta e a noz-moscada. Com cuidado, adicione as claras. Mexa delicadamente.*
3. *Preaqueça o forno. Distribua a massa em uma forma untada e polvilhada com farinha e leve ao forno por 45 minutos, em temperatura média, ou até dourar.*

Recheio

1. *Refogue o alho e a cebola no azeite. Ponha o bacalhau, o cogumelo e o coentro. Misture bem, cozinhe por dez minutos e reserve.*
2. *Desenforme a massa sobre um pano úmido. Espalhe o recheio reservado e dobre o rocambole com ajuda do*

pano. Transfira para um refratário. Regue com o creme de leite e polvilhe com o queijo. Leve ao forno por cinco minutos ou até gratinar.

Cenoura caramelada

1. Cozinhe a cenoura rapidamente em água com sal. Escorra e ponha em água gelada. Escorra novamente e corte à juliana.
2. Ponha o açúcar numa frigideira e respingue um pouco de água. Junte a cenoura, mexendo, para caramelizar por inteiro.
3. Retire o rocambole do forno e sirva com a cenoura.

Rolinhos de bacalhau com bacon

Para 4 pessoas
Tempo de preparo: 35 minutos
Fácil

Ingredientes:

Massa

- 2 1/2 xícaras (chá) de farinha de trigo
- 1/2 colher (sopa) de vinagre
- 5 colheres (sopa) de azeite
- sal a gosto
- 1/2 xícara (chá) de água

Recheio

- 200 g de bacon
- 1 colher (sopa) de margarina
- 1 colher (sopa) de azeite
- 1 cebola picada
- 1 dente de alho amassado
- 500 g de bacalhau demolhado, limpo e desfiado
- 1 colher (sopa) de ervas finas picadas

Preparo:

Massa

Numa tigela, misture todos os ingredientes da massa, exceto a água. Acrescente a água aos poucos e continue misturando até obter uma massa homogênea. Deixe descansar por dez minutos. Abra a massa com o auxílio de um rolo.

Recheio

1. Pique o bacon e o refogue na margarina e no azeite. Junte a cebola e o alho. Refogue e adicione os ingredientes restantes. Misture bem e retire do fogo.
2. Ponha o recheio sobre a massa e enrole. Corte-a em rolinhos e ponha numa forma antiaderente untada com margarina. Respingue um pouco de água sobre a massa e leve ao forno por 20 minutos. Sirva quente.

Roupa velha de bacalhau

Para 4 pessoas
Tempo de preparo: 35 minutos
Fácil

Ingredientes:

- 1 xícara (chá) de sobras de bacalhau assado
- 4 batatas grandes sem casca
- 8 folhas de couve manteiga lavadas
- 3 dentes de alho picados
- 1 xícara (chá) de azeite
- sal a gosto
- 1 pimenta-malagueta sem sementes picada
- 4 ovos
- 1/2 colher (sopa) de salsa picada

Preparo:

1. Desfie o bacalhau e reserve. Corte a batata em rodelas e pique a couve.
2. Numa frigideira, coloque o alho com metade do azeite. Assim que dourar, junte o bacalhau, a batata e a couve. Tempere com o sal e a pimenta.
3. Bata bem os ovos e misture ao bacalhau. Polvilhe com salsa e sirva quando o ovo estiver cozido.

Roupa velha de bacalhau com espinafre

Para 4 pessoas
Tempo de preparo: 45 minutos
Fácil

Ingredientes:

- 2 cenouras sem casca cozidas
- 500 g de batata-doce sem casca cozida
- 3 dentes de alho
- 1 cebola
- 1 xícara (chá) de azeite
- 600 g de sobras de bacalhau assado
- 1 maço de espinafre cozido
- sal e pimenta-malagueta a gosto
- 1 colher (sopa) de vinagre

Preparo:

1. Corte a cenoura e a batata em palitos e reserve. Pique o alho e corte a cebola em rodelas. Numa panela, refogue metade do alho e a cebola no azeite (reserve uma

colher de sopa). Junte o bacalhau desfiado, a cenoura e a batata-doce.

2. À parte, refogue o espinafre no azeite e no alho reservados. Transfira para a panela com o bacalhau. Tempere com sal e pimenta. Regue com vinagre e misture delicadamente. Sirva em seguida.

Salada de arroz com bacalhau

Para 4 pessoas
Tempo de preparo: 20 minutos
Fácil

Ingredientes:

- 1 colher (sopa) de azeite
- 1 cebola ralada
- 1 dente de alho picado
- 2 xícaras (chá) de arroz
- 4 xícaras (chá) de água
- sal e pimenta-do-reino a gosto
- 100 g de azeitonas pretas sem caroço picadas
- 1 xícara (chá) de cenoura ralada
- 1 xícara (chá) de palmito em rodelas
- 300 g de bacalhau demolhado, limpo e em lascas

Preparo:

1. Aqueça o azeite e doure a cebola e o alho. Refogue o arroz. Adicione a água e o sal. Deixe cozinhar até o arroz ficar al dente. Retire do fogo e deixe esfriar.
2. Numa vasilha misture o bacalhau, a azeitona picada, a cenoura e o palmito. Tempere com sal e pimenta.
3. Misture o bacalhau ao arroz. Aqueça rapidamente e sirva.

Salada de bacalhau com alcaparra e radicchio

Para 4 pessoas
Tempo de preparo: 30 minutos
Fácil

Ingredientes:

- 800 g de bacalhau demolhado
- 2 xícaras (chá) de azeite
- 1 dente de alho
- 1 colher (sopa) de cebolinha verde
- 1 cebola grande
- 1 pimentão amarelo sem sementes e em cubos
- 1 colher (sopa) de alcaparras
- suco de 1 limão
- 1 colher (sopa) de água
- sal a gosto
- 1 pé de radicchio lavado e escorrido

Preparo:

1. Afervente o bacalhau. Escorra a água. Remova a pele e as espinhas e separe o peixe em lascas.
2. Em uma frigideira, aqueça o azeite e coloque o alho inteiro com casca. Frite o bacalhau aos poucos até dourar. Descarte o alho e transfira o bacalhau para uma tigela. Reserve.
3. Pique a cebolinha e a cebola. Misture ao bacalhau e acrescente o pimentão e as alcaparras. Mexa bem. Misture a água ao suco de limão e tempere com sal. Regue o bacalhau com essa mistura e deixe na geladeira por 4 horas. Na hora de servir, forre uma saladeira com o radicchio e por cima disponha o bacalhau. Se desejar, regue com mais azeite.

Salada de bacalhau com broto de alfafa

Para 4 pessoas
Tempo de preparo: 20 minutos
Fácil

Ingredientes:

- 2 colheres (sopa) de azeite
- 2 tomates grandes em rodelas
- 1/2 colher (sopa) de sal grosso
- 2 xícaras (chá) de broto de alfafa
- 300 de bacalhau demolhado, limpo e desfiado
- pimenta-malagueta em flocos a gosto

Para regar

Azeite

Preparo:

Numa frigideira antiaderente, aqueça o azeite e grelhe o tomate até dourar dos dois lados. Polvilhe com o sal grosso e retire do fogo. Distribua a alfafa nos pratos e disponha por cima as rodelas de tomate. Acrescente as lascas de bacalhau e polvilhe com a pimenta. Regue com azeite e sirva.

Salada de bacalhau com batata

Para 4 pessoas
Tempo de preparo: 30 minutos
Fácil

Ingredientes:

- 500 g de bacalhau demolhado
- 6 batatas sem casca
- 3 ovos cozidos
- 1 cebola picada
- 1/2 colher (sopa) de açúcar
- 2 colheres (sopa) de suco de limão
- 4 colheres (sopa) de azeite
- 1 colher (sopa) de cheiro-verde

Preparo:

1. Afervente o bacalhau. Escorra, reservando a água, e remova a pele e as espinhas. Desfie o peixe em lascas.
2. Cozinhe a batata na água reservada. Quando estiver cozida, corte-a em rodelas. Espalhe o bacalhau desfiado numa travessa e cubra com a batata. Acrescente os ovos picados e reserve.
3. Em outra tigela, misture a cebola, o açúcar, o suco de limão, o azeite e o cheiro-verde. Bata bem com um batedor manual e despeje sobre a batata. Misture com cuidado e deixe na geladeira até o momento de servir.

Salada de bacalhau com berinjela, abobrinha e aspargo

Para 4 pessoas
Tempo de preparo: 40 minutos
Fácil

Ingredientes:

- 400 g de bacalhau demolhado e limpo
- 3 dentes de alho fatiados
- 1 1/2 cebola picada
- 2 1/2 colheres (sopa) de azeite
- 12 tomates-cereja
- 2 berinjelas em cubos
- 2 abobrinhas em cubos
- 10 aspargos verdes cozidos no vapor
- 1 pitada de pimenta-malagueta em flocos
- 1 xícara (chá) de croûtons
- sal a gosto

Preparo:

1. Desfie o bacalhau e reserve. Doure o alho e a cebola em metade do azeite. Junte o tomate-cereja e frite ligeiramente, mas tome cuidado para não queimar.
2. Adicione o bacalhau e refogue por dois minutos. Acrescente a berinjela, a abobrinha, o aspargo picado e a pimenta.
3. Retire do fogo e coloque em uma saladeira. Distribua os croûtons e regue com o azeite restante. Tempere com sal, mexa e sirva.

Salada de bacalhau com croûtons

Para 4 pessoas
Tempo de preparo: 20 minutos
Fácil

Ingredientes:

Salada

- 1 kg de bacalhau demolhado e limpo
- 1/2 xícara (chá) de azeite
- 2 dentes de alho amassados
- 1 kg de tomate sem sementes picado
- 1/2 xícara (chá) de passas
- 2 cebolas picadas
- 1 maço de salsa picada
- 1/3 de xícara (chá) de vinagre
- 1 xícara (chá) de azeitonas pretas

Croûtons

- 4 fatias de pão de forma integral
- 3 colheres (sopa) de azeite
- 3 colheres (sopa) de margarina
- 1/2 colher (sopa) de ervas finas
- 2 colheres (sopa) de queijo parmesão ralado

Preparo:

Separe o bacalhau em lascas médias. À parte, aqueça o azeite e frite o alho até dourar. Transfira o alho para uma saladeira. Adicione o bacalhau e os ingredientes restantes. Mexa bem e guarde na geladeira.

Croûtons

1. Retire a casca do pão. Corte-o em tiras finas e, depois, em cubos pequenos. Aqueça o azeite e a margarina juntos. Quando espumar, ponha os cubos de pão. Mexa para dourar por igual.
2. Escorra bem sobre papel-toalha. Em um vasilha, misture com cuidado os cubos de pão ainda quentes às ervas finas e ao queijo. Deixe esfriar e distribua sobre o preparado de bacalhau. Misture e sirva em seguida.

Salada de bacalhau colorida

Para 4 pessoas
Tempo de preparo: 1h20m
Fácil

Ingredientes:

- 1 kg de bacalhau demolhado e limpo
- 1 pimentão vermelho sem sementes
- 1 pimentão verde sem sementes
- 1 pimentão amarelo sem sementes
- 1/2 xícara (chá) de passas
- 1 xícara (chá) de palmito picado
- 1 vidro de maionese
- 1 kg de batata bolinha cozida
- 1/2 xícara (chá) de azeitona preta sem caroço picada
- 1 cebola ralada
- sal e suco de limão a gosto

Para regar

Azeite

Preparo:

1. Separe o bacalhau em lascas. Pique os três tipos de pimentão.
2. Numa vasilha grande, ponha o bacalhau e misture com os ingredientes restantes. Deixe na geladeira por 1 hora. Regue com azeite e sirva.

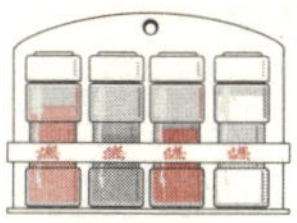

Salada de bacalhau com escarola

Para 4 pessoas
Tempo de preparo: 2h15m
Fácil

Ingredientes:

- 3 postas de bacalhau
- 1/2 colher (sopa) de tomilho fresco
- 1 colher (sopa) de azeite
- 1 cebola ralada
- sal a gosto
- 1 maço de escarola
- 1 xícara (chá) de azeitonas pretas sem caroço picadas
- 100 g de tomate seco

Preparo:

1. Corte o bacalhau em pedaços médios. Ponha de molho e troque a água várias vezes. Escorra.
2. Separe o bacalhau em lascas grossas. Em uma tigela ponha o bacalhau, o tomilho, o azeite, a cebola e o sal. Deixe apurar na geladeira por 2 horas.
3. Separe as folhas da escarola. Lave e corte à juliana. Deixe na água para tirar o amargor. Escorra bem e deixe secar.
4. Na hora de servir, coloque a escarola numa saladeira e distribua o bacalhau por cima. Decore com a azeitona e o tomate seco.

Salada de bacalhau com grão-de-bico e alcaparra

Para 4 pessoas
Tempo de preparo: 1h45m
Fácil

Ingredientes:

- 500 g de grão-de-bico cozido
- 300 g de bacalhau demolhado, limpo e em lascas
- 3 batatas cozidas e cortadas em cubos
- 3 cenouras sem casca e em cubos
- 2 xícaras (chá) de azeitonas pretas
- 2 pimentões vermelhos sem sementes
- 1 cebola picada
- 1/2 xícara (chá) de alcaparras
- 3 colheres (sopa) de azeite
- 1 colher (sopa) de aceto balsâmico
- sal e pimenta-do-reino a gosto

Preparo:

Numa tigela ponha o grão-de-bico. Junte o bacalhau, a batata, a cenoura, a azeitona, o pimentão, a cebola e a alcaparra. Tempere com o azeite, o aceto, o sal e a pimenta. Misture bem e deixe na geladeira até o momento de servir.

Salada de bacalhau com grão-de-bico aromático

Para 4 pessoas
Tempo de preparo: 2h20m
Fácil

Ingredientes:

- 300 g de bacalhau demolhado, limpo e em lascas
- 2 colheres (sopa) de azeite
- 2 colheres (sopa) de alcaparras
- 1 colher (sopa) de alecrim fresco picado
- 2 colheres (sopa) de aceto balsâmico
- 2 xícaras (chá) de grão-de-bico cozido
- 2 pimentões verdes sem sementes picados
- 10 tomates secos picados
- 1/2 xícara (chá) de azeitonas verdes sem caroço picadas
- sal e pimenta-do-reino branca a gosto
- 1 maço de agrião

Preparo:

1. Ponha o bacalhau numa tigela. Misture o azeite, a alcaparra, o alecrim e o aceto. Cubra a tigela com filme plástico e deixe o bacalhau nessa mistura por 2 horas.
2. Adicione o grão-de-bico, o pimentão, o tomate seco e a

azeitona. Tempere com sal e pimenta. Misture com cuidado.

3. Lave bem as folhas de agrião e coloque numa saladeira. Por cima, disponha a mistura de grão-de-bico e bacalhau. Sirva em seguida.

Salada de bacalhau com grão-de-bico e maçã verde

Para 4 pessoas
Tempo de preparo: 1 hora
Média dificuldade

Ingredientes:

- 2 maçãs verdes sem casca e picadas
- 1 xícara (chá) de salsão picado
- 1 cebola ralada
- 1/2 xícara (chá) de azeitonas verdes recheadas e picadas
- 1 ramo de manjericão fresco picado
- 700 g de bacalhau demolhado, limpo e em lascas
- sal e aceto balsâmico a gosto
- 1 xícara (chá) de azeite
- 1 maço de rúcula
- 1 1/2 xícara (chá) de grão-de-bico cozido

Preparo:

1. Em uma tigela, ponha a maçã, o salsão, a cebola e a azeitona. Misture bem e junte o manjericão e o bacalhau. Mexa novamente.
2. Tempere com sal, o aceto e o azeite. Na hora de servir, distribua a rúcula sobre uma travessa. Por cima, disponha o bacalhau e o grão-de-bico.

Salada de bacalhau com grão-de-bico simples

Para 4 pessoas
Tempo de preparo: 1 hora
Média dificuldade

Ingredientes:

- 2 xícaras (chá) de grão-de-bico cozido
- 300 g de bacalhau demolhado, limpo e em lascas
- 4 batatas cozidas e em cubos
- 1 cebola ralada
- sal e pimenta-branca moída a gosto
- 1/2 xícara (chá) de azeite
- 1/2 colher (sopa) de vinagre
- 1/2 xícara (chá) de maionese
- 1/2 colher (sopa) de alho amassado
- 1 colher (sopa) de cheiro-verde picado
- 1 xícara (chá) de azeitonas pretas sem caroço picadas

Preparo:

1. Numa tigela, ponha o grão-de-bico, o bacalhau, a batata e a cebola. Tempere com sal, pimenta, o azeite e o vinagre. Misture e deixe apurar por 20 minutos. Escorra e reserve.
2. Numa tigela, misture a maionese, o alho, o cheiro-verde e a azeitona. Acrescente o preparado reservado, misture bem e sirva.

Salada de bacalhau com grão-de-bico e palmito

Para 4 pessoas
Tempo de preparo: 2h30m
Média dificuldade

Ingredientes:

- 600 g de bacalhau demolhado, limpo e em lascas
- 1/2 xícara (chá) de azeite
- 1 xícara (chá) de ervas finas
- 2 cenouras sem casca em rodelas
- 2 cebolas picadas
- 2 dentes de alho
- 2 1/2 xícaras (chá) de grão-de-bico cozido
- 2 xícaras (chá) de palmito em rodelas
- sal e pimenta-do-reino a gosto

Preparo:

1. Ponha o bacalhau em uma travessa. Regue com o azeite e tempere com as ervas. Tampe e deixe tomar gosto por 2 horas.
2. Cozinhe a cenoura com a cebola e o alho em água e sal. Após dez minutos de cozimento, ponha o bacalhau e cozinhe por mais cinco minutos.
3. Retire o bacalhau com uma escumadeira. Coe o caldo e pique a cenoura. Deixe esfriar.
4. Desfie o bacalhau e misture com o grão-de-bico e a cenoura. Adicione o palmito e tempere com sal e pimenta. Sirva em seguida.

Salada de bacalhau com feijão-branco

Para 4 pessoas
Tempo de preparo: 1 hora
Média dificuldade

Ingredientes:

- 2 1/2 xícaras (chá) de feijão-branco
- 1 cebola média picada
- 2 dentes de alho amassados
- 1 folha de louro
- sal e pimenta-do-reino a gosto
- 5 cebolinhas em conserva
- 2 colheres (sopa) de salsa picada
- 600 g de bacalhau demolhado, limpo e em lascas
- 1 maço de agrião limpo, cozido no vapor e picado
- 5 colheres (sopa) de azeite
- 2 colheres (sopa) de vinagre
- 100 g de tomates-cereja

Preparo:

1. Tempere o feijão com a cebola, um dente de alho, o louro, o sal e a pimenta. Misture, cubra com água e cozinhe na panela de pressão. Depois de pronto, deixe esfriar e coe o feijão, separando duas colheres do caldo. Reserve.
2. Pique a cebolinha e junte o alho restante e a salsa. Acrescente os grãos de feijão ao tempero da cebolinha e junte o bacalhau. Ponha a mistura no centro de uma travessa e disponha o agrião em volta. Regue com o azeite, o vinagre e o caldo reservado. Decore com o tomate. Sirva em seguida.

Salada de bacalhau com feijão-fradinho

Para 4 pessoas
Tempo de preparo: 3h30m
Média dificuldade

Ingredientes:

- 600 g de bacalhau demolhado, limpo e em lascas
- 4 colheres (sopa) de azeite
- 1 xícara (chá) de coentro picado
- 3 xícaras (chá) de feijão-fradinho
- 1 xícara (chá) de salsa picada
- 2 cebolas
- 2 ovos cozidos picados
- vinagre e sal a gosto

Preparo:

1. Ponha o bacalhau em uma travessa e regue com metade do azeite. Polvilhe com o coentro, tampe e deixe descansar por 3 horas.
2. Cozinhe o bacalhau temperado em água quente por cinco minutos. Retire e escorra, reservando o caldo.
3. Cozinhe o feijão no mesmo caldo. Quando estiver cozido, acrescente o bacalhau, a salsa e a cebola picada. Mexa bem e deixe em fogo baixo por mais dez minutos. Retire e coloque em uma travessa. Decore com o ovo e deixe esfriar. Tempere com o azeite restante, o vinagre e o sal. Sirva em seguida.

Salada de bacalhau com grapefruit

Para 4 pessoas
Tempo de preparo: 30 minutos
Média dificuldade

Ingredientes:

- 600 g de bacalhau demolhado, limpo e em lascas
- 2 grapefruits
- 1 xícara (chá) de azeitonas pretas sem caroço picadas
- 1 xícara (chá) de azeite
- aceto balsâmico e sal a gosto

Preparo:

1. Desfie o bacalhau e o separe em lascas. Reserve.
2. Descasque a grapefuit, retire a pele e as sementes. Separe-a em gomos.
3. Numa saladeira, ponha os gomos da fruta, o bacalhau e a azeitona. Tempere com o azeite, o aceto e o sal. Sirva em seguida.

Salada de bacalhau com laranja e queijo

Para 4 pessoas
Tempo de preparo: 40 minutos
Média dificuldade

Ingredientes:

- 2 laranjas-da-baía
- 2 colheres (sopa) de azeite
- suco de 1 limão
- 1 colher (sopa) de mostarda
- 1 colher (sopa) de aceto balsâmico
- 350 g de bacalhau demolhado, limpo e em lascas
- 100 g de queijo gruyère
- 1 cebola grande picada
- 1 colher (sopa) de salsa picada
- 1 pimentão vermelho sem sementes
- 50 g de amêndoas fatiadas
- 1 colher (sopa) de cebolinha francesa picada
- 1 maço de agrião

Preparo:

1. Descasque a laranja. Com uma faca afiada, separe-a em gomos. Pique com cuidado, retirando as sementes.

2. À parte, misture o azeite, o suco de limão, a mostarda e o aceto. Reserve.
3. Numa tigela, misture o bacalhau, o queijo em cubos, a laranja reservada, a cebola, a salsa e o pimentão picado. Tempere com a mostarda reservada. Misture e polvilhe com a amêndoa torrada e a cebolinha.
4. Ponhas as folhas de agrião lavadas e secas numa saladeira e distribua o bacalhau por cima. Sirva em seguida.

Salada de bacalhau com pimentão

Para 4 pessoas
Tempo de preparo: 40 minutos
Fácil

Ingredientes:

- 3 postas de bacalhau demolhadas, limpas e em lascas
- 2 pimentões verdes sem sementes cortados em tiras
- 2 pimentões amarelos sem sementes cortados em tiras
- 3 dentes de alho picados
- 1 colher (sopa) de coentro picado
- sal e pimenta-do-reino moída a gosto
- 1 colher (sopa) de azeite
- 1/2 colher (sopa) de vinagre

Preparo:

Coloque o bacalhau em uma saladeira com as tiras de pimentão. Tempere com alho, coentro, sal, pimenta, azeite e vinagre. Misture bem e sirva em seguida.

Salada de bacalhau com repolho

Para 4 pessoas
Tempo de preparo: 20 minutos
Fácil

Ingredientes:

- 1 colher (sopa) de suco de limão
- sal a gosto
- 1 repolho pequeno cortado à juliana
- 300 g de bacalhau demolhado e desfiado
- 4 pimentões verdes
- 1/2 xícara (chá) de azeitonas pretas picadas
- 2 colheres (sopa) de cheiro-verde
- 1/2 xícara (chá) de azeite
- manjericão e pimenta-do-reino a gosto

Preparo:

1. Ferva água e tempere com limão e sal. Adicione o repolho e afervente. Escorra e deixe esfriar.
2. Numa saladeira, coloque os ingredientes restantes e o repolho. Misture bem.
3. Prove o sal e leve à geladeira de um dia para o outro.

Salada de bacalhau com repolho e batata palha

Para 4 pessoas
Tempo de preparo: 2h20m
Fácil

Ingredientes:

- 500 g de bacalhau demolhado, limpo e em lascas
- 2 colheres (sopa) de azeite
- suco de 1 limão
- 1 cebola ralada
- 1/2 xícara (chá) de passas sem sementes
- 1 repolho aferventado e picado
- 3 ovos cozidos em rodelas
- 3 colheres (sopa) de ervas finas
- 2 tomates sem pele e sem sementes picados
- 1 vidro pequeno de maionese
- 5 colheres (sopa) de creme de leite sem soro
- 2 xícaras (chá) de batata palha

Preparo:

Desfie o peixe. Tempere-o com o azeite e o suco de limão. Junte a cebola, as passas, o repolho, os ovos, as ervas, a salsa, o tomate, a maionese e o creme de leite. Misture tudo muito bem e leve à geladeira por 2 horas. Antes de servir, misture a batata palha.

Salada de bacalhau simples

Para 4 pessoas
Tempo de preparo: 30 minutos
Fácil

Ingredientes:

- 500 g de bacalhau demolhado
- 1 talo de salsão picado
- 1 cenoura sem casca ralada
- 1 folha de louro
- 8 batatas sem casca cozidas
- 1 alface americana
- 4 ovos cozidos
- sal e pimenta-branca moída a gosto
- azeite a gosto
- 2 colheres (sopa) de vinagre
- 1 vidro pequeno de maionese
- 1 colher (sopa) de salsa picada

Preparo:

1. Afervente o peixe em fogo baixo por dez minutos com o salsão, a cenoura e a folha de louro rasgada. Tampe e deixe reservado por 30 minutos. Escorra, limpe e desfie.
2. Coloque numa saladeira junto com as batatas em rodelas, as folhas de alface rasgadas e os ovos em rodelas. Tempere com sal, pimenta, azeite e vinagre. Enfeite com maionese e salsa. Leve à geladeira até o momento de servir.

Salada de bacalhau com maionese

Para 4 pessoas
Tempo de preparo: 2h30m
Média dificuldade

Ingredientes:

- 500 g de bacalhau demolhado e limpo
- 1 colher (sopa) de páprica
- 1 colher (sopa) de mostarda
- 1 xícara (chá) de aceto balsâmico
- 1 xícara (chá) de vinho branco seco
- sal e pimenta-do-reino a gosto
- 1 kg de batata cozida sem casca e em cubos
- 2 xícaras (chá) de maionese
- 1 xícara (chá) de cebola picada
- 1 colher (sopa) de tomilho
- 1/2 xícara (chá) de azeitonas verdes recheadas

Preparo:

1. Separe o bacalhau em lascas grossas e ponha em uma vasilha com a páprica, a mostarda, o aceto e o vinho. Tempere com sal e pimenta. Deixe tomar gosto por 1 hora.
2. À parte, tempere a batata com a maionese, a cebola, o tomilho e a azeitona.
3. Leve à geladeira por 2 horas. Em pratos individuais, coloque porções do bacalhau e da batata. Sirva em seguida.

Salada russa com bacalhau

Para 4 pessoas
Tempo de preparo: 35 minutos
Média dificuldade

Ingredientes:

- 600 g de bacalhau demolhado, limpo e em lascas
- 2 xícaras (chá) de vinagre
- 1 pitada de páprica
- 200 g de batata sem casca
- 150 g de vagem
- 150 g de cenoura sem casca
- 150 g de ervilha
- 50 g de picles
- 1 vidro pequeno de maionese
- sal e pimenta-do-reino a gosto
- 300 g de camarão limpo e cozido

Preparo:

1. Ponha o bacalhau numa tigela e tempere-o com o vinagre e a páprica.
2. À parte, limpe todos os legumes e cozinhe em água fervente com sal, começando pela vagem. Escorra bem. Corte a batata e a cenoura em cubos. Separe a vagem e os picles em pedaços pequenos.
3. Numa vasilha, misture os legumes com a maionese. Tempere com sal e pimenta. Junte o bacalhau e decore com o camarão. Leve à geladeira até o momento de servir.

Salpicão de bacalhau

Para 4 pessoas
Tempo de preparo: 25 minutos
Fácil

Ingredientes:

- 1 xícara (chá) de salsão
- 1 cenoura grande sem casca e cozida
- 2 maçãs verdes
- 1 xícara (chá) de azeitonas pretas sem caroço
- 1 cebola grande
- 1 pimentão amarelo sem sementes
- 600 g de bacalhau demolhado, limpo e em lascas
- 1/2 xícara (chá) de salsa
- 2 colheres (sopa) de maionese
- 1 colher (sopa) de creme de leite
- 1 colher (sopa) de azeite
- suco de limão e pimenta-do-reino a gosto

Preparo:

Corte os legumes e a maçã em cubos. Ponha numa saladeira e misture todos os ingredientes. Leve à geladeira até o momento de servir.

Salpicão de bacalhau completo

Para 4 pessoas
Tempo de preparo: 2h30m
Fácil

Ingredientes:

- 500 g de bacalhau demolhado, limpo e em lascas
- 1/2 colher (sopa) de vinagre
- suco de 1 limão
- 1 colher (sopa) de azeite
- sal e pimenta-do-reino a gosto
- 4 cenouras sem casca
- 8 batatas sem casca
- 2 maçãs verdes sem sementes em cubos
- 1 pimentão vermelho sem sementes em tiras
- 1 pimentão verde sem sementes em tiras
- 1 cebola picada
- 1 xícara (chá) de picles picado
- 100 g de passas sem sementes
- 1/2 colher (sopa) de salsa picada
- 1/2 colher (sopa) de cebolinha picada
- 1 vidro pequeno de maionese
- 1/2 xícara (chá) de azeitonas pretas sem caroço picadas
- 1 xícara (chá) de salsão picado

Preparo:

1. Ponha o bacalhau em uma saladeira e tempere com o vinagre, o suco de limão, o azeite, sal e pimenta. Deixe tomar gosto por 30 minutos.
2. Rale a cenoura e a batata separadamente. Leve ao fogo uma panela com água e adicione a batata. Assim que ferver, retire do fogo, escorra e deixe esfriar.
3. Misture cuidadosamente os legumes com o bacalhau. Adicione a maçã, os pimentões, a cebola e os picles. Junte os ingredientes restantes e misture bem. Leve à geladeira por 2 horas e sirva.

Salpicão de bacalhau com pistache

Para 4 pessoas
Tempo de preparo: 40 minutos
Fácil

Ingredientes:

Salpicão

- 2 batatas cozidas
- 1 cenoura sem casca ralada
- 300 g de bacalhau demolhado, limpo e em lascas
- 2 maçãs sem sementes picadas
- 2 colheres (sopa) de erva-doce picada
- 1 pimentão verde sem sementes picado
- 2 colheres (sopa) de passas brancas
- 1 colher (sopa) de pistache picado
- sal e pimenta-do-reino a gosto
- 1 colher (sopa) de endro

Molho

- 2 colheres (sopa) de queijo frescal
- 1 colher (sopa) de maionese
- 1/2 colher (sopa) de mostarda
- 1/2 colher (sopa) de suco de limão
- sal e pimenta-do-reino a gosto

Preparo:

Salpicão

Misture todos os ingredientes em uma saladeira e deixe na geladeira.

Molho

1. Passe o queijo pelo processador até ficar bem cremoso. Adicione os demais ingredientes e processe mais um pouco. Transfira para uma tigela, misture bem e leve à geladeira por 30 minutos ou até ficar mais consistente.
2. Coloque a salada em uma travessa, misture o molho e sirva.

Sanduíche de bacalhau com camarão

Para 4 pessoas
Tempo de preparo: 10 minutos
Fácil

Ingredientes:

- 1 colher (sopa) de azeite
- 200 g de presunto picado
- 200 g de camarão limpo e cozido
- 200 g de azeitonas sem caroço picadas
- 500 g de bacalhau demolhado, limpo e em lascas
- sal a gosto
- 3 ovos cozidos
- 4 pães franceses

Preparo:

1. Em uma panela, ponha o azeite, o presunto, o camarão e a azeitona. Misture bem e leve ao fogo por cinco minutos.
2. Acrescente o bacalhau, misture e tempere com sal. Retire a casca dos ovos, pique-os bem e acrescente à mistura.
3. Corte os pães ao meio. Recheie e sirva em seguida.

Sanduíche de bacalhau com maionese

Para 4 pessoas
Tempo de preparo: 20 minutos
Fácil

Ingredientes:

- 2 xícaras (chá) de brócolis cozido
- 4 colheres (sopa) de azeite
- 3 dentes de alho picados
- 2 cenouras sem casca raladas
- 400 g de bacalhau demolhado, limpo e em lascas
- 1/2 xícara (chá) de cheiro-verde picado
- 1/2 xícara (chá) de azeitonas verdes sem caroço picadas
- 1 1/2 xícara (chá) de leite
- 1 xícara (chá) de creme de leite fresco
- 1 vidro grande de maionese
- 1 pão de forma sem casca

Preparo:

1. Pique o brócolis e refogue em uma colher (sopa) de azeite com metade do alho. Reserve. Refogue a cenoura em uma colher (sopa) de azeite. Reserve.
2. Em uma frigideira, aqueça o azeite e o alho restantes. Junte o bacalhau, o cheiro-verde e a azeitona. Misture bem e deixe cozinhar por cinco minutos. Reserve.
3. Numa tigela, misture bem o leite e o creme de leite. Reserve. Numa travessa quadrada e forrada com papel-alumínio, arrume fatias de pão.
4. Regue com um pouco do leite e uma parte da maionese. Por cima, arrume o brócolis refogado, mais pão, a mistura de leite, mais maionese, a cenoura e o bacalhau. Repita as camadas até terminarem os ingredientes, mas finalize com o pão. Deixe descansar por cinco minutos.
4. Em um prato, desenforme o sanduíche e retire o papel-alumínio. Corte as laterais do pão e espalhe a maionese restante. Leve à geladeira por alguns minutos e sirva.

Sanduíche de bacalhau na baguete

Para 4 pessoas
Tempo de preparo: 20 minutos
Fácil

Ingredientes:

- 1 cebola pequena ralada
- 1/4 de xícara (chá) de azeite
- 300 g de bacalhau demolhado, limpo e em lascas
- 2 colheres (sopa) de ervas finas
- 1/2 xícara (chá) de azeitonas pretas sem caroço picadas
- sal a gosto
- 1 vidro pequeno de maionese
- 2 baguetes

Preparo:

1. Numa panela, refogue a cebola no azeite. Acrescente o bacalhau e misture bem. Adicione as ervas e a azeitona. Tempere com sal e mexa por dez minutos.
2. Deixe esfriar e junte a maionese. Misture bem e deixe na geladeira. Na hora de servir, corte as baguetes em quatro e abra-as ao meio. Recheie o pão e sirva.

Sanduíche quente de bacalhau

Para 4 pessoas
Tempo de preparo: 20 minutos
Fácil

Ingredientes:

- 500 g de bacalhau demolhado, limpo e em lascas
- 2 colheres (sopa) de azeite
- 1 dente de alho picado
- 1 xícara (chá) de ervilhas
- 1 xícara (chá) de palmito picado
- 1/2 xícara (chá) de azeitonas verdes sem caroço picadas
- 1/2 xícara (chá) de molho de tomate refogado
- 1 pacote de pão de forma sem casca
- 1 colher (sopa) de margarina
- 200 g de mussarela ralada grosso
- 200 g de presunto picado grosso
- 1 copo de queijo cremoso
- 1 1/2 xícara (chá) de creme de leite
- 1 pacote de batata palha

Preparo:

1. Refogue o bacalhau no azeite. Ponha o alho e deixe cozinhar por cinco minutos. Junte a ervilha, o palmito, a azeitona e o molho de tomate. Misture bem e deixe apurar por cinco minutos. Retire do fogo e espere amornar.
2. Passe margarina nas fatias de pão. Unte um refratário com a margarina restante e faça camadas de pão, mussarela, presunto, mussarela, e mais uma camada de pão.
3. Por cima, disponha o refogado de bacalhau e regue com o queijo cremoso misturado ao o creme de leite. Leve ao forno e asse por dez minutos em fogo baixo ou até começar a borbulhar. Retire do forno e espalhe a batata palha por cima antes de servir.

Sonho de bacalhau com ricota

Para 4 pessoas
Tempo de preparo: 40 minutos
Fácil

Ingredientes:

Massa

- 1 xícara (chá) de água
- 3 colheres (sopa) de margarina
- 5 colheres (sopa) de farinha de trigo com fermento
- 2 ovos batidos

Recheio

- 250 g de bacalhau demolhado, limpo e em lascas
- 1 colher (sopa) de azeite
- 1 dente de alho picado
- 1 cebola ralada
- sal a gosto
- 100 g de ricota
- 1 vidro pequeno de maionese
- 1 pitada de noz-moscada

Preparo:

Massa

1. Numa panela, leve ao fogo a água e a margarina até ferver. Apague e junte a farinha, batendo com uma colher de pau até ver o fundo da panela. Ponha os ovos sem parar de bater.
2. Ponha a massa em uma assadeira untada, às colheradas. Asse em forno quente por 40 minutos.

Recheio

1. Refogue o bacalhau no azeite com o alho. Ponha a cebola e tempere com o sal. Deixe esfriar e reserve.
2. Amasse a ricota e adicione a maionese e a noz-moscada. Misture ao bacalhau. Abra os sonhos ao meio e recheie. Sirva em seguida.

Sopa de bacalhau à portuguesa

Para 4 pessoas
Tempo de preparo: 50 minutos
Fácil

Ingredientes:

- 1/2 xícara (chá) de azeite
- 2 cebolas
- 4 dentes de alho
- 4 tomates sem pele e sem sementes picados
- 1 1/3 de xícara (chá) de vinho branco seco
- 1 ramo de coentro picado
- 1 pitada de gengibre ralado
- 4 xícaras (chá) de caldo de peixe
- 4 batatas sem casca
- 600 g de bacalhau demolhado, limpo e em postas
- 2 colheres (sopa) de salsa picada
- 1 pitada de pimenta-do-reino
- 2 colheres (sopa) de farinha de rosca
- 2 colheres (sopa) de margarina
- sal a gosto
- 4 fatias de pão torradas e passadas no azeite

Preparo:

1. Numa panela grande, ponha metade do azeite, a cebola cortada em meia-lua e o alho. Refogue até a cebola começar a dourar levemente. Junte o tomate, o vinho, o coentro e o gengibre.
2. Deixe ferver por dez minutos. Retire o alho e adicione o caldo de peixe e a batata cortada em cubos. Ferva por mais 15 minutos e ponha o bacalhau e o azeite restante. Ferva por 20 minutos.
3. Polvilhe com a salsa e tempere com a pimenta. Acrescente a farinha de rosca dourada na margarina. Tempere com sal. Na hora de servir, ponha as fatias de pão em pratos individuais. Regue com a sopa e sirva.

Sopa de bacalhau com batata-doce

Para 4 pessoas
Tempo de preparo: 40 minutos
Fácil

Ingredientes:

- 1 alho-poró em rodelas
- 1 colher (sopa) de azeite
- 2 dentes de alho amassados
- 1 cebola picada
- 4 xícaras (chá) de água quente
- 3 batatas-doces grandes sem casca
- sal e pimenta-do-reino a gosto
- 1 pitada de páprica
- 200 g de bacalhau demolhado, limpo e desfiado
- 2 colheres (sopa) de creme de leite
- 1/2 colher (sopa) de salsa picada

Preparo:

Refogue o alho-poró no azeite. Junte o alho e a cebola. Quando a cebola dourar, junte a água quente. Corte a batata em pedaços médios e tempere-os com sal e pimenta. Ponha na panela. Junte a páprica e cozinhe por mais 15 minutos. Acrescente o bacalhau e deixe no fogo por mais 15 minutos. Por último, despeje o creme de leite e polvilhe a salsa. Mexa ligeiramente e sirva.

Sopa de bacalhau com camarão

Para 4 pessoas
Tempo de preparo: 30 minutos
Fácil

Ingredientes:

- 2 colheres (sopa) de margarina
- 1 colher (sopa) de azeite
- 12 camarões médios limpos e cozidos
- 500 g de bacalhau demolhado, limpo e em lascas
- 2 cebolas grandes picadas
- 1 pé de salsão picado
- 2 cenouras sem casca e em rodelas
- 8 xícaras (chá) de água quente
- sal, pimenta-do-reino e páprica a gosto
- 1/2 xícara (chá) de vinho branco
- 4 colheres (sopa) de creme de leite fresco
- 500 g de camarões miúdos limpos e dourados em azeite
- 1 colher (sopa) de salsa

Preparo:

1. Aqueça metade da margarina com o azeite. Junte o camarão médio, o bacalhau, a cebola, o salsão, a cenoura e a água. Misture e cozinhe em fogo médio por 40 minutos. Deixar esfriar um pouco. Tempere com sal, pimenta e páprica.
2. Acrescente o vinho e o creme de leite. Deixe em fogo baixo por mais 15 minutos. Ponha a sopa em cumbucas, distribua os camarões pequenos e polvilhe com salsa. Sirva em seguida.

Sopa de bacalhau com ervilha

Para 4 pessoas
Tempo de preparo: 30 minutos
Fácil

Ingredientes:

- 8 xícaras (chá) de caldo de legumes
- 1 cebola picada
- 1 colher (sopa) de salsa
- 2 postas de bacalhau demolhadas e limpas
- 1 kg de ervilhas frescas
- 2 dentes de alho amassados
- 1 colher (sopa) de azeite

Preparo:

1. Em uma panela, ferva o caldo de legumes, a cebola e a salsa. Adicione as postas de bacalhau e ferva por cinco minutos. Escorra, reservando a água, e separe as postas em lascas grossas. Reserve o peixe.
2. Na mesma água, coloque a ervilha e cozinhe até ficar macia. Deixe esfriar e bata a sopa no liquidificador.
3. Volte ao fogo e deixe cozinhar por cinco minutos. Em uma frigideira, doure o alho no azeite e refogue o bacalhau reservado.
4. Distribua a sopa de ervilhas em pratos ou cumbucas e ponha o bacalhau refogado. Sirva em seguida.

Sopa de bacalhau com ovos

Para 4 pessoas
Tempo de preparo: 30 minutos
Fácil

Ingredientes:

- 1 cebola picada
- 1/2 xícara (chá) de azeite
- 1 colher (sopa) de salsa
- 1/2 colher (sopa) de açafrão
- 800 g de sobras de bacalhau em lascas
- 4 xícaras (chá) de caldo de peixe quente
- sal e pimenta-do-reino a gosto
- 3 ovos
- 4 fatias de pão italiano

Preparo:

1. Refogue a cebola ligeiramente no azeite. Adicione a salsa, o açafrão e as lascas de bacalhau. Acrescente o caldo.
2. Tempere com sal e pimenta. Quebre os ovos com cuidado sobre a sopa e deixe apurar alguns minutos. Retire do fogo. Sirva em seguida com as fatias de pão no fundo do prato.

Sopa de bacalhau com profiteroles

Para 4 pessoas
Tempo de preparo: 50 minutos
Média dificuldade

Ingredientes:

Sopa

- 4 xícaras (chá) de água quente
- sal a gosto
- 2 dentes de alho amassados

- 1 cenoura sem casca em rodelas
- 1 cebola picada
- 1 alho-poró cortado em rodelas
- 1 folha de louro
- 1 colher (sopa) de coentro
- 1/4 de xícara (chá) de vinho branco seco
- 1/4 de xícara (chá) de azeite
- 300 g de bacalhau demolhado, limpo e em lascas
- 4 tomates sem pele e sem sementes picados
- 1 pimentão amarelo sem sementes picado

Profiteroles

- 1 xícara (chá) de água
- 3 colheres (sopa) de margarina
- 1 pitada de sal
- 1 xícara (chá) de farinha de trigo
- 3 ovos

Preparo:

Sopa

1. Numa panela, coloque a água, o sal, metade do alho, a cenoura, metade da cebola, metade do alho-poró, o louro, o coentro e o vinho. Misture bem e leve ao fogo por cinco minutos. Coe o caldo e reserve 1 litro.
2. Aqueça o azeite e refogue o bacalhau com o alho, a cebola e o alho-poró restantes. Adicione o tomate e o pimentão. Regue com o caldo reservado e cozinhe por dez minutos. Retire e reserve.

Profiteroles

1. Leve ao fogo a água com a margarina e o sal. Quando levantar fervura, misture a farinha de uma só vez. Mexa bem e transfira a massa para uma vasilha. Espere esfriar um pouco e adicione os ovos, um de cada vez.
2. Ponha a massa em um saco de confeitar com bico pitanga e faça montinhos do tamanho de um grão-de-bico em uma forma. Leve ao forno por dez minutos ou até dourarem. Sirva a sopa em pratos fundos e ponha os profiteroles.

Sopa de bacalhau com salsão e alho-poró

Para 4 pessoas
Tempo de preparo: 30 minutos
Fácil

Ingredientes:

- 300 g de bacalhau demolhado e limpo
- 1 cebola picada
- 2 dentes de alho amassados
- 1/2 xícara (chá) de azeite
- 1 talo de salsão picado
- 1 pão amanhecido picado
- 1 alho-poró em rodelas
- sal a gosto
- 1 colher (sopa) de coentro

Preparo:

1. Afervente o bacalhau. Escorra, reservando a água, e o separe em lascas. Reserve. Refogue a cebola e o alho no azeite. Junte o salsão e o pão. Misture e cozinhe por cinco minutos, mexendo às vezes.
2. Acrescente o alho-poró e o bacalhau. Mexa, misturando bem. Refogue lentamente por alguns minutos e regue com a água reservada. Se necessário, acrescente mais água. Tempere com sal e deixe cozinhar por mais dez minutos em fogo baixo. Sirva polvilhado com o coentro.

Sopa de bacalhau fria

Para 4 pessoas
Tempo de preparo: 25 minutos
Média dificuldade

Ingredientes:

- 1/2 xícara (chá) de azeite
- 2 dentes de alho amassados
- 1 cebola picada
- 1 alho-poró picado
- 2 postas de bacalhau demolhadas e limpas
- 1 colher (sopa) de salsa
- sal e pimenta-do-reino a gosto
- 6 xícaras (chá) de água
- 600 g de batata sem casca
- 1 colher (sopa) de pimentão vermelho sem sementes picado
- 1 colher (sopa) de pimentão amarelo sem sementes picado

Preparo:

1. Coloque metade do azeite em uma panela e refogue o alho, a cebola e o alho-poró.
2. Acrescente o bacalhau desfiado e metade da salsa. Tempere com sal e pimenta. Adicione a água e ferva por cinco minutos.
3. Acrescente a batata cortada em cubos e cozinhe por 30 minutos.
4. Retire aproximadamente 1/3 da sopa e bata no liquidificador. Devolva à panela. Misture e ponha os pimentões. Mexa bem e cozinhe por mais dez minutos. Antes de servir, polvilhe com a salsa e regue com o azeite restante.

Sopa de bacalhau picante

Para 4 pessoas
Tempo de preparo: 35 minutos
Fácil

Ingredientes:

- 1/2 xícara (chá) de azeite
- 1 cebola picada
- 2 dentes de alho amassados
- 800 g de postas de bacalhau demolhadas e limpas
- 6 xícaras (chá) de caldo de legumes aquecido
- 2 colheres (sopa) de farinha de trigo
- 1/2 xícara (chá) de creme de leite fresco
- sal a gosto
- 1 pimenta-malagueta sem sementes picada
- 1 colher (sopa) de cheiro-verde picado
- 1 pão italiano pequeno

Preparo:

1. Numa panela, aqueça o azeite e doure rapidamente a cebola e o alho. Ponha as postas de bacalhau e regue com o caldo. Cozinhe por dez minutos e retire as postas com cuidado.
2. Junte a farinha ao caldo e misture. Acrescente o creme de leite e o bacalhau desfiado em lascas grandes. Misture bem e tempere com sal e pimenta. Ferva por mais cinco minutos. Polvilhe com o cheiro-verde. Corte o pão em fatias e forre uma sopeira com elas. Despeje a sopa por cima e sirva em seguida.

Sopa de bacalhau simples

Para 4 pessoas
Tempo de preparo: 20 minutos
Fácil

Ingredientes:

- 8 xícaras (chá) de água
- 2 postas de bacalhau demolhadas e limpas
- 1 cebola cortada em quatro
- 3 ovos
- 6 dentes de alho com casca
- 1/3 de xícara (chá) de azeite
- sal a gosto
- 3 batatas sem casca cozidas e batidas no liquidificador
- 24 torradas de alho

Preparo:

1. Numa panela, ponha a água, o bacalhau e a cebola. Deixe cozinhar por dez minutos. Retire o bacalhau e o desfie. Reserve a água do cozimento e descarte a cebola.
2. Cozinhe os ovos. Remova a casca e corte-os em rodelas. Reserve. Em uma panela grande doure o alho com a casca no azeite. Junte o bacalhau desfiado e a água reservada. Ferva e tempere com o sal.
3. Acrescente a batata e deixe cozinhar por dez minutos. Ponha as torradas em pratos fundos e despeje a sopa. Coloque as rodelas de ovo por cima e sirva imediatamente.

Sopa de beldroega e bacalhau

Para 4 pessoas
Tempo de preparo: 30 minutos
Média dificuldade

Ingredientes:

- 1 maço de beldroega
- 2 colheres (sopa) de azeite
- 2 cabeças de alho amassadas
- 8 xícaras (chá) de caldo de legumes
- 400 g de bacalhau fresco e limpo
- 200 g de queijo fresco cortado em quatro
- sal a gosto
- 4 ovos
- 4 fatias de pão caseiro

Preparo:

1. Lave bem a beldroega. Escorra e pique.
2. Numa panela grande, aqueça o azeite e refogue o alho e a beldroega até ficar macia. Junte o caldo e cozinhe por cinco minutos. Adicione o bacalhau em pedaços, mexa e cozinhe. Acrescente o queijo e tempere com sal.
3. Misture bem e cozinhe por mais 20 minutos. Quebre os ovos com cuidado sobre a sopa. Assim que a clara cozinhar e a gema estiver quase dura, sirva a sopa com as fatias de pão.

Sopa de feijão-branco com bacalhau

Para 4 pessoas
Tempo de preparo: 40 minutos
Média dificuldade

Ingredientes:

- 3 xícaras (chá) de feijão-branco
- 1 cebola cortada em quatro
- 1 amarrado de ervas aromáticas

- 6 batatas sem casca
- 1/3 de xícara (chá) de azeite
- 4 postas de bacalhau demolhadas e limpas
- sal a gosto
- 4 fatias de pão italiano

Preparo:

1. Um dia antes do preparo, ponha o feijão de molho em água suficiente para cobrir os grãos. No dia seguinte, leve o feijão ao fogo com água, a cebola, as ervas, a batata em cubos e o azeite.
2. Assim que o feijão e a batata estiverem quase cozidos, junte o bacalhau em lascas grandes. Tempere com sal e descarte as ervas. Coe o caldo.
3. Ponha as fatias de pão nos pratos e por cima o caldo coado. À parte, sirva o bacalhau, a batata e o feijão.

Sopa de tomate com bacalhau

Para 4 pessoas
Tempo de preparo: 30 minutos
Fácil

Ingredientes:

- 200 g de bacalhau demolhado, limpo e em lascas
- 2 dentes de alho
- 5 colheres (sopa) de azeite
- 5 tomates sem pele e sem sementes picados
- 1 cebola picada
- 1 xícara (chá) de manjericão picado
- 8 xícaras (chá) de caldo de legumes
- 1 colher (sopa) de farinha de trigo
- 1 colher (sopa) de rum
- sal e pimenta-do-reino branca em grãos a gosto

Preparo:

1. Numa frigideira, refogue o bacalhau com o alho em quatro colheres (sopa) de azeite. Refogue até o bacalhau dourar. Retire do fogo e reserve.
2. Em uma panela, aqueça o azeite restante e junte o tomate e a cebola. Refogue por dez minutos, retire e transfira para o liquidificador. Acrescente o manjericão, parte do caldo de legumes, a farinha, o rum, o sal e a pimenta. Bata até ficar homogêneo e retorne à panela.
3. Adicione o caldo restante e misture. Cozinhe, mexendo às vezes, por cinco minutos. Retire do fogo e ponha o bacalhau. Misture bem e volte ao fogo por mais cinco minutos. Sirva em seguida.

Sopa de tomate com bacalhau e ovos pochês

Para 4 pessoas
Tempo de preparo: 30 minutos
Fácil

Ingredientes:

- 2 cebolas picadas
- 2 dentes de alho amassados
- 1/2 xícara (chá) de azeite
- 300 g de tomate pelado
- 6 batatas grandes sem casca e cortadas em cubos
- sal a gosto
- 1 pitada de pimenta-do-reino
- 6 xícaras (chá) de caldo de legumes
- 1 alho-poró
- 400 g de bacalhau demolhado, limpo e em lascas
- 2 xícaras (chá) de água quente
- 2 colheres (sopa) de vinagre
- 4 ovos

Preparo:

1. Numa panela grande, refogue a cebola e o alho no azeite. Ponha o tomate e a batata. Tempere com sal, pimenta e misture bem.
2. Adicione o caldo e cozinhe, em fogo baixo. Corte em rodelas a parte branca do alho-poró. Lave e reserve.
3. Bata no liquidificador metade do caldo. Devolva à panela e junte o alho-poró e o bacalhau. Cozinhe por seis minutos e reserve.
4. Leve a água ao fogo. Assim que ferver, junte o vinagre e abaixe o fogo. Quebre os ovos na água fervente. Com ajuda de uma escumadeira, envolva a gema com a clara. Os ovos afundarão e depois subirão. Assim que subirem, aguarde um minuto e retire os ovos da água. Ponha sobre um pano e deixe secar. Quando secarem, distribua a sopa entre os pratos e sirva com os ovos.

Strudel de bacalhau com massa folhada

Para 4 pessoas
Tempo de preparo: 30 minutos
Fácil

Ingredientes:

- 1 cebola grande picada
- 2 dentes de alho amassados
- 1/2 xícara (chá) de azeite
- 2 tomates sem pele e sementes picados

- 600 g de bacalhau demolhado, limpo e em lascas
- 2 xícaras (chá) de purê de batata
- 2 ovos
- 1 xícara (chá) de azeitonas pretas sem caroço picadas
- 1/2 colher (sopa) de salsa picada
- 1 pitada de noz-moscada
- 1 pitada de pimenta-do-reino
- 1 rolo de massa folhada descongelada

Preparo:

1. Refogue a cebola e o alho no azeite. Junte o tomate e o bacalhau. Mexa sem parar por cinco minutos. Adicione o purê, um ovo batido, a azeitona, a salsa, a noz-moscada e a pimenta. Mexa e retire do fogo. Deixe esfriar e leve à geladeira.
2. Abra a massa folhada. Coloque o recheio de bacalhau e enrole, formando o strudel. Ponha em um refratário com a parte fechada para baixo. Feche bem as aberturas, colando-as com um pouco de água.
3. Aproveite as aparas da massa e faça desenhos. Pincele a superfície com o ovo restante e leve ao freezer por 30 minutos.
4. Preaqueça o forno e asse a massa por 20 minutos ou até dourar. Retire e sirva.

Strudel de bacalhau com pimentão

Para 4 pessoas
Tempo de preparo: 45 minutos
Média dificuldade

Ingredientes:

Recheio

- 1 xícara (chá) de cebola picada
- 2 colheres (sopa) de azeite
- 2 postas de bacalhau demolhadas, limpas e desfiadas
- 1 batata cozida e amassada
- 1/2 xícara (chá) de pimentão verde sem sementes picado
- 1/2 xícara (chá) de pimentão vermelho sem sementes picado
- 1 colher (sopa) de azeitona verde recheada e picada
- 1 pitada de pimenta-do-reino
- 1/2 colher (sopa) de coentro

Strudel

- 300 g de massa folhada descongelada
- 1 gema batida com azeite

Para polvilhar

Farinha de trigo

Preparo:

Recheio

Doure metade da cebola no azeite e acrescente o bacalhau. Refogue por cinco minutos. Retire do fogo e deixe esfriar. Acrescente a batata e os demais ingredientes. Misture, cozinhe por cinco minutos e reserve.

Strudel

1. Desenrole a massa sobre uma superfície polvilhada com farinha e distribua o recheio no sentido do comprimento. Pincele as bordas com água, dobre um dos lados da massa e sobreponha o outro lado.
2. Polvilhe uma assadeira grande com mais farinha e ponha o strudel. Leve ao freezer por 15 minutos.
3. Aqueça o forno em temperatura baixa. Retire o strudel do freezer e pincele com a gema. Leve ao forno por 25 minutos ou até dourar. Diminua a temperatura do forno e asse por mais 20 minutos. Retire e sirva em seguida.

Strudel de liquificador com bacalhau

Para 4 pessoas
Tempo de preparo: 1h30m
Fácil

Ingredientes:

Massa

- 3 colheres (sopa) de margarina
- 1/2 xícara (chá) de azeite
- 1/2 xícara (chá) de leite
- 1/2 xícara (chá) de água
- 1/2 colher (sopa) de açúcar
- 1 pitada de sal
- 2 tabletes de fermento para pão
- 4 xícaras (chá) de farinha de trigo

Recheio

- 250 g de mandioquinhas sem casca
- 1 xícara (chá) de leite
- 3 colheres (sopa) de azeite
- 1 cebola ralada
- 2 dentes de alho picados
- 2 tomates maduros sem sementes picados
- 2 postas de bacalhau demolhadas e limpas
- 1/2 xícara (chá) de azeitonas sem caroço recheadas e picadas
- 2 ovos cozidos picados
- 1 colher (sopa) de cheiro-verde
- sal e pimenta calabresa em flocos a gosto

Para polvilhar

Farinha de trigo

Para pincelar

1 gema batida com gotas de azeite

Ingredientes:

Massa

Bata no liquidificador todos os ingredientes da massa, exceto a farinha. Transfira para uma vasilha e ponha a farinha. Amasse bem e deixe descansar até crescer.

Recheio

1. Cozinhe a mandioquinha em água suficiente para cobri-la. Coe e esprema. Numa vasilha, misture o purê de mandioquinha com o leite.
2. Aqueça o azeite e refogue a cebola, o alho e o tomate. Junte o bacalhau e o purê, a azeitona, os ovos, o cheiro-verde e a pimenta. Misture bem e deixe esfriar. Tempere com sal.

Montagem

1. Estenda a massa em uma superfície enfarinhada. Distribua o recheio e enrole como se fosse um pão. Bata o ovo com as gotas de azeite e pincele a massa.
2. Preaqueça o forno em temperatura média. Leve a massa para assar até dourar. Sirva morno ou frio.

Suflê de bacalhau

Para 4 pessoas
Tempo de preparo: 50 minutos
Fácil

Ingredientes:

- 1 cebola picada
- 7 colheres (sopa) de margarina
- 350 g de bacalhau demolhado, limpo e em lascas
- 3 colheres (sopa) de farinha de trigo
- 1 xícara (chá) de leite quente
- 4 ovos (claras e gemas separadas)
- sal e pimenta-calabresa a gosto

Preparo:

1. Preaqueça o forno a 200°C. Refogue a cebola em duas colheres (sopa) de margarina e reserve. Passe o bacalhau no processador. Leve mais quatro colheres (sopa) de margarina ao fogo e adicione duas colheres (sopa) de farinha de trigo. Junte o leite aos poucos, mexendo até engrossar.
2. Retire do fogo e misture à cebola e ao bacalhau. Adicione as gemas, uma a uma, e mexa. Bata as claras em neve e misture delicadamente à massa com bacalhau. Tempere com sal e pimenta.
3. Unte uma forma para suflê com a margarina restante e polvilhe com a farinha que sobrou. Coloque um retângulo de papel vegetal junto às laterais da forma e despeje a massa. Com cuidado, alise a superfície. Leve ao forno previamente aquecido por 30 minutos ou até dourar e sirva.

Suflê de bacalhau com queijo parmesão

Para 4 pessoas
Tempo de preparo: 30 minutos
Fácil

Ingredientes:

- 4 colheres (sopa) de azeite
- 4 colheres (sopa) de farinha de trigo
- 4 xícaras (chá) de leite
- 5 ovos (claras e gemas separadas)
- sal e pimenta-do-reino a gosto
- 2 xícaras (chá) de bacalhau demolhado, limpo e em lascas
- 4 colheres (sopa) de salsa picada
- 2 colheres (sopa) de queijo parmesão ralado

Preparo:

1. Numa panela aqueça o azeite e acrescente a farinha. Misture bem e adicione o leite aos poucos, mexendo sem parar para não empelotar. Retire do fogo e deixe esfriar.
2. Junte as gemas, uma a uma, mexendo sempre. Tempere com sal e pimenta. Leve ao fogo novamente por mais quatro minutos. Acrescente o bacalhau e a salsa. Misture bem e reserve.
3. Bata as claras em neve e adicione ao creme de bacalhau. Misture delicadamente.
4. Despeje a massa em uma forma para suflê untada com azeite. Polvilhe com o queijo ralado e asse em forno médio, preaquecido, por 30 minutos ou até dourar. Retire do forno e sirva.

Suflê de bacalhau com azeitonas

Para 4 pessoas
Tempo de preparo: 30 minutos
Fácil

Ingredientes:

- 2 colheres (sopa) de margarina
- 1/2 xícara (chá) de farinha de trigo
- 1 xícara (chá) de água
- 400 g de bacalhau demolhado, limpo e em lascas
- 2 gemas
- 1/2 xícara (chá) de azeitonas pretas sem caroço picadas
- 1/2 xícara (chá) de queijo gruyère ralado
- 1/2 colher (sopa) de coentro picado
- sal e pimenta-do-reino a gosto
- 3 claras

Preparo:

1. Numa frigideira, derreta a margarina e junte a farinha mexendo rapidamente. Adicione a água, aos poucos, sem parar de mexer. Ferva por alguns minutos, mexer.
2. Acrescente as gemas, misturando bem. Em seguida, ponha o bacalhau, a azeitona, o queijo e o coentro. Tempere com sal e pimenta. Misture bem.
3. Unte uma forma para suflê e polvilhe com farinha de trigo. Bata as claras em neve e acrescente ao bacalhau, misturando delicadamente. Despeje a mistura na forma e leve ao forno preaquecido em temperatura baixa por 40 minutos ou até dourar. Sirva.

Suflê de bacalhau com batata

Para 4 pessoas
Tempo de preparo: 30 minutos
Fácil

Ingredientes:

- 500 g de bacalhau demolhado, limpo e em lascas
- 2 colheres (sopa) de azeite
- 250 g de batata sem casca
- 4 colheres (sopa) de margarina
- 3 colheres (sopa) de queijo parmesão ralado
- 5 ovos (claras e gemas separadas)
- 2 xícaras (chá) de leite
- 1 colher (sopa) de ervas finas

Para untar

Margarina

Para polvilhar

Farinha de rosca

Preparo:

1. Leve o bacalhau ao fogo com o azeite, numa frigideira. Refogue, mexendo sempre, por cinco minutos. Reserve.
2. Numa panela, cozinhe a batata e esprema, formando um purê. Adicione o bacalhau, a margarina, metade do queijo, as gemas e o leite. Misture bem e adicione as ervas finas. Por último, ponha as claras batidas em neve. Misture delicadamente.
3. Despeje em uma forma alta, untada com margarina e polvilhada com farinha de rosca. Polvilhe a massa com o queijo restante e leve ao forno quente, preaquecido, até dourar. Sirva imediatamente.

Suflê de bacalhau com camarão

Para 4 pessoas
Tempo de preparo: 40 minutos
Fácil

Ingredientes:

- 1 pacote de purê de batata instantâneo
- 150 g de bacalhau demolhado, limpo e em lascas
- 1 xícara (chá) de camarão limpo e triturado
- 4 ovos (claras e gemas separadas)
- sal e pimenta-do-reino a gosto
- 1 colher (sopa) de queijo parmesão ralado

Para untar

Margarina

Preparo:

1. Prepare o purê conforme as instruções da embalagem. Junte o bacalhau e o camarão. Acrescente as gemas e tempere com sal e pimenta. Mexa bem.
2. À parte, bata as claras em neve e adicione-as delicadamente à mistura de bacalhau e camarão.
3. Despeje a mistura em uma forma para suflê untada com margarina. Polvilhe com o queijo e leve ao forno em temperatura média até dourar e dobrar de volume. Sirva em seguida.

Suflê de bacalhau especial

Para 4 pessoas
Tempo de preparo: 30 minutos
Fácil

Ingredientes:

- 3 postas de bacalhau demolhadas e limpas
- 2 cebolas
- 1/2 xícara (chá) de azeite
- 2 xícaras (chá) de molho bechamel
- 5 ovos (claras e gemas separadas)
- sal e pimenta-do-reino a gosto
- 1/2 xícara (chá) de queijo parmesão ralado

Preparo:

1. Separe o bacalhau em lascas e reserve. Pique a cebola e refogue-a no azeite. Acrescente o peixe, o molho bechamel e as gemas. Mexa bem e cozinhe por cinco minutos.
2. À parte, bata as claras em neve e tempere com sal e pimenta. Misture ao bacalhau e despeje numa forma para suflê muito bem untada com margarina. Polvilhe com o queijo e leve ao forno à temperatura de 200°C por cinco minutos ou até dourar. Reduza a temperatura e asse por mais 30 minutos. Sirva em seguida.

Suflê de bacalhau com espinafre

Para 4 pessoas
Tempo de preparo: 40 minutos
Fácil

Ingredientes:

- 1 cebola picada
- 1/4 de xícara (chá) de azeite
- 1 posta de bacalhau demolhada, limpa e desfiada
- 1 maço de espinafre limpo e aferventado
- sal e pimenta-do-reino a gosto
- 4 colheres (sopa) de margarina
- 2 colheres (sopa) de farinha de trigo
- 1 1/2 xícara (chá) de creme de leite fresco
- 4 ovos (claras e gemas separadas)
- 1 colher (sopa) de queijo parmesão ralado

Preparo:

1. Pique a cebola e a refogue no azeite. Junte o bacalhau e cozinhe por dez minutos em fogo baixo. Acrescente o espinafre e tempere com sal e pimenta. Mexa bem.
2. Leve a margarina ao fogo numa panela. Quando se derreter, adicione a farinha, mexendo sempre. Ponha o creme de leite e misture até engrossar. Acrescente o bacalhau com o espinafre e as gemas batidas e mexa bem.
3. Bata as claras em neve e misture cuidadosamente. Ponha o queijo e mexa. Unte uma forma para suflê e despeje a massa. Asse em temperatura média por 35 minutos ou até dourar. Sirva.

Supreme de bacalhau com crème fraîche

Para 4 pessoas
Tempo de preparo: 2 horas
Fácil

Ingredientes

- 250 g de bacalhau demolhado e limpo
- 1 cebola picada
- 1 xícara (chá) de cebolinha francesa
- 2 colheres (sopa) de alcaparras picadas
- 1 xícara (chá) de azeite
- suco de 1 limão grande
- sal e pimenta-do-reino a gosto
- 8 fatias de pão de forma

Crème fraîche

- 2 colheres (sopa) de creme de leite fresco
- 2 colheres (sopa) de creme azedo

Para pincelar

Azeite

Preparo:

1. Desfie o bacalhau em lascas. Numa tigela, ponha o bacalhau com a cebola, metade da cebolinha, a alcaparra e duas colheres (sopa) de azeite. Mexa bem e regue com o azeite restante.
2. Deixe repousar na geladeira por 40 minutos. Na metade do tempo, adicione o suco de limão. Misture e tempere com sal e pimenta.
3. Corte as fatias de pão em círculos médios. Pincele com azeite e doure no forno. Ponha a mistura de bacalhau em forminhas com fundo falso, aperte e deixe por dez minutos.
4. À parte, misture o creme de leite e o creme azedo. Cubra e deixe descansar em temperatura ambiente por 2 horas ou até engrossar. Se necessário, adicione sal.
5. Desenforme a mistura de bacalhau sobre as fatias de pão. Ponha uma colher (sopa) de crème fraîche e decore com a cebolinha restante picada. Sirva em seguida.

Terrine de bacalhau

Para 4 pessoas
Tempo de preparo: 1 hora
Fácil

Ingredientes :

Terrine

- 3 talos de alho-poró cortados ao meio
- 1 maço de aspargos
- 6 folhas de espinafre
- 1 pimentão vermelho sem pele e sem sementes cortado em tiras
- 300 g de bacalhau demolhado, limpo e em lascas
- 2 ovos
- 1 xícara (chá) de creme de leite fresco

- 5 colheres (sopa) de azeite
- sal e pimenta-do-reino a gosto

Preparo:

1. Escalde o alho-poró em água fervente por cinco minutos. Resfrie em água gelada e reserve. Cozinhe o aspargo e o espinafre e depois resfrie também.
2. Forre o fundo e as laterais uma forma de bolo inglês com o alho-poró. Ponha as folhas de espinafre e cubra com as tiras de pimentão.
3. No processador, ponha o bacalhau, os ovos, o creme de leite, quatro colheres (sopa) de azeite e a pimenta. Pulse até que tudo fique bem misturado.
4. Transfira para a forma com o pimentão e cubra com filme plástico. Leve ao fogo em banho-maria por 30 minutos. Desenforme e leve à geladeira. No momento de servir, adicione os aspargos refogados no azeite restante.

Terrine de bacalhau com molho de mostarda

Para 4 pessoas
Tempo de preparo: 1 hora
Fácil

Ingredientes:

Terrine

- 6 talos de alho-poró
- 3 colheres (sopa) de margarina
- sal a gosto
- 500 g de bacalhau demolhado, limpo e em lascas
- 2 xícaras (chá) de leite
- 2 folhas de louro
- 1/2 colher (sopa) de tomilho

Molho de mostarda

- 1 ovo
- 2 colheres (sopa) de mostarda
- 4 colheres (sopa) de vinagre
- 1/2 xícara (chá) de azeite
- 1/2 xícara (chá) de óleo
- sal e pimenta-do-reino a gosto

Preparo:

1. Limpe o alho-poró, retirando as extremidades e as partes mais duras. Refogue-os inteiros numa panela média com a margarina. Ponha água até cobrir. Tempere com sal e cozinhe. Reserve.
2. Em outra panela, cozinhe o bacalhau com o leite. Se necessário, complete com água. Adicione o louro e o tomilho e cozinhe até quase secar. Reserve.

Molho

Numa tigela, ponha o ovo, a mostarda e o vinagre e bata com um batedor manual. Misture o azeite ao óleo e, aos poucos, adicione à mistura de ovo. Continue batendo forte. No final, acrescente sal e pimenta. Bata até formar um molho.

Montagem

Cubra o fundo de uma forma para terrine com o alho-poró em tiras largas. Por cima, ponha uma camada de bacalhau. Alterne as camadas até os ingredientes acabarem, mas finalize com uma camada de alho-poró. Deixe na geladeira até endurecer. Na hora de servir, distribua o molho em pratos e ponha em cada um deles uma fatia de terrine.

Tomate gratinado com bacalhau

Para 4 pessoas
Tempo de preparo: 20 minutos
Fácil

Ingredientes:

- 8 tomates grandes
- 3 colheres (sopa) de azeite
- 2 cebolas raladas
- 1 colher (sopa) de alho socado
- 200 g de bacalhau demolhado, limpo e em lascas
- 1 xícara (chá) de vinho branco seco
- 2 colheres (sopa) de creme de leite fresco
- 100 g de mussarela ralada
- sal e pimenta-do-reino a gosto
- 150 g de castanhas moídas
- 100 g de queijo parmesão ralado

Preparo:

1. Lave o tomate e faça um corte na parte superior para retirar as sementes. Reserve.
2. Numa frigideira, adicione duas colheres (sopa) de azeite, a cebola e o alho. Junte o bacalhau e misture bem.
3. Adicione o vinho e deixe apurar por cinco minutos. Acrescente o creme de leite e a mussarela. Mexa até o queijo se derreter. Retire do fogo e tempere com sal e pimenta. Mexa.
4. Numa frigideira antiaderente, doure a castanha no azeite restante e despeje na panela com o bacalhau.
5. Recheie o tomate com essa mistura e leve ao forno em uma assadeira untada com azeite. Polvilhe com o parmesão e deixe gratinar por cinco minutos. Retire e sirva.

Tomate recheado com bacalhau

Para 4 pessoas
Tempo de preparo: 30 minutos
Fácil

Ingredientes:

- 2 ovos
- 8 folhas de espinafre
- 2 colheres (sopa) de azeite
- 200 g de bacalhau demolhado, limpo e em lascas
- 1 xícara (chá) de iogurte natural
- 1/2 colher (sopa) de mostarda
- sal a gosto
- 4 tomates grandes e maduros
- 1 pitada de páprica

Preparo:

1. Cozinhe os ovos. Remova a casca e separe a clara da gema. Reserve. Lave e escalde as folhas de espinafre. Escorra.
2. Aqueça metade do azeite e refogue o bacalhau. Numa tigela, misture o bacalhau, o espinafre e as claras picadas. Amasse as gemas e reserve.
3. Prepare um molho misturando o iogurte, o azeite restante, a mostarda e o sal. Bata no liquidificador e regue o preparado de bacalhau com esse molho batido.
4. Retire uma tampa de cada tomate e elimine as sementes. Lave e seque bem. Em seguida, recheie com a mistura de bacalhau.
5. Polvilhe com a gema amassada e misturada à páprica. Cubra com a tampa do próprio tomate e leve ao forno preaquecido por cinco minutos.

Tomate recheado com bacalhau e berinjela

Para 4 pessoas
Tempo de preparo : 1 hora
Média dificuldade

Ingredientes:

- 1 berinjela grande
- sal e pimenta-do-reino a gosto
- 300 g de bacalhau demolhado, limpo e em lascas
- 1 xícara (chá) de ricota
- 3 colheres (sopa) de azeite
- suco de 2 limões-sicilianos
- 2 dentes de alho picados
- 8 tomates grandes
- 1 colher (sopa) de cheiro-verde

Para fritar

Azeite

Preparo:

1. Descasque a berinjela e corte-a em rodelas de um centímetro de espessura. Polvilhe com sal e deixe escorrer por 40 minutos sobre uma peneira. Retire o excesso de sal e seque com um pano. Frite as rodelas em azeite. Quando dourarem, escorra sobre papel-toalha e corte em pequenos cubos.
2. Numa tigela, junte o bacalhau, a ricota amassada, metade do azeite, o suco de limão e o alho. Leve ao processador e misture bem. Junte a berinjela e o azeite restante e processe até obter uma pasta homogênea. Tempere com sal e pimenta.
3. Lave o tomate. Seque e elimine a parte superior. Retire a polpa. Tempere com sal por dentro. Ponha o tomate virado sobre uma grelha e deixe escorrer. Com o auxílio de uma colher, recheie com a pasta de bacalhau e berinjela. Unte uma forma retangular com margarina e disponha os tomates recheados lado a lado.
4. Leve ao forno preaquecido para gratinar. Retire e polvilhe com cheiro-verde. Sirva em seguida.

Torta de bacalhau caipira

Para 4 pessoas
Tempo de preparo: 50 minutos
Média dificuldade

Ingredientes:

Recheio

- 1 pacote de seleta de legumes
- 3 dentes de alho
- 1 cebola
- 1/4 de xícara (chá) de azeite
- 600 g de bacalhau demolhado, limpo e em lascas
- 5 tomates sem pele e sementes
- 4 xícaras (chá) de caldo de legumes
- 1 xícara (chá) de ervilha descongelada
- 1/2 xícara (chá) de farinha de trigo
- sal a gosto
- 1 colher (sopa) de molho de pimenta
- 2 colheres (sopa) de cheiro-verde

Massa

- 1 1/2 xícara (chá) de fubá
- 1 1/2 xícara (chá) de farinha de trigo
- 2 colheres (sopa) de fermento em pó
- 3 colheres (sopa) de açúcar
- sal a gosto

- 1 1/3 de xícara (chá) de leite
- 2 ovos batidos
- 1/4 de xícara (chá) de azeite

Preparo:

Recheio

1. Passe a seleta de legumes pela água quente. Escorra e reserve.
2. À parte, pique o alho e a cebola. Refogue-os no azeite até a cebola ficar transparente. Adicione o bacalhau e refogue até dourar. Ponha o tomate picado e um pouco do caldo de legumes. Cozinhe até o tomate começar a se desmanchar.
3. Ponha a seleta de legumes, a ervilha e refogue mais um pouco. Adicione a farinha dissolvida em um pouco de água e mexa bem. Acrescente o caldo de legumes restante e prove o sal. Tempere com molho de pimenta e mexa sem parar até engrossar. Ponha em um refratário e polvilhe com o cheiro-verde. Reserve.

Massa

Numa tigela grande, peneire o fubá com a farinha, o fermento, o açúcar e o sal. Misture o leite aos ovos e ao azeite. Adicione à mistura de fubá e farinha. Mexa bem até obter uma massa homogênea. Distribua sobre o refratário com o bacalhau e leve ao forno preaquecido até dourar. Sirva em seguida.

Torta de bacalhau cremosa

Para 4 pessoas
Tempo de preparo: 40 minutos
Fácil

Ingredientes:

Recheio

- 500 g de bacalhau demolhado, limpo e em lascas
- 3 dentes de alho em fatias
- 2 colheres (sopa) de azeite
- 2 cebolas raladas
- 2 tomates sem pele picados
- 1 pimentão verde sem sementes
- 1 colher (sopa) de salsa
- 1 xícara (chá) de leite de coco
- 1 xícara (chá) de mussarela ralada grosso
- 1 xícara (chá) de maionese

Massa

- 5 batatas sem casca
- 2 colheres (sopa) de farinha de trigo
- 1/2 colher (sopa) de fermento em pó
- 2 claras

Para pincelar

2 gemas
1 colher (sopa) de margarina derretida

Preparo:

Recheio

1. Desfie o bacalhau e reserve. Numa panela, doure o alho no azeite. Junte a cebola e mexa bem. Ponha o tomate e o pimentão em cubos e refogue por dois minutos. Adicione a salsa.
2. Mexa e acrescente o leite de coco e o bacalhau reservado. Tampe e deixe no fogo por cinco minutos. Reserve.

Massa

1. Cozinhe a batata e a esprema. Misture com a farinha, o fermento e as claras batidas em neve.
2. Em um refratário ponha metade da massa de batata. Por cima disponha o bacalhau refogado, a mussarela e a maionese. Cubra com a massa de batata restante. Pincele com as gemas misturadas com a margarina. Leve ao forno até dourar e sirva.

Torta de bacalhau com massa podre

Para 4 pessoas
Tempo de preparo: 45 minutos
Fácil

Ingredientes:

Massa

- 4 xícaras (chá) de farinha de trigo
- 1 xícara (chá) de margarina
- 150 g de gordura vegetal
- 2 gemas
- 1/2 xícara (chá) de água gelada
- sal a gosto

Recheio

- 500 g de bacalhau demolhado, limpo e em lascas
- 2 cebolas em rodelas
- 100 g de azeitonas pretas sem caroço picadas
- 4 ovos
- 300 g de lingüiça defumada e escaldada
- 2 colheres (sopa) de azeite

Para pincelar

1 gema batida

Preparo:

Massa

Numa tigela, misture com as mãos a farinha, a margarina e a gordura vegetal até formar uma farofa. Acrescente as gemas, a água e o sal. Misture bem e deixe descansar por 30 minutos. Reserve.

Recheio

1. Passe a cebola e a azeitona em água fervente. Escorra e junte ao bacalhau.
2. Cozinhe os ovos, descasque e corte-os em gomos. À parte, doure a lingüiça picada rapidamente no azeite.

Montagem

1. Abra metade da massa e ponha em uma forma com aro removível, ajustando-a bem no fundo e nas laterais da forma. Por cima, ponha a mistura de bacalhau, ovo e lingüiça.
2. Abra a massa restante com um rolo e ponha sobre o recheio, fechando bem. Pincele a massa com a gema batida e leve ao forno preaquecido até dourar. Desenforme e sirva.

Torta de bacalhau com presunto

Para 4 pessoas
Tempo de preparo: 50 minutos
Média dificuldade

Ingredientes:

Massa

- 4 xícaras (chá) de farinha de trigo
- 1 1/3 de xícara (chá) de margarina sem sal
- 2 ovos
- sal a gosto
- 300 g de presunto em fatias

Recheio

- 2 cebolas picadas
- 2 colheres (sopa) de azeite
- 600 g de bacalhau demolhado, limpo e em lascas
- 100 g de azeitonas pretas sem caroço picadas
- sal e pimenta-do-reino a gosto
- 4 ovos
- 100 g de bacon picado

Para pincelar

1 gema batida com gotas de azeite

Preparo:

Massa

1. Numa tigela, junte a farinha, a margarina, os ovos e o sal. Amasse bem. Embrulhe em filme plástico e deixe repousar na geladeira por 1 hora.
2. Abra a massa até obter uma espessura de 2 cm. Unte uma assadeira com margarina e forre com 2/3 da massa. Cubra a parte lateral com presunto e reserve.

Recheio

1. Passe a cebola na água fervente. Escorra e reserve. Numa panela ponha metade do azeite, o bacalhau, a cebola e junte a azeitona picada. Leve ao fogo por cinco minutos. Tempere com sal e pimenta. Misture bem e reserve.
2. Cozinhe os ovos e corte-os em gomos. Reserve. Frite o bacon no azeite restante.

Montagem

Ponha o bacalhau, os ovos e o bacon sobre a massa e cubra com a massa restante. Pincele com a gema. Preaqueça o forno em temperatura média e asse por 30 minutos ou até dourar. Sirva.

Torta de bacalhau especial

Para 4 pessoas
Tempo de preparo: 50 minutos
Fácil

Ingredientes:

Massa

- 3 xícaras (chá) de farinha de trigo peneirada
- 1/2 colher (sopa) de fermento em pó
- 2 xícaras (chá) de margarina
- 2 gemas ligeiramente batidas
- 1 xícara (chá) de água morna temperada com sal

Recheio

- 1 kg de bacalhau demolhado, limpo e em lascas
- 1 xícara (chá) de azeite
- 1 cebola grande picada
- 1 xícara (chá) de salsa picada
- 1 xícara (chá) de azeitonas verdes sem caroço picadas
- sal a gosto

Para pincelar

1 gema batida com gotas de azeite

Preparo:

Massa

1. Numa tigela, misture a farinha com o fermento. Faça um buraco no meio e acrescente a margarina em pe-

daços e as gemas. Misture com a ponta dos dedos e, aos poucos, junte a água morna. Misture bem, sem sovar muito.
2. Faça uma bola e deixe na geladeira por 30 minutos.

Recheio

1. Numa frigideira, refogue o bacalhau no azeite com a cebola, a salsa e a azeitona. Misture bem e tempere com sal. Deixe esfriar.
2. Divida a massa em duas partes e abra uma parte numa superfície enfarinhada. Com ela forre o fundo e as laterais de uma forma com 24 cm de diâmetro. Por cima disponha o recheio.
3. Abra a outra parte da massa e cubra a torta. Pincele com a gema e leve ao forno preaquecido por 50 minutos ou até dourar. Sirva em seguida.

Torta de bacalhau com molho bechamel

Para 4 pessoas
Tempo de preparo: 1 hora
Média dificuldade

Ingredientes:

Massa

- 2 xícaras (chá) de farinha de trigo
- 1 colher (sopa) de fermento em pó
- 1 xícara (chá) de água
- 1 ovo
- 1 colher (sopa) de azeite
- 1 colher (sopa) de margarina
- 1 colher (sopa) de banha
- 1 pitada de sal

Molho bechamel

- 3 colheres (sopa) de margarina
- 4 colheres (sopa) de farinha de trigo
- 2 xícaras (chá) de leite quente
- sal, pimenta-do-reino e noz-moscada a gosto

Recheio

- 1 cebola picada
- 2 dentes de alho picados
- 3 colheres (sopa) de azeite
- 2 postas de bacalhau demolhadas e limpas
- 1 colher (sopa) de maionese
- 2 gemas
- sal e pimenta-do-reino branca moída a gosto

Para pincelar

1 gema

Preparo:

Massa

Numa tigela, misture todos os ingredientes da massa e amasse bem. Forre o fundo e as laterais de uma forma média e reserve um pouco da massa para o acabamento. Preaqueça o forno.

Molho

Ponha a margarina numa panela e leve ao fogo até que a margarina se derreta. Junte a farinha, mexendo sempre, e regue com o leite. Tempere com sal, pimenta e noz-moscada. Cozinhe até engrossar, mexendo com um batedor manual. Reserve.

Recheio

1. Refogue a cebola e o alho no azeite. Adicione o bacalhau e misture bem. Cozinhe em fogo baixo por cinco minutos.
2. À parte, misture o molho bechamel com a maionese e duas gemas ligeiramente batidas. Tempere com sal e pimenta. Junte esse creme ao bacalhau refogado. Misture bem e retire do fogo.
3. Recheie a massa com essa mistura e cubra com a massa restante. Com as aparas da massa, forme tiras e decore a torta. Pincele com a gema reservada e leve ao forno por 45 minutos ou até dourar. Deixe esfriar e sirva.

Torta de bacalhau sensacional

Para 4 pessoas
Tempo de preparo: 1h50m
Média dificuldade

Ingredientes:

Massa

- 2 1/2 xícaras (chá) de farinha de trigo peneirada
- 1 pitada de sal
- 3/4 de xícara (chá) de margarina gelada
- 1/3 de xícara (chá) de água

Recheio

- 4 batatas grandes sem casca
- 2 cebolas picadas
- 4 tomates sem pele e sementes picados
- 1/4 de xícara (chá) de azeite
- 500 g de postas de bacalhau demolhadas e limpas
- 1 colher (sopa) de ervas finas
- sal a gosto
- 1 lata de seleta de legumes escorrida
- 100 g de azeitonas pretas sem caroço

Para pincelar

1 gema batida com gotas azeite

Preparo:

1. Numa vasilha, ponha a farinha, o sal e a margarina cortada em cubos. Misture bem com a ponta dos dedos até obter uma farofa. Ponha a água e continue amassando até ficar homogêneo.
2. Forme uma bola e a embrulhe com filme plástico. Leve à geladeira.

Recheio

1. Cozinhe a batata até ficar macia. Escorra e esprema, formando um purê. Reserve.
2. Refogue a cebola e o tomate no azeite. Junte o bacalhau, as ervas e tempere com sal. Refogue por cinco minutos ou até ficar macio.
3. Retire do fogo e acrescente o purê de batata reservado, a seleta de legumes e a azeitona. Misture bem, retire do fogo e deixe esfriar.
4. Preaqueça o forno em temperatura baixa por dez minutos. Abra metade da massa com o auxílio de um rolo de macarrão e forme um círculo de 25 cm. Apare as bordas e forre o fundo de uma forma com aro removível.
5. Forre também as laterais, pressionando bem. Apare as bordas. Distribua o recheio e cubra com a massa restante. Aperte bem a massa e pincele com a gema. Leve ao forno por 50 minutos ou até dourar. Desenforme e sirva.

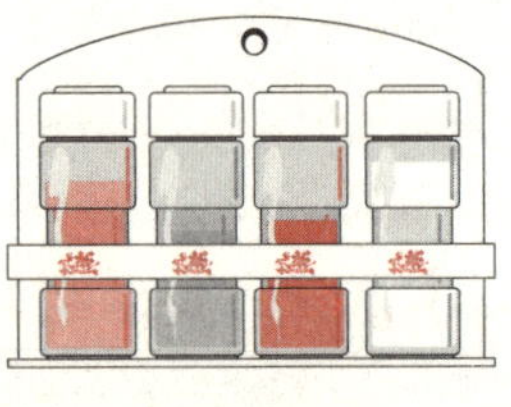

Torta de bacalhau tentação

Para 4 pessoas
Tempo de preparo: 50 minutos
Fácil

Ingredientes:

Massa

- 1 xícara (chá) de azeite
- 1 xícara (chá) de leite
- 4 ovos
- 12 colheres (sopa) de farinha de trigo
- 1 colher (sopa) de fermento em pó
- sal a gosto

Recheio

- 2 colheres (sopa) de azeite
- 2 xícaras (chá) de bacalhau demolhado, limpo e em lascas
- 1 cebola picada
- 1 tomate sem sementes picado
- 4 palmitos picados
- 4 colheres (sopa) de salsa picada
- 1/2 xícara (chá) de azeitonas verdes sem caroço picadas
- sal e pimenta-do-reino a gosto

Preparo:

Massa

Coloque no liquidificador todos os ingredientes, começando pelos que são líquidos. Bata até obter uma massa lisa e homogênea. Reserve.

Recheio

1. Aqueça o azeite numa panela e adicione o bacalhau e a cebola. Refogue por cinco minutos. Junte o tomate e mexa por mais cinco minutos. Acrescente os demais ingredientes, cozinhe por cinco minutos e apague o fogo. Deixe esfriar bem.
2. Unte uma assadeira quadrada com azeite e polvilhe com farinha. Em seguida, despeje a massa. Cubra com o recheio e leve ao forno médio preaquecido por 30 minutos ou até dourar. Corte e sirva.

Torta de biscoito com bacalhau

Para 4 pessoas
Tempo de preparo: 45 minutos
Fácil

Ingredientes:

Massa

- 1 pacote de biscoito água e sal
- 6 colheres (sopa) de margarina sem sal

Recheio

- 1 cebola ralada
- 3 colheres (sopa) de azeite
- 2 tomates sem sementes picados
- 300 g de bacalhau demolhado, limpo e em lascas
- 3 colheres (sopa) de farinha de trigo
- 1 xícara (chá) de leite
- 1 xícara (chá) de creme de leite fresco

Cobertura

- 1 clara
- 1/4 de xícara (chá) de queijo gruyère ralado
- 3 colheres (sopa) de creme de leite fresco

Preparo:

Massa

Triture no liquidificador, aos poucos, o biscoito. Transfira para uma tigela e junte a margarina. Amasse até obter uma farofa homogênea. Forre o fundo e as laterais de uma forma com aro removível. Reserve um pouco da farofa.

Recheio

1. Doure a cebola no azeite. Junte o tomate e o bacalhau e refogue bem. Acrescente a farinha dissolvida no leite, o creme de leite e misture delicadamente. Cozinhe por cinco minutos ou até engrossar.
2. Bata a clara em neve e misture aos ingredientes restantes, fazendo movimentos de baixo para cima. Distribua sobre o refogado de bacalhau e polvilhe com a farofa reservada.
3. Preaqueça o forno em temperatura baixa e asse a torta até dourar. Sirva em seguida.

Torta dourada de bacalhau

Para 4 pessoas
Tempo de preparo: 50 minutos
Fácil

Ingredientes:

Massa

- 4 ovos
- 1 1/2 xícara (chá) de leite
- 3/4 de xícara (chá) de azeite
- 1 1/2 xícara (chá) de farinha de trigo
- 1 colher (sopa) de tempero pronto
- 1 colher (sopa) de fermento em pó
- sal e pimenta-do-reino a gosto

Recheio

- 2 colheres (sopa) de margarina
- 1 colher (sopa) de azeite
- 1 cebola grande picada
- 1 dente de alho amassado
- 3 tomates sem pele e sementes picados
- 200 g de bacalhau demolhado, limpo e em lascas
- 1 xícara (chá) de palmito em rodelas
- 1 xícara (chá) de milho verde
- 1/2 xícara (chá) de azeitonas verdes sem caroço picadas
- 2 colheres (sopa) de cheiro-verde
- 1 colher (sopa) de tempero pronto para peixe
- sal e pimenta-malagueta a gosto

Para polvilhar

Queijo parmesão ralado

Preparo:

Massa

Bata no liquidificador os cinco primeiros ingredientes da massa até ficar homogêneo. Junte o fermento e bata só para misturar. Retire e tempere com sal e pimenta. Misture bem e reserve.

Recheio

1. Aqueça a margarina e o azeite. Junte a cebola e refogue por cinco minutos. Adicione o alho e doure rapidamente. Ponha o tomate e refogue. Acrescente o bacalhau, o palmito e o milho. Deixe no fogo por mais dez minutos, mexendo sempre.
2. Retire do fogo e ponha a azeitona. Tempere com o cheiro-verde, o tempero pronto, o sal e a pimenta. Misture bem, retire do fogo e deixe esfriar.
3. Preaqueça o forno em temperatura baixa. Unte com margarina e polvilhe com farinha uma forma redonda. Distribua metade da massa e espalhe o recheio por cima. Ponha a massa restante e polvilhe com o queijo. Asse até a superfície dourar.

Tortinhas de bacalhau com queijo

Para 4 pessoas
Tempo de preparo: 40 minutos
Fácil

Ingredientes:

Massa

- 2 xícaras (chá) de farinha de trigo
- 3/4 de xícara (chá) de margarina gelada sem sal
- 2 colheres (sopa) de queijo parmesão
- 1/2 colher (sopa) de fermento em pó
- 1 pitada de sal
- 1 colher (sopa) de iogurte natural
- 1 ovo

Recheio

- 250 g de bacalhau demolhado, limpo e em lascas
- 2 colheres (sopa) de azeite
- 2 colheres (sopa) de cebola ralada
- 1 dente de alho amassado

- 1 xícara (chá) de queijo cremoso
- 1 xícara (chá) de creme de leite
- 1 pitada de sal
- noz-moscada a gosto
- 100 g de mussarela picada
- 100 g de queijo frescal
- 2 batatas sem casca cozidas e picadas
- 100 g de azeitonas verdes recheadas e cortadas em rodelas

Para regar

Azeite

Preparo:

Massa

Numa tigela, misture todos os ingredientes até obter uma massa de consistência firme. Reserve.

Recheio

1. Refogue o bacalhau no azeite. Junte a cebola e o alho. Refogue por cinco minutos e deixe esfriar. Misture o queijo cremoso, o creme de leite, o sal, a noz-moscada, a mussarela e o queijo frescal passado pela peneira. Misture bem.
2. Forre forminhas de alumínio com fundo falso com um pouco da massa e distribua em cada uma um pouco do recheio e da batata. Ponha mais refogado de bacalhau por cima. Regue com azeite e decore com a azeitona. Leve ao forno preaquecido até dourar e sirva.

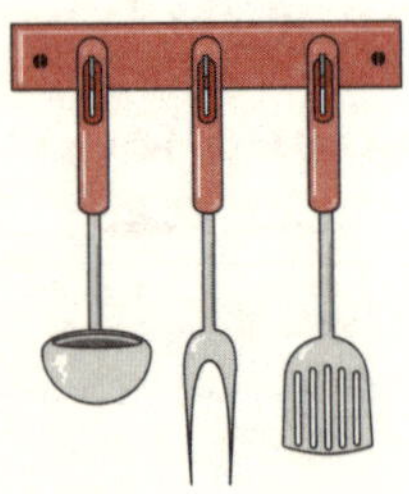

Tortilha de bacalhau fresco

Para 4 pessoas
Tempo de preparo: 20 minutos
Fácil

Ingredientes:

- 300 g de bacalhau fresco e limpo
- 3 cebolas
- 6 colheres (sopa) de azeite
- 6 ovos
- sal a gosto

Preparo:

1. Desfie o bacalhau e reserve. Rale a cebola e refogue-a no azeite até dourar.
2. Junte o bacalhau e doure por dois minutos. Ponha os ovos batidos e tempere com sal. Misture ligeiramente.
3. Com a ajuda de um prato, vire e doure do outro lado. Retire e sirva.

Tortilha de bacalhau com batata

Para 4 pessoas
Tempo de preparo: 25 minutos
Fácil

Ingredientes:

- 1 xícara (chá) de azeite
- 5 batatas sem casca e cortadas em rodelas
- 1 cebola cortada em meia-lua
- 6 ovos
- 2 postas de bacalhau demolhadas, limpas e desfiadas
- 2 dentes de alho cortados em lascas
- 1 pimentão vermelho sem sementes em cubos
- 1/2 xícara (chá) de azeitonas pretas sem caroço picadas
- 1 colher (sopa) de cheiro-verde
- sal a gosto

Preparo:

1. Numa frigideira antiaderente, aqueça o azeite. Quando estiver bem quente, frite levemente a batata. Junte a cebola e diminua o fogo.
2. Bata os ovos e junte os demais ingredientes. Misture bem e ponha sobre a batata. Frite em fogo baixo.
3. Com o auxílio de um prato do tamanho da frigideira, vire a tortilha. Ponha novamente na frigideira e frite do outro lado. Retire e sirva em seguida.

Tortilha de bacalhau no forno

Para 4 pessoas
Tempo de preparo: 50 minutos
Fácil

Ingredientes:

- 2 batatas grandes sem casca
- 1 cebola grande
- 4 colheres (sopa) de margarina
- 2 tomates maduros sem sementes picados
- 2 postas de bacalhau demolhadas e limpas
- sal e pimenta-do-reino a gosto

- 6 ovos
- 1 colher (sopa) de salsa

Preparo:

1. Cozinhe a batata e deixe esfriar um pouco. Corte em meia-lua e reserve.
2. Refogue a cebola picada na margarina. Junte o tomate e o bacalhau em lascas.
3. Adicione a batata e tempere com sal e pimenta. Mexa bem e cozinhe em fogo baixo por cinco minutos.
4. Acrescente os ovos batidos. Ponha a salsa e misture bem. Ponha num refratário e leve ao forno por 20 minutos em temperatura baixa. Quando dourar, retire e sirva.

Tortilha de bacalhau com legumes

Para 4 pessoas
Tempo de preparo: 20 minutos
Fácil

Ingredientes:

- 6 ovos
- 1 colher (sopa) de farinha de trigo
- 1/2 xícara (chá) de azeite
- 1 cebola cortada em fatias
- 1 xícara (chá) de ervilha cozida
- 1 xícara (chá) de cenoura ralada
- 1 xícara (chá) de palmito picado
- 200 g de bacalhau demolhado, limpo e em lascas
- 1/2 xícara (chá) de cheiro-verde
- sal e pimenta-do-reino a gosto
- 1 xícara (chá) de queijo edam ralado

Preparo:

1. Bata os ovos na batedeira até espumarem. Junte a farinha e bata mais um pouco. Reserve.
2. Em outro recipiente ponha a cebola, a ervilha, a cenoura, o palmito, o bacalhau e o cheiro-verde. Tempere com sal e pimenta. Misture e adicione os ovos. Mexa bem.
3. Aqueça o azeite numa frigideira antiaderente. Despeje o preparado de bacalhau e polvilhe com o queijo.
4. Cozinhe em fogo baixo por oito minutos. Vire a tortilha com auxílio de um prato. Cozinhe por mais cinco minutos. Retire e sirva.

Tortilha especial de bacalhau

Para 4 pessoas
Tempo de preparo: 20 minutos
Fácil

Ingredientes:

- 6 colheres (sopa) de azeite
- 2 cebolas médias picadas
- 300 g de bacalhau demolhado, limpo e em lascas
- 1 pitada de noz-moscada
- 6 ovos
- 2 colheres (sopa) de creme de leite fresco
- sal e pimenta-malagueta em flocos a gosto
- 1 colher (sopa) de cheiro-verde

Preparo:

1. Numa frigideira grande, aqueça o azeite e refogue a cebola até ficar transparente. Ponha o bacalhau e refogue por mais cinco minutos. Tempere com a noz-moscada. Retire do fogo e reserve.
2. À parte, bata os ovos e junte o creme de leite. Tempere com o sal, a pimenta e o cheiro-verde.
3. Leve a frigideira com o bacalhau ao fogo novamente. Aqueça por cinco minutos e despeje os ovos batidos sobre o bacalhau. Doure em fogo baixo. Vire com o auxílio de um prato e doure do outro lado. Sirva em seguida.

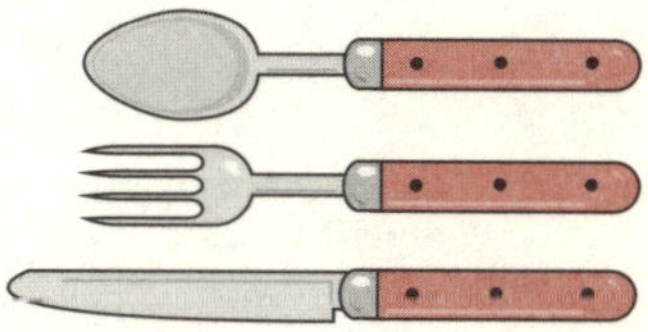

Trouxas de bacalhau à moda do Minho

Para 4 pessoas
Tempo de preparo: 25 minutos
Fácil

Ingredientes:

- 1 1/3 de xícara (chá) de farinha de trigo
- 1 1/4 de xícara (chá) de leite
- sal a gosto
- 1 xícara (chá) de azeite
- 450 g de bacalhau demolhado, limpo e em lascas

Preparo:

1. Numa tigela, dissolva a farinha no leite. Tempere com sal, mexendo bem para não empelotar.
2. Leve ao fogo uma frigideira grande e de fundo grosso. Cubra com um pouco de azeite e ponha uma colher (sopa) da massa. Espalhe com uma espátula.
3. Quando começar a dourar ponha um pouco do bacalhau no centro da massa. Com a ajuda de dois garfos enrole a massa. Frite em fogo baixo. Repita a operação até os ingredientes terminarem. Retire, escorra sobre papel-toalha e sirva.

Torradas com bacalhau e purê de grão-de-bico

Para 4 pessoas
Tempo de preparo: 50 minutos
Fácil

Ingredientes:

- 2 postas de bacalhau demolhadas e limpas
- 1/2 colher (sopa) de azeite
- 2 xícaras (chá) de grão-de-bico cozido
- 1/2 xícara (chá) de creme de leite fresco
- sal e pimenta-do-reino a gosto
- 1 colher (sopa) de salsa picada
- 1 cebola
- 4 fatias de broa de milho

Para empanar

Farinha de trigo

Para fritar

Azeite

Preparo:

1. Grelhe as postas de bacalhau. Desfie o peixe em lascas e refogue rapidamente no azeite. Retire do fogo e reserve. À parte, passe o grão-de-bico no processador até obter um purê.
2. Transfira o purê para uma panela e o aqueça. Junte o creme de leite, tempere com sal e pimenta. Ponha a salsa e misture bem. Retire do fogo e reserve.
3. Corte a cebola em rodelas e passe pela farinha. Frite no azeite bem quente. Escorra sobre papel-toalha e reserve.
4. Torre o pão. Disponha sobre cada fatia uma camada de purê. Por cima, ponha o bacalhau e a cebola e sirva em seguida.

Torradas com bacalhau fresco

Para 4 pessoas
Tempo de preparo: 20 minutos
Fácil

Ingredientes:

- 1 cenoura sem casca em rodelas
- 1 alho-poró cortado em rodelas
- 1 colher (sopa) de salsa picada
- 1 colher (sopa) de tomilho fresco picado
- 3 rodelas de limão
- 250 g de postas de bacalhau fresco e limpo
- 1/4 de xícara (chá) de água
- 1/4 de xícara (chá) de vinho branco seco
- sal a gosto
- 1 pitada de pimenta-do-reino
- 3 colheres (sopa) de margarina
- 2 1/2 colheres (sopa) de farinha de trigo
- 1/2 xícara (chá) de creme de leite
- 4 fatias de pão de forma
- 2 colheres (sopa) de queijo parmesão ralado

Preparo:

1. Cubra o fundo de uma panela com rodelas de cenoura e uma parte do alho-poró. Polvilhe com a salsa e o tomilho. Ponha as rodelas de limão.
2. Por cima, disponha os filés de bacalhau. Regue com a água e o vinho. Tempere com sal e pimenta. Deixe ferver. Reduza o fogo e deixe cozinhar por mais oito minutos.
3. Misture duas colheres (sopa) de margarina com a farinha e faça uma bola. Ferva o creme de leite e junte aos poucos à margarina. Despeje a mistura na panela com o bacalhau. Mexa às vezes até obter um creme.
4. Cozinhe por cinco minutos. Retire o peixe da panela e o separe em lascas. Devolva à panela e ponha a margarina restante. Deixe cozinhar até o líquido se reduzir bem.
5. Retire a casca do pão e torre as fatias. Ponha as fatias em uma forma grande e, por cima do pão, ponha o bacalhau. Polvilhe com o queijo e leve ao forno para gratinar. Sirva em seguida.

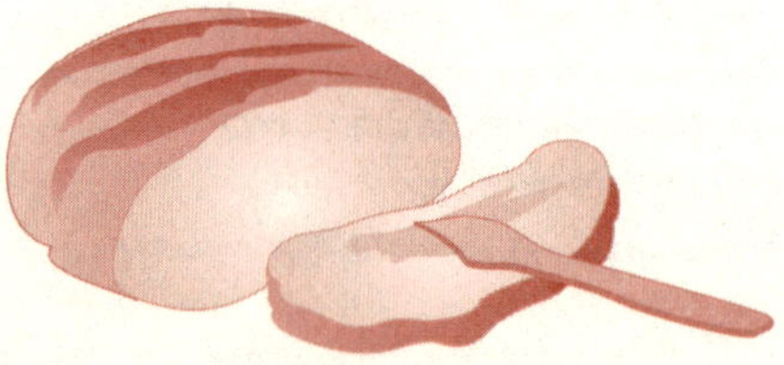

Vol-au-vent de bacalhau

Para 4 pessoas
Tempo de preparo: 40 minutos
Fácil

Ingredientes:

- 2 postas de bacalhau demolhadas e limpas
- 1 cebola cortada em rodelas
- 5 colheres (sopa) de margarina
- 2 xícaras (chá) de molho bechamel
- 1/2 xícara (chá) de creme de leite fresco
- 1 embalagem de massa folhada descongelada
- sal a gosto

Preparo:

1. Desfie o bacalhau em lascas grandes. Reserve. Numa frigideira, doure a cebola em metade da margarina.

2. Acrescente o molho bechamel, o creme de leite e a margarina restante. Misture bem e junte o bacalhau. Cozinhe por cinco minutos.
3. Forre uma forma com metade da massa folhada, recheie com o bacalhau e cubra com a massa folhada restante. Leve ao forno e asse em temperatura média.

Vol-au-vent de bacalhau com ervas finas

Para 4 pessoas
Tempo de preparo: 40 minutos
Média dificuldade

Ingredientes:

- 2 colheres (sopa) de margarina
- 2 colheres (sopa) de farinha de trigo
- 1 xícara (chá) de leite
- 300 g de bacalhau demolhado, limpo e em lascas
- 2 colheres (sopa) de queijo parmesão
- 2 colheres (sopa) de creme de leite fresco
- 2 colheres (sopa) de ervas finas
- sal a gosto
- 1 lata de milho escorrido
- 35 unidades de vol-au-vent pré-pronto

Preparo:

1. Numa panela, misture a margarina com a farinha. Junte o leite e mexa até fazer um creme.
2. Adicione o bacalhau, o queijo, o creme de leite, as ervas finas e misture até engrossar. Tempere com sal e ponha o milho. Recheie os vol-au-vents e leve ao forno médio por dez minutos em uma assadeira untada.

Vol-au-vent de bacalhau com palmito

Para 4 pessoas
Tempo de preparo: 30 minutos
Média dificuldade

Ingredientes:

- 1 colher (sopa) de margarina
- 1 cebola média ralada
- 2 tomates sem pele e sem sementes picados
- 100 g de palmito picado
- 200 g de bacalhau demolhado, limpo e desfiado
- sal a gosto
- 1 pitada de pimenta-do-reino
- 1 pitada de noz-moscada
- 1 colher (sopa) de farinha de trigo
- 2 ovos cozidos picados
- 1 colher (sopa) de azeitona verde sem caroço picada
- 3/4 de xícara (chá) de creme de leite
- 1 colher (sopa) de salsa
- 12 unidades de vol-au-vent pré-pronto

Preparo:

1. Derreta a margarina numa panela e doure a cebola. Junte o tomate, o palmito e o bacalhau. Tempere com sal, pimenta e a noz-moscada. Refogue em fogo baixo, tampe a panela e deixe no fogo por dez minutos, mexendo às vezes.
2. Junte a farinha e mexa até engrossar. Retire do fogo e junte o ovo, a azeitona, o creme de leite e a salsa. Misture bem e deixe cozinhar até o líquido se reduzir um pouco.
3. Recheie os vol-au-vents com essa mistura. Aqueça o forno em temperatura alta. Ponha os vol-au-vents no forno até gratinarem. Sirva em seguida.

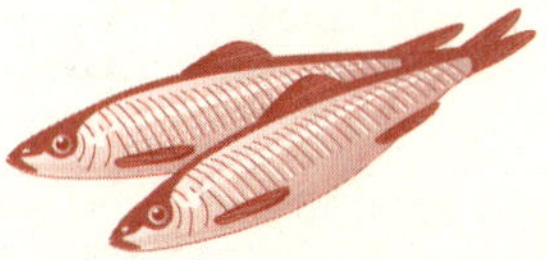

Vol-au-vent de bacalhau com requeijão

Para 4 pessoas
Tempo de preparo: 30 minutos
Média dificuldade

Ingredientes:

- 4 colheres (sopa) de margarina
- 1 colher (sopa) de farinha de trigo
- 1 xícara (chá) de leite
- 1 xícara (chá) de creme de leite
- 1 xícara (chá) de requeijão do norte ralado
- 2 gemas
- 1/2 tablete de caldo de legumes
- 200 g de bacalhau demolhado, limpo e em lascas
- 1 colher (sopa) de cebolinha
- sal e noz-moscada a gosto
- 2 colheres (sopa) de pignoli torrado e picado
- 12 unidades de vol-au-vent pré-pronto

Preparo:

1. Leve ao fogo a margarina e a farinha. Mexa até dourar. Acrescente o leite e o creme de leite de uma só vez. Mexa até engrossar.
2. Apague o fogo e acrescente os demais ingredientes, exceto o pignoli e os vol-au-vents. Misture bem e deixe esfriar.
3. Aqueça o forno. Ponha o recheio nos vol-au-vents e leve ao forno por cinco minutos. Polvilhe com o pignoli e sirva.

RECEITAS NO FORNO

O famoso chef francês Auguste Escoffier (1846-1935) afirmou no início do século XX que "o mundo devia aos portugueses o reconhecimento por eles terem sido os primeiros a introduzir na alimentação esse peixe precioso, universalmente conhecido e apreciado". Que o bacalhau é um alimento saboroso, disso ninguém duvida. Mas o que poucos sabem que também é muito nutritivo e de fácil digestão. Não é para menos. Nele são encontrados minerais como ferro e cálcio e vitaminas B1, B2, A e D. As duas últimas são essenciais para prevenir e tratar a artrite e o raquitismo, sendo importantes também para a saúde da pele. Além de saudável, é um dos alimentos mais magros que existem. Só para ter uma idéia, em 100 gramas do peixe há 1 grama de gordura contra 13 gramas na carne e 7 gramas no frango. Não são motivos suficientes para incluir essa delícia na sua dieta? Seja na Semana Santa ou em qualquer outro dia, inove seu cardápio e eleja o bacalhau como prato principal. Nas próximas páginas, você encontra algumas sugestões maravilhosas preparadas no forno. Divirta-se escolhendo a sua predileta!

Bacalhoada

Para 4 pessoas
Tempo de preparo: 40 minutos
Fácil

Ingredientes:

- 1 kg de bacalhau demolhado e limpo
- 10 batatas sem casca
- 10 tomates sem sementes cortados em rodelas
- 1 pimentão vermelho sem sementes cortado em cubos
- 8 cebolas médias cortadas em rodelas
- 4 dentes de alho picados
- 10 azeitonas verdes sem caroço cortadas em lascas
- 10 azeitonas pretas sem caroço cortadas em lascas
- 1 pimenta-malagueta picada
- 1 cabeça de alho inteira
- 2 xícaras (chá) de azeite aquecido
- 4 ovos cozidos sem casca cortados em rodelas

Preparo:

1. Separe o peixe em pedaços grandes e reserve. Cozinhe a batata em água e sal. Quando estiver cozida, corte-a em rodelas.
2. À parte, misture o tomate, o pimentão, a cebola, o alho picado, as azeitonas e a pimenta. Em um refratário, arrume camadas de batata, bacalhau e os temperos. Alterne as camadas até os ingredientes terminarem.
3. Abra um espaço no centro e ponha a cabeça de alho. Regue com o azeite e leve ao forno baixo por 40 minutos ou até dourar bem. Retire e decore com os ovos. Sirva.

Bacalhoada enriquecida

Para 4 pessoas
Tempo de preparo: 35 minutos
Fácil

Ingredientes:

- 500 g de bacalhau demolhado e limpo
- 7 batatas
- 2 pimentões sem sementes em tiras
- 250 g de vagem
- 3 cenouras sem casca
- 1 maço pequeno de couve
- 250 g de ervilhas
- 200 g de azeitonas sem caroço
- 3 cebolas médias em rodelas
- 6 tomates sem sementes
- 2 ovos cozidos e sem casca
- 1/2 xícara (chá) de azeite
- 1/2 xícara (chá) de vinagre branco
- 1 folha de alfavaca picada

Preparo:

1. Separe o bacalhau em pedaços grandes. Cozinhe a batata em água com sal. Quando estiver macia, escorra e corte-a em rodelas. Afervente o pimentão com sal. Cozinhe a vagem e a cenoura também em água e sal. Ponha as folhas de couve rasgadas na água fervendo só para murcharem.
2. Em uma vasilha refratária untada, arrume os ingredientes em camadas: a batata, o pimentão, a vagem e a cenoura. Ponha o bacalhau, a ervilha, a azeitona, a couve, a cebola e o tomate. Ponha o ovo em rodelas. Alterne as camadas até os ingredientes terminarem.
3. Numa vasilha misture o azeite, o vinagre e a alfavaca.

Regue a bacalhoada e leve ao forno baixo por 30 minutos. Sirva em seguida.

Bacalhoada com parmesão

Para 6 pessoas
Tempo de preparo: 50 minutos
Fácil

Ingredientes:

- 2 kg de bacalhau demolhado e limpo
- 5 batatas grandes sem casca
- 4 ovos
- 4 colheres (sopa) de azeite
- 2 cebolas
- 1 xícara (chá) de ervilha
- 2 xícaras (chá) de azeitonas verdes sem caroço em rodelas
- 1 pimentão verde sem sementes
- 1 pimentão vermelho sem sementes
- 3 colheres (sopa) de cheiro-verde
- 1/2 xícara (chá) de queijo parmesão ralado

Preparo:

1. Corte o bacalhau em pedaços e reserve. Cozinhe a batata em água e sal. Quando estiver cozida, corte-a em rodelas e reserve. Cozinhe os ovos e descasque. Reserve.
2. Numa panela grande aqueça duas colheres (sopa) de azeite e refogue a cebola cortada em rodelas. Mexa até que fique transparente. Acrescente o bacalhau e mexa até dourar levemente.
3. Junte a ervilha, a azeitona, os dois tipos de pimentão em rodelas e o cheiro-verde. Misture bem e cozinhe por dez minutos em fogo baixo.
4. Em um refratário ponha o azeite restante. Por cima ponha a batata e, por último, o bacalhau.
5. Polvilhe com o queijo e cubra com papel-alumínio. Leve ao forno para gratinar. Retire do forno, decore com o ovo cozido cortado em rodelas e sirva.

Bacalhau à mineira

Para 4 pessoas
Tempo de preparo: 35 minutos
Fácil

Ingredientes:

- 1 kg de bacalhau demolhado e limpo
- sal a gosto
- 5 batatas em rodelas
- 1 maço de couve
- 1 repolho pequeno
- 1 dente de alho socado
- 2 xícaras (chá) de azeite
- 2 gotas de molho de pimenta
- 4 tomates sem sementes
- 2 cebolas em rodelas
- 2 ovos cozidos sem casca
- 20 azeitonas pretas sem caroço

Preparo:

1. Separe o peixe em pedaços grandes e reserve. Ponha água numa panela, junte o sal e cozinhe a batata, a couve e o repolho cortados em pedaços grandes. À medida que ficarem macios, retire um a um.
2. Ponha o alho numa tigela e acrescente uma colher (sopa) de azeite e a pimenta. Junte o tomate bem picado e misture bem. Reserve.
3. Numa forma untada com azeite, ponha o bacalhau e a batata. Sobre ela, disponha a couve, o repolho e a cebola. Por cima, disponha a mistura de alho, azeite e tomate. Decore com o ovo em gomos e a azeitona. Regue com a metade do azeite. Leve ao forno e asse em temperatura média por 30 minutos ou até dourar. Regue às vezes com o azeite restante. Sirva bem quente.

Bacalhau abafado

Para 4 pessoas
Tempo de preparo: 35 minutos
Fácil

Ingredientes:

- 750 g de postas de bacalhau demolhado e limpo
- 2 colheres (sopa) de vinho branco seco
- 3 cebolas em rodelas
- 1 xícara (chá) de azeite
- 2 dentes de alho picados
- 2 colheres (sopa) de salsa
- 2 tomates sem peles e sem sementes
- sal e pimenta-malagueta a gosto

Preparo:

Separe o bacalhau em pedaços e reserve num refratário. Numa tigela, misture o vinho, a cebola, o azeite, o alho, a salsa e o tomate. Misture e tempere com sal e pimenta. Despeje sobre o bacalhau. Cubra com papel-alumínio e asse em forno médio por 30 minutos. Sirva em seguida.

Bacalhau acebolado

Para 4 pessoas
Tempo de preparo: 25 minutos
Fácil

Ingredientes:

- 12 cebolas
- 2 xícaras (chá) de azeite
- 6 tomates maduros sem sementes
- sal e pimenta-do-reino a gosto
- 1 pitada de açúcar
- 1/2 xícara (chá) de caldo de legumes
- 2 kg de bacalhau demolhado e limpo

Preparo:

1. Pique bem a cebola e frite em meia xícara (chá) de azeite até ficar bem dourada. Bata o tomate no liquidificador com o sal, a pimenta e o açúcar. Passe na peneira.
2. Acrescente o molho coado à cebola e cozinhe. Ponha o caldo de legumes e cozinhe por mais 15 minutos ou até engrossar. Separe o bacalhau em postas e tempere-as com sal e pimenta.
3. Ponha num refratário untado com azeite e despeje o azeite restante por cima. Asse em forno médio até o azeite borbulhar. Retire. Despeje o molho por cima e leve ao forno por mais dez minutos. Retire e sirva quente.

Bacalhau ao alho

Para 4 pessoas
Tempo de preparo: 30 minutos
Fácil

Ingredientes:

- 4 postas de bacalhau demolhadas e limpas
- 2 xícaras (chá) de azeite
- 8 colheres (sopa) de aceto balsâmico
- 24 dentes de alho picados
- 1 pacote de creme de cebola

Preparo:

1. Numa assadeira de barro, ponha as postas de bacalhau. Cubra com uma xícara e meia (chá) de azeite. Por cima, ponha o aceto.
2. Espalhe o alho e polvilhe com o creme de cebola. Leve ao forno preaquecido e asse até dourar. Retire e sirva.

Bacalhau vapt-vupt

Para 4 pessoas
Tempo de preparo: 35 minutos
Fácil

Ingredientes:

- 1 kg de bacalhau demolhado e limpo
- 10 folhas de repolho
- 3 batatas médias
- 3 dentes de alho
- 8 colheres (sopa) de azeite

Preparo:

1. Separe o bacalhau em pedaços grandes e reserve. Lave as folhas de repolho e elimine os talos. Corte-as em tiras bem finas.
2. Lave a batata, descasque e corte-a em rodelas. Ponha numa panela com água e leve ao fogo até ficar macia, mas firme. Retire do fogo, escorra e reserve.
3. Descasque o alho e pique bem. Leve ao fogo numa frigideira com cinco colheres (sopa) de azeite até o alho dourar. Retire do fogo e reserve com o azeite.
4. Na mesma frigideira, junte o repolho e refogue rapidamente, sem parar de mexer, por três minutos. Retire do fogo e reserve.
5. Unte um refratário com o azeite restante e forre o fundo do refratário com a batata. Por cima ponha o repolho e espalhe o bacalhau. Regue com o alho e o azeite. Leve ao forno por 20 minutos ou até ficar bem quente. Retire do forno e sirva.

Bacalhau ao forno com pão

Para 4 pessoas
Tempo de preparo: 55 minutos
Fácil

Ingredientes:

- 3 cebolas
- 1 xícara (chá) de azeite
- 600 g de bacalhau demolhado e limpo
- 4 dentes de alho
- 1 colher (sopa) de salsa picada
- 1 ramo de manjericão picado
- 8 tomates sem pele e sem sementes picados
- 1 pão italiano pequeno
- 1 xícara (chá) de vinho branco seco
- sal e pimenta-do-reino a gosto

Preparo:

1. Corte a cebola em rodelas bem finas e doure no azeite. Separe o bacalhau em pedaços e ponha na frigideira.

Acrescente o alho amassado, a salsa e o manjericão. Misture bem e cozinhe por cinco minutos.
2. Junte o tomate e cozinhe por mais 20 minutos. À parte, corte o pão em fatias e torre até que fiquem douradas.
3. Distribua o pão no fundo de um refratário e disponha o bacalhau por cima. Regue com o vinho e tempere com sal e pimenta. Leve ao forno preaquecido em temperatura média por 30 minutos. Sirva.

Bacalhau ao forno com pimentão

Para 4 pessoas
Tempo de preparo: 50 minutos
Fácil

Ingredientes:

- 1 kg de bacalhau demolhado e limpo
- 6 batatas-doces
- 4 dentes de alho
- 2 tomates sem sementes
- 4 cebolas
- 2 pimentões vermelhos sem sementes
- 12 azeitonas pretas sem caroço
- 1 colher (sopa) de vinagre
- 1/2 xícara (chá) de azeite de oliva
- 2 colheres (sopa) de salsa picada

Preparo:

1. Separe o bacalhau em pedaços grandes e reserve. Descasque a batata e corte-a em fatias. Pique o alho e o tomate e corte a cebola e o pimentão em rodelas.
2. Num refratário, arrume camadas de batata, bacalhau, cebola, pimentão, tomate e a azeitona. Polvilhe com o alho e regue com o vinagre e o azeite. Polvilhe com a salsa e cubra com papel-alumínio. Leve ao forno médio por 40 minutos ou até a batata dourar e sirva.

Bacalhau ao forno com suco de limão

Para 4 pessoas
Tempo de preparo: 45 minutos
Fácil

Ingredientes:

- 4 postas de bacalhau demolhadas e limpas
- sal e pimenta-do-reino a gosto
- suco de 1 limão
- 4 dentes de alho
- 4 cebolas em rodelas
- 1 colher (sopa) de salsa picada
- 2 xícaras (chá) de azeite
- 6 batatas pré-cozidas

Preparo:

1. Ponha as postas num refratário e tempere com sal, pimenta e o suco de limão. Junte o alho picado, a cebola e a salsa.
2. Regue com metade do azeite. Por cima ponha a batata em rodelas e regue com o azeite restante. Cubra com papel-alumínio e leve ao forno em temperatura média por 30 minutos ou até a batata ficar macia. Sirva.

Bacalhau com brócolis

Para 4 pessoas
Tempo de preparo: 30 minutos
Fácil

Ingredientes:

- 4 xícaras (chá) de leite
- 4 postas altas de bacalhau demolhadas e limpas
- sal a gosto
- suco de 1 limão-siciliano
- 2 dentes de alho picados
- 4 cebolas em rodelas
- 2 xícaras (chá) de azeite
- 5 batatas sem casca cozidas
- 12 buquês de brócolis japonês
- 2 tomates sem sementes
- 24 ovos de codorna cozidos e sem casca

Preparo:

1. Leve ao fogo o leite com o bacalhau. Escorra e passe o peixe pela água fria. Separe o bacalhau em lascas e ponha num refratário. Tempere com sal e o suco de limão.
2. Junte o alho e a cebola. Regue com metade do azeite. Ponha a batata cortada em rodelas e o brócolis. Junte o tomate e os ovos. Regue com o azeite restante. Leve ao forno por 20 minutos ou até a batata dourar.

Bacalhau com cará

Para 4 pessoas
Tempo de preparo: 1h
Fácil

Ingredientes:

- 1 kg de bacalhau demolhado, limpo e em lascas
- 5 carás
- 2 folhas de louro
- 2 cebolas
- 2 pimentões vermelhos sem sementes

- 2 pimentões verdes sem sementes
- 1 xícara (chá) de azeite
- 1 colher (sopa) de azeite-de-dendê
- 1/2 colher (sopa) de cheiro-verde
- 4 colheres (sopa) de salsa picada
- 4 dentes de alho picados
- sal e pimenta-dedo-de-moça

Preparo:

1. Corte o bacalhau em pedaços grandes e reserve. Descasque o cará e corte em rodelas de 0,5 cm. Cozinhe em água com sal e o louro até ficar macio.
2. Corte a cebola e o pimentão em rodelas e reserve. Num recipiente, misture 1/2 xícara (chá) de azeite, o cheiro-verde, a salsa e o alho. Tempere com sal e pimenta.
3. Unte um refratário grande com o dendê e faça uma camada de cebola. Por cima, ponha o cará e o bacalhau. Regue com a mistura de temperos. Repita até terminarem os ingredientes.
4. Regue com o azeite restante e cubra com papel-alumínio. Leve ao forno preaquecido em temperatura baixa por 30 minutos. Retire o papel-alumínio e asse por mais 20 minutos ou até dourar. Retire e sirva bem quente.

Bacalhau com palmito

Para 4 pessoas
Tempo de preparo: 1 hora
Fácil

Ingredientes:

- 1 kg de bacalhau demolhado, limpo e em lascas
- 8 batatas sem casca
- 2 dentes de alho
- 3 tomates sem sementes
- 4 cebolas
- 2 pimentões vermelhos sem sementes
- 4 folhas de repolho aferventadas
- 300 g de palmito em rodelas
- 2 colheres (sopa) de coentro picado
- 12 azeitonas pretas sem caroço
- 1 colher (sopa) de vinagre
- 1/2 xícara (chá) de azeite

Preparo:

1. Separe o peixe em pedaços e reserve. Cozinhe a batata em água e sal até ficar macia. Escorra e reserve. Pique o alho e o tomate. Corte a cebola e o pimentão em rodelas.
2. Num refratário, faça camadas de batata, bacalhau, alho, tomate, cebola, pimentão e o repolho em tiras. Junte o palmito e polvilhe com o coentro.
3. Espalhe a azeitona e regue com o vinagre e o azeite. Cubra com papel-alumínio e leve ao forno médio por 40 minutos ou até a batata ficar macia.

Bacalhau ao molho rosé

Para 4 pessoas
Tempo de preparo: 40 minutos
Fácil

Ingredientes:

- 8 filés de bacalhau fresco
- 1/2 xícara (chá) de vinho branco seco
- sal e pimenta-do-reino branca moída
- 2 xícaras (chá) de farinha de rosca
- 2 colheres (chá) de curry

Molho

- 6 ramos de salsa crespa picados
- 1 xícara (chá) de maionese
- 2 colheres (sopa) de ketchup
- 1 colher (sopa) de conhaque

Preparo:

1. Lave os filés e seque-os. Numa tigela, misture o vinho, o sal e a pimenta. Ponha o peixe e deixe apurar por 15 minutos.
2. Escorra o peixe e passe os filés na farinha de rosca misturada ao curry. Transfira para um refratário untado com azeite.
3. Cubra com papel-manteiga também untado e leve ao forno por 20 minutos ou até o peixe assar. Na metade do tempo, vire os filés para dourarem por igual. Retire do forno e reserve.

Molho

Numa uma tigela, misture com um batedor manual a salsa, a maionese, o ketchup e o conhaque. Bata bem e sirva com o peixe reservado.

Bacalhau ao pesto

Para 4 pessoas
Tempo de preparo: 20 minutos
Fácil

Ingredientes:

Molho pesto

- 1 colher (sopa) de pignoli
- 1/2 xícara (chá) de azeite
- 3 dentes de alho
- 1 1/2 xícara (chá) de manjericão picado
- 2 colheres (sopa) de queijo parmesão ralado
- 2 colheres (sopa) de queijo pecorino ralado

Bacalhau

- 4 postas de bacalhau demolhadas e limpas
- 1 xícara (chá) de molho de tomate
- 200 g de pão preto em cubos

Preparo:

Molho

Ponha numa tigela todos os ingredientes. Misture bem com um batedor manual. Reserve.

Bacalhau

Disponha as postas num refratário e cubra com o molho de tomate. Por cima, ponha o molho reservado. Polvilhe com o pão e leve ao forno preaquecido em temperatura alta por dez minutos. Sirva.

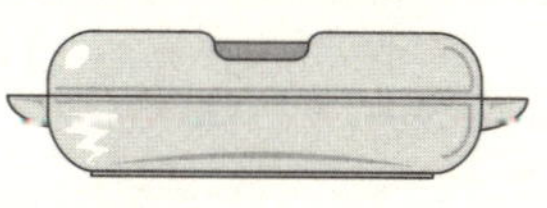

Bacalhau com purê de mandioquinha

Para 4 pessoas
Tempo de preparo: 40 minutos
Fácil

Ingredientes:

Purê de mandioquinha

- 600 g de mandioquinha
- 1/2 xícara (chá) de leite
- 1 colher (sopa) de manteiga
- sal e pimenta-do-reino a gosto

Bacalhau

- 1 kg de bacalhau demolhado e limpo
- 4 colheres (sopa) de azeite
- 1 xícara (chá) de vinho branco seco
- 2 dentes de alho picados
- 1 pimentão vermelho sem sementes em tiras
- 2 cenouras sem casca cozidas e em rodelas
- 5 colheres (sopa) de maionese

Preparo:

Purê de mandioquinha

Cozinhe a mandioquinha. Quando estiver macia, descasque e passe no espremedor. Numa tigela, misture com o leite e a manteiga. Tempere com sal e pimenta. Reserve.

Bacalhau

1. Desfie o bacalhau e reserve. Ponha o peixe num refratário e regue com azeite e vinho. Espalhe o alho, o pimentão e cenoura.
2. Cubra com maionese e com o purê de mandioquinha. Leve ao forno preaquecido por 20 minutos e sirva.

Bacalhau assado

Para 4 pessoas
Tempo de preparo: 35 minutos
Fácil

Ingredientes:

- 500 g de bacalhau demolhado e limpo
- 1 cebola média picada
- 2 dentes de alho picados
- 4 colheres (chá) de azeite
- 4 tomates médios sem sementes picados
- 2 pimentões vermelhos sem sementes cortados em tiras
- sal e pimenta-do-reino a gosto
- 8 azeitonas verdes picadas
- 4 colheres (chá) de salsa picada
- 2 xícaras (chá) de palmito em rodelas grossas

Preparo:

1. Separe o peixe em lascas e reserve. Numa panela, refogue a cebola e o alho na metade do azeite. Adicione o tomate e o pimentão. Cozinhe até o pimentão ficar macio. Tempere com sal e pimenta.
2. Numa assadeira, faça camadas com esse molho, a azeitona e o bacalhau. Decore com a salsa e palmito. Regue com o azeite restante e leve ao forno por 30 minutos ou até o bacalhau ficar macio.

Bacalhau assado ao alho

Para 4 pessoas
Tempo de preparo: 20 minutos
Fácil

Ingredientes:

- 4 postas de bacalhau demolhadas e limpas
- 2 xícaras (chá) de azeite
- 1 cabeça de alho

Preparo:

Aqueça o forno em temperatura baixa. Distribua as postas em uma assadeira e regue com o azeite. Polvilhe com alho em lâminas e asse por 20 minutos ou até o azeite começar a ferver. Sirva em seguida.

Bacalhau assado ao limão

Para 4 pessoas
Tempo de preparo: 50 minutos
Fácil

Ingredientes:

- 800 g de bacalhau demolhado e limpo
- 8 colheres (sopa) de azeite
- 2 cebolas cortadas em rodelas finas
- 2 limões-sicilianos sem casca cortados em rodelas finas
- sal e pimenta-do-reino a gosto
- 1 xícara (chá) de salsa picada
- 1 dente de alho bem picado
- 4 colheres (sopa) de migalhas de pão amanhecido

Preparo:

1. Corte o bacalhau em pedaços. Espalhe num refratário uma colher (sopa) de azeite. Ponha o bacalhau e espalhe a cebola e o limão por cima. Tempere com sal e pimenta.
2. Polvilhe com a salsa, o alho e o pão. Regue com o azeite restante. Cubra com papel-alumínio e asse em forno médio preaquecido por 30 minutos. Retire o papel-alumínio e asse por mais dez minutos ou até dourar.

Bacalhau assado com vagem

Para 4 pessoas
Tempo de preparo: 35 minutos
Fácil

Ingredientes:

- 1/2 xícara (chá) de azeite
- 1 kg de postas de bacalhau demolhadas e limpas
- 2 dentes de alho picados
- 2 pimentões vermelhos sem sementes à juliana

Vagem cremosa

- 1 kg de vagem
- 1 colher (sopa) de manteiga
- 2 cebolas picadas
- 6 tomates sem pele e sem sementes
- 1 folha de louro
- 1 colher (sopa) de vinagre
- sal e pimenta-do-reino branca a gosto
- 1/4 de xícara (chá) de água
- 1 xícara (chá) de creme de leite sem soro

Preparo:

Num refratário untado com azeite, ponha o bacalhau, o alho e o pimentão. Regue com o azeite restante e leve ao forno coberto com papel-alumínio. Asse até o bacalhau ficar macio.

Vagem cremosa

1. Tire o fio da vagem e corte-a em pedaços pequenos. Refogue na manteiga a cebola e o tomate picado por dez minutos, mexendo às vezes. Adicione a vagem, o louro, o vinagre, o sal, pimenta e a água.
2. Cozinhe até a vagem ficar macia. Ponha o creme de leite, misture e retire do fogo.

Montagem

Regue o bacalhau assado com o creme de vagem e leve ao forno por mais cinco minutos. Sirva em seguida.

Bacalhau assado com vinho

Para 4 pessoas
Tempo de preparo: 45 minutos
Fácil

Ingredientes:

- 1 kg de bacalhau demolhado e limpo
- 2 xícaras (chá) de azeite
- 1 cabeça de alho
- 5 cebolas
- 12 batatas
- 4 ovos
- 5 tomates sem sementes picados
- 2 pimentões verdes sem sementes em tiras
- 1 maço de salsa picado
- 200 g de azeitonas verdes sem caroço
- sal e pimenta-do-reino a gosto
- 1 xícara (chá) de vinho branco seco

Preparo:

1. Desfie o bacalhau e refogue numa frigideira com uma colher (sopa) de azeite. Ponha um dente de alho picado e uma cebola em rodelas. Refogue até o peixe dourar. Retire e reserve.
2. Descasque a batata e corte-a em cubos. À parte, cozinhe o ovo. Descasque e corte-o em rodelas.
3. Numa frigideira, refogue em duas colheres (sopa) de azeite a cebola restante picada, o tomate, o pimentão, a salsa, o alho restante picado e a azeitona. Tempere com sal e pimenta.
4. Em um refratário untado com metade do azeite restante, faça camadas alternadas de batata, bacalhau, ovo e do refogado de cebola. Repita até terminarem os ingredientes. Regue com o vinho e o restante do azeite. Leve ao forno e asse por 30 minutos. Sirva.

Bacalhau colorido

Para 4 pessoas
Tempo de preparo: 30 minutos
Fácil

Ingredientes:

- 1 kg de bacalhau demolhado e limpo
- 2 pimentões vermelhos sem sementes
- 2 pimentões amarelos sem sementes
- 4 cebolas grandes
- 20 dentes de alho
- 2 xícaras (chá) azeite
- sal a gosto
- 1 pitada de pimenta-do-reino a gosto
- 1 colher (sopa) de açafrão
- 2 colheres (sopa) de coentro picado
- 2 colheres (sopa) de cebolinha
- 300 g de azeitonas pretas grandes sem caroço
- 10 batatas pequenas sem casca cozidas

Preparo:

1. Separe o bacalhau em lascas grandes. Corte o pimentão e a cebola em rodelas finas e o alho em fatias.
2. Leve ao fogo uma panela com quatro colheres (sopa) de azeite e frite a cebola e o alho. Junte o bacalhau, refogue por cinco minutos e ponha o pimentão.
3. Tempere com o sal, a pimenta, o açafrão, o coentro, a cebolinha e misture a azeitona.
4. Num refratário ponha a batata e, por cima, o bacalhau refogado. Regue com o azeite restante e sirva em seguida.

Bacalhau das boas festas

Para 4 pessoas
Tempo de preparo: 35 minutos
Fácil

Ingredientes:

- 350 g de bacalhau demolhado e limpo
- 2 colheres (sopa) de azeite
- 3 colheres (sopa) de manteiga
- 2 cebolas picadas
- 3 cenouras sem casca
- 1 dente de alho amassado
- 4 fatias de pão de forma preto sem casca
- 1 xícara (chá) de leite morno

Molho

- 5 colheres (sopa) de margarina
- 2 colheres (sopa) de cebola picada
- 5 colheres (sopa) de farinha de trigo
- 2 xícaras (chá) de leite morno
- sal e pimenta-do-reino a gosto
- 5 gemas
- 1/2 xícara (chá) de queijo parmesão ralado grosso

Preparo:

1. Desfie o bacalhau e reserve.
2. Em uma panela, ponha o azeite e a manteiga e junte a cebola, a cenoura em rodelas e o alho. Cozinhe e deixe a cebola dourar um pouco. Acrescente o bacalhau e cozinhe por cinco minutos, mexendo algumas vezes. Retire do fogo e reserve.
3. Em uma vasilha, ponha o pão e regue com o leite, deixando de molho por 15 minutos. Amasse o pão e acrescente o bacalhau. Reserve.

Molho

1. Aqueça duas colheres (sopa) de margarina em uma panela e junte a cebola. Refogue até dourar. Adicione a farinha e cozinhe até dourar. Acrescente o leite e misture até engrossar.
2. Tire do fogo. Tempere com sal e pimenta. Junte as gemas e misture bem. Junte 2/3 dessa mistura ao bacalhau. Ponha em um refratário médio. Despeje o molho restante por cima.
3. Cubra com o queijo e a margarina restante. Leve ao forno preaquecido por dez minutos ou até o queijo se derreter. Sirva quente.

Bacalhau belmonte

Para 4 pessoas
Tempo de preparo: 40 minutos
Fácil

Ingredientes:

- 1/2 xícara (chá) de azeite
- 1/4 de xícara (chá) de óleo
- 2 cebolas grandes em rodelas
- 2 dentes de alho picados
- 1 pitada de pimenta-de-cheiro
- 1/2 colher (sopa) de açafrão
- 1/2 colher (sopa) de colorau
- 1/2 colher (sopa) de estragão
- 1/2 maço de salsa picado
- 500 g de bacalhau demolhado, limpo e desfiado
- 1 kg de mandioca em palito congelada
- 3 ovos cozidos sem casca
- 150 g de azeitonas pretas fatiadas
- 2 colheres (sopa) de amido de milho
- 2 xícaras (chá) de leite
- 1 xícara (chá) de milho cozido
- 2 xícaras (chá) de palmito

Para fritar

Óleo

Preparo:

1. Numa panela grande, aqueça o azeite e o óleo. Ponha a cebola e o alho. Refogue até a cebola ficar transparente. Adicione os temperos e refogue por mais cinco minutos.
2. Acrescente o bacalhau e cozinhe. Se necessário, adicione um pouco de água. À parte, frite a mandioca em óleo bem quente. Quando estiver dourada, retire e escorra sobre papel-toalha. Reserve.
3. Quando o bacalhau estiver cozido, abaixe o fogo e cozinhe até o líquido se reduzir. Retire do fogo e ponha o ovo picado e a azeitona. À parte, dissolva o amido no leite e despeje na panela. Mexa até engrossar.
4. Junte o milho e o palmito. Ponha a mandioca num refratário e despeje o refogado de bacalhau. Misture delicadamente. Leve ao forno até dourar e sirva.

Bacalhau burguês

Para 4 pessoas
Tempo de preparo: 35 minutos
Fácil

Ingredientes:

- 4 postas de bacalhau demolhadas e limpas
- 1 xícara (chá) de farinha de trigo
- 6 batatas-doces sem casca cozidas
- 200 g de queijo emmenthal ralado
- 3 xícaras (chá) de molho branco

Para fritar

Azeite

Preparo:

1. Separe o bacalhau em pedaços e passe-os na farinha. Aqueça o azeite e doure o peixe.
2. Num refratário, ponha o bacalhau. Por cima, ponha uma camada de rodelas de batata-doce e o queijo. Regue com o molho branco e leve ao forno até borbulhar. Sirva em seguida.

Bacalhau brochete à caprese

Para 4 pessoas
Tempo de preparo: 35 minutos
Fácil

Ingredientes:

- 4 postas de bacalhau demolhadas e limpas
- 1 xícara (chá) de azeite
- 12 mussarelas de búfala pequenas
- 12 tomates-cereja
- 12 folhas grandes de manjericão
- 4 colheres (sopa) de vinagre
- 2 colheres (sopa) de açúcar mascavo
- sal a gosto

Acessório

Espetos de madeira para churrasco

Preparo:

1. Aqueça o forno em temperatura alta. Ponha as postas de bacalhau e regue com o azeite. Asse até dourar.
2. Monte os espetos intercalando a mussarela, o tomate-cereja e o manjericão. Arrume-os em uma assadeira e reserve.
3. Numa tigela, ponha o vinagre, o azeite, o açúcar e o sal. Misture bem até ficar homogêneo. Regue os espetos com metade dessa mistura e leve ao forno por cinco minutos. Retire do forno.
4. Distribua os brochetes com as postas do bacalhau. Regue com o molho restante e sirva.

Bacalhau chique

Para 4 pessoas
Tempo de preparo: 40 minutos
Média dificuldade

Ingredientes:

- 720 g de bacalhau demolhado e limpo
- 1/2 xícara (chá) de água
- 1 pitada de açúcar
- 1 xícara (chá) de azeite

Cenoura

- 4 cenouras sem casca
- 2 colheres (sopa) de estragão fresco
- 1/2 xícara (chá) de azeite
- 1 pitada de açúcar
- sal a gosto

Batata

- 30 batatas do tipo bolinha
- sal a gosto
- 1 pitada de pimenta-do-reino branca moída
- 1 xícara (chá) de azeite

Azeite verde

- 1/2 xícara (chá) de azeite
- 3 colheres (sopa) de alecrim fresco

- 3 colheres (sopa) de tomilho fresco
- sal a gosto

Couve-flor
- 1 xícara (chá) de azeite
- 8 buquês de couve-flor
- 2 colheres (sopa) de hortelã fresca picada
- 1/2 colher (sopa) de aceto balsâmico
- sal a gosto

Preparo:

Separe o bacalhau em pedaços grandes e ponha em uma assadeira. Misture a água com o açúcar e regue-o. Regue também com o azeite. Asse no forno em temperatura baixa, sem deixar secar. Retire do forno e reserve.

Cenoura

Corte a cenoura em rodelas. Numa tigela, misture todos os ingredientes. Corte um pedaço de papel-alumínio e ponha essa mistura. Feche como um pacote e leve ao forno em temperatura baixa, até a cenoura ficar macia.

Batata

Cozinhe a batata com a casca em água e sal até ficar al dente. Escorra e passe pela água fria. Esmague levemente cada uma, tempere com sal, pimenta e azeite. Aqueça uma frigideira antiaderente e doure a batata. Retire do fogo e reserve.

Azeite verde

Numa tigela, misture os ingredientes e deixe apurar.

Couve-flor
1. Aqueça duas colheres (sopa) de azeite e salteie rapidamente a couve-flor por 30 segundos.
2. Junte os demais ingredientes. Sacuda a panela e reserve.

Montagem

Desembrulhe a cenouras e distribua em pratos individuais. Por cima, ponha o bacalhau. Ao redor, ponha a batata e a couve-flor. Regue com o azeite e sirva.

Bacalhau chique com provolone

Para 4 pessoas
Tempo de preparo: 40 minutos
Média dificuldade

Ingredientes:
- 3 postas altas de bacalhau demolhadas e limpas
- 8 batatas do tipo bolinha sem casca
- 1 abobrinha cortada em fatias finas
- 1 berinjela cortada em fatias finas
- 200 g de queijo provolone em fatias
- 2 pimentões vermelhos sem pele e sem sementes em tiras
- 1 pimentão amarelo sem pele e sem sementes em tiras
- 8 ramos de tomilho
- 1/2 colher (sopa) de alecrim
- 12 dentes de alho
- sal e pimenta-do-reino a gosto
- 1 xícara (chá) de azeite

Preparo:
1. Aqueça o forno em temperatura média. Ponha o bacalhau em uma assadeira untada com azeite e reserve.
2. Cozinhe a batata em água e sal e reserve. Com uma faca pequena, faça pequenos cortes nas postas de bacalhau, mas sem separá-las em lascas. Nos cortes, ponha fatias de abobrinha, berinjela, provolone e dos dois tipos de pimentão. Coloque num refratário.
3. Polvilhe com as ervas. Ao redor, ponha a batata e o alho. Tempere com sal e pimenta e regue com o azeite. Leve ao forno por 25 minutos ou até a batata dourar.

Bacalhau com alcachofra

Para 4 pessoas
Tempo de preparo: 45 minutos
Média dificuldade

Ingredientes:
- 600 g de postas de bacalhau demolhadas e limpas
- 4 pimentões verdes sem sementes
- cominho a gosto
- 1 folha de louro
- 10 dentes de alho
- 1 xícara (chá) de azeite

Alcachofra
- 4 alcachofras grandes
- 1 xícara (chá) de azeite
- 1 cabeça de alho
- 1/2 xícara (chá) de azeitonas verdes picadas
- sal e pimenta-do-reino a gosto

Preparo:

Ponha o bacalhau em uma assadeira. Junte o pimentão cortado em tiras. Polvilhe com o cominho e junte o louro e o alho em fatias. Regue com o azeite e leve ao forno até assar.

Alcachofra
1. Lave e limpe a alcachofra. Deixe de molho em uma vasilha com água e vinagre. Escorra. Com a parte do cabo para cima, ponha a alcachofra numa panela com água e cozinhe até amolecer. Retire e escorra.

2. Coloque em uma travessa com o azeite, o alho picado e a azeitona. Tempere com sal e pimenta. Sirva com o bacalhau reservado.

Bacalhau com alcaparra e castanha

Para 4 pessoas
Tempo de preparo: 40 minutos
Fácil

Ingredientes:

- 1 xícara (chá) de azeite
- 6 batatas sem casca
- 2 colheres (sopa) de salsa picada
- 3 dentes de alho picados
- 1 xícara (chá) de castanha-de-caju picada
- 3 colheres (sopa) de alcaparras
- 3 postas de bacalhau demolhadas e limpas
- 1/2 xícara (chá) de caldo de peixe

Preparo:

1. Unte uma assadeira com um pouco de azeite. Disponha a batata cortada em rodelas. Polvilhe com metade da salsa, o alho, a castanha e alcaparra picada.
2. Corte o bacalhau em lascas grandes e coloque por cima. Polvilhe com a salsa restante e regue com o azeite reservado. Despeje o caldo. Leve ao forno e asse até o bacalhau dourar.

Bacalhau com alho-poró

Para 4 pessoas
Tempo de preparo: 35 minutos
Fácil

Ingredientes:

- 6 alhos-porós
- 1/2 xícara (chá) de margarina
- 4 dentes de alho
- 1 colher (sopa) de salsa
- 1 xícara (chá) de farinha de trigo
- 1 xícara (chá) de água
- sal e pimenta-do-reino a gosto
- 100 g de azeitonas recheadas
- 4 postas de bacalhau demolhadas e limpas
- 1 xícara (chá) de azeite

Preparo:

1. Corte o alho-poró em rodelas de 1 cm e refogue aos poucos na margarina. Junte o alho picado e refogue por mais dez minutos. Polvilhe com a salsa.
2. À parte, misture uma colher (sopa) de farinha dissolvida na água. Transfira para a panela com o alho-poró. Tempere com sal e pimenta. Deixe ferver e junte a azeitona.
3. Corte o bacalhau em pedaços e passe na farinha de trigo restante. Frite no azeite até dourar. Retire do fogo e transfira para um refratário. Cubra com o refogado de alho-poró e leve ao forno por dez minutos. Sirva em seguida.

Bacalhau com alho-poró e iogurte

Para 4 pessoas
Tempo de preparo: 35 minutos
Fácil

Ingredientes:

- 3 alhos-poró
- 1/2 xícara (chá) de azeite
- 3 tomates maduros
- 4 dentes de alho
- 5 batatas sem casca
- sal a gosto
- 6 postas de bacalhau demolhadas e limpas
- 1 pote de iogurte natural
- 1/2 xícara (chá) de creme de leite
- 1/2 xícara (chá) de vinho branco seco
- 1/2 xícara (chá) de queijo parmesão ralado

Preparo:

1. Corte a parte branca do alho-poró em rodelas. Lave bem e refogue em três colheres (sopa) de azeite.
2. Corte o tomate e dois dentes de alho em rodelas finas. Refogue em duas colheres (sopa) de azeite.
3. Cozinhe a batata em água e sal. Quando estiver macia, escorra e reserve. Desfie o bacalhau em lascas e refogue no azeite e no alho restante picado.
4. Num refratário untado, arrume camadas de batata em rodelas, bacalhau e o alho-poró.
5. Numa tigela, misture o iogurte com o creme de leite e o vinho e despeje sobre o bacalhau. Polvilhe com o queijo e leve ao forno até dourar.

Bacalhau com anéis de cebola

Para 4 pessoas
Tempo de preparo: 40 minutos
Fácil

Ingredientes:

- 4 postas de bacalhau demolhadas e limpas
- 6 batatas-doces roxas sem casca em cubos
- 2 xícaras (chá) de azeite
- 8 cebolas cortadas em anéis
- 1 pimentão vermelho sem sementes em tiras
- 1 pimentão amarelo sem sementes em tiras
- 1 alho-poró cortado em tiras
- 100 g de azeitonas pretas grandes sem caroço
- 8 dentes de alho picados

Preparo:

1. Separe o bacalhau em pedaços grandes. À parte, cozinhe a batata-doce em água e sal. Quando ficar macia, escorra e reserve.
2. Num refratário untado com uma colher (sopa) de azeite, ponha a cebola. Por cima, distribua o bacalhau. Cubra os espaços vazios do refratário com a batata-doce, o pimentão, o alho-poró e a azeitona.
3. Frite o alho no azeite restante e regue o bacalhau. Leve ao forno e asse por 30 minutos ou até dourar. Sirva.

Bacalhau com aspargo e molho de pimentão

Para 4 pessoas
Tempo de preparo: 35 minutos
Fácil

Ingredientes:

- 8 talos de aspargos frescos
- 4 filés de bacalhau frescos e limpos
- sal e pimenta-do-reino branca a gosto
- 1 xícara (chá) de azeite
- 1 xícara (chá) de mostarda

Molho

- l cebola pequena picada
- l pimentão vermelho sem sementes picado
- 1/4 de xícara (chá) de água
- 1 xícara (chá) de creme de leite
- sal a gosto

Preparo:

1. Com uma faca afiada, raspe o talo do aspargo e corte-o em dois. Cozinhe em água fervente com sal por cinco minutos. Escorra.
2. Ponha quatro pedaços de aspargo sobre cada filé e enrole. Tempere com sal e pimenta. Ponha os filés enrolados num refratário e pincele com o azeite e a mostarda. Leve ao forno em temperatura baixa por 20 minutos ou até o filé cozinhar. Retire do forno e reserve.

Molho

1. Numa panela, cozinhe a cebola com o pimentão e a água por dez minutos. Espere amornar e bata no liquidificador. Passe pela peneira.
2. Ponha na panela e misture com o creme de leite. Tempere com sal e ferva por cinco minutos. Retire os rolinhos do forno, regue com o molho e sirva.

Bacalhau com bacon

Para 4 pessoas
Tempo de preparo: 40 minutos
Fácil

Ingredientes:

- 6 colheres (sopa) de azeite
- 4 cebolas médias em rodelas
- 4 dentes de alho picados
- 300 g de bacon em cubos
- 300 g de queijo meia-cura
- 1 xícara (chá) de creme de leite fresco
- 1/2 xícara (chá) de vinho branco seco
- sal e pimenta-do-reino a gosto
- 6 cenouras sem casca cozidas
- 500 g de brócolis aferventado e escorrido
- 500 g de bacalhau demolhado e limpo
- 300 g de queijo gruyère

Preparo:

1. Numa panela, ponha duas colheres (sopa) de azeite e refogue a cebola e o alho. Junte o bacon e o queijo em pedaços e refogue rapidamente.
2. Acrescente o creme de leite, o vinho e tempere com sal e pimenta. Cozinhe por cinco minutos em fogo baixo, mexendo às vezes.
3. Num refratário, ponha camadas de cenoura em rodelas, brócolis picado, o bacalhau e o refogado. Polvilhe com o queijo gruyère e leve ao forno médio por 30 minutos ou até o peixe ficar bem macio.

Bacalhau com batata assada

Para 4 pessoas
Tempo de preparo: 45 minutos
Fácil

Ingredientes:

- 8 batatas sem casca
- 1/2 colher (sopa) de sal grosso
- 1 kg de postas de bacalhau demolhadas e limpas

- 2 cebolas cortadas em meia-lua
- 3 dentes de alho
- 1 pimentão vermelho sem sementes
- 1 pimentão verde sem sementes
- 1 pimentão amarelo sem sementes
- 1 xícara (chá) de azeite
- sal e pimenta-do-reino a gosto

Preparo:

1. Coloque a batata em uma forma e polvilhe com sal grosso. Leve ao forno em temperatura alta por 20 minutos ou até a batata ficar macia.
2. Em outra forma, distribua as postas de bacalhau com a cebola, o alho esmagado e o pimentão em tiras. Regue com o azeite e tempere com sal e pimenta. Leve ao forno por 20 minutos.
3. Em pratos individuais, ponha o bacalhau com a batata ao redor.

Bacalhau com batata-doce sauté

Para 4 pessoas
Tempo de preparo: 40 minutos
Média dificuldade

Ingredientes:

Batatas

- 4 batatas-doces grandes
- 4 colheres (sopa) de azeite
- 1/2 xícara (chá) de ervas finas picadas
- 1 cebola média picada
- 10 tomates-cereja
- sal a gosto

Bacalhau

- 4 dentes de alho
- 4 postas de bacalhau demolhado, limpo e em lascas
- 1 colher (sopa) de manteiga
- 3 cebolas
- 1 colher (sopa) de açafrão
- sal e pimenta-do-reino a gosto
- 1 xícara (chá) de azeite
- 1/2 xícara (chá) de vinho branco seco

Preparo:

Batata

1. Cozinhe a batata-doce, descasque e corte em pedaços grandes. Em uma panela, aqueça o azeite e junte as ervas, a cebola, o tomate e o sal. Refogue, misturando com cuidado, até o tomate murchar.
2. Disponha a batata em uma assadeira e cubra com esse refogado. Reserve.

Bacalhau

1. Polvilhe uma assadeira com pedaços de alho. Ponha o bacalhau por cima e o pincele com a manteiga. Cubra com a cebola em rodelas e tempere com o açafrão, o sal e a pimenta. Regue com o azeite até a metade do bacalhau.
2. Aqueça o forno em temperatura média e ponha as duas assadeiras. Asse por 30 minutos, mas na metade do tempo regue o bacalhau com o azeite restante e com o vinho.

Bacalhau com batata-doce

Para 4 pessoas
Tempo de preparo: 45 minutos
Fácil

Ingredientes:

- 1 kg de bacalhau demolhado e limpo
- 8 batatas-doces
- 2 colheres (sopa) de manteiga
- sal a gosto
- 1 pitada de pimenta-do-reino
- 2 cebolas
- 2 xícaras (chá) de tomate sem sementes picados
- 1 colher (sopa) de coentro picado
- 1/2 xícara (chá) de vinho branco seco
- 4 colheres (sopa) de azeite
- 2 xícaras (chá) de maionese

Preparo:

1. Desfie o bacalhau em lascas e reserve. Retire a casca da batata-doce e corte-a em rodelas não muito grossas. Reserve.
2. Numa panela, ponha a manteiga. Junte o sal, a pimenta, a cebola cortada em pequenos pedaços, o tomate e o coentro. Despeje o vinho. Misture bem e ferva por cinco minutos. Retire e reserve.
3. Numa travessa, ponha metade do azeite e alterne camadas de batata-doce, bacalhau e molho até terminarem os ingredientes, mas finalize com o bacalhau. Regue com o azeite restante e cubra com a maionese. Leve ao forno por 30 minutos ou até a batata ficar macia.

Bacalhau com batata Catarina

Para 4 pessoas
Tempo de preparo: 1 hora
Fácil

Ingredientes:

Batata Catarina

- 4 batatas grandes
- 1 xícara (chá) de azeite
- 1/4 xícara (chá) de farinha de rosca

Bacalhau

- 1 kg de filés de bacalhau fresco
- sal e pimenta-do-reino a gosto
- 2 cebolas
- 4 dentes de alho
- 1 pimentão vermelho sem sementes
- 4 fatias de bacon
- 1 xícara (chá) de azeite
- 1/2 xícara (chá) de vinho branco seco

Preparo:

Batata Catarina

1. Descasque a batata e corte-a em lâminas finas, sem separar completamente. Ponha numa travessa refratária e regue com o azeite. Leve ao forno em temperatura alta por cerca de 35 minutos ou até ficar macia. Regue, às vezes, com o azeite da forma.
2. Antes de retirar a batata do forno, polvilhe com a farinha e deixe mais três minutos. Retire e mantenha aquecida.

Bacalhau

1. Tempere os filés com sal e pimenta. Deixe tomar gosto por 20 minutos.
2. À parte, corte a cebola em meia-lua, o alho em rodelas e o pimentão em cubos. Unte uma forma com uma colher (sopa) de azeite e espalhe na forma metade da cebola, do alho e do pimentão.
3. Por cima, disponha o peixe. Cubra com as fatias de bacon, a outra metade dos legumes e regue com o azeite restante e metade do vinho. Leve ao forno preaquecido por 35 minutos. Durante o cozimento, regue com o molho que se formar e com o vinho restante. Retire do forno e sirva com a batata.

Bacalhau com batata bolinha

Para 4 pessoas
Tempo de preparo: 1h25m
Fácil

Ingredientes:

- 3 dentes de alho
- 1/2 colher (sopa) de açafrão
- 1 xícara (chá) de azeite
- 1/2 colher (sopa) de vinagre
- sal e pimenta-do-reino a gosto
- 1/4 xícara (chá) de água
- 2 postas grandes de bacalhau demolhadas e limpas
- 1 cebola média
- 15 batatas do tipo bolinha
- 1 xícara (chá) de queijo parmesão ralado

Preparo:

1. Numa tigela ponha o alho socado, o açafrão, metade do azeite, o vinagre, o sal, a pimenta e a água. Ponha o bacalhau e deixe marinar por 30 minutos.
2. Transfira para um refratário e junte a cebola em rodelas e a batata. Regue com o molho da marinada e o azeite restante. Leve ao forno médio por 45 minutos.
3. Na metade do tempo abra o forno e regue o bacalhau e a batata com o molho do refratário. Retire do forno, polvilhe com o queijo e leve ao forno por mais dez minutos ou até gratinar.

Bacalhau com brócolis e cebola

Para 4 pessoas
Tempo de preparo: 35 minutos
Fácil

Ingredientes:

- 1 xícara (chá) de azeite
- 8 cebolas em rodelas
- 6 dentes de alho picados
- 3 fatias de pão torrado
- 500 g de bacalhau demolhado e limpo
- 250 g de brócolis ligeiramente cozidos
- 1 colher (sopa) de coentro picado
- 1/2 xícara (chá) de farinha de rosca
- 1/2 xícara (chá) de queijo parmesão ralado

Preparo:

1. Refogue em uma colher (sopa) de azeite a cebola com o alho até ficarem ligeiramente dourados.
2. Unte um refratário com metade do azeite restante e forre o fundo com o pão. Arrume em camadas alternadas o bacalhau, a cebola refogada com o alho e o brócolis.
3. Polvilhe com o coentro e com a farinha de rosca. Regue com o azeite restante e polvilhe com o queijo. Leve ao forno até gratinar.

Bacalhau com broa

Para 4 pessoas
Tempo de preparo: 45 minutos
Média dificuldade

Ingredientes:

- 4 postas de bacalhau demolhadas e limpas
- 1 1/2 xícara (chá) de vinho branco seco
- 1 xícara (chá) de azeite
- 1 folha de louro
- 1 pimenta-malagueta sem sementes
- 1 broa de 400 g
- 2 dentes de alho picados
- 2 cebolas médias picadas
- 2 colheres (sopa) de banha derretida
- 1/2 colher (sopa) de colorau

Preparo:

1. Coloque as postas numa forma, regue com meia xícara (chá) de vinho, junte quatro colheres (sopa) de azeite e o louro. Tempere com a pimenta. Leve ao forno quente até o peixe ficar dourado.
2. Misture a broa picada com o vinho restante, o alho, a cebola, a banha, o azeite restante e o colorau. Espalhe sobre o bacalhau e leve ao forno por 40 minutos ou até dourar. Regue às vezes com o molho da forma. Sirva quente.

Bacalhau com broa e bacon

Para 4 pessoas
Tempo de preparo: 30 minutos
Fácil

Ingredientes:

- 3 cebolas em rodelas
- 1 xícara (chá) de azeite
- 1 folha de louro
- 4 postas de bacalhau demolhadas e limpas
- 1 pitada de açafrão
- 100 g de bacon em fatias
- 4 fatias de broa de milho com erva-doce trituradas

Preparo:

1. Numa assadeira, ponha a cebola, regue com o azeite e ponha o louro. Por cima, disponha as postas de bacalhau e polvilhe com o açafrão.
2. Acrescente o bacon. Polvilhe com a farofa de broa e leve ao forno para assar por 30 minutos. Sirva em seguida.

Bacalhau com broa e couve

Para 4 pessoas
Tempo de preparo: 50 minutos
Fácil

Ingredientes:

- 1 maço de couve-manteiga
- sal e pimenta-do-reino a gosto
- 1 broa de milho pequena
- 4 dentes de alho
- 100 g de presunto picado
- 4 batatas grandes sem casca
- 4 postas de bacalhau demolhadas e limpas
- 1/2 xícara (chá) de azeite

Preparo:

1. Lave e corte em pedaços grandes a couve. Cozinhe em água e sal por 20 minutos. Escorra e reserve.
2. Pique a broa e junte três dentes de alho picados e o presunto. Misture bem e reserve.
3. Descasque a batata e corte-a em rodelas. Disponha em um refratário o bacalhau temperado com sal e pimenta. Ao redor, ponha a batata e regue com metade do azeite.
4. Leve ao forno médio preaquecido por 30 minutos. Regue às vezes com o azeite da forma. Polvilhe com a broa e leve ao forno por mais dez minutos em temperatura alta.
5. Pique o outro dente de alho e frite no azeite restante. Junte a couve reservada e refogue bem. Sirva com o bacalhau.

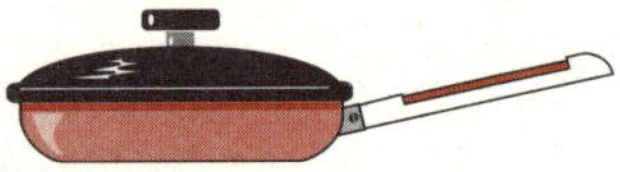

Bacalhau com camarão

Para 4 pessoas
Tempo de preparo: 45 minutos
Fácil

Ingredientes:

- 4 postas de bacalhau demolhadas e limpas
- 3 colheres (sopa) de margarina
- 400 g de camarões limpos e cozidos
- 2 colheres (sopa) de farinha de trigo
- 1/2 xícara (chá) de leite morno
- 1 colher (sopa) de tempero pronto
- 1/2 xícara (chá) de queijo parmesão ralado
- 2 colheres (sopa) de farinha de rosca

Preparo:

1. Separe o peixe em pedaços grandes.
2. Numa panela, derreta a margarina e junte o camarão. Refogue bem e ponha a farinha diluída no leite. Misture. Adicione o tempero pronto e uma colher (sopa) do queijo. Misture bem, retire do fogo e reserve.
3. Disponha o bacalhau em um refratário e regue com o molho de queijo e camarão. Misture a farinha de rosca com o queijo restante e polvilhe sobre o bacalhau. Leve ao forno em temperatura média por 15 minutos ou até dourar e sirva.

Bacalhau com couve ao forno

Para 4 pessoas
Tempo de preparo: 45 minutos
Fácil

Ingredientes:

- 500 g de postas de bacalhau demolhadas e limpas
- 1 maço de couve
- 3 batatas
- 3 dentes de alho
- 5 colheres de (sopa) de azeite
- 1/2 xícara (chá) de azeitonas pretas sem caroço picadas

Preparo:

1. Separe o bacalhau em lascas. Lave a couve, elimine o talo e corte-a em tiras bem finas.
2. Lave a batata, descasque-a e corte em rodelas. Ponha numa panela com a água e leve ao fogo até ficar macia, porém firme. Retire do fogo, escorra a água e reserve.
3. Pique o alho e leve ao fogo numa frigideira com quatro colheres (sopa) de azeite até dourar levemente. Retire do fogo e reserve.
4. Na mesma frigideira, junte a couve e refogue rapidamente, sem parar de mexer, por três minutos. Retire do fogo e reserve. Unte uma travessa refratária com o azeite restante.
5. Forre o fundo com a batata, distribua a couve e espalhe o bacalhau. Regue com o alho frito e leve ao forno por 20 minutos ou até ficar bem quente. Retire do forno, distribua a azeitona e sirva.

Bacalhau com couve-de-bruxelas

Para 4 pessoas
Tempo de preparo: 30 minutos
Fácil

Ingredientes:

- 4 filés de bacalhau fresco
- sal e pimenta-malagueta em flocos a gosto
- 1/2 xícara (chá) de margarina
- 3 cebolas médias
- 4 tomates maduros sem sementes
- 2 dentes de alho
- 1 folha de louro
- 1 xícara (chá) de azeite
- 1 xícara (chá) de vinho branco seco
- 1 colher (sopa) de cheiro-verde
- 600 g de couve-de-bruxelas

Preparo:

1. Salpique os filés com sal e pimenta. Unte um refratário com margarina, ponha a cebola em rodelas, o tomate em cubos, o alho picado e o louro. Por cima, disponha os filés, regando-os com azeite e vinho. Polvilhe com o cheiro-verde.
2. Leve ao forno e regue de vez em quando com o próprio molho, por 30 minutos ou até a couve ficar macia.
3. Cozinhe a couve em água e sal. Quando ficar macia, escorra. Misture-a ao molho do bacalhau e leve ao forno por mais cinco minutos para aquecer. Sirva.

Bacalhau com couve-flor gratinada

Para 4 pessoas
Tempo de preparo: 50 minutos
Média dificuldade

Ingredientes:

- 4 postas de bacalhau demolhadas e limpas
- 1 folha de louro
- 2 xícaras (chá) de azeite
- 4 tomates sem sementes em cubos
- 2 cebolas grandes raladas
- 1/2 colher (sopa) de pimenta-malagueta
- 2 xícaras (chá) de molho branco
- 1 couve-flor grande cozida
- 100 g de queijo parmesão

Preparo:

1. Coloque as postas de bacalhau num refratário e tempere com o louro, o azeite, o tomate, a cebola e a pimenta. Leve ao forno preaquecido até dourar.
2. À parte, forre outro refratário com uma parte do molho branco e acomode a couve-flor. Regue com o molho restante. Polvilhe com queijo e leve ao forno por 15 minutos ou até gratinar.
3. Em pratos individuais, ponha o bacalhau e sirva com a couve-flor.

Bacalhau com creme azedo

Para 4 pessoas
Tempo de preparo: 50 minutos
Fácil

Ingredientes

- 500 g de bacalhau demolhado e limpo
- 1 cebola
- 2 dentes de alho
- 1 colher (sopa) de coentro
- 1/2 xícara (chá) de margarina

- 4 fatias de pão francês
- 1/2 xícara (chá) de leite quente
- 6 batatas sem casca cozidas
- 1 colher (sopa) de manteiga
- sal a gosto
- 1 pitada de noz-moscada

Creme azedo

- 1 xícara (chá) de creme de leite fresco
- suco de 1/2 limão
- sal a gosto

Para pincelar

1 gema

Preparo:

1. Separe o peixe em lascas. À parte pique a cebola, o alho e o coentro e ponha na frigideira com metade da margarina. Assim que a cebola ficar transparente, junte o bacalhau e deixe ferver um pouco, mexendo sempre.
2. Adicione o pão, previamente amolecido no leite. Retire do fogo, coloque em um refratário e alise com uma espátula. Reserve.
3. À parte, amasse a batata e misture com a manteiga. Tempere com sal e reserve o purê.

Creme azedo

1. Bata o creme de leite com o suco de limão e o sal até obter uma mistura homogênea. Reserve.
2. Misture o purê de batata ao creme azedo e ao restante da margarina. Tempere com noz-moscada e cubra o bacalhau com essa mistura. Pincele com a gema e leve ao forno até gratinar.

Bacalhau com creme azedo e molho branco

Para 4 pessoas
Tempo de preparo: 50 minutos
Média dificuldade

Ingredientes:

- 2 alhos-porós
- 1 xícara (chá) de azeite
- 1 colher (sopa) de manteiga
- 3 cebolas grandes
- 1 kg de bacalhau demolhado e limpo
- 2 pães franceses
- 2 xícaras (chá) de leite morno

Creme azedo

- 1 xícara (chá) de creme de leite fresco
- suco de 1/2 limão
- sal a gosto

Molho branco

- 4 xícaras (chá) de leite
- 6 colheres (sopa) de farinha de trigo
- 4 colheres (sopa) de manteiga
- 2 gemas
- sal e noz-moscada a gosto
- 1 xícara (chá) de queijo parmesão ralado

Preparo:

1. Pique somente a parte branca do alho-poró. Numa frigideira, ponha a manteiga e metade do azeite. Refogue o alho-poró e doure a cebola em rodelas. Retire do fogo e reserve.
2. À parte, desfie o bacalhau e amoleça o pão no leite. Escorra e esfarele o pão. Numa frigideira, ponha metade do azeite restante e refogue o bacalhau. Na outra metade do azeite, refogue o pão. Reserve.

Creme azedo

Bata o creme de leite com o suco de limão e o sal até obter uma mistura homogênea. Reserve.

Molho

1. Numa panela, misture o leite, a farinha, a manteiga e as gemas. Tempere com sal e noz-moscada. Leve ao fogo, mexendo até engrossar. Junte duas colheres (sopa) de creme azedo e dividida em duas partes.
2. Misture uma parte na cebola e a outra no bacalhau. Cubra um refratário com o molho com a cebola. Por cima, ponha o de bacalhau. Disponha o pão esfarelado e cubra com o queijo ralado. Leve ao forno para gratinar e sirva em seguida.

Bacalhau com creme de cebola

Para 4 pessoas
Tempo de preparo: 45 minutos
Fácil

Ingredientes:

- 1 kg de bacalhau demolhado e limpo
- 2 colheres (sopa) de azeite
- 1 cebola picada
- 3 tomates sem pele e sem sementes picados
- 2 dentes de alho amassados
- 1 folha de louro
- sal e pimenta-do-reino a gosto
- 400 g de camarão médio limpo
- 2 xícaras (chá) de molho branco
- 1 pacote de creme de cebola
- 3 ovos (claras e gemas separadas)

- 1 kg de batata-doce sem casca cortada em rodelas finas
- 1 1/2 xícara (chá) de creme de leite sem soro

Para empanar

Farinha de rosca

Para fritar

Azeite

Preparo:

1. Separe o bacalhau em lascas e reserve. Numa frigideira, aqueça o azeite e refogue a cebola, o tomate, o alho e o louro. Tempere com sal e pimenta e deixe apurar. Acrescente o bacalhau e o camarão. Refogue em fogo baixo por cinco minutos.
2. Numa panela, ponha o molho branco, aqueça rapidamente e junte o creme de cebola. Misture bem. Quando o creme engrossar, acrescente as gemas aos poucos e cozinhe por mais cinco minutos. Retire do fogo e reserve.
3. À parte, frite em azeite a batata cortada em rodelas. Bata as claras em neve e reserve.
4. Num refratário, arrume uma camada de batata frita, outra de bacalhau e outra de creme. Repita as camadas. Misture o creme de leite com as claras em neve e despeje por cima, cobrindo bem. Polvilhe com a farinha de rosca e leve ao forno para gratinar. Sirva imediatamente.

Bacalhau com creme de leite

Para 4 pessoas
Tempo de preparo: 40 minutos
Fácil

Ingredientes:

- 700 g de bacalhau demolhado e limpo
- 8 batatas sem casca
- 4 dentes de alho
- 2 cebolas
- 4 colheres (sopa) de margarina
- 1 folha de louro
- 1 ramo de salsa picado
- 1 1/2 xícara (chá) de creme de leite
- sal e pimenta-do reino a gosto
- 2 gemas
- 1/2 xícara (chá) de queijo emmenthal ralado

Para fritar

Azeite

Preparo:

1. Separe o bacalhau em lascas. Corte a batata em pequenos pedaços e frite em azeite.
2. À parte, pique o alho e corte as cebolas em meia-lua. Refogue-os na margarina. Junte o louro e acrescente o peixe. Cozinhe por cinco minutos, mexendo às vezes.
3. Junte a batata frita e polvilhe com a salsa. Regue com metade do creme de leite. Tempere com sal e pimenta e transfira para uma assadeira.
4. Bata levemente o creme de leite restante. Junte as gemas e misture com cuidado. Cubra a mistura de bacalhau e polvilhe com o queijo. Leve ao forno em temperatura média por 30 minutos ou até dourar. Sirva.

Bacalhau com creme de leite picante

Para 4 pessoas
Tempo de preparo: 1h50m
Fácil

Ingredientes:

- 600 g de bacalhau demolhado e limpo
- 2 cebolas picadas
- 1 colher (sopa) de salsa
- 1 colher (sopa) de coentro picado
- 2 pimentas dedo-de-moça picadas
- 1 xícara (chá) de azeite
- 7 batatas sem casca em rodelas e cozidas
- 1 1/2 xícara (chá) de creme de leite

Preparo:

Separe o peixe em lascas e ponha num refratário. Por cima, disponha os demais ingredientes, exceto o creme de leite, e deixe descansando por 1 hora. Após esse período, junte o creme de leite e misture bem. Leve ao forno médio por 40 minutos ou até gratinar. Sirva em seguida.

Bacalhau com espinafre

Para 4 pessoas
Tempo de preparo: 40 minutos
Fácil

Ingredientes:

- 1 maço de espinafre
- 1/2 xícara (chá) de margarina
- sal e pimenta-do-reino a gosto
- 2 postas de bacalhau demolhadas, limpas e desfiadas
- 1 colher (sopa) de farinha de trigo
- 1 xícara (chá) de leite
- suco de 1/2 limão
- 2 gemas

- 150 g de azeitonas verdes recheadas
- 200 g de queijo gruyère ralado

Preparo:

1. Afervente o espinafre em água e sal. Escorra, esprema e refogue-o em uma colher (sopa) de margarina. Tempere com sal e pimenta. Retire do fogo e reserve.
2. Unte um refratário com uma colher (sopa) de margarina e ponha o espinafre. Por cima, disponha o bacalhau e reserve. Leve a margarina restante ao fogo e junte a farinha. Mexa bem e acrescente aos poucos o leite e o suco de limão. Quando levantar fervura, retire do fogo e acrescente as gemas batidas. Tempere com sal e pimenta.
3. Ponha a azeitona, misture e cubra o bacalhau com esse creme. Polvilhe com o queijo e leve ao forno até gratinar. Sirva em seguida.

Bacalhau com ervas

Para 4 pessoas
Tempo de preparo: 35 minutos
Fácil

Ingredientes:

- 1 colher (sopa) de manteiga
- 4 cebolas
- 4 filés de bacalhau fresco
- sal e pimenta-malagueta sem sementes a gosto
- 2 colheres (sopa) de sálvia picada
- 2 colheres (sopa) de cebolinha picada
- 2 colheres (sopa) de estragão
- 1 xícara (chá) de vinho branco seco
- 1 xícara (chá) de creme de leite
- raspas de 1 limão

Preparo:

1. Unte com manteiga um refratário e forre com a cebola picada. Disponha os filés sobre a cebola e tempere com sal e pimenta. Polvilhe com as ervas.
2. Regue com vinho e cubra com creme de leite. Leve ao forno preaquecido por 20 minutos. Retire, espalhe as raspas de limão e leve ao forno por mais cinco minutos.

Bacalhau com ervilha

Para 4 pessoas
Tempo de preparo: 25 minutos
Fácil

Ingredientes:

- 500 g de bacalhau demolhado e limpo
- 1 xícara (chá) de azeite
- 2 cebolas picadas
- 2 xícaras (chá) de leite
- 250 g de ervilhas frescas
- 1 colher (sopa) de amido de milho
- 2 gemas
- sal e pimenta-malagueta a gosto

Preparo:

1. Desfie o peixe em lascas. Aqueça o azeite numa frigideira grande e junte a cebola. Frite até a cebola ficar transparente. Acrescente o bacalhau e refogue bem.
2. Ferva o leite e junte a ervilha e o amido. Misture ao bacalhau e mexa bem. Cozinhe, mexendo às vezes, por cinco minutos. Transfira para um refratário e cubra com as gemas batidas temperadas com sal e pimenta. Leve ao forno quente até dourar.

Bacalhau com farofa de pão

Para 4 pessoas
Tempo de preparo: 40 minutos
Fácil

Ingredientes:

- 1 kg de postas de bacalhau demolhadas e limpas
- 1 cebola em rodelas
- 2 dentes de alho picados
- 2 colheres (sopa) de azeite
- 1 pimentão vermelho sem sementes picado
- 100 g de azeitonas verdes picadas
- 6 tomates sem pele e sem sementes picados
- 2 colheres (sopa) de salsa picada

Farofa

- 1 pão italiano pequeno
- 1 colher (sopa) de orégano
- 2 colheres (sopa) de salsa picada
- 3 colheres (sopa) de azeite
- sal e pimenta-malagueta a gosto

Preparo:

Desfie o peixe e refogue no azeite a cebola e o alho. Adicione os demais ingredientes e misture bem. Reserve.

Farofa

Passe o pão pelo processador. Transfira para uma tigela e misture aos outros ingredientes. Reserve.

Montagem

Num refratário, ponha o refogado de cebola com bacalhau. Polvilhe com a farofa e leve ao forno médio para dourar. Sirva em seguida.

Bacalhau com grão-de-bico

Para 4 pessoas
Tempo de preparo: 40 minutos
Fácil

Ingredientes:
- 500 g de bacalhau demolhado e limpo
- 1 xícara (chá) de azeite
- 3 xícaras (chá) de grão-de-bico cozido
- 4 buquês de brócolis cozidos
- 1 cenoura sem casca cozida
- 1 cabeça de alho picada
- 2 batatas sem casca cozidas e cortadas em rodelas
- 1 pimentão verde picado
- 1 cebola em rodelas
- 1 colher (sopa) de salsa picada
- 1/2 colher (sopa) de tempero em pó para peixe
- 1/2 xícara (chá) de azeitonas pretas picadas

Preparo:
1. Separe o peixe em lascas e ponha num refratário. Regue com metade do azeite. Por cima, ponha o grão-de-bico, o brócolis, a cenoura em rodelas, o alho, a batata, o pimentão e a cebola.
2. Polvilhe com a salsa, o tempero pronto e a azeitona. Regue com o azeite restante e leve ao forno por 30 minutos ou até o peixe ficar macio. Retire e sirva.

Bacalhau com kani kama

Para 4 pessoas
Tempo de preparo: 50 minutos
Fácil

Ingredientes:
- 2 colheres (sopa) de azeite
- 1 cebola grande picada
- 2 dentes de alho amassados
- 2 tomates sem sementes picados
- 1 folha de louro
- 500 g de bacalhau demolhado, limpo e em lascas
- 500 g de kani kama
- 6 batatas sem casca cozidas e cortadas em rodelas

Molho branco
- 3 colheres (sopa) de farinha de trigo
- 2 colheres (sopa) de manteiga
- 2 xícaras (chá) de leite
- sal a gosto
- 2 gemas peneiradas
- 1 xícara (chá) de creme de leite

Cobertura
- 2 claras
- 1/2 xícara (chá) de creme de leite
- 1 xícara (chá) de queijo emmenthal ralado

Preparo:
1. Refogue no azeite a cebola, o alho, o tomate e o louro. Junte o bacalhau e deixe cozinhar por dez minutos, mexendo às vezes.
2. Acrescente o kani desfiado. Deixe apurar por mais dez minutos, mexendo às vezes. Retire do fogo e reserve.

Molho

Doure a farinha na manteiga e adicione o leite morno aos poucos, mexendo sempre para não empelotar. Tempere com sal e adicione as gemas peneiradas e o creme de leite. Misture bem e retire do fogo.

Cobertura

Bata as claras em neve e acrescente o creme de leite. Misture delicadamente, sem bater.

Montagem

Num refratário, faça camadas de batata, do refogado de bacalhau, do molho e das claras. Polvilhe com queijo e leve ao forno para gratinar. Sirva em seguida.

Bacalhau com legumes

Para 4 pessoas
Tempo de preparo: 45 minutos
Média dificuldade

Ingredientes:
- 4 postas de bacalhau demolhadas e limpas
- 1 xícara (chá) de azeite
- 2 dentes de alho picados
- 1 cebola
- 1 cenoura sem casca
- 1 mandioquinha sem casca
- 1 batata sem casca
- 1 pimentão verde sem sementes
- 1 pimentão vermelho sem sementes
- 1 pimentão amarelo sem sementes
- 1 chuchu sem casca
- 1 maçã verde sem casca e sem sementes
- 1 alho-poró (só a parte branca)
- sal e pimenta-do-reino a gosto
- 1 folha de louro
- 1/2 xícara (chá) de vinho branco seco

Preparo:

1. Num refratário, ponha o bacalhau com metade do azeite. Adicione o alho picado e a cebola cortada em rodelas.
2. Distribua os legumes cortados em cubos, a maçã em fatias e o alho-poró em rodelas. Tempere com pimenta, sal, o louro e o vinho. Regue com o azeite restante.
3. Leve ao forno em temperatura média até assar. Regue às vezes com o molho que vai se formando. Sirva em seguida.

Bacalhau com legumes e presunto de Parma

Para 4 pessoas
Tempo de preparo: 50 minutos
Fácil

Ingredientes:

- 2 cenouras sem casca cortadas em tiras finas
- 2 alhos-porós à juliana
- 4 colheres (sopa) de azeite
- sal e pimenta-do-reino a gosto
- 4 dentes de alho cortados em lâminas finas
- 4 postas de bacalhau demolhadas e limpas
- 1/2 colher (sopa) de páprica
- 1 colher (sopa) de ervas finas
- 200 g de presunto de Parma
- 4 colheres (sopa) de vinho branco seco

Preparo:

1. Aqueça o forno em temperatura média. Corte quatro quadrados de papel-alumínio de tamanho suficiente para embrulhar as postas.
2. Doure a cenoura e o alho-poró numa frigideira em uma colher (sopa) de azeite. Tempere com sal e pimenta. À parte, ponha o alho no interior das postas.
3. Distribua os legumes refogados no centro do papel-alumínio. Por cima, coloque as postas. Polvilhe com a páprica e as ervas. Cubra com o presunto e regue com o azeite restante e o vinho.
4. Feche bem o papel-alumínio e asse no forno por 30 minutos. Retire do forno, desembrulhe e sirva.

Bacalhau com leite

Para 4 pessoas
Tempo de preparo: 30 minutos
Fácil

Ingredientes:

- 1 cebola pequena
- 2 colheres (sopa) de azeite
- 4 postas de bacalhau demolhadas e limpas
- 4 xícaras (chá) de leite
- 3 pães franceses
- sal e pimenta-do-reino a gosto
- 1 colher (sopa) de vinho branco seco
- 3 ovos batidos

Preparo:

1. Pique a cebola e refogue-a no azeite até dourar. Desfie o bacalhau e junte ao refogado.
2. Mexa e regue com o leite. Cozinhe por cinco minutos. Acrescente o pão, cortado em fatias, e mexa até amolecer. Tempere com sal e pimenta. Regue com o vinho e adicione os ovos.
3. Transfira para um refratário e leve ao forno até dourar. Sirva em seguida.

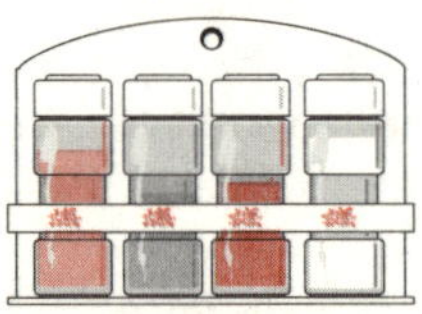

Bacalhau com lingüiça

Para 4 pessoas
Tempo de preparo: 45 minutos
Média dificuldade

Ingredientes:

- 1 xícara (chá) de azeite
- 4 postas de bacalhau demolhadas e limpas
- 5 batatas sem casca
- 3 cebolas
- 1 ramo de salsa picado
- 2 folhas de louro
- 4 dentes de alho picados
- 200 g de bacon em fatias
- 2 gomos de lingüiça fresca de porco
- 1 colher (sopa) de colorau
- 1 pimenta dedo-de-moça picada
- 1 colher (sopa) de margarina derretida
- 1 colher (sopa) de banha derretida
- 1 xícara (chá) de vinho branco seco

Preparo:

1. Unte uma assadeira com uma colher (sopa) de azeite. Ponha as postas. Ao redor, disponha a batata cortada em quatro, a cebola em meia-lua, a salsa, o louro e o alho.
2. Distribua o bacon e a lingüiça em pedaços. Tempere com o colorau e a pimenta. Despeje a margarina, a banha e o azeite restante. Regue com o vinho. Leve ao forno e asse até o bacalhau ficar macio. Retire e sirva.

Bacalhau com lingüiça toscana

Para 4 pessoas
Tempo de preparo: 30 minutos
Fácil

Ingredientes:

- *1 kg de bacalhau demolhado e limpo*
- *1 xícara (chá) de azeite*
- *4 cebolas cortadas em rodelas bem finas*
- *2 dentes de alho picados*
- *400 g de lingüiça toscana*
- *2 fatias de broa de milho em pedaços*
- *2 ovos*
- *sal e pimenta-do-reino a gosto*
- *2 colheres (sopa) de creme de leite batido*

Preparo:

1. *Separe o peixe em pedaços grandes. Numa panela, ponha o azeite, a cebola e o alho. Refogue o bacalhau.*
2. *Tampe a panela e cozinhe por 15 minutos, mexendo às vezes. Quando a cebola estiver quase cozida, adicione a lingüiça cortada em pedaços.*
3. *Transfira para uma travessa. Por cima, disponha a broa. Bata os ovos, tempere com sal e pimenta e ponha sobre o peixe. Cubra com o creme de leite e leve ao forno médio até dourar. Sirva em seguida.*

Bacalhau com maionese

Para 4 pessoas
Tempo de preparo: 3h40m
Fácil

Ingredientes:

- *4 postas de bacalhau demolhadas e limpas*
- *1/2 xícara (chá) de azeite*
- *2 xícaras (chá) de leite*
- *4 dentes de alho*
- *3 cebolas*
- *3 xícaras (chá) de purê de batata*
- *1 vidro de maionese*
- *2 colheres (sopa) de farinha de rosca*
- *5 colheres (sopa) de picles picado*
- *10 azeitonas verdes sem caroço*
- *10 azeitonas pretas sem caroço*

Preparo:

1. *Separe o peixe em lascas e ponha numa tigela com metade do azeite, o leite e o alho picado. Deixe tomar gosto por 3 horas. Escorra e reserve.*
2. *À parte, refogue a cebola em rodelas no azeite restante até dourar.*
3. *Ponha o purê em um saco de confeitar com bico pitanga.*
4. *Transfira o bacalhau para uma vasilha de barro e cubra com a cebola. Por cima, ponha a maionese e decore com o purê. Polvilhe com farinha de rosca e leve ao forno até dourar. Sirva com o picles e a azeitona.*

Bacalhau com maionese e mandioca

Para 4 pessoas
Tempo de preparo: 45 minutos
Fácil

Ingredientes:

- *1 xícara (chá) de azeite*
- *2 cebolas picadas*
- *400 g de bacalhau demolhado, limpo e em lascas*
- *4 tomates sem sementes picados*
- *1 colher (sopa) de cebolinha picada*
- *1/2 colher (sopa) de cominho*
- *1/4 de xícara (chá) de água*
- *3 ovos (claras e gemas separadas)*
- *2 colheres (sopa) de maionese*
- *3 xícaras (chá) de mandioca cozida e amassada*
- *1 colher (sopa) de manteiga derretida*
- *1/2 xícara (chá) de azeitona preta picada*

Preparo:

1. *Ponha uma colher (sopa) de azeite na frigideira e refogue a cebola até ficar transparente. Reserve. À parte adicione o bacalhau, o tomate, a cebolinha e o cominho. Despeje mais duas colheres (sopa) de azeite e a água. Deixe ferver até quase secar.*
2. *Unte um refratário com metade do azeite restante e reserve. Bata as claras em neve e acrescente as gemas e a maionese. Misture bem.*
3. *Distribua a mandioca no refratário, espalhando-a bem com as costas de uma colher. Regue com a manteiga. Por cima, ponha o bacalhau e regue com o azeite restante.*
4. *Distribua a cebola e cubra com as claras batidas. Asse em forno preaquecido até dourar. Decore com a azeitona e sirva.*

Bacalhau com maionese vapt-vupt

Para 4 pessoas
Tempo de preparo: 25 minutos
Fácil

Ingredientes:

- 3 postas de bacalhau demolhadas e limpas
- 3 cebolas picadas
- 4 colheres (sopa) de azeite
- sal a gosto
- 1 pitada de pimenta-do-reino
- 1/2 xícara (chá) de leite
- 100 g de azeitonas pretas sem caroço
- 1 xícara (chá) de maionese

Preparo:

1. Desfie o peixe e reserve. Doure a cebola no azeite, mas reserve uma colher (sopa), e tempere com sal e pimenta. Junte o leite e misture bem.
2. Ponha o bacalhau numa assadeira untada com o azeite reservado. Por cima, ponha o refogado e a azeitona. Cubra com a maionese e leve ao forno até gratinar.

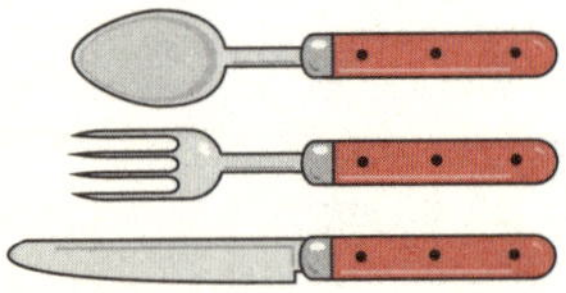

Bacalhau com mariscos

Para 4 pessoas
Tempo de preparo: 45 minutos
Fácil

Ingredientes:

- 800 g de bacalhau demolhado e limpo
- 3 cebolas
- 1/2 xícara (chá) de azeite
- 1 kg de marisco limpo
- 1 kg de mandioquinha sem casca
- 1/4 de xícara (chá) de manteiga
- 1/2 xícara (chá) de leite
- 2 claras
- 1 colher (sopa) de salsa picada

Molho

- 2 colheres (sopa) de manteiga
- 2 colheres (sopa) de farinha de trigo
- 1/2 xícara (chá) de leite
- 2 gemas
- sal e pimenta-do-reino branca a gosto

Preparo:

1. Separe o peixe em lascas e reserve.
2. À parte, corte a cebola em rodelas e refogue no azeite até dourar. Junte o marisco e refogue por mais cinco minutos. Retire e reserve.
3. Em outro recipiente, cozinhe a mandioquinha em água e sal. Quando estiver macia, esprema e ponha em uma panela. Junte a manteiga e, aos poucos, o leite fervendo. Leve ao fogo e cozinhe, mexendo sempre, até obter uma mistura homogênea. Retire e misture as claras batidas em neve. Reserve.

Molho

Leve a manteiga ao fogo. Quando se derreter, polvilhe a farinha. Acrescente aos poucos o leite, mexendo rapidamente. Ponha as gemas e tempere com sal e pimenta. Misture bem e reserve.

Montagem

Num refratário, ponha o refogado de cebola e mariscos. Por cima, arrume o bacalhau. Ponha o molho e polvilhe com a salsa. Cubra com o purê e leve ao forno até dourar. Sirva em seguida.

Bacalhau com molho de agrião

Para 4 pessoas
Tempo de preparo: 40 minutos
Fácil

Ingredientes:

- 1,5 kg de bacalhau demolhado e limpo
- 1 xícara (chá) de azeite
- 3 cebolas grandes
- 3 dentes de alho cortados em lâminas
- sal, pimenta-do-reino e cominho a gosto

Molho de agrião

- 1 maço de agrião
- 1/2 xícara (chá) de azeite
- 2 colheres (sopa) de sal
- 1/3 de xícara (chá) de água

Preparo:

1. Separe o peixe em pedaços grandes e reserve. Unte com metade do azeite uma assadeira e distribua as rodelas de cebola e o bacalhau.
2. Por cima, ponha o alho e polvilhe com o sal, a pimenta e o cominho. Regue com azeite restante e asse até o bacalhau dourar.

Molho

1. Lave o agrião, seque-o bem, separe somente as folhas e os talos mais tenros e bata no liquidificador.
2. Acrescente o azeite, o sal e a água. Bata por mais dois minutos e despeje em uma panela. Leve ao fogo baixo e cozinhe, mexendo às vezes, por cinco minutos. Retire do fogo, coe e reserve.
3. Ponha o enformado de bacalhau nos pratos e sirva com o molho à parte.

Bacalhau com molho de berinjela

Para 4 pessoas
Tempo de preparo: 30 minutos
Fácil

Ingredientes:

- 3 colheres (sopa) de azeite
- 1 cebola pequena em fatias
- 1 pimentão verde sem sementes em tiras
- 250 g de berinjela descascada e cortada em cubos
- 1 xícara (chá) de molho de tomate
- 1/2 xícara (chá) de vinho branco seco
- 1 dente de alho picado
- 1 folha de louro
- 2 colheres (sopa) de margarina
- 1 colher (sopa) de suco de limão
- sal e pimenta-do-reino a gosto
- 4 filés de bacalhau fresco

Preparo:

1. Em uma panela, aqueça o azeite e refogue a cebola e o pimentão até que fiquem macios. Acrescente a berinjela, o molho de tomate, o vinho, o alho e o louro. Deixe cozinhar por 25 minutos e reserve.
2. Em outra panela derreta a margarina, junte o suco de limão, o sal e a pimenta.
3. Aqueça o forno em temperatura baixa por dez minutos. Disponha os filés sobre uma assadeira e pincele-os com metade dessa mistura de margarina. Leve ao forno e asse por cinco minutos. Retire do forno, vire as postas e pincele com a mistura de margarina restante. Leve ao forno por mais cinco minutos. Sirva com o molho reservado.

Bacalhau com molho poulette

Para 4 pessoas
Tempo de preparo: 25 minutos
Fácil

Ingredientes:

- 4 postas de bacalhau demolhado e limpo
- 1/2 xícara (chá) de azeite
- 2 dentes de alho ralados
- 100 g de azeitonas picadas
- 1 colher (sopa) de coentro picado
- 2 cenouras sem casca raladas

Molho poulette

- 1 xícara (chá) de molho bechamel
- 1/2 colher (sopa) de suco de limão
- 2 gemas
- 1 colher (sopa) de ervas finas
- 1 pitada de pimenta-do-reino moída

Preparo:

Desfie o peixe em lascas. Ponha numa panela com o azeite, o alho, a azeitona, o coentro e a cenoura. Leve ao fogo por dez minutos, mexendo às vezes. Retire do fogo e reserve.

Molho

1. Aqueça o molho bechamel por três minutos e junte o suco de limão. Retire do fogo e ponha as gemas passadas pela peneira. Leve ao fogo novamente. Junte as ervas e a pimenta, misture e cozinhe por dez minutos. Retire do fogo.
2. Disponha metade do molho em um refratário. Por cima, ponha o refogado de bacalhau. Cubra com o molho restante e leve ao forno preaquecido até borbulhar. Sirva em seguida.

Bacalhau com molho real

Para 4 pessoas
Tempo de preparo: 55 minutos
Fácil

Ingredientes:

- 1/2 xícara (chá) de azeite
- 1 kg de bacalhau demolhado e limpo
- 1/3 xícara (chá) de manteiga
- 4 maçãs verdes sem casca e sem sementes cortadas em gomos
- 1 pitada de canela em pó
- sal a gosto
- 1 pitada de pimenta-do-reino

Molho real

- 3 colheres (sopa) de farinha de trigo
- 1/3 de xícara (chá) de manteiga
- 2 xícaras (chá) de leite
- 1 xícara (chá) de queijo cremoso
- 3 gemas passadas pela peneira
- 1 xícara (chá) de creme de leite

- sal
- 1 pitada de pimenta
- 1 pitada de noz-moscada
- 100 g de damascos aferventados e picados
- 1 xícara (chá) de queijo parmesão

Preparo:

1. Unte uma frigideira com uma colher (sopa) de azeite e aqueça. Separe o peixe em postas, ponha na frigideira e regue com o azeite restante. Deixe no fogo até dourar. Transfira as postas para um refratário e reserve.
2. Em outra panela, derreta a manteiga e cozinhe as maçãs com a canela até ficar al dente. Tempere com sal e pimenta. Retire do fogo e reserve.

Molho

1. Doure a farinha na manteiga e junte o leite. Mexa até ferver e engrossar. Acrescente o queijo cremoso, as gemas, o creme de leite e misture bem. Retire do fogo e deixe esfriar. Tempere com o sal, a pimenta e a noz-moscada. Misture o damasco.
2. Distribua a maçãs sobre o bacalhau e regue com o molho. Polvilhe o queijo ralado e leve ao forno para gratinar. Sirva em seguida.

Bacalhau com molho rosé

Para 4 pessoas
Tempo de preparo: 25 minutos
Fácil

Ingredientes:

- 4 filés de bacalhau fresco
- suco de 2 limões
- 2 dentes de alho amassados
- sal a gosto
- 1 xícara (chá) de molho de tomate refogado
- 1 xícara (chá) de leite de coco
- 1 xícara (chá) de creme de leite
- 1 colher (sopa) de cheiro-verde picado

Preparo:

1. Aqueça o forno em temperatura média. Em uma tigela média tempere os filés com o limão, o alho e o sal. Deixe tomar gosto por 15 minutos.
2. Bata no liquidificador o molho de tomate, o leite e o creme de leite até obter uma mistura homogênea.
3. Ponha metade dessa mistura num refratário e disponha os filés por cima. Cubra com a mistura restante. Leve ao forno por 30 minutos ou até que o peixe esteja cozido. Retire do forno, polvilhe com o cheiro-verde e sirva em seguida.

Bacalhau com molho de tomate e poejo

Para 4 pessoas
Tempo de preparo: 25 minutos
Fácil

Ingredientes:

- 4 postas de bacalhau demolhadas e limpas
- 8 batatas do tipo bolinha sem casca
- 1 xícara (chá) de molho de tomate refogado
- 1 colher (sopa) de páprica
- l colher (sopa) de poejo picado

Preparo:

1. Afervente o bacalhau em água suficiente para cobri-lo por cinco minutos. Escorra e reserve, mas reserve também uma xícara (chá) da água do cozimento.
2. À parte, cozinhe a batata em água e sal, escorra e reserve. Espalhe um pouco de molho de tomate no fundo de uma assadeira e coloque no meio as postas de bacalhau. Ao redor, arrume a batata.
3. Regue com o molho restante misturado com a páprica e a água do cozimento do bacalhau. Polvilhe com o poejo e leve ao forno por 20 minutos. Sirva.

Bacalhau com mostarda

Para 4 pessoas
Tempo de preparo: 35 minutos
Fácil

Ingredientes:

- 500 g de bacalhau demolhado e limpo
- 4 colheres (sopa) de farinha de trigo
- 4 colheres (sopa) de margarina
- 2 xícaras (chá) de leite
- 2 cebolas
- 2 colheres (sopa) de azeite
- 2 colheres (sopa) de mostarda
- 1 xícara (chá) de azeitonas verdes recheadas e picadas
- 2 xícaras (chá) de queijo parmesão ralado
- 4 ovos cozidos sem casca picados
- sal, pimenta e noz-moscada a gosto
- 2 ovos batidos
- 1 colher (sopa) de coentro picado

Para untar

Manteiga

Preparo:

1. Afervente o bacalhau. Escorra, reservando uma xícara

(chá) da água do cozimento. Separe o peixe em lascas e reserve.

2. Doure a farinha na margarina, despejando aos poucos a água reservada e o leite. Mexa bem até obter um creme bem espesso.
3. À parte, doure a cebola picada no azeite. Junte a mostarda, a azeitona, metade do queijo, o ovo cozido e o bacalhau. Tempere com sal, pimenta e noz-moscada. Misture bem e transfira para a panela com o creme. Mexa novamente.
4. Despeje esse creme num refratário untado com manteiga e cubra com o ovo batido. Polvilhe com o queijo restante e o coentro e leve ao forno em temperatura média por 20 minutos ou até obter uma crosta dourada.

Bacalhau com pão de centeio

Para 4 pessoas
Tempo de preparo: 35 minutos
Fácil

Ingredientes:

- 4 postas de bacalhau demolhadas e limpas
- 2 dentes de alho
- sal e cominho a gosto
- 1 1/2 xícara (chá) de azeite
- 4 fatias de pão de centeio
- 7 batatas

Preparo:

1. Ponha o bacalhau em uma assadeira de barro. Por cima, espalhe o alho picado e tempere com sal e cominho. Regue com uma xícara de azeite.
2. Esfarele uma fatia de pão sobre cada posta e leve ao forno preaquecido por cerca de 30 minutos.
3. À parte, cozinhe a batata com a casca em água com sal. Escorra, ponha em outra assadeira, regue com azeite restante e leve ao forno até dourar. Sirva com o bacalhau.

Bacalhau com pupunha

Para 4 pessoas
Tempo de preparo: 1 hora
Média dificuldade

Ingredientes:

- 4 postas de bacalhau demolhadas e limpas
- 4 dentes de alho
- 1 xícara (chá) de azeite
- 300 g de palmito pupunha fresco
- 1 pimenta dedo-de-moça
- 1/2 xícara (chá) de vinho branco
- sal a gosto
- 1 xícara (chá) de água
- 2 colheres (sopa) de manjericão roxo picado
- 1/2 xícara (chá) de margarina

Preparo:

1. Num refratário, ponha o bacalhau, o alho inteiro sem casca e regue com o azeite. Asse em forno médio e aumente a temperatura quando o bacalhau começar a se abrir em lascas. Regue de vez em quando com o azeite da forma e asse até dourar.
2. À parte, lave o palmito e escorra sobre uma peneira. Lave a pimenta, retire as sementes e pique-a em pedaços bem pequenos. Ponha numa panela com o vinho, o sal e a água.
3. Leve ao fogo e, assim que ferver, adicione o palmito desfiado e cozinhe por 15 minutos ou até ficar crocante. Retire do fogo, escorra e reserve o palmito na panela.
4. Em outra panela, ponha o manjericão roxo e a margarina. Leve ao fogo baixo por dois minutos. Retire do fogo, passe por uma peneira e aperte bem. Tempere com sal e despeje sobre o palmito na panela.
5. Leve ao fogo e cozinhe, sacudindo a panela às vezes por dois minutos. Retire do fogo. Em pratos individuais ponha o palmito e disponha o bacalhau por cima. Sirva em seguida.

Bacalhau com quatro queijos

Para 4 pessoas
Tempo de preparo: 50 minutos
Fácil

Ingredientes:

- 1 kg de filés de bacalhau fresco
- sal e pimenta-do-reino branca a gosto
- 1/2 xícara (chá) de margarina
- 4 xícaras (chá) de leite
- 2 colheres (sopa) de amido de milho
- 200 g de cheddar cremoso
- 200 g de queijo cremoso
- 150 g de queijo provolone fatiado
- 100 g de queijo parmesão ralado

Preparo:

1. Corte os filés em tamanho médio. Tempere-os com sal e pimenta. Em uma frigideira aquecida, ponha metade da margarina e doure o peixe dos dois lados. Reserve.
2. Em uma panela funda, ponha a margarina restante, o leite (reserve meia xícara) e uma pitada de sal.

Dissolva o amido de milho no leite reservado e acrescente à panela. Mexa até engrossar um pouco. Se ficar muito ralo, adicione mais amido de milho.
3. Abaixe o fogo e adicione o cheddar e o queijo cremoso. Mexa por três minutos. Em um refratário, distribua os filés e ponha metade do molho de queijo.
4. Cubra com o provolone e ponha o restante do molho por cima. Polvilhe com o queijo parmesão. Aqueça o forno em temperatura baixa e leve ao forno até dourar. Sirva em seguida.

Bacalhau com queijo branco

Para 4 pessoas
Tempo de preparo: 35 minutos
Fácil

Ingredientes:
- 4 postas finas de bacalhau demolhadas e limpas
- 2 cebolas grandes picadas
- 4 dentes de alho amassados
- 1/2 xícara (chá) de azeite
- sal e pimenta-malagueta a gosto
- 1 xícara (chá) de molho branco
- 2 xícaras (chá) de creme de leite
- 1 colher (sopa) de coentro
- 200 g de queijo branco em cubos

Preparo:
1. Desfie o bacalhau e reserve. Leve ao fogo em uma frigideira antiaderente a cebola, o alho e o azeite. Misture e deixe cozinhar até a cebola ficar transparente. Ponha o bacalhau, o sal e a pimenta picada sem sementes.
2. Refogue até o bacalhau começar a dourar. Acrescente o molho branco e o creme de leite. Despeje num refratário e misture com o coentro picado. Polvilhe com o queijo e leve ao forno previamente aquecido em temperatura alta até o queijo se derreter. Sirva em seguida.

Bacalhau com repolho e pignoli

Para 4 pessoas
Tempo de preparo: 45 minutos
Fácil

Ingredientes:
- 4 postas de bacalhau demolhadas e limpas
- 1/2 xícara (chá) de azeite
- 2 cebolas
- 4 dentes de alho
- 1 repolho
- 700 g de purê de batata instantâneo
- 2 xícaras (chá) de leite
- 100 g de queijo parmesão ralado
- 1 xícara (chá) de creme de leite
- 2 colheres (sopa) de pignoli picado

Preparo:
1. Separe o peixe em lascas e leve-o ao fogo com o azeite, a cebola e o alho em rodelas. Deixe no fogo até a cebola ficar transparente.
2. À parte, cozinhe o repolho. Escorra bem e reserve.
3. Prepare o purê de batata com o leite e junte metade do queijo.
4. Num refratário, faça camadas com o purê, o repolho cortado em tiras finas e o bacalhau. Regue com o creme de leite e polvilhe com o queijo restante misturado com o pignoli. Leve ao forno por 20 minutos e sirva.

Bacalhau com seleta de legumes

Para 4 pessoas
Tempo de preparo: 45 minutos
Fácil

Ingredientes:
- 600 g de bacalhau demolhado e limpo
- 5 batatas sem casca
- 1 xícara (chá) de azeite
- 3 cebolas
- 4 dentes de alho picados
- 1 xícara (chá) de vinho branco seco
- 1 1/3 de xícara (chá) de creme de leite
- 1 1/3 de xícara (chá) de molho branco
- sal a gosto
- 1 xícara (chá) de seleta de legumes
- 1 xícara (chá) de azeitonas pretas sem caroço
- 150 g de queijo parmesão ralado

Preparo:
1. Separe o peixe em lascas e reserve. Corte a batata em rodelas e frite no azeite (reserve uma colher de sopa). Escorra sobre papel-toalha e reserve.
2. Refogue a cebola cortada em meia-lua no azeite reservado. Ponha o alho e regue com vinho. Cozinhe por cinco minutos ou até que o líquido se reduza à metade. Reserve.
3. Numa panela, ponha o creme de leite e o molho branco. Aqueça rapidamente e junte o bacalhau. Tempere com sal e cozinhe por cinco minutos.
4. Num refratário, ponha uma camada de bacalhau,

uma de batata e outra de cebola. Polvilhe com a azeitona e com o queijo. Leve ao forno até dourar e sirva.

Bacalhau com salsichão

Para 4 pessoas
Tempo de preparo: 30 minutos
Fácil

Ingredientes:

- *4 postas de bacalhau demolhadas e limpas*
- *250 g de salsichão*
- *100 g de queijo parmesão ralado*
- *1/2 xícara (chá) de azeite*
- *2 dentes de alho picados*
- *3 colheres (sopa) de farinha de rosca*
- *2 ovos cozidos sem casca*
- *1 colher (sopa) de salsa*

Preparo:

1. *Abra as postas de bacalhau ao meio, deixando um dos extremos fechado. Recheie com fatias finas de salsichão e polvilhe com um pouco de queijo. Regue com metade do azeite e feche a posta.*
2. *Polvilhe as postas com o alho e a farinha de rosca e regue com o azeite restante. Leve ao forno preaquecido em temperatura baixa até o bacalhau ficar dourado. Retire e polvilhe com os ovos ralados e a salsa. Sirva em seguida.*

Bacalhau com suco de tomate

Para 4 pessoas
Tempo de preparo: 1 hora
Fácil

Ingredientes:

- *2 kg de bacalhau fresco*
- *sal, pimenta-do-reino e páprica a gosto*
- *1 colher (sopa) de suco de limão*
- *6 dentes de alho espremidos*
- *2 cebolas grandes picadas*
- *2 xícaras (chá) de suco de tomate*
- *200 g de cogumelos*
- *3 xícaras (chá) de vagem refogada na manteiga*

Preparo:

1. *Tempere o peixe com sal, pimenta, a páprica e o suco de limão. Ponha o alho e misture bem.*
2. *Cubra uma forma com a cebola e ponha o peixe, o suco de tomate e o cogumelo.*
3. *Asse por 45 minutos em forno preaquecido. Nos dez minutos finais, ponha a vagem por cima do cogumelo. Sirva em seguida.*

Bacalhau com tomate

Para 4 pessoas
Tempo de preparo: 35 minutos
Fácil

Ingredientes:

- *1 kg de bacalhau demolhado e limpo*
- *1 1/2 xícara (chá) de azeite*
- *1 cebola em rodelas*
- *10 tomates sem sementes picados*
- *sal e pimenta-do-reino a gosto*

Preparo:

1. *Corte o bacalhau em pedaços médios e reserve. Numa panela, refogue na metade do azeite a cebola e o tomate. Tempere com sal e pimenta.*
2. *Distribua o bacalhau num refratário e regue com o azeite restante. Por cima, ponha o refogado de tomate. Leve ao forno e cozinhe até começar a borbulhar.*

Bacalhau com tomate e ervas finas

Para 4 pessoas
Tempo de preparo: 35 minutos
Fácil

Ingredientes:

- *800 g de bacalhau demolhado e limpo*
- *10 tomates bem maduros*
- *1 1/3 de xícara (chá) de azeite*
- *sal a gosto*
- *1/2 colher (sopa) de ervas finas*
- *20 tomates-cereja*

Preparo:

1. *Corte o bacalhau em pedaços médios e reserve. Triture o tomate maduro no processador e passe pela peneira.*
2. *Numa assadeira, ponha o bacalhau e regue com metade do azeite. Cubra com o molho de tomate. Tempere com sal e as ervas finas. Leve ao forno preaquecido por dez minutos. Retire e distribua o tomate-cereja. Regue com o azeite restante e leve ao forno novamente. Deixe por mais dez minutos e sirva.*

Bacalhau com vinho do Porto e amêijoa

Para 4 pessoas
Tempo de preparo: 1 hora e 5 minutos
Fácil

Ingredientes:

- 750 g de postas de bacalhau demolhadas e limpas
- 1 kg de amêijoas
- 1/2 xícara (chá) de vinho branco seco
- 2 colheres (sopa) de coentro picado
- 2 colheres (sopa) de salsa picada
- 1 folha de louro
- 1/2 xícara (chá) de vinho do Porto
- 10 tomates sem pele e sem sementes
- 2 colheres (sopa) de manteiga
- 1 cebola
- 6 cravos-da-índia
- 1 colher (sopa) de farinha
- 1 xícara (chá) de leite
- sal e pimenta-malagueta a gosto

Preparo:

1. Separe o peixe em lascas e reserve. À parte, ponha numa panela a amêijoa com o vinho branco, o coentro, a salsa e o louro. Leve ao fogo até que as conchas se abram (descarte as que se mantiverem fechadas). Coe o caldo e reserve.
2. Ponha a amêijoa em uma panela com o vinho do Porto e leve ao fogo por dez minutos. Coe e reserve o caldo.
3. Pique o tomate e leve ao fogo baixo por 20 minutos com metade da manteiga e a cebola espetada com os cravos. Junte o caldo do vinho do Porto e deixe apurar por dez minutos em fogo baixo.
4. À parte, derreta a manteiga restante e junte a farinha. Misture bem e cozinhe sem deixar queimar. Regue às vezes com o caldo de vinho branco reservado. Acrescente o leite, misture e tempere com sal e pimenta.
5. Ponha as lascas de bacalhau numa assadeira e espalhe a amêijoa. Despeje o refogado de tomate e o molho com o leite. Leve ao forno por 30 minutos.

Bacalhau com vinho do Porto e batata

Para 4 pessoas
Tempo de preparo: 35 minutos
Fácil

Ingredientes:

- 4 postas de bacalhau demolhadas e limpas
- 1 xícara (chá) de farinha de trigo
- 2 xícaras (chá) de azeite
- 3 cebolas em rodelas
- 2 xícaras (chá) de vinho do Porto
- 2 colheres (sopa) de vinagre
- 2 colheres (sopa) de água
- 2 colheres (sopa) de salsa
- 2 dentes de alho picados
- sal e cominho a gosto
- 6 batatas grandes sem casca
- 2 ovos batidos
- 1 xícara (chá) de farinha de rosca
- 100 g de azeitonas pretas sem caroço picadas

Para fritar

Óleo

Preparo:

1. Passe as postas na farinha de trigo e frite no azeite quente. Escorra sobre papel-toalha e reserve.
2. No mesmo azeite, frite a cebola em rodelas. Regue com o vinho, o vinagre e a água. Junte a salsa e o alho. Tempere com sal e cominho e deixe ferver por cinco minutos.
3. Cozinhe a batata. Escorra e corte-a em rodelas. Passe pelo ovo e pela farinha de rosca e frite em óleo.
4. Num refratário, ponha o bacalhau e regue com o molho. Disponha a batata ao redor e leve ao forno preaquecido por dez minutos. Decore com a azeitona e sirva.

Bacalhau com vinho do Porto e cogumelos

Para 4 pessoas
Tempo de preparo: 45 minutos
Fácil

Ingredientes:

- 600 g de bacalhau demolhado e limpo
- 1 xícara (chá) de farinha de trigo
- 1/2 xícara (chá) de azeite
- 6 tomates sem pele e sem sementes picados
- 2 dentes de alho picados
- 1 ramo de salsa picado
- 150 g de cogumelos
- 1/2 xícara (chá) de vinho do Porto
- sal e pimenta-do-reino a gosto
- 1/4 de xícara (chá) de farinha de rosca
- 7 batatas sem casca
- 2 ovos batidos

Preparo:

1. Corte o bacalhau em pedaços e passe pela farinha de

trigo. Frite no azeite (reserve quatro colheres de sopa) até dourar. Retire, escorra sobre papel-toalha e reserve.

2. Em metade do azeite reservado, refogue o tomate, o alho, a salsa, o cogumelo cortado em lâminas e o vinho. Tempere com sal e pimenta e deixe cozinhar em fogo baixo por 15 minutos.
3. Ponha o bacalhau num refratário e regue com esse molho. Polvilhe com a farinha de rosca e leve ao forno por 15 minutos.
4. Cozinhe a batata em água e sal. Escorra, corte-a em rodelas e passe no ovo. Frite no azeite restante (se necessário, acrescente mais um pouco). Sirva com o bacalhau.

Bacalhau com vinho do Porto e palmito

Para 4 pessoas
Tempo de preparo: 55 minutos
Fácil

Ingredientes:

- 1 kg de postas de bacalhau demolhadas e limpas
- 1 xícara (chá) de farinha de trigo
- 2 ovos batidos
- 1 xícara (chá) de azeite
- 10 tomates sem sementes
- 2 dentes de alho picados
- 1 colher (sopa) de salsa picada
- 250 g de palmito
- 1 xícara (chá) de vinho do Porto seco
- sal e pimenta-do-reino a gosto

Preparo:

1. Corte as postas em pedaços, passe-os pela farinha e pelo ovo. Frite no azeite. Escorra sobre papel-toalha e reserve.
2. No mesmo azeite, junte o tomate cortado em cubos, o alho, a salsa, o palmito cortado em lâminas e o vinho. Misture bem e tempere com sal e pimenta. Cozinhe por cinco minutos em fogo baixo e reserve.
3. Num refratário, ponha o bacalhau e cubra com o molho. Leve ao forno bem quente até o bacalhau ficar macio. Sirva em seguida.

Bacalhau com molho de gemas

Para 4 pessoas
Tempo de preparo: 40 minutos
Fácil

Ingredientes:

- 6 batatas sem casca
- 800 g de bacalhau demolhado e limpo
- 2 cebolas grandes
- 4 colheres (sopa) de azeite
- 4 ovos cozidos sem casca

Molho

- 2 colheres (sopa) de manteiga
- 1 colher (sopa) de farinha de trigo
- 2 xícaras (chá) de leite
- sal a gosto
- suco de 1 limão
- 2 gemas

Preparo:

1. Corte a batata em rodelas e cozinhe em água e sal. Junte o bacalhau e deixe cozinhar por cinco minutos. Escorra, desfaça o peixe em lascas e reserve.
2. Corte a cebola em rodelas e refogue no azeite. Quando dourar, junte o bacalhau e refogue por cinco minutos. Retire do fogo e reserve.
3. Ponha a batata em uma travessa e cubra com o bacalhau e o ovo cozido cortado em rodelas.

Molho

Leve a manteiga ao fogo. Quando se derreter, adicione de uma só vez a farinha. Mexa muito bem e junte o leite. Tempere com sal e o suco de limão. Ponha a gema, mexendo sempre. Deixe engrossar um pouco e despeje sobre o bacalhau. Leve ao forno até começar a borbulhar e sirva.

Bacalhau cremoso

Para 4 pessoas
Tempo de preparo: 35 minutos
Fácil

Ingredientes:

- 3 colheres (sopa) de azeite
- 4 cebolas em rodelas
- 1 kg de bacalhau demolhado, limpo e em lascas
- 2 colheres (sopa) de amido de milho
- 2 xícaras (chá) de leite desnatado
- 1 colher (sopa) de margarina
- sal e noz-moscada a gosto
- 6 batatas cozidas sem casca e cortadas em cubos
- 1 lata de creme de leite
- 4 claras em neve

Para polvilhar

Farinha de rosca

Preparo:

1. Em uma panela, aqueça o azeite e doure a cebola. Ponha o peixe e cozinhe por cinco minutos. Dissolva o amido de milho no leite.
2. Em outra panela, derreta a margarina e adicione o leite com o amido de milho dissolvido. Leve ao fogo, mexendo sempre, até obter um creme espesso. Tempere com sal e noz-moscada.
3. Em um refratário, monte camadas de bacalhau, creme, batata e creme de leite. Cubra com as claras e polvilhe com a farinha de rosca. Leve ao forno por 20 minutos e sirva.

Bacalhau cremoso com mostarda

Para 4 pessoas
Tempo de preparo: 45 minutos
Fácil

Ingredientes:

- 500 g de bacalhau demolhado e limpo
- 2 colheres (sopa) de manteiga
- 2 colheres (sopa) de farinha de trigo
- 2 xícaras (chá) de leite
- 1 gema
- 1 colher (sopa) de mostarda
- 2 colheres (sopa) de suco de limão
- 1 pitada de noz-moscada
- sal e pimenta-do-reino a gosto
- 3/4 de xícara (chá) de creme de leite
- 6 batatas
- 6 colheres (sopa) de azeite
- 2 cebolas
- 2 colheres (sopa) de queijo emmenthal

Preparo:

1. Desfie o peixe e reserve.
2. Em uma panela, ponha a manteiga e a farinha. Leve ao fogo e misture bem. Acrescente aos poucos o leite e misture para não empelotar. Cozinhe por 15 minutos.
3. Em uma tigela misture a gema, a mostarda e o suco de limão. Despeje na panela com o creme e misture rapidamente. Tempere com a noz-moscada, sal e pimenta. Adicione o creme de leite e cozinhe, mexendo às vezes, por mais cinco minutos. Retire do fogo e reserve.
4. Descasque a batata e corte-a em cubos. Frite-os no azeite quente até dourarem. Junte a cebola e mexa até que a batata fique macia. Tempere com sal e pimenta.
5. Transfira para um refratário e cubra com o bacalhau reservado. Por cima, despeje o molho. Polvilhe com o queijo e leve ao forno por 20 minutos ou até gratinar.

Bacalhau cremoso com queijo meia-cura

Para 4 pessoas
Tempo de preparo: 35 minutos
Fácil

Ingredientes:

- 1 kg de bacalhau demolhado e limpo
- 5 folhas de louro
- 1/2 colher (sopa) de manjericão
- 8 batatas sem casca
- 2 tomates sem sementes picados
- 1/2 xícara (chá) de azeite
- 1 maço de couve-manteiga
- 2 dentes de alho
- sal e pimenta-do-reino a gosto

Creme de queijo

- 1/2 xícara (chá) de manteiga
- 7 colheres (sopa) de farinha de trigo
- 4 xícaras (chá) de leite
- 1 pitada de noz-moscada
- 1 1/3 de xícara (chá) de creme de leite sem soro
- 300 g de queijo meia-cura ralado

Preparo:

1. Afervente o bacalhau com o louro, o manjericão e a batata. Quando a batata estiver macia, escorra.
2. Desfie o peixe em lascas. Num refratário, arrume camadas do peixe e da batata. Por cima, disponha o tomate e regue com metade do azeite. Reserve.
3. Afervente a couve e corte-a em tiras finas. À parte, refogue o alho no azeite restante. Ponha a couve e refogue também. Tempere com sal e pimenta. Quando estiver crocante, retire do fogo e mantenha aquecida.

Creme

Leve ao fogo uma panela com a manteiga e espere que se derreta. Junte de uma só vez a farinha e misture bem. Ponha o leite e tempere com a noz-moscada. Misture até encorpar. Retire do fogo e adicione o creme de leite e o queijo ralado. Misture bem e cubra o bacalhau reservado com esse creme. Leve ao fogo para gratinar por 15 minutos ou até dourar. Sirva com a couve.

Bacalhau com queijo gruyère

Para 4 pessoas
Tempo de preparo: 55 minutos
Fácil

Ingredientes:

- 3 postas de bacalhau demolhadas e limpas
- 3 colheres (sopa) de azeite
- 1 cebola
- 1 alho-poró em rodelas
- 1 xícara (chá) de cheiro-verde
- 3 tomates sem pele e sem sementes picados
- sal e cominho a gosto
- 1 colher (sopa) de amido de milho
- 2 xícaras (chá) de leite
- 2 colheres (sopa) de margarina
- 3 gemas peneiradas
- 2 xícaras (chá) de queijo gruyère
- 4 ovos cozidos sem casca
- 1 xícara (chá) de azeitona sem caroço
- 1 xícara (chá) de castanha-de-caju bem picada

Para untar

Manteiga

Preparo:

1. Desfie o bacalhau e reserve. Leve uma panela ao fogo com o azeite. Quando estiver bem quente, ponha a cebola em cubos e o alho-poró e refogue por cinco minutos, mexendo às vezes.
2. Junte o cheiro-verde e o tomate. Tempere com sal e cominho. Junte o bacalhau e cozinhe por 15 minutos. Retire do fogo.
3. Dissolva o amido na metade do leite e ponha em uma panela. Mexa bem e acrescente o leite restante. Misture e leve ao fogo, mexendo até engrossar.
4. Retire do fogo e tempere com sal. Junte a margarina e as gemas e leve novamente ao fogo sem deixar ferver. Retire do fogo e bata um pouco para não criar crosta.
5. Unte um refratário com manteiga e alterne camadas de creme, peixe, queijo, ovos cozidos cortados em rodelas e azeitona. Repita até terminarem os ingredientes, mas finalize com o peixe. Por cima, ponha a castanha e leve ao forno até dourar.

Bacalhau crocante

Para 4 pessoas
Tempo de preparo: 25 minutos
Fácil

Ingredientes:

- 7 batatas
- 3 postas de bacalhau demolhadas e limpas
- 1 colher (sopa) de margarina
- 1/4 xícara (chá) de farinha de rosca
- 1 cebola
- 4 colheres (sopa) de azeite
- 2 colheres (sopa) de farinha de trigo
- 2 xícaras (chá) de leite
- sal, pimenta-do-reino e noz-moscada a gosto
- 6 colheres (sopa) de queijo parmesão ralado
- 2 claras
- 1/2 colher (sopa) de páprica
- 1/2 colher (sopa) de gergelim

Preparo:

1. Descasque a batata e cozinhe em água e sal. Escorra e passe pelo espremedor. À parte, desfie o peixe. Unte um refratário com metade da margarina e polvilhe com a farinha de rosca.
2. Pique a cebola e a refogue no azeite. Acrescente a margarina restante e o bacalhau. Refogue por cinco minutos, mexendo sempre. Acrescente a batata amassada.
3. Dissolva a farinha no leite e adicione à panela. Tempere com sal, pimenta e a noz-moscada. Junte o queijo e mexa bem. Despeje no refratário. Bata as claras em neve e disponha sobre o bacalhau. Polvilhe com a páprica e o gergelim e leve ao forno preaquecido em temperatura alta por 15 minutos. Retire e sirva.

Bacalhau crocante com alcaparra

Para 4 pessoas
Tempo de preparo: 35 minutos
Fácil

Ingredientes:

- 1 kg de filés de bacalhau fresco
- 1 xícara (chá) de farinha de trigo
- 1/2 xícara (chá) de azeite
- 4 cebolas picadas
- 2 dentes de alho picados
- 1 talo de salsão picado
- 1 cenoura sem casca ralada
- 2 colheres (sopa) de alcaparras
- sal e pimenta-do-reino a gosto
- 1 1/3 de xícara (chá) de vinho branco seco
- 6 amêndoas sem pele
- 5 batatas sem casca cozidas
- 2 colheres (sopa) de salsa

Preparo:

1. Corte o bacalhau em pedaços grandes, passe-os na farinha e reserve. Numa panela, ponha o azeite e refogue a cebola, o alho, o salsão e a cenoura. Junte a alcaparra e tempere com sal e pimenta.
2. Adicione o vinho e a amêndoa em fatias. Ponha o bacalhau e cozinhe por 15 minutos. Unte um refratário e disponha a batata em rodelas. Por cima, ponha o bacalhau, polvilhe com a salsa e leve ao forno por 15 minutos.

Bacalhau da baiúca

Para 4 pessoas
Tempo de preparo: 45 minutos
Fácil

Ingredientes:

- 4 batatas
- 800 g de bacalhau demolhado e limpo
- 4 dentes de alho
- 1/2 xícara (chá) de azeite
- sal e pimenta-malagueta em flocos a gosto
- 4 ovos cozidos e sem casca
- 1 vidro grande de maionese
- 1/2 colher (sopa) de suco de limão

Preparo:

1. Cozinhe a batata com casca em água e sal até ficar macia.
2. À parte, afervente o bacalhau com o alho picado. Escorra e separe o peixe em pedaços.
3. Numa assadeira, ponha a batata inteira sem casca e regue com azeite. Tempere com sal e pimenta. Adicione o bacalhau e distribua o ovo cozido cortado em quatro.
4. Misture a maionese com o suco de limão e cubra o enformado com essa mistura. Leve ao forno e asse até a maionese gratinar. Sirva em seguida.

Bacalhau das caravelas

Para 4 pessoas
Tempo de preparo: 55 minutos
Fácil

Ingredientes:

- 1,2 kg de bacalhau demolhado e limpo
- 4 xícaras (chá) de leite
- 1 xícara (chá) de farinha de rosca
- 1 3/4 de xícara (chá) de farinha de trigo
- 4 dentes de alho amassados
- 2 xícaras (chá) de azeite

Preparo:

1. Corte o bacalhau em pedaços e deixe de molho no leite por 1 hora. Em uma vasilha, misture os dois tipos de farinha e o alho.
2. Escorra o bacalhau e seque bem. Passe os pedaços na mistura de farinha.
3. Transfira para um refratário e despeje por cima o azeite quente. Preaqueça o forno em temperatura média e asse o peixe por 20 minutos. Retire e sirva.

Bacalhau das freiras

Para 4 pessoas
Tempo de preparo: 45 minutos
Fácil

Ingredientes:

- 300 g de bacalhau demolhado, limpo e em lascas
- 1/2 xícara (chá) de azeite
- 150 g de camarões pequenos limpos
- 6 batatas sem casca
- 2 colheres (sopa) de manteiga
- 2 colheres (sopa) de farinha de trigo
- sal e pimenta-do-reino a gosto
- 2 xícaras (chá) de leite frio
- 1 xícara (chá) de creme de leite fresco

Para polvilhar

Farinha de rosca

Preparo:

1. Em uma panela, refogue o bacalhau em duas colheres (sopa) de azeite. Misture o camarão e refogue por mais cinco minutos.
2. À parte, corte a batata em rodelas finas e frite no azeite restante (reserve três colheres de sopa). Escorra sobre papel-toalha e reserve.
3. Em outra panela, ponha as três colheres (sopa) de azeite, a manteiga e doure a farinha. Tempere com sal e pimenta e ponha o leite aos poucos.
4. Mexa bem até ficar uma mistura cremosa. Apague o fogo, acrescente o creme de leite e mexa novamente. Reserve.
5. Em um refratário ponha o creme, o bacalhau e a batata por cima. Altere as camadas até os ingredientes terminarem, mas finalize com o creme. Polvilhe com farinha de rosca. Preaqueça o forno em temperatura média. Leve o refratário ao forno e asse por 15 minutos.

Bacalhau da vizinha

Para 4 pessoas
Tempo de preparo: 45 minutos
Fácil

Ingredientes:

- 4 postas de bacalhau demolhadas e limpas
- 10 batatas médias sem casca
- 4 ovos
- 2 cebolas
- 2 pimentões verdes sem sementes
- 5 tomates sem sementes picados
- 6 azeitonas verdes recheadas

- 150 g de queijo parmesão ralado
- 1 xícara (chá) de azeite

Preparo:

1. Desfie o peixe e reserve. Cozinhe em água e sal a batata e o ovo. Descasque a batata e o ovo. Corte a cebola, o pimentão e o ovo em rodelas.
2. Numa assadeira untada com azeite, ponha o bacalhau. Por cima distribua a batata, a cebola, o tomate, o pimentão e o ovo.
3. Ponha a azeitona por cima e polvilhe com queijo. Regue com o azeite e leve ao forno por 15 minutos ou até gratinar.

Bacalhau das aldeias

Para 4 pessoas
Tempo de preparo: 25 minutos
Fácil

Ingredientes:

- 2 kg de bacalhau demolhado, limpo e em lascas
- 1 1/3 de xícara (chá) de azeite
- 4 dentes de alho em lâminas
- sal a gosto
- 1 pimenta-malagueta sem sementes picada
- 8 batatas sem casca cozidas

Preparo:

Separe o bacalhau em lascas e ponha numa assadeira de barro. Regue com o azeite e tempere com o alho, o sal e a pimenta. Por cima, disponha a batata em rodelas. Misture bem e leve ao forno preaquecido até a batata dourar. Mexa às vezes.

Bacalhau de Bento Gonçalves

Para 4 pessoas
Tempo de preparo: 35 minutos
Fácil

Ingredientes:

- 6 postas de bacalhau demolhadas e limpas
- 1 1/3 de xícara (chá) de azeite
- 5 dentes de alho em fatias
- 6 folhas de louro
- 1/2 colher (sopa) de pimenta-rosa
- 2 colheres (sopa) de vinagre
- 2 colheres (sopa) de água
- 1 colher (sopa) de farinha de rosca
- 2 colheres (sopa) de manteiga
- 1/2 colher (sopa) de salsa picada

Preparo:

1. Ponha as postas de bacalhau em um refratário e regue com metade do azeite. Tempere com o alho, o louro, a pimenta, o vinagre e a água.
2. Polvilhe com farinha de rosca e distribua pedaços de manteiga sobre o peixe. Regue com o azeite restante e leve ao forno em temperatura baixa para assar. De vez em quando, regue com o molho que se formar. Retire do forno e polvilhe com a salsa antes de servir.

Bacalhau de festa

Para 4 pessoas
Tempo de preparo: 40 minutos
Fácil

Ingredientes:

- 1 kg de bacalhau demolhado e limpo
- 12 batatas sem casca
- 5 ovos
- 4 cebolas roxas
- 1 xícara (chá) de azeite
- 2 xícaras (chá) de palmito em rodelas
- 100 g de azeitonas pretas sem caroço picadas
- 1 gema

Preparo:

1. Corte o bacalhau em pedaços e reserve. Cozinhe a batata em água e sal até ficar macia. Escorra. Corte seis batatas em rodelas e a outra metade transforme em purê.
2. Cozinhe o ovo, descasque e corte em rodelas. Corte a cebola em anéis.
3. Unte um refratário com metade do azeite. Ponha o bacalhau, a batata em rodelas, o ovo, a cebola, o palmito e a azeitona.
4. Regue com o azeite restante e cubra com o purê de batata. Pincele com a gema batida e leve ao forno até ficar dourado. Sirva em seguida.

Bacalhau delícia

Para 4 pessoas
Tempo de preparo: 35 minutos
Fácil

Ingredientes:

- 1 kg de bacalhau demolhado e limpo
- 1 xícara (chá) de farinha de trigo
- 2 ovos batidos

- 1 xícara (chá) de azeite
- 3 cebolas em rodelas
- 3 dentes de alho picados
- 1 lata de tomate pelado
- sal e cebolinha verde picada a gosto
- 1 xícara (chá) de azeitonas verdes picadas
- 1 colher (sopa) de salsa picada
- 1 folha de louro
- 1 pitada de pimenta-malagueta em flocos
- 8 batatas sem casca
- 3 ovos bem batidos

Para fritar

Azeite

Preparo:

1. Corte o bacalhau em pedaços grandes. Passe-os na farinha de trigo e no ovo. Frite no azeite até dourar. Escorra sobre papel-toalha e reserve. Reserve também o azeite da fritura.
2. Numa panela, aqueça uma xícara (chá) de azeite e refogue a cebola e o alho. Junte o tomate, o sal, a cebolinha, a azeitona, a salsa, o louro e a pimenta.
3. Corte a batata em quatro e frite no azeite em que fritou o bacalhau até dourar. Escorra e ponha na panela com a cebola.
4. Arrume num refratário uma camada de batata e cebola. Por cima, ponha o bacalhau. Cubra com os ovos batidos. Leve ao forno e asse até dourar. Retire e sirva.

Bacalhau delicioso com mostarda

Para 4 pessoas
Tempo de preparo: 50 minutos
Média dificuldade

Ingredientes:

- 500 g de bacalhau demolhado e limpo
- 4 colheres (sopa) de farinha de trigo
- 4 colheres (sopa) de margarina
- 2 xícaras (chá) de leite
- sal, pimenta-do-reino e noz-moscada a gosto
- 2 cebolas em rodelas
- 2 colheres (sopa) de azeite
- 2 colheres (sopa) de mostarda
- 1 xícara (chá) de cheiro-verde
- 1 xícara (chá) de azeitonas verdes picadas
- 4 ovos cozidos sem casca e picados
- 2 gemas batidas
- 1 xícara (chá) de queijo parmesão ralado

Preparo:

1. Afervente o bacalhau, escorra e reserve duas xícaras (chá) da água. Separe o peixe em lascas e reserve. Numa panela, doure a farinha na margarina. Junte a água reservada e o leite aos poucos. Mexa sem parar até obter um creme espesso.
2. Tempere com sal, pimenta e a noz-moscada. À parte, doure a cebola no azeite e acrescente à panela. Junte a mostarda, o peixe e o cheiro-verde.
3. Unte um refratário e despeje essa mistura. Por cima, distribua a azeitona, o ovo e regue com as gemas. Polvilhe com o queijo e leve ao forno preaquecido em temperatura alta até formar uma crosta dourada. Sirva em seguida.

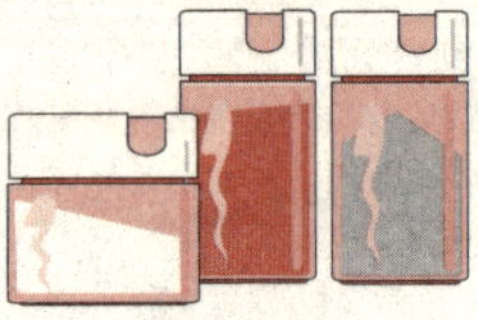

Bacalhau delicioso com tomate

Para 4 pessoas
Tempo de preparo: 1h15m
Fácil

Ingredientes:

- 500 g de bacalhau demolhado e limpo
- 1 xícara (chá) de azeite
- sal a gosto
- 1 pimenta-malagueta sem sementes em rodelas
- 4 cebolas grandes cortadas em cubos
- 4 tomates vermelhos sem pele e sementes
- 1 colher (sopa) de farinha de trigo
- 4 batatas sem casca
- 1 colher (sopa) de manteiga
- 3 cenouras sem casca em fatias
- 4 alhos-porós à juliana
- 1/4 de xícara (chá) de farinha de rosca

Preparo:

1. Afervente o bacalhau. Escorra, reservando uma xícara (chá) de água, e separe o peixe em lascas. Refogue o peixe em metade do azeite. Tempere com sal e pimenta. Reserve.
2. Despeje numa panela o azeite restante. Junte a cebola e leve ao fogo, mexendo até dourar. Acrescente o tomate em pedaços e a água reservada. Cozinhe até ferver. Adicione a farinha, misture bem e ferva por dez minutos. Reserve.
3. Cozinhe a batata em água e sal. Escorra e corte-a em rodelas. Reserve. Numa frigideira, refogue na manteiga a cenoura e o alho-poró rapidamente.

4. Num refratário untado, ponha uma camada de batata, outra de bacalhau e o refogado de cenoura e alho-poró. Despeje um pouco do molho de tomate e repita as camadas até os ingredientes terminarem. Polvilhe com farinha de rosca e leve ao forno em temperatura baixa por 1 hora ou até começar a secar. Sirva.

Bacalhau di Napoli

Para 4 pessoas
Tempo de preparo: 1h10m
Fácil

Ingredientes:

- 2 cebolas picadas
- 1 1/2 xícara (chá) de azeite
- 7 dentes de alho picados
- 3 xícaras (chá) de tomate pelado
- 2 xícaras (chá) de caldo de legumes
- 6 grãos de pimenta-do-reino
- sal a gosto
- 1 xícara (chá) de azeitonas verdes recheadas
- 1 1/2 colher (sopa) de manjericão roxo picado
- 1 kg de postas de bacalhau demolhadas e limpas

Preparo:

1. Em uma panela, refogue a cebola em meia xícara de azeite. Mexa por três minutos e acrescente metade do alho. Mexa por mais três minutos.
2. À parte, bata o tomate no liquidificador e passe por uma peneira. Ponha na panela e junte o caldo de legumes. Deixe ferver até engrossar. Ponha a pimenta, o sal, a azeitona e o manjericão. Mexa bem e reserve.
3. Em uma assadeira, ponha as postas de bacalhau e regue com o azeite restante. Polvilhe com o alho restante e leve ao forno para assar em temperatura baixa por 1 hora ou até dourar. Retire um pouco de azeite e descarte.
4. Regue o bacalhau com o molho de tomate reservado e leve ao forno por mais dois minutos. Retire e sirva.

Bacalhau diferente

Para 4 pessoas
Tempo de preparo: 55 minutos
Fácil

Ingredientes:

- 3 dentes de alho
- 1/2 xícara (chá) de manteiga
- sal a gosto
- suco de 1 limão
- 1 kg de filés de bacalhau fresco
- 5 batatas sem casca cozidas

Molho de camarão

- 1 xícara (chá) de azeite
- 1 cebola grande picada
- 1 1/3 de xícara (chá) de molho de tomate
- sal e pimenta-do-reino a gosto
- 1 xícara (chá) de milho verde
- 1 xícara (chá) de ervilha
- 1 xícara (chá) de azeitonas pretas sem caroço
- 500 g de camarão limpo

Preparo:

Prepare uma pasta com o alho, a manteiga, o sal e o suco de limão. Tempere o peixe com essa mistura e deixe apurar por 30 minutos.

Molho

1. Numa panela, aqueça o azeite e refogue a cebola. Junte o molho de tomate e tempere com sal e pimenta. Acrescente o milho, a ervilha e a azeitona.
2. Mexa e deixe ferver por cinco minutos. Adicione o camarão e cozinhe por mais cinco minutos. Retire do fogo e reserve.

Montagem

Cubra um refratário com a batata em rodelas. Por cima disponha o peixe e cubra com o molho. Deixe no forno por 40 minutos ou até o peixe se desprender em lascas. Sirva em seguida.

Bacalhau de Bissau

Para 4 pessoas
Tempo de preparo: 40 minutos
Fácil

Ingredientes:

- 1 kg de bacalhau demolhado e limpo
- 5 batatas
- 6 ovos cozidos sem casca
- 1 xícara (chá) de azeite
- 2 cebolas picadas
- 1 dente de alho picado
- 1/2 xícara (chá) de azeitonas pretas picadas
- 1/2 colher (sopa) de tempero baiano pronto

Para untar

Margarina

Preparo:

1. Separe o peixe em pedaços grandes e reserve. Cozinhe a batata em água e sal. Quando estiver macia, descasque e corte-a em rodelas. Corte o ovo em rodelas de 1 cm.

2. Coloque metade do azeite em uma frigideira e refogue a cebola e o alho até dourarem. Reserve.
3. Num refratário untado com manteiga, ponha uma camada de batata, outra de bacalhau, o ovo cozido e outra de batata. Cubra com a cebola refogada e a azeitona. Polvilhe com o tempero baiano e regue com o azeite restante. Leve ao forno em temperatura média por 20 minutos.

Bacalhau do Cabral

Para 4 pessoas
Tempo de preparo: 35 minutos
Média dificuldade

Ingredientes:

- 800 g de postas de bacalhau demolhadas e limpas
- 2 cebolas grandes em rodelas
- 3 pimentões verdes sem sementes em rodelas
- 6 batatas grandes sem casca cozidas e cortadas em rodelas
- 3 tomates grandes sem pele e sem sementes
- 1 colher (sopa) de alho picado
- 1 colher (sopa) de salsa picada
- 2 xícaras (chá) de azeite-de-dendê
- 1 xícara (chá) de leite de coco
- 6 ovos cozidos sem casca e cortados em rodelas
- 1/2 xícara (chá) de azeitona preta picada

Preparo:

1. Separe o peixe em lascas. Num refratário grande, faça camadas de cebola, pimentão, batata, tomate, alho, bacalhau e salsa. Despeje metade do dendê. Repita até os ingredientes terminarem.
2. Adicione o leite de coco e leve ao forno médio por 30 minutos. Retire do forno, decore com o ovo e a azeitona e sirva.

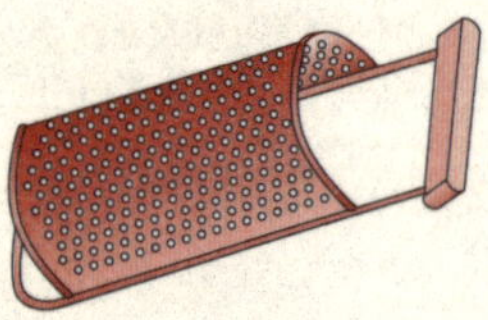

Bacalhau do consulado

Para 4 pessoas
Tempo de preparo: 45 minutos
Fácil

Ingredientes:

- 2 cebolas picadas
- 1 1/3 de xícara (chá) de azeite
- 1 kg de bacalhau demolhado, limpo e em lascas
- 1 xícara (chá) de margarina
- 2 colheres (sopa) de amido de milho
- 2 xícaras (chá) de leite
- 1 lata de creme de leite
- 10 batatas-doces sem casca cortadas em cubos e fritas

Para untar

Margarina

Para polvilhar

Farinha de rosca

Preparo:

1. Doure bem a cebola no azeite. Junte o bacalhau e misture. Refogue por cinco minutos e reserve.
2. À parte, aqueça a margarina, junte o amido e o leite aos poucos. Mexa e cozinhe até engrossar. Ponha o creme de leite e misture bem. Despeje na panela com o bacalhau e mexa. Adicione a batata. Misture e tire do fogo.
3. Despeje em refratário untado com margarina. Polvilhe com a farinha de rosca e leve ao forno para gratinar. Sirva em seguida.

Bacalhau dos Andes

Para 4 pessoas
Tempo de preparo: 45 minutos
Fácil

Ingredientes:

- 1 kg de bacalhau demolhado e limpo
- 1/4 de xícara (chá) de mostarda
- 1 xícara (chá) de pedaços de pão fresco
- 1/2 colher (sopa) de salsa picada
- 1/4 de xícara (chá) de cebolinha verde picada
- 1/2 colher (sopa) de alecrim
- 1 1/2 colher (sopa) de manteiga
- 1/2 xícara (chá) de queijo prato ralado

Preparo:

1. Corte o peixe em pedaços e transfira para um refratário. Pincele com a mostarda. Numa tigela, misture o pão, a salsa, a cebolinha e o alecrim e polvilhe sobre o bacalhau.
2. Cubra com pedaços de manteiga e com o queijo. Leve ao forno preaquecido até o queijo se derreter e sirva.

Bacalhau dos boêmios

Para 4 pessoas
Tempo de preparo: 1 hora
Fácil

Ingredientes :

- 8 batatas
- 1 cabeça de alho
- 6 cebolas
- 2 xícaras (chá) de azeite
- 2 kg de postas de bacalhau demolhadas e limpas
- 1 maço de cheiro-verde picado
- 200 g de azeitonas pretas sem caroço
- 1 pimenta dedo-de-moça sem sementes picada

Preparo:

1. Cozinhe a batata em água e sal. Quando ficar macia, escorra, descasque e reserve. Corte o alho em fatias bem finas e a batata em rodelas. Reserve.
2. Corte a cebola em rodelas e refogue numa frigideira com o azeite. Cozinhe até ficar transparente.
3. Num refratário, faça camadas alternadas da cebola refogada, do bacalhau em pedaços, do alho, cheiro-verde, azeitona e batata. Repita até terminarem os ingredientes. Polvilhe com a pimenta e leve ao forno. Marque três minutos após o azeite ferver. Retire e sirva.

Bacalhau dos noivos

Para 4 pessoas
Tempo de preparo: 35 minutos
Fácil

Ingredientes:

- 4 postas de bacalhau demolhadas e limpas
- 8 batatas
- 1/2 xícara (chá) de azeite
- 1/2 xícara (chá) de manteiga
- 3 cebolas
- sal a gosto
- 1 pitada de pimenta-do-reino branca
- 2 xícaras (chá) de leite

Para untar

Azeite

Preparo:

1. Separe o peixe em lascas médias. Cozinhe a batata em água e sal. Escorra, remova a casca e reserve.
2. À parte, refogue no azeite e na manteiga a cebola em rodelas. Junte o bacalhau e tempere com sal e pimenta, mexendo sempre.
3. Esprema a batata e misture ao leite. Adicione à panela com o bacalhau. Misture bem e transfira para um refratário untado com azeite. Leve ao forno até dourar.

Bacalhau dos navegantes espanhóis

Para 4 pessoas
Tempo de preparo: 50 minutos
Fácil

Ingredientes:

- 500 g de bacalhau demolhado e limpo
- 2 cebolas
- 2 pimentões vermelhos sem sementes
- 8 batatas sem casca
- 4 ovos cozidos sem casca
- 1/2 xícara (chá) de farinha de trigo
- sal e páprica a gosto
- 1/2 colher (sopa) de ervas aromáticas

Para fritar e regar

Azeite

Preparo:

1. Corte o bacalhau em pedaços médios e reserve. Corte a cebola em rodelas, o pimentão em tiras e a batata em cubos. Corte o ovo em meia-lua e reserve.
2. Em um saco plástico, coloque a farinha, o sal, a páprica e o bacalhau. Feche o saco e sacuda bem para que os pedaços fiquem bem envolvidos pela mistura.
3. Aqueça o azeite e frite os pedaços de bacalhau até dourarem. Escorra sobre papel-toalha.
4. Transfira para uma assadeira de barro untada com azeite. Por cima, ponha a batata e a cebola. Regue com azeite e leve ao forno preaquecido até a batata ficar crocante. Por cima, ponha o pimentão e o ovo. Regue com um fio de azeite, polvilhe com as ervas e leve ao forno por mais dez minutos. Retire e sirva em seguida.

Bacalhau econômico

Para 4 pessoas
Tempo de preparo: 35 minutos
Fácil

Ingredientes:

- 1 xícara (chá) de azeite
- 500 g de bacalhau demolhado, limpo e em lascas
- 5 batatas sem casca cozidas e em rodelas

- 2 cebolas médias
- 4 tomates sem pele e sem sementes
- 100 g de azeitonas sem caroço picadas
- 2 dentes de alho picados
- 1 colher (sopa) de manjericão picado
- 1 colher (sopa) de salsa picada

Preparo:

1. Unte um refratário com metade do azeite. Ponha o bacalhau e, por cima, a batata. Corte a cebola e o tomate em rodelas e ponha sobre a batata.
2. Regue com o azeite restante. Polvilhe com a azeitona, o alho, o manjericão e a salsa. Leve ao forno médio por 20 minutos e sirva.

Bacalhau embrulhado

Para 4 pessoas
Tempo de preparo: 30 minutos
Fácil

Ingredientes:

- 1 repolho
- 4 postas de bacalhau demolhadas e limpas
- 7 batatas sem casca
- 1 1/3 de xícara (chá) de azeite
- 2 cebolas
- sal e pimenta-do-reino a gosto

Preparo:

1. Lave as folhas de repolho e escalde-as em água fervente. Em seguida, embrulhe as postas de bacalhau nessas folhas e transfira para uma assadeira. Reserve.
2. Corte a batata em rodelas grossas e ponha ao redor do bacalhau. Regue com uma xícara (chá) de azeite. Leve a assadeira ao forno médio por 45 minutos. Nos 30 minutos finais, cubra a assadeira com papel-alumínio e termine o cozimento, regando às vezes com o azeite da forma.
3. Corte a cebola em rodelas finas. Frite-as no azeite restante e tempere com sal e pimenta. Desembrulhe o bacalhau e ponha por cima a cebola com o azeite no qual foi frita. Deixe no forno por mais cinco minutos e sirva.

Bacalhau embrulhado na acelga

Para 4 pessoas
Tempo de preparo: 45 minutos
Fácil

Ingredientes:

- 8 folhas de acelga
- 4 postas de bacalhau demolhadas e limpas
- 8 batatas
- 1 1/2 xícara (chá) de azeite
- 3 pimentões sem sementes
- 2 dentes de alho
- sal e pimenta-do-reino a gosto

Preparo:

1. Lave muito bem a acelga e escalde-a em água fervente. Embrulhe as postas de bacalhau em duas folhas de acelga e transfira para uma assadeira. Reserve.
2. Descasque a batata e corte-a em rodelas grossas. Ponha por cima do bacalhau e regue com uma xícara (chá) de azeite. Leve a assadeira ao forno preaquecido em temperatura média por 45 minutos e regue com o azeite da forma.
3. Corte o pimentão à juliana e o alho em fatias. Refogue no azeite restante e tempere com sal e pimenta. Quando o bacalhau estiver pronto, desembrulhe um pouco e regue com o preparado de pimentão. Deixe no forno por mais cinco minutos e sirva.

Bacalhau em camadas

Para 4 pessoas
Tempo de preparo: 35 minutos
Fácil

Ingredientes:

- 4 postas de bacalhau demolhadas e limpas
- 6 batatas
- 4 cenouras
- 2 cebolas
- 2 dentes de alho
- 1/2 xícara (chá) de azeite
- sal e pimenta-do-reino a gosto
- 1/3 de xícara (chá) de leite
- 4 colheres (sopa) de margarina
- 1 xícara (chá) de creme de leite
- 1 pitada de noz-moscada
- 1/2 xícara (chá) de queijo gruyère ralado

Para untar

Azeite

Preparo:

1. Separe o peixe em lascas. Descasque a batata e a cenoura. Corte-as em pedaços e cozinhe separadamente em água e sal.
2. Pique a cebola e o alho. Refogue-os no azeite e junte as lascas de bacalhau. Tempere com sal e pimenta e reserve.

3. Escorra a batata e a cenoura e esprema. Adicione o leite, misture bem e leve ao fogo até ferver. Acrescente a margarina e o creme de leite. Misture bem e tempere com a noz-moscada.
4. Disponha metade do purê num refratário untado com azeite e coloque o bacalhau por cima. Cubra com o purê restante e polvilhe com o queijo. Leve ao forno por 25 minutos ou até gratinar. Sirva em seguida.

Bacalhau fenomenal

Para 4 pessoas
Tempo de preparo: 35 minutos
Fácil

Ingredientes:

- 1 kg de bacalhau demolhado e limpo
- 2 colheres (sopa) de azeite
- 1 cebola grande picada
- 2 dentes de alho amassados
- 3 tomates sem pele e sem sementes picados
- 1 folha de louro
- sal e pimenta-do-reino a gosto
- 500 g de camarões médios limpos
- 1 xícara (chá) de água fervente

Molho

- 6 colheres (sopa) de farinha de trigo
- 4 colheres (sopa) de margarina
- 4 xícaras (chá) de leite morno
- 3 ovos (claras e gemas separadas)
- sal e noz-moscada a gosto
- 8 batatas sem casca em rodelas finas
- 1 lata de creme de leite

Para polvilhar

Farinha de rosca

Para fritar

Óleo

Preparo:

1. Separe o bacalhau em lascas grandes. Aqueça o azeite e refogue a cebola, o alho, o tomate e o louro. Tempere com sal e pimenta. Deixe apurar por dez minutos em fogo baixo.
2. Acrescente o peixe e o camarão ao refogado e cozinhe por cinco minutos. Junte a água e cozinhe por mais dez minutos ou até o líquido se reduzir à metade.

Molho

1. Doure a farinha de trigo na margarina e junte aos poucos, sem parar de mexer, o leite morno. Quando o creme engrossar, acrescente as gemas uma a uma, mexendo bem. Tempere com sal e noz-moscada e reserve.
2. À parte, aqueça o óleo em uma frigideira a frite a batata até dourar. Escorra sobre papel-toalha e reserve.
3. Num refratário, arrume camadas de batata, de bacalhau e do molho. Repita até os ingredientes terminarem. Cubra com as claras batidas em neve misturadas ao creme de leite. Polvilhe com a farinha de rosca e leve ao forno por 20 minutos ou até gratinar. Sirva.

Bacalhau grandes amigos

Para 4 pessoas
Tempo de preparo: 40 minutos
Fácil

Ingredientes:

- 1 1/3 de xícara (chá) azeite
- 10 batatas sem casca e cortadas em rodelas
- 1 kg de bacalhau demolhado, limpo e em lascas
- 2 cebolas em rodelas
- 1/2 xícara (chá) de cebolinha verde picada
- 1 pimenta dedo-de-moça sem sementes picada
- 1/2 xícara (chá) de azeitonas verdes picadas
- 1/2 xícara (chá) de vinho branco seco
- 1/2 xícara (chá) de caldo de peixe
- 150 g de queijo emmenthal

Preparo:

1. Regue um refratário com 1/3 de xícara (chá) de azeite. Por cima, ponha uma camada de batata, o bacalhau, a cebola, a cebolinha e regue com mais azeite. Salpique com a pimenta e acrescente a azeitona.
2. Repita as camadas até os ingredientes terminarem, mas finalize com a batata. Regue com o vinho e o caldo de peixe. Cubra com papel-alumínio e leve ao forno preaquecido em temperatura alta por 40 minutos ou até a batata ficar macia e dourada.
3. Retire o papel-alumínio e polvilhe com queijo. Deixe gratinar por mais cinco minutos.

Bacalhau gratinado com aspargos

Para 4 pessoas
Tempo de preparo: 35 minutos
Fácil

Ingredientes:

- 300 g de bacalhau demolhado, limpo e em lascas
- 1 colher (sopa) de azeite
- 6 colheres (sopa) de tempero baiano
- 2 cebolas picadas
- 2 dentes de alho picados

- sal e pimenta-do-reino a gosto
- 2 xícaras (chá) de leite
- 1 colher (sopa) de amido de milho
- 1 xícara (chá) de queijo cremoso
- 6 batatas do tipo bolinha sem casca cozidas
- 200 g de aspargos em conserva escorridos
- 100 g de queijo gruyère ralado
- 1/4 de xícara (chá) de margarina em pedaços

Preparo:

1. Refogue o bacalhau no azeite com o tempero baiano, a cebola e o alho. Mexa às vezes até a cebola dourar. Tempere com sal e pimenta. Adicione o leite misturado ao amido de milho e ao queijo cremoso. Mexa às vezes até engrossar. Retire do fogo.
2. Ponha na panela a batata cozida e o aspargo cortado. Misture bem e transfira para um refratário. Cubra com o queijo e a margarina e leve ao forno por 30 minutos ou até gratinar.

Bacalhau gratinado com batata-doce

Para 4 pessoas
Tempo de preparo: 35 minutos
Fácil

Ingredientes:

- 850 g de bacalhau demolhado, limpo e em pedaços grandes
- 1/4 de xícara (chá) de azeite
- 1 cebola picada
- 3 dentes de alho amassados
- 3 gemas
- 1 colher (sopa) de água
- 1 colher (sopa) de vinagre
- sal e pimenta-vermelha a gosto
- 6 batatas-doces grandes sem casca
- 1 xícara (chá) de leite

Preparo:

1. Numa panela, coloque o bacalhau, o azeite, a cebola e o alho e refogue até a cebola ficar transparente. Retire o bacalhau e reserve. Adicione as gemas à panela. Ponha também a água, o vinagre, o sal e a pimenta picada.
2. Leve ao fogo baixo para engrossar, mexendo às vezes, mas não deixe ferver. Retire do fogo e reserve.
3. Cozinhe a batata em água e sal. Faça um purê, juntando o leite e o sal. Coloque o bacalhau num refratário e regue com o molho. Por cima, ponha o purê. Leve ao forno para gratinar e sirva em seguida.

Bacalhau gratinado com couve-de-bruxelas

Para 4 pessoas
Tempo de preparo: 45 minutos
Fácil

Ingredientes:

Molho branco

- 3 colheres (sopa) de margarina
- 1/2 xícara (chá) de farinha de trigo
- 1 1/2 xícara (chá) de leite quente
- 1 xícara (chá) de creme de leite fresco

Bacalhau

- 6 batatas sem casca cortadas em cubos
- 1/2 xícara (chá) de azeite
- 1 folha de louro
- 1 cebola grande picada
- 2 dentes de alho amassados
- 1 xícara (chá) de água
- 200 g de couve-de-bruxelas
- 1 kg de bacalhau demolhado, limpo e em lascas
- sal e pimenta-do-reino a gosto
- 1 colher (sopa) de molho inglês
- 1 colher (sopa) de mostarda

Para untar e regar

Azeite

Preparo:

Molho

Derreta em fogo baixo a margarina. Junte a farinha e mexa até cozinhar. Ponha o leite e misture bem. Adicione o creme de leite e mexa. Deixe cozinhar, mexendo às vezes, por cinco minutos. Retire do fogo e reserve em local aquecido.

Bacalhau

1. Frite a batata em metade do azeite. Quando estiver dourada, escorra sobre papel-toalha e reserve. Faça um refogado com o azeite restante, o louro, a cebola e o alho. Adicione a água e deixe ferver.
2. Ponha a couve-de-bruxelas e cozinhe por mais dez minutos. Se necessário, ponha mais água. Junte a batata, o molho reservado e o bacalhau. Misture bem. Tempere com sal, pimenta, o molho inglês e a mostarda. Transfira para um refratário untado com azeite e espalhe bem.

Regue com mais azeite e leve ao forno bem quente até dourar.

Bacalhau gratinado com legumes

Para 4 pessoas
Tempo de preparo: 35 minutos
Fácil

Ingredientes:

- 4 postas de bacalhau demolhadas
- 1/2 xícara (chá) de margarina
- 1 xícara (chá) de molho bechamel
- 2 xícaras (chá) de alho-poró (só a parte branca)
- 1 colher (sopa) de azeite
- 2 cenouras grandes sem casca cozidas
- 1 xícara (chá) de farinha de rosca

Preparo:

1. Afervente o bacalhau e retire as espinhas e a pele. Desfie e ponha numa panela com metade da margarina. Misture e adicione o molho bechamel.
2. Junte o alho-poró e misture novamente. Despeje num refratário untado com margarina e polvilhado com a farinha de rosca.
3. Distribua a cenoura e polvilhe com mais farinha de rosca. Distribua pedacinhos de manteiga e leve para assar por cerca de 25 minutos. Sirva.

Bacalhau gratinado com tomate-cereja

Para 4 pessoas
Tempo de preparo: 45 minutos
Fácil

Ingredientes:

- 8 batatas
- 1 kg de bacalhau demolhado e limpo
- 2 cebolas
- 4 dentes de alho
- 200 g de tomate-cereja
- 1/2 xícara (chá) de azeite
- 2 colheres (sopa) de ervas aromáticas picadas
- sal e pimenta-do-reino a gosto
- 2 ovos cozidos
- 1 1/3 de xícara (chá) de molho bechamel

Preparo:

1. Descasque a batata e corte-a em rodelas. Corte o bacalhau em pedaços, a cebola em rodelas e o alho em lâminas. Numa assadeira de barro, monte camadas de batata, bacalhau, cebola e alho. Por cima, ponha o tomate.
2. Regue com o azeite e polvilhe com as ervas. Tempere com sal e pimenta. Leve ao forno por 25 minutos.
3. Retire do forno. Decore com o ovo cortado em gomos e regue com o molho bechamel. Leve ao forno novamente até gratinar. Sirva em seguida.

Bacalhau gratinado simples

Para 4 pessoas
Tempo de preparo: 35 minutos
Fácil

Ingredientes:

- 1 xícara (chá) de azeite
- 3 dentes de alho
- 800 g de postas de bacalhau demolhadas e limpas
- 3 colheres (sopa) de margarina
- 2 colheres (sopa) de farinha de trigo
- 2 xícaras (chá) de leite
- 2 gemas batidas
- sal, pimenta-do-reino e noz-moscada a gosto

Preparo:

1. Leve ao fogo o azeite com o alho picado. Junte o bacalhau e cozinhe até dourar bem.
2. Numa panela, ponha a margarina e a farinha. Misture bem e adicione aos poucos o leite. Acrescente as gemas, misture e tempere com sal, pimenta e noz-moscada. Deixe engrossar.
3. Coloque o bacalhau num refratário e cubra com o molho de gemas. Leve ao forno por 15 minutos ou até o molho dourar. Retire e sirva.

Bacalhau mamma mia

Para 4 pessoas
Tempo de preparo: 45 minutos
Fácil

Ingredientes:

- 1 kg de bacalhau demolhado e limpo

Creme

- 2 cebolas médias picadas
- 1/2 xícara (chá) de azeite
- 2 colheres (sopa) de margarina
- 4 tomates sem pele e sem sementes picados
- 1/2 xícara (chá) de salsa picada
- 1/2 xícara (chá) de manjericão picado
- 1 pitada de pimenta-do-reino

- 250 g de anchovas
- 3 colheres (sopa) de farinha de trigo
- 2 xícaras (chá) de leite

Para polvilhar

150 g de queijo pecorino ralado

Para untar

Azeite

Preparo:

Corte o peixe em pedaços e arrume-os num refratário untado com azeite. Reserve.

Molho

1. Refogue a cebola no azeite e na margarina. Junte o tomate, a salsa, o manjericão e tempere com a pimenta. Ponha a anchova picada e deixe cozinhar por dez minutos.
2. Acrescente a farinha dissolvida no leite e mexa até que cozinhe e engrosse. Distribua essa mistura sobre o bacalhau e polvilhe com o queijo. Leve ao forno preaquecido em temperatura alta até gratinar.

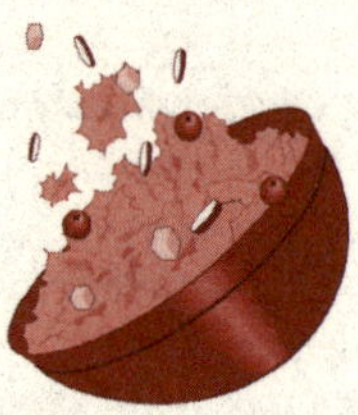

Bacalhau ao forno

Para 4 pessoas
Tempo de preparo: 35 minutos
Fácil

Ingredientes:

- 300 g de bacalhau demolhado e limpo
- 8 batatas cozidas com sal, sem casca e em rodelas
- 2 cebolas em rodelas
- 4 tomates sem sementes picados
- 2 colheres (sopa) de salsa

Para untar e regar

Azeite

Preparo:

1. Separe o peixe em lascas grossas e grandes. Ponha num refratário grande untado com uma colher (sopa) de azeite e regue com mais azeite.
2. Por cima, disponha a batata e regue novamente. Monte uma camada de cebola, tomate e regue com mais azeite. Polvilhe com a salsa e leve ao forno até a batata dourar. Sirva bem quente.

Bacalhau ao forno com alho

Para 4 pessoas
Tempo de preparo: 1 hora
Fácil

Ingredientes:

- 1 kg de bacalhau demolhado e limpo
- 4 batatas médias
- sal e pimenta-do-reino a gosto
- 2 folhas de louro
- 1 xícara (chá) de farinha de trigo
- 1 xícara (chá) de azeite
- 2 cebolas grandes
- 2 pimentões vermelhos sem sementes
- 6 dentes de alho
- 1/2 colher (sopa) de orégano
- 3 colheres (sopa) de vinho branco

Preparo:

1. Corte o peixe em pedaços e reserve.
2. Descasque a batata e corte-a em rodelas. Cozinhe em água e sal com o louro. Quando estiver macia, retire do fogo, escorra e reserve.
3. Tempere o peixe com sal e pimenta. Passe os pedaços na farinha de trigo. Aqueça metade do azeite em uma frigideira e doure o peixe. Escorra sobre papel-toalha e reserve.
4. Em um refratário, monte camadas de batata e cubra com os pedaços de bacalhau, a cebola e o pimentão à juliana.
5. Pique o alho e misture ao azeite restante. Acrescente o orégano e o vinho. Misture bem e regue o bacalhau com esse molho. Leve ao forno preaquecido e asse por 1 hora ou até começar a secar.

Bacalhau ao forno com batata

Para 4 pessoas
Tempo de preparo: 40 minutos
Fácil

Ingredientes:

- 1 xícara (chá) de azeite
- 3 cebolas à juliana
- 1 pimentão vermelho sem sementes em rodelas
- 2 tomates sem sementes em rodelas
- 4 postas de bacalhau demolhadas e limpas
- 1 colher (sopa) de azeitona preta picada

- 1/2 colher (sopa) de sálvia picada
- 3 dentes de alho picados
- 10 batatas do tipo bolinha sem casca cozidas
- 4 ovos cozidos sem casca e cortados em quatro

Preparo:

1. Numa frigideira que possa ir ao forno aqueça o azeite e acrescente a cebola, o pimentão, o tomate e o bacalhau. Leve ao fogo e cozinhe por cinco minutos.
2. Junte a azeitona, a sálvia, o alho e cozinhe por mais cinco minutos.
3. Retire do fogo e ponha a batata e o ovo. Leve ao forno em temperatura baixa por mais cinco minutos. Retire do forno e sirva.

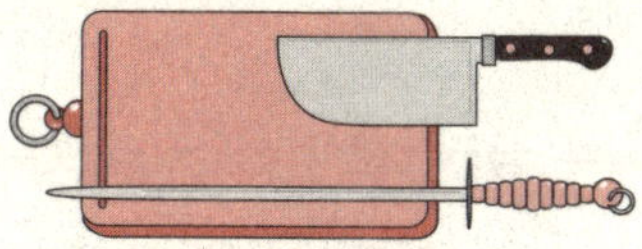

Bacalhau ao forno com vinho do Porto

Para 4 pessoas
Tempo de preparo: 1h30m
Fácil

Ingredientes:

- 5 batatas sem casca e cortadas em rodelas grossas
- 1/4 de xícara (chá) de cebolinha verde picada
- 300 g de lingüiça defumada
- 1 xícara (chá) de azeite
- sal e pimenta-malagueta em flocos a gosto
- 1/2 xícara (chá) de vinho do Porto
- 250 g de cebola em cubos
- 4 dentes de alho laminados
- 800 g de bacalhau demolhado e limpo
- 1/2 xícara (chá) de vinho branco seco
- 1 colher (sopa) de ervas finas

Preparo:

1. Numa assadeira, ponha a batata com a cebolinha, a lingüiça cortada em rodelas, metade do azeite e tempere com sal e pimenta. Regue com o vinho do Porto e leve ao forno em temperatura baixa por 1 hora e 30 minutos ou até a batata ficar macia.
2. Em outra assadeira, ponha o azeite restante, a cebola e o alho. Ponha o bacalhau, regue com o vinho branco e tempere com sal e pimenta. Asse por 40 minutos em temperatura baixa.
3. Retire o bacalhau do forno e bata no liquidificador o molho que se formou na assadeira. Em pratos individuais, disponha o refogado de batata, o peixe e o molho batido no liquidificador. Polvilhe com as ervas e sirva.

Bacalhau perfumado

Para 4 pessoas
Tempo de preparo: 1 hora
Fácil

Ingredientes:

- 8 xícaras (chá) de água
- 4 folhas de louro
- 2 cebolas
- 3 cravos-da-índia
- 800 g de bacalhau demolhado e limpo
- 3 colheres (sopa) de margarina
- 1 xícara (chá) de azeite
- 8 batatas sem casca
- sal a gosto
- 1 pitada de pimenta-do-reino
- 1 dente de alho
- 2 xícaras (chá) de leite

Preparo:

1. Leve ao fogo a água com duas folhas de louro e uma cebola espetada com os cravos. Quando ferver, junte o bacalhau e cozinhe em fogo baixo por dez minutos. Escorra e separe o peixe em lascas.
2. Doure a cebola restante cortada em rodelas finas na metade da margarina e do azeite. Junte a batata cortada em rodelas. Tempere com sal e pimenta e mexa bem. Tampe a panela e cozinhe por dez minutos.
3. Retire do fogo e adicione o bacalhau, o louro restante, o alho picado, a margarina restante e o leite. Misture bem e transfira para um refratário.
4. Leve ao forno preaquecido por 25 minutos. Passados 15 minutos, mexa cuidadosamente. Deixe no forno até o líquido secar. Retire do forno e regue com o azeite restante antes de servir.

Bacalhau picante com alcaparra

Para 4 pessoas
Tempo de preparo: 1h30m
Fácil

Ingredientes:

- 600 g de bacalhau demolhado e limpo
- 1 1/3 de xícara (chá) de leite
- 1 folha de louro
- 8 batatas sem casca
- 1/2 xícara (chá) de azeite
- 2 dentes de alho
- 4 cebolas
- 100 g de azeitonas pretas sem caroço
- 2 colheres (sopa) de alcaparras

- 2 colheres (sopa) de coentro picado
- sal a gosto
- 1 pimenta-malagueta sem sementes
- 4 ovos cozidos

Preparo:

1. Separe o peixe em lascas e ponha numa panela funda. Cubra com o leite quente e o louro e deixe em infusão por 1 hora. Escorra e reserve.
2. À parte, cozinhe a batata e corte-a em rodelas com 1 cm de espessura. Reserve.
3. Numa travessa, despeje o azeite, o alho e a cebola cortada em rodelas. Quando a cebola dourar, ponha a batata e o bacalhau. Adicione a azeitona em rodelas, a alcaparra e o coentro. Tempere com sal e pimenta. Junte o ovo cozido cortado em rodelas. Leve a travessa ao forno por dez minutos e sirva.

Bacalhau picante com malagueta

Para 4 pessoas
Tempo de preparo: 35 minutos
Média dificuldade

Ingredientes:

- 1 kg de postas de bacalhau demolhadas e limpas
- 1 1/3 de xícara (chá) de azeite
- 1 ramo de alecrim
- 1/2 colher (sopa) de óregano
- 2 dentes de alho esmagados
- 2 pimentas-malaguetas picadas
- sal e pimenta-branca a gosto

Preparo:

1. Ponha as postas em um refratário e regue com o azeite. Por cima, distribua os ingredientes restantes.
2. Deixe tomar gosto por 30 minutos. Preaqueça o forno em temperatura média e asse o bacalhau até borbulhar. Retire e sirva.

Bacalhau prático

Para 4 pessoas
Tempo de preparo: 35 minutos
Fácil

Ingredientes:

- 1 kg de filés de bacalhau frescos
- sal a gosto
- 1 colher (sopa) de suco de limão
- 4 dentes de alho amassados
- 1 cebola picada
- 2 colheres (sopa) de azeite
- 2 colheres (sopa) de minipepinos picados
- 250 g de maionese
- 1/2 xícara (chá) de azeitonas pretas sem caroço picadas

Preparo:

1. Tempere os filés com sal e limão. Doure o alho e a cebola no azeite e junte o minipepino e a maionese. Misture bem e acrescente a azeitona.
2. Escorra o peixe e passe os filés no creme. Arrume-os em um refratário e leve ao forno preaquecido em temperatura alta. Asse por 20 minutos ou até o peixe se desfazer em lascas.

Bacalhau preguiçoso

Para 4 pessoas
Tempo de preparo: 35 minutos
Fácil

Ingredientes:

- 5 batatas grandes sem casca
- 4 postas de bacalhau demolhadas e limpas
- 2 cebolas fatiadas
- 1 xícara (chá) de azeitonas pretas sem caroço picadas
- 1 xícara (chá) de azeite

Preparo:

1. Corte a batata ao meio e cozinhe em água e sal. Num refratário médio, arrume o bacalhau, a batata e a cebola.
2. Espalhe a azeitona por cima e regue com o azeite. Leve ao forno preaquecido em temperatura baixa por 50 minutos ou até a batata dourar.

Bacalhau quarta-feira de cinzas

Para 4 pessoas
Tempo de preparo: 1 hora
Fácil

Ingredientes:

- 1 kg de bacalhau demolhado e limpo
- 3 dentes de alho
- 10 colheres (sopa) de azeite
- 1/2 colher (sopa) de pimenta-malagueta em flocos
- 500 g de ervilhas tortas
- 4 batatas grandes sem casca cozidas

- *4 cenouras sem casca cozidas*
- *100 g de tomate-cereja*

Preparo:

1. *Separe o peixe em pedaços grandes e esfregue neles dois dentes de alho. Tempere com pimenta e reserve.*
2. *À parte, doure em uma colher (sopa) de azeite o alho restante picado. Refogue a ervilha e reserve.*
3. *Transfira o peixe para uma assadeira untada com uma colher (sopa) de azeite. Junte a batata em rodelas e regue com o azeite restante. Leve ao forno e asse até dourar.*
4. *Sirva o bacalhau com a cenoura cortada em palitos, a ervilha refogada e o tomate cortado em quatro.*

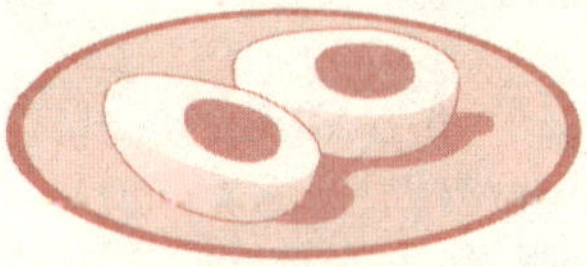

Bacalhau recheado

Para 4 pessoas
Tempo de preparo: 45 minutos
Média dificuldade

Ingredientes:

- *4 postas grandes de bacalhau demolhadas e limpas*
- *4 xícaras (chá) de leite*
- *4 dentes de alho picados*
- *2 cebolas picadas*
- *1 xícara (chá) de azeite*
- *2 folhas de louro*
- *1 ramo de salsa*
- *200 g de presunto picado*
- *300 g de lingüiça calabresa defumada picada*
- *5 tomates maduros sem pele e sem sementes picados*
- *sal e pimenta-do-reino a gosto*
- *1 xícara (chá) de molho bechamel pronto*
- *1/2 xícara (chá) de queijo parmesão ralado*

Preparo:

1. *Afervente o bacalhau no leite por dez minutos. Escorra e leve o peixe ao freezer até endurecer ligeiramente. Com uma faca bem afiada, faça um corte em cada posta, no sentido horizontal, como se fosse um sanduíche. Reserve.*
2. *Refogue o alho e a cebola no azeite. Junte o louro e a salsa. Misture e adicione o presunto, a calabresa e o tomate. Refogue por dez minutos e retire do fogo.*
3. *Remova o louro e a salsa. Tempere com sal e pimenta e recheie o bacalhau com essa mistura. Ponha numa travessa e cubra com molho bechamel. Polvilhe com queijo e leve ao forno até borbulhar.*

Bacalhau recheado com bacon

Para 4 pessoas
Tempo de preparo: 45 minutos
Fácil

Ingredientes:

- *4 postas de bacalhau demolhadas e limpas*
- *100 g de bacon em fatias*
- *1 xícara (chá) de farinha de trigo*
- *1 1/2 xícara (chá) de azeite*
- *1 xícara (chá) de cebolinha em conserva*
- *6 dentes de alho inteiros*
- *1 colher (sopa) de manteiga*
- *1 dente de alho picado*
- *2 maços de brócolis cozidos*
- *2 colheres (sopa) de salsa picada*
- *100 g de azeitonas pretas sem caroço*

Preparo:

1. *Corte horizontalmente as postas do bacalhau e disponha as fatias de bacon no meio desse corte. Passe os pedaços de peixe na farinha e frite-os em uma xícara (chá) de azeite quente.*
2. *Junte a cebolinha e o alho inteiro e deixe até dourar. Transfira para uma assadeira e regue com o azeite restante. Asse no forno em temperatura média.*
3. *À parte, refogue na manteiga o alho picado. Junte o brócolis e deixe cozinhar, mexendo às vezes, por cinco minutos.*
4. *Retire o bacalhau do forno e polvilhe com a salsa e a azeitona. Sirva com o brócolis refogado.*

Bacalhau com castanha-de-caju

Para 4 pessoas
Tempo de preparo: 1 hora
Fácil

Ingredientes:

- *1 xícara (chá) de castanha-de-caju*
- *2 colheres (sopa) de bacon*
- *20 azeitonas pretas sem caroço*
- *2 xícaras (chá) de salsa*
- *2 xícaras (chá) de broa de milho picada*
- *1 xícara (chá) de azeite*
- *4 postas de bacalhau demolhadas e limpas*
- *6 cebolas cortadas em meia-lua*

Preparo:

1. *Triture a castanha, o bacon e a azeitona. Ponha numa*

tigela e misture a salsa e a broa. Regue com metade do azeite e misture bem.

2. Abra as postas ao meio, sem separá-las totalmente. Recheie com essa mistura e ponha em uma assadeira. Espalhe a cebola na assadeira e regue com o azeite restante. Asse em forno preaquecido por 45 minutos, regando de vez em quando com o azeite da forma.

Bacalhau santista

Para 4 pessoas
Tempo de preparo: 25 minutos
Fácil

Ingredientes:

- 4 postas de bacalhau demolhadas e limpas
- 8 batatas
- 6 ovos
- 100 g de azeitonas verdes recheadas
- 4 dentes de alho
- sal a gosto
- 1/2 xícara (chá) de azeite

Preparo:

1. Separe o peixe em lascas. Cozinhe a batata e o ovo em água e sal. Quando a batata ficar macia, escorra e reserve. Descasque a batata e retire a casca do ovo. Corte-os em rodelas.
2. Num refratário untado com uma colher (sopa) de azeite, monte camadas de bacalhau, batata, ovo, azeitona e o alho cortado em lâminas. Tempere com sal e regue com o azeite restante. Leve ao forno por dez minutos e sirva.

Bacalhau sem segredos

Para 4 pessoas
Tempo de preparo: 1h20m
Fácil

Ingredientes:

- 750 g de bacalhau demolhado e limpo
- 4 batatas grandes sem casca
- 4 ovos cozidos
- 1 xícara (chá) de azeite
- 1/2 xícara (chá) de alcaparras
- 2 cebolas
- 4 dentes de alho fatiados
- 1 pimentão vermelho sem sementes
- 1 pimentão verde sem sementes
- 2 colheres (sopa) de molho de soja

Preparo:

1. Desfie o bacalhau em lascas. Cozinhe a batata e o ovo em água e sal. Escorra. Descasque o ovo e corte-o em rodelas. Corte a batata em rodelas também. Reserve.
2. Unte uma travessa com uma colher (sopa) de azeite e ponha o bacalhau. Por cima, disponha a batata e o ovo.
3. Distribua os demais ingredientes e regue com o molho de soja e o azeite restante. Leve ao forno em temperatura média por 1 hora ou até o peixe ficar bem macio.

Bacalhau três gerações

Para 4 pessoas
Tempo de preparo: 1h10m
Fácil

Ingredientes:

- 1 xícara (chá) de azeite
- 4 postas de bacalhau demolhadas e limpas
- 1 cebola picada
- 6 dentes de alho em fatias
- 1 pimentão verde sem sementes
- 1 pimentão amarelo sem sementes
- 1 pimentão vermelho sem sementes
- 1 xícara (chá) de azeitonas pretas sem caroço
- 200 g de batata pré-cozida
- 1/2 xícara (chá) de salsa picada

Preparo:

1. Unte uma grelha com uma colher (sopa) de azeite. Grelhe as postas até dourarem. Retire e reserve.
2. Numa panela, refogue a cebola e o alho em duas colheres (sopa) de azeite. Junte o pimentão à juliana e refogue por cinco minutos. Acrescente a azeitona, misture bem e deixe cozinhar por mais cinco minutos.
3. Ponha as postas num refratário untado com uma colher (sopa) de azeite. Por cima, disponha o refogado de cebola e pimentão.
4. À parte, refogue a batata em uma colher (sopa) de azeite até dourar. Transfira para o refratário. Regue com o azeite restante e cubra com papel-alumínio. Leve ao forno por cinco minutos. Polvilhe com a salsa e sirva.

Bacalhau três povos

Para 4 pessoas
Tempo de preparo: 40 minutos
Média dificuldade

Ingredientes:

- 1,5 kg de bacalhau demolhado e limpo
- 5 colheres (sopa) de azeite

- 5 dentes de alho picados
- 2 cebolas grandes fatiadas
- 1 xícara (chá) de molho de tomate
- 1 xícara (chá) de leite de coco
- 100 g de azeitonas pretas sem caroço
- 2 colheres (sopa) de coentro
- sal e pimenta-do-reino
- 4 colheres (sopa) de azeite-de-dendê

Purê de mandioca

- 1 kg de mandioca cozida
- 2 xícaras (chá) de leite
- 2 colheres (sopa) de margarina
- 2 ovos
- sal a gosto

Para untar

Azeite

Para pincelar

1 gema batida

Preparo:

1. Separe o peixe em lascas e reserve.
2. Numa panela grande, ponha o azeite e leve ao fogo. Junte o alho e a cebola. Quando a cebola estiver transparente, acrescente o peixe e refogue por quatro minutos. Despeje o molho de tomate.
3. Ferva por cinco minutos e misture o leite de coco, a azeitona e o coentro. Cozinhe por dez minutos. Tempere com sal e pimenta. Adicione o dendê e mexa. Tampe a panela e apague o fogo. Reserve.

Purê

1. No liquidificador, ponha a mandioca em pedaços, sem a fibra central, o leite e a margarina. Junte os ovos e bata até que se transforme num creme homogêneo. Tempere com sal.
2. Ponha numa panela e leve ao fogo, mexendo sempre, até obter um purê. Tire do fogo quando começar a se desprender do fundo da panela.

Montagem

Forre com metade do purê um refratário untado com azeite. Espalhe o refogado de bacalhau por cima. Cubra com o purê restante e pincele com a gema. Leve ao forno preaquecido por 20 minutos ou até dourar. Sirva em seguida.

Bacalhau com três purês

Para 4 pessoas
Tempo de preparo: 50 minutos
Fácil

Ingredientes:

- 4 pimentões vermelhos sem pele e sem sementes
- 3 dentes de alho fatiados
- 6 colheres (sopa) de azeite
- sal e pimenta-do-reino a gosto
- 1,5 kg de postas altas de bacalhau demolhadas e limpas
- 4 batatas-doces sem casca
- 4 mandioquinhas sem casca
- 4 batatas grandes sem casca
- 1 xícara (chá) de leite de coco
- 2 xícaras (chá) de creme de leite
- 3 colheres (sopa) de manteiga
- 1/2 xícara (chá) de farinha de rosca
- 2 xícaras (chá) de palmito em rodelas

Preparo:

1. Corte o pimentão à juliana. Transfira para uma tigela e misture o alho, três colheres (sopa) de azeite, sal e pimenta. Deixe apurar por 20 minutos.
2. Separe o peixe em lascas e refogue em duas colheres (sopa) de azeite com a pimenta e metade do pimentão na marinada.
3. Cozinhe separadamente em água e sal a batata-doce, a mandioquinha e a batata. Escorra e esprema ainda quentes.
4. Divida o leite de coco, o creme de leite e a manteiga em três partes. Misture cada parte em vasilhas diferentes com cada um dos purês. Tempere com sal e reserve.
5. Unte uma forma grande com aro removível com uma colher (sopa) de azeite e polvilhe com a farinha de rosca. Faça uma camada de purê, uma de bacalhau e uma do pimentão restante.
6. Alterne as camadas de peixe e de purê até os ingredientes terminarem, mas finalize com um dos purês.
7. Leve ao forno por 15 minutos apenas para dourar. Decore com rodelas de palmito e sirva em seguida.

Bacalhau verde

Para 4 pessoas
Tempo de preparo: 40 minutos
Fácil

Ingredientes:

Molho

- 1 dente de alho
- sal grosso a gosto
- 2 filés de anchova em conserva
- 1/2 colher (sopa) de mostarda em grãos
- 1 colher (sopa) de alcaparras
- 4 colheres (sopa) de manjericão fresco picado
- 2 colheres (sopa) de salsa picada

Bacalhau

- 6 batatas sem casca
- 500 g de bacalhau demolhado e limpo
- sal e pimenta-do-reino a gosto
- 2 colheres (sopa) de queijo parmesão ralado

Para untar

Margarina

Preparo:

Molho

Soque o alho com o sal até formar uma pasta. Junte a anchova esmagada, a mostarda, a alcaparra, o manjericão e a salsa. Misture bem e reserve.

Bacalhau

Corte a batata em rodelas e cozinhe por sete minutos em água e sal. Escorra e transfira para uma assadeira untada com margarina. Por cima, ponha o bacalhau em pedaços. Cubra com o molho reservado. Tempere com sal e pimenta. Polvilhe com o queijo e leve ao forno em temperatura média por 20 minutos.

Fricassê de bacalhau com queijo de coalho

Para 4 pessoas
Tempo de preparo: 50 minutos
Fácil

Ingredientes:

- 4 colheres (sopa) de azeite
- 1 cebola picada
- 1 pimentão vermelho sem sementes picado
- 1 pimentão verde sem sementes picado
- 300 g de bacalhau demolhado, limpo e em lascas
- 1/2 colher (sopa) de tempero baiano a gosto
- 6 ovos (claras e gemas separadas)
- 1/2 xícara (chá) de queijo parmesão ralado
- 2 colheres (sopa) de amido de milho
- 1/2 colher (sopa) de fermento em pó
- 100 g de queijo de coalho ralado

Para untar

Margarina

Preparo:

1. Numa panela, ponha o azeite e frite a cebola. Junte o pimentão e refogue até murcharem. Ponha o bacalhau e o tempero baiano. Misture bem, cozinhe por cinco minutos e reserve.
2. Na batedeira, bata as claras em neve. Junte as gemas, o parmesão e o amido aos poucos. Bata mais um pouco. Desligue, adicione o fermento e misture delicadamente com uma colher de pau.
3. Cubra com metade dessa mistura um refratário untado com margarina e polvilhado com metade do queijo de coalho.
4. Por cima, disponha o bacalhau e cubra com a mistura de ovos restante. Polvilhe com a outra metade do queijo e leve ao forno preaquecido em temperatura baixa por dez minutos ou até dourar. Sirva em seguida.

Gratinado de bacalhau com alho-poró

Para 4 pessoas
Tempo de preparo: 40 minutos
Fácil

Ingredientes:

- 3/4 de xícara (chá) de azeite
- 2 cebolas cortadas em meia-lua
- 3 dentes de alho picados
- 2 alhos-porós em rodelas
- 750 g de bacalhau demolhado, limpo e desfiado
- sal e pimenta-malagueta sem sementes a gosto
- 2 batatas-doces brancas cozidas
- 1 xícara (chá) de cheiro-verde
- 4 ovos cozidos em rodelas
- 150 g de azeitonas recheadas
- 1 1/2 xícara (chá) de molho bechamel
- 100 g de queijo emmenthal ralado grosso

Preparo:

1. Numa panela, refogue no azeite a cebola, o alho e o alho-poró. Quando a cebola ficar transparente, junte o bacalhau e tempere com sal e pimenta. Deixe cozinhar em fogo baixo por um minuto.
2. Junte a batata-doce em cubos e o cheiro-verde. Refogue mais um pouco, envolvendo tudo muito bem.
3. Num refratário, ponha metade do preparado de bacalhau e espalhe metade dos ovos. Ponha o bacalhau e os ovos restantes e distribua as azeitonas.
4. Cubra com o molho bechamel, espalhando com cuidado. Polvilhe com o queijo e leve ao forno preaquecido por 15 minutos ou até gratinar. Sirva em seguida.

BACALHAU DE TODO JEITO

O rei dos mares é conhecido como bacalhau entre os povos de língua portuguesa; stockfish *para os anglo-saxônios;* torsk *para os dinamarqueses;* baccalà *para os italianos;* bacalao *para os espanhóis;* morue *ou* cabillaud *para os franceses e* codfish *para os ingleses. Mas seja com que nome for, esse peixe é um dos mais apreciados pelo mundo. Não há quem não conheça pelo menos uma receita com ele. E isso há muito tempo — estima-se que já no século IX existiam fábricas para seu processamento na Islândia e na Noruega.*

Mas o importante mesmo quando o assunto é bacalhau é acertar na compra, já que existem quatro tipos diferentes desse peixe. O Cod*, também conhecido no Brasil como bacalhau do Porto, é considerado o legítimo rei dos mares. Em geral, é fácil reconhecê-lo, pois é maior, mais largo e suas postas são mais altas. Quando cozido, a carne se desfaz em lascas claras e tenras.*

Já o Saithe*, outro tipo bem comum por aqui e facilmente confundido com o Porto, tem cor mais escura e sabor mais forte. Desfia com facilidade, sendo muito vendido na região Nordeste — onde é servido em bolinhos, saladas e ensopados. Para diferenciá-los, preste atenção ao rabo. O do Porto é reto e levemente curvado para dentro, enquanto o do* Saithe *é bifurcado, tendo uma forma de V. Outros dois à venda são o* Ling *e o* Zarbo*. O primeiro tem a carne clara como a do bacalhau do Porto, porém é mais estreito que os outros. Já o* Zarbo *é o mais barato e o mais popular de todos. Em geral, as peixarias importam o peixe congelado ou já salgado da Noruega e o vendem embalado.*

Escolhido o bacalhau adequado, selecione nas próximas páginas a sua receita predileta para preparar no fogão.

Arrumadinho de bacalhau

Para 4 pessoas
Tempo de preparo: 50 minutos
Fácil

Ingredientes:

- 1/2 xícara (chá) de azeite
- 400 g de bacalhau demolhado, limpo e em lascas
- 1 dente de alho picado
- 2 cebolas picadas
- 300 g de vagem limpa e cozida
- 1 pitada de sal
- 100 g de azeitonas pretas sem caroço picadas
- 4 ovos cozidos

Farofa

- 3 dentes de alho amassados
- 1 xícara (chá) de azeite
- 2 folhas de louro
- 1 cebola picada
- 1 pimentão amarelo sem sementes picado
- 1/2 xícara (chá) de molho de tomate
- 1 xícara (chá) de farinha de mandioca
- 2 bananas-da-terra sem casca

Molho vinagrete

- 2 tomates sem sementes cortados em cubos
- 1 cebola bem picada
- 2 colheres (sopa) de coentro picado
- 1 colher (sopa) de cebolinha picada
- sal a gosto
- 2 colheres (sopa) de vinagre
- 1/2 xícara (chá) de azeite

Preparo:

Numa frigideira, aqueça o azeite e doure o bacalhau com alho e cebola. Transfira para o processador, processe bem e reserve. Corte a vagem em tiras.

Farofa

Frite o alho no azeite com o louro, a cebola, o pimentão e o molho de tomate. Deixe apurar por cinco minutos. Retire o louro e acrescente a farinha aos poucos. Mexa bem. Por último, ponha a banana picada. Tampe e reserve.

Molho

1. Numa tigela, misture todos os ingredientes do vinagrete. Reserve.
2. Na hora de servir, misture a vagem com a farofa e ponha numa travessa. Por cima, espalhe o bacalhau e o vinagrete. Decore com a azeitona e os ovos cozidos picados.

Bacalhoada com brócolis

Para 4 pessoas
Tempo de preparo: 30 minutos
Fácil

Ingredientes:

- 4 postas de bacalhau demolhadas
- 1 kg de batatas sem casca
- 2 cebolas
- 1 maço de brócolis
- sal a gosto
- 4 ovos cozidos
- 1 xícara (chá) de azeitonas pretas sem caroço
- 1 xícara (chá) de azeite
- 1/2 colher (sopa) de vinagre
- 1 pitada de pimenta
- 4 dentes de alho picados

Preparo:

1. Retire a pele e as espinhas do bacalhau. Reserve. Cozinhe a batata em rodelas com as espinhas e a pele do bacalhau. Junte a cebola sem casca e cozinhe mais um pouco. Escorra e reserve.
2. Lave o brócolis e pique-o bem. Aproveite os talos e as folhas. Afervente com sal e escorra.
3. Afervente o bacalhau e escorra. Transfira para uma travessa funda. Adicione a batata, a cebola cortada em meia-lua, os ovos em rodelas, a azeitona e o brócolis.
4. Em uma molheira, mistura o azeite, o vinagre, o sal, a pimenta e o alho. Sirva o bacalhau com o molho à parte.

Bacalhoada com dendê e leite de coco

Para 4 pessoas
Tempo de preparo: 30 minutos
Fácil

Ingredientes:

- 500 g de bacalhau demolhado e limpo
- 5 batatas sem casca cozidas
- 1 cebola em rodelas
- 1 xícara (chá) de azeitonas pretas sem caroço
- 3 tomates sem sementes e em rodelas
- 1 pimentão verde sem sementes
- 1 pimentão amarelo sem sementes
- 4 ovos
- 1 xícara (chá) de azeite-de-dendê
- 1 xícara (chá) de leite de coco
- 1/2 xícara (chá) de azeite

Preparo:

Separe o bacalhau em lascas grandes. Ponha em uma panela. Faça camadas alternadas com os ingredientes restantes. Leve ao fogo até a batata ficar macia. Sirva em seguida.

Bacalhoada majestosa

Para 4 pessoas
Tempo de preparo: 30 minutos
Fácil

Ingredientes:

- 1,5 kg de bacalhau demolhado e limpo
- 3 tomates sem sementes em rodelas
- 2 cebolas em rodelas
- 2 colheres (sopa) de cheiro-verde
- 1 1/2 xícara (chá) de azeite extravirgem
- 1 colher (sopa) de alho amassado
- sal a gosto
- 8 batatas-doces roxas sem casca e cortadas em rodelas

Preparo:

1. Separe o bacalhau em pedaços médios. Em uma vasilha, misture o tomate, a cebola, o cheiro-verde, meia xícara (chá) de azeite, o alho e o sal.
2. Em uma panela, faça camadas com a mistura de tomate, o bacalhau e a batata. A última camada deve ser da mistura de tomate.
3 Regue com o azeite restante e leve ao fogo até a batata cozinhar. Sirva em seguida.

Bacalhoada na pressão

Para 4 pessoas
Tempo de preparo: 20 minutos
Fácil

Ingredientes:

- 1,5 kg de bacalhau demolhado e limpo
- 800 g de batatas sem casca em fatias
- 1 pimentão verde sem sementes cortado em tiras
- 1 pimentão vermelho sem sementes cortado em tiras
- 2 cebolas grandes em rodelas
- 2 tomates maduros sem sementes
- 1 colher (sopa) de salsa
- 2 dentes de alho picados
- sal e pimenta-malagueta a gosto
- 1/2 xícara (chá) de azeite
- 1/2 xícara (chá) de água
- 1/2 xícara (chá) de azeitonas pretas sem caroço picadas

Preparo:

1. Separe o bacalhau em pedaços. Numa vasilha, misture o pimentão, a cebola, o tomate, a salsa e o alho. Tempere com sal e pimenta.
2. Numa panela de pressão, ponha uma colher (sopa) de azeite e intercale camadas da mistura de pimentão, de bacalhau e de batata. Repita até terminarem os ingredientes. Adicione o azeite restante e a água. Tampe a panela e deixe em fogo médio.
3. Quando começar a chiar, abaixe o fogo e cozinhe por mais cinco minutos. Deixe sair o vapor, abra e junte a azeitona. Sirva em seguida.

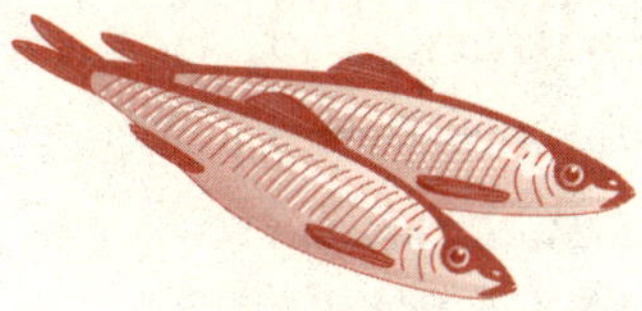

Bacalhoada prática

Para 4 pessoas
Tempo de preparo: 30 minutos
Fácil

Ingredientes:

- 1 pimentão verde sem sementes e em tiras
- 1 pimentão vermelho sem sementes e em tiras
- 2 cebolas grandes fatiadas
- 2 tomates maduros sem pele e sem sementes cortados em pedaços grandes
- 1 colher (sopa) de salsa
- 2 dentes de alho picados
- sal a gosto
- 1 pitada de pimenta-do-reino
- 1,5 kg de bacalhau demolhado, limpo e em lascas
- 8 batatas sem casca e em fatias
- 1 1/3 de xícara (chá) de azeite
- 1/2 xícara (chá) de água
- 100 g de azeitonas pretas sem caroço picadas
- 2 xícaras (chá) de palmito em rodelas
- 4 ovos cozidos

Preparo:

1. Numa tigela, misture o pimentão, a cebola, o tomate, a salsa e o alho. Tempere com sal e pimenta.
2. Em uma panela de pressão grande, intercale camadas da mistura de pimentão, bacalhau e batata. Regue com uma xícara (chá) de azeite, a água e feche a panela.
3. Quando a panela começar a chiar, abaixe o fogo e deixe mais 15 minutos. Desligue, espere sair todo o vapor, abra a panela e transfira para uma travessa. Distribua a azeitona, o palmito e os ovos em rodelas. Regue com o azeite restante e sirva.

Bacalhau frito com cebola

Para 4 pessoas
Tempo de preparo: 1 hora
Fácil

Ingredientes:

- 1 xícara (chá) de leite
- sal a gosto
- 2 xícaras (chá) de farinha de trigo
- 2 ovos batidos
- 4 postas de bacalhau demolhadas e limpas
- 3 cebolas grandes
- sal e pimenta-do-reino a gosto

Para fritar e regar

Azeite

Preparo:

1. Numa tigela, misture o leite, sal, farinha e os ovos. Passe as postas nessa mistura. Frite no azeite.
2. Numa panela, ponha uma camada de rodelas de cebola. Regue com azeite e tempere com sal e pimenta. Por cima, ponha as postas fritas.
3. Leve a panela ao fogo baixo até a cebola dourar. Sirva em seguida.

Bacalhau acebolado

Para 4 pessoas
Tempo de preparo: 50 minutos
Fácil

Ingredientes:

- 4 postas de bacalhau demolhadas e limpas
- sal e pimenta-do-reino a gosto
- 1 xícara (chá) de azeite
- 4 tomates sem pele e sem sementes
- 2 dentes de alho
- 4 cebolas
- 1/4 de xícara (chá) de vinho branco seco
- 2 colheres (sopa) de coentro picado

Para empanar

Farinha de trigo

Preparo:

1. Corte as postas ao meio e tempere-as com sal e pimenta. Passe pela farinha de trigo. Frite no azeite dos dois lados. Escorra sobre papel-toalha e reserve quente.
2. Corte o tomate em gomos e pique o alho. Misture os dois em uma tigela e reserve. Corte a cebola em meia-lua e refogue-a no azeite em que fritou o bacalhau. Regue a

cebola com o vinho e junte o coentro. Misture bem e acrescente o bacalhau. Deixe no fogo por mais alguns minutos. Retire e sirva com o tomate.

Bacalhau Alba Longa

Para 4 pessoas
Tempo de preparo: 45 minutos
Média dificuldade

Ingredientes:

- 2 kg de bacalhau demolhado e limpo
- 8 cebolas grandes
- 800 g de tomate pelado
- 8 batatas sem casca
- 250 g de queijo provolone em tiras
- 1 colher (sopa) de pimenta-do-reino
- 2 cravos-da-índia
- 1 colher (sopa) de salsa
- 1 colher (sopa) de hortelã
- 1 folha de louro
- 2 colheres (chá) de açafrão
- 1 1/3 de xícara (chá) de azeite
- 1 colher (sopa) de margarina

Preparo:

1. Corte o peixe em pedaços médios. Numa caçarola, coloque uma parte do bacalhau, rodelas de cebola, o tomate em pedaços, mais bacalhau, a batata em rodelas, o queijo e os temperos.
2. Regue com azeite. Repita até terminarem os ingredientes, exceto a margarina. Leve ao fogo com a panela tampada até a batata ficar macia. Junte a margarina e deixe ferver mais três minutos. Sirva bem quente.

Bacalhau com alho-poró

Para 4 pessoas
Tempo de preparo: 40 minutos
Fácil

Ingredientes:

- 4 postas de bacalhau demolhadas e limpas
- 2 ovos batidos
- 2 cebolas
- 3 xícaras (chá) de alho-poró
- 3 colheres (sopa) de azeite
- 4 colheres (sopa) de caldo de peixe
- 1 pitada de sal
- 1 pimenta-malagueta em rodelas
- 2 gemas
- 1 colher (sopa) de coentro

Para fritar

Óleo

Preparo:

1. Corte as postas de bacalhau em pedaços grandes. Passe as postas nos ovos e frite no óleo bem quente.
2. Doure a cebola e o alho-poró picados no azeite e junte o caldo. Tempere com o sal e a pimenta. Cozinhe por cinco minutos.
3. Retire do fogo e junte as gemas batidas. Cozinhe por mais cinco minutos. Despeje esse molho sobre as postas e polvilhe com coentro. Sirva.

Bacalhau agridoce

Para 4 pessoas
Tempo de preparo: 2 horas
Fácil

Ingredientes:

- 16 filés de bacalhau fresco
- 4 ovos
- 1 colher (sopa) de sal
- 1/4 de xícara (chá) de leite
- 1 1/2 xícara (chá) de farinha de rosca

Molho

- 1/2 colher (sopa) de azeite
- 4 colheres (sopa) de margarina
- 1 cebola grande cortada em rodelas
- 10 grãos de pimenta-do-reino
- 5 folhas de louro
- 1/2 xícara (chá) de vinagre
- 1 xícara (chá) de água
- 1 colher (chá) de sal
- 2 colheres (sopa) de salsa picada
- 2 dentes de alho picados
- 1/4 de xícara (chá) de passas
- 2 colheres (sopa) de pignoli

Para fritar

Azeite

Preparo:

Ponha os filés numa travessa grande e reserve. Bata os ovos com sal e o leite. Espalhe sobre os filés, cubra com filme plástico e deixe descansar por 1 hora, mexendo de vez em quando.

Molho

1. Numa panela média, aqueça o azeite e a margarina em fogo baixo. Junte a cebola e refogue, mexendo de vez em quando com uma colher de pau até a cebola ficar macia.

2. Adicione uma parte dos grãos de pimenta, o louro e o vinagre. Refogue por aproximadamente dois minutos. Regue com a água e ferva, mexendo às vezes, até obter um molho espesso. Tempere com o sal e a pimenta restante. Reserve.
3. Passe os filés na farinha de rosca, pressionando levemente com as mãos. Reserve.
4. Numa frigideira grande e funda, aqueça azeite em fogo médio. Frite os filés aos poucos até dourarem dos dois lados. Retire com uma escumadeira e disponha numa travessa.
5. Polvilhe com a salsa, o alho, a passa e o pignoli. Espalhe o molho reservado e deixe esfriar. Cubra a travessa com papel-alumínio e deixe descansar por 1 hora antes de servir.

Bacalhau agridoce com manjericão

Para 4 pessoas
Tempo de preparo: 35 minutos
Fácil

Ingredientes:

- 600 g de bacalhau demolhado e limpo
- 6 tomates sem pele e sem sementes
- 2 cebolas em cubos
- 2 colheres (sopa) de azeite
- 1 colher (sopa) de passas brancas
- 1 colher (sopa) de pignoli
- 1 colher (sopa) de manjericão picado
- 1 pimenta-dedo-de-moça picada
- sal a gosto
- 1 dente de alho picado

Preparo:

1. Corte o bacalhau em pedaços e o tomate em cubos. Doure a cebola no azeite. Acrescente metade do tomate, a passa, o pignoli, o manjericão e a pimenta. Tempere com sal e cozinhe em fogo baixo por cinco minutos.
2. Numa panela, ponha o bacalhau e cubra com o tomate restante e o alho. Cozinhe em fogo baixo por dez minutos. Transfira para um prato e regue com o molho quente. Sirva.

Bacalhau amarelinho

Para 4 pessoas
Tempo de preparo: 40 minutos
Fácil

Ingredientes:

- 2 colheres (sopa) de azeite
- 1 cabeça de alho
- 600 g de bacalhau demolhado, limpo e em lascas
- 1 pitada de pimenta-do-reino
- 1 pitada de cominho
- 1 colher (sopa) de açafrão
- 1 colher (sopa) de vinho branco seco
- 2 ovos
- 2 colheres (sopa) de ervas finas

Preparo:

1. Em uma panela, aqueça o azeite e ponha o alho. Assim que dourar, junte o bacalhau e misture. Tempere com a pimenta e o cominho. Tampe a panela e cozinhe em fogo baixo por 20 minutos. Mexa bem.
2. Junte aos poucos o açafrão dissolvido no vinho. Bata os ovos com a ervas e despeje sobre o bacalhau. Cozinhe por alguns minutos e sirva.

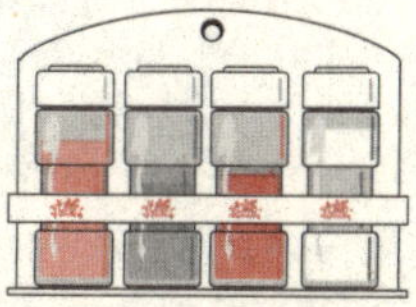

Bacalhau ao creme dugléré

Para 4 pessoas
Tempo de preparo: 30 minutos
Fácil

Ingredientes:

- 4 postas de bacalhau demolhadas e limpas
- sal e pimenta-do-reino a gosto
- 1/2 xícara (chá) de azeite
- 2 colheres (sopa) de manteiga
- 1 cebola picada
- 4 tomates grandes sem pele e sem sementes picados
- 300 g de cogumelos picados
- 1 maço de manjericão picado
- 2 xícaras (chá) de creme de leite fresco
- 2 xícaras (chá) de caldo de peixe
- 1 colher (sopa) de amido de milho
- 1 1/2 colher (sopa) de suco de limão

Preparo:

1. Tempere as postas com sal e pimenta e doure-as no azeite quente. Mantenha aquecidas.
2. Derreta a manteiga em uma panela e refogue a cebola. Acrescente o tomate, o cogumelo e o manjericão. Cozinhe por cinco minutos. Junte o creme, o caldo e o amido diluído no suco. Tempere com sal e pimenta. Sirva as postas regadas com o molho de manjericão.

Bacalhau ao leite com açafrão

Para 4 pessoas
Tempo de preparo: 45 minutos
Média dificuldade

Ingredientes:
- 3/4 de xícara (chá) de margarina
- 1 cebola
- 1 colher (sopa) de salsa picada
- 1 pitada de pimenta-branca
- 1 pitada de noz-moscada
- 1/2 xícara (chá) de leite
- 1/2 colher (sopa) de açafrão
- 4 postas de bacalhau demolhadas e limpas
- 1/2 colher (sopa) de farinha de trigo
- 1 colher (sopa) de água
- sal a gosto

Preparo:
1. Leve ao fogo a margarina com a cebola picada, a salsa, a pimenta e a noz-moscada. Regue com o leite, misture e deixe ferver.
2. Junte o açafrão e o bacalhau em lascas. Misture bem. Junte a farinha diluída na água e misture. Tempere com o sal, cozinhe por mais cinco minutos e sirva.

Bacalhau ao molho de cogumelos

Para 4 pessoas
Tempo de preparo: 1h10m
Média dificuldade

Ingredientes:
- 6 filés de bacalhau fresco
- sal a gosto
- 2 colheres (sopa) de suco de limão
- 2 colheres (sopa) de margarina
- 250 g de cogumelos picados
- 1/2 xícara (chá) de água
- 3 colheres (sopa) de vinho branco seco
- 200 g de cream-cheese
- 1 colher (sopa) de salsa

Preparo:
1. Tempere o peixe com o sal e o suco de limão. Deixe tomar gosto por 15 minutos.
2. Em uma frigideira grande, derreta a margarina e doure os filés dos dois lados em fogo alto. Retire da frigideira e passe para um prato. Mantenha aquecidos.
3. Na mesma frigideira, refogue o cogumelo por três minutos. Adicione a água e o vinho. Misture e deixe ferver.
4. Junte o cream-cheese e aqueça em fogo baixo, mexendo até formar um molho cremoso. Despeje sobre os filés. Polvilhe com salsa e sirva.

Bacalhau ao molho inglês

Para 4 pessoas
Tempo de preparo: 40 minutos
Fácil

Ingredientes:
- 4 postas de bacalhau demolhadas e limpas
- 2 colheres (sopa) de salsa
- 3 cenouras grandes
- sal a gosto

Molho inglês
- 2 colheres (sopa) de manteiga
- 2 colheres (sopa) de farinha de trigo
- 2 xícaras (chá) de leite fervido
- sal, pimenta-do-reino branca e noz-moscada a gosto
- 2 ovos cozidos

Preparo:

Afervente o bacalhau, escorra e polvilhe com a salsa. Ponha numa travessa e distribua a cenoura cozida e cortada em rodelas ao lado. Reserve.

Molho
1. Misture a manteiga com a farinha. Leve ao fogo e cozinhe sem dourar. Adicione o leite, tempere com sal, pimenta e noz-moscada.
2. Misture bem e depois cozinhe em fogo baixo por cinco minutos. Junte os ovos cozidos cortados em cubos. Regue o bacalhau com o molho e sirva.

Bacalhau ao molho tentação

Para 4 pessoas
Tempo de preparo: 30 minutos
Média dificuldade

Ingredientes:
- 1 kg de bacalhau demolhado

- 3 xícaras (chá) de água
- 1 xícara (chá) de vinho branco seco
- 5 batatas sem casca cozidas
- 3 cenouras sem casca
- 1 maço de brócolis
- 1 xícara (chá) de fundos de alcachofra

Molho

- 1 xícara (chá) de maionese
- 1 1/2 xícara (chá) de creme de leite sem soro
- 1/2 colher (sopa) manjericão picado
- 1/2 colher (sopa) tomilho fresco picado
- 1/2 colher (sopa) orégano
- 1/2 colher (sopa) cascas de limão
- 1 maçã picada

Preparo:

1. Afervente o bacalhau na água com o vinho. Escorra e retire as peles e espinhas. Na mesma água, afervente a batata e a cenoura. Escorra e reserve os legumes.
2. Cozinhe o brócolis no vapor. Retire e reserve.

Molho

1. Numa vasilha, misture todos os ingredientes.
2. Disponha o bacalhau numa travessacom os legumes e os fundos de alcachofra. Regue com o molho e sirva.

Bacalhau ao xerez

Para 4 pessoas
Tempo de preparo: 35 minutos
Fácil

Ingredientes:

- 4 filés de bacalhau fresco
- sal e pimenta-do-reino a gosto
- suco de 1 limão
- 1 xícara (chá) de farinha de trigo
- 1/2 xícara (chá) de alho picado
- 1 1/2 xícara (chá) de azeite
- 1/2 xícara (chá) de cebola picada
- 1/2 xícara (chá) de pimentão verde sem sementes picado
- 1/2 xícara (chá) de tomates sem sementes picados
- 2 xícaras (chá) de xerez branco seco

Preparo:

1. Tempere os filés com sal, pimenta e o suco de limão. Passe na farinha e reserve.
2. Refogue o alho no azeite com a cebola, o pimentão e o tomate. Despeje esse refogado numa panela de barro e acomode os filés.
3. Cozinhe por dez minutos e vire os filés com cuidado. Acrescente o vinho e cozinhe por mais oito minutos. Sirva quente.

Bacalhau ao xerez com arroz aromático

Para 4 pessoas
Tempo de preparo: 1 hora
Fácil

Ingredientes:

Arroz

- 1/2 limão
- 1 gengibre
- sal a gosto
- 2 xícaras (chá) de arroz

Bacalhau

- 4 filés de bacalhau fresco
- sal e pimenta-do-reino moída
- suco de 1 limão
- 1 xícara (chá) de farinha de trigo
- 1 1/2 xícara (chá) de azeite
- 1/2 xícara (chá) de alho picado
- 1/2 xícara (chá) de cebola picada
- 1/2 xícara (chá) de alho-poró em rodelas
- 1/2 xícara (chá) de tomates pelados
- 2 xícaras (chá) de vinho branco xerez

Preparo:

Arroz

1. Corte a casca do limão em tiras finas. Corte um pedaço de 5 centímetros de gengibre. Descasque e corte-o em pedaços.
2. Ponha a casca e o gengibre numa panela com água fria e sal. Deixe ferver e acrescente o arroz. Tampe e cozinhe. Acrescente mais água, se necessário. Tampe e reserve.

Bacalhau

1. Tempere o filé com sal, pimenta e limão. Passe na farinha e reserve.
2. Refogue no azeite o alho, a cebola, o alho-poró e o tomate. Despeje esse refogado em uma panela e adicione o bacalhau.
3. Cozinhe por dez minutos. Vire os filés com cuidado e acrescente o vinho. Cozinhe por mais dez minutos. Sirva em seguida com o arroz.

Bacalhau à toscana

Para 4 pessoas
Tempo de preparo: 50 minutos
Fácil

Ingredientes:

- 800 g de bacalhau demolhado e limpo
- 2 xícaras (chá) de farinha de trigo
- 1 cebola
- 1 dente de alho
- 1 colher (sopa) de azeite
- 300 g de molho de tomate refogado
- sal e pimenta-do-reino a gosto

Para fritar

Óleo

Preparo:

1. Corte o bacalhau em pedaços grandes e passe-os na farinha de trigo. Frite no óleo quente até dourarem. Retire, deixe escorrer sobre papel-toalha e reserve.
2. Corte a cebola e o alho em lâminas e frite-os no azeite. Junte o molho de tomate e tempere com o sal e a pimenta. Cozinhe por 20 minutos.
3. Ponha o bacalhau reservado e cozinhe em fogo baixo por mais cinco minutos. Retire do fogo e sirva.

Bacalhau azedinho

Para 4 pessoas
Tempo de preparo: 1 hora
Fácil

Ingredientes:

- 10 batatas bolinha
- sal a gosto
- 4 postas de bacalhau demolhadas e limpas
- 1 xícara (chá) de azeite
- 3 dentes de alho
- 1 maço de salsa picado
- 3 colheres (sopa) de limão

Preparo:

1. Lave muito bem a batata e cozinhe com casca em água e sal. Escorra e reserve.
2. À parte, grelhe o bacalhau numa frigideira antiaderente. Reserve.
3. Numa panela grande leve ao fogo o azeite e aqueça bem. Junte o alho espremido e doure-o um pouco. Ponha a batata e o bacalhau. Aqueça bem, mexendo de vez em quando. Acrescente a salsa e o suco de limão. Mexa bem, retire do fogo e sirva.

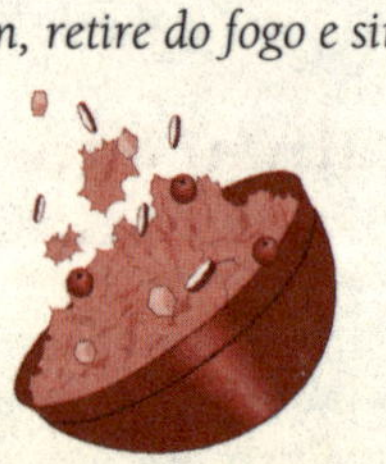

Bacalhau beirão com batata-doce

Para 4 pessoas
Tempo de preparo: 35 minutos
Fácil

Ingredientes:

- 3/4 de xícara (chá) de azeite
- 2 cebolas
- 3 dentes de alho amassados
- 3 colheres (sopa) de molho de tomate
- 5 batatas-doces grandes sem casca cozidas
- sal a gosto
- 1 pitada de pimenta-do-reino branca
- 3 postas de bacalhau demolhadas e limpas
- 1 colher (sopa) de cebolinha
- 1 xícara (chá) de azeitonas sem caroço recheadas

Preparo:

1. Numa frigideira funda, ponha metade do azeite, a cebola em rodelas, o alho picado e o molho de tomate. Assim que a cebola estiver dourada, junte a batata cortada em rodelas.
2. Tempere com sal e pimenta. Sacuda a frigideira. Junte o bacalhau e o azeite restante. Deixe apurar por dez minutos. Mexa às vezes. Polvilhe com a cebolinha e ponha a azeitona. Misture, retire do fogo e sirva.

Bacalhau boníssimo

Para 4 pessoas
Tempo de preparo: 50 minutos
Fácil

Ingredientes:

- 4 postas de bacalhau demolhadas e limpas
- 3 cebolas em rodelas
- 2 dentes de alho
- 1 colher (sopa) de salsa
- 1 pitada de tempero baiano
- 1 1/3 de xícara (chá) de azeite

Purê de mandioquinha

- 4 mandioquinhas
- 2 colheres (sopa) de manteiga
- 1 gema
- 1/2 xícara (chá) de creme de leite
- sal e pimenta-do-reino a gosto
- 2 colheres (sopa) de parmesão ralado

Para decorar

1 xícara (chá) de azeitonas recheadas

Preparo:

Corte as postas em pedaços grandes. Numa panela, ponha metade da cebola e o alho em rodelas. Junte o bacalhau, a salsa, a cebola restante e o tempero baiano. Cubra com o azeite e leve ao fogo por dez minutos, mexendo às vezes. Retire e mantenha aquecido.

Purê de mandioquinha

1. Raspe a mandioquinha e cozinhe em água e sal. Quando estiver macia, escorra e passe pelo espremedor. Transfira para uma panela com a manteiga. Misture a gema ao creme de leite e acrescente à panela com a mandioquinha. Tempere com sal e pimenta.
2. Leve ao fogo e cozinhe até obter um creme. Acrescente o parmesão. Misture bem e sirva com o bacalhau refogado e a azeitona.

Bacalhau branco

Para 4 pessoas
Tempo de preparo: 20 minutos
Fácil

Ingredientes:

- 3 postas de bacalhau demolhadas e limpas
- 3/4 de xícara (chá) de margarina
- 1 colher (sopa) de farinha de trigo
- 1 1/2 xícara (chá) de leite de coco
- 1 pitada de tempero baiano
- sal a gosto
- 1 colher (sopa) de salsa picada

Preparo:

1. Separe o bacalhau em lascas grandes. Leve ao fogo a margarina e a farinha dissolvida no leite de coco. Junte o tempero baiano e misture.
2. Acrescente o bacalhau e ferva por dez minutos. Tempere com sal e polvilhe com salsa. Sirva em seguida.

Bacalhau campeão

Para 4 pessoas
Tempo de preparo: 2 horas
Média dificuldade

Ingredientes:

- 2 mamões verdes pequenos
- 2 cebolas
- 2 tomates sem sementes
- 2 colheres (sopa) de salsa picada
- 2 colheres (sopa) de coentro picado
- 2 colheres (sopa) de cebolinha picada
- 1 1/4 xícara (chá) de leite de coco
- 1 xícara (chá) de azeite
- 1 kg de postas de bacalhau demolhadas e limpas
- 3 colheres (sopa) de azeite-de-dendê
- 2 xícaras (chá) de creme de leite fresco
- 1 pitada de sal
- 2 xícaras (chá) de palmito picado
- 4 bananas-da-terra

Preparo:

1. Descasque o mamão e corte-o em cubos. Cozinhe com pouca água até ficar al dente. Escorra e reserve.
2. Pique a cebola e o tomate. Ponha em uma vasilha e misture delicadamente com a salsa, o coentro e a cebolinha. Ponha metade dessa mistura em uma panela. Acrescente o leite de coco, o azeite, o bacalhau e o mamão.
3. Leve ao fogo e mexa sem parar. Assim que ferver, adicione o sal, o dendê e o creme de leite. Misture e ferva novamente. Mexa com cuidado. Junte o palmito, mexa, tampe e reserve.
4. Cozinhe rapidamente a banana com casca. Descasque e ponha nos pratos. Ao lado, distribua o preparado de bacalhau e sirva.

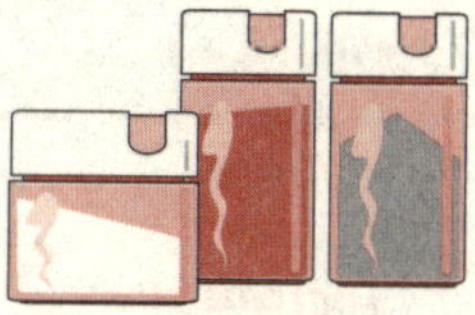

Bacalhau caprichado

Para 4 pessoas
Tempo de preparo: 40 minutos
Média dificuldade

Ingredientes:

- 500 g de bacalhau demolhado e limpo
- 5 colheres (sopa) de azeite
- 2 cebolas fatiadas
- 6 ovos levemente batidos
- 2 xícaras (chá) de batata palha
- sal e pimenta-do-reino a gosto
- 4 colheres (sopa) de salsa picada

Preparo:

1. Separe o bacalhau em lascas grandes e reserve.
2. Em uma panela, aqueça o azeite e refogue levemente a cebola, sem dourar. Junte o bacalhau e misture. Acrescente metade dos ovos, mexendo com uma colher de pau.
3. Ponha metade da batata palha. Misture e acrescente os ovos e a batata palha restante. Tempere com sal, pimenta e misture ligeiramente. Polvilhe com a salsa e sirva.

Bacalhau cardeal

Para 4 pessoas
Tempo de preparo: 25 minutos
Fácil

Ingredientes:

- 2 cebolas em rodelas
- 2 pimentões verdes sem sementes em rodelas
- 500 g de bacalhau demolhado, limpo e em lascas
- 6 tomates em rodelas
- 1 xícara (chá) de azeite
- pimenta-malagueta em rodelas e sal a gosto
- 1/2 xícara (chá) de água

Preparo:

1. Em uma panela, faça camadas alternadas de cebola, pimentão, bacalhau e o tomate. Regue com azeite.
2. Tempere com sal e a pimenta. Junte a água, tampe e deixe no fogo até o bacalhau ficar macio. Sirva em seguida.

Bacalhau catalão

Para 4 pessoas
Tempo de preparo: 50 minutos
Fácil

Ingredientes:

- 600 g de postas de bacalhau demolhadas e limpas
- 1 xícara (chá) de farinha de trigo
- 1 1/2 xícara (chá) de azeite
- 3 dentes de alho em lâminas
- 1 cebola
- 1 pimentão vermelho sem sementes
- 1 pimentão verde sem sementes
- 2 abobrinhas grandes
- 2 berinjelas grandes
- 500 g de molho de tomate

Preparo:

1. Passe o bacalhau na farinha de trigo e frite as postas em uma xícara (chá) de azeite. Ponha sobre papel-toalha e reserve. Coe o azeite da fritura e despeje numa panela de barro. Frite o alho ligeiramente. Corte a cebola em tiras e refogue com o alho. Corte o pimentão em rodelas e junte à panela. Misture bem e reserve.
2. Lave a abobrinha e a berinjela. Corte-as em pedaços médios e frite à parte, no azeite restante. Quando estiverem macias, ponha em uma panela.
3. Acrescente o molho de tomate e a mistura de cebola e alho. Cozinhe em fogo baixo por 15 minutos. Adicione o bacalhau e cozinhe por mais dez minutos. Retire e sirva.

Bacalhau com abobrinha e pimentão

Para 4 pessoas
Tempo de preparo: 50 minutos
Fácil

Ingredientes:

- 2 xícaras (chá) de azeite
- 4 dentes de alho
- 4 postas de bacalhau demolhadas e limpas
- 2 pimentões verdes sem sementes
- 2 pimentões amarelos sem sementes
- sal e cominho a gosto
- 3 abobrinhas
- 2 cebolas
- 4 tomates maduros sem sementes

Preparo:

1. Numa panela, ponha metade do azeite e frite o alho em fatias até dourar. Retire e escorra. Na mesma panela, ponha o bacalhau e doure por dez minutos em fogo baixo.
2. Junte o pimentão em tiras e refogue também. Sacuda a panela às vezes. Tempere com sal e cominho. Reserve.
3. Em outra panela, aqueça o azeite restante e refogue a abobrinha cortada em cubos e a cebola em rodelas. Junte o tomate em pedaços. Tempere com sal e cozinhe em fogo baixo. Escorra o excesso de gordura do molho e ponha o bacalhau refogado com o pimentão. Misture delicadamente, retire do fogo e sirva.

Bacalhau com açafrão

Para 4 pessoas
Tempo de preparo: 15 minutos
Fácil

Ingredientes:

- 4 filés de bacalhau fresco
- sal e pimenta-do-reino a gosto
- suco de 1 limão
- 2 xícaras (chá) de água fervente
- 1 cebola
- 1 dente de alho
- 1 folha de louro
- 1/2 xícara (chá) de creme de leite
- 1/2 colher (sopa) de açafrão
- 1 ramo de coentro picado
- 2 cenouras sem casca
- 250 g de brócolis
- 250 g de couve-flor

Preparo:

1. Tempere os filés com sal, pimenta e suco de meio limão. Transfira para uma panela e cubra com água. Acrescente a cebola e o alho picados e o louro.
2. Leve ao fogo por dez minutos. Com uma escumadeira, retire o peixe e o louro do caldo. Reserve o peixe e descarte o louro.
3. Mantenha o caldo no fogo. Assim que ferver e se reduzir à metade, acrescente o creme de leite e o açafrão. Misture e transfira para o liquidificador. Depois de bater, junte o coentro e suco de limão restante. Transfira para uma tigela e mantenha esse molho aquecido.
4. À parte, lave os legumes. Corte a cenoura em fatias e separe em buquês o brócolis e a couve-flor. Cozinhe-os separadamente em água com sal. Quando estiverem cozidos, escorra bem.
5. Em pratos individuais, ponha o peixe e os legumes. Cubra com o molho aquecido e sirva.

Bacalhau com alcachofra

Para 4 pessoas
Tempo de preparo: 1 hora
Média dificuldade

Ingredientes:

- 4 filés de bacalhau fresco
- sal a gosto
- 1 xícara (chá) de farinha de trigo

Molho de alcachofra

- 2 colheres (sopa) de azeite
- 2 dentes de alho amassados
- 1 cebola média à juliana
- 300 g de camarão pequeno limpo cozido
- 2 xícaras (chá) de anéis de lula aferventados
- 1 colher (sopa) de alcaparras
- 2 xícaras (chá) de alcachofras cortadas em quatro
- 1 xícara (chá) de molho de tomate refogado
- sal e pimenta-do-reino a gosto
- 1 colher (sopa) de salsa picada
- 1 xícara (chá) de azeitonas pretas sem caroço

Para fritar

Óleo

Preparo:

1. Tempere o bacalhau com sal e passe na farinha. Reserve.
2. Ponha óleo numa frigideira funda e frite as postas até dourarem. Transfira para uma travessa, coloque-as lado a lado e as mantenha aquecidas.

Molho

1. Ponha o azeite, o alho e a cebola numa panela e leve ao fogo alto, mexendo sempre até a cebola ficar transparente. Junte o camarão e a lula. Misture e cozinhe por mais cinco minutos.
2. Acrescente a alcaparra, a alcachofra e o molho de tomate. Cozinhe, mexendo de vez em quando, até aquecer bem. Tempere com sal e pimenta. Misture e retire do fogo.
3. Regue os filés com esse molho. Polvilhe com a salsa e decore com a azeitona. Sirva em seguida.

Bacalhau com alcaparra

Para 4 pessoas
Tempo de preparo: 50 minutos
Fácil

Ingredientes:

- 1 kg de filés de bacalhau fresco
- 1 xícara (chá) de farinha de trigo
- 1/2 xícara (chá) de azeite
- 2 cebolas picadas
- 2 dentes de alho picados
- 1 talo de salsão picado
- 1 cenoura sem casca picada
- 2 colheres (sopa) de alcaparras
- sal e pimenta-do-reino a gosto
- 2 xícaras (chá) de vinho branco seco
- 6 castanhas-de-caju
- 6 batatas sem casca cozidas
- 1 colher (sopa) de coentro picado

Preparo:

1. Corte o bacalhau em pedaços e passe-os na farinha. Refogue no azeite a cebola, o alho, o salsão e a cenoura. Junte a alcaparra e tempere com sal e pimenta. Adicione o vinho e a castanha picada.
2. Ponha o bacalhau e cozinhe por 15 minutos. Distribua a batata em rodelas sobre o bacalhau e deixe cozinhar por cinco minutos. Polvilhe com coentro e sirva.

Bacalhau com alho

Para 4 pessoas
Tempo de preparo: 55 minutos
Fácil

Ingredientes:

- 600 g de bacalhau demolhado e limpo
- 1 colher (sopa) de farinha de trigo
- 12 dentes de alho
- 1 1/3 de xícara (chá) de azeite
- 1 colher (sopa) de vinagre

- 2 colheres (sopa) de água
- 1 colher (sopa) de ervas finas

Preparo:

1. Corte o bacalhau em pedaços grandes e passe-os na farinha de trigo. Reserve.
2. Pique bem o alho. Numa panela antiaderente, aqueça o azeite e doure o alho. Retire o alho e reserve.
3. Na mesma frigideira, ponha o bacalhau e frite. Junte o vinagre e a água. Deixe até apurar bem. Distribua o alho frito e polvilhe com as ervas. Sirva em seguida.

Bacalhau com arroz à francesa

Para 4 pessoas
Tempo de preparo: 50 minutos
Fácil

Ingredientes:

- 2 postas de bacalhau demolhadas e limpas
- 1 colher (sopa) de azeite
- 1 colher (sopa) de margarina
- 1 colher (sopa) de banha
- 1 pimenta-dedo-de-moça picada
- 1 colher (sopa) de cebolinha picada
- 100 g de bacon picado
- 2 tomates sem sementes

Arroz

- 2 colheres (sopa) de margarina
- 4 dentes de alho picados
- 1 cebola grande ralada
- 1 xícara (chá) de cogumelos picados
- 1 colher (sopa) de açafrão
- 1/2 xícara (chá) de nozes picadas
- 1 xícara (chá) de presunto picado
- 1/2 xícara (chá) de azeitona preta sem caroço picada
- 3 xícaras (chá) de arroz cozido

Preparo:

Separe o bacalhau em lascas grandes e ponha em uma panela com o azeite, a margarina, a banha, a pimenta, a cebolinha, o bacon e o tomate. Refogue bem por dez minutos, mexendo às vezes. Retire do fogo e mantenha aquecido.

Arroz

1. Refogue na margarina o alho, a cebola, o cogumelo, o açafrão, as nozes, o presunto e a azeitona. Misture ao arroz.
2. Na hora de servir, ponha o arroz no centro do prato e, ao redor, disponha o bacalhau.

Bacalhau com arroz de coco

Para 4 pessoas
Tempo de preparo: 50 minutos
Fácil

Ingredientes:

- 3 postas de bacalhau demolhadas e limpas
- 300 g de camarões limpos
- 1 xícara (chá) de margarina
- 1 colher (sopa) de salsa
- suco de 2 limões
- sal a gosto
- 1 pitada de pimenta-do-reino

Arroz de coco

- 2 xícaras (chá) de água
- 1 xícara (chá) de leite de coco
- 1 cebola picada
- sal a gosto
- 2 xícaras (chá) de arroz

Preparo:

Separe o bacalhau em lascas grandes e cozinhe o camarão em água e sal. Quando estiver cozido, transfira para uma panela com o bacalhau. Junte a margarina, a salsa picada e o suco de limão. Tempere com sal e pimenta. Leve ao fogo, mexendo às vezes, por 20 minutos ou até cozinhar. Retire do fogo e reserve.

Arroz

Ponha a água para ferver com o leite de coco, a cebola e o sal. Acrescente o arroz lavado e escorrido e cozinhe até ficar macio. Sirva em seguida com o bacalhau.

Bacalhau com aspargo verde

Para 4 pessoas
Tempo de preparo: 1 hora
Fácil

Ingredientes:

- 2 dentes de alho picados
- 1 xícara (chá) de azeite
- 6 postas de bacalhau demolhadas e limpas
- sal a gosto
- 1 colher (sopa) de farinha de trigo
- 1 1/2 xícara (chá) de champanhe
- 1/2 xícara (chá) de caldo de peixe

- 2 maços de aspargos verdes
- 250 g de camarão sem casca cozido
- 1 xícara (chá) de creme azedo (ver receita na pg. 119)

Preparo:

1. Refogue o alho em três colheres (sopa) de azeite sem deixar queimar. Junte o bacalhau e tempere com sal. Adicione a farinha e misture bem. Acrescente meia xícara (chá) de champanhe e o caldo de peixe. Misture e deixe cozinhar em fogo baixo por dez minutos.
2. Corte o aspargo. Ponha numa frigideira e acrescente o azeite restante. Junte o champanhe restante e cozinhe até ficar al dente.
3. Acrescente o camarão e deixe apurar por cinco minutos. Retire do fogo e escorra o excesso. Adicione essa mistura ao bacalhau. Junte o aspargo e o creme azedo e misture até ficar aveludado. Sirva em seguida.

Bacalhau com aspargo verde e camarão

Para 4 pessoas
Tempo de preparo: 1 hora
Fácil

Ingredientes:

- 1 kg de aspargos verdes
- sal e pimenta-do-reino
- 12 camarões grandes limpos e com cauda
- 1 cenoura sem casca
- 1/2 pimentão vermelho sem sementes
- 3 colheres (sopa) de maionese
- 1 colher (sopa) de suco de limão
- 3 colheres (sopa) de creme de leite
- 4 postas de bacalhau demolhadas e limpas
- 1 cebola
- 1 colher (sopa) de azeite
- 2 ovos cozidos

Preparo:

1. Descasque o aspargo e amarre com um barbante. Cozinhe em água com sal e pimenta por 15 minutos. Escorra e mergulhe o aspargo em água fria até esfriar.
2. À parte, cozinhe o camarão. Escorra, mas reserve uma colher (sopa) da água do cozimento. Corte a cenoura e o pimentão em tirinhas e escalde em água fervente. Tempere com sal e pimenta e reserve.
3. Misture a maionese com o suco de limão, o creme de leite e a água do cozimento do camarão. Reserve.
4. Refogue o bacalhau e a cebola no azeite. Quando dourar, retire com uma escumadeira.
5. Sirva o bacalhau com o aspargo, o camarão, os ovos cortados ao meio e os legumes. Regue com o molho de maionese.

Bacalhau com bacon

Para 4 pessoas
Tempo de preparo: 40 minutos
Fácil

Ingredientes:

- 1 kg de bacalhau fresco
- 200 g de bacon em fatias
- 3 cebolas
- 6 batatas sem casca cozidas
- sal e pimenta-do-reino branca a gosto
- 1 xícara (chá) de caldo de legumes

Preparo:

1. Corte o bacalhau em pedaços grandes. Numa panela, ponha o bacon e doure rapidamente na própria gordura. Junte a cebola em rodelas e frite.
2. Em outra panela, ponha camadas de cebola, bacon e bacalhau. Tempere com sal e pimenta. Distribua uma camada de batata em rodelas.
3. Repita até que os ingredientes terminem. Cubra com caldo de legumes e leve ao fogo até ferver. Sirva imediatamente.

Bacalhau com bacon e ervas

Para 4 pessoas
Tempo de preparo: 45 minutos
Fácil

Ingredientes:

- 3 postas de bacalhau demolhadas e limpas
- 2 cebolas grandes cortadas em rodelas
- 3/4 de xícara (chá) de azeite
- 8 batatas sem casca em rodelas
- 4 tomates maduros sem sementes picados
- 100 g de bacon fatiado
- sal e pimenta-do-reino a gosto
- 1 folha de louro
- 1 colher (sopa) de salsa
- 1 colher (sopa) de hortelã
- 3 cravos-da-índia
- 1 xícara (chá) de água

Preparo:

1. Corte o bacalhau em cubos. Ponha numa panela a cebola e o azeite. Refogue rapidamente por cinco minutos.
2. Por cima, ponha camadas alternadas de batata,

tomate, bacon e bacalhau. Tempere com sal, pimenta, louro, salsa, hortelã e o cravo.

3. Regue com a água e leve ao fogo por 20 minutos ou até o bacalhau ficar bem cozido. Sirva bem quente.

Bacalhau com bacon e legumes

Para 4 pessoas
Tempo de preparo: 35 minutos
Fácil

Ingredientes:

- 2 kg de lombo de bacalhau demolhado e limpo
- 1 pimenta dedo-de-moça picada
- 3 colheres (sopa) de suco de limão
- 1/4 de xícara (chá) de azeite

Legumes

- 4 dentes de alho picados
- 1/4 de xícara (chá) de azeite
- 200 g de bacon
- 1 kg de batata sem casca
- 4 cebolas médias inteiras e sem casca
- 500 g de abóbora sem casca e cortada em cubos
- 3 inhames sem casca cortados ao meio
- 1 colher (sopa) de sal
- 8 xícaras (chá) de água

Para regar

Azeite

Preparo:

Numa panela grande, ponha o bacalhau, a pimenta, o suco de limão e o azeite. Tampe e leve ao fogo alto até ferver. Abaixe o fogo e cozinhe por mais 20 minutos ou até o bacalhau ficar macio. Retire do fogo e reserve.

Legumes

1. Numa panela grande, leve ao fogo alto o alho, o azeite e o bacon cortado em cubos. Refogue até o alho dourar. Junte os demais ingredientes e cozinhe até os legumes ficarem macios.
2. Arrume os legumes e o bacalhau numa travessa. Na hora de servir, regue com mais azeite.

Bacalhau com batata

Para 4 pessoas
Tempo de preparo: 45 minutos
Fácil

Ingredientes:

- 4 postas grossas de bacalhau demolhadas e limpas
- 4 xícaras (chá) de azeite
- 3 dentes de alho
- 1 pitada de pimenta-do-reino moída
- 12 batatas bolinha

Preparo:

1. Grelhe as postas de bacalhau numa frigideira antiaderente untada com azeite. Grelhe até dourarem. Retire do fogo e reserve.
2. À parte, ponha o azeite restante, o alho picado e a pimenta numa vasilha tampada. Leve ao fogo em banho-maria. Ponha o bacalhau nessa mistura e deixe por 30 minutos. Cozinhe a batata em água e sal e sirva com o bacalhau.

Bacalhau com bolinhas de legumes

Para 4 pessoas
Tempo de preparo: 25 minutos
Fácil

Ingredientes:

- 1,5 kg de filés de bacalhau fresco
- sal a gosto
- 4 cenouras
- 2 nabos
- 2 abobrinhas
- 1 maço de espinafre
- 1/2 xícara (chá) de manteiga
- 4 xícaras (chá) de caldo de peixe
- 1/2 xícara (chá) de vinho branco seco
- 1 cebola picada
- 100 g de manteiga
- 1 xícara (chá) de creme de leite
- 1 colher (sopa) de pimenta-rosa
- 1/2 colher (sopa) de azeite

Preparo:

1. Tempere o bacalhau com sal e reserve. Descasque a cenoura, o nabo e a abobrinha. Com um boleador, faça bolinhas. Cozinhe os legumes em água e sal. À parte, limpe o espinafre, lave e cozinhe. Escorra e reserve.
2. Unte uma frigideira grande com duas colheres (sopa) de manteiga e ponha os filés. Regue com metade do caldo de peixe e metade do vinho. Tampe e cozinhe por dez minutos.
3. Refogue a cebola na manteiga restante e regue com o vinho e o caldo restantes. Junte o creme de leite. Ferva até engrossar um pouco, mexendo sempre. Coe. Adicione a pimenta-rosa esmagada e leve ao fogo novamente para ferver por cinco minutos.

4. Refogue a cenoura, o nabo e a abobrinha numa frigideira untada com o azeite. Refogue até ficarem macios. Numa travessa, coloque os legumes, o espinafre e o peixe. Regue com o molho e sirva.

Bacalhau com cebola

Para 4 pessoas
Tempo de preparo: 30 minutos
Fácil

Ingredientes:

- 1,5 kg de postas de bacalhau demolhadas e limpas
- 12 batatas
- 2 xícaras (chá) de azeite
- 3 cebolas grandes cortadas em rodelas bem finas
- 1 dente de alho espremido
- sal a gosto
- 1 pitada de pimenta-do-reino

Para untar

Óleo

Preparo:

1. Unte as postas com óleo e grelhe-as em uma chapa ou em uma frigideira antiaderente untada com óleo. Grelhe dos dois lados até dourarem. Retire e reserve.
2. Cozinhe a batata com a casca em água e sal. À parte, ponha o azeite em uma panela e refogue a cebola e o alho. Tempere com sal e pimenta.
3. Descasque a batata e corte-a em rodelas. Disponha a batata em uma travessa. Por cima, ponha o bacalhau e cubra com a cebola refogada. Sirva em seguida.

Bacalhau com cebola roxa

Para 4 pessoas
Tempo de preparo: 35 minutos
Fácil

Ingredientes:

- 1 xícara (chá) de azeite
- 6 batatas sem casca em rodelas
- 4 cebolas roxas aferventadas e cortadas em rodelas
- 8 dentes de alho picados
- 4 tomates-cereja sem sementes e cortados ao meio
- 1 xícara (chá) de palmito picado
- 1 pimenta-dedo-de-moça picada
- 1 xícara (chá) de azeitonas pretas sem caroço
- 800 g de postas de bacalhau demolhadas e limpas
- 1/2 colher (sopa) de orégano

Preparo:

1. Em uma frigideira, aqueça o azeite e frite a batata. Retire, escorra sobre papel-toalha e reserve.
2. Na mesma gordura, frite a cebola e o alho. Junte o tomate, o palmito, a pimenta, a azeitona e as postas de bacalhau. Frite até o alho dourar. Retire.
3. Distribua a batata em pratos e despeje o bacalhau por cima. Polvilhe com orégano e sirva.

Bacalhau com coentro

Para 4 pessoas
Tempo de preparo: 25 minutos
Fácil

Ingredientes:

- 2 dentes de alho
- 4 colheres (sopa) de azeite
- 600 g de bacalhau demolhado, limpo e em lascas
- 2 xícaras (chá) de molho bechamel
- 1 maço de coentro picado
- sal e pimenta-dedo-de-moça a gosto

Preparo:

1. Descasque o alho e pique. Leve ao fogo uma panela com o azeite e o alho. Junte o bacalhau e cozinhe por cinco minutos, mexendo de vez em quando.
2. Acrescente o bechamel e o coentro. Tempere com sal e pimenta e ferva em fogo baixo por dez minutos, mexendo de vez em quando. Sirva em seguida.

Bacalhau com cogumelos

Para 4 pessoas
Tempo de preparo: 50 minutos
Fácil

Ingredientes:

- 4 postas de bacalhau demolhado, limpo e em lascas
- 3 dentes de alho picados
- 1 cebola picada
- 250 g de cogumelos cortados ao meio
- sal e pimenta-do-reino a gosto
- 1 xícara (chá) de azeite
- 1 1/2 xícara (chá) de caldo de peixe
- 1 maço de couve-manteiga
- 1 colher (sopa) de vinagre
- 150 g de bacon em cubos
- 1 colher (sopa) de salsa picada

Preparo:

1. Ponha o bacalhau em uma panela. Junte metade do

alho, a cebola e o cogumelo. Tempere com sal e pimenta. Regue com metade do azeite e o caldo de peixe. Leve ao fogo por 25 minutos.

2. À parte, escalde a couve cortada bem fininha em água com sal e o vinagre. Escorra e reserve.
3. Retire o bacalhau do caldo e refogue no azeite e no alho restantes. Junte a couve e misture bem. Ponha o bacon e deixe no fogo por cinco minutos. Disponha o bacalhau e o cogumelo em pratos. Sirva com a couve e polvilhe com a salsa.

Bacalhau com couve-flor

Para 4 pessoas
Tempo de preparo: 50 minutos
Fácil

Ingredientes:

- 1 kg de postas de bacalhau demolhadas e limpas
- 1 couve-flor

Molho

- 2 colheres (sopa) de suco de limão
- 1 xícara (chá) de água
- 1 pitada de sal
- 1/4 de xícara (chá) de azeite
- 1/2 xícara (chá) de salsa picada
- 1/2 xícara (chá) de azeitona preta sem caroço
- 5 tomates grandes sem pele e sem sementes em cubos

Preparo:

1. Ponha o bacalhau e a couve-flor numa panela grande e cubra com água. Leve ao fogo alto e cozinhe até a couve-flor ficar macia. Escorra.
2. Transfira o bacalhau para uma travessa e disponha a couve-flor ao redor. Reserve.

Molho

Numa tigela, misture todos os ingredientes. Distribua sobre o bacalhau e a couve-flor e sirva em seguida.

Bacalhau com ervilha e ovo

Para 4 pessoas
Tempo de preparo: 40 minutos
Fácil

Ingredientes:

- 1 dente de alho
- 2 cebolas
- 4 colheres (sopa) de azeite
- 1 kg de bacalhau demolhado, limpo e em lascas
- 1 xícara (chá) de azeitonas pretas sem caroço
- 2 tomates sem sementes
- 2 latas de ervilhas escorridas
- 1 pitada de pimenta-do-reino
- 2 colheres (sopa) de vinagre
- sal a gosto
- 2 colheres (sopa) de coentro picado
- 2 ovos cozidos

Preparo:

1. Refogue o alho e a cebola picados no azeite. Junte o bacalhau, a azeitona, o tomate e a ervilha. Misture bem e cozinhe por cinco minutos. Retire do fogo.
2. Tempere com a pimenta, o vinagre e sal. Polvilhe com coentro e sirva com as rodelas de ovo.

Bacalhau com ervilha e tomate

Para 4 pessoas
Tempo de preparo: 1 hora
Fácil

Ingredientes:

- 1 kg de bacalhau demolhado e limpo
- 3 colheres (sopa) de margarina
- 2 dentes de alho picados
- 2 cebolas médias em rodelas
- 2 1/2 xícaras (chá) de batata sem casca em cubos
- 1/2 xícara (chá) de polpa de tomate
- 3 colheres (sopa) de cheiro-verde picado
- 3 xícaras (chá) de água
- 1 xícara (chá) de ervilha congelada

Preparo:

1. Corte o bacalhau em pedaços e reserve. Numa panela, derreta a margarina e junte o alho e a cebola. Frite até murcharem.
2. Adicione a batata, a polpa de tomate, o cheiro-verde, a água e o bacalhau reservado. Tampe e cozinhe em fogo baixo por 25 minutos. Acrescente a ervilha, tampe e cozinhe por mais dez minutos. Sirva em seguida.

Bacalhau com espinafre e batata

Para 4 pessoas
Tempo de preparo: 45 minutos
Fácil

Ingredientes:

- 1,5 kg de espinafre

- sal a gosto
- 2 xícaras (chá) de azeite
- 8 batatas sem casca
- 4 dentes de alhos
- 6 postas de bacalhau demolhadas e limpas

Preparo:

1. Lave o espinafre e o afervente em água com sal até ficar macio. Junte uma colher (sopa) de azeite na água. Apague o fogo e tampe a panela por dez minutos. Escorra e esprema bem para sair toda a umidade.
2. Corte a batata em cubos e frite no azeite, mas reserve quatro colheres (sopa). Tempere com sal. Escorra sobre papel-toalha e reserve.
3. Em outra panela, ponha o azeite restante e refogue o alho esmagado. Junte o bacalhau em lascas e frite até dourar. Acrescente o espinafre e refogue bem. Sirva em seguida com a batata frita.

Bacalhau com feijão

Para 4 pessoas
Tempo de preparo: 1h10m
Fácil

Ingredientes:

- 4 postas de bacalhau demolhadas e limpas
- 4 xícaras (chá) de leite
- suco de 1 limão
- 4 dentes de alho
- 1 xícara (chá) de azeite
- 2 cebolas
- sal e pimenta-do-reino a gosto
- 1 pimentão vermelho sem sementes
- 1 pimentão amarelo sem sementes
- 1/2 colher (sopa) de mostarda
- 2 colheres (sopa) de alcaparras
- 1 ramo de coentro picado
- 3 colheres (sopa) de vinagre
- 2 xícaras (chá) de feijão-roxinho cozido com o caldo
- 3 ovos cozidos
- 1 xícara (chá) de azeitonas pretas sem caroço

Preparo:

1. Corte em pedaços as postas de bacalhau. Ponha numa tigela e cubra com o leite. Acrescente o suco de limão e dois dentes de alho picados. Deixe de molho por 30 minutos. Escorra o bacalhau, seque e frite em metade do azeite.
2. Na mesma frigideira, ponha a cebola cortada em rodelas. Frite até ficar transparente. Tempere com sal e pimenta. Junte o pimentão em tiras e mexa bem.
3. Misture o azeite restante com a mostarda, o alho que sobrou, a alcaparra e o coentro. Tempere com sal e vinagre. Reserve.
4. Aqueça o feijão e retire um pouco do caldo. Ponha os pedaços de bacalhau e misture bem. Retire do fogo e distribua em pratos. Regue com o molho de alcaparra. Misture novamente. Polvilhe com o ovo picado e sirva com a azeitona.

Bacalhau com feijão-andu

Para 4 pessoas
Tempo de preparo: 45 minutos
Fácil

Ingredientes:

- 3 postas de bacalhau demolhadas e limpas
- 500 g de feijão-andu
- 1/2 xícara (chá) de azeite
- 1 colher (sopa) de açafrão
- 1/2 colher (sopa) de cominho
- sal
- 1 cebola
- 1 ramo de salsa picado
- 2 ovos cozidos cortados em rodelas

Preparo:

1. Separe o bacalhau em lascas grandes e reserve. À parte, cozinhe o feijão em água e sal. Quando estiver cozido, tempere-o em uma frigideira com o azeite, o açafrão, o cominho e o sal.
2. Adicione a cebola picada e a salsa. Ponha o bacalhau e cozinhe por mais dez minutos. Retire do fogo e sirva com os ovos cozidos.

Bacalhau com feijão-fradinho

Para 4 pessoas
Tempo de preparo: 55 minutos
Fácil

Ingredientes:

- 400 g de feijão-fradinho
- 1 tablete de tempero pronto esmigalhado
- sal e pimenta-do-reino a gosto
- 4 ovos
- 800 g de bacalhau demolhado e limpo
- 1 xícara (chá) de farinha de trigo
- 1 xícara (chá) de azeite
- 1 cebola

- 2 dentes de alho
- 1 colher (sopa) de vinagre
- 1 ramo de coentro picado

Preparo:

1. Deixe o feijão de molho por 1 hora. Cozinhe os grãos de feijão com o tempero pronto em água suficiente para cobri-los. Tempere com sal e pimenta. À parte, cozinhe os ovos por oito minutos.
2. Corte o bacalhau em pedaços grandes e passe pela farinha de trigo. Frite em 3/4 de xícara (chá) de azeite. Retire do fogo e escorra sobre papel-toalha. Reserve.
3. Pique a cebola e o alho e refogue no azeite restante. Junte o feijão e tempere com vinagre. Deixe apurar por dez minutos. Sirva com o ovo picado e o bacalhau salpicado com coentro.

Bacalhau com forminhas de batata

Para 4 pessoas
Tempo de preparo: 1h10m
Fácil

Ingredientes:

- 4 postas de bacalhau demolhadas e limpas
- 2 xícaras (chá) de água
- 1 folha de louro
- 1 xícara (chá) de azeite
- 4 cebolas
- 4 dentes de alho picados
- 2 xícaras (chá) de vinho branco seco
- sal e pimenta-do-reino moída na hora a gosto

Forminhas de batata

- 1 cebola grande cortada em rodelas finas
- 8 batatas sem casca cortadas em rodelas
- 2 xícaras (chá) de leite
- 2 colheres (sopa) de margarina
- sal, pimenta-do-reino branca e noz-moscada a gosto
- 1 xícara (chá) de queijo prato picado
- 1 xícara (chá) de queijo parmesão ralado

Para untar

Azeite

Preparo:

1. Ferva o bacalhau por cinco minutos na água com o louro. Retire, seque bem e doure as postas no azeite. Retire, escorra sobre papel-toalha e reserve. Mantenha aquecido.
2. No mesmo azeite, refogue a cebola picada com o alho. Junte o vinho e deixe cozinhar até o líquido se reduzir quase à metade.
3. Transfira para o liquidificador, bata, coe e tempere com sal e pimenta. Reserve.

Forminhas de batata

1. Numa frigideira aquecida untada com azeite, toste as rodelas de cebola até ficarem bem escuras.
2. Cozinhe a batata no leite. Quando estiver cozida, escorra e refogue bem na margarina. Tempere com sal, pimenta e a noz-moscada.
3. Preencha forminhas com aros removíveis alternando camadas de batata e dos dois tipos de queijo. Ponha as forminhas sobre uma assadeira untada. Asse no forno em temperatura média por 30 minutos ou até dourar bem.
4. Disponha a cebola nos pratos e por cima coloque o bacalhau. Sirva com a batata desenformada.

Bacalhau com frutos do mar

Para 4 pessoas
Tempo de preparo: 1h40m
Média dificuldade

Ingredientes:

- 250 g de amêijoas
- 250 g de berbigão
- 6 batatas grandes
- sal a gosto
- 1 xícara (chá) de caldo de peixe
- 2 cebolas
- 2 dentes de alho
- 3/4 de xícara (chá) de azeite
- 300 g de camarão limpo
- 4 postas de bacalhau demolhadas e limpas
- 1 ramo de coentro picado
- 1 pitada de pimenta-do-reino
- suco de 1/2 limão
- 1 xícara (chá) de azeitonas pretas sem caroço

Preparo:

1. Lave a amêijoa e o berbigão em bastante água para retirar todas as impurezas.
2. À parte, descasque a batata e cozinhe em água e sal. Quando estiver cozida, corte em quatro e reserve.
3. Leve ao fogo o caldo. Quando ferver, ponha os mariscos e cozinhe até que se abram (despreze os que não se abrirem). Coe o caldo e reserve.
4. Corte a cebola em rodelas e o alho em fatias e refogue-os no azeite. Junte o camarão, a batata, o bacalhau, o coentro, a amênjoa e o berbigão. Tempere com sal e pimenta e regue com o caldo reservado. Deixe ferver.

Adicione o suco de limão e retire do fogo. Decore com a azeitona e sirva.

Bacalhau com frutos do mar e alcaparra

Para 4 pessoas
Tempo de preparo: 1h10m
Média dificuldade

Ingredientes:

- 4 postas de bacalhau demolhadas e limpas
- 4 colheres (sopa) de manteiga
- 4 xícaras (chá) de água
- 1 cebola cortada em rodelas
- 1 xícara (chá) de salsão picado
- 3 lulas médias limpas
- 500 g de camarões grandes limpos
- suco de 1 limão
- sal e pimenta-do-reino a gosto
- 1 xícara (chá) de alcaparras
- 4 colheres (sopa) de manteiga
- 1 colher (sopa) de salsa picada

Preparo:

1. Separe o bacalhau em lascas grandes e refogue-as em uma colher (sopa) de manteiga até dourar. Retire e reserve. Aqueça a água e ponha a cebola e o salsão. Assim que levantar fervura, acrescente a lula e mantenha em fogo baixo por três minutos.
2. Retire a lula e pique-a em pedaços bem pequenos. Numa tigela, tempere o camarão com o suco de limão, sal e pimenta. Misture a alcaparra e a lula e deixe descansar por dez minutos.
3. Aqueça uma frigideira em fogo alto e ponha a manteiga restante. Refogue a cebola, o camarão e a lula por três minutos. Polvilhe com a salsa.
4. Ponha o bacalhau em uma travessa e despeje o refogado por cima. Sirva em seguida.

Bacalhau com grão-de-bico

Para 4 pessoas
Tempo de preparo: 50 minutos
Fácil

Ingredientes:

- 600 g de bacalhau demolhado e limpo
- 1 xícara (chá) de azeite
- 1 cebola grande picada
- 2 dentes de alho picados
- 1 colher (sopa) de salsa
- 1 folha de louro
- 2 colheres (sopa) de farinha de trigo
- 1 xícara (chá) de vinagre
- 400 g de grão-de-bico cozido

Preparo:

1. Afervente o bacalhau e reserve uma xícara (chá) da água. Separe-o em lascas.
2. Aqueça o azeite e doure a cebola e o alho. Junte a salsa, o louro, farinha, o vinagre e água reservada. Ponha o bacalhau e tempere com sal. Deixe em fogo alto por cinco minutos.
3. Junte o grão-de-bico e cozinhe por mais cinco minutos, mexendo às vezes. Sirva em seguida.

Bacalhau com mandioquinha

Para 4 pessoas
Tempo de preparo: 1 hora
Fácil

Ingredientes:

- 6 xícaras (chá) de água
- 3 cebolas médias em rodelas
- 1 alho-poró (só a parte branca)
- 1 amarrado de ervas aromáticas
- 4 dentes de alho picados
- sal a gosto
- 1 cenoura média sem casca
- 5 grãos de pimenta-do-reino branca
- 1 xícara (chá) de vinho branco
- 3/4 de xícara (chá) de azeite
- 1 pitada de noz-moscada
- 500 g de postas de bacalhau demolhadas e limpas
- 3 batatas sem casca cortadas em pedaços
- 2 mandioquinhas sem casca em pedaços
- 2 folhas de couve dobradas
- 3 folhas de repolho
- 100 g de cogumelo pleurotus
- 1 colher (sopa) de fécula de batata

Preparo:

1. Numa panela, ferva a água com a cebola, o alho-poró, as ervas, a cenoura em cubos, a pimenta, o vinho, um fio de azeite e a noz-moscada. Tempere com sal. Após 15 minutos de fervura, cozinhe as postas por dez minutos e reserve num pouco de caldo quente para não ressecarem.
2. Cozinhe os legumes e as verduras no mesmo caldo. Ponha o cogumelo e a fécula de batata. Regue com o azeite restante, mas reserve uma colher (sopa).
3. Retire os legumes, as verduras e o cogumelo. Disponha numa travessa com o bacalhau e mantenha aquecido.

4. Deixe o caldo no fogo até reduzir quase à metade. Acrescente o azeite reservado e misture bem. Regue o preparado de legumes com esse caldo e sirva.

Bacalhau com tomate pelado

Para 4 pessoas
Tempo de preparo: 55 minutos
Média dificuldade

Ingredientes:

- 1 pacote de creme de cebola
- 1 colher (sopa) de margarina
- 2 ovos cozidos
- 1 tomate pelado
- 2 colheres (sopa) de salsa picada
- sal a gosto
- 1 pitada de pimenta-do-reino branca
- 3 postas de bacalhau demolhadas e limpas
- 4 batatas grandes sem casca cozidas

Preparo:

1. Prepare o creme de cebola conforme as instruções da embalagem. Adicione a margarina derretida, deixando ferver durante cinco minutos. Junte os ovos picados, o tomate esmagado e a salsa. Mexa e tempere com o sal e a pimenta. Ferva por mais cinco minutos.
2. Despeje esse molho sobre as postas de bacalhau e sirva com a batata cozida.

Bacalhau com maionese quente

Para 4 pessoas
Tempo de preparo: 30 minutos
Fácil

Ingredientes:

- 1 1/2 xícara (chá) de azeite
- 3 cebolas médias em rodelas
- 5 batatas sem casca em rodelas
- 1 kg de postas de bacalhau demolhadas e limpas
- 2 pimentões vermelhos sem sementes em tiras
- 1 xícara (chá) de azeitonas pretas sem caroço picadas
- 1 1/3 de xícara (chá) de creme de leite
- 1 vidro pequeno de maionese
- 1 xícara (chá) de salsa picada

Preparo:

1. Em uma panela, ponha o azeite e alterne camadas de cebola, batata, bacalhau em lascas grandes, pimentão e azeitona. Repita até os ingredientes acabarem, mas finalize com uma camada de batata.
2. Tampe a panela e cozinhe em fogo baixo. Assim que a batata estiver cozida, acrescente o creme de leite e a maionese misturados.
3. Polvilhe com a salsa, tampe a panela e apague o fogo. Deixe descansar por dez minutos e sirva.

Bacalhau com mandioquinha e vinho tinto

Para 4 pessoas
Tempo de preparo: 1h20m
Média dificuldade

Ingredientes:

Molho

- 3 cebolas pequenas
- 100 g de cogumelo shitake
- 3/4 de xícara (chá) de margarina
- 1 anis-estrelado
- 1/2 colher (sopa) de coentro
- 2 xícaras (chá) de vinho tinto seco
- 1 xícara (chá) de molho madeira pronto
- 1/2 colher (sopa) de tomilho
- 1 folha de louro
- sal a gosto

Bacalhau

- 8 xícaras (chá) de leite
- 250 g de bacon
- 1 pitada de zimbro
- 1/2 colher (sopa) de cardamono
- 1/2 colher (sopa) de grãos de coentro
- 2 dentes de alho
- 1/2 colher (sopa) de tomilho
- 1 folha de louro
- 1/4 de xícara (chá) de caldo de peixe
- 1,2 kg de postas de bacalhau demolhadas e limpas

Acompanhamento

- 1 kg de mandioquinha
- 5 colheres (sopa) de margarina
- 1/2 colher (sopa) de cominho
- 2 colheres (sopa) de cebolinha
- 1 xícara (chá) de caldo de legumes

Preparo:

Molho

1. Corte à juliana a cebola e o cogumelo. Refogue em uma colher (sopa) de margarina. Junte o anis, mexa e deixe no fogo até a cebola dourar. Adicione o coentro e o vinho. Cozinhe até se reduzir à metade.

2. Acrescente o molho madeira, o tomilho e o louro. Reduza pela metade e acrescente a margarina restante. Tempere com o sal, retire do fogo e reserve.

Bacalhau

Aqueça o leite com o bacon. Quando começar a ferver, ponha os demais ingredientes e cozinhe até o bacalhau ficar bem macio. Escorra e reserve o peixe.

Acompanhamento

1. Raspe a casca da mandioquinha e corte-a em rodelas. Numa frigideira antiaderente, refogue a mandioquinha na margarina. Tempere com o cominho e a cebolinha. Acrescente o caldo e cozinhe por dez minutos.
2. Em pratos individuais, ponha o bacalhau e ao redor a mandioquinha. Regue com o molho reservado e sirva.

Bacalhau com milho

Para 4 pessoas
Tempo de preparo: 50 minutos
Fácil

Ingredientes:

- 4 filés de bacalhau demolhado fresco
- 1 dente de alho
- 1 ramo de tomilho
- 2 espigas de milho
- 350 g de fundos de alcachofra
- 250 g de cenoura congelada
- 1/2 xícara(chá) de azeite
- sal e aceto balsâmico a gosto

Preparo:

Tempere o peixe com sal, alho esmagado e tomilho. Deixe tomar gosto por alguns minutos e grelhe. Grelhe também as espigas e corte-as em rodelas. À parte, refogue os legumes em azeite e, no final, tempere com sal. Arrume os filés numa travessa sobre todos os legumes e regue com o azeite do refogado. Salpique com algumas gotas de aceto balsâmico e sirva em seguida.

Bacalhau com molho de camarão

Para 4 pessoas
Tempo de preparo: 50 minutos
Fácil

Ingredientes:

- 4 postas de bacalhau demolhadas e limpas
- 1 xícara (chá) de farinha de trigo
- 2 ovos levemente batidos
- 1 xícara (chá) de azeite
- 200 g de camarão limpo
- 3 colheres (sopa) de manteiga
- 1 xícara (chá) de leite
- suco de 1 limão
- 2 colheres (sopa) de salsa picada
- 1/2 colher (sopa) de noz-moscada
- sal e pimenta-do-reino a gosto
- 2 gemas batidas

Preparo:

1. Separe o bacalhau em pedaços grandes e passe na farinha (reserve uma colher e meia de sopa) e no ovo. Frite no azeite, retire e escorra sobre papel-toalha.
2. À parte, cozinhe o camarão em pouca água. Coe e reserve a água e o camarão separadamente. Numa panela, aqueça a manteiga e ponha a farinha reservada. Misture bem. Adicione o leite e a água do camarão, mexendo sem parar para não empelotar.
3. Tempere com o suco de limão, a salsa, a noz-moscada, o sal e a pimenta. Deixe encorpar, retire do fogo e junte as gemas. Misture muito bem e leve ao fogo novamente. Ponha o camarão e misture.
4. Monte o prato com os pedaços de bacalhau e o molho de camarão. Sirva imediatamente.

Bacalhau com molho de camarão e creme de leite

Para 4 pessoas
Tempo de preparo: 40 minutos
Fácil

Ingredientes:

- 8 filés de bacalhau fresco
- sal a gosto
- 1 pitada de pimenta-do-reino branca
- suco de 1 limão

Molho

- 1 cebola grande picada
- 3 dentes de alho picados
- 4 colheres (sopa) de azeite
- 1 tablete de caldo de peixe
- 1 xícara (chá) de tomate pelado
- 1 colher (sopa) de molho de tomate
- 1 xícara (chá) de água
- sal e pimenta-do-reino a gosto
- 500 g de camarão pequeno limpo
- 1 xícara (chá) de creme de leite
- 1 colher (sopa) de cebolinha

Para empanar

Farinha de trigo

Para fritar

Azeite

Preparo:

Ponha os filés num refratário e tempere com o sal, pimenta e suco de limão. Deixe por 30 minutos. Escorra e seque as postas. Passe-as pela farinha de trigo e frite no azeite quente. Escorra sobre papel-toalha e mantenha aquecido.

Molho

1. Frite a cebola e o alho numa panela com o azeite. Junte o tablete de caldo de peixe, o tomate pelado, o molho de tomate e a água. Misture bem e tempere com a pimenta e o sal. Deixe ferver por dez minutos.
2. Acrescente o camarão e cozinhe por mais cinco minutos. Apague o fogo e despeje o creme de leite.
3. Na hora de servir, distribua os filés nos pratos e regue com o molho de camarão. Polvilhe com a cebolinha.

Bacalhau com molho de cebola

Para 4 pessoas
Tempo de preparo: 50 minutos
Média dificuldade

Ingredientes:

- 500 g de bacalhau demolhado e limpo
- 6 colheres (sopa) de azeite
- 4 colheres (sopa) de vinagre

Molho de cebola

- 1 cebola picada
- 1 colher (sopa) de salsa
- 1/2 colher (sopa) de vinagre
- suco de 1 limão
- sal e pimenta-do-reino a gosto

Preparo:

Separe o bacalhau em lascas grandes. Frite-as no azeite. Escorra sobre papel-toalha e reserve. Retire a panela do fogo e adicione o vinagre, misture e deixe cozinhar por cinco minutos. Retire do fogo, ponha o bacalhau e mantenha aquecido.

Molho

1. Misture a cebola e a salsa com vinagre e o suco do limão. Tempere com sal e pimenta. Bata bem no liquidificador.
2. Ponha o bacalhau numa travessa aquecida e regue com o molho de cebola. Sirva em seguida.

Bacalhau com molho de cogumelo

Para 4 pessoas
Tempo de preparo: 1 hora
Fácil

Ingredientes:

Molho

- 1 pimentão amarelo sem sementes
- 1 pimentão verde sem sementes
- 1 cebola
- 200 g de cogumelos grandes
- 3 tomates sem sementes
- 3 dentes de alho picados
- sal e pimenta-dedo-de-moça picada a gosto
- 1/2 xícara (chá) de azeite

Bacalhau

- 1,5 kg de postas de bacalhau demolhadas e limpas
- 1 xícara (chá) de água
- pimenta-do-reino branca em grãos a gosto
- 1 alho-poró em rodelas
- 1 cebola picada

Preparo:

Molho

Corte os dois tipos de pimentão em tiras e a cebola em meia-lua. Corte o cogumelo ao meio. Numa frigideira ponha o pimentão, a cebola e o cogumelo. Junte o tomate picado e o alho. Tempere com sal e pimenta e doure no azeite. Retire do fogo e reserve, mantendo aquecido.

Bacalhau

Numa panela funda, ponha as postas, a água, a pimenta, o alho-poró e a cebola. Cozinhe por 15 minutos. Retire as postas com cuidado e escorra o caldo. Em pratos individuais, ponha uma camada de molho e no centro as postas. Sirva em seguida.

Bacalhau com molho curry

Para 4 pessoas
Tempo de preparo: 40 minutos
Fácil

Ingredientes:

- 2 colheres (sopa) de margarina
- 2 cebolas picadas
- 2 dentes de alho picados
- 600 g de bacalhau demolhado, limpo e em lascas
- 200 g de salsão
- 1 colher (sopa) de coentro picado
- 1 folha de louro
- 1 xícara (chá) de água
- 2 colheres (sopa) de farinha de trigo
- 2 colheres (sopa) de curry
- 1 xícara (chá) de creme de leite
- sal e pimenta-do-reino a gosto
- 2 gemas
- 150 g de azeitonas pretas sem caroço

Preparo:

1. Numa frigideira, aqueça a margarina. Ponha a cebola e o alho. Junte o bacalhau, o salsão em cubos, metade do coentro e o louro. Regue com a água e cozinhe por dez minutos em fogo baixo, mexendo às vezes.
2. Dilua a farinha e o curry no creme de leite. Mexa até obter consistência cremosa. Despeje na frigideira com o bacalhau. Tempere com sal e pimenta. Misture e ponha as gemas. Mexa e cozinhe em fogo baixo por cinco minutos. Retire do fogo e sirva decorado com a azeitona e o coentro restante.

Bacalhau com molho de tomate seco

Para 4 pessoas
Tempo de preparo: 40 minutos
Fácil

Ingredientes:

- 1 colher (sopa) de margarina
- 1 kg de filés de bacalhau fresco
- 2 tabletes de caldo de peixe
- 2 1/2 xícaras (chá) de leite fervente
- 1 1/2 colher (sopa) de amido de milho
- 1 xícara (chá) de tomate seco
- 1 1/2 colher (sopa) de cheiro-verde

Preparo:

1. Em uma frigideira grande, derreta a margarina em fogo médio. Ponha os filés e doure dos dois lados.
2. Dissolva o caldo na metade do leite e despeje na frigideira.
3. Dissolva o amido no leite restante e junte ao peixe. Cozinhe, mexendo sempre até engrossar. Adicione o tomate seco, o cheiro-verde, misture e sirva em seguida.

Bacalhau ao molho esmeralda

Para 4 pessoas
Tempo de preparo: 35 minutos
Fácil

Ingredientes:

- 4 postas de bacalhau demolhadas e limpas
- 3 cebolas picadas
- 1 folha de louro
- 1 xícara (chá) de caldo de legumes
- 1 xícara (chá) de espinafre cozido e espremido
- 2 xícaras (chá) de amido de milho
- 1 pitada de noz-moscada

Preparo:

1. Numa panela, coloque as postas de bacalhau e cubra com a cebola. Ponha o louro e regue com o caldo de legumes. Cozinhe por dez minutos. Retire o bacalhau com cuidado e coloque-o numa travessa. Mantenha quente.
2. Bata o caldo do cozimento do bacalhau no liquidificador com o espinafre, o amido e a noz-moscada. Transfira para uma panela e leve ao fogo. Mexa até engrossar. Despeje o molho sobre o bacalhau.

Bacalhau com ovos

Para 4 pessoas
Tempo de preparo: 45 minutos
Média dificuldade

Ingredientes:

- 1,2 kg de bacalhau demolhado e limpo
- 8 batatas sem casca raladas
- 4 cenouras raladas
- 3 colheres (sopa) de óleo
- 6 colheres (sopa) de azeite
- 1 cebola grande em rodelas finas
- 1 pimentão vermelho sem sementes em tiras
- 6 ovos ligeiramente batidos
- 1 colher (sopa) de salsa
- sal a gosto

Preparo:

1. Desfie o bacalhau em lascas grandes.
2. Numa frigideira, frite a batata e a cenoura aos poucos no óleo quente, até que fiquem ligeiramente douradas. Escorra sobre papel-toalha.
3. Numa panela, coloque o azeite e frite a cebola por cinco minutos. Junte o bacalhau e o pimentão e

refogue por dez minutos. Acrescente a batata e a cenoura e misture bem.
4. Adicione os ovos e a salsa. Cozinhe por dois minutos. Tempere com sal, mexa e sirva em seguida.

Bacalhau com ovo a cavalo

Para 4 pessoas
Tempo de preparo: 35 minutos
Fácil

Ingredientes:

- 3 postas de bacalhau demolhadas e limpas
- 5 colheres (sopa) de azeite
- 1 pimentão verde sem sementes
- 1 xícara (chá) de molho de tomate
- 3 fatias de pão
- 3 ovos

Preparo:

1. Separe o bacalhau em lascas e regue-as com uma colher (sopa) de azeite quente. Aqueça duas colheres (sopa) do azeite e junte o pimentão picado e o molho de tomate. Se necessário, acrescente um pouco de água. Deixe ferver em fogo baixo até engrossar. Retire e reserve.
2. Frite as fatias de pão no azeite restante. Retire e frite os ovos no azeite que sobrar na frigideira. Se necessário, acrescente mais um pouco de azeite. Ponha o bacalhau numa travessa e disponha os ovos fritos por cima. Regue com o molho de tomate reservado e sirva com o pão frito.

Bacalhau com ovos à grega

Para 4 pessoas
Tempo de preparo: 35 minutos
Fácil

Ingredientes:

- 5 postas de bacalhau demolhadas e limpas
- 4 ovos batidos
- 250 g de farinha de rosca
- 2 alhos-porós
- 3 cebolas
- 1 folha de louro
- sal e pimenta-do-reino a gosto
- 1 colher (sopa) de vinho branco seco
- 1 colher (sopa) de água
- 1 colher (sopa) de azeite
- 1 colher (sopa) de molho de tomate
- 4 ovos

Para fritar

Óleo

Preparo:

1. Cozinhe o bacalhau e separe em pedaços grandes. Passe no ovo e na farinha de rosca e frite em óleo bem quente. Escorra e reserve aquecido. Elimine quase toda a parte verde do alho-poró e corte-o em pedaços grandes.
2. Ponha numa panela com a cebola picada, o louro, o sal, a pimenta, o vinho, a água, o azeite e o molho de tomate. Cozinhe por 45 minutos em fogo baixo. Frite os ovos. Em pratos individuais, coloque um pouco de molho, os ovos por cima e o bacalhau. Sirva.

Bacalhau com ovos de codorna

Para 4 pessoas
Tempo de preparo: 1h20m
Fácil

Ingredientes:

- 1 kg de bacalhau demolhado e limpo
- 2 batatas sem casca em pedaços
- 800 g de grão-de-bico cozido
- 2 cenouras sem casca cozidas
- 2 chuchus sem casca cozidos
- 300 g de vagem cozida
- 1 maço de brócolis cozido separado em buquês
- 2 dúzias de ovos de codorna sem casca cozidos
- 1 xícara (chá) de azeite
- 2 colheres (sopa) de coentro picado
- sal a gosto

Preparo:

1. Afervente o bacalhau com a batata e o grão-de-bico por 15 minutos ou até a batata ficar macia. Escorra bem e transfira para uma travessa, separando o bacalhau em pedaços grandes.
2. Junte os legumes restantes cortados em rodelas e os buquês de brócolis. Acrescente os ovos, regue com o azeite e polvilhe com o coentro. Tempere com sal e sirva.

Bacalhau com ovo e lingüiça

Para 4 pessoas
Tempo de preparo: 50 minutos
Fácil

Ingredientes:

- 1 kg de batata-doce
- 500 g de bacalhau demolhado e limpo

- 2 gomos de lingüiça calabresa defumada
- 1 xícara (chá) de azeite
- 2 cebolas picadas
- 4 dentes de alho picados
- 1 maço de espinafre cozido
- sal e pimenta-do-reino a gosto
- 6 ovos
- 100 g de azeitonas pretas sem caroço

Para fritar

Óleo

Preparo:

1. Descasque a batata, corte-a em cubos pequenos e frite em óleo quente. Escorra sobre papel-toalha e reserve.
2. Separe o bacalhau em lascas e corte a lingüiça em pedaços. Numa panela grande ponha o azeite, a cebola, o alho e a lingüiça e mexa até dourar. Junte o bacalhau e refogue.
3. Adicione a batata frita e o espinafre. Sacuda a panela para não grudar. Tempere com sal e pimenta. Mexa e ponha os ovos ligeiramente batidos. Deixe cozinhar por cinco minutos, mexendo às vezes. Retire do fogo, polvilhe com a azeitona e sirva.

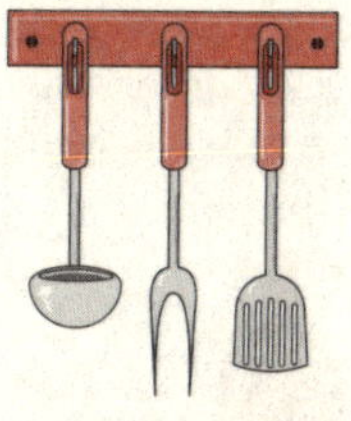

Bacalhau com pimenta

Para 4 pessoas
Tempo de preparo: 50 minutos
Média dificuldade

Ingredientes:

- 1,5 kg de bacalhau demolhado e limpo
- 1 1/3 de xícara (chá) de azeite
- 4 dentes de alho em lâminas
- 1 pimenta-malagueta sem sementes em rodelas

Preparo:

1. Separe o bacalhau em pedaços grandes. Seque-os bem.
2. Numa frigideira, aqueça o azeite, junte o alho e a malagueta.
3. Retire o alho e a malagueta com uma escumadeira, reservando-os, e adicione as postas de bacalhau. Frite o peixe em fogo baixo por dez minutos.
4. Transfira para outra panela e regue com o azeite em que fritou o peixe. Leve ao fogo baixo e mexa devagar, até o peixe dourar mais um pouco. Sirva em seguida com o alho e a malagueta.

Bacalhau com pimenta-rosa

Para 4 pessoas
Tempo de preparo: 30 minutos
Fácil

Ingredientes:

- 800 g de filés de bacalhau demolhados e limpos
- sal a gosto
- 2 colheres (sopa) de margarina
- 1 1/2 colher (sopa) de farinha de trigo
- 2 xícaras (chá) de leite
- 1 pitada de noz-moscada
- 1/2 colher (sopa) de pimenta-rosa em grãos
- 1/2 xícara (chá) de cogumelo

Para untar

Azeite

Preparo:

1. Tempere o filé com sal e reserve. Numa frigideira, derreta a margarina, junte a farinha e mexa bem. Adicione o leite, mais sal e a noz-moscada. Mexa bem para não empelotar.
2. Junte a pimenta-rosa e o cogumelo e cozinhe em fogo baixo, mexendo às vezes, até obter um creme homogêneo. Retire do fogo e reserve.
3. Grelhe os filés dos dois lados numa frigideira untada com azeite. Transfira para os pratos e cubra com o creme. Sirva em seguida.

Bacalhau com pimentão

Para 4 pessoas
Tempo de preparo: 35 minutos
Fácil

Ingredientes:

- 8 batatas
- 2 cebolas
- 1 pimentão verde sem sementes
- 1 pimentão vermelho sem sementes
- 3 tomates sem sementes
- 4 postas de bacalhau demolhadas e limpas
- 1/2 xícara (chá) de azeite
- 1 colher (sopa) de salsa
- 2 dentes de alho
- 1 folha de louro
- 1 xícara (chá) de água

Preparo:

1. Descasque a batata. Corte-a em rodelas. Corte também a cebola. Corte os dois tipos de pimentão em tiras. Pique o tomate.
2. Numa panela, coloque a batata, a cebola, o pimentão e o bacalhau cortado em cubos. Regue com azeite. Acrescente o tomate, a salsa, o alho e o louro.
3. Quando a cebola estiver bem dourada, despeje a água. Tampe a panela e cozinhe, por 20 minutos, em fogo baixo. Sirva em seguida.

Bacalhau com piripíri

Para 4 pessoas
Tempo de preparo: 50 minutos
Média dificuldade

Ingredientes:

- 8 batatas sem casca
- sal a gosto
- 2 pimentões verdes sem sementes
- 2 tomates maduros sem sementes
- 1 xícara (chá) de azeite
- 1/2 colher (sopa) de piripíri
- 4 dentes de alho picados
- 2 cebolas
- 1 xícara (chá) de farinha de rosca
- 4 postas de bacalhau demolhadas e limpas

Preparo:

1. Cozinhe a batata em água e sal. Escorra, corte-a em rodelas grandes e reserve.
2. Corte o pimentão em tiras e o tomate em rodelas. Corte a cebola em meia-lua. Reserve todos separadamente.
3. Leve ao fogo uma frigideira com metade do azeite, o piripíri e o alho. Refogue até o alho fritar, mas sem dourar.
3. Em outra panela, doure a cebola no azeite restante até ficar transparente. Transfira para uma panela de barro e cubra com o tomate e o pimentão. Junte o alho refogado com o piripíri. Misture e refogue mais um pouco. Acrescente a farinha e mexa bem. Adicione o bacalhau em lascas e tempere com sal. Doure bem e sirva com a batata.

Bacalhau com purê de feijão e batata

Para 4 pessoas
Tempo de preparo: 1 hora
Fácil

Ingredientes:

- 4 postas de bacalhau demolhadas e limpas
- 2 cebolas
- 3 dentes de alho
- 1/2 xícara (chá) de azeite
- 1 pimentão verde sem sementes
- 1 pimentão vermelho sem sementes
- 1 xícara (chá) de água
- sal a gosto
- 1 colher (sopa) de salsa picada
- 4 batatas
- 800 g de feijão carioca cozido
- 1 colher (sopa) de coentro
- 5 colheres (sopa) de margarina

Preparo:

1. Corte o bacalhau em cubos, uma cebola em meia-lua e um dente de alho em lâminas. Refogue-os no azeite. Adicione o pimentão em tiras. Quando o bacalhau estiver dourado, junte a água e tempere com sal. Cozinhe, em fogo baixo, por 15 minutos. Junte a salsa e misture. Retire do fogo e reserve.
2. À parte, cozinhe a batata em água e sal. Escorra o feijão e bata no processador. Acrescente a batata escorrida e bata novamente.
3. Pique a outra cebola e refogue-a na margarina. Junte o alho restante picado e o coentro. Misture bem e ponha o purê. Mexa bem e deixe cozinhar por cinco minutos. Retire do fogo e sirva com o bacalhau refogado.

Bacalhau com purê de mandioca

Para 4 pessoas
Tempo de preparo: 40 minutos
Fácil

Ingredientes:

- 1/2 xícara (chá) de azeite
- 1 cebola grande picada
- 4 tomates maduros sem sementes em pedaços
- 2 dentes de alho picados
- 1 colher (sopa) de manjericão picado
- sal a gosto
- 1 kg de postas de bacalhau demolhadas e limpas

Purê de mandioca
- 600 g de mandioca sem casca cozida
- 2 xícaras (chá) de leite
- 2 colheres (sopa) de margarina
- sal a gosto

Preparo:

Em uma panela, aqueça metade do azeite. Junte a cebola e refogue-a até murchar. Acrescente o tomate, o alho e o manjericão. Tempere com sal e misture. Cozinhe por dez minutos em fogo baixo. Acrescente o bacalhau e o azeite restante e cozinhe por mais dez minutos em fogo baixo. Se necessário, ponha um pouco de água. Retire do fogo e reserve, mantendo aquecido.

Purê

Bata a mandioca no liquidificador com o leite e leve ao fogo numa panela. Junte os demais ingredientes e mexa até se desgrudar da panela. Retire do fogo e sirva com as postas de bacalhau.

Bacalhau com repolho

Para 4 pessoas
Tempo de preparo: 40 minutos
Fácil

Ingredientes:
- 500 g de bacalhau demolhado e limpo
- 1 repolho pequeno
- 4 batatas grandes
- 4 ovos

Molho
- 4 colheres (sopa) de azeite
- 4 dentes de alho cortados ao meio
- 2 colheres (sopa) de vinagre branco

Preparo:
1. Corte e o bacalhau em pedaços grandes. Numa panela, ponha o peixe e as folhas de repolho e cubra com água. Cozinhe em fogo médio por 15 minutos.
2. Em outra panela, ponha a batata com casca e cubra com água até ficar macia, mas ainda firme. Escorra e reserve. À parte, cozinhe o ovo por dez minutos. Escorra o bacalhau e o repolho, descasque a batata e o ovo. Reserve.

Molho

Ponha o azeite e o alho em uma panela pequena e leve ao fogo médio. Cozinhe até levantar fervura. Retire do fogo e junte o vinagre. Misture e passe para uma molheira. Ao servir, ponha as postas de bacalhau, o repolho, a batata e o ovo em pratos e regue com o molho.

Bacalhau com repolho e lingüiça

Para 4 pessoas
Tempo de preparo: 30 minutos
Fácil

Ingredientes:
- 1 kg de postas de bacalhau demolhadas e limpas
- 1/2 xícara (chá) de azeite
- 2 gomos de lingüiça defumada cortados em rodelas
- 2 cebolas grandes em rodelas
- 5 dentes de alho em lâminas
- 1 repolho
- 1 xícara (chá) de vinho branco seco
- 1/2 xícara (chá) de água
- 2 colheres (sopa) de fubá
- 1 1/2 xícara (chá) de azeitonas pretas sem caroço

Preparo:
1. Corte o bacalhau em pedaços grandes. Numa panela, ponha o azeite, a lingüiça, a cebola, o alho e leve ao fogo. Quando a cebola e o alho estiverem dourados, junte o bacalhau e o repolho em pedaços.
2. Regue com o vinho e a água e tampe a panela. Quando o repolho estiver macio, polvilhe com o fubá peneirado. Misture bem e deixe engrossar um pouco. Sirva em seguida com a azeitona.

Bacalhau com tomate assado

Para 4 pessoas
Tempo de preparo: 1h40m
Fácil

Ingredientes:

Tomate assado
- 12 tomates maduros
- 1/2 colher (sopa) de sal
- 2 colheres (sopa) de açúcar
- 2 colheres (sopa) de azeite
- ramos de tomilho a gosto
- 1 cabeça de alho

Bacalhau

- 600 g de bacalhau demolhado e limpo
- 1 cebola grande
- 1 dente de alho
- 1 xícara (chá) de azeite
- 2 ramos de salsa picados

Preparo:

Tomate assado

1. Com uma faca pequena, retire o cabo do tomate e corte-o ao meio no sentido horizontal. Remova as sementes. À parte, misture o sal e o açúcar e polvilhe a parte interna do tomate. Transfira para uma peneira com a parte cortada virada para baixo. Deixe descansar por 30 minutos.
2. Forre uma assadeira com papel-manteiga e arrume o tomate com o lado cortado para cima. Regue com metade do azeite e ponha o tomilho e os dentes de alho inteiros.
3. Leve ao forno preaquecido por 50 minutos. Abaixe o forno para médio e asse por mais 30 minutos. Vire cuidadosamente o tomate e asse por mais 20 minutos. Vire e asse por mais dez minutos. Retire do forno e deixe esfriar.
4. Remova a pele do tomate e do alho. Ponha o tomate assado em uma tigela e junte o alho amassado. Regue com o azeite restante.

Bacalhau

1. Corte o bacalhau em pedaços grandes e a cebola em rodelas. Pique o alho. Em uma frigideira, aqueça o azeite e frite o bacalhau. Retire e na mesma gordura, doure rapidamente a cebola e o alho.
2. Em pratos individuais, ponha o bacalhau, a mistura de cebola e o alho com o tomate. Polvilhe com a salsa e sirva.

Bacalhau com tomate e alho-poró

Para 4 pessoas
Tempo de preparo: 50 minutos
Fácil

Ingredientes:

- 4 postas de bacalhau demolhadas e limpas
- 1 xícara (chá) de farinha de trigo
- 2 colheres (sopa) de manteiga
- 1 xícara (chá) de azeite
- 1 pimentão verde sem sementes em tiras
- 2 xícaras (chá) de alho-poró em rodelas
- 2 dentes de alho
- 2 cebolas
- 1 ramo de salsa
- 2 folhas de louro
- 200 g de tomate pelado
- sal a gosto
- suco de 1 limão
- 1 xícara (chá) de azeitonas sem caroço recheadas

Preparo:

1. Passe as postas de bacalhau pela farinha. Numa frigideira, ponha a manteiga e o azeite. Frite as postas até dourarem. Retire e ponha sobre papel-toalha.
2. Escorra a gordura para uma panela. Leve a gordura ao fogo e frite o pimentão e o alho-poró. Retire-os e junte ao bacalhau. Na mesma panela, ponha o alho picado e a cebola em rodelas. Refogue em fogo baixo. Junte a salsa, o louro e o tomate pelado. Cozinhe até o tomate se desmanchar.
3. Misture o bacalhau, o pimentão e o alho-poró. Tempere com sal e cozinhe, em fogo baixo, por 15 minutos. Antes de servir, junte o suco de limão e a azeitona.

Bacalhau com tomate e cebola

Para 4 pessoas
Tempo de preparo: 50 minutos
Fácil

Ingredientes:

- 4 postas de bacalhau demolhadas e limpas
- 1/2 xícara (chá) de azeite
- 2 cebolas
- 1 pimentão vermelho sem sementes
- 1 folha de louro
- 1 ramo de alecrim
- 8 batatas sem casca
- 4 dentes de alho
- 5 tomates sem sementes em pedaços

Preparo:

1. Separe o bacalhau em lascas. Leve metade do azeite ao fogo e ponha a cebola em rodelas, o pimentão em tiras, o louro e o alecrim. Por cima, disponha o bacalhau. Refogue por 20 minutos em fogo baixo. Retire e reserve. À parte, cozinhe a batata em água e sal.
2. Leve o azeite restante ao fogo. Quando estiver bem quente, frite o alho esmagado. Junte o tomate e deixe apurar por cinco minutos em fogo baixo. Reserve.
3. Disponha nos pratos a batata cortada em rodelas. Por cima, ponha o bacalhau refogado e, sobre o peixe, o molho de tomate e alho reservado.

Bacalhau com tomate-cereja e azeitona

Para 4 pessoas
Tempo de preparo: 35 minutos
Fácil

Ingredientes:

- 1 kg de postas de bacalhau demolhadas e limpas
- 1 xícara (chá) de azeite
- 5 dentes de alho em fatias
- 200 g de tomates-cereja
- 200 g de azeitonas pretas sem caroço
- 1/2 xícara (chá) de manjericão picado
- sal e pimenta-do-reino preta moída a gosto

Preparo:

Corte o bacalhau em cubos. Em uma panela, ponha o azeite e o alho. Frite, mexendo às vezes até dourar. Junte o bacalhau, o tomate partido ao meio, a azeitona em rodelas e o manjericão. Misture bem. Tempere com sal e pimenta. Refogue bem e sirva.

Bacalhau com vinho

Para 4 pessoas
Tempo de preparo: 50 minutos
Fácil

Ingredientes:

- 4 postas de bacalhau demolhadas e limpas
- sal e pimenta-do-reino a gosto
- suco de 2 limões
- 1 xícara (chá) de farinha de rosca
- 3 ovos
- 1 xícara (chá) de azeite
- 2 cebolas
- 200 g de bacon
- 1/2 xícara (chá) de vinho branco seco
- 1 colher (sopa) de vinho do Porto
- 1 ramo de salsa picado
- 2 gemas

Preparo:

1. Tempere o bacalhau com sal, pimenta e o suco de um limão. Reserve por dez minutos.
2. Passe o peixe na farinha de rosca e, em seguida, nos ovos batidos. Aqueça metade do azeite e frite as postas. Escorra sobre papel-toalha e reserve.
3. Corte a cebola em meia-lua e o bacon em cubos. Leve-os ao fogo com o azeite restante e refogue ligeiramente. Regue com o vinho branco e deixe evaporar um pouco.
4. Retire do fogo e acrescente o vinho do Porto, o suco de limão restante, a salsa e as gemas batidas. Deixe no fogo baixo por dez minutos, mexendo às vezes. Apague o fogo e reserve.
5. Ponha o bacalhau numa travessa e despeje o molho quente por cima. Sirva em seguida.

Bacalhau cozido com batata e couve

Para 4 pessoas
Tempo de preparo: 45 minutos
Fácil

Ingredientes:

- 800 g de batatas
- 2 cenouras cortadas ao meio
- 1/2 maço de couve do tipo tronchudo
- 3 dentes de alho em lâminas
- 1/2 xícara (chá) de azeite
- 1 folha de louro
- cominho, sal e pimenta-do-reino a gosto
- 1/2 colher (sopa) de vinagre
- 4 postas de bacalhau demolhadas e limpas

Preparo:

1. Cozinhe a batata com casca em água e sal. Cozinhe a cenoura e a couve em pedaços. Na mesma água, cozinhe o bacalhau, escorra e reserve.
2. Refogue o alho no azeite com o louro. Tempere com o cominho, o sal e a pimenta. Retire do fogo e adicione o vinagre. Misture bem e regue o bacalhau com esse molho. Sirva em seguida com os legumes e a couve à parte.

Bacalhau cozido com batata e espinafre

Para 4 pessoas
Tempo de preparo: 25 minutos
Fácil

Ingredientes:

- 1/2 xícara (chá) de azeite
- 1 dente de alho
- 1 kg de bacalhau demolhado, limpo e em lascas
- 2 batatas cozidas
- 2 xícaras (chá) de vagem
- 1 cebola
- 3 folhas de couve
- 1 maço de espinafre

Preparo:

1. Numa panela, ponha o azeite e o alho amassado. Junte o bacalhau e refogue. Tampe e cozinhe por cinco minutos.
2. À parte, cozinhe separadamente com água e sal a batata, a vagem, a cebola, a couve e o espinafre. Escorra os legumes e sirva com o bacalhau refogado.

Bacalhau cremoso

Para 4 pessoas
Tempo de preparo: 40 minutos
Média dificuldade

Ingredientes:

- 4 postas de bacalhau demolhadas e limpas
- 1/2 xícara (chá) de azeite
- 2 dentes de alho em fatias
- 4 filés de anchovas
- 2 xícaras (chá) de creme de leite
- 400 g de requeijão cremoso
- 1 colher (sopa) de salsa

Preparo:

1. Corte o bacalhau em quatro pedaços. Frite-os no azeite e reserve.
2. Doure o alho no azeite em que fritou o bacalhau. Acrescente a anchova e o creme de leite. Misture bem e, assim que ferver, ponha o bacalhau outra vez. Deixe cozinhar por cinco minutos e transfira para uma travessa.
3. Ponha o molho no liquidificador e junte o requeijão e a salsa. Bata e transfira para a panela. Leve ao fogo. Quando estiver quente, despeje sobre o peixe e sirva.

Bacalhau cremoso com manjericão

Para 4 pessoas
Tempo de preparo: 35 minutos
Média dificuldade

Ingredientes:

- 500 g de bacalhau demolhado e limpo
- 4 colheres (sopa) de margarina
- 1/4 de xícara (chá) de farinha de trigo
- 2 1/2 xícaras (chá) de leite
- 2 colheres (sopa) de cebolinha verde picada
- 1 colher (sopa) de salsa picada
- 4 colheres (sopa) de manjericão picado
- 2 colheres (sopa) de suco de limão
- sal e pimenta-do-reino branca a gosto
- 3 ovos cozidos picados

Preparo:

1. Desfie o bacalhau em lascas e reserve. Numa panela, derreta a margarina, junte a farinha e cozinhe em fogo baixo, mexendo por três minutos.
2. Acrescente o leite aos poucos, mexendo sempre. Cozinhe em fogo baixo por cinco minutos.
3. Junte o bacalhau, a cebolinha, a salsa, o manjericão e o suco de limão. Misture bem e tempere com sal e pimenta. Polvilhe com os ovos e sirva.

Bacalhau cremoso com salsão

Para 4 pessoas
Tempo de preparo: 30 minutos
Fácil

Ingredientes:

- 2 kg de bacalhau demolhado e limpo
- 4 talos de salsão
- 2 colheres (sopa) de manteiga
- 1/2 xícara (chá) de creme de leite
- 4 gemas
- sal, pimenta-do-reino e salsa a gosto
- 1 colher (sopa) de salsa picada

Preparo:

1. Corte o bacalhau em pedaços. Leve ao fogo os talos de salsão em bastante água com sal e cozinhe por dez minutos. Acrescente o bacalhau e deixe no fogo por mais dez minutos.
2. Com uma escumadeira, retire os pedaços aquecidos. Junte a manteiga ao caldo do cozimento e deixe no fogo até que se reduza à metade.
3. À parte, misture o creme de leite às gemas. Adicione essa mistura ao caldo e tempere com sal e pimenta. Deixe engrossar. Despeje sobre o bacalhau e polvilhe com a salsa antes de servir.

Bacalhau cozido com grão-de-bico

Para 4 pessoas
Tempo de preparo: 20 minutos
Fácil

Ingredientes:

- 1 cebola bem picada
- 2 colheres (sopa) de azeite
- 2 dentes de alho

- *1 kg de espinafre bem lavado*
- *4 postas de bacalhau demolhadas e limpas*
- *3 xícaras (chá) de grão-de-bico cozido*
- *sal a gosto*
- *1 colher (sopa) de coentro*
- *1 colher (sopa) de salsa*

Preparo:

1. *Frite a cebola no azeite até dourar. Junte o alho cortado ao meio. Adicione o espinafre e refogue bem. Ponha o bacalhau e cozinhe por cinco minutos.*
2. *Acrescente o grão-de-bico e cozinhe por mais cinco minutos. Se necessário, regue com mais azeite. Tempere com sal e coentro e polvilhe com a salsa. Sirva.*

Bacalhau crocante

Para 4 pessoas
Tempo de preparo: 1 hora
Fácil

Ingredientes:

- *500 g de salsão*
- *2 cebolas*
- *4 colheres (sopa) de azeite*
- *2 tomates maduros*
- *1 kg de bacalhau demolhado e limpo*
- *4 colheres (sopa) de azeitonas verdes em rodelas*
- *2 colheres (sopa) de castanha-de-caju picada*
- *2 colheres (sopa) de pignoli*

Preparo:

1. *Limpe o salsão e corte-o em pedaços. Leve ao fogo e deixe ferver em pouca água. Escorra e reserve.*
2. *À parte, pique a cebola e a refogue no azeite até dourar. Adicione o tomate em rodelas e ferva em fogo alto por dez minutos.*
3. *Corte o bacalhau em pedaços e ponha na panela com o tomate. Acrescente os ingredientes restantes. Misture o salsão e uma xícara da água de seu cozimento. Mexa bem e deixe a panela em fogo baixo por 15 minutos. Sirva em seguida.*

Bacalhau crocante com flocos de milho

Para 4 pessoas
Tempo de preparo: 1 hora
Fácil

Ingredientes:

- *2 maços de espinafre*
- *sal e pimenta-do-reino a gosto*
- *6 colheres (sopa) de creme de leite gelado*
- *4 postas de bacalhau demolhadas e limpas*
- *1 xícara (chá) de creme de leite sem soro*
- *1 xícara (chá) de flocos de milho pré-cozidos*

Para fritar

Azeite

Preparo:

1. *Cozinhe o espinafre em água. Escorra, pique e tempere com sal e pimenta. Misture ao creme de leite e reserve.*
2. *Tempere as postas com mais sal e pimenta. Passe-as no creme de leite sem soro. Passe depois pelos flocos de milho.*
3. *Frite no azeite quente até ficar crocante e sirva com o espinafre.*

Bacalhau com leite de coco e azeitona

Para 4 pessoas
Tempo de preparo: 50 minutos
Fácil

Ingredientes:

- *500 g de bacalhau demolhado, limpo e em lascas*
- *6 batatas*
- *1/4 de xícara (chá) de azeite*
- *2 dentes de alho em fatias*
- *2 cebolas cortadas em rodelas finas*
- *1 pimentão vermelho sem sementes*
- *1 xícara (chá) de leite de coco*
- *6 ovos batidos*
- *sal e pimenta-do-reino a gosto*
- *2 colheres (sopa) de salsa picada*
- *100 g de azeitonas pretas sem caroço*

Para fritar

Óleo

Preparo:

1. *Desfie o bacalhau e reserve.*
2. *Descasque a batata e rale no ralador grosso. Frite em óleo bem quente até ficar dourada. Escorra sobre papel-toalha e reserve.*
3. *Em outra panela ponha o azeite, o alho, a cebola e o pimentão picado. Deixe em fogo baixo até a cebola dourar. Ponha o bacalhau e mexa com uma colher de pau por dez minutos.*
4. *Acrescente o leite de coco e misture bem. Junte os ovos batidos, misture e cozinhe até que fiquem cremosos.*

Acrescente a batata, mexa ligeiramente e tempere com sal e pimenta. Polvilhe com salsa e sirva com a azeitona.

Bacalhau com molho de tomate e batata frita

Para 4 pessoas
Tempo de preparo: 40 minutos
Fácil

Ingredientes:

- 800 g de bacalhau demolhado, limpo e em lascas
- 1 1/3 de xícara (chá) de azeite
- 5 batatas
- 3 colheres (sopa) de manteiga
- sal e pimenta-do-reino a gosto
- 1 colher (sopa) de salsa picada
- 4 xícaras (chá) de espinafre
- 2 dentes de alho

Molho

- 2 dentes de alho
- 1 cebola
- 1 lata de tomate pelado
- 1 colher (sopa) de cheiro-verde
- 1/2 xícara (chá) de azeite

Preparo:

1. Frite o bacalhau no azeite e reserve. Retire e reserve separadamente o peixe e o azeite. Cozinhe a batata em água e sal até ficar macia.
2. Escorra e espere esfriar um pouco. Remova a casca e corte-a em fatias. Aqueça a manteiga em uma frigideira e ponha a batata. Frite até dourar levemente. Tempere com sal e pimenta e salpique com a salsa. Reserve, mantendo aquecida.
3. Afervente o espinafre e refogue no azeite restante com o alho picado. Retire do fogo e reserve.

Molho

Refogue os ingredientes no azeite e deixe apurar bem. Ao servir, ponha o bacalhau nos pratos e o molho por cima com a batata.

Bacalhau da Ilha da Madeira

Para 4 pessoas
Tempo de preparo: 55 minutos
Fácil

Ingredientes:

- 2 postas de bacalhau demolhadas e limpas
- 5 batatas pequenas sem casca e em rodelas
- 4 ovos cozidos
- 3 colheres (sopa) de azeite
- 1 ramo de salsa picado
- 1 cebola pequena
- suco de 1 limão
- 1 pitada de açúcar
- sal e pimenta-do-reino a gosto
- 1 xícara (chá) de azeitonas pretas sem caroço

Preparo:

1. Separe o bacalhau em lascas e disponha numa travessa. Cozinhe a batata em água e sal. Quando estiver cozida, descasque e corte-a em rodelas. Polvilhe com um ovo bem picado.
2. À parte, numa tigela misture o azeite, a salsa, a cebola bem picada, o suco de limão e o açúcar. Bata bem e despeje o molho sobre o bacalhau. Corte os ovos restantes em rodelas e ponha sobre o peixe. Tempere com sal e pimenta. Distribua a azeitona e sirva.

Bacalhau da Minhota

Para 4 pessoas
Tempo de preparo: 40 minutos
Fácil

Ingredientes:

- 4 postas altas de bacalhau demolhadas e limpas
- 1 pitada de colorau
- 1 1/2 xícara (chá) de azeite
- 6 batatas sem casca cortadas em rodelas
- 4 cebolas
- 8 dentes de alho
- 200 g de espinafre
- 1 xícara (chá) de azeitonas pretas sem caroço

Para fritar

Azeite

Preparo:

1. Polvilhe o peixe com colorau e frite em uma xícara (chá) de azeite. Quando dourar, retire do fogo, escorra sobre papel-toalha e reserve.
2. No mesmo azeite, frite a batata e escorra.
3. Descasque a cebola e o alho (reserve um dente). Corte-os em rodelas finas e leve ao fogo na metade do azeite restante. Refogue até a cebola ficar macia. Reserve.
4. No azeite restante, pique o alho reservado e o refogue. Ponha o espinafre e deixe cozinhar por cinco minutos. Retire do fogo e reserve.
5. Ponha as postas de bacalhau e a batata numa travessa

e cubra com o alho e a cebola. Decore com a azeitona e sirva com o espinafre.

Bacalhau da vizinha

Para 4 pessoas
Tempo de preparo: 35 minutos
Fácil

Ingredientes:

- 1 kg de postas de bacalhau demolhadas e limpas
- 3 colheres (sopa) de azeite
- 2 colheres (sopa) de cebola picada
- 1 dente de alho picado
- 3 colheres (sopa) de salsa picada
- 3 tomates grandes sem sementes picados
- 1 pitada de pimenta-do-reino
- 1/2 xícara (chá) de farinha de trigo
- 1/4 de xícara (chá) de palmito picado

Para fritar

Óleo

Preparo:

1. Corte o bacalhau em pedaços e reserve.
2. Numa panela grande, aqueça o azeite em fogo médio. Adicione a cebola e o alho. Refogue, mexendo às vezes, até a cebola ficar macia. Acrescente a salsa e misture bem. Junte o tomate, tampe a panela e cozinhe em fogo baixo, mexendo às vezes, até obter um molho espesso.
3. Tempere o peixe com pimenta e passe-o na farinha. Reserve.
4. Numa frigideira média, aqueça o óleo em fogo médio e frite o bacalhau até dourar dos dois lados. Retire com uma escumadeira e escorra sobre papel-toalha. Transfira o peixe para a panela com o molho de tomate. Junte o palmito, misture bem e cozinhe por dois minutos. Ponha numa travessa e sirva.

Bacalhau de todos nós

Para 4 pessoas
Tempo de preparo: 30 minutos
Fácil

Ingredientes:

- 2 colheres (sopa) de azeite
- 1 cebola média cortada em cubos
- 1 pimentão verde sem sementes cortado em tiras
- 4 batatas sem casca cozidas e em cubos
- 1 maço de brócolis cozido
- 1 xícara (chá) de leite
- 4 filés médios de bacalhau fresco
- 1 xícara (chá) de leite de coco
- 1 colher (sopa) de cheiro-verde
- sal a gosto
- 1 pitada de pimenta-do-reino

Preparo:

1. Refogue no azeite a cebola e o pimentão. Aos poucos, ponha a batata e cozinhe por cinco minutos em fogo baixo, mexendo às vezes.
2. Ponha o brócolis picado, sem parar de mexer. Adicione o leite aos poucos e não tampe a panela. Deixe cozinhar até os legumes ficarem tenros.
3. Acrescente o peixe e deixe cozinhar por mais 15 minutos ou até que o bacalhau esteja quase cozido. Junte o leite de coco e o cheiro-verde. Tempere com sal e pimenta. Misture, deixe cozinhar por mais dez minutos e sirva.

Bacalhau de segredo

Para 4 pessoas
Tempo de preparo: 35 minutos
Fácil

Ingredientes:

- 600 g de bacalhau demolhado e limpo
- 4 batatas grandes sem casca
- 2 cebolas
- 3/4 de xícara (chá) de azeite
- 2 folhas de louro
- sal e pimenta-malagueta a gosto
- 1 xícara (chá) de caldo de legumes

Preparo:

1. Separe o bacalhau em lascas. Corte a batata e a cebola em rodelas. Reserve.
2. Ponha numa caçarola metade do azeite, o louro, o bacalhau, a batata e a cebola. Tempere com sal e pimenta. Repita as camadas até os ingredientes terminarem. Cubra com o caldo de legumes, tampe e cozinhe por 20 minutos ou até a batata ficar macia. Sirva.

Bacalhau do cais

Para 4 pessoas
Tempo de preparo: 45 minutos
Média dificuldade

Ingredientes:

- 1 xícara (chá) de azeite
- 4 postas de bacalhau demolhadas e limpas
- sal e pimenta-do-reino a gosto

- 2 dentes de alho
- 2 cebolas
- 400 g de brócolis cozido em buquês
- 1 pimentão amarelo sem sementes em tiras
- 1 pimentão verde sem sementes em tiras
- 2 batatas sem casca cozidas em cubos
- 1/2 xícara (chá) de azeitonas pretas sem caroço
- 4 tomates maduros sem sementes
- 1/2 colher (sopa) de orégano
- 1/2 colher (sopa) de molho de tomate
- 1/2 xícara (chá) de molho branco
- 1/2 xícara (chá) de creme de leite fresco
- 1/2 xícara (chá) de requeijão cremoso

Preparo:

1. Unte uma frigideira ou grelha com um pouco de azeite. Tempere as postas com sal, pimenta e o alho amassado. Grelhe o peixe até ficar dourado dos dois lados e reserve.
2. Refogue rapidamente em metade do azeite restante uma cebola picada, o brócolis, os dois tipos de pimentão, a batata e a azeitona. Tempere com sal e pimenta. Cozinhe em fogo baixo por cinco minutos ou até a cebola ficar transparente. Retire do fogo e reserve.
3. Em outra panela, ponha o azeite restante, o tomate picado, o orégano, o molho de tomate, o molho branco, o creme de leite e o requeijão. Misture bem e deixe cozinhar por cinco minutos.
4. Ponha o bacalhau numa travessa e despeje o molho por cima. Ao redor, disponha os legumes refogados.

Bacalhau do Trancoso

Para 4 pessoas
Tempo de preparo: 6h30m
Fácil

Ingredientes:

- 4 postas de bacalhau demolhadas e limpas
- 1 colher (sopa) de vinagre
- 2 dentes de alho
- 1 1/3 de xícara (chá) de leite
- 1 pitada de pimenta-do-reino
- 1 colher (sopa) de água
- 1 xícara (chá) de farinha de trigo
- 4 ovos

Para fritar

Azeite

Preparo:

1. Numa vasilha, ponha o bacalhau e tempere com o vinagre, o alho picado, o leite, a pimenta e a água. Deixe tomar gosto por 6 horas.
2. Retire, reservando o caldo, e separe cada posta em duas partes. Passe pela farinha e por um ovo batido. Frite em azeite bem quente. Retire, escorra sobre papel-toalha e reserve.
3. Cozinhe os ovos restantes. Leve ao fogo o caldo da marinada até ferver e se reduzir quase à metade. Ponha o bacalhau em uma travessa. Por cima, disponha os ovos cozidos cortados em quatro e regue com o molho.

Bacalhau do Zé

Para 4 pessoas
Tempo de preparo: 35 minutos
Média dificuldade

Ingredientes:

- 4 postas de bacalhau demolhadas e limpas
- 2 ovos
- 2 cebolas
- 3 colheres (sopa) de azeite
- 4 colheres (sopa) de água
- sal e pimenta-do-reino a gosto
- 1 colher (sopa) de salsa picada

Para fritar

- Óleo

Preparo:

1. Corte as postas de bacalhau em pedaços grandes, passe nos ovos batidos e frite em óleo bem quente. Quando estiverem douradas, retire e deixe escorrer sobre papel-toalha. Reserve.
2. Doure a cebola picada no azeite. Junte a água, o sal e a pimenta. Mexa bem e deixe ferver por cinco minutos. Retire do fogo.
3. Ponha o bacalhau em uma travessa e, por cima, despeje o molho. Polvilhe com a salsa e sirva.

Bacalhau dos prazeres

Para 4 pessoas
Tempo de preparo: 50 minutos
Fácil

Ingredientes:

- 2 batatas
- 1 xícara (chá) de azeite
- 1 kg de bacalhau demolhado e limpo
- 8 xícaras (chá) de leite
- 4 colheres (sopa) de farinha de trigo
- 2 ovos
- 2 cebolas

- 3 colheres (sopa) de alho em flocos
- 12 ovos de codorna cozidos e sem casca
- 12 azeitonas pretas sem caroço
- 4 minicenouras

Preparo:

1. Cozinhe a batata em água e sal. Quando estiver cozida, escorra, descasque e corte-a em rodelas grossas. Frite em metade do azeite até dourar. Escorra sobre papel-toalha e reserve.
2. Mergulhe as postas de bacalhau no leite e leve ao fogo. Apague o fogo quando iniciar fervura. Escorra e seque o peixe. Passe as postas na farinha e sacuda retirando o excesso. Passe então nos ovos batidos.
3. Na mesma frigideira que fritou as batatas, ponha o azeite restante (mas reserve uma colher de sopa) e aqueça bem. Frite o bacalhau até dourar. Retire e ponha o peixe em uma travessa. Ao redor, ponha a batata frita. Reserve.
4. Frite a cebola cortada em quatro no azeite reservado. Escorra, reservando o azeite, e ponha sobre o bacalhau. Na mesma frigideira, frite o alho em flocos até dourar. Polvilhe sobre o bacalhau. Na mesma travessa, espalhe o ovo de codorna partido ao meio, a azeitona e a cenoura. Sirva em seguida.

Bacalhau dos vales

Para 4 pessoas
Tempo de preparo: 45 minutos
Fácil

Ingredientes:

- 1 kg de bacalhau demolhado e limpo
- 3 xícaras (chá) de leite fervente
- 1 1/2 xícara (chá) de farinha de milho em flocos
- 10 batatas com casca
- 1 1/2 xícara (chá) de azeite
- 1 xícara (chá) de margarina
- 5 dentes de alho sem pele espremidos
- sal a gosto
- 1 xícara (chá) de farinha de milho em flocos

Preparo:

1. Corte o bacalhau em pedaços médios e ponha numa tigela rasa e grande. Regue com metade do leite e deixe de molho por dez minutos.
2. Escorra, seque os pedaços e passe na farinha de milho. Reserve.
3. Lave a batata e cozinhe em água e sal. Quando estiver cozida, retire, escorra e descasque. Corte em rodelas e reserve.
4. Numa frigideira larga, ponha uma xícara (chá) de azeite e metade da margarina. Frite o bacalhau até dourar. Junte o alho, o sal e mantenha em fogo baixo por mais cinco minutos. Retire e mantenha aquecido.
5. Passe a batata na farinha de milho e frite-a no azeite e na margarina restantes. Retire a batata e coe o azeite.
6. Ponha o bacalhau numa travessa aquecida e disponha a batata. Regue com o azeite quente coado e sirva.

Bacalhau dourado

Para 4 pessoas
Tempo de preparo: 35 minutos
Fácil

Ingredientes:

- 4 postas de bacalhau demolhadas e limpas
- 1 xícara (chá) de farinha de trigo
- 1 ovo batido
- 1 xícara (chá) de azeite
- 8 batatas sem casca
- 5 cebolas
- sal, pimenta-do-reino e açafrão a gosto

Preparo:

1. Passe as postas na farinha de trigo e no ovo. Aqueça o azeite numa frigideira e frite o bacalhau até dourar dos dois lados. Retire e escorra sobre papel-toalha. Depois de escorrido, transfira para uma travessa e mantenha aquecido.
2. No azeite que sobrou na frigideira, junte a batata e a cebola cortadas em rodelas. Frite e tempere com sal. Quando a batata estiver dourada, retire do fogo e ponha ao redor do peixe. Coe o azeite, tempere com pimenta e açafrão e regue o bacalhau. Sirva.

Bacalhau dourado com ovo cozido

Para 4 pessoas
Tempo de preparo: 50 minutos
Fácil

Ingredientes:

- 1 kg de bacalhau demolhado e limpo
- 3 batatas grandes
- 3 cebolas grandes
- 8 colheres (sopa) de azeite
- 1 folha de louro
- 1 colher (sopa) de vinagre
- 1 pitada de páprica
- 2 ovos cozidos sem casca
- 1 xícara (chá) de azeitonas pretas recheadas

- 2 colheres (sopa) de salsa

Preparo:

1. Ferva o bacalhau em água suficiente para cobri-lo por cinco minutos. Escorra, reservando a água, e separe o peixe em lascas. Descasque a batata e corte-a em rodelas grossas. Cozinhe na água do bacalhau por dez minutos ou até ficar macia. Escorra e reserve.
2. Corte a cebola em rodelas e a refogue no azeite com o louro por um minuto. Acrescente o bacalhau e frite por cinco minutos. Ponha a batata e cozinhe, mexendo às vezes, até dourar.
3. Adicione o vinagre e polvilhe com a páprica. Cozinhe por mais dois minutos. Retire do fogo e transfira para uma travessa. Decore com o ovo cozido em rodelas, a azeitona e a salsa. Sirva.

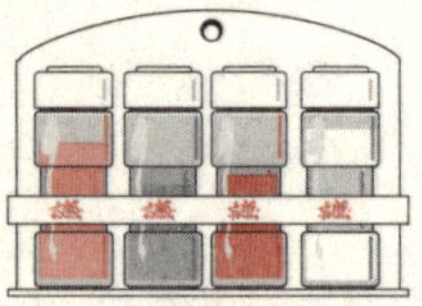

Bacalhau embriagado

Para 4 pessoas
Tempo de preparo: 4 horas
Fácil

Ingredientes:

- 6 batatas sem casca raladas
- 4 postas de bacalhau demolhadas e limpas
- 2 xícaras (chá) de leite
- 1 xícara (chá) de farinha de trigo
- 2 ovos bem batidos
- 2 cebolas
- 4 dentes de alho
- 1/4 de xícara (chá) de azeite
- 5 tomates sem pele e sem sementes
- 1 xícara (chá) de caldo de peixe
- sal e pimenta-do-reino a gosto
- 1/2 xícara (chá) de vinho branco
- 1/4 de xícara (chá) de vinho do Porto

Para fritar

Óleo

Preparo:

1. Frite a batata em óleo bem quente até dourar. Retire do fogo, escorra sobre papel-toalha e reserve, mas mantenha aquecida.
2. Corte o bacalhau em pedaços grandes e cubra com o leite. Deixe marinar por 3 horas. Escorra e seque bem. Passe pela farinha e pelo ovo batido. Frite em óleo bem quente. Escorra sobre papel-toalha e reserve.
3. À parte, corte a cebola em meia-lua e pique o alho. Refogue-os no azeite. Junte o tomate em pedaços e o caldo de peixe. Deixe apurar por dez minutos. Tempere com sal e pimenta e regue com o vinho branco. Deixe ferver.
4. Adicione o vinho do Porto e cozinhe por mais dez minutos. Despeje sobre o peixe e sirva com a batata reservada.

Bacalhau em camadas

Para 4 pessoas
Tempo de preparo: 50 minutos
Fácil

Ingredientes:

- 2 kg de postas de bacalhau demolhadas e limpas
- 4 tomates sem sementes em rodelas
- 1 cebola grande cortada em rodelas
- 1 pimentão verde sem sementes em rodelas
- 2 pimentões vermelhos sem sementes em rodelas
- 4 colheres (sopa) de coentro picado
- 1/4 de xícara (chá) de cebolinha picada
- 1 pimenta-malagueta sem sementes picada
- 2 colheres (sopa) de azeite-de-dendê

Preparo:

Numa panela grande, faça camadas alternadas com o bacalhau em lascas, o tomate, a cebola, os dois tipos de pimentão, o coentro e a cebolinha. Tempere com a pimenta em rodelas e regue com o dendê. Leve ao fogo médio com a panela tampada até o pimentão ficar macio. Sirva.

Bacalhau ensopado com batata

Para 4 pessoas
Tempo de preparo: 45 minutos
Fácil

Ingredientes:

- 400 g de bacalhau demolhado e limpo
- 1 1/3 de xícara (chá) de azeite
- 1 cebola
- 2 dentes de alho
- 2 tomates sem sementes
- 1 folha de louro
- 1 pimenta-malagueta em rodelas
- 1 pimentão verde sem sementes
- 1 pimentão amarelo sem sementes

- 6 batatas grandes sem casca
- 4 batatas-doces sem casca
- 3 colheres (sopa) de molho de tomate
- 1/4 de xícara (chá) de água
- 1 colher (sopa) de cheiro-verde
- 1/2 colher (sopa) de amido de milho
- 1/2 xícara (chá) de leite
- sal a gosto
- 1 colher (sopa) de azeitonas pretas sem caroço

Preparo:

1. Separe o bacalhau em lascas. Reserve. Ponha 1/3 de xícara (chá) de azeite em uma panela e faça um refogado com a cebola picada, o alho esmagado, o tomate picado, o louro e a pimenta. Doure bem e junte o pimentão cortado em quatro. Refogue por mais cinco minutos.
2. Ponha o bacalhau, mexa e deixe cozinhar por mais dez minutos. Adicione os dois tipos de batata em cubos, o molho de tomate e a água. Quando ferver, acrescente o cheiro-verde e abaixe o fogo.
3. Assim que a batata-doce estiver cozida, ponha o amido dissolvido no leite e cozinhe até engrossar. Tempere com sal e ponha a azeitona. Regue com o azeite restante e sirva.

Bacalhau ensopado com batata-doce

Para 4 pessoas
Tempo de preparo: 55 minutos
Fácil

Ingredientes:

- 1 kg de bacalhau demolhado e limpo
- 6 batatas-doces sem casca
- 1 cebola
- 1 dente de alho
- 1/2 colher (sopa) de colorau
- 4 colheres (sopa) de molho de tomate
- 1 ramo de salsa picado
- 1 pimentão vermelho sem sementes
- sal e pimenta-do-reino a gosto
- 1/4 de xícara (chá) de água
- 1/2 xícara (chá) de azeite

Preparo:

1. Separe o bacalhau em lascas e reserve. Corte a batata e a cebola em rodelas finas. Cubra o fundo de uma panela com a cebola e o alho picado. Por cima, ponha a batata. Polvilhe com o colorau e despeje o molho de tomate e a salsa.
2. Corte o pimentão em tiras e coloque sobre a batata. Tempere com sal e pimenta e acrescente a água. Ponha o bacalhau e regue com o azeite. Leve ao fogo por 20 minutos. Retire e sirva.

Bacalhau ensopado

Para 4 pessoas
Tempo de preparo: 1 hora
Fácil

Ingredientes:

- 4 colheres (sopa) de azeite
- 3 colheres (sopa) de azeite-de-dendê
- 3 postas de bacalhau demolhadas e limpas
- 1 cebola picada
- 2 dentes de alho
- 1 tomate sem sementes picado
- 1 pimentão vermelho sem sementes picado
- sal e cominho a gosto
- 2 xícaras (chá) de leite de coco

Preparo:

Numa panela, ponha os dois tipos de azeite e refogue o bacalhau. Junte a cebola, o alho esmagado, o tomate e pimentão. Tempere com o sal e o cominho e deixe apurar por dez minutos em fogo baixo. Acrescente o leite de coco e cozinhe por mais cinco minutos. Sirva em seguida.

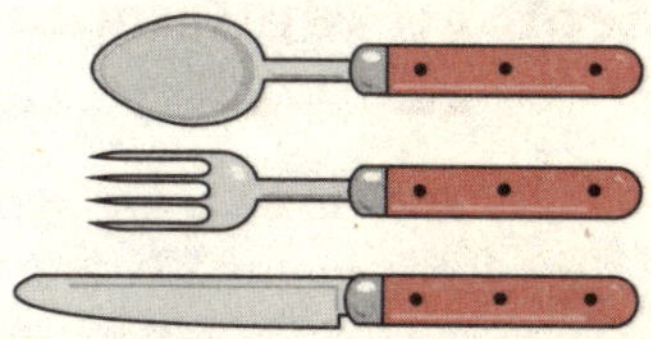

Bacalhau envolvido

Para 4 pessoas
Tempo de preparo: 25 minutos
Fácil

Ingredientes :

- 3 postas de bacalhau demolhadas e limpas
- 1 xícara (chá) de margarina
- 8 batatas sem casca cozidas
- sal e pimenta-do-reino a gosto
- 3 colheres (sopa) de creme de leite
- 1 colher (sopa) de salsa picada

Preparo:

Separe o bacalhau em lascas. Numa panela, derreta a margarina e refogue o bacalhau. Misture a batata. Retire do fogo e amasse a mistura até obter um purê. Tempere com sal e pimenta, mexa bem e junte o creme de leite. Polvilhe com salsa picada e sirva.

Bacalhau escondido

Para 4 pessoas
Tempo de preparo: 35 minutos
Fácil

Ingredientes:

- 4 postas de bacalhau demolhado, limpo e em lascas
- 1/3 de xícara (chá) de margarina
- 3 batatas sem casca
- sal e pimenta-do-reino a gosto
- 1 xícara (chá) de creme de leite
- 12 ovos de codorna cozidos

Preparo:

1. Afervente o bacalhau e desfie. Leve ao fogo uma panela com margarina em temperatura ambiente.
2. Depois de derretida, junte o bacalhau e mexa muito bem com uma colher de pau. Junte a batata cozida e amassada. Misture o creme de leite e tempere.
3. Sirva em seguida com os ovos cortados ao meio.

Bacalhau espetacular

Para 4 pessoas
Tempo de preparo: 1 hora
Fácil

Ingredientes:

- 2 cebolas médias
- 3 dentes de alho
- 3 tomates grandes sem sementes
- 1/2 xícara (chá) de salsa picada
- 1/2 xícara (chá) de coentro picado
- 1 pitada de pimenta-do-reino
- 3 colheres (sopa) de azeite
- 2 colheres (sopa) de óleo
- 1 kg de bacalhau demolhado, limpo e em lascas
- 2 colheres (sopa) de molho de tomate
- 1 xícara (chá) de caldo de legumes fervente
- 2 xícaras (chá) de palmito em rodelas
- 1 xícara (chá) de ervilha
- 1 xícara (chá) de milho verde
- 1/2 xícara (chá) de azeitona verde sem caroço
- 3/4 de xícara (chá) de creme de leite
- 300 g de batata palito congelada

Para fritar

Óleo

Preparo:

1. Bata no liquidificador a cebola, o alho, o tomate, a salsa, o coentro e a pimenta até ficar homogêneo. Reserve.
2. Aqueça o azeite e o óleo numa panela e despeje o molho batido. Refogue por cinco minutos. Ponha o bacalhau e cozinhe por 30 minutos com a panela tampada.
3. Junte o caldo de legumes aos poucos, mexendo às vezes. Acrescente o palmito, a ervilha, o milho, a azeitona e o creme de leite. Mexa bem.
4. Frite a batata em óleo quente. Escorra bem e sirva com o bacalhau.

Bacalhau especial

Para 4 pessoas
Tempo de preparo: 40 minutos
Fácil

Ingredientes:

- 800 g de bacalhau demolhado e limpo
- 2 tomates
- 2 colheres (sopa) de margarina
- 3 colheres (sopa) de cebola picada
- 2 colheres (sopa) de salsa picada
- 2 colheres (sopa) de cebolinha verde picada
- 1/2 colher (sopa) de coentro picado
- 1 folha de louro
- sal e pimenta-malagueta a gosto

Preparo:

1. Corte o bacalhau em pedaços médios e reserve. Afervente o tomate e passe por uma peneira fina.
2. À parte, derreta a margarina e refogue a cebola até que fique transparente. Junte o tomate coado, a salsa, a cebolinha, o coentro e o louro. Deixe ferver por cinco minutos ou até obter um molho espesso.
3. Adicione o bacalhau e cozinhe por 15 minutos. Tempere com sal e pimenta, misture e sirva.

Bacalhau fantasia

Para 4 pessoas
Tempo de preparo: 50 minutos
Fácil

Ingredientes:

- 2 cebolas
- 2 dentes de alho
- 1/2 xícara (chá) de azeite
- 2 tomates sem sementes
- 1 folha de louro
- 4 postas de bacalhau demolhado e limpo

- 1 pitada de pimenta-do-reino
- 8 batatas sem casca
- 2 gemas
- suco de limão
- 1 ramo de salsa picado

Preparo:

1. Refogue a cebola em rodelas e o alho picado no azeite. Junte o tomate picado, o louro e o bacalhau cortado ao meio. Tempere com a pimenta e refogue por 15 minutos.
2. Cozinhe a batata cortada em rodelas e junte ao refogado. Acrescente as gemas batidas com o suco de limão. Deixe engrossar e acrescente a salsa. Sirva.

Bacalhau frito com abóbora refogada

Para 4 pessoas
Tempo de preparo: 1 hora
Média dificuldade

Ingredientes:

- 600 g de bacalhau demolhado, limpo e em lascas
- 1/2 xícara (chá) de azeite
- 1 colher (sopa) de vinagre
- 1 pitada de noz-moscada
- 1 pitada de pimenta-do-reino
- 1 colher (sopa) de salsa
- 1 folha de louro
- 1 pitada de estragão
- 1 cebola

Abóbora

- 1 colher (sopa) de margarina
- 1 cebola grande ralada
- 1 dente de alho amassado
- 2 tomates sem pele e sem semente picados
- 1 kg de abóbora sem casca em cubos
- sal a gosto
- 1 pitada de pimenta-do-reino branca
- 2 colheres (sopa) de salsa

Para empanar

Farinha de trigo
2 ovos batidos
Farinha de rosca

Preparo:

1. Corte o bacalhau em pedaços grandes. Em uma vasilha, ponha o peixe com uma colher (sopa) de azeite, o vinagre, as especiarias e as ervas. Rale a cebola e adicione à marinada. Deixe tomar gosto por 2 horas.
2. Escorra o bacalhau e passe pela farinha de trigo, pelos ovos batidos e pela farinha de rosca.
3. Aqueça uma frigideira funda e adicione o azeite restante. Frite o bacalhau até dourar. Escorra sobre papel-toalha e mantenha em local aquecido.

Abóbora

1. Aqueça a margarina em uma panela. Junte a cebola e o alho e frite até dourar. Adicione o tomate e a abóbora. Misture bem e tempere com sal e pimenta.
2. Tampe e deixe cozinhar em fogo baixo. Quando a abóbora estiver macia, retire do fogo e polvilhe com a salsa. Disponha o bacalhau em uma travessa e, ao lado, a abóbora. Sirva em seguida.

Bacalhau com brócolis especial

Para 4 pessoas
Tempo de preparo: 40 minutos
Fácil

Ingredientes:

- 4 dentes de alho
- 1 colher (sopa) de salsa
- 1/2 xícara (chá) de azeite
- 5 postas de bacalhau demolhadas e limpas
- 1/2 xícara (chá) de farinha de rosca
- 1 colher (sopa) de farinha de trigo
- 2 colheres (sopa) de água fervente

Brócolis

- 5 filés de anchova em conserva
- 1 xícara (chá) de azeitonas pretas sem caroço
- 1 cebola
- 3 colheres (sopa) de queijo provolone
- 600 g de brócolis
- 1 colher (sopa) de azeite
- 1 xícara (chá) de vinho branco seco

Preparo:

1. Pique o alho e a salsa. Reserve. Aqueça o azeite e doure o alho. Apague o fogo. Passe os pedaços de bacalhau pela farinha de rosca. Leve novamente o azeite ao fogo e frite o bacalhau.
2. Retire do fogo, polvilhe com a farinha de trigo e a salsa. Junte a água e leve ao fogo. Assim que ferver, abaixe o fogo e cozinhe por 20 minutos.

Mexa ligeiramente para não grudar.

Brócolis

1. Retire as espinhas da anchova e lave bem para retirar o sal. Corte em pedaços pequenos e pique a azeitona. Separe a cebola em gomos e elimine a casca do queijo provolone. Corte-o em fatias.
2. Numa panela, ponha o brócolis, a cebola, o queijo, a anchova e a azeitona. Misture e regue com o azeite e o vinho. Tampe a panela e cozinhe em fogo baixo até o vinho se evaporar e o brócolis ficar cozido. Retire do fogo e sirva com o bacalhau.

Bacalhau com couve-manteiga

Para 4 pessoas
Tempo de preparo: 30 minutos
Fácil

Ingredientes:

- 1,5 kg de bacalhau demolhado, limpo e em lascas
- 6 batatas grandes inteiras sem casca
- 3 cebolas grandes cortada em rodelas
- sal e pimenta-do-reino a gosto
- 2 maços de couve
- 1 colher (sopa) de azeite
- 1 dente de alho picado
- 6 ovos cozidos inteiros sem casca

Preparo:

1. Ponha o bacalhau em uma panela com a batata e metade da cebola. Cubra com água e tempere com sal e pimenta. Cozinhe até a batata ficar al dente e coloque a couve amarrada.
2. Assim que a couve ficar macia, retire todos os ingredientes e escorra. Corte a couve em pedaços e reserve. Passe o bacalhau no azeite com o alho picado e a cebola restante. Deixe até dourar. Ponha o peixe em pratos individuais. Sirva com a couve picada, a batata e o ovo em rodelas.

Bacalhau com sálvia

Para 4 pessoas
Tempo de preparo: 45 minutos
Fácil

Ingredientes:

- 1 xícara (chá) de azeite
- 5 dentes de alho picados
- 1 kg de bacalhau demolhado, limpo e em lascas
- 4 batatas sem casca cozidas
- 1 pimentão amarelo sem sementes
- 1 pimentão vermelho sem sementes
- 1 pimentão verde sem sementes
- 2 cebolas
- 1 ramo de sálvia
- 1 xícara (chá) de azeitonas pretas sem caroço
- 3 colheres (sopa) de azeite

Para untar

Azeite

Preparo:

1. Em uma frigideira, aqueça o azeite e refogue o alho. Frite o bacalhau. Quando começar a dourar, ponha a batata em rodelas, o pimentão em tiras finas e a cebola fatiada. Frite até a cebola ficar transparente. Transfira para um recipiente e reserve.
2. Bata a sálvia no liquidificador e refogue na mesma frigideira. Unte um refratário com azeite e ponha o bacalhau com a batata, o pimentão e a cebola. Por cima, ponha a azeitona e regue com a sálvia. Leve ao forno por cinco minutos e sirva.

Bacalhau com tomate

Para 4 pessoas
Tempo de preparo: 30 minutos
Fácil

Ingredientes:

- 800 g de bacalhau demolhado e limpo
- 2 cebolas
- 1 xícara de azeite
- 4 pimentões verdes sem sementes
- 4 pimentões vermelhos sem sementes
- 6 tomates maduros sem sementes
- sal a gosto
- 2 colheres (sopa) de coentro picado

Preparo:

1. Separe o bacalhau em lascas. Descasque a cebola e corte-a em rodelas. Numa panela, aqueça o azeite e frite a cebola. Junte o pimentão em rodelas e cozinhe por dez minutos em fogo baixo.
2. Junte o tomate e mexa com uma colher de pau até que o tomate se desmanche. Ponha o peixe, mexa e cozinhe em fogo baixo. Tempere com sal e polvilhe com o coentro antes de servir.

Bacalhau de Algarves

Para 4 pessoas
Tempo de preparo: 40 minutos
Fácil

Ingredientes:
- 4 batatas sem casca raladas grosso
- 500 g de bacalhau demolhado e limpo
- 1 xícara (chá) de farinha
- 1 xícara (chá) de azeite
- 2 dentes de alho
- 2 cebolas

Para fritar

Óleo

Preparo:
1. Frite a batata em óleo quente até dourar. Retire do fogo, escorra sobre papel-toalha e reserve.
2. Separe o bacalhau em pedaços grandes e passe-os pela farinha. Aqueça o azeite e frite os pedaços até dourarem. Retire e transfira para uma travessa.
3. Adicione o alho picado e a cebola em rodelas no azeite em que fritou o bacalhau e cozinhe, mexendo às vezes.
4. Quando estiverem dourados, despeje sobre o bacalhau. Sirva com a batata.

Bacalhau do Douro

Para 4 pessoas
Tempo de preparo: 40 minutos
Fácil

Ingredientes:
- 500 g de bacalhau demolhado e limpo
- 1 xícara (chá) de farinha de trigo
- 2 ovos batidos
- 1 1/3 de xícara (chá) de azeite
- 1/2 xícara (chá) de vinho verde
- 1 colher (sopa) de salsa picada
- 1 cebola
- 3 dentes de alho
- 3 grãos de pimenta-rosa
- 1 pimenta-malagueta em rodelas

Preparo:
1. Corte o bacalhau em cubos e passe pela farinha e pelo ovo batido.
2. Frite no azeite até dourar. Ponha o vinho, a salsa, a cebola cortada em fatias finas, o alho e as pimentas. Tampe e deixe cozinhar por dez minutos. Sirva em seguida.

Bacalhau dos chefs

Para 4 pessoas
Tempo de preparo: 50 minutos
Fácil

Ingredientes:
- 1 1/3 de xícara (chá) de azeite
- 4 postas de bacalhau demolhadas e limpas
- 1 cebola em fatias
- 4 dentes de alho
- 1 pimenta-malagueta
- 500 g de espinafre cozido
- 2 latas de tomate pelado
- 1 maço de cheiro-verde picado
- sal e pimenta-do-reino a gosto
- 100 g de gergelim torrado

Preparo:
1. Unte uma frigideira antiaderente com azeite e doure as postas dos dois lados. Junte a cebola e o alho inteiro e frite por cinco minutos. Ponha a malagueta e o espinafre e misture. Adicione o tomate e cozinhe por 15 minutos.
2. Polvilhe com o cheiro-verde e tempere com sal e pimenta. Cozinhe por cinco minutos e remova o alho. Retire e sirva polvilhado com o gergelim.

Bacalhau econômico

Para 4 pessoas
Tempo de preparo: 30 minutos
Fácil

Ingredientes:
- 10 batatas médias sem casca
- 3 cebolas com casca
- 4 postas de bacalhau demolhadas e limpas
- 1 colher (sopa) de farinha de trigo
- 1 1/3 de xícara (chá) de leite
- 3 dentes de alho esmagados
- 1 tablete de tempero para legumes

Preparo:
1. Numa panela, ponha a batata e a cebola por cima das postas de bacalhau.
2. Leve ao fogo e cozinhe até o peixe ficar macio. Retire o peixe e mantenha a panela no fogo até a batata ficar

macia. Corte a batata e a cebola em rodelas.

3. Em outra panela, ponha a farinha, o leite, o alho, o tablete de tempero e deixe ferver por dez minutos em fogo baixo. Junte a batata, a cebola e o bacalhau. Deixe no fogo por mais 20 minutos e sirva.

Bacalhau cearense

Para 4 pessoas
Tempo de preparo: 50 minutos
Fácil

Ingredientes:

- 1,5 kg de bacalhau demolhado e limpo
- 6 cebolas pequenas inteiras
- 2 cenouras sem casca em pedaços
- 4 batatas médias sem casca cortadas ao meio
- 1 repolho pequeno em pedaços
- 1 maço de cheiro-verde picado
- 2 xícaras (chá) de água quente
- 2 cebolas picadas
- 1/3 de xícara (chá) de azeite
- 4 pimentões verdes sem sementes picados
- 2 dentes de alho
- 4 tomates sem pele e sem sementes picados
- 1 xícara (chá) de leite de coco
- sal e pimenta-do-reino a gosto
- 8 ovos cozidos sem casca em rodelas

Preparo:

1. Corte o bacalhau em postas. Ponha numa panela com a cebola inteira, a cenoura, a batata, o repolho e metade do cheiro-verde. Cubra com a água quente e cozinhe em fogo baixo até os legumes ficarem macios. Coe e reserve o caldo. Reserve separadamente os legumes.
2. Numa panela grande, refogue a cebola picada no azeite em fogo baixo. Junte o pimentão, o alho e o tomate. Quando o tomate estiver quase se desmanchando, junte o leite de coco e mexa por seis minutos com uma colher de pau. Ponha o bacalhau e cubra com metade do caldo reservado.
3. Cozinhe em fogo baixo por dez minutos. Tempere com sal e pimenta. Misture e polvilhe com o cheiro-verde restante. Junte os legumes e o ovo cozido. Sirva.

Bacalhau empanado

Para 4 pessoas
Tempo de preparo: 35 minutos
Fácil

Ingredientes:

- 4 postas de bacalhau demolhadas e limpas
- suco de 1 limão
- 1 pitada de pimenta-do-reino
- 1 xícara (chá) de farinha de rosca
- 2 ovos batidos
- 1 xícara (chá) de azeite

Preparo:

1. Tempere o peixe com o suco de limão e a pimenta. Deixe descansar por 30 minutos.
2. Seque as postas e passe pela farinha de rosca e pelo ovo. Frite no azeite quente até o peixe ficar dourado. Escorra sobre papel-toalha e sirva em seguida.

Bacalhau ensopado

Para 4 pessoas
Tempo de preparo: 40 minutos
Fácil

Ingredientes:

- 1 kg de bacalhau demolhado e limpo
- 7 batatas
- 4 tomates
- 1 cebola grande
- 1 pimentão verde sem sementes
- 1 xícara (chá) de azeite
- sal e pimenta-do-reino a gosto
- 1 pitada de pimenta-malagueta moída
- 1 pitada de colorau
- 1 folha de louro
- 2 fatias grossas de pão italiano
- 1 ramo de hortelã picado

Preparo:

1. Corte o bacalhau em postas e reserve. Descasque a batata e corte-a em rodelas. Pique o tomate e a cebola e corte o pimentão em tiras finas.
2. Numa panela funda, distribua os legumes em camadas e coloque as postas por cima. Regue com o azeite, tempere com sal, os dois tipos de pimenta, o colorau e o louro. Cozinhe em fogo baixo por 20 minutos.
3. Retire do fogo e acrescente o pão cortado em cubos. Decore com a hortelã e sirva.

Bacalhau escabeche com batata-doce

Para 4 pessoas
Tempo de preparo: 25 minutos
Fácil

Ingredientes:

- 800 g de filés de bacalhau fresco
- 1/2 colher (sopa) de orégano
- 3 dentes de alho picados
- sal a gosto
- 1 folha de louro
- l cebola média

Molho

- 2 dentes de alho
- 3 cebolas médias
- 2 ramos de salsa
- 1/2 xícara (chá) de vinagre
- 1 xícara (chá) de azeite
- sal e pimenta-do-reino a gosto

Acompanhamento

- 6 batatas-doces sem casca cozidas
- 1/2 xícara (chá) de azeite

Preparo:

Corte o bacalhau em pedaços e tempere com o orégano e o alho. Deixe tomar gosto por dez minutos. Transfira para uma panela e cozinhe em água e sal. Junte o louro e a cebola cortada em gomos. Deixe ferver por dez minutos. Escorra e reserve.

Molho

Esmague o alho e corte a cebola em rodelas finas. Junte a salsa picada. Misture e acrescente o vinagre, o azeite, o sal e a pimenta. Mexa mais um pouco.

Acompanhamento

Numa travessa funda, ponha o peixe e cubra com o molho. Deixe tomar gosto de um dia para o outro. Sirva com a batata-doce cortada em rodelas e passada no azeite.

Bacalhau fantástico

Para 4 pessoas
Tempo de preparo: 40 minutos
Fácil

Ingredientes:

- 1 kg de lombo de bacalhau demolhado e limpo
- 1 xícara (chá) de farinha de trigo
- 2 ovos batidos
- 2 xícaras (chá) de azeite
- 1 cabeça de alho picada
- 2 cebolas grandes em rodelas
- 1 pitada de pimenta-do-reino branca
- 5 tomates sem sementes picados
- 1/2 colher (sopa) de açafrão
- 100 g de cogumelos
- 1 xícara (chá) de conhaque
- 1 xícara (chá) de vinho branco seco
- 2 tabletes de caldo de peixe
- 1 xícara (chá) de aspargos em conserva

Preparo:

1. Separe o peixe em pedaços grandes. Passe pela farinha e pelo ovo. Frite no azeite e escorra sobre papel-toalha.
2. Aproveite o azeite da frigideira e frite o alho e a cebola. Tempere com a pimenta. Junte o tomate, o açafrão e o cogumelo.
3. Ponha o conhaque e o vinho. Adicione o caldo e cozinhe por 15 minutos ou até engrossar. Despeje sobre o bacalhau e decore com o aspargo.

Bacalhau flamengo

Para 4 pessoas
Tempo de preparo: 45 minutos
Fácil

Ingredientes:

- 4 postas de bacalhau demolhadas e limpas
- sal e pimenta-malagueta a gosto
- 1 pitada de noz-moscada
- 1/2 xícara (chá) de margarina
- 1 xícara (chá) de vinho branco seco
- 2 cebolas
- 1 colher (sopa) de ervas aromáticas
- l limão cortado em rodelas
- 5 torradas

Preparo:

1. Tempere o bacalhau com sal, pimenta e noz-moscada. Disponha as postas numa caçarola untada com margarina e regue com o vinho. Junte a cebola picada e as ervas aromáticas. Cozinhe por 15 minutos.
2. Distribua sobre o peixe as rodelas de limão e leve ao fogo até levantar fervura. Ponha as postas num prato. Ao caldo que sobrou, junte as torradas esmagadas e ferva por cinco minutos. Despeje esse caldo sobre o bacalhau e sirva.

Bacalhau de forno e fogão

Para 4 pessoas
Tempo de preparo: 50 minutos
Fácil

Ingredientes:

- 1 cebola
- 2 colheres (sopa) de margarina

- 3 colheres (sopa) de azeite
- 5 tomates sem sementes
- 600 g de camarão
- 1 1/2 xícara (chá) de vinho branco seco
- 1/2 xícara (chá) de conhaque
- sal e pimenta-do-reino a gosto
- 4 postas de bacalhau demolhadas e limpas
- 2 xícaras (chá) de creme de leite
- 3 gemas
- salsa picada a gosto

Preparo:

1. Ponha a cebola picada numa panela e refogue na margarina e no azeite. Quando a cebola ficar transparente, junte o tomate picado.
2. Descasque o camarão e ponha as cabeças e as cascas na panela com o tomate. Regue com o vinho e o conhaque. Tempere com sal e pimenta e ferva em fogo baixo por 15 minutos.
3. Misture bem e coe. Despeje metade do molho numa assadeira. Por cima, disponha as postas de bacalhau e os camarões. Regue com o molho restante e metade do creme de leite batido. Asse no forno em temperatura baixa. Transfira para uma travessa e despeje o molho numa caçarola.
4. Ponha na caçarola o creme de leite restante batido com as gemas. Leve ao fogo em banho-maria, mexendo até engrossar. Despeje sobre o bacalhau e polvilhe com salsa. Sirva em seguida.

Bacalhau com cenoura e tomate

Para 4 pessoas
Tempo de preparo: 1 hora
Fácil

Ingredientes:

- 2 colheres (sopa) de margarina
- 8 filés de bacalhau fresco
- sal e pimenta-do-reino a gosto
- 1/2 xícara (chá) de caldo de peixe
- 1/2 xícara (chá) de vinho branco
- 1 garrafa pequena de água com gás
- 1 cebola
- 4 cenouras
- 1/2 colher (sopa) de orégano
- 4 tomates sem sementes
- 6 ovos
- 1 xícara (chá) de creme de leite

Para untar

Margarina

Preparo:

1. Unte com metade da margarina uma frigideira antiaderente. Ponha os filés, tempere com sal e pimenta. Regue com o caldo de peixe, o vinho e a água. Polvilhe com a cebola picada. Tampe e cozinhe em fogo baixo até o peixe ficar macio.
2. Descasque a cenoura e corte-a em rodelas. Cozinhe em água com o orégano e tempere com sal. Escorra e reserve.
3. Lave o tomate, corte uma tampa, retire a polpa e leve ao forno por alguns minutos ou até ficar macio.
4. Ponha a margarina restante numa frigideira e acrescente os ovos. Mexa e cozinhe até ficarem cremosos. Recheie o tomate com os ovos mexidos. Tempere com sal e pimenta.
5. Retire os filés da panela com cuidado e os mantenha aquecidos. Ao molho que sobrou na panela, adicione o creme de leite e mexa até ficar cremoso.
6. Disponha os filés no prato e cubra com o molho. Ponha a cenoura e o tomate recheado ao redor e sirva.

Bacalhau com ervilha e beterraba

Para 4 pessoas
Tempo de preparo: 1 hora
Fácil

Ingredientes:

- 1 kg de filés de bacalhau fresco
- suco de 1 limão
- sal e pimenta-do-reino a gosto
- 5 batatas
- 500 g de ervilhas tortas
- 2 beterrabas
- 1 xícara (chá) de azeite
- 2 xícaras (chá) de farinha de trigo
- 1 ovo (clara e gema separadas)
- 1/4 de xícara (chá) de cerveja
- 1 colher (sopa) de coentro
- 1 xícara (chá) de molho de tomate

Preparo:

1. Tempere os filés com o suco de limão, o sal e a pimenta. Reserve. Descasque a batata e cozinhe em água e sal. Escorra e reserve.
2. Retire os fios da ervilha e cozinhe também em água e sal. Descasque a beterraba e corte em rodelas finas. Frite no azeite. Escorra sobre papel-toalha e reserve o azeite.
3. Numa vasilha, coloque a farinha, sal, a gema batida e a cerveja. Misture muito bem e polvilhe com coentro. Bata a clara em neve e junte à massa.
4. Passe os filés nessa mistura e frite no azeite. Escorra e reserve. Aqueça o molho de tomate e sirva com peixe e os legumes.

Bacalhau fresco com frutos do mar

Para 4 pessoas
Tempo de preparo: 1 hora
Média dificuldade

Ingredientes:

- 1 xícara (chá) de azeite
- 2 dentes de alho
- 8 filés de bacalhau fresco
- sal a gosto
- 1 colher (sopa) de farinha de trigo
- 1 xícara (chá) de vinho branco seco
- 1/2 xícara (chá) de caldo de peixe
- 500 g de camarões limpos
- 12 aspargos
- 1 colher (sopa) de salsa
- 200 g de ervilhas
- 500 g de mexilhões
- 2 ovos cozidos sem casca

Preparo:

1. Refogue no azeite o alho picado. Tempere o peixe com o sal. Passe pela farinha e transfira para um recipiente.
2. Regue com metade do vinho e o caldo de peixe. Adicione o camarão, o aspargo e a salsa. Junte a ervilha.
3. À parte, cozinhe o mexilhão em água e no vinho restante. Cozinhe até as conchas se abrirem. Despreze as que se mantiverem fechadas. Retire do fogo.
4. Junte o mexilhão cozido à mistura de bacalhau e sirva com os ovos cortados em gomos.

Bacalhau com legumes

Para 4 pessoas
Tempo de preparo: 35 minutos
Fácil

Ingredientes:

- 4 filés grossos de bacalhau fresco
- 2 colheres (sopa) de suco de limão
- sal a gosto
- 1 pimentão vermelho sem sementes
- 1 pimentão verde sem sementes
- 1 cebola média
- 1 pimenta-malagueta média
- 1/2 maço de cheiro-verde aferventado
- 1 xícara (chá) de iogurte
- 2 colheres (sopa) de mostarda

Preparo:

1. Lave e seque os filés. Tempere-os com o suco de limão e o sal e reserve.
2. Corte o pimentão em cubos e reserve. Corte a cebola em gomos e pimenta em rodelas. Reserve.
3. Em uma panela de cozimento no vapor, ponha o peixe, os legumes e a pimenta. Polvilhe com sal, tampe e leve ao fogo até o bacalhau ficar macio e os legumes crocantes. Retire do fogo e transfira para uma travessa.
4. Pique o cheiro-verde e ponha no liquidificador. Junte o iogurte, a mostarda e o sal. Bata até ficar cremoso. Sirva com o bacalhau e os legumes.

Bacalhau com molho de pimentão

Para 4 pessoas
Tempo de preparo: 1 hora
Fácil

Ingredientes:

- 1,2 kg de postas de bacalhau fresco
- sal e pimenta-do-reino a gosto
- 1 xícara (chá) de farinha de trigo
- 1 1/3 de xícara (chá) de azeite
- 2 pimentões vermelhos sem sementes
- 1 cebola
- 2 dentes de alho
- 1/2 xícara (chá) de caldo de peixe
- 2 colheres (sopa) de cebolinha picada

Preparo:

1. Tempere as postas com sal e pimenta. Deixe tomar gosto por dez minutos. Passe na farinha e frite em uma xícara (chá) de azeite. Escorra sobre papel-toalha e reserve.
2. Corte o pimentão em cubos pequenos, pique a cebola e o alho. Ponha numa panela e regue com o caldo de peixe. Cozinhe por dez minutos ou até obter um molho espesso. Transfira para o liquidificador e bata bem. Aqueça o azeite restante e ponha o molho. Deixe em fogo baixo até ferver. Retire e sirva sobre o peixe, polvilhado com a cebolinha.

Bacalhau com vôngole

Para 4 pessoas
Tempo de preparo: 35 minutos
Fácil

Ingredientes:

- 300 g de vôngole
- 2 dentes de alho

- 8 filés de bacalhau fresco
- sal e pimenta-do-reino a gosto
- suco de 2 limões
- 7 batatas médias
- 1 xícara (chá) de farinha de trigo
- 1 xícara (chá) de manteiga

Preparo:

1. Deixe o vôngole de molho em água e sal por 30 minutos. Lave muito bem em água corrente. Cozinhe em fogo alto com o alho picado até as conchas se abrirem. Escorra e reserve o vôngole.
2. À parte, tempere os filés com sal, pimenta e metade do suco de limão.
3. Descasque a batata, corte ao meio e cozinhe em água com sal. Escorra e reserve. Passe o peixe na farinha de trigo e frite na manteiga até dourar.
4. Junte o vôngole. Se necessário, ponha mais sal. Regue com o suco de limão restante e deixe cozinhar por mais dez minutos. Sirva com a batata cozida.

Bacalhau grelhado com maionese de ervas

Para 4 pessoas
Tempo de preparo: 50 minutos
Fácil

Ingredientes:

Maionese

- 1 ovo
- 1/2 colher (sopa) de mostarda
- 2 dentes de alho picados
- sal a gosto
- 1 pitada de açúcar
- 1/4 de xícara (chá) de azeite
- 1/2 xícara (chá) de óleo de girassol
- 3 colheres (sopa) de suco de limão
- 1 colher (sopa) de salsa picada
- 1/2 colher (sopa) de cebolinha picada
- sal e pimenta-do-reino a gosto
- 1/2 colher (sopa) de endro picado

Bacalhau

- 8 filés de bacalhau fresco
- sal a gosto

Para untar

Azeite

Preparo:

Maionese

1. Ponha no liquidificador o ovo, a mostarda, o alho, sal e o açúcar. Bata bem até obter uma mistura homogênea.
2. Ponha o azeite e o óleo em fio, intercalando com o suco de limão. Bata até a maionese ficar firme. Acrescente a salsa e a cebolinha. Bata por mais um minuto. Tempere com o sal, a pimenta e o endro. Bata rapidamente e transfira para uma tigela. Reserve na geladeira.

Bacalhau

Unte uma grelha com azeite e polvilhe os filés com sal. Grelhe o peixe até dourar. Quando estiver dourado, sirva com a maionese reservada.

Bacalhau com manjericão

Para 4 pessoas
Tempo de preparo: 50 minutos
Fácil

Ingredientes:

- 3 alhos-porós em rodelas
- 3 cenouras sem casca em rodelas
- 2 cebolas fatiadas
- 4 xícaras (chá) de caldo de peixe
- 8 postas de bacalhau fresco
- sal a gosto
- 12 folhas de manjericão fresco
- 2 gemas
- 1/2 xícara (chá) de margarina
- suco de 1 limão
- 1 colher (sopa) de salsa picada

Preparo:

1. Cozinhe o alho-poró, a cenoura e a cebola no caldo de peixe. Deixe ferver até o líquido se reduzir à metade. Reserve.
2. Tempere o bacalhau com sal e disponha sobre cada filé duas folhas de manjericão. Cozinhe no vapor até o peixe ficar macio. Reserve.
3. Bata as gemas com uma colher (sopa) de margarina. Ponha em banho-maria. Sem parar de bater, junte a margarina restante até que o molho adquira consistência espessa.
4. Retire do fogo, junte o caldo de peixe e o suco de limão. Misture bem e despeje sobre os pratos. Ponha o peixe por cima e polvilhe com a salsa antes de servir.

Bacalhau com purê de mandioquinha

Para 4 pessoas
Tempo de preparo: 50 minutos
Fácil

Ingredientes:

- 500 g de bacalhau demolhado e limpo
- 1 xícara (chá) de farinha de trigo
- 3 ovos
- 1 xícara (chá) de azeite
- 2 cebolas em rodelas
- 1 colher (sopa) de salsa picada
- 1 pitada de pimenta-do-reino moída
- 2 dentes de alho picados
- 1/3 de xícara (chá) de água
- 1 gema batida
- suco de 1 limão

Purê

- 500 g de mandioquinha
- 2 colheres (sopa) de margarina
- 1 gema
- 1/2 xícara (chá) de creme de leite
- sal e pimenta-do-reino a gosto
- 2 colheres (sopa) de queijo parmesão ralado

Preparo:

1. Corte o peixe em pedaços grandes e passe pela farinha de trigo, mas reserve uma colher (sopa), e pelos ovos batidos. Frite no azeite bem quente. Escorra o bacalhau sobre papel-toalha.
2. No azeite que sobrar na panela, ponha a cebola, metade da salsa, a pimenta e o alho. Quando a cebola começar a dourar, junte a água. Polvilhe com a farinha reservada e mexa até engrossar.
3. Ponha o peixe e deixe ferver por dez minutos em fogo baixo. Retire do fogo e espere esfriar. Junte a gema batida, a salsa restante e o suco de limão.
4. Tempere com sal e mexa. Deixe cozinhar por cinco minutos. Retire do fogo e reserve.

Purê

1. Raspe a mandioquinha, removendo a casca, e corte-a em pedaços. Cozinhe em água e sal. Quando estiver macia, escorra e esprema.
2. Transfira para uma panela, misture a margarina, a gema e o creme de leite. Misture bem e leve ao fogo até obter uma consistência bem cremosa. Tempere com sal e pimenta. Acrescente o parmesão, misture e sirva com o bacalhau.

Bacalhau galego

Para 4 pessoas
Tempo de preparo: 45 minutos
Fácil

Ingredientes:

- 2 cebolas
- 2 dentes de alho
- 1/2 xícara (chá) de azeite
- 3 tomates sem sementes picados
- 1/2 colher (sopa) de açafrão
- 1/2 xícara (chá) de vinho branco
- 3 postas de bacalhau demolhadas e limpas
- sal a gosto
- 1 pitada de pimenta-do-reino
- 1 colher (sopa) de salsa picada
- 1 ovo cozido sem casca em rodelas

Preparo:

1. Doure a cebola em rodelas e o alho picado na metade do azeite. Junte o tomate, o açafrão e o vinho e ferva durante dez minutos.
2. Acrescente o bacalhau. Tempere com sal e pimenta. Cozinhe em fogo baixo por cinco minutos. Antes de servir, regue com o azeite restante, polvilhe com a salsa e decore com o ovo.

Bacalhau grande família

Para 6 pessoas
Tempo de preparo: 50 minutos
Fácil

Ingredientes:

- 8 postas de bacalhau demolhadas e limpas
- 2 maços de couve lavados
- 10 batatas médias
- 8 ovos
- 4 dentes de alho
- 1 1/3 de xícara (chá) de azeite
- sal, pimenta-do-reino e cominho a gosto

Preparo:

1. Separe o bacalhau em lascas e reserve.
2. À parte, cozinhe separadamente em água e sal a couve

em tiras, a batata sem casca e os ovos.

3. Corte o alho em lâminas. Leve o azeite ao fogo. Assim que estiver quente, refogue o alho sem dourar. Apague o fogo e tempere o azeite com sal, pimenta e cominho.
4. Numa travessa ponha o bacalhau, os ovos cortados ao meio, a batata e a couve. Regue com o azeite e sirva.

Bacalhau gratinado

Para 4 pessoas
Tempo de preparo: 35 minutos
Fácil

Ingredientes:

- 2 tabletes de caldo de legumes
- 2 1/2 xícaras (chá) de leite
- 4 filés de bacalhau fresco
- 1 1/2 xícara (chá) de amido de milho
- 2 ovos batidos
- l maço de espinafre aferventado
- l colher (sopa) de margarina
- noz-moscada a gosto
- 1 xícara (chá) de queijo parmesão ralado

Para fritar

Azeite

Preparo:

1. Dissolva um tablete de caldo de legumes em meia xícara (chá) de leite quente. Tempere os filés com essa mistura e reserve por 30 minutos.
2. Escorra o peixe e passe no amido (mas reserve meia xícara) e nos ovos batidos. Frite em azeite quente até dourar dos dois lados.
3. Num refratário untado, espalhe o espinafre no fundo e coloque os filés lado a lado. Reserve.
4. Leve ao fogo o leite restante com a margarina, o outro tablete de caldo de legumes, o amido restante e a noz-moscada. Mexa até engrossar. Junte o queijo e mexa rapidamente. Espalhe sobre os filés e sirva.

Bacalhau grelhado com legumes

Para 4 pessoas
Tempo de preparo: 1h30m
Média dificuldade

Ingredientes:

Molho

- 1 xícara (chá) de margarina
- 4 gemas
- 1 colher (sopa) de água fria
- sal a gosto
- 1 pitada de pimenta-rosa
- suco de 1 limão

Legumes

- 1 pimentão amarelo sem sementes
- 1 pimentão vermelho sem sementes
- 1 berinjela pequena
- 1 abobrinha pequena
- 5 colheres (sopa) de azeite
- sal a gosto

Bacalhau

- 6 postas de bacalhau demolhadas e limpas
- sal e pimenta-branca a gosto

Para untar

Azeite

Preparo:

Molho

1. Corte a margarina em cubos e guarde-os no freezer. Num refratário, ponha as gemas e misture delicadamente com a água. Tempere com sal e pimenta.
2. Ponha o refratário numa vasilha com água quente e cozinhe em banho-maria. Assim que as gemas estiverem cozidas, junte a margarina, aos poucos, mexendo sempre. Retire o refratário do fogo e continue mexendo por mais alguns minutos. Junte o suco de limão, misture e reserve.

Legumes

1. Corte o pimentão em tiras e reserve. Lave a berinjela, seque-a com papel-toalha e retire a parte verde. Corte-a em fatias bem finas no sentido do comprimento e reserve. Lave a abobrinha, seque-a com papel-toalha e corte-a em tiras bem finas no sentido do comprimento. Reserve.
2. Em uma tigela grande, disponha os legumes e tempere-os com o azeite e o sal. Misture bem e deixe apurar por dez minutos.
3. Leve ao fogo uma grelha até aquecer. Unte com azeite e grelhe os legumes aos poucos até dourarem. Transfira para uma travessa e reserve.

Bacalhau

Unte o bacalhau e a grelha com azeite. Tempere o peixe com sal e pimenta. Grelhe dos dois lados. Quando as postas estiverem douradas, sirva imediatamente com os legumes reservados.

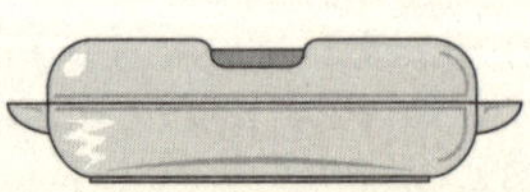

Bacalhau guisado

Para 4 pessoas
Tempo de preparo: 40 minutos
Fácil

Ingredientes:

- 400 g de bacalhau demolhado e limpo
- 1/2 xícara (chá) de azeite
- 2 cebolas
- 1 colher (sopa) de salsa
- 1 colher (sopa) de molho de tomate
- 1/2 xícara (chá) de caldo de legumes
- 4 batatas grandes sem casca
- sal a gosto

Preparo:

1. Separe o bacalhau em pedaços e reserve.
2. Leve ao fogo uma panela com o azeite, a cebola cortada em quatro e a salsa picada. Cozinhe, mexendo às vezes, até a cebola ficar transparente. Ponha o bacalhau, o molho de tomate e o caldo de legumes. Quando ferver, ponha a batata cortada em quatro. Tempere com sal e cozinhe por 20 minutos ou até a batata ficar macia. Sirva em seguida.

Bacalhau guisado com cenoura

Para 4 pessoas
Tempo de preparo: 40 minutos
Fácil

Ingredientes:

- 1 kg de bacalhau demolhado e limpo
- 4 colheres (sopa) de azeite
- 2 cebolas
- 2 dentes de alho
- 4 tomates sem pele e sem sementes
- 2 pimentões vermelhos sem sementes
- 4 cenouras sem casca
- sal a gosto
- 1 folha de louro
- 5 batatas sem casca
- 1 xícara (chá) de azeitonas pretas sem caroço
- 1 1/3 de xícara (chá) de água
- 1 colher (sopa) de salsa

Preparo:

1. Corte o peixe em pedaços médios e reserve.
2. Refogue no azeite a cebola e o alho picados. Quando a cebola dourar, junte o bacalhau. Ponha o tomate, o pimentão e a cenoura picados. Tempere com o sal e o louro. Acrescente a batata em rodelas, a azeitona e a água. Cozinhe até os legumes ficarem macios. Polvilhe com salsa e sirva.

Bacalhau indiano

Para 4 pessoas
Tempo de preparo: 35 minutos
Fácil

Ingredientes:

- 5 batatas sem casca
- 3 postas de bacalhau demolhadas e limpas
- 2 colheres (sopa) de ervas aromáticas
- 2 colheres (sopa) de margarina
- sal e pimenta-caiena a gosto
- suco de 1/2 limão

Preparo:

1. Cozinhe a batata em água e sal. Quando estiver cozida, corte-a ao meio. Seque o bacalhau e o separe em pedaços grandes. Numa panela, misture o bacalhau e a batata. Polvilhe com metade das ervas.
2. Numa panela, derreta a margarina e tempere com sal, pimenta, o suco de limão e as ervas restantes. Despeje sobre o bacalhau e refogue por cinco minutos. Sirva em seguida.

Bacalhau ligeiro

Para 4 pessoas
Tempo de preparo: 20 minutos
Fácil

Ingredientes:

- 10 batatas sem casca cortadas em quatro
- 1 kg de bacalhau demolhado, limpo e em lascas
- 1/2 xícara (chá) de azeitonas verdes picadas
- 3 colheres (sopa) de alcaparras
- 3 colheres (sopa) de cheiro-verde
- 2 dentes de alho picados
- 1 xícara (chá) de água
- sal a gosto

Preparo:

Numa panela, faça camadas de batata, bacalhau, azeitona, alcaparra, cheiro-verde e alho. Ponha a água, tempere com sal, tampe e leve ao fogo por 20 minutos. Sirva em seguida.

Quando estiver cremoso, tempere com o sal, a pimenta e o alho bem picado. Misture bem e polvilhe com a salsa antes de servir.

Bacalhau light

Para 4 pessoas
Tempo de preparo: 20 minutos
Fácil

Ingredientes:

- 4 filés de bacalhau fresco
- 2 xícaras (chá) de agrião picado
- 1 colher (sopa) de suco de limão
- 2 cebolas raladas
- 4 colheres (sopa) de vinho branco seco
- sal a gosto
- 3 cenouras sem casca cozidas em cubos
- 3 batatas sem casca cozidas em cubos
- 3 chuchus sem casca cozidos em cubos

Para fritar

Manteiga

Preparo:

1. Ponha os filés em uma panela média. Por cima, disponha o agrião. Numa tigela, misture o suco de limão, a cebola, o vinho, o sal e regue os filés. Tampe e cozinhe por cinco minutos.
2. Retire os filés com cuidado e transfira para um prato. Ponha no liquidificador o molho da panela e bata bem. Sirva sobre o bacalhau e acompanhe com a cenoura, a batata e o chuchu passados na manteiga.

Bacalhau mantecado

Para 4 pessoas
Tempo de preparo: 50 minutos
Média dificuldade

Ingredientes:

- 800 g de bacalhau demolhado e limpo
- 1/2 xícara (chá) de azeite
- sal e pimenta-do-reino a gosto
- 2 dentes de alho amassados
- 2 colheres (sopa) de salsa

Preparo:

Desfie o bacalhau em lascas e ponha numa panela. Regue com azeite e leve ao fogo baixo. Misture com vigor.

Bacalhau maravilha

Para 4 pessoas
Tempo de preparo: 1h15m
Média dificuldade

Ingredientes:

Molho vinagrete

- 3 tomates sem sementes picados
- 2 cebolas picadas
- 1 pimentão verde sem sementes picado
- 1 pimentão vermelho sem sementes picado
- sal e pimenta-do-reino a gosto
- 1 xícara (chá) de azeite
- 3 colheres (sopa) de vinagre
- 1 colher (sopa) de cheiro-verde bem picado

Molho de dendê

- 1/2 xícara (chá) de azeite-de-dendê
- 1 colher (sopa) de gengibre em fatias
- 1/2 xícara (chá) de vinho branco seco
- 1/2 xícara (chá) de leite de coco

Bacalhau

- 7 colheres (sopa) de azeite
- 1 talo de alho-poró em rodelas
- 1/2 xícara (chá) de vinho branco seco
- 1 xícara (chá) de creme de leite
- sal e pimenta-do-reino a gosto
- 4 filés de bacalhau fresco
- 4 toletes de palmito em rodelas

Preparo:

Molho vinagrete

Numa tigela, misture todos os ingredientes. Cubra com filme plástico e deixe na geladeira.

Molho de dendê

Numa frigideira, ponha o azeite e refogue o gengibre por três minutos. Adicione o vinho e o leite de coco. Misture bem e aqueça por mais cinco minutos. Retire do fogo e reserve.

Bacalhau

1. Numa frigideira, coloque duas colheres (sopa) de azeite e o alho-poró e deixe por três minutos. Junte o vinho e flambe. Adicione o creme de leite, o sal e a pimenta. Misture e reserve.
2. Tempere o bacalhau com sal e pimenta e deixe tomar

gosto por cinco minutos. Aqueça o azeite restante e frite o peixe. Escorra sobre papel-toalha. Sirva com o palmito e banhe com o molho vinagrete e o de dendê.

Bacalhau com batata palha

Para 4 pessoas
Tempo de preparo: 40 minutos
Fácil

Ingredientes:

- 2 cebolas médias picadas
- 3 dentes de alho picados
- 3 tomates grandes sem sementes picados
- 1/2 xícara (chá) de salsa picada
- 1/2 xícara (chá) de coentro picado
- 1 pitada de pimenta-do-reino
- 3 colheres (sopa) de azeite
- 2 colheres (sopa) de óleo
- 1 xícara (chá) de molho de tomate
- 1 kg de bacalhau demolhado, limpo e em lascas
- 1 xícara (chá) de água fervente
- 1 xícara (chá) de seleta de legumes escorrida
- 1 xícara (chá) de milho verde escorrido
- 1/2 xícara (chá) de azeitonas pretas sem caroço
- 1 xícara (chá) de creme de leite
- 2 xícaras (chá) de batata palha

Preparo:

1. Bata no liquidificador a cebola, o alho, o tomate, a salsa, o coentro e a pimenta. Reserve.
2. Aqueça o azeite e o óleo numa panela. Junte o molho de tomate e a mistura de temperos batida no liquidificador. Refogue por cinco minutos e leve ao fogo. Acrescente o bacalhau e cozinhe por 30 minutos com a panela tampada.
3. Acrescente a água aos poucos, mexendo às vezes. Junte a seleta, o milho, a azeitona e o creme de leite. Misture bem e cozinhe por mais cinco minutos.
4. Distribua em pratos e polvilhe com a batata palha. Sirva em seguida.

Bacalhau mimoso

Para 4 pessoas
Tempo de preparo: 50 minutos
Fácil

Ingredientes:

- 5 batatas sem casca
- 250 g de postas de bacalhau demolhadas e limpas
- 1 maço de espinafre
- 3 cebolas grandes
- 3 colheres (sopa) de azeite
- sal e pimenta-do-reino a gosto
- 2 dentes de alho
- 100 g de azeitonas verdes recheadas

Preparo:

1. Cozinhe separadamente a batata, o bacalhau e o espinafre em água com sal. Escorra e deixe esfriar bem. Separe o peixe em lascas e reserve.
2. Refogue a cebola picada no azeite e tempere com sal e pimenta.
3. Esmague a batata e misture ao bacalhau. Pique o espinafre e misture tudo ao refogado de cebola.
4. Junte o alho picado e refogue mais um pouco. Sirva em seguida decorado com a azeitona.

Bacalhau na chapa

Para 4 pessoas
Tempo de preparo: 30 minutos
Fácil

Ingredientes:

- 3 postas de bacalhau demolhadas e limpas
- 1 1/3 de xícara (chá) de água quente
- 2 cebolas
- 1 xícara (chá) de azeite
- 8 batatas sem casca
- sal e pimenta-branca a gosto
- 1 colher (sopa) de salsa picada

Para untar

Azeite

Preparo:

1. Asse as postas de bacalhau numa grelhada untada com azeite. Transfira para uma panela com a água e deixe levantar fervura. Retire, escorra e reserve.
2. Ponha a cebola em rodelas numa panela com o azeite e doure. Retire do fogo e reserve. À parte, cozinhe a batata. Corte em rodelas quando estiver macia.
3. Forre com a batata o fundo de uma panela de barro untada com azeite. Por cima, disponha o bacalhau. Tempere com sal e pimenta. Regue com o azeite e a cebola dourada e cozinhe por dez minutos. Polvilhe com salsa e sirva.

Bacalhau na frigideira

Para 4 pessoas
Tempo de preparo: 35 minutos
Fácil

Ingredientes:

- 3 postas de bacalhau demolhadas e limpas
- 1/2 xícara (chá) de azeite
- 5 batatas sem casca em rodelas
- 2 dentes de alho amassados
- 2 cebolas
- 1/2 colher (sopa) de colorau
- 1 colher (sopa) de salsa
- 1 colher (sopa) de vinagre
- sal a gosto
- 2 ovos cozidos sem casca

Preparo:

1. Frite as postas de bacalhau no azeite. Retire o peixe e reserve. Doure a batata na mesma frigideira. Se necessário, ponha mais azeite.
2. Retire duas colheres (sopa) do azeite da fritura e refogue o alho, a cebola em rodelas, o colorau e a salsa. Quando a cebola dourar, junte o vinagre e tempere com sal.
3. Misture bem e ponha o bacalhau e a batata. Sacuda a panela e deixe por cinco minutos. Transfira para uma travessa e sirva com o ovo em rodelas.

Bacalhau na manteiga

Para 4 pessoas
Tempo de preparo: 30 minutos
Fácil

Ingredientes:

- 8 filés de bacalhau fresco
- sal a gosto
- 1 pitada de pimenta-do-reino
- 1 xícara (chá) de farinha de trigo
- 1 xícara (chá) de manteiga
- suco de 1/2 limão
- 2 colheres (sopa) de salsa
- 2 colheres (sopa) de margarina

Preparo:

1. Tempere os filés com sal e pimenta. Polvilhe com a farinha de trigo.
2. Numa frigideira grande, aqueça bem a manteiga e frite os filés até dourarem.
3. Transfira para uma travessa e regue-os com o suco de limão. Polvilhe com a salsa.
4. Misture a margarina à manteiga que ficou na frigideira. Regue o bacalhau com essa mistura e sirva em seguida.

Bacalhau napolitano

Para 4 pessoas
Tempo de preparo: 40 minutos
Fácil

Ingredientes:

- 1 kg de bacalhau demolhado e limpo
- 1 xícara (chá) de farinha de trigo
- 2 colheres (sopa) de passas sem sementes
- 1/2 xícara (chá) de água quente
- 2 dentes de alho picados
- 1/2 xícara (chá) de azeite
- 500 g de tomates maduros sem sementes
- 1 colher (sopa) de alcaparras
- 1 xícara (chá) de azeitonas pretas sem caroço
- sal e pimenta-do-reino a gosto

Para fritar

Óleo

Preparo:

1. Corte o bacalhau em pedaços. Seque-os e passe pela farinha. Frite-os em óleo quente até dourarem. Retire, escorra sobre papel-toalha e reserve.
2. Hidrate a passa na água por dez minutos. Escorra e reserve.
3. Numa panela, refogue o alho no azeite até dourar. Junte o tomate passado pela peneira e misture.
4. Acrescente a alcaparra, a azeitona e a passa. Tempere com sal e pimenta. Misture e cozinhe em fogo baixo por 20 minutos. Mantenha a panela tampada.
5. Ponha o bacalhau na panela e misture bem. Deixe cozinhar por mais cinco minutos e sirva.

Bacalhau na panela de barro

Para 4 pessoas
Tempo de preparo: 50 minutos
Média dificuldade

Ingredientes:

- 500 g de bacalhau demolhado e limpo
- 1 3/4 de xícara (chá) de farinha de trigo
- 1 xícara (chá) de azeite
- 2 cebolas
- 1/2 xícara (chá) de vinho branco
- 1 xícara (chá) de água
- sal e cominho a gosto

Preparo:

1. Corte o bacalhau em pedaços médios e passe-os na farinha de trigo.
2. Aqueça o azeite em uma panela de barro e doure a cebolas em rodelas finas, em fogo baixo. Adicione uma colher (sopa) de farinha e refogue bem. Despeje o vinho e a água e ferva por cinco minutos.
3. Ponha o bacalhau e deixe cozinhar por 20 minutos. Tempere com sal e cominho e sirva.

Bacalhau na panela de pedra

Para 4 pessoas
Tempo de preparo: 50 minutos
Fácil

Ingredientes:

- 1/2 xícara (chá) de azeite
- 4 postas de bacalhau demolhadas e limpas
- 1 colher (sopa) de azeite-de-dendê
- 2 dentes de alho
- 2 colheres (sopa) de salsa
- 2 colheres (sopa) de cebolinha verde picada
- 1 pimenta-malagueta sem sementes
- 1/2 xícara (chá) de leite

Preparo:

1. Regue com o azeite uma panela de pedra. Arrume os demais ingredientes, exceto o leite, em camadas dentro da panela.
2. Leve ao fogo por cinco minutos. Regue com o leite e cozinhe em fogo alto. Quando levantar fervura, abaixe o fogo e cozinhe até o peixe ficar macio.

Bacalhau nobre

Para 4 pessoas
Tempo de preparo: 40 minutos
Fácil

Ingredientes:

- 1 kg de bacalhau demolhado e limpo
- 5 batatas sem casca
- 1 xícara (chá) de azeite
- 1 cabeça de alho picada
- 2 cebolas
- 6 pimentões vermelhos sem sementes
- sal e pimenta-do-reino a gosto
- 1 xícara (chá) de azeitonas pretas sem caroço

Para decorar

- Fatias de pão italiano

Preparo:

1. Separe o peixe em lascas. Cozinhe a batata em água e sal. Quando estiver macia, escorra e reserve.
2. Em uma frigideira grande, aqueça o azeite e refogue o alho. Junte o bacalhau e frite. Ponha a cebola em rodelas, o pimentão em tiras e tempere com sal e pimenta.
3. Ponha a batata cortada em rodelas grossas e junte a azeitona. Cozinhe por mais cinco minutos. Retire do fogo, decore com o pão e sirva.

Bacalhau nordestino

Para 4 pessoas
Tempo de preparo: 2h45m
Fácil

Ingredientes:

- 400 g de postas de bacalhau demolhadas e limpas
- 300 g de camarões médios frescos e limpos
- sal e pimenta-do-reino branca a gosto
- 1 pimentão vermelho sem sementes cortado em rodelas
- 2 tomates maduros sem sementes cortados em rodelas
- 2 cebolas médias cortadas em rodelas
- 1 colher (sopa) de coentro picado
- 1 colher (sopa) de salsa picada
- 1 colher (sopa) de cebolinha picada
- 1 pimenta-malagueta sem sementes em rodelas
- 1/2 xícara (chá) de azeite
- 1/2 xícara (chá) de leite de coco
- 2 colheres (sopa) de azeite-de-dendê

Preparo:

1. Corte o peixe em pedaços médios e reserve. Tempere o camarão com sal e pimenta-do-reino e reserve também.
2. Numa tigela, misture o pimentão com o tomate e a cebola. Acrescente o coentro, a salsa, a cebolinha e a malagueta.
3. Cubra o fundo de uma panela grande com parte desse mistura. Por cima, ponha o peixe, o camarão e finalize com a mistura de temperos. Regue com azeite e leve ao fogo baixo por 30 minutos. Apague o fogo, tampe bem e deixe descansar por 2 horas.
4. Antes de servir, leve a panela ao fogo. Quando levantar fervura, despeje o leite de coco e o dendê. Deixe no fogo por mais 15 minutos e sirva.

Bacalhau ora pois

Para 4 pessoas
Tempo de preparo: 1h20m
Média dificuldade

Ingredientes:

- 4 postas de bacalhau demolhadas e limpas
- 4 tomates maduros sem sementes
- 1 pimentão vermelho sem sementes
- 1 xícara (chá) de azeite
- 4 dentes de alho picados
- 3 colheres (sopa) de queijo parmesão ralado
- 1 xícara (chá) de creme de leite
- sal e pimenta-do-reino a gosto
- 2 cebolas
- 1 colher (sopa) de salsa
- 1 colher (sopa) de manjericão picado
- 1 xícara (chá) de espinafre cozido e espremido
- 4 colheres (sopa) de margarina
- 1 colher (sopa) de farinha de trigo
- 1 pitada de noz-moscada
- 1 xícara (chá) de purê de batata

Para polvilhar

Açafrão

Preparo

1. Afervente as postas, escorra e reserve. Corte o tomate e o pimentão em cubos. Refogue-os em metade do azeite com a metade do alho picado.
2. Retire do fogo e bata no liquidificador. Leve ao fogo e acrescente metade do queijo e do creme de leite. Tempere com sal e pimenta.
3. Pique a cebola, a salsa, o manjericão e o espinafre. Refogue no azeite restante e no alho que sobrou. Ponha no processador e misture o creme de leite restante. Processe bem e reserve.
4. Derreta uma colher (sopa) de margarina e ponha a farinha. Mexa bem e junte a mistura de cebola e espinafre. Tempere com a noz-moscada e o queijo restante. Junte o sal e a pimenta. Misture bem.
5. Doure o bacalhau na margarina restante e ponha nos pratos. Regue com o molho verde, o molho vermelho e sirva com o purê polvilhado com açafrão.

Bacalhau paulistano

Para 4 pessoas
Tempo de preparo: 50 minutos
Média dificuldade

Ingredientes:

- 1 kg de postas de bacalhau demolhadas e limpas
- 1 xícara (chá) de farinha de trigo
- 2 ovos bem batidos
- 2 xícaras (chá) de azeite
- 2 cabeças de alho picadas
- 2 cebolas grandes picadas
- 1 pimenta-malagueta sem sementes picada
- 5 tomates bem maduros sem sementes
- 1/2 colher (sopa) de açafrão
- 100 g de cogumelos
- 1 xícara (chá) de conhaque
- 1 xícara (chá) de vinho branco seco
- 1 xícara (chá) de caldo de peixe
- 1 xícara (chá) de aspargos em conserva

Preparo:

1. Passe as postas pela farinha e pelo ovo. Frite no azeite até dourarem e reserve. Mantenha aquecidas.
2. Na mesma frigideira, frite o alho, a cebola, a pimenta, o tomate picado, o açafrão e o cogumelo.
3. Junte o conhaque e o vinho. Acrescente o caldo de peixe e ferva até engrossar. Distribua sobre o bacalhau e decore com o aspargo antes de servir.

Bacalhau perfumado

Para 4 pessoas
Tempo de preparo: 50 minutos
Fácil

Ingredientes:

- 4 colheres (sopa) de margarina
- 2 cebolas picadas
- 2 dentes de alho
- 600 g de bacalhau demolhado, limpo e em lascas
- 1 talo de salsão
- 1 colher (sopa) de coentro picado
- 1 folha de louro
- 1 xícara (chá) de água quente
- 2 colheres (sopa) de farinha de trigo
- 2 colheres (sopa) de curry
- 1 xícara (chá) de creme de leite
- sal e pimenta-do-reino a gosto
- 2 gemas
- 150 g de azeitonas pretas sem caroço

Preparo:

1. Aqueça a margarina com a cebola e o alho picado. Junte o bacalhau, o salsão ralado, metade do coentro e o louro. Regue com a água.
2. Dilua a farinha e o curry no creme de leite, mexa até obter uma consistência cremosa e adicione à panela com o bacalhau. Tempere com sal, pimenta e ponha as gemas. Mexa bem.

3. Cozinhe em fogo baixo por dez minutos ou até apurar bem. Retire do fogo, decore com a azeitona e sirva polvilhado com o coentro restante.

Bacalhau pochê

Para 4 pessoas
Tempo de preparo: 1 hora
Média dificuldade

Ingredientes:

- 1 gomo de lingüiça defumada em tiras
- 1/2 xícara (chá) de azeite
- 1 cebola cortada em tiras
- 4 dentes de alho amassados
- 5 tomates sem pele e sem sementes em cubos
- 3 pimentões sem pele e sem sementes em tiras
- 6 xícaras (chá) de caldo de peixe
- 2 folhas de manjericão
- 1/2 xícara (chá) de azeitonas em fatias
- 4 tomates assados
- 4 postas de bacalhau demolhadas e limpas
- 1 pitada de pimenta-malagueta em flocos
- sal a gosto

Preparo:

1. Numa panela, doure a lingüiça no azeite. Junte a cebola e o alho. Quando a cebola murchar, ponha o tomate e o pimentão e cozinhe até que fiquem macios.
2. Adicione o caldo e ferva até se reduzir quase à metade. Junte o manjericão, a azeitona e o tomate assado. Coloque o bacalhau e tempere com a pimenta e o sal. Cozinhe com a panela tampada por dez minutos ou até que o bacalhau fique macio.
3. Retire o bacalhau e grelhe-o apenas para dourar em cima. Sirva com o molho.

Bacalhau prático

Para 4 pessoas
Tempo de preparo: 50 minutos
Fácil

Ingredientes:

- 2 postas de bacalhau demolhadas e limpas
- 1/2 xícara (chá) de farinha de trigo
- 1 1/3 de xícara (chá) de azeite
- 2 cebolas
- 1 dente de alho picado
- 1 kg de batata palito congelada

Preparo:

1. Corte o bacalhau em filés. Passe-os na farinha e frite no azeite bem quente. Retire do fogo, escorra sobre papel-toalha e reserve.
2. No mesmo azeite, frite até dourarem a cebola em rodelas e o alho. Retire.
3. Frite a batata, seguindo as instruções da embalagem. Numa travessa, ponha os filés de bacalhau e cubra com a cebola. Ao redor, ponha a batata e sirva em seguida.

Bacalhau rápido

Para 4 pessoas
Tempo de preparo: 25 minutos
Fácil

Ingredientes:

- 4 filés de bacalhau fresco
- sal e pimenta-do-reino a gosto
- 1 xícara (chá) de caldo de peixe
- 1 colher (sopa) de endro picado
- 1 cenoura sem casca cortada em tiras finas
- 2 talos de salsão cortados em tiras finas
- 1 colher (sopa) de azeite

Preparo:

1. Lave os filés e tempere com sal e pimenta. Deixe tomar gosto por dez minutos.
2. Misture os ingredientes restantes. Numa panela antiaderente, ponha metade dessa mistura. Por cima, disponha os filés e cubra com a mistura restante. Cozinhe até os filés ficarem macios e sirva.

Bacalhau com purê

Para 4 pessoas
Tempo de preparo: 50 minutos
Fácil

Ingredientes:

- 3 postas de bacalhau demolhadas e limpas
- 5 batatas
- 1/2 xícara (chá) de azeite
- 2 cebolas
- 1 pitada de pimenta
- 2 dentes de alho
- sal a gosto

Preparo:

1. Separe o peixe em lascas e reserve. Cozinhe a batata em água e sal. Quando estiver cozida, descasque e esprema. Misture o purê de batata e o bacalhau. Reserve, mantendo aquecido.

2. Refogue no azeite a cebola picada, a pimenta e o alho amassado. Tempere com sal e junte ao purê de batata com bacalhau. Misture bem, aqueça por cinco minutos e sirva.

Bacalhau quero mais

Para 4 pessoas
Tempo de preparo: 1h40m
Média dificuldade

Ingredientes:

- 500 g de postas de bacalhau demolhadas e limpas
- 6 fatias de pão de forma torradas
- 6 filés de robalo limpos
- 3 ovos batidos
- 1 xícara (chá) de farinha de trigo
- 6 camarões grandes limpos e cozidos

Purê de batata

- 4 batatas
- 1/2 xícara (chá) de creme de leite fresco
- 1/3 de xícara (chá) de azeite
- 1 pitada de pimenta-do-reino branca

Molho

- 2 xícaras (chá) de azeite
- 2 cebolas roxas à juliana
- 14 dentes de alho
- 4 xícaras (chá) de caldo de legumes
- 6 colheres (sopa) de azeitonas pretas sem caroço em rodelas
- 12 cebolas em conserva
- 200 g de tomates-cereja
- 100 g de ervilhas frescas
- 2 colheres (sopa) de ervas finas
- sal e pimenta-do-reino a gosto

Para fritar

Azeite

Para decorar

12 ovos de codornas cozidos e sem casca
2 ovos cozidos passados pela peneira

Preparo:

1. Separe o bacalhau em lascas. Triture o pão e misture ao bacalhau. Faça postas com essa mistura e reserve.
2. Passe os filés de robalo no ovo batido e na farinha de trigo. Empane também a mistura de bacalhau com pão. Frite ligeiramente o camarão numa frigideira com azeite. Retire, escorra e reserve. No azeite restante, frite o robalo e o bacalhau. Escorra sobre papel-toalha e reserve.

Purê

Cozinhe a batata em água e sal. Escorra, retire a casca e amasse. Misture ao creme de leite e ao azeite. Tempere com a pimenta e reserve.

Molho

1. Aqueça o azeite e refogue a cebola roxa e dois dentes de alho picados. Quando a cebola ficar transparente, ponha o caldo de legumes quente e deixe ferver.
2. Acrescente a azeitona, a cebola em conserva, o tomate-cereja, o alho restante em fatias, a ervilha e as ervas finas. Tempere com sal e pimenta e misture. Cozinhe em fogo baixo por dez minutos. Retire do fogo e reserve.

Montagem

Em pratos fundos, ponha uma porção de purê de batata. Sobre o purê, ponha os ovos de codorna cortados ao meio, um filé de peixe, o camarão e o bacalhau frito. Despeje o molho por cima e polvilhe com o ovo peneirado.

Bacalhau ratatouille

Para 4 pessoas
Tempo de preparo: 35 minutos
Fácil

Ingredientes:

- 600 g de bacalhau demolhado, limpo e em lascas
- 1 colher (sopa) de suco de limão
- 2 colheres (chá) de azeite
- 1 cebola picada
- 1 berinjela média cortada em cubos
- 1 abobrinha média cortada em cubos
- 1/2 colher (sopa) de cogumelos frescos picados
- 2 tomates sem pele e sem sementes picados
- sal a gosto
- 1 colher (sopa) de salsa picada

Preparo:

1. Tempere o bacalhau com o suco de limão e deixe marinar por 20 minutos. Aqueça o azeite e refogue a cebola. Junte a berinjela, a abobrinha, o cogumelo e o tomate.
2. Assim que ferver acrescente o bacalhau. Cozinhe por dez minutos. Tempere com sal, polvilhe com a salsa e sirva.

Bacalhau revirado

Para 4 pessoas
Tempo de preparo: 30 minutos
Fácil

Ingredientes:

- 500 g de bacalhau demolhado e limpo
- 8 batatas sem casca
- 1 cebola
- 4 ovos
- 2 colheres (sopa) de salsa
- sal e pimenta-do-reino a gosto
- 1 colher (sopa) de azeite

Para fritar

Óleo

Preparo:

1. Desfie o bacalhau. À parte, aqueça o óleo numa panela. Corte a batata em rodelas não muito finas e frite.
2. Quando a batata estiver cozida, escorra a maior parte do óleo e junte o bacalhau à panela. Ponha a cebola em rodelas e frite, mexendo às vezes.
3. À parte, bata os ovos com a salsa picada. Junte ao bacalhau e mexa às vezes. Tempere com sal e pimenta. Cozinhe até os ovos ficarem cremosos. Retire do fogo, ponha numa travessa e regue com o azeite. Sirva em seguida.

Bacalhau sem alho

Para 4 pessoas
Tempo de preparo: 50 minutos
Fácil

Ingredientes:

- 1,5 kg de bacalhau demolhado e limpo
- 12 batatas
- 2 xícaras (chá) de azeite
- 1 pimenta-malagueta sem sementes
- 4 cebolas grandes em rodelas bem finas

Preparo:

1. Separe o bacalhau em pedaços grandes e grelhe-os numa frigideira antiaderente untada com azeite.
2. Cozinhe a batata em água e sal. Quando estiver cozida, retire a casca e corte-a em rodelas. Reserve.
3. Numa frigideira antiaderente, coloque o azeite restante e aqueça. Refogue rapidamente a pimenta. Distribua o bacalhau, a cebola e a batata em uma travessa. Regue com o azeite quente e sirva em seguida.

Bacalhau à moda americana

Para 4 pessoas
Tempo de preparo: 40 minutos
Fácil

Ingredientes:

- 1 kg de bacalhau demolhado e limpo
- 4 colheres (chá) de azeite
- 6 colheres (sopa) de cebola picada
- 2 dentes de alho amassados
- 1 xícara (chá) de polpa de tomate
- sal e pimenta-do-reino a gosto
- 1 xícara (chá) de vinho branco seco
- 1 colher (sopa) de conhaque
- 1 colher (sopa) de margarina
- 2 xícaras (chá) de arroz cozido

Preparo:

1. Corte o bacalhau em pedaços e reserve.
2. Aqueça o azeite e refogue a cebola e o alho. Quando a cebola ficar transparente, ponha a polpa de tomate e tempere com sal e pimenta. Cozinhe em fogo baixo por cinco minutos.
3. Acrescente o vinho e cozinhe por mais cinco minutos. Junte o conhaque e o bacalhau. Cozinhe por mais 20 minutos em fogo baixo, mexendo às vezes. Leve o arroz ao fogo com a margarina e aqueça, mexendo sem parar. Sirva em seguida com o bacalhau.

Bacalhau saboroso

Para 4 pessoas
Tempo de preparo: 35 minutos
Fácil

Ingredientes:

- 400 g de postas de bacalhau demolhadas e limpas
- 1 xícara (chá) de farinha de trigo
- 2 ovos
- 2 xícara (chá) de azeite
- 4 batatas sem casca
- 1 cebola em rodelas
- 1 colher (sopa) de salsa
- 1 pitada de pimenta-do-reino a gosto
- 3 dentes de alho
- 1/2 xícara (chá) de água
- 1 gema
- 1 colher (sopa) de cebolinha picada
- suco de 1 limão
- sal a gosto

Preparo:

1. Passe as postas pela farinha, mas reserve meia colher (sopa), e pelo ovo batido. Frite no azeite quente e reserve.
2. Frite a batata em rodelas até dourar. Escorra e reserve. No azeite que sobrou, frite a cebola em rodelas, a salsa picada, a pimenta e o alho esmagado.
3. Quando a cebola começar a dourar, junte a água misturada com a farinha reservada. Leve ao fogo e deixe engrossar. Junte o bacalhau e a batata. Deixe levantar

fervura e retire do fogo. Quando esfriar, ponha a gema batida, a cebolinha picada e o suco de limão.

4. Tempere com sal. Mexa rapidamente e leve ao fogo até a gema cozinhar. Sirva em seguida.

Bacalhau sem segredos

Para 4 pessoas
Tempo de preparo: 30 minutos
Fácil

Ingredientes:

- 1 kg de bacalhau demolhado e limpo
- 3 colheres (sopa) de óleo de girassol
- 2 cebolas médias
- 1/2 xícara (chá) de molho de tomate
- 2 pimentões verdes sem sementes picados
- 1 pimentão vermelho sem sementes picado
- sal e pimenta-do-reino a gosto
- 2 xícaras (chá) de água
- 1/2 xícara (chá) de vinho branco seco
- 1/4 de xícara (chá) de cebolinha picada

Preparo:

1. Corte o bacalhau em pedaços grandes e reserve. Coloque o óleo em uma panela e aqueça. Junte a cebola em rodelas e frite até murchar. Adicione o molho de tomate e o pimentão.
2. Tempere com sal e pimenta e refogue por dez minutos em fogo baixo. Junte o bacalhau, a água e o vinho e cozinhe por mais dez minutos. Na hora de servir, polvilhe com a cebolinha.

Bacalhau serrano

Para 4 pessoas
Tempo de preparo: 40 minutos
Fácil

Ingredientes:

- 6 postas médias de bacalhau demolhadas e limpas
- 12 batatas sem casca
- 1 maço de couve
- 6 fatias de pão italiano
- 1 xícara (chá) de azeite
- 6 dentes de alho picados
- sal e pimenta-malagueta a gosto

Preparo:

1. Afervente o bacalhau, escorra e reserve uma xícara (chá) da água. Separe o peixe em pedaços grandes e reserve. À parte, cozinhe separadamente em água e sal a batata e a couve amarrada. Quando estiverem macias, escorra e reserve.
2. Ponha o pão numa panela de barro e despeje a água do bacalhau reservada. Regue com metade do azeite e polvilhe com metade do alho.
3. Por cima, disponha a batata em rodelas, a couve rasgada e o bacalhau. Ponha o alho restante, tempere com sal e pimenta. Sacuda a panela e deixe cozinhar por 15 minutos em fogo baixo. Retire e sirva.

Bacalhau singelo

Para 4 pessoas
Tempo de preparo: 30 minutos
Fácil

Ingredientes:

- 4 postas de bacalhau demolhadas e limpas
- 10 batatas sem casca
- 1 colher (sopa) de vinagre
- 2 colheres (sopa) de azeite
- 2 dentes de alho
- sal e pimenta-do-reino a gosto

Preparo:

Separe o bacalhau em lascas grandes. Cozinhe a batata em água e sal. Quando estiver cozida, escorra e transfira para o prato com o bacalhau. Tempere com os ingredientes restantes e sirva.

Bacalhau veneziano

Para 4 pessoas
Tempo de preparo: 50 minutos
Fácil

Ingredientes:

- 8 abobrinhas em rodelas
- 12 batatas sem casca cortadas em quatro
- 5 cenouras sem casca em pedaços
- 500 g de vagem em tiras
- 6 tomates sem sementes
- 5 cebolas
- 1 kg de bacalhau demolhado e limpo
- 1 pitada de tomilho
- 1 folha de louro
- 6 ovos

Molho

- 3 dentes de alho
- 2 gemas
- 1 colher (sopa) de azeite

- sal a gosto
- 1 colher (sopa) de limão

Preparo:

1. Cozinhe os legumes separadamente em água e sal. Corte o tomate e a cebola em rodelas e reserve.
2. Ferva o bacalhau com água, o tomilho e o louro. Escorra e reserve. Cozinhe o ovo com casca. Descasque, corte-o em rodelas e reserve.

Molho

Esprema o alho e misture com as gemas. Acrescente o azeite em fio e bata com um batedor de arame até obter uma maionese. Tempere com sal e o suco de limão.

Montagem

Numa travessa arrume o bacalhau, os legumes, o tomate e a cebola. Ponha os ovos e sirva com o molho à parte.

Bacalhau verdinho

Para 4 pessoas
Tempo de preparo: 20 minutos
Fácil

Ingredientes:

- 1 couve-manteiga lavada
- 1 xícara (chá) de azeite
- 1 cebola picada
- 500 g de bacalhau demolhado e limpo
- 2 colheres (sopa) de cebolinha

Preparo:

1. Corte a couve em pedaços grandes. Afervente e reserve.
2. Aqueça uma frigideira e ponha o azeite. Junte a cebola, o bacalhau em lascas e refogue rapidamente. Adicione a couve e a cebolinha. Misture bem e sirva.

Bacalhau vitaminado

Para 4 pessoas
Tempo de preparo: 45 minutos
Fácil

Ingredientes:

- 2 cenouras
- 2 nabos
- 1 talo de salsão
- 1 alho-poró
- 2 cebolas
- 1 maço de brócolis
- sal a gosto
- 4 postas de bacalhau demolhadas e limpas
- 1/2 xícara (chá) de caldo de peixe
- 1 ramo de salsa
- 2 colheres (sopa) de azeite
- 1/2 colher (sopa) de vinagre

Preparo:

1. Descasque a cenoura, o nabo, o salsão e o alho-poró. Corte-os em pedaços e cozinhe separadamente em água e sal. Pique a cebola. Separe o brócolis em buquês e cozinhe também. Escorra e reserve.
2. À parte, afervente o bacalhau no caldo. Escorra e reserve. Transfira para uma travessa. Junte os legumes reservados e polvilhe com a salsa picada. Regue com o azeite e o vinagre e sirva.

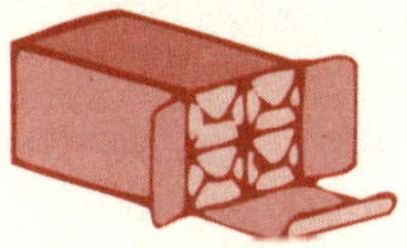

Bife de bacalhau

Para 4 pessoas
Tempo de preparo: 50 minutos
Fácil

Ingredientes:

- 800 g de bacalhau demolhado e limpo
- 1 3/4 de xícara (chá) de farinha de trigo
- 1 xícara (chá) de leite
- 2 gemas batidas
- sal a gosto
- 2 cebolas
- 1/4 de xícara (chá) de azeite
- 1 colher (sopa) de margarina
- 6 tomates maduros sem sementes
- 4 colheres (sopa) de vinho branco seco
- 1 colher (sopa) de vinagre
- 1 pitada de pimenta-malagueta
- 1 colher (sopa) de salsa picada
- 3 xícaras (chá) de batata palha

Para fritar

Óleo

Preparo:

1. Separe o bacalhau em pequenos filés e reserve. Numa tigela, misture a farinha, o leite e as gemas. Tempere com sal e passe o peixe nessa mistura.
2. Aqueça o óleo em uma frigideira e frite o peixe empanado. Escorra sobre papel-toalha e reserve.
3. Pique a cebola e refogue no azeite. Acrescente a margarina e o tomate em pedaços. Regue com vinho, o vinagre e tempere com a pimenta. Junte o peixe e

cozinhe por dez minutos. Polvilhe a salsa e sirva com a batata palha.

Bifes de bacalhau com molho tartáro

Para 4 pessoas
Tempo de preparo: 45 minutos
Fácil

Ingredientes:

- 800 g de bacalhau demolhado e limpo
- 5 batatas cozidas sem casca
- 2 ovos ligeiramente batidos
- 1 xícara (chá) de cebolinha verde picada
- 4 colheres (sopa) de margarina
- 1/2 xícara (chá) de queijo prato ralado
- 1/3 de xícara (chá) de azeitonas pretas picadas
- 1/2 xícara (chá) de farinha de rosca
- 1 xícara (chá) de óleo

Molho tártaro

- 2 gemas
- suco de 1 limão
- 1 xícara (chá) de azeite
- sal a gosto
- 2 dentes de alho esmagados
- 1 colher (sopa) de pimentão vermelho sem sementes em cubinhos
- 2 colheres (sopa) de pimentão verde sem sementes em cubinhos
- 1 colher (sopa) de picles de cenoura em cubinhos

Preparo:

1. Ponha o bacalhau no processador e processe até desfiá-lo completamente. Transfira para uma vasilha. Junte a batata passada pelo espremedor. Ponha o ovo, a cebolinha, a margarina e misture bem.
2. Acrescente o queijo e a azeitona. Misture bem. Molhe as mãos com água e forme bifes com 1 cm de espessura e 7 cm de diâmetro. Passe-os pela farinha de rosca. Ponha num recipiente e leve à geladeira por 30 minutos.

Molho

1. Numa tigela, ponha as gemas e o suco de limão. Bata com um batedor manual até os ovos espumarem. Acrescente o azeite em fio sem parar de bater até obter um creme espesso e branco.
2. Quando a maionese estiver bem firme, pare de bater e tempere com sal. Acrescente os ingredientes restantes e mexa delicadamente.
3. Frite os bifes de bacalhau em óleo bem quente. Escorra sobre papel-toalha e sirva com o molho.

Caçarola de bacalhau

Para 4 pessoas
Tempo de preparo: 50 minutos
Fácil

Ingredientes:

- 600 g de postas de bacalhau demolhadas e limpas
- 10 batatas sem casca
- 1 1/3 de xícara (chá) de azeite
- 1 xícara (chá) de caldo de peixe
- 2 cebolas em rodelas
- 2 colheres (sopa) de coentro picado
- 2 dentes de alho
- 1 cravo-da-índia
- 1 pimenta dedo-de-moça sem sementes

Preparo:

1. Separe o bacalhau em pedaços grandes e reserve. Corte a batata em rodelas médias.
2. Numa caçarola, ponha 1/3 de xícara (chá) de azeite e metade do caldo. Faça camadas de cebola, coentro, alho em lâminas, cravo, pimenta, bacalhau e batata.
3. Despeje o azeite restante sobre a batata. Regue com o caldo reservado. Leve a caçarola tampada ao fogo baixo e sacuda às vezes. Deixe no fogo até a batata ficar macia. Sirva em seguida.

Caçarola apimentada de bacalhau

Para 4 pessoas
Tempo de preparo: 1h20m
Fácil

Ingredientes:

- 1 xícara (chá) de azeite
- 10 batatas sem casca em rodelas
- 3 cebolas em rodelas
- 5 tomates sem sementes em rodelas
- 3 pimentões vermelhos sem pele e sem sementes em tiras
- 1 maço de endro picado
- pimenta-do-reino moída a gosto
- 100 g de azeitonas pretas sem caroço
- 8 dentes de alho
- 1,5 kg de bacalhau demolhado e limpo
- 1 pimenta-dedo-de-moça sem sementes picada

Preparo:

1. Numa panela grande, ponha um pouco de azeite até cobrir o fundo. Acrescente uma camada de batata, a cebola, o tomate e o pimentão. Polvilhe com o endro e a pimenta-do-reino. Junte a azeitona e os dentes de alho inteiros.

2. Cubra com uma camada de bacalhau em pedaços. Regue com mais azeite. Repita até todos os ingredientes terminarem.
3. Leve ao fogo alto e tampe. A cada dez minutos, sacuda a panela. Cozinhe por 30 minutos. Antes de servir, ponha a pimenta-dedo-de-moça.

Caçarola de bacalhau com grãos

Para 4 pessoas
Tempo de preparo: 3h10m
Média dificuldade

Ingredientes:

- 1 xícara (chá) de feijão-branco
- 1 xícara (chá) de feijão-roxinho
- 1 xícara (chá) de feijão-bolinha
- 1 xícara (chá) de grão-de-bico
- 4 dentes de alho
- 10 folhas de sálvia
- 400 g de bacalhau demolhado, limpo e em lascas
- 2 cebolas médias
- 4 colheres (sopa) de azeite
- 6 folhas de louro
- 350 g de polpa de tomate
- 2 xícaras (chá) de água
- 1 pitada de açúcar
- pimenta-do-reino em grãos e sal a gosto

Preparo:

1. Ponha de molho, separadamente, os três tipos de feijão e o grão-de-bico em água fria por 2 horas.
2. Cozinhe-os separadamente na panela de pressão com os dentes de alho e a sálvia até que fiquem macios.
3. Afervente o bacalhau com metade da cebola picada. Escorra e reserve.
4. Numa panela, aqueça o azeite e frite a cebola restante picada, o louro e a polpa de tomate.
5. Ponha a água e o açúcar. Ferva por 20 minutos. Junte os feijões, o grão-de-bico, o bacalhau e a pimenta. Tempere com sal e cozinhe por dez minutos ou até que os grãos fiquem bem macios. Sirva.

Cozido de bacalhau

Para 4 pessoas
Tempo de preparo: 50 minutos
Média dificuldade

Ingredientes:

- 2 kg de bacalhau demolhado, limpo e em lascas
- 1/2 xícara (chá) de pimenta verde sem sementes
- 3 colheres (sopa) de suco de limão
- 1/3 xícara (chá) de azeite

Legumes

- 4 dentes de alho picados
- 1/4 xícara (chá) de azeite
- 200 g de bacon cortado em pedaços
- 5 batatas sem casca
- 4 batatas-doces
- 4 cebolas médias
- 500 g de abóbora em cubos grandes
- 5 chuchus cortados ao meio
- 1 pitada de sal
- 6 xícaras (chá) de água

Para regar

Azeite

Preparo:

1. Corte o bacalhau em pedaços. Numa panela grande, ponha o peixe, a pimenta verde, o suco de limão e o azeite. Tampe e leve ao fogo alto até ferver.
2. Abaixe o fogo e cozinhe por 20 minutos ou até o bacalhau ficar macio. Retire do fogo e reserve.

Legumes

Em uma panela, leve ao fogo alto o alho, o azeite e o bacon. Refogue até o alho dourar. Junte os ingredientes restantes e cozinhe até os legumes ficarem macios. Arrume os legumes e o bacalhau numa travessa. Na hora de servir, regue com mais azeite.

Ensopado de bacalhau com chuchu

Para 4 pessoas
Tempo de preparo: 40 minutos
Fácil

Ingredientes:

- 3 postas de bacalhau demolhadas e limpas
- 1 xícara (chá) de azeite
- 2 cebolas
- 4 dentes de alho
- 4 chuchus sem casca em pedaços
- 1/2 colher (sopa) de açafrão
- 1/2 xícara (chá) de água
- sal e cominho a gosto
- 1/2 xícara (chá) de caldo de legumes
- 2 colheres (sopa) de coentro picado

Preparo:

1. Separe o peixe em lascas e reserve. Coloque em uma

panela o azeite, a cebola picada e o alho esmagado. Refogue até a cebola ficar transparente.

2. Junte o chuchu, o açafrão e água. Tempere com sal e cominho. Tampe a panela e cozinhe até o chuchu ficar macio.
3. Ponha o bacalhau, o caldo de legumes e o coentro. Tampe a panela e aqueça bem. Sirva em seguida.

Escabeche de bacalhau

Para 4 pessoas
Tempo de preparo: 30 minutos
Fácil

Ingredientes:

- 2 dentes de alho picados
- 1 xícara (chá) de azeite
- 2 cebolas médias em rodelas
- 3 cenouras sem casca
- 1/2 colher (sopa) de pimenta-do-reino em grãos
- 1/2 colher (sopa) de páprica doce
- 1 xícara (chá) de vinagre
- 1 xícara (chá) de vinho branco seco
- 2 folhas de louro
- sal a gosto
- 1/3 de xícara (chá) de água
- 500 g de filés de bacalhau fresco
- 1 xícara (chá) de farinha de trigo

Para fritar

Óleo

Preparo:

1. Em uma panela, refogue o alho no azeite, acrescente a cebola e doure. Ponha a cenoura cortada em palitos, a pimenta, a páprica, o vinagre, o vinho, o louro, o sal e a água. Cozinhe até a cenoura ficar crocante e o líquido se reduzir à metade. Retire do fogo e espere esfriar.
2. À parte, separe o peixe em tiras grossas e tempere-as com sal. Passe pela farinha e frite em óleo bem quente. Retire com uma escumadeira e escorra sobre papel-toalha.
3. Ponha o bacalhau em uma travessa e despeje o molho por cima.

Escabeche de bacalhau apimentada

Para 4 pessoas
Tempo de preparo: 40 minutos
Fácil

Ingredientes:

- 3 postas de bacalhau demolhadas e limpas
- 1/2 xícara (chá) de azeite
- 1/2 xícara (chá) de óleo
- 3 cebolas grandes
- 1 cravo-da-índia
- 3 dentes de alho picados
- 1 folha de louro
- 1 colher (sopa) de salsa picada
- 1 colher (sopa) de colorau
- 1 colher (sopa) de vinagre
- pimenta-malagueta em rodelas e sal a gosto

Preparo:

1. Frite o bacalhau no azeite misturado com o óleo. Retire, escorra sobre papel-toalha e mantenha aquecido.
2. Ponha em outra panela o azeite e o óleo da fritura. Junte a cebola em rodelas, o cravo, o alho, o louro e a salsa.
3. Quando a cebola estiver transparente, ponha o colorau e o vinagre. Tempere com a pimenta e o sal. Despeje sobre o bacalhau e sirva.

Escondidinho de bacalhau de forno e fogão

Para 4 pessoas
Tempo de preparo: 50 minutos
Fácil

Ingredientes:

- 1/2 xícara (chá) de manteiga
- 2 colheres (sopa) de azeite
- 3 cebolas em rodelas finas
- 1 kg de bacalhau demolhado, limpo e em lascas
- 2 pimentas-de-cheiro
- 2 kg de mandioca sem casca em rodelas
- sal a gosto
- 1/2 xícara (chá) de leite quente
- 3 colheres (sopa) de margarina
- 1 xícara (chá) de queijo parmesão ralado

Preparo:

1. Aqueça uma frigideira grande e derreta metade da manteiga com o azeite. Doure a cebola e acrescente o bacalhau. Mexa e ponha a pimenta picada. Retire do fogo e reserve.
2. Cozinhe a mandioca na água. Quando estiver bem macia, tempere com sal. Ferva por mais dez minutos. Retire do fogo e escorra.
3. Corte ao meio cada rodela da mandioca e elimine o fio grosso que tem no centro. Esprema. Junte a manteiga restante ao creme obtido. Tempere com sal e adicione

o leite quente. Bata bem até obter um purê.

4. Unte um refratário com uma colher (sopa) de margarina e forre com uma parte do purê.
5. Ponha por cima o queijo e o bacalhau refogado. Cubra com a outra metade do purê e regue com a margarina restante. Leve ao forno por dez minutos ou até dourar.

Fricandó de bacalhau

Para 4 pessoas
Tempo de preparo: 30 minutos
Fácil

Ingredientes:

- 1/4 de xícara (chá) de margarina
- 1/4 de xícara (chá) de azeite
- 1 colher (sopa) de salsa picada
- 3 dentes de alho picados
- 4 postas de bacalhau demolhadas e limpas
- 1 xícara (chá) de leite
- sal e pimenta-do-reino a gosto

Preparo:

1. Despeje numa panela a margarina, o azeite, a salsa e o alho picado. Leve ao fogo e cozinhe em fogo baixo até o alho dourar.
2. Separe o bacalhau em lascas e ponha na panela. Refogue bem e acrescente o leite. Deixe apurar por dez minutos. Tempere com sal e pimenta. Misture, retire do fogo e sirva.

Fricassê de bacalhau

Para 4 pessoas
Tempo de preparo: 50 minutos
Fácil

Ingredientes:

- 1 kg de mandioquinha
- 1/4 de xícara (chá) de leite
- 5 colheres (sopa) de margarina
- sal, pimenta-do-reino e noz-moscada a gosto
- 4 postas de bacalhau demolhadas e limpas
- 1 xícara (chá) de farinha de trigo
- 4 ovos
- 1/2 xícara (chá) de azeite
- 1 cebola
- 2 dentes de alho
- suco de 1 limão
- 1 colher (sopa) de salsa

Preparo:

1. Raspe e cozinhe a mandioquinha. Escorra, amasse e faça um purê. Ponha numa tigela, junte o leite e três colheres (sopa) de margarina. Tempere com sal, pimenta e noz-moscada.
2. Afervente as postas. Escorra, reservando uma xícara (chá) da água. Passe as postas pela farinha e por dois ovos batidos. Frite no azeite bem quente. Retire do fogo, escorra sobre papel-toalha e reserve.
3. Pique a cebola e o alho e refogue na margarina restante. Junte a água reservada e ferva por dez minutos em fogo baixo. Ponha os ovos restantes batidos, mexa e deixe cozinhar por cinco minutos.
4. Mexa até obter um molho cremoso. Tempere com sal e pimenta. Adicione o suco de limão, misture e reserve.
5. Disponha o peixe num prato e, ao redor, ponha o purê. Regue com o molho e polvilhe com a salsa antes de servir.

Fricassê de bacalhau com brócolis

Para 4 pessoas
Tempo de preparo: 45 minutos
Fácil

Ingredientes:

- 600 g de bacalhau demolhado, limpo e em lascas
- sal e pimenta-do-reino branca a gosto
- 4 xícaras (sopa) de vinho branco
- 4 xícaras (chá) de água
- 2 xícaras (chá) de buquês de brócolis cozidos e picados
- 1/2 xícara (chá) de creme de leite
- 1 xícara (chá) de cebolinha verde picada
- l xícara (chá) de castanha-de-caju torrada

Preparo:

1. Numa panela, ponha o bacalhau e tempere com sal e pimenta. Regue com o vinho e a água. Leve ao fogo e cozinhe por cinco minutos.
2. Junte o brócolis, o creme de leite e metade da cebolinha. Misture bem e cozinhe por mais cinco minutos. Retire do fogo, polvilhe com a cebolinha restante e a castanha em lascas. Sirva.

Fricassê de bacalhau com mandioca frita

Para 4 pessoas
Tempo de preparo: 50 minutos
Fácil

Ingredientes:

- 4 postas de bacalhau demolhadas e limpas
- 1/2 xícara (chá) de azeite
- 1 cebola picada
- 5 dentes de alho amassados
- 1 gema
- suco de 2 limões
- 1 colher (sopa) de salsa picada
- 1 kg de mandioca sem casca frita

Preparo:

1. Numa frigideira antiaderente untada com azeite, grelhe as postas até dourarem. Retire e reserve. Na mesma frigideira, ponha o azeite restante e refogue a cebola e o alho até dourarem. Retire do fogo e reserve.
2. À parte, misture numa tigela a gema, o suco de limão e a salsa. Despeje a mistura na frigideira com a cebola refogada. Leve ao fogo por cinco minutos. Ponha o bacalhau nos pratos e cubra com o molho. Sirva com a mandioca.

Fricassê de bacalhau com molho de mostarda

Para 4 pessoas
Tempo de preparo: 50 minutos
Fácil

Ingredientes:

- 1,5 kg de bacalhau demolhado e limpo
- pimenta-do-reino a gosto
- 4 colheres (sopa) de margarina
- 5 talos de cebolinha verde picados
- 1/2 colher (sopa) de estragão seco
- 3 dentes de alho
- 2 cenouras sem casca
- 1 cebola grande
- 1/3 de xícara (chá) de vinho branco seco
- 1/2 xícara (chá) de caldo de legumes
- 2 colheres (chá) de farinha de trigo
- 2 colheres (sopa) de mostarda
- 1/2 xícara (chá) de molho de tomate
- 1 1/4 de xícara (chá) de creme de leite
- 2 tomates sem pele e sementes

Preparo:

1. Separe o bacalhau em pedaços. Tempere com pimenta e coloque numa panela com a margarina. Junte a cebolinha, o estragão e o alho com casca e doure ligeiramente. Acrescente a cenoura e a cebola em rodelas e cozinhe por 15 minutos.
2. Adicione o vinho aos poucos e cozinhe até o bacalhau ficar macio. Retire-o e reserve. Junte o caldo de legumes ao líquido do cozimento.
3. Numa vasilha, misture a farinha, a mostarda, o molho de tomate e acrescente à panela. Cozinhe por cinco minutos, mexendo sem parar. Ponha o creme de leite e cozinhe, mexendo até engrossar.
4. Passe o molho por uma peneira e acrescente o tomate picado. Misture. Ponha o bacalhau, cozinhe por cinco minutos e sirva.

Filés de bacalhau fritos com aspargo

Para 4 pessoas
Tempo de preparo: 35 minutos
Fácil

Ingredientes:

- 4 filés de bacalhau fresco
- suco de 1 limão
- 1 pitada de sal
- 12 colheres (sopa) de farinha de trigo
- 1/2 xícara (chá) de margarina
- 2 xícaras (chá) de aspargos aferventados e picados
- 1 pimentão vermelho sem sementes em tiras

Preparo:

1. Lave os filés de peixe. Seque e tempere com o suco de limão e o sal. Seque e passe na farinha. Frite na metade da margarina até dourarem. Retire do fogo, escorra sobre papel-toalha e reserve, mantendo aquecidos.
2. Refogue os aspargos na margarina restante. Ponha os filés numa travessa, decore com o pimentão e sirva com os aspargos.

Paella de bacalhau

Para 4 pessoas
Tempo de preparo: 1h10m
Fácil

Ingredientes:

- 3 postas de bacalhau demolhadas e limpas
- 1 3/4 de xícara (chá) de farinha de trigo
- 1 xícara (chá) de óleo de milho
- 1 pimentão verde sem sementes
- 1 cebola média
- 3 dentes de alho
- 1/2 xícara (chá) de azeite
- 1 tomate
- 2 xícaras (chá) de arroz parboilizado
- 4 xícaras (chá) de água

- 350 g de camarões grandes, frescos e limpos
- 2 colheres (chá) de páprica doce
- 4 tomates secos
- 1/2 xícara (chá) de azeitonas pretas sem caroço

Preparo:

1. Passe as postas de bacalhau na farinha e frite no óleo quente. Retire, escorra sobre papel-toalha e reserve. Remova a pele do pimentão e reserve.
2. Numa panela para paella, doure a cebola e o alho cortados em tiras no azeite. Junte o tomate sem pele e sementes picado. Ponha o arroz, a água quente, o camarão e a páprica. Cozinhe por 30 minutos.
3. Disponha as postas na panela. Por cima, ponha o pimentão em tiras e o tomate seco. Tampe e cozinhe por mais dez minutos. Junte a azeitona e sirva.

Paella de bacalhau com legumes

Para 4 pessoas
Tempo de preparo: 1h10m
Fácil

Ingredientes:

- 1/2 xícara (chá) de azeite
- 12 camarões graúdos
- 2 dentes de alho
- 3 xícaras (chá) de arroz
- 600 g de bacalhau demolhado, limpo e em lascas
- 2 tabletes de caldo de legumes
- 6 xícaras (chá) de água fervente
- 3 tomates sem pele e sem sementes
- 1 pimentão vermelho sem sementes
- 1 pimentão verde sem sementes
- 12 buquês de couve-flor
- 200 g de favas verdes semicozidas
- 200 g de ervilhas frescas
- 1/2 colher (sopa) de páprica
- 1 colher (sopa) de açafrão
- 200 g de fundos de alcachofra
- sal a gosto

Preparo:

1. Numa panela grande, frite no azeite o camarão e o alho picado. Quando o alho dourar, retire o camarão da panela e reserve.
2. Na mesma panela, refogue no azeite da fritura o arroz e o bacalhau. Coloque os tabletes de caldo de legumes, a água, o tomate e o pimentão picado, a couve-flor, a fava, a ervilha, a páprica e o açafrão. Misture e ferva por 15 minutos em fogo alto.
3. Adicione a alcachofra e o camarão. Misture delicadamente e tempere com sal. Cozinhe em fogo baixo por mais dez minutos com a panela tampada. Apague o fogo e deixe descansar por cinco minutos antes de servir.

Paella de bacalhau com ovos

Para 4 pessoas
Tempo de preparo: 1h10m
Fácil

Ingredientes:

- 1 kg de postas de bacalhau demolhadas e limpas
- 8 batatas médias sem casca
- 3 pimentões médios sem sementes
- 2 cebolas grandes
- 1 xícara (chá) de azeite
- sal, cominho e pimenta-malagueta a gosto
- 1/2 colher (sopa) de vinagre
- 12 buquês de brócolis
- 1 cabeça de alho
- 100 g de azeitonas pretas sem caroço
- 100 g de azeitonas verdes sem caroço
- 16 ovos de codorna cozidos sem casca
- 3 xícaras (chá) de arroz cozido
- 1 colher (sopa) de salsa picada

Para fritar

Azeite

Para polvilhar

Farinha de trigo

Preparo:

1. Afervente em água e sal o bacalhau e a batata em rodelas. Retire o bacalhau com ajuda de uma escumadeira e reserve. Cozinhe a batata até ficar macia.
2. Corte o pimentão em tiras e a cebola em rodelas grossas. Tempere-os separadamente com uma colher (sopa) de azeite, sal e vinagre. À parte, ferva os buquês de brócolis por um minuto, escorra e passe em água fria.
3. Tempere a farinha com cominho e pimenta e polvilhe as postas. Na panela para paella, frite o bacalhau e a batata em meia xícara (chá) de azeite. Ponha um dente de alho amassado sobre cada posta.
4. À parte, refogue no azeite restante a cebola. Transfira para a panela com o bacalhau. Refogue na mesma gordura o pimentão, depois o brócolis com o alho restante amassado. Acrescente ao bacalhau.
5. Ponha a azeitona, o ovo e o arroz. Polvilhe com a salsa e tampe. Deixe no fogo por mais cinco minutos e sirva.

Prato feito de bacalhau com aneto

Para 4 pessoas
Tempo de preparo: 45 minutos
Fácil

Ingredientes:
- 4 postas de bacalhau demolhadas e limpas
- 1/2 xícara (chá) de azeite
- 1 abobrinha média
- sal e pimenta-do-reino a gosto
- 2 cebolas picadas
- 4 tomate sem pele e sem sementes em cubos
- 1 1/2 xícara (chá) de arroz integral
- 1 1/2 xícara (chá) de arroz selvagem
- 6 cogumelos frescos cortados em fatias
- 6 folhas de manjericão picadas

Molho
- 1 xícara (chá) de azeitonas pretas sem caroço
- 1 colher (sopa) de mostarda em grãos
- 1/2 colher (sopa) de aneto
- 1/2 xícara (chá) de azeite

Preparo:
1. Grelhe as postas de bacalhau numa frigideira antiaderente untada com azeite e reserve. Rale a abobrinha e refogue na mesma frigideira com meia colher (sopa) de azeite. Tempere com sal e pimenta.
2. Refogue em duas colheres (sopa) de azeite metade da cebola e do tomate e refogue o arroz integral. Cubra com água e cozinhe até ficar macio. Em outra panela, ponha mais duas colheres (sopa) de azeite, a cebola e o tomate restantes e o arroz selvagem. Refogue, cubra com água e cozinhe até ficar macio.
3. Em forminhas individuais com aro removível, ponha o arroz integral, a abobrinha, o cogumelo, o manjericão e o arroz selvagem. Reserve.

Molho
1. Bata todos os ingredientes do molho no liquidificador e reserve.
2. Em pratos individuais, disponha as forminhas de arroz e o bacalhau grelhado. Cubra com o molho e sirva.

Rolinhos de bacalhau com legumes

Para 4 pessoas
Tempo de preparo: 1h10m
Média dificuldade

Ingredientes:
- 12 filés pequenos de bacalhau fresco
- suco e raspas de 1 limão
- sal e pimenta-do-reino a gosto
- 1 pitada de noz-moscada
- 1 colher (sopa) de alcaparras
- 4 colheres (sopa) de azeite
- 1 cenoura sem casca e cortada em tiras
- 1 colher (sopa) de salsa picada
- 4 abobrinhas em tiras
- 1 xícara (chá) de vinho branco seco
- 1/2 colher (sopa) de açafrão

Preparo:
1. Tempere o peixe com o suco de meio limão, sal e pimenta. Numa tigela, misture a noz-moscada, a alcaparra, o azeite, as raspas de limão, a cenoura e a salsa.
2. Recheie os filés com parte dessa mistura. Envolva os filés com as tiras de abobrinha e prenda com um palito. Numa panela grande, disponha os rolinhos. Acrescente os legumes que sobraram e regue com o vinho. Tempere com o açafrão, tampe e leve ao fogo por dez minutos ou até o peixe ficar macio. Sirva.

Surpresa de bacalhau com legumes

Para 4 pessoas
Tempo de preparo: 40 minutos
Fácil

Ingredientes:
- 3/4 de xícara (chá) de azeite
- 3 dentes de alho em lâminas finas
- 1 cebola média em cubos
- 800 g de bacalhau demolhado, limpo e desfiado
- 1 berinjela pequena em cubos
- 100 g de tomate seco picado
- 1 abobrinha amarela em cubos
- 6 aspargos verdes cozidos no vapor
- 8 minichuchus inteiros e cozidos
- sal e pimenta-do-reino branca moída a gosto
- 1 xícara (chá) de croûtons

Preparo:
1. Numa panela, aqueça metade do azeite e frite o alho e a cebola. Adicione o bacalhau. Refogue por dois minutos.
2. Acrescente a berinjela, o tomate seco, a abobrinha, o aspargo picado e o chuchu. Regue com o azeite restante e refogue mais um pouco. Tempere com o sal e a pimenta.
3. Retire do fogo e deixe tampado por três minutos. Sirva em seguida com os croûtons.

MASSAS MUITO ESPECIAIS

Neste capítulo, vamos dividir com você deliciosas maneiras de preparar esse alimento antiqüíssimo que começou a se popularizar a partir do século XIII por obra dos italianos. Foram eles que desenvolveram mais de 400 tipos e formatos diferentes: espaguete, nhoque, lasanha, talharim... Pouco importa a forma. Para os amantes de massa todas são indiscutivelmente saborosas, principalmente quando servidas com molhos suculentos. Além de deliciosas, as massas ainda fazem bem à saúde. Ricas em carboidratos, fornecem energia ao corpo para as atividades do organismo. É por isso que preparamos este capítulo pra lá de especial. Nas próximas páginas, você vai encontrar de receitas para o dia-a-dia a pratos mais sofisticados. Tem de tudo um pouco: opções com massas instantâneas, outras de preparo elaborado e também crepes e panquecas. Humm... Se com frutos do mar e legumes, já são irresistíveis, preparados com bacalhau, então, esses pratos se tornam especialíssimos. Comprove você também.

Bacalhau ensopado com penne

Para 4 pessoas
Tempo de preparo: 45 minutos
Fácil

Ingredientes:

- 3 postas de bacalhau demolhadas e limpas
- 600 g de batatas
- 1 pimentão verde sem sementes
- 1 pimentão vermelho sem sementes
- 2 cebolas
- 3 dentes de alho
- 3 tomates maduros
- sal e pimenta-do-reino a gosto
- 200 g de penne
- 1 colher (sopa) de salsa picada
- 1/3 de xícara (chá) de azeite
- 1/2 xícara (chá) de vinho branco seco

Preparo:

1. Corte as postas e a batata em pedaços médios. Corte o pimentão em cubos e a cebola e o alho em meia-lua. Reserve.
2. Retire a pele do tomate e remova as sementes. Numa panela grande, arrume camadas alternadas de cebola, alho, tomate e batata. Acrescente parte do bacalhau, o pimentão, o macarrão e a salsa. Tempere com sal e pimenta.
3. Repita as camadas até os ingredientes terminarem. No final, regue com o azeite e vinho. Tampe e leve ao fogo baixo por 30 minutos. Sacuda a panela às vezes durante o cozimento. Assim que a batata estiver cozida, retire do fogo e sirva.

Bucatini com bacalhau e três queijos

Para 4 pessoas
Tempo de preparo: 20 minutos
Fácil

Ingredientes:

- 300 g de bacalhau demolhado, limpo e em lascas
- 1 dente de alho amassado
- 1/2 colher (sopa) de azeite
- 500 g de bucatini
- 1/2 xícara (chá) de queijo mussarela em cubinhos
- 1/2 xícara (chá) de queijo gruyère em cubinhos
- 1/2 xícara (chá) de queijo parmesão ralado
- 1 pitada de pimenta-do-reino
- 300 g de bacalhau demolhado, limpo e em lascas
- 1 1/4 xícara (chá) de creme de leite fresco
- 1/2 xícara (chá) de cebolinha picada

Preparo:

1. Refogue o bacalhau com o alho no azeite. Retire do fogo e reserve. Cozinhe o macarrão conforme as instruções da embalagem. Escorra e o mantenha aquecido.
2. Numa panela, ponha os três tipos de queijo, mas reserve um pouco do parmesão. Leve ao fogo baixo até os queijos se derreterem. Tempere com a pimenta. Ponha o macarrão em uma travessa e, por cima, espalhe o bacalhau. Misture bem. Junte o molho de queijo, o creme de leite e misture novamente. Polvilhe com a cebolinha e com o queijo parmesão restante. Sirva em seguida.

Cabelo-de-anjo com bacalhau empanado

Para 4 pessoas
Tempo de preparo: 40 minutos
Fácil

Ingredientes:

- 750 g de postas de bacalhau demolhadas e limpas
- suco de 1 limão
- 1 folha de louro
- 1 xícara (chá) de farinha de trigo
- 2 ovos batidos
- 1 xícara (chá) de farinha de rosca

Macarrão

- 1 pacote de macarrão cabelo-de-anjo
- sal a gosto
- 3 folhas de manjericão
- 2 colheres (sopa) de azeite
- 4 dentes de alho
- 3 colheres (sopa) de margarina

Para fritar

Azeite

Preparo:

1. Desfie o peixe em lascas grandes. Ponha numa tigela com o suco de limão e o louro. Deixe tomar gosto por 30 minutos. Seque bem e passe na farinha de trigo, nos ovos batidos e na farinha de rosca.
2. Aqueça o azeite e frite os pedaços de bacalhau. Escorra sobre papel-toalha e mantenha aquecido.

Macarrão

1. Numa panela grande, cozinhe o macarrão conforme as instruções da embalagem. Adicione à água do cozimento o sal, o manjericão e uma colher (sopa) do azeite. Escorra a massa.
2. Numa panela grande, doure o alho em lascas no azeite restante. Junte a margarina, mexa e ponha a massa. Misture com cuidado. Retire do fogo e sirva com o bacalhau empanado.

Canelone de bacalhau com cogumelos

Para 4 pessoas
Tempo de preparo: 45 minutos
Média dificuldade

Ingredientes:

- 2 colheres (sopa) de margarina
- 300 g de bacalhau demolhado, limpo e em lascas
- 1/2 xícara (chá) de alho-poró à juliana
- 1/2 xícara (chá) cogumelos tipo pleurotus à juliana
- 1/4 xícara (chá) de queijo parmesão ralado
- 500 g de massa para lasanha pré-cozida

Molho

- 3 colheres (sopa) de alho-poró em rodelas
- 1/2 colher (sopa) de azeite
- 1 xícara (chá) de vinho branco seco
- 1/2 xícara (chá) de leite de coco
- 1 1/3 de xícara (chá) de creme de leite fresco
- 1/4 de xícara (chá) de queijo parmesão ralado
- sal e pimenta-do-reino branca a gosto

Preparo:

1. Refogue na margarina o bacalhau, o alho-poró e o cogumelo. Junte o parmesão e misture.
2. Distribua o recheio na massa e a enrole. Ponha os canelones num refratário e reserve.

Molho

Refogue o alho-poró no azeite. Junte o vinho e deixe no fogo até que o alho-poró fique macio. Adicione o leite de coco misturado ao creme de leite e ao parmesão. Tempere com sal e pimenta. Distribua o creme sobre a massa e leve ao forno até gratinar. Retire e sirva.

Canelone de bacalhau

Para 4 pessoas
Tempo de preparo: 40 minutos
Fácil

Ingredientes:

- 1 pacote de massa para lasanha
- 1 cebola
- 3 dentes de alho
- 4 colheres (sopa) de azeite
- 350 g de cogumelos picados
- 450 g de bacalhau demolhado, limpo e em lascas
- 1/2 colher (sopa) de salsa picada
- 1 1/3 de xícara (chá) de molho bechamel

Para untar

Margarina

Para polvilhar

Queijo parmesão ralado

Preparo:

1. Cozinhe a massa em água e sal conforme as instruções da embalagem. Escorra e reserve.
2. Pique a cebola e o alho. Refogue-os no azeite e junte o cogumelo e o bacalhau. Polvilhe com a salsa e adicione seis colheres (sopa) do molho bechamel. Misture bem e cozinhe por cinco minutos em fogo baixo.
3. Recheie o canelone com essa mistura. Arrume a massa num refratário untado com margarina. Regue com o restante do molho e polvilhe com o queijo. Leve ao forno por dez minutos e sirva.

Canelone de bacalhau com molho de lingüiça

Para 4 pessoas
Tempo de preparo: 25 minutos
Média dificuldade

Ingredientes:

Recheio

- 350 g de bacalhau demolhado, limpo e desfiado
- 1 1/2 xícara (chá) de ricota
- 4 colheres (sopa) de azeite
- sal e pimenta-do-reino branco a gosto
- 8 pedaços de massa para lasanha pré-cozida

Molho

- 3 colheres (sopa) de azeite
- 250 g de lingüiça calabresa picada
- 1 cebola média em cubos
- 400 g de tomate pelado em conserva picado
- 10 folhas de manjericão
- sal e pimenta-do-reino branca a gosto

Preparo:

Recheio

Preaqueça o forno em temperatura baixa. Numa tigela, ponha o bacalhau, a ricota, o azeite, o sal e a pimenta. Amasse bem e reserve.

Molho

1. Aqueça o azeite numa panela e junte a lingüiça. Frite até ficar macia. Adicione a cebola e refogue por dois minutos. Acrescente o tomate com o seu caldo. Cozinhe por cinco minutos.
2. Ponha o manjericão e tempere com sal e pimenta. Misture bem. Retire do fogo.

Montagem

Distribua o recheio na massa. Enrole e disponha o canelone num refratário untado com margarina. Espalhe o molho por cima. Cubra com papel-alumínio e leve ao forno por 15 minutos ou até a massa ficar macia.

Canelone de bacalhau com mussarela de búfala

Para 4 pessoas
Tempo de preparo: 40 minutos
Média dificuldade

Ingredientes:

- 10 folhas de massa para lasanha
- 3 l de água
- 1/2 colher (sopa) de óleo
- sal a gosto
- 300 g de bacalhau demolhado, limpo e em lascas
- 1 1/2 xícara (chá) de tomate seco picado
- 2 1/2 colheres (sopa) de azeite
- 6 bolas de mussarela de búfala picadas
- 1/2 xícara (chá) de leite
- 1 pitada de noz-moscada
- sal a gosto
- 1/2 colher (sopa) de manjericão picado

Preparo:

1. Cozinhe, aos poucos, a massa da lasanha em uma panela grande com a água fervente, o óleo e o sal. Retire assim que ficar até ficar al dente. Escorra e reserve.
2. Misture em uma tigela o bacalhau, o tomate seco e duas colheres (sopa) de azeite. Ponha a massa em uma superfície lisa e distribua o recheio. Enrole como um canudo a partir da parte mais estreita da massa. Arrume os canelones em um refratário untado com o azeite restante.
3. Passe no processador a mussarela, o leite, a noz-moscada e o sal. Espalhe sobre o canelone e polvilhe com o manjericão. Leve ao forno médio preaquecido por 15 minutos ou até aquecer. Retire e sirva.

Canelone de bacalhau com mandioquinha

Para 4 pessoas
Tempo de preparo: 40 minutos
Média dificuldade

Ingredientes:

- 12 folhas de massa para lasanha
- 600 g de mandioquinha sem casca
- 2 dentes de alho picados
- 1 cebola picada
- 1/2 xícara (chá) de azeite
- 600 g de bacalhau demolhado, limpo e em lascas
- 1/2 colher (sopa) de molho de pimenta
- 1 1/3 de xícara (chá) de creme de leite

Molho

- 6 tomates maduros sem pele, sem sementes e em cubos
- 1 colher (sopa) de azeite
- 1 cebola picada
- 1 dente de alho picado
- 1 xícara (chá) de água
- 1/2 xícara (chá) de manjericão fresco
- 1 pitada de açúcar
- sal e pimenta-do-reino branca a gosto
- 1/2 xícara (chá) de queijo parmesão

Preparo:

1. Abra as folhas de massa e reserve.
2. Raspe a mandioquinha e cozinhe na água fervente. Esprema ainda quente.
3. Doure o alho e a cebola no azeite. Em seguida, coloque o bacalhau e refogue mais um pouco. Acrescente a mandioquinha, o molho de pimenta e o creme de leite, aos poucos, até obter um creme homogêneo. Espere esfriar e recheie a massa. Enrole e ponha em um refratário. Reserve.

Molho

Numa panela, refogue o tomate no azeite. Ponha a cebola e o alho. Assim que o tomate se desmanchar, ponha a água e os ingredientes restantes. Deixe apurar por 20 minutos. Distribua o molho sobre o canelone e leve ao forno preaquecido em temperatura baixa por 30 minutos. Sirva.

Canelone de bacalhau ao molho de azeite-de-dendê

Para 4 pessoas
Tempo de preparo: 1 hora
Média dificuldade

Ingredientes:

Molho

- 1 colher (sopa) de azeite
- 3 cebolas pequenas picadas
- 1 dente de alho
- 1 pimentão verde sem pele e sem sementes picado
- 1 pimentão vermelho sem pele e sem sementes picado
- sal e pimenta-malagueta sem sementes picada a gosto
- 1 colher (sopa) de aceto balsâmico
- 2 colheres (sopa) de azeite-de-dendê

Recheio

- 1/4 de xícara (chá) de azeite-de-dendê
- 1 cebola picada
- 2 dentes de alho bem picados
- 4 tomates sem pele e sem sementes picados
- 500 g de bacalhau demolhado, limpo e em lascas
- sal e pimenta-do-reino a gosto
- 1/2 colher (sopa) de especiarias
- 1/2 xícara (chá) de coco fresco ralado
- 1/2 colher (sopa) de coentro picado
- 20 folhas de massa para lasanha pré-cozida
- 1/2 xícara (chá) de cebolinha francesa

Preparo:

Molho

Num recipiente, junte o azeite, a cebola, o alho e o pimentão. Tempere com a pimenta e o sal. Junte o aceto e o dendê. Mexa e reserve por 30 minutos.

Recheio

1. Aqueça o dendê e refogue a cebola e o alho até murcharem. Junte o tomate e refogue até que ele se desmanche. Ponha o bacalhau e tempere com sal, pimenta, as especiarias e o coco. Refogue por 20 minutos, sempre mexendo. Polvilhe com o coentro.
2. Distribua o recheio na massa e enrole. Amarre com a cebolinha.
3. Aqueça o molho e regue o canelone. Aqueça por cinco minutos no forno e sirva.

Canelone de bacalhau com molho bechamel

Para 4 pessoas
Tempo de preparo: 50 minutos
Fácil

Ingredientes:

Recheio

- 1 1/2 xícara (chá) de leite
- 6 dentes de alho
- 500 g de bacalhau demolhado, limpo e em lascas
- 1/2 xícara (chá) de azeite
- sal e pimenta-branca moída a gosto
- 100 g de alcaparras
- 16 folhas de massa para lasanha pré-cozida

Molho bechamel

- 4 colheres (sopa) de margarina
- 4 colheres (sopa) de farinha de trigo
- 2 1/2 xícaras (chá) de leite
- 1 folha de louro
- 1 cravo-da-índia
- 1 cebola sem casca
- sal e pimenta-do-reino branca moída a gosto
- 1 pitada de noz-moscada

Para polvilhar

- Queijo parmesão ralado

Preparo:

Recheio

1. Numa panela, ponha o leite com o alho picado e deixe ferver. À parte, doure o bacalhau no azeite. Junte o leite e tempere com sal e pimenta. Cozinhe em fogo baixo e ponha a alcaparra. Deixe cozinhar até o líquido se reduzir bem.
2. Recheie o canelone com a mistura de bacalhau. Arrume a massa recheada num refratário. Reserve.

Molho

1. Em uma panela, ponha a margarina com a farinha e leve ao fogo baixo. Misture os ingredientes com uma colher de pau. Assim que começar a ferver, mexa por mais um minuto e ponha o leite aos poucos.
2. Mexa bem para não empelotar. Abaixe o fogo e cozinhe por cinco minutos. Espete a folha de louro com o cravo e espete na cebola. Ponha na panela e cozinhe por mais 20 minutos, em fogo baixo, mexendo de vez em quando.
3. Adicione mais leite se engrossar demais. Tempere com sal, pimenta e noz-moscada e coe. Cubra a massa com esse molho e polvilhe com queijo. Leve ao forno em temperatura baixa por dez minutos ou até gratinar.

Capelete de bacalhau com molho de camarão

Para 4 pessoas
Tempo de preparo: 2 horas
Média dificuldade

Ingredientes:

Recheio

- 200 g de bacalhau demolhado, limpo e em lascas
- 1/2 colher (sopa) de margarina
- 1 pitada de louro
- 100 g de presunto cru
- 1 ovo
- 1 1/4 de xícara (chá) de queijo parmesão ralado
- sal e noz-moscada a gosto

Massa

- 4 xícaras (chá) de farinha de trigo
- 5 ovos
- 1 pitada de sal

Molho

- 500 g de camarões médios
- 2 colheres (sopa) de suco de limão
- 1 xícara (chá) de vinho branco seco
- 1 xícara (chá) de água
- 4 colheres (sopa) de azeite
- 1 cebola média ralada
- 5 dentes de alho cortados em fatias finas
- 1 1/2 xícara (chá) de creme de leite fresco
- sal e pimenta-do-reino branca a gosto
- 3 litros de água

Preparo:

Recheio

Refogue o bacalhau na margarina e junte o louro. Cozinhe por cinco minutos. Remova o louro e passe para o processador. Ponha o presunto, o ovo, o queijo, o sal e a noz-moscada. Processe bem e transfira para uma tigela. Tampe e leve à geladeira.

Massa

1. Numa superfície, ponha a farinha e faça uma depressão no centro. Junte o ovo e o sal. Misture com um garfo até obter uma farofa úmida. Amasse por 20 minutos até ficar firme e homogênea.
2. Aos poucos, com um rolo de macarrão, abra a massa numa espessura bem fina. Corte quadradinhos de massa e coloque um pouco do recheio de bacalhau no centro.
3. Feche cada quadrado pela metade até obter um triângulo e una dois extremos, envolvendo o dedo indicador. Forme um chapeuzinho. Reserve.

Molho

1. Limpe o camarão, reservando as cascas e as cabeças. Coloque o camarão limpo numa tigela e regue com o suco de limão. Reserve.
2. Leve ao fogo baixo uma panela com as cascas e as cabeças. Junte o vinho e a água e cozinhe por 30 minutos. Retire do fogo, coe o caldo e reserve.
2. Numa frigideira funda, frite o camarão na metade do azeite, mexendo de vez em quando, por quatro minutos ou até ficar macio. Retire o camarão e reserve. Na mesma frigideira, refogue a cebola e o alho no azeite restante até a cebola ficar transparente.
3. Junte o caldo de camarão, o creme de leite, o sal e a pimenta e cozinhe, mexendo de vez em quando, por 12

minutos ou até o molho encorpar. Junte o camarão e cozinhe por mais um minuto. Retire do fogo e reserve.

4. Cozinhe a massa numa panela com a água fervente e o sal. Mexa de vez em quando, cuidadosamente, até ficar al dente. Retire do fogo, escorra e distribua a massa nos pratos. Regue com o molho de camarão. Sirva em seguida.

Caracol com bacalhau

Para 4 pessoas
Tempo de preparo: 30 minutos
Fácil

Ingredientes:

- 1/2 xícara (chá) de azeite
- 2 cebolas médias picada
- 3 dentes de alho picados
- 1 folha de louro
- 1 colher (sopa) de salsa
- 4 tomates maduros sem sementes
- sal e molho de pimenta a gosto
- 1 xícara (chá) de vinho branco seco
- 600 g de bacalhau demolhado, limpo e em lascas
- 1 xícara (chá) de água
- 400 g de macarrão caracol

Preparo:

1. Refogue no azeite a cebola e alho. Junte o louro e a salsa.
2. Quando a cebola estiver transparente, junte o tomate e tempere com o sal e molho de pimenta.
3. Adicione o vinho e deixe ferver até o líquido se reduzir. Acrescente o bacalhau, a água e o macarrão. Ferva até o macarrão ficar macio. Se necessário, ponha mais água. Sirva.

Conchiglione com bacalhau e molho de rúcula

Para 4 pessoas
Tempo de preparo: 40 minutos
Fácil

Ingredientes:

Recheio

- 1 kg de macarrão conchiglione
- 300 g de bacalhau demolhado, limpo e em lascas
- 100 g de tomate seco picado
- 100 g de ricota peneirada
- 1 xícara (chá) de queijo cottage

Molho

- 2 xícaras (chá) de leite
- 1 xícara (chá) de rúcula
- 2 colheres (sopa) de amido de milho
- 1 pitada de sal
- 2 colheres (sopa) de margarina
- 1 cebola pequena ralada

Preparo:

Recheio

1. Cozinhe o macarrão conforme as instruções da embalagem. Escorra e reserve em local aquecido.
2. Em uma vasilha, misture o bacalhau com o tomate seco e a ricota.
3. Recheie o macarrão com essa mistura e ponha num refratário. Mantenha aquecido.

Molho

1. Bata no liquidificador por um minuto o leite, a rúcula, o amido e o sal. Reserve.
2. Em uma panela, derreta a margarina e doure a cebola. Junte a mistura reservada e cozinhe, mexendo até encorpar. Regue a massa com esse molho e sirva em seguida com o cottage.

Crepe de bacalhau

Para 4 pessoas
Tempo de preparo: 30 minutos
Fácil

Ingredientes:

Recheio

- 1 colher (sopa) de azeite
- 1 dente de alho picado
- 500 g de bacalhau demolhado, limpo e em lascas
- 100 g de tomate pelado picado
- 1 xícara (chá) de creme de leite fresco
- 1 colher (sopa) de salsa
- sal a gosto

Massa

- 2 xícaras (chá) de leite
- 3 ovos
- sal a gosto
- 1 3/4 de xícara (chá) de farinha de trigo
- 1 colher (sopa) de margarina

Para fritar

Margarina

Preparo:

Recheio

1. Aqueça o azeite em uma panela e doure o alho. Adicione o bacalhau e o tomate e refogue até ferver. Ponha o creme de leite e cozinhe até o molho se reduzir.
2. Polvilhe a salsa. Tempere com sal, mexa e cozinhe por mais cinco minutos. Retire do fogo e reserve.

Massa

1. Bata no liquidificador todos os ingredientes por dois minutos ou até obter uma mistura homogênea. Deixe descansar por três minutos.
2. Aqueça uma frigideira antiaderente com um pouco de margarina. Despeje um pouco da massa, doure e vire. Retire do fogo e repita a operação até a massa terminar. Recheie os crepes com o bacalhau, enrole e sirva.

Crepe de bacalhau e camarão

Para 4 pessoas
Tempo de preparo: 40 minutos
Fácil

Ingredientes:

Recheio

- 200 g de camarões inteiros
- 1 xícara (chá) de leite
- ervas aromáticas a gosto
- 2 colheres (sopa) de margarina
- 200 g de bacalhau demolhado, limpo e em lascas
- 2 colheres (sopa) de farinha de trigo
- 2 colheres (sopa) de cebolinha picada

Massa

- 7 colheres (sopa) de farinha de trigo
- 1 ovo
- 1 1/3 de xícara (chá) de leite
- 1 pitada de sal

Molho

- 2 colheres (sopa) de margarina
- 2 colheres (sopa) de farinha de trigo
- 1 xícara (chá) de leite
- 1 pitada de noz-moscada
- sal e pimenta-do-reino a gosto

Para fritar

Óleo

Preparo:

Recheio

1. Limpe o camarão, reservando a casca e a cabeça. Ponha as cascas e as cabeças numa panela e cubra com o leite. Ponha as ervas. Cozinhe por cinco minutos. Retire do fogo, coe e reserve o caldo.
2. Derreta a margarina e refogue o bacalhau e o camarão. Polvilhe com a farinha, mexendo sem parar. Acrescente o caldo reservado, aos poucos, até obter uma massa cremosa. Junte a cebolinha e reserve.

Massa

Com um batedor manual, bata a farinha, o ovo, o leite e o sal. Unte uma frigideira com óleo e ponha um pouco da massa. Cozinhe e, assim que se desgrudar, vire e frite do outro lado por mais um minuto. Repita a operação até a massa acabar.

Molho

Numa panela, ponha a margarina, a farinha, o leite e a noz-moscada. Tempere com sal e pimenta. Recheie os crepes com a mistura de bacalhau. Enrole e cubra com o molho branco. Polvilhe com queijo e leve ao forno preaquecido até dourarem.

Crepe de bacalhau em camadas

Para 4 pessoas
Tempo de preparo: 30 minutos
Fácil

Ingredientes:

Massa

- 1 3/4 xícara (chá) de farinha de trigo
- sal e pimenta-do-reino a gosto
- 3 ovos
- 2 colheres (sopa) de margarina derretida
- 1 1/3 xícara (chá) de leite
- 1/2 colher (sopa) de ervas aromáticas

Recheio

- 1 maço de espinafre
- 1 colher (sopa) de passas
- 3 dentes de alho picados
- 4 colheres (sopa) de azeite
- 350 g de bacalhau demolhado, limpo e em lascas
- 2 colheres (sopa) de pignoli
- sal e pimenta-do-reino a gosto

Molho

- 2 colheres (sopa) margarina
- 2 colheres (sopa) de farinha de trigo
- 2 xícaras (chá) de leite
- sal, pimenta-do-reino e noz-moscada a gosto

- 1/2 xícara (chá) de queijo parmesão ralado grosso

Para fritar

Margarina

Preparo:

Massa

1. Ponha a farinha numa tigela e misture com o sal e a pimenta. Faça um buraco no centro e disponha o ovo, a margarina, o leite e as ervas. Misture muito bem e deixe descansar por 1 hora na geladeira.
2. Aqueça margarina numa frigideira pequena e antiaderente. Quando estiver quente, ponha um pouco da massa e espalhe até cobrir o fundo da frigideira.
3. Frite até dourar levemente. Com a ajuda de uma espátula, vire e doure do outro lado. Repita o procedimento até a massa acabar. Reserve os crepes.

Recheio

1. Ferva o espinafre em água e sal por dois minutos. Escorra, pique e reserve. Hidrate a passa em um pouco de água.
2. Numa frigideira, ponha metade do alho e do azeite e aqueça. Junte o bacalhau, a passa escorrida e o pignoli. Tempere com sal e pimenta. Cozinhe por cinco minutos, retire do fogo e reserve. Numa frigideira, aqueça o azeite e o alho restantes e refogue o espinafre por cinco minutos. Retire do fogo e reserve.

Molho

Leve ao fogo a margarina até se derreter. Junte a farinha, mexendo sempre. Adicione o leite aos poucos e misture delicadamente. Tempere com sal, pimenta e a noz-moscada. Cozinhe até engrossar.

Montagem

Num refratário redondo, faça camadas de crepe, espinafre, molho, crepe, bacalhau e molho. A última camada deverá ser de molho. Polvilhe com o queijo e leve ao forno para gratinar. Sirva em seguida.

Crepe de bacalhau com molho de lula

Para 4 pessoas
Tempo de preparo: 40 minutos
Fácil

Ingredientes:

Massa

- 1 3/4 de xícara (chá) de farinha de trigo
- 3 ovos
- 2 gemas
- 8 colheres (sopa) de margarina
- 2 xícaras (chá) de leite

Recheio

- 400 g de bacalhau demolhado
- 2 colheres (sopa) de azeite
- 1 cebola picada
- 1 dente de alho picado
- 1 colher (sopa) de farinha de trigo
- 1 colher (sopa) de salsa

Molho

- 1 cebola picada
- 1 colher (sopa) de margarina
- 1/2 xícara (chá) de vinho branco seco
- 4 tomates maduros sem pele e sem sementes picados
- 1 colher (sopa) de molho de tomate
- 1 pitada de açúcar
- sal a gosto
- 1 pitada de pimenta-do-reino
- 200 g de lula limpa e cortada em rodelas

Preparo:

Massa

1. Misture a farinha com os ovos e as gemas. Junte a margarina derretida e o leite, batendo com o auxílio de um batedor manual.
2. Leve ao fogo uma frigideira antiaderente untada e a aqueça. Coloque um pouco da massa e gire a frigideira para que a massa fique uniforme. Doure bem.
3. Vire com ajuda de uma espátula e doure do outro lado. Repita o procedimento até a massa acabar. Reserve.

Recheio

1. Afervente o bacalhau. Escorra, reservando a água, remova a pele e as espinhas. Separe-o em lascas. Leve uma panela ao fogo com o azeite, a cebola e o alho. Refogue bem. Quando a cebola dourar, junte a farinha, o bacalhau, meia xícara (chá) da água reservada e a salsa. Misture bem.
2. Cozinhe até obter um creme. Retire do fogo. Recheie os crepes com essa mistura. Enrole os crepes e os disponha numa travessa.

Molho

1. Refogue a cebola na margarina. Regue com o vinho, acrescente o tomate, o molho de tomate e o açúcar. Adicione 1/2 xícara (chá) da água reservada. Misture bem.
2. Cozinhe, mexendo de vez em quando. Tempere com sal e pimenta. Junte a lula e cozinhe por mais três minutos. Despeje sobre os crepes e sirva.

Crispini com molho de bacalhau e nozes

Para 4 pessoas
Tempo de preparo: 40 minutos
Fácil

Ingredientes:

- 1/2 xícara (chá) de nozes picadas grosseiramente
- 2 xícaras (chá) de creme de leite
- 1/2 xícara (chá) queijo tipo gorgonzola esmagado
- sal e pimenta-do-reino a gosto
- 300 g de bacalhau demolhado, limpo e em lascas
- 500 g de macarrão crispini
- 1 xícara (chá) de queijo parmesão ralado

Preparo:

1. Numa frigideira pequena, coloque as nozes e doure-as por dois minutos em fogo baixo. Reserve.
2. Ponha o creme de leite numa panela média e aqueça bem. Junte o queijo gorgonzola e mexa até que se derreta. Tempere com sal e pimenta.
3. Ponha o bacalhau e as nozes. Misture bem, cozinhe por cinco minutos e reserve.
4. Cozinhe o macarrão conforme as instruções da embalagem. Escorra e misture ao molho. Polvilhe com parmesão e sirva.

Espaguete com croquete de bacalhau

Para 4 pessoas
Tempo de preparo: 1 hora
Fácil

Ingredientes:

Croquete de bacalhau

- 250 g de bacalhau demolhado
- 2 colheres (sopa) de azeite
- 1 cebola ralada
- 1/2 colher (sopa) de salsa
- 1 pitada de pimenta-do-reino branca moída
- 1 xícara (chá) de molho de tomate refogado
- 1 xícara (chá) de batata sem casca cozida e espremida
- 1 xícara (chá) de farinha de trigo

Molho

- 1 pacote de macarrão espaguete
- 2 tomates sem pele e sem sementes picados
- 1 colher (sopa) de amido de milho
- 1 colher (sopa) de gengibre fresco ralado
- 1/2 colher (sopa) de vinagre
- 1 xícara (chá) de suco de laranja
- 1/2 colher (sopa) de molho de soja

Para empanar

Farinha de rosca
1 gema bem batida

Para fritar

Azeite

Preparo:

Croquete

1. Afervente o bacalhau, reservando duas xícaras da água do cozimento. Retire a pele e as espinhas. Separe o peixe em lascas. Reserve.
2. Refogue o bacalhau no azeite. Junte a cebola, salsa, a pimenta e o molho de tomate. Misture a batata e a farinha de trigo. Mexa bem e junte uma xícara (chá) da água reservada. Mexa bem até se desprender da panela. Retire do fogo e deixe esfriar.
3. Divida a massa, formando tiras. Corte-as em pedaços e dê o formato de croquetes. Passe na farinha de rosca, depois na gema e novamente na farinha de rosca. Frite em azeite quente e escorra sobre papel-toalha. Mantenha aquecidos.

Molho

1. Num caldeirão, cozinhe o macarrão conforme as instruções da embalagem. Escorra e reserve.
2. Bata todos os ingredientes restantes no liquidificador. Leve ao fogo baixo e acrescente a água restante do cozimento. Deixe ferver até o líquido se reduzir e o molho ficar cremoso.
3. Distribua o molho sobre o espaguete e sirva com os croquetes.

Espaguete com bacalhau e alho-poró

Para 4 pessoas
Tempo de preparo: 30 minutos
Fácil

Ingredientes:

- 400 g de macarrão espaguete
- 3 colheres (sopa) de azeite
- 1/2 colher (sopa) de alho picado
- 1 cebola ralada
- 600 g de bacalhau demolhado, limpo e em lascas
- 1/2 xícara (chá) de vinho branco seco

- 1/2 xícara (chá) de caldo de peixe
- 20 azeitonas pretas sem caroço picadas
- 1 colher (sopa) de salsa picada

Molho de alho-poró

- 2 talos de alho-poró
- 2 colheres (sopa) de azeite
- 1 dente de alho picado
- 1 cebola pequena ralada
- 1/2 xícara (chá) de vermute seco
- sal e pimenta-do-reino a gosto
- 1/2 xícara (chá) de caldo de peixe

Preparo:

1. Cozinhe o macarrão conforme as instruções da embalagem. Escorra e reserve.
2. Refogue no azeite o alho e a cebola. Junte o bacalhau e flambe com vinho. Deixe secar um pouco e acrescente o caldo de peixe, a azeitona e a salsa. Misture bem e deixe cozinhar por cinco minutos ou até o líquido se reduzir. Retire do fogo e reserve.

Molho

Separe o alho-poró em anéis e refogue no azeite com o alho, a cebola e o vermute. Tempere com o sal e a pimenta. Ponha o caldo de peixe e cozinhe por quatro minutos. Transfira para o processador e triture. Volte ao fogo e aqueça. Retire e reserve.

Montagem

Aqueça o macarrão e junte o bacalhau refogado. Distribua nos pratos. No centro do prato, sobre o macarrão, ponha o molho de alho-poró. Sirva.

Espaguete com molho frio de bacalhau e azeitona

Para 4 pessoas
Tempo de preparo: 40 minutos
Fácil

Ingredientes:

- 4 colheres (sopa) de azeite
- 1/3 xícara (chá) de azeitonas pretas sem caroço em tiras
- 1/3 xícara (chá) de azeitonas verdes sem caroço em tiras
- 4 colheres (sopa) de cebola picada
- 300 g de bacalhau demolhado, limpo e em lascas
- 1 colher (sopa) de ervas finas
- sal e pimenta-do-reino a gosto
- 1 pacote de espaguete fino

Preparo:

1. Numa vasilha, misture todos os ingredientes, exceto o macarrão.
2. Cozinhe o macarrão conforme instruções da embalagem e misture com o molho. Sirva em seguida.

Espiral com bacalhau

Para 4 pessoas
Tempo de preparo: 30 minutos
Fácil

Ingredientes:

- 3 cebolas
- 2 dentes de alho
- 1/4 de xícara (chá) de azeite
- 5 tomates sem pele e sementes picados
- 5 xícaras (chá) de água
- 500 g de repolho à juliana
- 400 g de macarrão espiral
- 800 g de bacalhau demolhado, limpo e em lascas
- 1 pimenta-malagueta sem sementes em rodelas
- 1 colher (sopa) de tomilho

Preparo:

1. Pique a cebola e o alho. Numa frigideira, junte o azeite e leve ao fogo até dourar. Ponha o tomate e refogue até começar a se desmanchar.
2. Adicione a água e ferva. Acrescente o repolho e cozinhe por dez minutos.
3. Junte o macarrão. Quando a massa estiver quase cozida, ponha o bacalhau e a pimenta. Cozinhe por mais cinco minutos. Polvilhe com o tomilho e sirva.

Fettuccine com bacalhau ao pesto

Para 4 pessoas
Tempo de preparo: 45 minutos
Fácil

Ingredientes:

Molho

- 250 g de fettuccine
- 1 colher (sopa) de sal
- 1 colher (sopa) de pignoli
- 1/2 xícara (chá) de azeite
- 3 dentes de alho
- 1 1/2 xícara (chá) de manjericão
- 200 g de bacalhau demolhado, limpo e em lascas
- 2 colheres (sopa) de queijo parmesão
- 2 colheres (sopa) de queijo pecorino

Bacalhau

- 1/2 xícara (chá) de azeite
- 8 dentes de alho
- 2 postas de bacalhau demolhadas e limpas

Preparo:

Molho

1. Cozinhe o macarrão conforme as instruções da embalagem. Escorra, reservando 1/4 de xícara (chá) da água do cozimento. Reserve o macarrão.
2. Numa tigela, misture todos os outros ingredientes, mas reserve 1/2 colher (sopa) de pignoli. Adicione a água do cozimento do macarrão e misture muito bem até ficar homogêneo. Reserve.

Bacalhau

1. Numa frigideira, aqueça o azeite e doure o alho em lâminas. Adicione as postas partidas ao meio. Cozinhe por cinco minutos. Retire do fogo e mantenha aquecido.
2. Ponha o macarrão nos pratos. Por cima, disponha o molho, o bacalhau e polvilhe com o pignoli. Sirva em seguida.

Fidelini completo

Para 4 pessoas
Tempo de preparo: 1 hora
Fácil

Ingredientes:

- 6 xícaras (chá) de água fervente
- 3 tabletes de caldo de peixe
- 300 g de camarões médios
- 4 dentes de alho
- 4 colheres (sopa) de azeite
- 700 g de tomates sem sementes picados
- 1 envelope de açafrão
- sal e pimenta-do-reino
- 300 g de massa tipo fidelini
- 100 g de mariscos
- 300 g de bacalhau demolhado, limpo e em lascas
- 300 g de lulas limpas

Preparo:

1. Ferva a água e dissolva os tabletes de caldo de peixe. Elimine a casca e a cabeça dos camarões. Reserve o camarão.
2. Ponha as cascas e as cabeças no caldo. Mantenha o caldo em fogo baixo.
3. Em uma panela média, refogue o alho picado em duas colheres (sopa) de azeite. Acrescente o tomate e refogue em fogo alto por cinco minutos. Acrescente o caldo e ferva. Cozinhe até que sobre aproximadamente quatro xícaras (chá) de caldo.
4. Ponha o açafrão e tempere com sal e pimenta. Reserve. Em uma panela grande e rasa, coloque o azeite restante e o macarrão quebrado em pedaços de 1 cm.
5. Refogue a massa até que esteja bem dourada. Misture sem parar, para não queimar. Assim que dourar, junte o caldo reservado e mantenha no fogo por oito minutos, mexendo como se fosse um risoto.
6. Acrescente o camarão reservado, os mariscos e o bacalhau. Cozinhe por mais três minutos. Junte a lula cortada em anéis. Misture bem. Deixe no fogo por 15 minutos. Se for preciso, acrescente um pouco de água. Retire do fogo e sirva.

Gravatinha com bacalhau

Para 4 pessoas
Tempo de preparo: 30 minutos
Fácil

Ingredientes:

- 1/2 xícara (chá) de azeite
- 2 dentes de alho
- 2 xícaras (chá) de tomate seco
- sal e pimenta do-reino a gosto
- 2 xícaras (chá) de bacalhau demolhado, limpo e em lascas
- 1 colher (sopa) de manjericão picado
- 6 xícaras (chá) de água
- 1/2 pacote de macarrão gravatinha
- 1 xícara (chá) de queijo parmesão ralado

Preparo:

1. Bata no liquidificador o azeite, o alho, o tomate seco, o sal e a pimenta. Transfira para uma tigela e acrescente o bacalhau e o manjericão. Mexa bem e reserve.
2. À parte, coloque numa panela a água. Quando levantar fervura, despeje o macarrão. Cozinhe até a massa ficar al dente. Escorra e ponha o macarrão numa vasilha funda. Acrescente o molho e misture bem. Polvilhe com queijo e sirva.

Gravatinha Coimbra

Para 4 pessoas
Tempo de preparo: 30 minutos
Fácil

Ingredientes:

- 1/2 xícara (chá) de azeite
- 4 dentes de alho socados
- 350 g de bacalhau demolhado, limpo e em lascas
- 1 cebola picada

- 1 pimentão amarelo sem sementes cortado em cubos
- 4 tomates sem pele e sem sementes em cubos
- 1 colher (sopa) de salsa
- sal a gosto
- 1 pitada de pimenta-malagueta
- 500 g de macarrão gravatinha
- 1 xícara (chá) de queijo parmesão ralado

Preparo:

1. Refogue no azeite o alho e o bacalhau. Junte a cebola, o pimentão e o tomate. Cozinhe por dez minutos. Misture a salsa, o sal e a pimenta.
2. Cozinhe a massa até ficar al dente. Escorra e ponha numa tigela. Regue com o molho de bacalhau. Polvilhe com o queijo e sirva.

Gravatinha especial

Para 4 pessoas
Tempo de preparo: 30 minutos
Fácil

Ingredientes:

- 300 g de bacalhau demolhado, limpo e em lascas
- 1 xícara (chá) de azeite
- 2 colheres (sopa) de cebolinha
- 2 colheres (sopa) de salsa
- 3 dentes de alho amassados
- 1/2 xícara (chá) de vinho tinto seco
- 1 xícara (chá) de tomate pelado picado
- sal a gosto
- 1 colher (sopa) de manjericão
- 1 pitada de pimenta-do-reino
- 500 g de macarrão gravatinha

Preparo:

1. Refogue o bacalhau em três colheres (sopa) de azeite. Adicione a cebolinha, a salsa, o alho e refogue por três minutos. Despeje o vinho e ponha o tomate picado. Tempere com sal. Acrescente o manjericão e a pimenta.
2. Cozinhe o macarrão até ficar al dente. Escorra e regue com o azeite restante. Ponha em uma tigela e misture o molho. Sirva em seguida.

Gravatinha preguiçosa

Para 4 pessoas
Tempo de preparo: 30 minutos
Fácil

Ingredientes:

- 400 g de macarrão gravatinha cozido
- 1 xícara (chá) de leite
- 1 colher (sopa) de margarina
- 3 colheres (sopa) de farinha de trigo
- sal a gosto
- 1 xícara (chá) de sobras de bacalhau assado
- 100 g de presunto bem picado
- 1/2 xícara (chá) de ervilhas congeladas
- 1/2 xícara (chá) de creme de leite
- 1/2 xícara (chá) de queijo parmesão ralado

Preparo:

1. Cozinhe o macarrão conforme as instruções da embalagem. Escorra e mantenha em local aquecido.
2. Leve o leite ao fogo e deixe ferver. Junte a margarina e a farinha. Mexa com uma colher de pau para não empelotar.
3. Tempere com sal e junte o bacalhau, o presunto e a ervilha. Deixe levantar fervura. Acrescente o creme de leite e apague o fogo.
4. Ponha o macarrão em uma tigela, regue com o molho e polvilhe com o queijo antes de servir.

Lasanha de bacalhau com brócolis

Para 4 pessoas
Tempo de preparo: 40 minutos
Fácil

Ingredientes:

- 1 colher (sopa) de margarina
- 2 dentes de alho socados
- 1 maço de brócolis cozido e picado
- 1 xícara (chá) de azeitonas pretas sem caroço picadas
- 500 g de bacalhau demolhado, limpo e desfiado

Molho

- 2 colheres (sopa) de margarina
- 1 cebola média picada
- 5 colheres (sopa) de amido de milho
- 4 xícaras (chá) de leite
- 2 colheres (chá) de sal
- noz-moscada ralada a gosto
- 600 g de mussarela fatiada

Preparo:

Em uma panela pequena, aqueça a margarina em fogo médio. Doure o alho e refogue o brócolis por cinco minutos. Misture a azeitona e reserve.

Molho

1. Em uma panela, derreta a margarina em fogo baixo e

doure a cebola. Dissolva o amido de milho no leite e junte ao refogado. Cozinhe, mexendo sempre, até engrossar. Tempere com o sal e a noz-moscada. Preaqueça o forno em temperatura baixa por dez minutos.
2. Em um refratário, faça camadas com metade do molho, metade da mussarela, o bacalhau, os brócolis, o molho e a mussarela restantes. Leve ao forno por 20 minutos ou até gratinar. Sirva em seguida.

Lasanha de bacalhau com batata palha

Para 4 pessoas
Tempo de preparo: 35 minutos
Fácil

Ingredientes:

Recheio
- 1/2 xícara (chá) de azeite
- 4 dentes de alho amassados
- 2 cebolas médias picadas
- 800 g de bacalhau demolhado, limpo e em lascas
- 4 tomates sem pele e sem sementes picados
- 100 g de azeitonas verdes sem caroço e recheadas
- 1 colher (sopa) de amido de milho
- 3 colheres (sopa) de farinha de rosca
- 2 xícaras (chá) de molho bechamel
- 1 kg de massa de lasanha pré-cozida
- 500 g de mussarela fatiada
- 500 g de presunto fatiado
- 150 g de batata palha
- 100 g de queijo gruyère ralado
- 100 g de mussarela em fatias

Preparo:
1. Refogue no azeite o alho e a cebola. Quando dourarem, ponha o bacalhau e frite por mais alguns minutos. Adicione o tomate, a azeitona e o amido misturado com a farinha de rosca. Mexa até engrossar e reserve.
2. Num refratário grande, ponha camadas de molho bechamel aquecido, massa de lasanha, bacalhau, mussarela, presunto, mais molho e uma camada de batata palha. Repita as camadas até os ingredientes acabarem, mas finalize com o molho. Cubra com papel-alumínio e leve ao forno preaquecido em temperatura média por 40 minutos.
3. Nos dez minutos finais, remova o papel-alumínio e polvilhe com o queijo gruyère. Retorne ao forno até gratinar e sirva.

Lasanha de bacalhau com creme de alho

Para 4 pessoas
Tempo de preparo: 1 hora
Fácil

Ingredientes:
- 8 dentes de alho
- 1 1/3 de xícara de leite
- 1 xícara (chá) de creme de leite fresco
- 500 g de bacalhau demolhado, limpo e em lascas
- 1 xícara (chá) de azeite
- sal e pimenta-do-reino branca moída
- 500 g de massa de lasanha pré-cozida

Preparo:
1. Leve ao fogo o alho com uma xícara (chá) do leite e o creme de leite. Ferva por dez minutos, mexendo às vezes. Transfira para o liquidificador e bata até obter um creme. Reserve.
2. Ponha o bacalhau numa frigideira e acrescente metade do azeite quente. Refogue em fogo baixo. Quando ferver, ponha o azeite e o leite restantes. Misture bem. Tempere com sal e pimenta.
3. Num refratário, arrume camadas da lasanha e do molho de bacalhau. Alterne as camadas até terminarem os ingredientes, mas finalize com a massa. Por cima, despeje o creme de alho e cubra com papel-alumínio. Leve ao forno em temperatura baixa por 45 minutos. Sirva em seguida.

Lasanha de bacalhau com molho de milho

Para 4 pessoas
Tempo de preparo: 45 minutos
Fácil

Ingredientes:

Molho de tomate
- 3 dentes de alho amassados
- 2 colheres (sopa) de cebola
- 3 colheres (sopa) de azeite
- 6 tomates sem pele e sementes picados
- 2 xícaras (chá) de molho de tomate refogado
- 1 xícara (chá) de caldo de legumes
- sal e cheiro-verde picado

Molho de milho

- 2 latas de milho verde
- 2 colheres (sopa) de cebola
- 4 colheres (sopa) de farinha de trigo
- 3 colheres (sopa) de margarina
- 4 xícaras (chá) de leite
- sal a gosto
- 500 g de massa de lasanha pré-cozida
- 500 g de bacalhau demolhado, desfiado e refogado a gosto
- 300 g de mussarela em fatias
- 1/2 xícara (chá) de queijo prato ralado

Preparo:

Molho de tomate

Numa panela grande, doure o alho e a cebola no azeite. Junte o tomate e refogue bem. Acrescente o molho de tomate e o caldo de legumes. Deixe ferver por cinco minutos. Tempere com sal e polvilhe com o cheiro-verde. Reserve.

Molho de milho

1. Bata no liquidificador metade do milho com o seu líquido. Passe pela peneira e reserve.
2. Doure a cebola e a farinha na margarina. Junte aos poucos o leite, sem parar de mexer. Ponha o milho batido e o sal, mexendo sempre até obter um creme. Acrescente o milho restante e reserve.
3. Numa forma, espalhe o molho de tomate. Por cima, ponha a lasanha e o molho de milho. Disponha o bacalhau sobre o molho de milho. Cubra com mussarela. Alterne as camadas até os ingredientes terminarem, mas finalize com o molho de tomate. Polvilhe com queijo prato.
4. Cubra com papel-alumínio e leve ao forno em temperatura média por 45 minutos. Retire o papel e deixe por mais cinco minutos. Retire do forno e aguarde cinco minutos antes de servir.

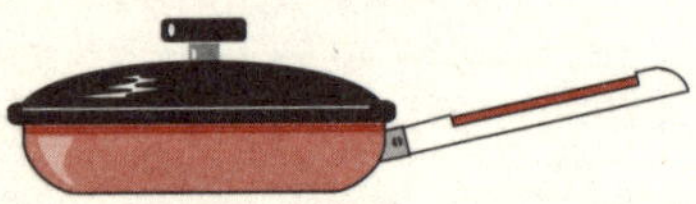

Lasanha de bacalhau diferente

Para 4 pessoas
Tempo de preparo: 35 minutos
Fácil

Ingredientes:

- 600 g de bacalhau demolhado, limpo e em lascas
- noz-moscada e pimenta-do-reino branca a gosto
- 2 colheres (sopa) de azeite
- 1 cebola em rodelas
- 1 dente de alho picado
- 1 pé de escarola à juliana
- 1 pimentão vermelho sem sementes à juliana
- 1 xícara (chá) de brócolis japonês cozido
- 1 colher (sopa) de ervas finas
- 1 kg de massa para lasanha pré-cozida

Molho

- 2 colheres (sopa) de margarina
- 1 cebola média ralada
- 2 colheres (sopa) de farinha de trigo
- 1 xícara (chá) de leite desnatado
- 1/2 xícara (chá) de creme de leite
- 2 colheres (sopa) de queijo cottage
- sal e noz-moscada a gosto

Preparo:

1. Numa tigela, tempere o bacalhau com a noz-moscada e a pimenta. Reserve.
2. Em uma panela, aqueça o azeite e refogue a cebola com o alho e a escarola. Junte o pimentão e o brócolis. Tempere com as ervas e reserve.

Molho

1. Derreta a margarina e refogue a cebola até murchar. Acrescente a farinha, mexendo rapidamente. Ponha o leite morno, o creme de leite e o queijo. Tempere com sal e noz-moscada. Misture até engrossar, mas tome cuidado para não empelotar.
2. Espalhe num refratário um pouco do molho, a lasanha, o bacalhau e o a escarola temperada. Repita as camadas até os ingredientes terminarem, mas finalize com o molho. Leve ao forno em temperatura média por 30 minutos.

Lasanha nordestina de bacalhau

Para 4 pessoas
Tempo de preparo: 1 hora
Média dificuldade

Ingredientes:

- 1/2 xícara (chá) de manteiga de garrafa
- 1 cebola picada
- 200 g de bacalhau demolhado, limpo e em lascas
- 1 colher (sopa) de cheiro-verde
- 2 xícaras (chá) de molho bechamel
- 500 g de massa de lasanha pré-cozida
- 100 g de queijo de coalho em fatias finas
- 200 g de presunto em fatias

Preparo:

1. Em uma frigideira, ponha a manteiga e rofogue a cebola. Doure um pouco e acrescente o bacalhau. Refogue por mais cinco minutos. Junte o cheiro-verde,

misture e reserve.

2. Num refratário, faça camadas alternadas de molho bechamel, massa, queijo, bacalhau refogado e presunto. A última camada deverá ser de molho bechamel. Leve ao forno preaquecido por 15 minutos ou até gratinar.

Lasanha verde com bacalhau e molho de palmito

Para 4 pessoas
Tempo de preparo: 1h45m
Média dificuldade

Ingredientes:

Massa

- 1 xícara (chá) de amido de milho
- 1 xícara (chá) de farinha de trigo
- 1/2 maço de espinafre cozido
- 2 ovos
- 1 pitada de sal
- 1 colher (sopa) de margarina

Molho de tomate

- 500 g de bacalhau demolhado, limpo e em lascas
- 2 cebolas picadas
- 1/4 de xícara (chá) de azeite
- 5 tomates maduros sem pele e sem sementes em pedaços
- 2 dentes de alho picados
- 1 folha de louro
- 1 pitada de pimenta-do-reino
- 1 colher (sopa) de cebolinha verde
- sal a gosto

Molho de palmito

- 2 colheres (sopa) de margarina
- 1 cebola picada
- 2 dentes de alho picados
- 2 xícaras (chá) de leite
- 2 colheres (sopa) de amido de milho
- 1 xícara (chá) de palmito picado
- sal a gosto
- 1 pitada de pimenta-do-reino
- 1/4 de xícara (chá) de queijo parmesão ralado

Para polvilhar

Queijo parmesão ralado

Preparo:

Massa

1. Ponha o amido e a farinha peneirados numa superfície. Faça uma depressão no centro e adicione o espinafre espremido e batido no liquidificador com o ovo, o sal e a margarina. Misture os ingredientes e sove até a massa ficar firme.
2. Com as mãos, trabalhe a massa sobre uma superfície polvilhada com farinha até ficar homogênea. Embrulhe-a em papel-alumínio e deixe descansar por 20 minutos. Abra a massa sobre uma superfície polvilhada com farinha. Corte-a em pedaços quadrados. Reserve.

Molho de tomate

Refogue o bacalhau e a cebola no azeite. Junte o tomate e refogue mais um pouco. Adicione os ingredientes restantes e cozinhe em fogo baixo até o molho ficar encorpado. Reserve.

Molho de palmito

1. Frite na margarina a cebola e o alho. Adicione o leite e o amido de milho. Junte o palmito e misture. Cozinhe em fogo baixo, mexa até engrossar.
2. Tempere com sal e pimenta e acrescente o parmesão. Mantenha em banho-maria por cinco minutos.

Montagem

Unte um refratário com margarina. Faça camadas alternadas de molho de tomate, bacalhau, massa, queijo e molho de palmito. A última camada deverá ser de molho de palmito. Polvilhe com o queijo e asse em forno médio durante 30 minutos. Sirva em seguida.

Lingüine com almôndegas de bacalhau

Para 4 pessoas
Tempo de preparo: 1 hora
Média dificuldade

Ingredientes:

Almôndegas

- 300 g de bacalhau demolhado, limpo e em lascas
- 2 batatas sem casca cozidas e espremidas
- 2 pães amolecidos no leite e espremidos
- 1 1/2 xícara (chá) de cheiro-verde
- 1 cebola ralada
- 1 colher (sopa) de farinha de rosca
- 2 colheres (sopa) de queijo parmesão ralado
- sal e pimenta-do-reino a gosto

Molho

- 3 colheres (sopa) de azeite
- 2 dentes de alho picados
- 1 kg de tomate sem pele e sem sementes picados
- 10 folhas de manjericão picadas

- sal e pimenta-do-reino a gosto
- 1 pacote de lingüine
- 1 xícara (chá) de queijo parmesão ralado

Para fritar

Azeite

Preparo:

Almôndegas

Numa tigela, misture todos os ingredientes e forme pequenas bolas. Frite no azeite quente. Escorra sobre papel-toalha e reserve.

Molho

1. Aqueça o azeite e refogue o alho até murchar. Junte o tomate, misture bem e refogue mais um pouco em fogo baixo. Deixe cozinhar por 15 minutos. Adicione o manjericão e tempere com sal e pimenta. Apague o fogo e ponha as almôndegas. Mantenha a panela tampada.
2. Cozinhe a massa conforme as instruções da embalagem até ficar al dente. Escorra e ponha em pratos individuais. Aqueça o molho com as almôndegas e distribua sobre a massa. Polvilhe com o queijo ralado e sirva em seguida.

Macarrão improvisado

Para 4 pessoas
Tempo de preparo: 30 minutos
Fácil

Ingredientes:

- 2 colheres (sopa) de azeite
- 5 fatias de presunto
- 1 xícara (chá) de ervilhas
- 1 xícara (chá) de palmito picado
- 1 xícara (chá) de sobras de bacalhau cozido e picado
- 2 xícaras (chá) de molho de tomate refogado e temperado
- 300 g de queijo parmesão ralado
- 400 g de talharim cozido al dente

Preparo:

1. Refogue no azeite o presunto, a ervilha, o palmito e o bacalhau.
2. Acrescente o molho de tomate e misture bem. Junte essa mistura ao talharim. Acrescente metade do queijo e mexa bem.
3. Distribua o preparado em um refratário untado e cubra com o queijo restante. Leve ao forno por cinco minutos ou até o queijo se derreter. Sirva em seguida.

Macarrão ligeiro

Para 4 pessoas
Tempo de preparo: 15 minutos
Fácil

Ingredientes:

- 2 xícaras (chá) de água
- 600 g de macarrão instantâneo
- 4 folhas de acelga
- 3 cenouras médias sem casca
- 3 colheres (sopa) de azeite
- 3 xícaras (chá) de bacalhau cozido e desfiado
- 2 colheres (sopa) de shoyu

Preparo:

1. Numa panela, ponha a água e leve ao fogo por quatro minutos ou até ferver. Junte o macarrão e deixe por três minutos. Retire do fogo, escorra a água, mas reserve quatro colheres (sopa). Reserve também o macarrão.
2. Lave a acelga e corte-a em tiras bem finas. Reserve. Corte a cenoura em tiras no sentido do comprimento.
3. Numa panela, ponha o azeite e refogue a acelga, a cenoura e o bacalhau. Cozinhe, mexendo às vezes, por dez minutos ou até os legumes ficarem al dente. Acrescente o macarrão, o shoyu e a água reservada. Misture bem, deixe cozinhar por cinco minutos e sirva em seguida.

Mafaldine com bacalhau e cogumelos

Para 4 pessoas
Tempo de preparo: 40 minutos
Fácil

Ingredientes:

- 1 1/2 xícara (chá) de shitake em fatias finas
- 1 1/2 xícara (chá) de cogumelo fresco em fatias
- 2 colheres (sopa) de azeite
- 1/2 xícara (chá) de caldo de legumes
- 1 cebolinha verde picada
- 1/2 colher (sopa) de tomilho picado
- 2 colheres (sopa) de margarina
- 300 g de bacalhau demolhado, limpo e em lascas
- sal a gosto
- 350 g de macarrão mafaldine

Preparo:

1. Numa frigideira, frite os cogumelos no azeite. Adicione o caldo de legumes e deixe ferver. Junte a cebolinha, o tomilho, a margarina e o bacalhau. Tempere

com sal e misture bem. Reserve.

2. Cozinhe a massa conforme as instruções da embalagem até ficar al dente. Escorra, ponha numa tigela e acrescente o molho quente. Sirva em seguida.

Nhoque da prosperidade

Para 4 pessoas
Tempo de preparo: 1h20m
Média dificuldade

Ingredientes:

- 6 batatas
- 2 colheres (sopa) de azeite
- 1 cebola picada
- 1 dente de alho picado
- 300 g de bacalhau fresco e limpo
- 1/2 xícara (chá) de vinho branco seco
- sal e pimenta-do-reino a gosto
- 1 colher (sopa) de cebolinha picada
- 1 ovo
- 1 1/4 de xícara (chá) de farinha de trigo

Molho

- 3 colheres (sopa) de azeite
- 1 cebola picada
- 200 g de camarão miúdo limpo
- 1 colher (sopa) de azeitona verde sem caroço bem picada
- 5 tomate sem pele e sem sementes em tiras
- 1 colher (sopa) de sálvia picada
- 1 colher (sopa) de manjericão picado
- sal e pimenta-do-reino branca a gosto

Preparo:

1. Lave a batata e cozinhe com a casca até ficar macia. Em outra panela aqueça o azeite em fogo baixo e junte a cebola e o alho. Frite até dourarem.
2. Corte o peixe em pedaços e acrescente à panela. Cozinhe por mais três minutos em fogo alto.
3. Adicione o vinho e deixe evaporar. Tempere com a pimenta e mantenha em fogo baixo por mais cinco minutos. Deixe o peixe esfriar e passe-o pelo processador.
4. Descasque a batata e passe pelo espremedor. Ponha numa superfície lisa e polvilhada com farinha. Faça um buraco no meio e junte o ovo e o bacalhau processado. Tempere com o sal, pimenta e a cebolinha. Amasse bem. Aos poucos, ponha a farinha e continue amassando. Cubra a massa com um pano limpo e seco e reserve.

Molho

1. Numa frigideira, aqueça o azeite e frite a cebola até dourar. Junte o camarão e misture bem, amassando ligeiramente. Ponha a azeitona, o tomate e as ervas. Tempere com sal e pimenta e cozinhe, em fogo alto, por seis minutos para que tomate não se desmanche totalmente. Reserve.
2. Divida a massa em pedaços e faça rolinhos com 2 cm de diâmetro. Cozinhe o nhoque em água fervente até subir à superfície. Retire da panela com uma escumadeira e ponha numa travessa. Por cima, despeje o molho reservado e sirva.

Nhoque de bacalhau

Para 4 pessoas
Tempo de preparo: 1 hora
Média dificuldade

Ingredientes:

- 4 batatas grandes
- 2 1/2 xícaras (chá) de farinha de trigo
- sal e noz-moscada a gosto
- 4 ovos ligeiramente batidos
- 1/2 xícara (chá) de leite
- 1 colher (sopa) de azeite
- 600 g de bacalhau demolhado, limpo e em lascas
- 1 xícara (chá) de queijo parmesão ralado
- 1 xícara (chá) de farinha de rosca
- 200 g de margarina derretida

Preparo:

1. Cozinhe a batata em água e sal. Escorra, descasque e amasse, formando um purê. Numa tigela, misture a farinha de trigo peneirada, o sal e a noz-moscada. Acrescente a batata e misture bem.
2. Aos poucos, ponha o ovo, o leite, o azeite e o bacalhau. Misture bem, trabalhando a massa com uma colher de pau. Deixe descansar por 1 hora.
3. Divida a massa em pedaços e faça rolinhos com 2 cm de diâmetro. Cozinhe o nhoque em água fervente até subir à superfície. Retire da panela com uma escumadeira.
4. Em um refratário, faça camadas de nhoque, de queijo parmesão e da farinha de rosca. Regue com margarina e leve ao forno para aquecer. Sirva em seguida.

Ninho com molho de bacalhau

Para 4 pessoas
Tempo de preparo: 40 minutos
Fácil

Ingredientes:

- 4 colheres (sopa) de azeite
- 3 cebolas médias picadas
- 2 dentes de alho picados
- 8 tomates sem pele e sem sementes cortados em pedaços

- sal a gosto
- 1 pitada de açúcar
- 1 xícara (chá) de vinho branco seco
- 400 g de bacalhau demolhado, limpo e desfiado
- 2 colheres (chá) de molho inglês
- 2 colheres (chá) de salsa picada
- 1 pacote de macarrão ninho

Preparo:

1. Numa panela, aqueça o azeite e junte a cebola e o alho. Refogue até que estejam dourados. Acrescente o tomate, o sal e o açúcar. Mexa e abaixe o fogo. Cozinhe por 25 minutos com a panela tampada.
2. Em outra panela, coloque o vinho e leve ao fogo até levantar fervura. Acrescente o bacalhau e cozinhe por três minutos. Ponha o molho inglês e a salsa. Cozinhe por mais cinco minutos. Junte à panela com o alho. Misture bem e deixe cozinhar por mais cinco minutos.
3. Cozinhe o macarrão conforme as instruções da embalagem. Escorra e distribua a massa em pratos individuais. Regue com o molho e sirva.

Ninho recheado com bacalhau

Para 4 pessoas
Tempo de preparo: 35 minutos
Fácil

Ingredientes:

- 200 g de bacalhau demolhado, limpo e desfiado
- 100 g de ricota
- sal, pimenta-do-reino e salsa a gosto
- 500 g de macarrão ninho
- 1 cebola picada
- 3 dentes de alho amassados
- 3 colheres (sopa) de azeite
- 6 xícaras (chá) de molho de tomate refogado e temperado
- 1/2 xícara (chá) de azeitonas pretas sem caroço e em rodelas
- 1 xícara (chá) de queijo parmesão ralado

Preparo:

1. Passe no processador o bacalhau. Ponha em uma vasilha e junte a ricota, o sal, a pimenta e a salsa. Misture bem.
2. Recheie os ninhos com essa mistura e reserve.
3. Doure a cebola e o alho no azeite. Acrescente o molho de tomate. Misture e cozinhe por 20 minutos. Adicione a azeitona e mexa.
4. Num refratário, espalhe uma camada de molho e ponha os ninhos recheados. Cubra com o molho restante e polvilhe com queijo. Cubra com papel-alumínio e leve ao forno em temperatura baixa por 40 minutos. Retire e sirva.

Orelhinha com bacalhau e molho de tomate

Para 4 pessoas
Tempo de preparo: 35 minutos
Fácil

Ingredientes:

- 6 tomates sem pele e sem sementes picados
- 2 dentes de alhos grandes
- 1 colher (sopa) de manjericão picado
- 2 colheres (sopa) de azeite
- sal e pimenta-do-reino a gosto
- 300 g de bacalhau demolhado, limpo e em lascas
- 500 g de macarrão orelhinha
- 200 g de ricota defumada esmigalhada

Preparo:

1. Numa panela, ponha o tomate, o alho inteiro, o manjericão e o azeite. Tempere com sal e pimenta. Deixe ferver. Tampe a panela, abaixe o fogo e cozinhe por mais 30 minutos. Descarte o alho e junte o bacalhau. Mexa bem e deixe no fogo por mais cinco minutos. Tampe, retire do fogo e reserve.
2. Cozinhe o macarrão em água e sal, conforme as instruções da embalagem, até ficar al dente. Retire do fogo, escorra e transfira para uma travessa. Por cima, despeje o molho aquecido. Polvilhe com a ricota e sirva.

Orelhinha especial

Para 4 pessoas
Tempo de preparo: 45 minutos
Fácil

Ingredientes:

- 400 g de macarrão orelhinha
- 1/2 xícara (chá) de azeite
- 1 cebola picada
- 6 dentes de alho fatiados
- 200 g de bacon picado
- 2 xícaras (chá) de bacalhau demolhado, limpo e em lascas
- 1 pimentão verde sem sementes picado
- 1 maço de brócolis cozido e picado

Preparo:

1. Cozinhe o macarrão conforme as instruções da

embalagem. Escorra e reserve, mantendo aquecido.
2. Numa frigideira, ponha o azeite, a cebola e o alho e frite bem.
2. Aos poucos, adicione o bacon e o bacalhau. Mexa bem e frite até ficar seco. Junte o pimentão e o brócolis. Mexa delicadamente.
3. Sirva o macarrão e com o molho de bacalhau e brócolis.

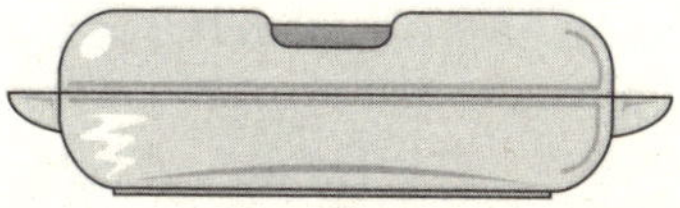

Panquecas de bacalhau em camadas com alface

Para 4 pessoas
Tempo de preparo: 55 minutos
Fácil

Ingredientes:

Massa

- 2 ovos
- 2 xícaras (chá) de leite
- 2 xícaras (chá) de farinha de trigo
- 1/2 xícara (chá) de azeite
- 1 pitada de sal

Recheio

- 1 vidro grande de maionese
- 300 g de bacalhau demolhado, limpo e em lascas
- 2 pés de alface à juliana
- 100 g de azeitonas verdes sem caroço recheadas e cortadas em rodelas

Preparo:

Massa

1. Bata todos os ingredientes da massa no liquidificador. Aqueça uma frigideira antiaderente com um pouco de margarina. Despeje um pouco da massa e espalhe até cobrir o fundo da frigideira. Frite até dourar. Vire e doure do outro lado.
2. À medida que for fritando as panquecas, coloque-as num prato previamente forrado com papel vegetal e coloque outra folha por cima. Repita a operação até a massa acabar.

Recheio

1. Ponha a panqueca aberta em um prato. Passe maionese e faça camadas de bacalhau e alface, mas reserve algumas folhas para decorar.
2. Coloque outra panqueca aberta por cima, repetindo a operação até os ingredientes acabarem. Decore com a azeitona e com as folhas de alface. Sirva.

Panqueca de bacalhau

Para 4 pessoas
Tempo de preparo: 50 minutos
Fácil

Ingredientes:

- 2 xícaras (chá) de leite
- 2 ovos
- 1 pitada de sal
- 1 xícara (chá) de farinha de trigo

Molho

- 1/2 xícara (chá) de azeite
- 2 dentes de alho
- 2 colheres (sopa) de cebola
- 700 g de molho de tomate refogado
- 1/2 maço de manjericão
- sal e pimenta-do-reino a gosto

Recheio

- 1 colher (sopa) de azeite
- 1 cebola ralada
- 1 dente de alho picado
- 300 g de bacalhau demolhado, limpo e em lascas
- 1 cenoura pequena ralada em fita

Para fritar

Margarina

Para polvilhar

Queijo parmesão ralado

Preparo:

Massa

Bata todos os ingredientes no liquidificador e reserve. Unte uma frigideira com margarina e leve ao fogo. Quando estiver quente, coloque porções da massa e espalhe, girando bem a frigideira. Frite dos dois lados. Repita até a massa acabar. Reserve.

Molho

Aqueça o azeite em uma panela e refogue o alho e a cebola picados. Junte o molho de tomate batido no liquidificador com o manjericão, o sal e a pimenta. Tampe a panela e espere ferver até obter um molho espesso. Reserve.

Recheio

1. Refogue no azeite a cebola e o alho. Junte o bacalhau e

a cenoura. Misture bem.

2. Recheie as panquecas com essa mistura. Ponha num refratário e cubra com o molho. Polvilhe com queijo e leve ao forno até aquecer. Sirva.

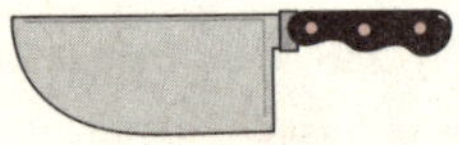

Panqueca de bacalhau com brócolis

Para 4 pessoas
Tempo de preparo: 50 minutos
Fácil

Ingredientes:

Massa

- 2 ovos
- 2 xícaras (chá) de leite
- 1 xícara (chá) de água
- 1 pitada de sal
- 1 xícara (chá) de óleo
- 15 colheres (sopa) de farinha de trigo

Recheio

- 1 colher (sopa) de margarina
- 2 dentes de alho socados
- 2 cebolas raladas
- 200 g de bacalhau demolhado, limpo e em lascas
- 1 ramo de tomilho
- 1 cenoura sem casca ralada

Molho

- 4 buquês de brócolis japonês cozidos
- 1/2 xícara (chá) de creme de leite fresco
- sal e pimenta-do-reino a gosto
- 1 colher (sopa) de queijo parmesão
- 1 colher (sopa) de castanha-de-caju picada

Para fritar

Óleo

Preparo:

Massa

Bata todos os ingredientes no liquidificador e reserve. Unte uma frigideira com óleo e leve ao fogo. Quando estiver quente, coloque meia concha da massa e espalhe, girando bem a frigideira. Frite dos dois lados. Repita até a massa acabar. Reserve.

Recheio

Numa panela, aqueça a margarina e frite o alho e a cebola. Ponha o bacalhau e o tomilho picado. Refogue por dois minutos e acrescente a cenoura. Cozinhe por mais três minutos e reserve.

Molho

1. Bata no liquidificador o brócolis e acrescente o creme de leite. Tempere com o sal e polvilhe com pimenta-do-reino.
2. Ponha o recheio de bacalhau no centro da massa e a enrole. Forre o fundo de um refratário com o molho. Por cima, disponha as panquecas. Cubra com mais molho, polvilhe com o queijo e a castanha. Leve ao forno para gratinar e sirva.

Panquecas especiais

Para 4 pessoas
Tempo de preparo: 45 minutos
Fácil

Ingredientes:

Massa

- 2 ovos
- 1/2 colher (sopa) de fermento
- 1/2 colher (sopa) de margarina
- 1 xícara (chá) de farinha de trigo
- 1 xícara (chá) de leite
- 1 pitada de sal

Recheio

- 1 colher (sopa) de azeite
- 1 dente de alho amassado
- 1 cebola picada
- 500 g de bacalhau demolhado, limpo e em lascas
- 2 tomates sem sementes picados
- 2 colheres (sopa) de molho de tomate refogado
- sal a gosto
- 300 g de mussarela ralada

Molho

- 1/4 de xícara (chá) de margarina
- 1 dente de alho amassado
- 2 colheres (sopa) de amido de milho
- 2 xícaras (chá) de leite
- 1 envelope de tempero em pó para legumes

Para untar

Margarina

Preparo:

Massa

Bata todos os ingredientes no liquidificador e reserve.

Unte uma frigideira com margarina e leve ao fogo. Quando estiver quente, coloque porções da massa e espalhe, girando bem a frigideira. Frite dos dois lados. Repita até a massa acabar. Reserve.

Recheio

1. Frite no azeite o alho e a cebola. Deixe até dourar. Acrescente o bacalhau e refogue. Junte o tomate e o molho de tomate. Tempere com o sal.
2. Recheie as panquecas e enrole. Ponha num refratário e cubra com a mussarela.

Molho

1. Ponha a margarina numa panela e doure o alho. Dissolva o amido de milho no leite. Acrescente à panela. Mexa sem parar até engrossar. Junte o tempero de legumes. Mexa bem.
2. Despeje o molho sobre a panqueca e leve ao forno preaquecido em temperatura média por 30 minutos. Sirva em seguida.

Panqueca verde

Para 4 pessoas
Tempo de preparo: 45 minutos
Fácil

Ingredientes:

Massa

- 2 ovos
- 2 xícaras (chá) de leite
- 2 xícaras (chá) de farinha de trigo
- 1/2 xícara (chá) de azeite
- 1 pitada de sal
- 1 folha de couve lavada e picada

Recheio

- 2 postas de bacalhau demolhadas e limpas
- 1 colher (sopa) de azeite
- 1 pimentão verde sem sementes picado
- 1 cebola ralada
- 2 tomates sem sementes picados
- 10 azeitonas pretas sem caroço picadas
- 2 colheres (sopa) de molho de tomate refogado
- 1 xícara (chá) de palmito em rodelas
- 2 ovos cozidos picados
- sal a gosto
- 1 pitada de pimenta-do-reino
- 5 folhas de manjericão picadas

Preparo:

Massa

Bata todos os ingredientes no liquidificador e reserve. Unte uma frigideira com margarina e leve ao fogo. Quando estiver quente, coloque porções da massa e espalhe, girando bem a frigideira. Frite dos dois lados. Repita até a massa acabar. Reserve.

Recheio

1. Afervente o bacalhau. Escorra, reservando uma xícara da água. Desfie o peixe em lascas e refogue no azeite com o pimentão, a cebola, o tomate, a azeitona e o molho de tomate. Misture bem e junte a água reservada. Acrescente o palmito e os ovos.
2. Tempere com o sal, mexa e mantenha em fogo baixo por três minutos. Junte o manjericão e misture bem. Deixe esfriar. Recheie a panqueca com essa mistura e dobre no formato de leque. Sirva em seguida.

Parafuso com molho de bacalhau

Para 4 pessoas
Tempo de preparo: 35 minutos
Fácil

Ingredientes:

- 400 g de bacalhau demolhado, limpo e em lascas
- 4 colheres (sopa) de azeite
- 4 colheres (sopa) de cebola picada
- 3 dentes de alho em lâmina
- 1 tomate sem pele e sem sementes picado
- 2 1/2 xícaras (chá) de abóbora madura sem casca cozida
- 1 xícara (chá) de leite de coco
- 2 xícaras (chá) de leite
- sal e manjericão a gosto
- 1 embalagem de macarrão parafuso de grão duro cozido

Preparo:

1. Refogue o bacalhau em duas colheres (sopa) de azeite. Acrescente duas colheres (sopa) de cebola e dois dentes de alho. Junte o tomate, misture e reserve.
2. Em outra panela refogue o alho, a cebola e o azeite restantes. Ponha a abóbora e refogue bem. Cozinhe até se desmanchar e formar um creme.
3. Acrescente o bacalhau reservado e os dois tipos de leite misturados. Cozinhe por dez minutos. Tempere com sal e acrescente o manjericão. Reserve.
4. Numa travessa, ponha o macarrão aquecido e cubra com o molho de bacalhau. Sirva em seguida.

Parafuso com bacalhau

Para 4 pessoas
Tempo de preparo: 30 minutos
Fácil

Ingredientes:
- 500 g de macarrão parafuso
- 3 colheres (sopa) de azeite
- 3 dentes de alho picados
- 1 cebola em rodelas
- 500 g de bacalhau demolhado, limpo e em lascas
- 1 pimentão vermelho sem sementes à juliana
- 1 pimentão amarelo sem sementes à juliana
- 1 pimentão verde sem sementes à juliana
- 12 azeitonas pretas sem caroço picadas
- gotas de vinagre a gosto
- 1/2 xícara (chá) de maionese
- 12 ovos de codorna cozidos
- 1 colher (sopa) de salsa

Preparo:
1. Cozinhe o macarrão conforme as instruções da embalagem até ficar al dente. Escorra e reserve.
2. Numa panela, ponha o azeite e doure o alho. Junte a cebola, o bacalhau, os três tipos de pimentão e refogue até a cebola murchar.
3. Espere esfriar bem e ponha a azeitona, o vinagre e a maionese. Adicione o macarrão e misture bem.
4. Em uma travessa, distribua metade dos ovos e despeje o macarrão por cima. Coloque os ovos restantes e polvilhe com a salsa. Sirva em seguida.

Parafuso com bacalhau e molho pesto

Para 4 pessoas
Tempo de preparo: 35 minutos
Fácil

Ingredientes:
- 1 xícara (chá) de azeite
- 6 dentes de alho cortados em lâminas
- 1 cebola picada
- 3 talos de alho-poró em rodelas finas
- 400 g de bacalhau demolhado, limpo e em lascas
- 1 ramo de alecrim picado
- 1 tomate sem pele e sementes picado
- sal a gosto
- 1 colher (sopa) de pimenta-do-reino
- 1/2 xícara (chá) de azeitonas verdes sem caroço picadas
- 1 xícara (chá) de salsa picada
- 500 g de macarrão parafuso de grão duro

Molho
- 1 xícara (chá) de manjericão
- 150 g de queijo parmesão ralado
- 2 dentes de alho espremidos
- 1 1/2 colher (sopa) de pignoli
- 2 xícaras (chá) de azeite
- pimenta-do-reino branca e sal a gosto

Preparo:
1. Em uma panela, ponha o azeite e refogue o alho e a cebola até ficarem transparentes. Junte o alho-poró e refogue bem. Ponha o bacalhau e o alecrim. Deixe tomar gosto por cinco minutos.
2. Adicione o tomate e ferva em fogo baixo por 20 minutos. Tempere com sal e pimenta. Ponha a azeitona e a salsa. Misture, retire do fogo e reserve.

Molho
1. Bata todos os ingredientes no liquidificador e reserve.
2. À parte, cozinhe o macarrão conforme as instruções da embalagem até ficar al dente. Escorra e transfira a massa para uma travessa. Ponha a mistura de bacalhau e mexa bem. Por cima, ponha o pesto e sirva.

Parafuso com bacalhau e queijo

Para 4 pessoas
Tempo de preparo: 30 minutos
Fácil

Ingredientes:
- 500 g de macarrão parafuso
- 1 1/2 colher (sopa) de margarina
- 3 dentes de alho amassados
- 1 cebola ralada
- 1 tomate sem pele e sem sementes picado
- 1 pimentão verde sem sementes cortado em cubos
- 300 g de bacalhau demolhado, limpo e em lascas
- 1/4 de xícara (chá) de molho de tomate
- 5 colheres (sopa) de queijo provolone ralado
- 5 colheres (sopa) de mussarela ralada
- 5 colheres (sopa) de queijo parmesão ralado

Preparo:
1. Cozinhe o macarrão conforme as instruções da embalagem até ficar al dente. Escorra e reserve.
2. Numa panela, refogue na margarina o alho, a cebola, o tomate e o pimentão. Mexa bem e junte o bacalhau,

o molho de tomate e, por último, os queijos. Junte o macarrão, misture e sirva.

Parafuso com bacalhau gratinado

Para 4 pessoas
Tempo de preparo: 1h10m
Média dificuldade

Ingredientes:

- *500 g de macarrão parafuso*
- *250 g de presunto bem picado*
- *350 g de mussarela ralada*
- *2 tomates sem pele e sem sementes picados*
- *1 lata de ervilha escorrida*
- *250 g de bacalhau demolhado, limpo e em lascas*
- *8 colheres (sopa) de maionese*
- *sal a gosto*
- *2 colheres (sopa) de manjericão picado*
- *20 azeitonas verdes sem caroço picadas*
- *1/2 xícara (chá) de queijo parmesão ralado*

Para untar

Margarina

Preparo:

1. *Cozinhe o macarrão até ficar al dente. Escorra.*
2. *Coloque o macarrão num refratário untado com margarina e adicione o presunto, a mussarela, o tomate, a ervilha, o bacalhau, a maionese, o sal, o manjericão, a azeitona e o parmesão. Misture ligeiramente.*
3. *Leve ao forno preaquecido e deixe até gratinar. Sirva.*

Penne com bacalhau

Para 4 pessoas
Tempo de preparo: 30 minutos
Fácil

Ingredientes:

- *2 dentes de alho picados*
- *1/2 xícara (chá) de azeite*
- *500 g de macarrão penne cozido*
- *1 cebola cortada em rodelas finas*
- *500 g de bacalhau demolhado, limpo e em lascas*
- *1 xícara (chá) de azeitonas pretas sem caroço picadas*
- *1 colher (sopa) de salsa*
- *2 colheres (sopa) de aceto balsâmico*
- *sal e pimenta-do-reino a gosto*

Preparo:

1. *Numa panela, doure o alho na metade do azeite. Retire o alho e reserve. Na mesma panela, ponha o macarrão e mexa com cuidado. Transfira para uma tigela funda.*
2. *Frite a cebola no azeite restante até ficar crocante. Misture com o macarrão. Acrescente o bacalhau, a azeitona, a salsa e o aceto. Tempere com sal e pimenta. Polvilhe com o alho reservado e deixe na geladeira até o momento de servir.*

Penne com bacalhau e tomate-cereja

Para 4 pessoas
Tempo de preparo: 30 minutos
Fácil

Ingredientes:

- *4 postas de bacalhau demolhadas e limpas*
- *12 fatias de queijo gruyère*
- *500 g de macarrão penne*
- *1 xícara (chá) de azeite*
- *5 dentes de alho*
- *400 g de tomate-cereja amarelo*
- *1/2 xícara (chá) de creme de leite*
- *1 pitada de noz-moscada*
- *sal e pimenta-do-reino a gosto*
- *1/2 xícara (chá) de azeitonas verdes sem caroço em rodelas*
- *1 colher (sopa) de cebolinha*

Preparo:

1. *Embrulhe as postas de bacalhau no queijo e leve ao forno baixo para gratinar. À parte, cozinhe o macarrão conforme as instruções da embalagem até ficar al dente. Escorra e reserve.*
2. *Numa frigideira, refogue no azeite o alho cortado em lâminas. Assim que dourar, junte o tomate cortado ao meio e a massa. Misture e retire do fogo.*
3. *Acrescente o creme de leite e a noz-moscada. Tempere com sal, pimenta e ponha a azeitona. Polvilhe com a cebolinha e sirva com o bacalhau.*

Penne com bacalhau na pressão

Para 4 pessoas
Tempo de preparo: 30 minutos
Fácil

Ingredientes:

- *2 colheres (sopa) de azeite*
- *2 dentes de alho picados*

- 2 cebolas picadas
- 500 g de bacalhau demolhado, limpo e em lascas
- 2 colheres (sopa) de cheiro-verde
- 1 tablete de caldo de legumes
- 3 colheres (chá) de molho de tomate
- 2 tomates sem pele e sem sementes picados
- 1 kg de macarrão penne
- 1 1/3 de xícara (chá) de creme de leite
- 1/2 colher (sopa) de cominho
- 300 g de mussarela ralada

Preparo:

1. Ponha o azeite na panela de pressão e refogue o alho, a cebola, o bacalhau, o cheiro-verde e o tablete de legumes. Junte o molho de tomate e o tomate.
2. Ponha o macarrão e acrescente água fervente suficiente para cobrir a massa. Junte o creme de leite e o cominho. Misture e feche a panela. Cozinhe por sete minutos na pressão. Retire, distribua entre os pratos e cubra com a mussarela. Sirva.

Penne gratinado com bacalhau

Para 4 pessoas
Tempo de preparo: 1 hora
Fácil

Ingredientes:

- 1 dente de alho picado
- 2 colheres (sopa) de azeite
- 300 g de bacalhau demolhado, limpo e em lascas
- 2 xícaras (chá) de creme de leite fresco
- sal e pimenta-do-reino a gosto
- 350 g de macarrão penne
- 300 g de queijo parmesão ralado

Preparo:

1. Refogue o alho no azeite e ponha o bacalhau. Deixe cozinhar por cinco minutos. Transfira o peixe para uma tigela e misture o creme de leite. Tempere com sal e pimenta. Reserve.
2. Cozinhe o macarrão conforme as instruções da embalagem. Escorra a massa e a misture ao bacalhau. Transfira para um refratário e polvilhe com o queijo. Leve ao forno preaquecido em temperatura média até dourar. Sirva em seguida.

Quenelles de bacalhau

Para 4 pessoas
Tempo de preparo: 1 hora
Média dificuldade

Ingredientes:

- 250 g de filés de bacalhau fresco
- 2 xícaras (chá) de queijo minas
- 2 gemas
- pimenta-do-reino e sal a gosto
- 4 colheres (sopa) de creme de leite fresco
- 2 claras batidas
- 5 xícaras (chá) de água fervente
- 1 colher (sopa) de cheiro-verde

Molho

- 2 colheres (sopa) de margarina
- 2 colheres (sopa) de farinha de trigo
- pimenta-do-reino, noz-moscada e sal a gosto
- 1/2 xícara (chá) de molho de tomate refogado
- 100 g de camarões pequenos e limpos
- suco de 1 limão
- 1/2 xícara (chá) de creme de leite fresco

Preparo:

Massa

1. Bata no liquidificador os filés até obter uma pasta. Transfira para uma tigela e acrescente o queijo, as gemas, a pimenta e o sal. Misture bem.
2. Junte o creme de leite e mexa. Adicione as claras batidas e mexa delicadamente.
3. À parte, tempere a água com o sal e o cheiro-verde. Leve ao fogo e deixe ferver. Com o auxílio de duas colheres (sopa), modele bolinhos arredondados. Cozinhe-os, aos poucos, no caldo. Quando subirem à superfície, retire e coloque em um refratário. Mantenha aquecidos. Reserve duas xícaras (chá) de caldo do cozimento.

Molho

1. Aqueça a margarina e doure a farinha. Tire a panela do fogo e junte o caldo do cozimento reservado. Mexa até que a mistura se dissolva completamente.
2. Leve novamente a panela ao fogo baixo e adicione a pimenta, a noz-moscada e o sal. Cozinhe até o molho encorpar. Junte o molho de tomate e cozinhe por mais cinco minutos.
3. Tempere o camarão com o suco. Deixe por cinco minutos. Escorra e junte o camarão ao molho. Cozinhe por três minutos. Retire do fogo e acrescente o creme de leite. Mexa.
4. Ponha as quenelles em pratos individuais e espalhe uma camada do molho por cima. Sirva em seguida.

Ravióli de ricota com bacalhau

Para 4 pessoas
Tempo de preparo: 35 minutos
Média dificuldade

Ingredientes:

- 4 tomates maduros
- 5 folhas de manjericão picadas
- 1/2 colher (sopa) de orégano
- 1 dente de alho picado
- 300 g de mussarela de búfala
- 300 g de bacalhau demolhado e limpo
- 500 g de ravióli de ricota
- 4 colheres (sopa) de azeite
- sal e pimenta-do-reino a gosto

Preparo:

1. Lave bem o tomate e corte-o ao meio. Retire as sementes e depois corte-o em cubos. Ponha em uma tigela e acrescente o manjericão, o orégano e o alho.
2. Corte a mussarela em cubos e separe o bacalhau em lascas grandes. Reserve.
3. Cozinhe o ravióli em água até ficar al dente. Retire com cuidado e reserve.
4. Numa panela, aqueça o azeite. Quando estiver bem quente, apague o fogo. Ponha a mistura de tomate para aquecer levemente. Misture e junte o bacalhau. Refogue por cinco minutos. Tempere com sal e pimenta.
5. Transfira essa mistura para uma tigela funda. Acrescente a mussarela e a massa. Misture rapidamente e sirva.

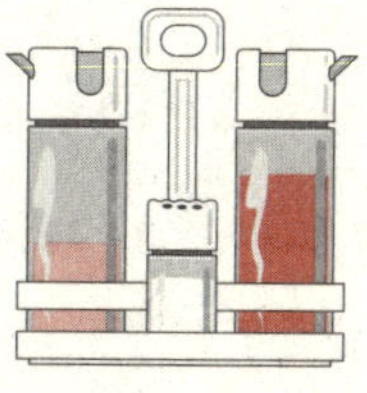

Ravióli especial

Para 4 pessoas
Tempo de preparo: 55 minutos
Média dificuldade

Ingredientes:

Massa

- 2 1/2 xícaras (chá) de farinha de trigo
- 7 colheres (sopa) de farinha de trigo de grão duro
- 1 ovo
- 4 colheres (sopa) de água
- 1 pitada de sal

Recheio

- 3 batatas sem casca
- 300 g de bacalhau demolhado, limpo e em lascas
- 3 colheres (sopa) de queijo parmesão ralado
- 2 colheres (sopa) de azeite
- 2 colheres (sopa) de hortelã picada
- sal e pimenta-do-reino a gosto

Molho

- 2 dentes de alho picados
- 2 colheres (sopa) de azeite
- 500 g de tomate pelado
- sal e pimenta-branca a gosto
- 1 envelope de açafrão

Para polvilhar

Queijo parmesão ralado

Preparo:

Massa

Misture todos os ingredientes e amasse bem até obter uma mistura homogênea. Cubra com um pano úmido e deixe repousar por 20 minutos.

Recheio

Cozinhe a batata. Escorra bem e esprema. Coloque o bacalhau no processador e triture. Junte-o ao preparado de batata com metade do queijo, o azeite e a hortelã. Tempere com sal e pimenta-do-reino.

Molho

Refogue o alho no azeite e acrescente o tomate com seu caldo passado por uma peneira. Cozinhe o molho até obter a consistência desejada. Tempere com sal, pimenta e o açafrão.

Montagem

1. Abra a massa com um rolo e corte discos de aproximadamente 7 cm. Coloque um pouco de recheio no centro de cada disco e dobre na metade para formar um pastel.
2. Numa panela grande, aqueça bastante água com azeite. Tempere com sal. Adicione a massa e cozinhe até ficar al dente. Escorra e ponha os raviólis numa travessa. Regue com o molho e polvilhe com queijo.

Rondelli de bacalhau com acelga

Para 4 pessoas
Tempo de preparo: 50 minutos
Fácil

Ingredientes:

- 3 folhas de massa para lasanha semipronta
- 300 g de bacalhau demolhado, limpo e em lascas
- 1 dente de alho picado
- 1 colher (sopa) de azeite
- 2 xícaras (chá) de brócolis cozido e picado
- 200 g de ricota

- 1 colher (sopa) de queijo parmesão ralado
- 2 xícaras (chá) de molho bechamel
- 3 folhas de acelga cozidas
- 2 colheres (sopa) de manteiga
- 100 g de queijo gruyère ralado

Preparo:

1. Cozinhe a massa conforme as instruções da embalagem. Escorra e reserve. À parte, refogue o bacalhau e o alho no azeite.
2. Misture brócolis, a ricota, o queijo parmesão e duas colheres (sopa) de molho bechamel. Misture bem.
3. Abra a massa e ponha a acelga e o recheio de bacalhau. Enrole como um tubinho. Corte cada um em dois pedaços.
4. Unte um refratário com a manteiga e ponha o rondelli, acrescentando o molho restante e o queijo gruyère. Leve para gratinar em forno preaquecido e sirva assim que dourar.

Rondelli de bacalhau com espinafre

Para 4 pessoas
Tempo de preparo: 1h30m
Média dificuldade

Ingredientes:

Recheio

- 1 maço grande de espinafre limpo
- 300 g de bacalhau demolhado, limpo e em lascas
- 200 g de ricota peneirada
- 1/4 de xícara (chá) de queijo parmesão ralado
- 2 ovos
- sal e pimenta-do-reino a gosto

Massa

- 1 1/3 de xícara (chá) de farinha de trigo
- 1 pitada de sal
- 2 ovos

Molho

- 1 1/2 xícara (chá) de creme de leite fresco
- 100 g de queijo parmesão ralado

Preparo:

Numa panela, cozinhe o espinafre sem água, apenas com a umidade da lavagem. Retire, esprema e pique bem. Acrescente o bacalhau, a ricota, o parmesão e os ovos. Tempere com sal e pimenta. Misture bem e reserve.

Massa

1. Numa superfície lisa, ponha a farinha e o sal. Faça uma depressão no meio e coloque os ovos. Misture com um garfo. Depois amasse bem com as mãos, para obter uma massa homogênea. Embrulhe num pano e deixe descansar por 15 minutos.
2. Sobre uma superfície polvilhada com farinha, abra a massa numa espessura bem fina, no formato de um retângulo. Corte as beiradas para que o retângulo fique com a medida de 36 x 33 cm. Espalhe cuidadosamente o recheio deixando 1 cm de borda livre.
3. Enrole como se fosse um rocambole, comecando pela parte mais estreita. Embrulhe no pano de prato, amarrando bem as pontas com um barbante. Coloque numa panela com bastante água fervente temperada com sal. Tampe e cozinhe por 45 minutos. Retire da água e desembrulhe.

Molho

Deixe a massa esfriar um pouco e corte-o em fatias. Coloque numa forma refratária e despeje o creme de leite fresco por cima. Polvilhe com o queijo e leve ao forno preaquecido em temperatura média até borbulhar. Retire e sirva.

Rondelli de bacalhau com molho cremoso de manjericão

Para 4 pessoas
Tempo de preparo: 1h10m
Média dificuldade

Ingredientes:

Massa

- 1 3/4 de xícara (chá) de farinha de trigo
- 1 pitada de sal
- 3 ovos
- 1 colher (sopa) de azeite

Recheio

- 1 xícara (chá) de ervas finas
- 250 g de bacalhau demolhado, limpo e em lascas
- 3 colheres (sopa) de creme de leite fresco
- noz-moscada moída e sal a gosto

Molho

- 10 folhas de manjericão
- 1 xícara (chá) de leite
- 1 colher (sopa) de amido de milho
- 1 xícara (chá) de creme de leite

- 3 colheres (sopa) de queijo parmesão ralado
- 4 colheres (sopa) de margarina
- sal e pimenta-branca em grãos a gosto

Preparo:

1. Numa superfície, peneire a farinha com o sal. Faça um buraco no meio e ponha os ovos e o azeite. Misture até esfarelar. Em seguida, sove a massa por dez minutos ou até ficar lisa.
2. Ponha mais farinha, se necessário. Embrulhe a massa em um pano de prato e deixe descansar por 30 minutos.

Recheio

1. Pique bem as ervas e ponha em uma tigela. Junte o bacalhau, o creme de leite e a noz-moscada. Tempere com sal e misture bem até ficar homogêneo.
2. Ponha a massa em uma superfície lisa e enfarinhada e abra até ficar fina e obter um retângulo de 36 cm x 11 cm. Espalhe o recheio e enrole formando um rocambole.
3. Embrulhe em papel-manteiga, enrolando como se fosse um bala. Amarre as laterais com barbante. Em um caldeirão, ponha 2 litros de água e acomode a massa. Cozinhe até ficar al dente. Retire do fogo, escorra a água, espere amornar e elimine o papel. Reserve.

Molho

1. Lave o manjericão, seque e pique bem. Reserve. Ponha numa panela o leite e o amido de milho. Mexa até que se dissolva. Leve ao fogo e cozinhe, sem parar de mexer, por três minutos ou até encorpar. Retire a panela do fogo.
2. Acrescente aos poucos, e sem parar de mexer, o creme de leite. Adicione o manjericão, o queijo e a margarina. Tempere com sal. Misture bem.
3. Leve novamente ao fogo baixo e cozinhe, mexendo sempre, por mais um minuto. Tempere com pimenta e retire do fogo. Corte o rondelli em fatias e as disponha nos pratos. Cubra com o molho e sirva.

Rondelli vermelho com bacalhau

Para 4 pessoas
Tempo de preparo: 1h20m
Média dificuldade

Ingredientes:

Massa

- 2 xícaras (chá) de farinha de trigo
- 2 ovos
- 2 colheres (sopa) de água
- 2 colheres (sopa) de polpa de tomate
- 1 colher (sopa) de azeite

Recheio

- 300 g de bacalhau demolhado, limpo e em lascas
- 350 g de queijo cottage
- 2 ovos
- 100 g de queijo parmesão ralado
- 1 pitada de noz-moscada
- sal e pimenta-do-reino a gosto
- 200 g de presunto em fatias
- 500 g de queijo mussarela em fatias

Molho branco

- 2 xícaras (chá) de leite
- 1 1/2 colher (sopa) de amido de milho
- 1 colher (sopa) de margarina
- 3 colheres (sopa) de queijo parmesão ralado
- sal a gosto

Preparo:

Massa

Numa vasilha, ponha a farinha, os ovos, a água, a polpa de tomate e o azeite. Misture bem. Ponha a massa sobre uma superfície levemente enfarinhada e sove por cinco minutos ou até que ela fique macia e elástica. Embrulhe em filme plástico e deixe descansar por 15 minutos. Divida a massa ao meio e, com um rolo, abra metade até formar um retângulo de 30 cm x 45 cm.

Recheio

1. Coloque em uma tigela o bacalhau, o queijo cottage, os ovos, o queijo parmesão, a noz-moscada, o sal e a pimenta. Misture bem.
2. Espalhe sobre a massa metade do recheio, deixando um espaço de 2,5 cm nas bordas.
3. Cubra com metade do presunto e da mussarela. Dobre as bordas pelo lado maior e enrole, formando um rocambole. Enrole em um pano de prato e amarre as pontas com um barbante. Faça outro rondelli com a massa restante, repetindo os ingredientes.
4. Encha uma assadeira até a metade com água e coloque na parte superior do forno preaquecido em temperatura média. Assim que a água ferver, ponha o rondelli, reduza a temperatura, cubra a assadeira com papel-alumínio e cozinhe por 30 minutos.
5. Vire o rondelli duas vezes durante o cozimento. Retire-o da água e deixe esfriar por cinco minutos. Desembrulhe e coloque na geladeira até ficar firme.

Molho

Leve o leite ao fogo, mas reserve um pouco para dissolver o amido. Assim que o leite ferver, junte o amido dissolvido no leite reservado e mexa até engrossar. Acrescente a margarina, o queijo e o sal. Retire do fogo. Sirva o rondelli aquecido com o molho.

Rodinha com bacalhau

Para 4 pessoas
Tempo de preparo: 40 minutos
Fácil

Ingredientes:

- 4 postas de bacalhau demolhadas e limpas
- 1 lingüiça calabresa defumada
- 200 g de salsicha tipo viena
- 2 cebolas
- 1 repolho pequeno
- 2 tomates maduros
- 3 batatas sem casca
- 1 pimentão verde sem sementes
- 250 g de macarrão rodinha
- sal e pimenta-do-reino a gosto
- 1 colher (sopa) de ervas aromáticas
- 1/2 xícara (chá) de azeite
- 2 xícaras (chá) de água

Preparo:

1. Corte o bacalhau em cubinhos e a lingüiça e a salsicha em rodelas. Pique a cebola e corte o repolho à juliana. Corte o tomate e a batata em rodelas e o pimentão em tiras.
2. Em uma panela, ponha os ingredientes na seguinte ordem: a lingüiça, a salsicha, a cebola, o tomate, a batata, o pimentão, o repolho e o macarrão. Por último, ponha o bacalhau e tempere com o sal e a pimenta.
3. Polvilhe com as ervas aromáticas e regue com o azeite e a água. Cozinhe por dez minutos. Sirva quente.

Rodinha com bacalhau e rúcula

Para 4 pessoas
Tempo de preparo: 30 minutos
Fácil

Ingredientes:

- 500 g de macarrão rodinha
- 300 g de bacalhau demolhado, limpo e cortado em cubos
- 150 g de presunto cortado em tiras
- 4 colheres (sopa) de azeite
- 1 colher (sopa) de alho amassado
- 6 tomates sem sementes picados
- 300 g de mussarela de búfala picada
- 1 maço de rúcula
- sal a gosto
- 1 colher (sopa) de manjericão
- 200 g de queijo parmesão em lascas grossas

Preparo:

1. Cozinhe o macarrão conforme as instruções da embalagem. Escorra e reserve. Refogue o bacalhau com o presunto em duas colheres (sopa) de azeite. Reserve.
2. Faça um refogado com o azeite restante, o alho e o tomate. Adicione o bacalhau e misture bem. Junte a mussarela.
3. Acrescente o macarrão e misture muito bem. Numa vasilha grande, coloque a rúcula, o sal e o preparado de macarrão no centro. Polvilhe com o manjericão e o queijo e sirva.

Talharim com bacalhau e mariscos

Para 4 pessoas
Tempo de preparo: 30 minutos
Fácil

Ingredientes:

- 1 colher (sopa) de azeite
- 2 dentes de alho picados
- 1 pimentão verde sem sementes picado
- 2 tomates sem sementes cortados em cubos
- 1/2 xícara (chá) de vinho branco seco
- 300 g de mexilhão sem casca cozido
- 300 g de vieras aferventadas
- 300 g de bacalhau demolhado, limpo e cortado em cubos
- sal a gosto
- 300 g de talharim

Preparo:

1. Numa panela, ponha o azeite e frite o alho. Quando dourar, junte o pimentão e o tomate e cozinhe até ficarem macios. Adicione o vinho, o mexilhão, a vieira e o bacalhau. Mexa e cozinhe por dez minutos em fogo baixo. Tempere com sal, mexa e reserve.
2. Cozinhe a massa até ficar al dente. Escorra e misture ao molho. Sirva em seguida.

Talharim com bacalhau e molho de berinjela

Para 4 pessoas
Tempo de preparo: 1h35m
Média dificuldade

Ingredientes:

- 1 pimentão vermelho sem sementes cortado em rodelas
- 7 xícaras (chá) de água

- 2 berinjelas médias cortadas em cubos
- sal e pimenta-malagueta em flocos a gosto
- 400 g de talharim
- 1 cebola picada
- 1 dente de alho picado
- 1/2 xícara (chá) de azeite
- 300 g de bacalhau demolhado, limpo e em lascas
- 1/2 xícara (chá) de caldo de legumes
- 1 pitada de pimenta-do-reino

Preparo:

1. Numa tigela grande, ponha o pimentão e cubra com três xícaras (chá) de água. Deixe de molho por 30 minutos.
2. Em outra tigela grande, ponha a berinjela e cubra com a água restante e uma colher (sopa) de sal. Deixe de molho por 30 minutos.
3. Escorra o pimentão e reserve. Escorra a berinjela e passe em água corrente. Seque com papel-toalha e reserve.
4. Cozinhe o talharim conforme as instruções da embalagem até ficar al dente. Escorra e reserve.
5. Numa panela média, refogue a cebola e o alho no azeite, mexendo às vezes até a cebola ficar macia. Acrescente o pimentão e a berinjela reservados. Junte o bacalhau e refogue bem.
6. Regue com caldo de legumes e tempere com os dois tipos de pimenta. Tampe a panela e cozinhe, mexendo às vezes, até a berinjela ficar macia. Retire do fogo. Cubra o talharim com esse molho, misture e sirva.

Talharim verde com molho de bacalhau e vinho madeira

Para 4 pessoas
Tempo de preparo: 30 minutos
Fácil

Ingredientes:

Massa

- 500 g de macarrão talharim verde

Molho

- 1 cebola grande ralada
- 3 colheres (sopa) de margarina
- 1 posta de bacalhau demolhada e limpa
- 4 tomates sem pele e sem sementes
- 1/2 xícara (chá) de passas brancas sem sementes
- 1 pitada de pimenta-do-reino
- sal a gosto
- 1 1/3 de xícara (chá) de creme de leite
- 1 xícara (chá) de nozes moídas
- 1/4 de xícara (chá) de vinho tinto madeira seco
- 200 g de queijo gruyère picado

Preparo:

Cozinhe o macarrão até ficar al dente. Escorra e reserve.

Molho

1. Doure a cebola na margarina. Junte o bacalhau em lascas grossas, o tomate picado, a passa e a pimenta. Tempere com sal e deixe apurar. Apague o fogo e acrescente o creme de leite, as nozes e o vinho. Leve ao fogo rapidamente para aquecer.
2. Ponha o macarrão em uma tigela e regue com o molho. Polvilhe com o queijo e sirva.

Tortellini de bacalhau

Para 4 pessoas
Tempo de preparo: 1h30m
Difícil

Ingredientes:

Recheio

- 6 colheres (sopa) de azeite
- 1 cebola ralada
- 300 g de bacalhau demolhado, limpo e em lascas
- 1 colher (sopa) de manjericão
- sal a gosto

Massa

- 2 1/2 xícaras (chá) de farinha de trigo
- 3 ovos
- 1 colher (sopa) de óleo
- sal a gosto

Molho rosê

- 4 colheres (sopa) de ketchup
- 2 xícaras (chá) de creme de leite
- 300 g de queijo parmesão ralado
- sal a gosto

Preparo:

Recheio

Refogue no azeite a cebola e o bacalhau. Misture bem e tempere com o manjericão picado e o sal. Mexa bem e deixe esfriar.

Massa

1. Ponha a farinha sobre uma superfície lisa. Abra uma cavidade no centro e acrescente os ovos e o óleo. Misture bem e tempere com sal. Forme uma bola de massa. Deixe descansar coberta com um pano de prato por 15 minutos.
2. Separe a massa em três partes. Polvilhe uma superfície

lisa com um pouco de farinha. Pegue uma das partes da massa. Com um rolo, abra até obter uma espessura bem fina. Faça assim com o restante da massa.

3. Em uma das partes, trace uma linha imaginária no sentido do comprimento, formando dois retângulos. Num dos retângulos, ponha porções do recheio, fazendo montinhos enfileirados, rente à linha imaginária. Deixe 5 cm de distância entre cada porção. Dobre o outro retângulo sobre o recheio e aperte toda a borda da massa com os dedos ou com um garfo.
4. Corte a massa com auxílio de uma carretilha, no formato de meia-lua. Leve ao fogo uma panela com bastante água e cozinhe por dois minutos. Escorra e reserve. Repita esse procedimento com a massa e o recheio restantes.

Molho

Numa panela, misture o catchup, o creme de leite e o queijo. Aqueça em fogo baixo e tempere com sal. Mexa bem e deixe ferver por dez minutos. Sirva a massa com o molho bem quente.

Tortinho com bacalhau

Para 4 pessoas
Tempo de preparo: 30 minutos
Fácil

Ingredientes:

- 350 g de macarrão tortinho
- 5 xícaras (chá) de água
- 2 folhas de louro
- sal e pimenta-do-reino a gosto
- 1 xícara (chá) de azeite
- 1 cebola picada
- 1 colher (sopa) de pasta de alho
- 1/2 xícara (chá) de tomate sem pele e sem sementes picado
- 1 pimentão amarelo sem sementes cortado em cubos
- 1 kg de bacalhau demolhado, limpo e em lascas
- 1/2 xícara (chá) de vinho branco seco
- 1 pimenta-malagueta sem sementes picada
- 10 fatias de pão italiano
- 1 colher (sopa) de coentro

Preparo:

1. Cozinhe o macarrão na água com o louro, o sal, a pimenta e metade do azeite por dez minutos ou até ficar al dente. Retire, escorra e reserve a água.
2. Refogue a cebola no azeite restante e junte o alho e o tomate.
3. Acrescente o pimentão e o bacalhau. Regue com o vinho e tempere com a pimenta picada. Acrescente uma xícara (chá) da água reservada. Assim que ferver, junte o macarrão e deixe cozinhar por mais dez minutos.
3. Torre as fatias de pão e polvilhe com coentro. Sirva com o macarrão.

Tortiglioni com bacalhau e camarão

Para 4 pessoas
Tempo de preparo: 40 minutos
Fácil

Ingredientes:

- 300 g de grão-de-bico demolhado
- sal e pimenta-do-reino a gosto
- 2 tabletes de caldo de legumes
- 1 cenoura sem casca e cortada em cubos
- 500 g de macarrão tortiglioni
- 1 cebola roxa
- 1 cebola branca
- 4 dentes de alho
- 3 tomates maduros
- 1/2 xícara (chá) de azeite
- 1 folha de louro
- 600 g de bacalhau demolhado, limpo e em lascas
- 300 g de camarão limpo
- 1/4 de xícara (chá) de vinho branco seco

Preparo:

1. Cozinhe o grão-de-bico com água suficiente para cobrir os grãos. Junte o sal, os tabletes de caldo de legumes e a cenoura. Quando estiver quase cozido, acrescente o macarrão e termine de cozinhar. Escorra e reserve 1/4 de xícara (chá) da água.
2. Corte as duas cebolas em meia-lua e o alho e o tomate em pedaços. Numa frigideira antiaderente, ponha o azeite. Quando estiver quente, adicione a cebola, o alho e o louro. Doure um pouco. Ponha o tomate e o bacalhau. Acrescente o camarão, regue com o vinho e reserve.
3. Ponha o macarrão e o grão-de-bico na mistura anterior. Regue com a água reservada. Tempere com sal e pimenta e deixe cozinhar por dez minutos. Sirva em seguida.

DELÍCIAS NO MICROONDAS

O forno microondas foi criado para facilitar a vida da dona de casa. Afinal, os alimentos são preparados em menos tempo do que no forno convencional. E o melhor: não perdem as propriedades nutricionais, nem o sabor. Basta seguir algumas regrinhas básicas para explorar todos os recursos do seu aparelho. Até um peixe nobre como o bacalhau pode ser preparado tranqüilamente no microondas. A principal dica é não colocar as postas amontoadas ou sobrepostas. Tente espalhar os pedaços em um recipiente grande. Para evitar o cozimento desigual, gire o refratário na metade do tempo. Assim você impede a concentração de calor em uma determinada parte do alimento e permite que o cozimento seja por igual. Lembre-se de que essa regrinha vale para outros tipos de peixe também. Não se esqueça de utilizar recipientes com tampa. Ao retirá-los do microondas, aguarde o tempo de espera (de seis a oito minutos). Isso é importante porque, mesmo depois de retirado do microondas, o alimento continua cozinhando. Portanto, o tempo de espera deve ser respeitado sempre. Agora que você já aprendeu esses segredos, que tal preparar uma das deliciosas receitas a seguir?

Almôndegas de bacalhau

Para 4 pessoas
Tempo de preparo: 20 minutos
Fácil

Ingredientes:
- 500 g de bacalhau demolhado, limpo e desfiado
- 1/2 pacote de sopa de cebola
- 2 gemas
- 2 colheres (sopa) de farinha de trigo
- 1 1/2 xícara (chá) de molho de tomate refogado
- 2 colheres (sopa) de queijo parmesão

Preparo:
1. Passe o bacalhau no processador e misture com a sopa de cebola, as gemas e a farinha.
2. Forme almôndegas com essa massa e ponha num refratário. Despeje o molho de tomate sobre elas, tampe e leve ao microondas por dez minutos em potência alta. Aguarde mais dez minutos antes de retirar a tampa. Polvilhe com o queijo e sirva.

Arroz de bacalhau

Para 4 pessoas
Tempo de preparo: 30 minutos
Fácil

Ingredientes:
- 500 g de postas de bacalhau demolhadas
- 1/2 xícara (chá) de pimentão verde sem sementes picado
- 2 tomates sem pele e sem sementes picados
- 2 colheres (sopa) de coentro picado
- 1 cebola picada
- 1 dente de alho amassado
- 2 colheres (sopa) de azeite
- 2 xícaras (chá) de arroz
- 4 xícaras (chá) de água
- sal a gosto

Preparo:
1. Afervente o bacalhau. Escorra, remova a pele e as espinhas. Desfie-o em lascas. Ponha num refratário com o pimentão, o tomate, o coentro, a cebola, o alho e o azeite. Leve ao microondas por cinco minutos em potência alta.
2. Acrescente o arroz já lavado e escorrido, a água quente e o sal. Misture bem e leve ao microondas por 20 minutos em potência alta. Retire, mexa bem, e tampe. Aguarde 20 minutos antes de servir.

Bacalhau acebolado picante

Para 4 pessoas
Tempo de preparo: 18 minutos
Fácil

Ingredientes:
- 4 postas de bacalhau demolhadas
- 1/2 xícara (chá) de azeite
- 2 cebolas cortadas em rodelas finas
- 2 dentes de alho amassados
- 1 pitada de orégano
- 1 xícara (chá) de tomate picado
- pimenta-malagueta sem sementes picada e sal a gosto
- 1/4 de xícara (chá) de água
- 1 colher (sopa) de salsa

Preparo:

1. Afervente o bacalhau. Escorra a água, remova a pele e as espinhas. Desfie o peixe em lascas. Num refratário, aqueça o azeite por dois minutos em potência alta. Adicione a cebola e doure por três minutos, na mesma potência.
2. Acrescente o bacalhau, o alho, o orégano, o tomate, a pimenta e o sal. Junte a água e polvilhe com a salsa. Misture e leve ao microondas tampado por oito minutos na mesma potência. Na metade do tempo, mexa. Aguarde oito minutos e retire do microondas.

Bacalhau ao alho e vinho

Para 4 pessoas
Tempo de preparo: 15 minutos
Fácil

Ingredientes:

- 500 g de bacalhau demolhado
- 1 cabeça de alho
- 3 colheres (sopa) de azeite
- 1 cebola picada
- 2 pimentões vermelhos sem pele e sem sementes em tiras
- 100 g de tomate seco
- 1 xícara (chá) de vinho branco seco
- sal a gosto

Preparo:

1. Afervente o bacalhau. Escorra, retire a pele e as espinhas. Separe o peixe em lascas e reserve.
2. Pique o alho e leve ao microondas por dois minutos em um refratário com o azeite. Adicione a cebola. Deixe por mais quatro minutos em potência média.
3. Acrescente o bacalhau, o pimentão, o tomate seco em pedaços e o vinho. Tempere com sal e misture bem. Leve ao microondas em potência média por seis minutos. Mexa na metade do tempo. Retire e sirva.

Bacalhau ao creme

Para 4 pessoas
Tempo de preparo: 5 minutos
Fácil

Ingredientes:

- 1 cebola picada
- 1 kg de bacalhau demolhado, limpo e em postas
- 1 colher (sopa) de ervas picadas
- 1/2 xícara (chá) de vinho branco seco
- sal e pimenta-vermelha em flocos a gosto
- 1 1/2 colher (sopa) de margarina
- 1 xícara (chá) de creme de leite
- 1/2 colher (sopa) de farinha de trigo

Preparo:

1. Corte a cebola em rodelas bem finas e ponha em um refratário. Ponha as postas, lado a lado, e polvilhe com as ervas. Regue com o vinho e tempere com sal e pimenta. Ponha metade da margarina.
2. Tampe e leve ao microondas, em potência alta, por três minutos. Reduza para potência média e cozinhe por mais cinco minutos. Vire com cuidado as postas na metade do tempo. Retire e reserve.
3. Coe o caldo que se formou e coloque novamente no refratário. Junte o creme de leite, misturado com a farinha. Leve ao microondas na potência média por dois minutos. Acrescente a margarina restante e mexa. Coloque as postas e asse em potência alta por um minuto. Deixe descansar por mais dois minutos e sirva.

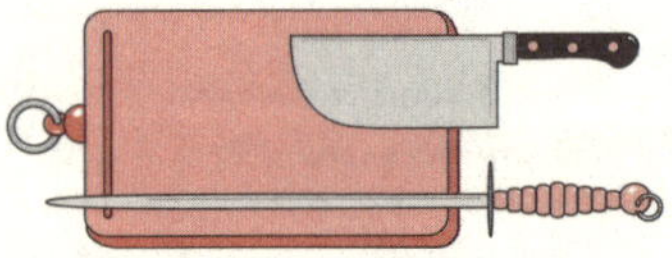

Bacalhau ao vinho

Para 4 pessoas
Tempo de preparo: 15 minutos
Fácil

Ingredientes:

- 500 g de bacalhau demolhado
- 2 pimentões vermelhos
- 150 g de tomate seco
- 1 cebola média
- 1/2 colher (sopa) de alho picado
- pimenta-malagueta sem sementes picada e sal a gosto
- 1/2 xícara (chá) de azeite
- 1 xícara (chá) de vinho branco seco

Preparo:

1. Afervente o bacalhau. Escorra e remova a pele e as espinhas. Separe o peixe em lascas. Corte o pimentão e o tomate seco em pedaços pequenos.
2. Numa tigela, pique bem a cebola e misture ao alho. Tempere com a pimenta e o sal. Reserve
3. Em um refratário, aqueça o azeite em potência alta por dois minutos. Ponha o preparado de cebola e refogue por três minutos na mesma potência. Adicione o bacalhau, o tomate, o pimentão e o vinho. Misture bem. Tampe e leve ao forno microondas por seis minutos em potência alta. Espere um pouco e sirva.

Bacalhau com alcachofra

Para 4 pessoas
Tempo de preparo: 20 minutos
Fácil

Ingredientes:

- 1 cebola
- 120 g de alcachofra em conserva
- 400 g de bacalhau demolhado, limpo e em lascas
- 1 dente de alho amassado
- 1 alho-poró em rodelas
- 1 colher (sopa) de salsa picada
- pimenta-malagueta sem sementes em rodelas e sal a gosto
- 1 colher (sopa) de molho de tomate refogado
- 2 colheres (sopa) de vinho branco seco
- azeite a gosto

Preparo:

1. Num refratário grande, ponha a cebola em rodelas e a alcachofra cortada em quatro. No centro, coloque o peixe, o alho, o alho-poró e a salsa.
2. Tempere com a pimenta e o sal. Misture e leve ao microondas por 15 minutos em potência alta. Aguarde cinco minutos. Retire. Ponha o molho de tomate e o vinho e regue com azeite. Leve ao microondas por cinco minutos. Retire e sirva.

Bacalhau acebolado

Para 4 pessoas
Tempo de preparo: 20 minutos
Fácil

Ingredientes:

- 3 postas de bacalhau demolhadas
- 1 cebola grande
- 1 dente de alho
- 5 colheres (sopa) de azeite
- 1/2 colher (sopa) de orégano
- 1 pitada de pimenta-do-reino
- sal a gosto
- 4 tomates sem sementes batidos no liquidificador
- 1 colher (sopa) de salsa

Preparo:

1. Afervente o bacalhau. Escorra a água, remova a pele e as espinhas. Desfie o peixe em lascas. Pique bem a cebola e o alho.
2. Num refratário, aqueça o azeite por dois minutos em potência alta. Acrescente a cebola e o alho. Leve novamente ao microondas por mais três minutos na mesma potência. Junte o bacalhau, o orégano, a pimenta, o sal, o tomate batido e o salsa. Ponha no microondas por mais oito minutos na mesma potência. Mexa com cuidado na metade do tempo. Aguarde quatro minutos de espera e sirva.

Bacalhau aromático

Para 4 pessoas
Tempo de preparo: 15 minutos
Fácil

Ingredientes:

- 1 cebola
- 1 colher (sopa) de azeite
- 2 colheres (sopa) de margarina
- 2 postas de bacalhau demolhadas e limpas
- 2 colheres (sopa) de farinha de trigo
- 1 1/2 xícara (chá) de leite
- 1 colher (sopa) de salsa
- 5 ovos (gemas e claras separadas)
- 1/2 colher (sopa) de molho inglês
- 1 pitada de noz-moscada
- sal e pimenta-do-reino a gosto
- 1/2 xícara (chá) de queijo parmesão ralado
- 1/2 colher (sopa) de ervas finas

Preparo:

1. Pique a cebola e ponha num refratário com o azeite e metade da margarina. Leve ao microondas em potência alta por três minutos. Retire, acrescente o bacalhau, mexa bem e reserve.
2. Em outro refratário, derreta a margarina restante e junte a farinha, mexendo bem. Adicione o leite e leve ao microondas por dois minutos em potência média. Retire e despeje a mistura no refratário com o bacalhau. Ponha a salsa e as gemas batidas. Tempere com molho inglês, noz-moscada, sal e pimenta.
3. Bata as claras em neve e misture-as delicadamente ao bacalhau. Polvilhe com o queijo e leve ao microondas por dez minutos. Salpique com as ervas e sirva em seguida.

Bacalhau básico

Para 4 pessoas
Tempo de preparo: 25 minutos
Fácil

Ingredientes:

- 4 postas de bacalhau demolhadas e limpas

- 4 dentes de alho
- 1/2 xícara (chá) de azeite
- 1 colher (sopa) de farinha de rosca

Preparo:

1. Ponha as postas de bacalhau em um refratário e distribua o alho socado por cima. Regue com o azeite e polvilhe com a farinha de rosca.
2. Leve ao microondas em potência alta por 20 minutos. Vire as postas com cuidado na metade do tempo. Retire e sirva.

Bacalhau com berinjela

Para 4 pessoas
Tempo de preparo: 15 minutos
Fácil

Ingredientes:

- 4 postas de bacalhau demolhadas e limpas
- 2 berinjelas
- 1/2 colher (sopa) de açafrão
- sal e pimenta-do-reino a gosto
- 3/4 de xícara (chá) de azeite
- suco de 1 limão

Preparo:

1. Faça cortes nas postas e corte a berinjela em meia-lua. Ponha, duas a duas, entre os cortes do bacalhau e polvilhe com o açafrão. Tempere com o sal e a pimenta. Regue com o azeite e o suco de limão e deixe marinar por 30 minutos.
2. Programe o microondas, na função grill, para cinco minutos. Asse o bacalhau por oito minutos, regando na metade do tempo com o molho que se formar no refratário. Aguarde três minutos e sirva.

Bacalhau com cogumelos

Para 4 pessoas
Tempo de preparo: 15 minutos
Fácil

Ingredientes:

- 4 filés de bacalhau fresco
- 1 dente de alho amassado
- 2 colheres (sopa) de suco de limão
- sal a gosto
- 100 g de cogumelos em fatias
- 1/2 xícara (chá) de molho de tomate refogado
- 1 colher (sopa) de cebolinha
- 1 colher (sopa) de coentro

Preparo:

1. Ponha num refratário o peixe, o alho, o suco de limão e o sal. Deixe marinar por 15 minutos. Espalhe por cima o cogumelo, depois o molho de tomate, a cebolinha e o coentro.
2. Tampe e leve ao microondas em potência alta por dez minutos. Deixe descansar por quatro minutos antes de servir.

Bacalhau com espinafre e arroz

Para 4 pessoas
Tempo de preparo: 10 minutos
Fácil

Ingredientes:

- 4 filés de bacalhau fresco
- 1 dente de alho amassado
- sal e páprica picante a gosto
- 1 pitada de pimenta-do-reino
- 1 colher (sopa) de suco de limão
- 1/2 colher (sopa) de coentro
- 2 colheres (sopa) de margarina
- 300 g de espinafre congelado
- 1 pitada de noz-moscada
- 1 xícara (chá) de arroz cozido

Preparo:

1. Tempere o peixe com alho, sal, páprica, pimenta, suco de limão e coentro. Ponha-o em um refratário untado com a margarina. Reserve.
2. Descongele o espinafre no microondas. Escorra e esprema pra retirar a água. Pique bem e tempere com a noz-moscada. Junte o arroz. Misture e coloque sobre cada filé uma porção do preparado anterior.
3. Cubra com papel-manteiga e leve ao microondas em potência média por dez minutos ou até que o peixe esteja cozido, mas sem se desmanchar. Retire e sirva.

Bacalhau com feijão

Para 4 pessoas
Tempo de preparo: 20 minutos
Fácil

Ingredientes:

- 700 g postas de bacalhau demolhadas e limpas
- 1 cebola
- 3 dentes de alho
- sal e pimenta-do-reino a gosto

- 2 tomates sem sementes picados
- l colher (sopa) de molho de tomate refogado
- 100 g de lingüiça defumada
- 3/4 de xícara (chá) de água
- 3 xícaras (chá) de feijão carioca pré-cozido
- 1 pimentão vermelho sem sementes picado
- l colher (sopa) de salsa picada

Para regar

Azeite

Preparo:

1. Ponha o bacalhau num refratário e junte a cebola e o alho picado. Regue com o azeite, tempere com sal e pimenta e leve ao microondas por dois minutos em potência alta.
2. Junte o tomate, o molho de tomate e a lingüiça em rodelas. Leve ao forno por dez minutos, em recipiente fechado, na mesma potência. Na metade do tempo, acrescente a água. Por último, ponha o feijão e o pimentão e cozinhe por mais oito minutos em potência alta. Sirva quente, polvilhado com salsa.

Bacalhau com legumes

Para 4 pessoas
Tempo de preparo: 30 minutos
Fácil

Ingredientes:

- 4 filés de bacalhau fresco
- sal e pimenta-do-reino branca moída
- 1 xícara (chá) de água
- 1 alho-poró com as folhas
- 6 dentes de alho fatiados
- 3/4 de xícara (chá) de azeite
- suco de 1 limão
- 1 abobrinha picada
- 1 pimentão verde sem sementes em tiras
- 1 pimentão vermelho sem sementes em tiras

Preparo:

1. Tempere o peixe com sal e pimenta. Leve ao microondas em um recipiente com metade da água por dez minutos em potência alta. Retire.
2. Ponha em outro refratário a água restante e mergulhe as folhas do alho-poró. Leve ao microondas por dois minutos em potência alta. Retire, escorra e passe na água fria.
3. Enrole os filés nas folhas de alho-poró escaldadas e prenda com palitos. Disponha num refratário, tempere com alho fatiado e regue com o azeite. Tampe e cozinhe no microondas por dez minutos em potência alta.
4. Na metade do tempo, vire e regue com suco de limão. Retire o bacalhau do molho que se formou e mantenha em local aquecido.
5. Junte a abobrinha e o pimentão ao molho que se formou. Regue com um pouco mais de água, se necessário, e leve ao microondas por dois minutos em potência alta. Retire e sirva com os rolinhos de bacalhau.

Bacalhau com legumes e grão-de-bico

Para 4 pessoas
Tempo de preparo: 15 minutos
Fácil

Ingredientes:

- 4 1/4 xícaras (chá) de água
- 4 batatas sem casca picadas
- 4 cenouras sem casca picadas
- 10 buquês de couve-flor pré-cozidos
- 10 buquês de brócolis pré-cozidos
- 4 postas de bacalhau demolhadas e limpas
- 2 xícaras (chá) de grão-de-bico cozido
- sal, vinagre a azeite a gosto
- 4 ovos cozidos

Preparo:

1. Num refratário grande, ponha a água e cozinhe a batata e a cenoura por três minutos em potência alta. Junte a couve-flor e cozinhe por mais dois minutos. Acrescente o brócolis e deixe por mais seis minutos. Retire os legumes e, na mesma água, cozinhe o bacalhau por quatro minutos em potência alta.
2. Aqueça o grão-de-bico e disponha todos os legumes numa travessa. Junte o bacalhau. Tempere com azeite, vinagre e sal. Sirva com ovos em rodelas.

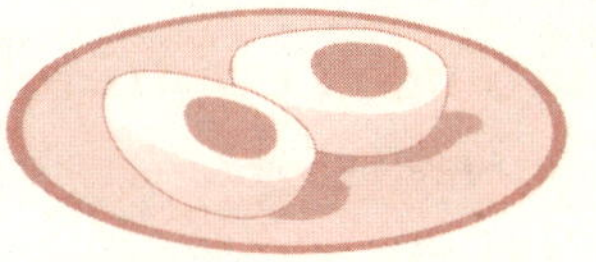

Bacalhau com molho de alcaparras

Para 4 pessoas
Tempo de preparo: 45 minutos
Fácil

Ingredientes:

- 500 g de bacalhau demolhado e limpo
- sal e pimenta-do-reino a gosto

- suco de 1 laranja
- 2 colheres (sopa) de alho-poró picado

Molho

- 1 colher (sopa) de farinha de trigo
- 3 colheres (sopa) de margarina
- 1 1/2 xícara (chá) de leite
- 1/2 xícara (chá) de alcaparras

Preparo:

1. Desfie o bacalhau em lascas grandes e tempere com sal, pimenta e o suco de laranja. Junte o alho-poró e deixe apurar na geladeira por 30 minutos.
2. Ponha o bacalhau em um refratário, tampe e leve ao microondas por oito minutos em potência alta. Retire e deixe tampado por dez minutos em tempo de espera.

Molho

1. Misture a farinha com duas colheres (sopa) de margarina. Ponha em um refratário e leve ao microondas por um minuto em potência alta. Adicione o leite e misture com uma colher de pau.
2. Ponha novamente no microondas por cinco minutos, mas mexa duas vezes durante o cozimento. Retire do microondas, adicione a margarina restante e a alcaparra. Bata com um batedor manual até ficar cremoso.
3. Transfira o bacalhau para uma travessa e regue com o molho de alcaparras. Sirva de imediato.

Bacalhau com molho de manjericão

Para 4 pessoas
Tempo de preparo: 15 minutos
Fácil

Ingredientes:

- 4 filés de bacalhau fresco
- 4 colheres (sopa) de manjericão fresco
- 1 pitada de sal
- 1/2 xícara (chá) de iogurte desnatado
- 2 tomates médios sem sementes picados

Preparo:

1. Num refratário, ponha os filés lado a lado e reserve.
2. Numa tigela média, misture bem os ingredientes restantes e cubra os filés com essa mistura. Tampe e leve ao microondas em potência alta por cinco minutos ou até os filés ficarem macios.
3. Deixe descansar no microondas por dez minutos e sirva.

Bacalhau com molho de pepino

Para 4 pessoas
Tempo de preparo: 10 minutos
Fácil

Ingredientes:

- 1 pepino pequeno descascado e picado
- 1/2 colher (sopa) de erva-doce fresca picada
- 2 ramos de cebolinha picados
- 1 pitada de sal
- 1/2 xícara (chá) de iogurte desnatado
- 500 g de bacalhau demolhado e limpo
- 2 colheres (sopa) de suco de limão

Preparo:

1. Bata no liquidificador o pepino, a erva-doce, a cebolinha, o sal e o iogurte. Ponha em um refratário o bacalhau e regue com o suco de limão. Cubra com papel-manteiga e leve ao microondas em potência alta por cinco minutos, virando o bacalhau na metade do tempo.
2. Em um refratário alto, ponha a mistura de pepino e leve ao microondas em potência média por um minuto ou até aquecer bem. Retire e regue o bacalhau.

Bacalhau com pimentão

Para 4 pessoas
Tempo de preparo: 20 minutos
Fácil

Ingredientes:

- 2 cebolas
- 5 colheres (sopa) de azeite
- 4 postas de bacalhau demolhadas e limpas
- 1 pimentão verde sem sementes em tiras
- 1 pimentão vermelho sem sementes em tiras
- 2 dentes de alho
- 3 tomates maduros
- 1 alho-poró
- 2 cenouras sem casca
- 3/4 de xícara (chá) de vinho branco seco
- 1/4 de xícara (chá) de água
- 1/2 colher (sopa) de farinha de trigo
- 1 xícara (chá) de caldo de peixe
- sal e pimenta-do-reino a gosto

Preparo:

1. Corte a cebola em rodelas e ponha num refratário. Adicione o azeite e ponha o bacalhau. Cubra com os dois tipos de pimentão, o alho picado, o tomate em ro-

delas, o alho-poró em rodelas e a cenoura cortada à juliana.
2. Adicione o vinho e a água. Tampe e leve ao microondas por 12 minutos em potência alta.
3. À parte, dissolva a farinha no caldo de peixe e adicione ao preparado anterior. Tempere com sal e pimenta. Leve ao microondas por mais oito minutos em potência alta. Interrompa na metade do tempo e misture com cuidado. Sirva em seguida.

Bacalhau com molho de shitake

Para 4 pessoas
Tempo de preparo: 20 minutos
Fácil

Ingredientes:
- 500 g de filés de bacalhau fresco
- sal a gosto
- 1 pitada de cominho
- 1/2 xícara (chá) de coentro
- 1 1/2 xícara (chá) de cogumelo shitake fatiado
- 1 colher (sopa) de margarina
- 1/2 colher (sopa) de farinha de trigo
- 1/2 xícara (chá) de vinho branco seco

Preparo:
1. Tempere os filés com o sal, cominho e metade do coentro. Deixe tomar gosto por 30 minutos. Coloque os filés em um refratário, tampe e leve ao microondas por oito minutos em potência alta. Escorra o caldo, reservando-o em outro refratário. Reserve também o peixe.
2. Ponha o shitake, o coentro restante, a margarina em pedaços, a farinha e o vinho no caldo e misture bem.
3. Tampe e leve ao microondas por oito minutos na mesma potência. Mexa duas vezes durante o preparo. Aguarde o tempo de espera. Cubra o peixe com esse molho e sirva.

Bacalhau com pirão

Para 4 pessoas
Tempo de preparo: 15 minutos
Fácil

Ingredientes:
- 1 kg de filés de bacalhau fresco
- sal e pimenta-do-reino a gosto
- suco de 1 limão
- 3 colheres (sopa) de azeite
- 6 tomates sem pele e sem sementes
- 1 colher (sopa) de coentro
- 1 colher (sopa) de cheiro-verde
- 1 cebola picada
- 2 xícaras (chá) de água
- 1 pimenta-malagueta
- 1 xícara (chá) de farinha de mandioca crua

Para regar

Azeite

Preparo:
1. Tempere o peixe com sal, pimenta e o suco de limão. Deixe descansar na geladeira por cinco minutos.
2. À parte, unte um refratário retangular com uma colher (sopa) de azeite e arrume os filés. Cubra com o tomate, o coentro, o cheiro-verde, a cebola e metade da água. Regue com o azeite restante. Tampe e leve ao microon das por sete minutos em potência alta.
3. Retire do microondas e escorra, reservando metade do líquido que se formou. Ponha o caldo reservado em um refratário redondo fundo e junte a água restante. Tempere com sal e a pimenta-malagueta em rodelas sem sementes. Ponha a farinha e misture.
4. Leve ao microondas por três minutos em potência alta, mexendo a cada minuto. Regue o peixe com azeite e leve ao microondas novamente por dois minutos em potência alta. Sirva com o pirão.

Bacalhau com tomate

Para 4 pessoas
Tempo de preparo: 25 minutos
Fácil

Ingredientes:
- 6 fatias de pão de forma
- 6 colheres (sopa) de azeite
- 3 dentes de alho picados
- 1 cebola grande
- 4 tomates sem pele e sem sementes picados
- 4 postas de bacalhau demolhadas e limpas
- 1 pimentão verde sem pele e sem sementes em tiras
- 1 pimentão amarelo sem pele e sem sementes em tiras
- 4 colheres (sopa) de água
- 1 colher (sopa) de cheiro-verde
- sal e pimenta-caiena a gosto

Preparo:
1. Em um refratário, coloque o pão, metade do azeite e o alho. Leve ao microondas por 15 minutos, na função grill, virando as fatias na metade do tempo. Retire do refratário e reserve.

2. No mesmo refratário, ponha a cebola em rodelas, o tomate e o azeite restante. Leve ao microondas por mais quatro minutos em potência alta.
3. Acrescente o bacalhau, os dois tipos de pimentão, a água e o cheiro-verde. Tempere com sal e a pimenta picada. Tampe e cozinhe por 12 minutos em potência média, tampado.
4. Regue, às vezes, com o molho que se formar. Deixe repousar por alguns instantes. Sirva com as fatias de pão.

Bacalhau desfiado

Para 4 pessoas
Tempo de preparo: 15 minutos
Fácil

Ingredientes:

- 1 1/2 colher (sopa) de margarina
- 1 cebola média picada
- 1 pimentão verde sem pele e sem sementes picado
- 500 g de bacalhau demolhado, limpo e desfiado
- sal e pimenta-do-reino a gosto
- 1/4 de xícara (chá) de queijo parmesão ralado
- 2 colheres (sopa) de farinha de rosca
- 2 colheres (sopa) de salsa
- 1 colher (sopa) de coentro
- raspas de 1 limão

Preparo:

1. Ponha a margarina em um refratário e leve ao forno microondas por um minuto em potência média. Junte a cebola e o pimentão e volte ao forno microondas por mais três minutos em potência alta.
2. Acrescente o bacalhau e tempere com sal e pimenta. Leve ao microondas por cinco minutos em potência alta, mexendo duas vezes durante o cozimento.
3. Numa tigela, misture o queijo, a farinha, a salsa, o coentro e as raspas de limão. Cubra o bacalhau com essa mistura e leve ao microondas por cinco minutos em potência alta, mexendo duas vezes durante esse tempo. Aguarde dois minutos, retire e sirva.

Bacalhau dos deuses

Para 4 pessoas
Tempo de preparo: 30 minutos
Fácil

Ingredientes:

- 6 batatas
- 1/4 de xícara (chá) de água
- 4 xícaras (chá) de leite
- 2 colheres (sopa) de farinha de trigo
- 2 colheres (sopa) de amido de milho
- 3 ovos (claras e gemas separadas)
- 1 colher (sopa) de margarina
- 1 1/4 de xícara (chá) de creme de leite
- 1 cebola média ralada
- 1 kg de bacalhau demolhado, limpo e desfiado
- sal e pimenta-do-reino a gosto
- 4 colheres (sopa) de azeite
- 1 colher (sopa) de queijo parmesão ralado
- 1 colher (sopa) de farinha de rosca

Preparo:

1. Descasque a batata e ponha num refratário com a água. Tampe e leve ao microondas por oito minutos em potência alta. Espere dez minutos e pique a batata grosseiramente.
2. Em uma jarra refratária ponha o leite, a farinha de trigo, o amido de milho e as gemas. Misture bem e leve ao microondas por seis minutos na mesma potência, mexendo a cada dois minutos. Junte a margarina e o creme de leite. Reserve.
3. Em outro refratário ponha a batata, cebola e o bacalhau. Tempere com sal e pimenta. Regue com o azeite e misture bem. Adicione metade do creme e misture tudo.
4. Junte as claras batidas ao creme restante e cubra o bacalhau com essa mistura. Polvilhe com o queijo misturado com a farinha de rosca. Leve ao microondas por sete minutos na potência alta. Retire e sirva.

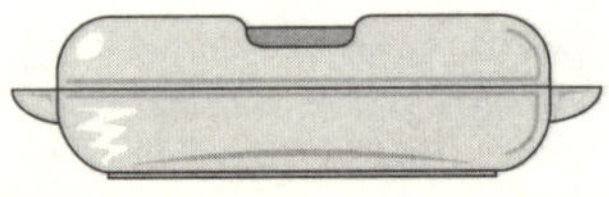

Bacalhau em camadas

Para 4 pessoas
Tempo de preparo: 15 minutos
Fácil

Ingredientes:

- 2 batatas médias sem casca em rodelas
- 2 colheres (sopa) de água
- sal a gosto
- 1 cebola em rodelas finas
- 2 xícaras (chá) de repolho à juliana
- 2 tomates picados sem pele e sem sementes
- 1 colher (sopa) de alcaparras
- 400 g de bacalhau demolhado, limpo e em lascas grossas
- 4 dentes de alho amassados
- 2 colheres (sopa) de azeite
- 1/2 xícara (chá) de vinho branco seco
- 2 colheres (sopa) de suco de limão
- 1 colher (sopa) de cebolinha verde picada

- 2 colheres (sopa) de farinha de rosca
- 1 colher (sopa) de queijo gruyère

Preparo:

1. Ponha a batata num refratário e regue com a água. Tempere com o sal, tampe e cozinhe no microondas por cinco minutos na potência alta.
2. Em outro refratário, faça camadas de batata, cebola, repolho, tomate, alcaparra e o peixe. Reserve.
3. Doure o alho no azeite por dois minutos na potência alta. Retire e adicione o vinho, o suco de limão e a cebolinha. Regue o preparado de bacalhau com essa mistura. À parte, misture a farinha de rosca com o queijo e polvilhe sobre o bacalhau. Leve ao microondas por 15 minutos na função grill.

Bacalhau expresso

Para 4 pessoas
Tempo de preparo: 10 minutos
Fácil

Ingredientes:

- 8 filés de bacalhau fresco
- 8 colheres (sopa) de suco de laranja
- 1 colher (sopa) de endro picado
- 2 cenouras médias sem casca em lascas finas
- 2 talos de salsão picados
- 2 colheres (sopa) de azeite
- sal a gosto

Preparo:

Ponha os filés lado a lado em um refratário e reserve. À parte, misture os demais ingredientes. Espalhe essa mistura sobre os filés e tampe. Leve ao microondas por oito minutos em potência alta. Aguarde alguns minutos e sirva.

Bacalhau nordestino

Para 4 pessoas
Tempo de preparo: 15 minutos
Fácil

Ingredientes:

- 1 kg de bacalhau fresco
- sal a gosto
- suco de 1 limão
- 1 colher (sopa) de cheiro-verde
- 1 folha de louro
- 1 dente de alho picado
- 1 cebola ralada
- 2 tomates sem pele e sem sementes picados
- 1 pimentão verde sem sementes picado
- 1/4 de xícara (chá) de azeite-de-dendê
- 1 xícara (chá) de leite de coco
- 1/2 colher (sopa) de molho de pimenta

Preparo:

1. Corte o peixe em postas e tempere com sal, o suco de limão, o cheiro-verde, o louro, o alho e a cebola. Deixe tomar gosto por 2 horas.
2. Ponha as postas em um refratário fundo e acrescente o tomate, o pimentão, o azeite-de-dendê, o leite de coco e o molho de pimenta. Misture bem, tampe e leve ao microondas por dez minutos em potência alta. Aguarde o tempo de espera e sirva.

Bacalhau regional

Para 4 pessoas
Tempo de preparo: 20 minutos
Fácil

Ingredientes:

- 1 kg de filés de bacalhau fresco
- suco de 1 limão
- 2 colheres (sopa) de pinga
- sal a gosto
- 1 pitada de pimenta-do-reino branca
- 1 pacote de creme de cebola
- 200 g de camarão limpo
- 2 cebolas picadas
- 6 tomates maduros sem pele e sem sementes batidos no liquidificador
- 2 pimentas-malaguetas sem sementes picadas
- 1/2 colher (sopa) de cominho
- 1 folha de louro
- 1 colher (sopa) de cheiro-verde
- 1/2 xícara (chá) de azeite
- 1/2 colher (sopa) de páprica
- 1/2 xícara (chá) de leite de coco
- 1/4 de xícara (chá) de azeite-de-dendê
- 1 1/2 xícara (chá) de creme de leite

Preparo:

1. Numa vasilha, arrume os filés de bacalhau. Misture o suco de limão, a pinga, o sal e a pimenta-do-reino. Distribua sobre o bacalhau e deixe tomar gosto por 30 minutos.
2. Escorra os filés, reservando o molho. Passe os filés no creme de cebola. Ponha metade do camarão no centro dos filés. Enrole-os com cuidado e prenda com auxílio de um palito.
3. No molho reservado, ponha o camarão restante. Junte a cebola, o tomate, a pimenta-malagueta, o cominho, o louro e o cheiro-verde. Misture bem.

4. À parte, ponha o azeite num refratário pequeno e leve ao microondas por dois minutos em potência alta. Retire do forno e junte a páprica, o leite de coco e o dendê. Misture bem.
5. Em um refratário redondo, ponha metade do preparado de azeite e metade do molho de camarão. Ponha com cuidado os rolinhos de bacalhau e cubra com o molho de azeite e o molho de camarão restantes. Leve ao microondas por 12 minutos em potência alta.
6. Adicione o creme de leite, mexa com cuidado e volte ao microondas por mais três minutos em potência média. Sirva em seguida.

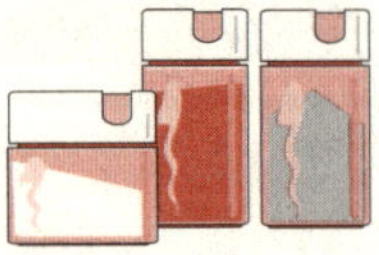

Bacalhau saboroso

Para 4 pessoas
Tempo de preparo: 35 minutos
Fácil

Ingredientes:

- 2 cebolas
- 2 tomates maduros sem sementes
- 1/2 xícara (chá) de pimentão verde sem sementes
- 1/2 xícara (chá) de pimentão amarelo sem sementes
- sal e pimenta-do-reino a gosto
- 1 xícara (chá) de azeite
- 4 postas de bacalhau demolhadas e limpas
- 3 dentes de alho
- 600 g de batata bolinha sem casca
- 1/2 xícara (chá) de água
- 1/2 xícara (chá) de salsa

Preparo:

1. Corte a cebola, o tomate e os dois tipos de pimentão em cubos pequenos. Ponha em um refratário e tempere com sal e pimenta. Adicione duas colheres (sopa) de azeite. Leve ao microondas em potência alta por dez minutos, mexendo quatro vezes. Retire e reserve.
2. Desfie o bacalhau em lascas grandes e reserve. Ponha num refratário quatro colheres (sopa) de azeite e misture o alho picado. Leve ao microondas em potência alta por dois minutos. Acrescente o bacalhau, tampe e retorne ao microondas, na mesma potência, por dez minutos, virando na metade do tempo. Retire e reserve.
3. Cozinhe a batata na água por dez minutos em potência alta. Espere cinco minutos e escorra. Em um refratário, ponha o azeite restante, a batata e retorne ao microondas em potência alta por três minutos, mexendo na metade do tempo.
4. Ponha em uma travessa o bacalhau, o preparado de pimentão e a batata. Polvilhe com salsa e sirva.

Bacalhau simples

Para 4 pessoas
Tempo de preparo: 10 minutos
Fácil

Ingredientes:

- 1/2 colher (sopa) de alho triturado
- 1 alho-poró em rodelas (só a parte branca)
- 1 xícara (chá) de pimentão verde sem sementes em cubos
- 1 xícara (chá) de pimentão amarelo sem sementes em cubos
- 1/2 xícara (chá) de azeite
- 400 g de bacalhau demolhado, limpo e em lascas
- 1 xícara (chá) de água
- 3 batatas sem casca cortadas em rodelas finas
- 1/2 xícara (chá) de cheiro-verde

Preparo:

1. Em um refratário ponha o alho, o alho-poró, os dois tipos de pimentão e o azeite. Tampe e leve ao microondas por quatro minutos em potência alta. Acrescente o bacalhau desfiado e quatro colheres (sopa) de água. Leve ao forno por mais um minuto. Misture bem e reserve.
2. Ponha a batata em outro refratário com a água restante. Tampe e cozinhe por quatro minutos em potência alta. Retire. Em outro refratário, faça camadas alternadas do refogado de bacalhau e de batata, mas finalize com o bacalhau. Leve ao forno por dois minutos na mesma potência. Polvilhe com cheiro-verde e sirva.

Bacalhau aos três queijos

Para 4 pessoas
Tempo de preparo: 15 minutos
Fácil

Ingredientes:

- 1 kg de bacalhau demolhado e limpo
- 2 xícaras (chá) de água
- 1 colher (sopa) de azeite
- 1 colher (sopa) de azeite-de-dendê
- 2 dentes de alho amassados
- 2 cebolas cortadas em meia-lua
- 1 colher (sopa) de tempero para peixe
- 2 tomates sem sementes picados
- 4 batatas sem casca cortadas em rodelas finas
- 1 xícara (chá) de queijo cremoso
- 1/2 xícara (chá) de queijo prato picado
- 1 colher (sopa) de farinha de rosca
- 1 colher (sopa) de queijo parmesão ralado
- 1/2 colher (sopa) de açafrão

Preparo:

1. Num refratário, ponha o bacalhau, metade da água e leve ao microondas por cinco minutos em potência alta. Escorra, desfie e reserve o peixe.
2. Ponha os dois tipos de azeite, o alho e a cebola em um refratário e leve ao microondas por um minuto em potência alta. Junte o bacalhau, o tempero para peixe, o tomate e mexa. Leve ao microondas por dois minutos, na mesma potência. Reserve.
3. Cozinhe a batata por seis minutos na água restante, em um refratário tampado e em potência alta.
4. Espalhe o queijo cremoso sobre o bacalhau. Polvilhe com o queijo prato. Numa tigela, misture a farinha de rosca com o queijo parmesão e o açafrão. Polvilhe sobre o queijo prato e leve ao forno por mais três minutos em potência alta. Sirva imediatamente.

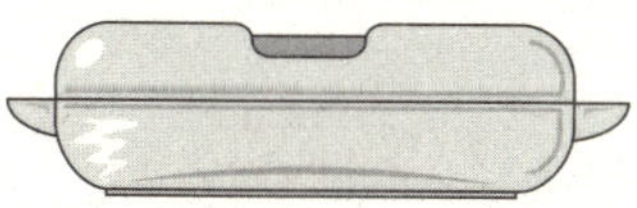

Bacalhau tricolor

Para 4 pessoas
Tempo de preparo: 35 minutos
Fácil

Ingredientes:

- 2 xícaras (chá) de espinafre
- 1/4 de xícara (chá) de água
- sal e pimenta-do-reino a gosto
- 2 cebolas
- 2 dentes de alho
- 1/4 de xícara (chá) de azeite
- 3 postas médias de bacalhau demolhadas e limpas
- 1 xícara (chá) de cenoura ralada
- 2 tomates maduros firmes
- 1 caixinha de molho bechamel
- 1/2 xícara (chá) de creme de leite

Preparo:

1. Num refratário com tampa, cozinhe o espinafre na água com sal e pimenta por seis minutos em potência alta. Escorra, esprema e reserve.
2. Corte a cebola em quatro e pique o alho. Coloque-os num refratário e junte o azeite. Leve ao microondas e deixe dourar por três minutos na mesma potência. Junte o bacalhau desfiado e misture bem. Retire do microondas e distribua a cenoura, o espinafre e o tomate em rodelas. Regue com o molho bechamel misturado com o creme de leite.
3. Leve novamente ao microondas por sete minutos em potência alta. Aguarde alguns minutos e sirva.

Bacalhoada

Para 4 pessoas
Tempo de preparo: 15 minutos
Fácil

Ingredientes:

- 500 g de bacalhau demolhado e limpo
- 250 g de batata sem casca
- 1/2 xícara (chá) de água
- 3 tomates maduros em rodelas
- 2 pimentões verdes sem sementes em tiras
- 2 cebolas grandes
- 1 dente de alho socado
- 12 azeitonas pretas
- pimenta-do-reino a gosto
- 1/2 xícara (chá) de azeite

Preparo:

1. Desfie o bacalhau em lascas. Reserve. Num refratário redondo fundo, ponha a batata cortada em rodelas grossas e junte a água. Leve ao forno por quatro minutos em potência alta.
2. Num refratário retangular, arrume camadas de bacalhau, batata, tomate, pimentão, a cebola fatiada e o alho. Adicione a azeitona e polvilhe com pimenta. Regue com azeite. Leve ao microondas por mais quatro minutos em potência alta. Espere cinco minutos e sirva.

Bacalhoada com couve

Para 4 pessoas
Tempo de preparo: 15 minutos
Fácil

Ingredientes:

- 5 tomates em rodelas
- 1 maço de cheiro-verde picado
- 1 xícara (chá) de azeitona preta sem caroço picada
- 1 kg de bacalhau demolhado, limpo e em lascas
- 1 pitada de pimenta-do-reino
- 4 folhas de couve-manteiga em pedaços
- 5 cebolas cortadas em rodelas
- 3 dentes de alho espremidos
- 5 ovos cozidos cortados em rodelas
- 1 xícara (chá) de azeite

Preparo:

1. Arrume num refratário todos os ingredientes em camadas, exceto o ovo e o azeite. Regue com o azeite e aperte bem com uma colher. Tampe.
2. Leve ao microondas por 15 minutos em potência alta.

Mexa com cuidado na metade do tempo e ponha o ovo. Espere cinco minutos e sirva.

Bacalhoada com molho de tomate

Para 4 pessoas
Tempo de preparo: 25 minutos
Fácil

Ingredientes:

- 1 kg de postas de bacalhau demolhadas e limpas
- 6 batatas médias sem casca e cortadas em rodelas
- 1/4 de xícara (chá) de água
- 1/2 xícara (chá) de molho de tomate refogado
- 2 cebolas em rodelas
- 1 dente de alho picado
- 2 tomates maduros em rodelas
- 1 pimentão verde sem sementes em tiras
- sal e pimenta-malagueta em flocos a gosto
- 1 xícara (chá) de azeitona preta sem caroço
- 1 xícara (chá) de azeite

Preparo:

1. Separe o bacalhau em lascas e reserve. Cozinhe a batata na água e leve ao microondas em potência média por sete minutos.
2. Divida os ingredientes restantes em três partes e faça camadas diferentes. A primeira deve ser de molho de tomate, bacalhau, batata, cebola, alho, tomate, pimentão, sal, pimenta e azeitona. Repita as camadas até acabarem os ingredientes. Regue com azeite.
3. Leve o refratário ao microondas em potência alta por mais dez minutos. Retire do forno e sirva.

Bolo de bacalhau

Para 4 pessoas
Tempo de preparo: 15 minutos
Fácil

Ingredientes:

Massa

- 3/4 de xícara (chá) de azeite
- 1 xícara (chá) de leite
- 4 ovos
- 2 xícaras (chá) de farinha de trigo
- 1 colher (sopa) de fermento em pó
- sal a gosto

Recheio

- 300 g de bacalhau demolhado, limpo e em lascas
- 1 pitada de pimenta-do-reino branca
- 1 colher (sopa) de suco de limão
- 2 colheres (sopa) de azeite
- 1 cebola picada
- 1 batata sem casca cozida
- 1 xícara (chá) de milho
- 1/2 colher (sopa) de margarina
- 1/2 xícara (chá) de queijo parmesão ralado
- 1/2 xícara (chá) de azeitonas pretas
- 2 toletes de palmito em rodelas

Para untar

Óleo

Para empanar

Farinha de rosca

Preparo:

Massa

Ponha no liquidificador todos os ingredientes. Bata bem e reserve.

Recheio

1. Tempere o bacalhau com pimenta e o suco de limão. Ponha em um refratário com o azeite e a cebola. Leve ao microondas por oito minutos em potência alta, mexendo na metade do tempo. Aguarde o tempo de espera.
2. Junte a batata cozida cortada em cubos e o milho. Ponha a margarina e misture.
3. Unte e polvilhe com farinha de rosca uma forma com buraco no meio. Ponha metade da massa e distribua o recheio. Por cima, ponha a massa restante. Polvilhe com metade do queijo.
4. Leve ao microondas por cerca dez minutos na mesma potência. Aguarde o tempo de espera. Desenforme e polvilhe com o queijo restante. Decore com a azeitona preta e as rodelas de palmito.

Caldeirada de bacalhau

Para 4 pessoas
Tempo de preparo: 30 minutos
Fácil

Ingredientes:

- 12 mexilhões com casca
- 1/2 xícara (chá) de água
- 2 colheres (sopa) de azeite
- 1 cebola grande picada
- 1 pimentão verde sem sementes em cubos
- 2 talos de salsão em cubos
- 1 xícara (chá) de vinho branco seco
- 1 1/2 xícara (chá) de molho de tomate refogado

- 1/2 colher (sopa) de orégano
- 200 g de camarão limpo
- 200 g de vieiras sem as conchas
- 4 bastonetes de kani kama
- 2 postas de bacalhau demolhadas e limpas

Preparo:

1. Lave e escove bem os mexilhões. Coloque-os num refratário com a água. Cubra e cozinhe em potência alta por cinco minutos ou até as conchas se abrirem. Elimine a parte superior das conchas e passe cada mexilhão no líquido do cozimento para retirar as impurezas. Ponha-os num prato e reserve.
2. Despeje o líquido numa jarra até as impurezas assentarem. Reserve o líquido limpo e descarte o restante.
3. Num refratário, misture o azeite, a cebola, o pimentão e o salsão. Cozinhe em potência alta por quatro minutos. Junte o vinho, o molho de tomate, o orégano e o líquido reservado. Cozinhe em potência alta por dez minutos, mexendo na metade do tempo.
4. Adicione o camarão e as vieiras. Tampe e cozinhe na mesma potência por cinco minutos, mexendo na metade do tempo. Junte o kani em rodelas, os mexilhões e o bacalhau em lascas. Leve ao microondas na potência alta por quatro minutos ou até borbulhar e sirva.

Coroa de bacalhau

Para 4 pessoas
Tempo de preparo: 30 minutos
Fácil

Ingredientes:

- 1 kg de bacalhau demolhado e limpo
- 4 batatas grandes sem casca e em cubos
- 1 xícara (chá) de água
- 2 colheres (sopa) de margarina
- 1/2 xícara (chá) de leite
- sal a gosto
- 1 cebola média picada
- 1 pimentão verde sem sementes e em tiras
- 1 pimentão amarelo sem sementes e em tiras
- 3 dentes de alho picados
- 1/4 de xícara (chá) de azeite
- 1 xícara (chá) de cheiro-verde
- 20 azeitonas pretas sem caroço picadas
- 2 colheres (sopa) de queijo parmesão ralado grosso

Para untar

Azeite

Preparo:

1. Desfie o bacalhau e o mantenha aquecido.
2. Ponha a batata em um refratário com a água. Tampe e leve ao microondas por dez minutos em potência alta. Retire do microondas, mexa e tampe. Deixe descansar por dez minutos.
3. Esprema a batata e ponha num refratário. Junte a margarina, o leite e o sal. Misture e reserve. Em outro refratário ponha a cebola, os dois tipos de pimentão, o alho e o azeite. Tampe e leve ao microondas por cinco minutos em potência alta, mexendo na metade do tempo. Tempere com sal e com o cheiro-verde. Acrescente a azeitona picada.
4. Unte com azeite uma forma de anel refratária e faça camadas com o bacalhau e o preparado de cebola, mas finalize com o bacalhau. Cubra com o purê de batata ainda quente, pressionando bem para as camadas ficarem firmes. Polvilhe com o queijo e leve ao microondas por cinco minutos. Sirva em seguida.

Empadão de bacalhau

Para 4 pessoas
Tempo de preparo: 20 minutos
Fácil

Ingredientes:

- 750 g de batata sem casca
- 2 xícaras (chá) de água
- sal, noz-moscada e pimenta-do-reino a gosto
- 2 xícaras (chá) de espinafre congelado
- 1/3 de xícara (chá) de leite
- 1/2 colher (sopa) de margarina
- 1 cebola
- 4 dentes de alho
- 1/2 xícara (chá) de azeite
- 1 folha de louro
- 4 postas de bacalhau demolhadas e limpas
- 2 cenouras
- suco de l limão
- 1 gema batida
- 1 xícara (chá) de molho bechamel
- 2 colheres (sopa) de queijo parmesão ralado

Preparo:

1. Cozinhe a batata em água e sal por 12 minutos em potência alta. Escorra. Na mesma água, cozinhe o espinafre por seis minutos. À parte, esprema a batata. Junte o leite ao purê obtido.
2. Acrescente a margarina e tempere com sal, noz-moscada e pimenta. Leve novamente ao microondas por três minutos, mexendo algumas vezes.
3. Pique a cebola e o alho e refogue-os no azeite. Ponha o louro e leve ao microondas por três minutos. Acrescente o bacalhau desfiado e a cenoura ralada. Cozinhe por cinco minutos com o recipiente tampado.
4. Ponha num refratário metade do purê de batata e regue

com o suco de limão. Por cima, disponha o bacalhau, seguido do espinafre, e termine com o purê restante. Junte a gema ao molho bechamel e regue o purê. Leve ao microondas, na função grill, por sete minutos. Na metade do tempo, polvilhe com o queijo. Aguarde o tempo de espera e sirva.

Estrogonofe de bacalhau

Para 4 pessoas
Tempo de preparo: 20 minutos
Fácil

Ingredientes:

- 500 g de bacalhau demolhado e limpo
- 3 colheres (sopa) de azeite
- 2 cebolas raladas
- 2 dentes de alho amassados
- 4 tomates sem pele e sem sementes picados
- 1 pitada de pimenta-do-reino
- 4 colheres (sopa) de ketchup
- 2 colheres (sopa) de molho inglês
- 1 colher (sopa) de mostarda
- 1 1/2 xícara (chá) de cogumelos em fatias
- 1/2 xícara (chá) de vinho branco seco
- 1 pitada de sal
- 1/2 xícara (chá) de creme de leite

Preparo:

1. Separe o bacalhau em lascas e reserve. Em um refratário coloque o azeite, a cebola e o alho. Leve ao microondas por quatro minutos em potência alta.
2. Acrescente o bacalhau, o tomate, a pimenta, o ketchup, o molho inglês, a mostarda e o cogumelo. Tampe e leve ao microondas por dez minutos em potência alta.
3. Retire, mexa bem, acrescente o vinho e o sal. Tampe e retorne ao microondas por mais cinco minutos em potência alta. Retire e acrescente o creme de leite. Misture bem e sirva.

Folhado de bacalhau com arroz

Para 4 pessoas
Tempo de preparo: 35 minutos
Fácil

Ingredientes:

- 1 alho-poró (só as folhas)
- 4 xícaras (chá) de água
- sal e pimenta-vermelha em flocos a gosto
- 2 xícaras (chá) de arroz
- 4 colheres (sopa) de margarina
- 1/2 colher (sopa) de açafrão
- 1/2 colher (sopa) de passas sem sementes
- 1/2 colher (sopa) de pignoli
- 1 xícara (chá) de cenoura sem casca picada
- 1 xícara (chá) de ervilha fresca
- 400 g de filés de bacalhau fresco
- 1/2 xícara (chá) de caldo de peixe
- 1 xícara (chá) de creme de leite

Preparo:

1. Lave as folhas de alho-poró e ponha em um refratário. Adicione duas colheres de água, tempere com sal, tampe e leve ao microondas na potência alta por 40 segundos. Retire, passe por água fria e reserve.
2. Em outro refratário coloque o arroz, a margarina, o açafrão, a passa, o pignoli, a cenoura e a ervilha. Junte a água restante e tempere com sal e pimenta. Leve ao microondas por 15 minutos na mesma potência. Retire do forno e aguarde dez minutos.
3. Corte as folhas de alho-poró em quadrados e os filés também. Tempere os filés com sal e pimenta. Faça camadas alternadas de folhas e de filés. Leve ao microondas por seis minutos na potência alta. Retire e reserve.
4. À parte, misture o caldo de peixe e o creme de leite. Tempere com sal e pimenta. Leve ao microondas por um minuto em potência média. Sirva os folhados regados com molho e acompanhados do arroz colorido.

Lasanha de bacalhau com brócolis

Para 4 pessoas
Tempo de preparo: 30 minutos
Fácil

Ingredientes:

- 4 xícaras (chá) de leite
- 2 colheres (sopa) de farinha de trigo
- 1 colher (sopa) de amido de milho
- sal e pimenta-do-reino a gosto
- 500 g de massa de lasanha pré-cozida
- 500 g de bacalhau demolhado, limpo e em lascas
- 500 g de brócolis pré-cozido picado
- 200 g de mussarela em fatias
- 200 g de presunto picado
- 10 dentes de alho em lâminas
- 4 colheres (sopa) de azeite
- 1 colher (sopa) de farinha de rosca

Preparo:

1. Num refratário fundo, ponha o leite, a farinha e o amido de milho. Misture bem e leve ao forno por seis minutos em potência alta. Espere dez minutos. Tempere com sal e pimenta.
2. Cubra o fundo de um refratário retangular com um pouco desse molho. Por cima, ponha a massa de lasa-

nha, mais um pouco do molho, o bacalhau, o brócolis, a mussarela e o presunto. Repita as camadas até terminarem os ingredientes, mas finalize com o molho branco.

3. Em outro refratário, misture o alho e o azeite. Leve ao microondas por três minutos até o alho dourar. Despeje sobre o molho e polvilhe com a farinha de rosca. Deixe descansar por 1 hora e leve ao microondas por 20 minutos em potência alta. Sirva.

Lasanha de bacalhau com queijo cremoso

Para 4 pessoas
Tempo de preparo: 15 minutos
Fácil

Preparo:

- 400 g de bacalhau demolhado e limpo
- 1 cebola picada
- 1/2 colher (sopa) de tomilho picado
- 1 colher (sopa) de farinha de trigo
- 1 colher (sopa) de margarina
- 2 xícaras (chá) de leite
- sal a gosto
- 1 1/2 xícara (chá) de creme de leite
- 1 xícara (chá) de queijo cremoso
- 1 xícara (chá) de molho de tomate refogado
- 1 kg de massa de lasanha pré-cozida

Preparo:

1. Desfie o bacalhau e ponha num refratário com a cebola e o tomilho. Reserve.
2. Misture a farinha com a margarina e leve ao microondas por um minuto em potência alta.
3. Junte o leite e mexa. Ponha no microondas por mais dois minutos na mesma potência. Retire e mexa bem. Tempere com sal e despeje o creme de leite. Adicione o queijo e misture.
4. Em um refratário, ponha camadas do molho de tomate, da massa de lasanha, do molho de creme e do bacalhau. Por último, despeje o molho de tomate restante. Leve ao microondas por sete minutos em potência alta. Retire e sirva imediatamente.

Lasanha de bacalhau com quatro queijos

Para 4 pessoas
Tempo de preparo: 15 minutos
Fácil

Ingredientes:

- 400 g de bacalhau demolhado e limpo
- 1 1/2 colher (sopa) de azeite
- 1 cebola ralada
- 1 dente de alho picado
- 250 g de massa para lasanha
- 4 xícaras (chá) de água fervente
- sal e noz-moscada a gosto
- 2 colheres (sopa) de margarina
- 1 colher (sopa) de farinha de trigo
- 1/2 xícara (chá) de leite
- 1 xícara (chá) de mussarela ralada
- 1 xícara (chá) de provolone ralado
- 1 xícara (chá) de gorgonzola ralado
- 1 xícara (chá) de parmesão ralado
- 1 1/2 xícara (chá) de creme de leite

Preparo:

1. Desfie o bacalhau e reserve. Num refratário, ponha o azeite e aqueça por 30 segundos no microondas em potência alta. Ponha a cebola, o alho e o bacalhau. Mexa bem e leve ao microondas por mais 30 segundos na mesma potência. Retire e reserve.
2. Cozinhe a massa da lasanha na água fervente com sal por dez minutos em potência alta. Escorra e reserve. Ponha a margarina, a farinha, o leite e a noz-moscada num refratário e leve ao microondas na mesma potência, mexendo a cada dois minutos. Por último, acrescente os queijos e o creme de leite. Misture bem.
3. Em um refratário retangular, faça camadas com a massa, um pouco de creme e o bacalhau. Repita até os ingredientes terminarem, mas finalize com o molho. Leve ao forno por dez minutos na mesma potência e sirva.

Macarrão com bacalhau e frutos do mar

Para 4 pessoas
Tempo de preparo: 10 minutos
Fácil

Ingredientes:

- 4 postas de bacalhau demolhadas e limpas
- 1 cebola picada
- 4 dentes de alho esmagados
- 1/2 xícara (chá) de azeite
- 400 g de camarão limpo
- 250 g de mexilhão
- 1/4 de xícara (chá) de vinho branco
- 3 tomates maduros sem sementes picados
- 1 ramo de coentro picado
- sal a gosto
- 500 g de macarrão parafuso de grão duro cozido

Preparo:

1. Desfie o peixe em lascas. Ponha num refratário a cebola, o alho e o azeite. Misture e leve ao microondas em potência alta por três minutos. Junte o bacalhau e os frutos do mar.
2. Deixe por mais quatro minutos. Na metade do tempo, despeje o vinho e o tomate. Retire e tempere com o coentro picado e o sal. Reserve.
3. Em um refratário, junte o macarrão e o bacalhau com os frutos do mar. Misture bem. Leve ao microondas por quatro minutos e sirva.

Macarrão gravatinha com bacalhau

Para 4 pessoas
Tempo de preparo: 20 minutos
Fácil

Ingredientes:

- 3 colheres (sopa) de margarina
- 2 colheres (sopa) de farinha de trigo
- 1 pitada de sal
- 1/2 colher (sopa) de mostarda
- 1/2 colher (sopa) de molho de pimenta
- 1 1/2 xícara (chá) de leite
- 2 xícaras (chá) de queijo prato ralado
- 200 g de macarrão gravatinha cozido
- 2 colheres (sopa) de azeite
- 200 g de bacalhau demolhado e limpo
- 1 colher (sopa) de orégano

Preparo:

1. Num recipiente, ponha a margarina e leve ao microondas por 30 segundos em potência alta até se derreter. Acrescente a farinha, o sal, a mostarda, o molho de pimenta e o leite. Mexa bem os ingredientes.
2. Leve ao microondas por mais dez minutos em potência alta, mexendo às vezes até o creme engrossar. Junte o queijo e volte ao microondas por três minutos na mesma potência até o queijo se derreter. Mexa bem e misture o macarrão.
3. Num recipiente pequeno, coloque o azeite e ponha no microondas por 15 segundos na potência alta. Junte o bacalhau e o orégano. Misture ao macarrão. Leve ao microondas por mais sete minutos. Sirva em seguida.

Moqueca de bacalhau

Para 4 pessoas
Tempo de preparo: 25 minutos
Fácil

Ingredientes:

- 1 kg de bacalhau fresco cortado em filés
- 1 kg de camarões médios limpos
- suco de 1 limão
- sal e pimenta-do-reino a gosto
- 8 tomates sem peles e sementes picados
- 1 cebola picada
- 1 colher (sopa) de cheiro-verde picado
- 1 pimenta-malagueta sem sementes picada
- 1/2 xícara (chá) de azeite-de-dendê
- 1 xícara (chá) de leite de coco

Preparo:

1. Tempere os filés e o camarão com o suco de limão, o sal e a pimenta.
2. Num refratário fundo, ponha o tomate, a cebola, o cheiro-verde, a pimenta e o camarão. Tampe e leve ao microondas por seis minutos em potência média.
3. Junte, então, o peixe e o dendê. Tampe novamente e volte ao microondas por nove minutos em potência alta.
4. Junte o leite de coco e aqueça por mais dois minutos em potência alta. Sirva.

Moranga com bacalhau e camarão

Para 4 pessoas
Tempo de preparo: 40 minutos
Fácil

Ingredientes:

- 1 moranga
- sal e pimenta-do-reino a gosto
- 2 colheres (sopa) de azeite
- 1 cebola ralada
- 2 tomates maduros sem sementes
- 200 g de camarão limpo
- 200 g de bacalhau demolhado, limpo e separado em lascas grossas
- 1 colher (sopa) de cheiro-verde
- 3 colheres (sopa) de queijo cremoso

Para pincelar

Margarina

Preparo:

1. Lave a moranga. Faça uma tampa na parte superior e retire as sementes com cuidado. Tempere o interior com sal e pimenta e pincele com margarina por fora. Ponha a moranga em um recipiente com tampa e leve ao microondas por 18 minutos em potência alta. Reserve.
2. Ponha o azeite e a cebola num refratário e leve ao microondas por dois minutos na mesma potência. Junte o tomate picado e cozinhe por mais dois minutos em

potência alta. Acrescente o camarão e o bacalhau e cozinhe por mais três minutos na mesma potência.

3. À parte, misture o cheiro-verde com metade do queijo cremoso. Ponha na moranga e adicione também o camarão com bacalhau. Distribua o queijo restante e leve ao microondas por mais dez minutos na mesma potência. Retire e sirva.

Musse de bacalhau

Para 4 pessoas
Tempo de preparo: 2 horas
Fácil

Ingredientes:

- 12 g de gelatina sem sabor granulada
- 2/3 de xícara (chá) de água
- 250 g de bacalhau demolhado, limpo e em lascas
- 1 1/2 xícara (chá) de creme de leite
- 2 dentes de alho picados
- 3 colheres (sopa) de maionese
- 1 cebola picada
- 1 colher (sopa) de mostarda
- 3 colheres (sopa) de cebolinha
- 2 colheres (sopa) de queijo parmesão
- sal e pimenta-do-reino a gosto
- 1 xícara (chá) de tomate seco
- 1 xícara (chá) de azeitonas pretas graúdas sem caroço

Para untar

Azeite

Preparo:

1. Dissolva a gelatina na água. Leve sem tampar ao microondas em potência alta por 20 segundos. Mexa bem.
2. Ponha no liquidificador todos os ingredientes, exceto o tomate seco e a azeitona. Bata até misturar bem.
3. Distribua a musse em uma forma untada com azeite e leve à geladeira até se solidificar. Desenforme. Na hora de servir, decore com o tomate seco e a azeitona.

Picadinho de bacalhau

Para 4 pessoas
Tempo de preparo: 15 minutos
Fácil

Ingredientes:

- 2 colheres (sopa) de azeite
- 600 g de bacalhau fresco cortado em tiras
- 2 colheres (sopa) de molho de soja
- sal e pimenta-branca a gosto
- 2 pimentões médios sem sementes e em cubos
- 2 cebolas fatiadas
- 1/2 colher (sopa) de amido de milho
- 1/2 xícara (chá) de caldo de peixe

Preparo:

1. Ponha o azeite num refratário e leve ao microondas por um minuto em potência alta. Adicione o bacalhau e o molho de soja. Volte ao microondas por seis minutos em potência média. Mexa uma vez durante o cozimento.
2. Tempere com sal e pimenta. Adicione o pimentão e a cebola. Cubra e leve ao forno por mais cinco minutos, em potência média, até o pimentão ficar macio.
3. Dissolva o amido de milho no caldo de peixe. Adicione ao bacalhau com pimentão e cozinhe no microondas por mais cinco minutos na mesma potência. Mexa na metade do tempo. Aguarde o tempo de espera e sirva.

Pimentão recheado com bacalhau

Para 4 pessoas
Tempo de preparo: 25 minutos
Fácil

Ingredientes:

- 4 pimentões verdes grandes
- 2 abobrinhas
- 250 g de bacalhau fresco em filés
- 2 cebolas picadas
- 2 dentes de alho esmagados
- 2 colheres (sopa) de farinha de rosca
- 100 g de camarão fresco e limpo
- 1/4 de xícara (chá) de azeite
- sal e pimenta-do-reino a gosto

Preparo:

1. Lave o pimentão e corte uma tampa. Retire as sementes. Reserve.
2. Corte a abobrinha e os filés em pedaços. Junte a cebola, o alho, a farinha e o camarão. Regue com azeite e tempere com sal e pimenta. Misture bem.
3. Recheie os pimentões com essa mistura. Ponha a tampa e leve ao microondas por cinco minutos em potência alta. Aguarde cinco minutos e sirva.

Risoto de bacalhau

Para 4 pessoas
Tempo de preparo: 25 minutos
Fácil

Ingredientes:

- 500 g de bacalhau demolhado e limpo
- 1 tablete de caldo de peixe
- 4 xícaras (chá) de água quente
- 2 xícaras (chá) de arroz
- 1/2 xícara (chá) de manjericão fresco
- 1 pimentão verde sem sementes e em cubos
- 1/3 de xícara (chá) de queijo parmesão ralado
- 1/2 xícara (chá) de azeite
- 1 xícara (chá) de molho de tomate refogado
- 1 xícara (chá) de ervilha congelada
- 1 xícara (chá) de palmito picado
- 1/2 xícara (chá) de azeitonas pretas sem caroço picadas

Preparo:

1. Separe o peixe em lascas e reserve. Num refratário, dissolva o tablete de peixe na água.
2. À parte, misture os ingredientes restantes e acrescente o bacalhau. Ponha num refratário, tampe e leve ao microondas por 18 minutos em potência alta. Deixe descansar por seis minutos. Retire do forno e sirva.

Risoto de bacalhau picante

Para 4 pessoas
Tempo de preparo: 30 minutos
Fácil

Ingredientes:

- 1 xícara (chá) de arroz
- 1 pimentão amarelo sem sementes e em tiras
- 1 pimentão vermelho sem sementes e em tiras
- 1 cebola média ralada
- 3 talos de salsão picados
- 2 xícaras (chá) de caldo de peixe
- 1/2 colher (sopa) de pimenta-do-reino branca moída
- 1 pitada de páprica picante
- sal a gosto
- 1 pitada de pimenta-malagueta em flocos
- 12 camarões médios limpos
- 2 colheres (sopa) de salsa picada

Preparo:

1. Em uma vasilha, ponha todos os ingredientes, exceto o camarão e a salsa. Misture bem, tampe parcialmente e cozinhe em potência alta por cinco minutos.
2. Reduza para potência média e cozinhe por mais 20 minutos ou até que o arroz esteja cozido e o líquido se reduza bastante.
3. Junte o camarão, misture delicadamente e leve ao microondas por mais cinco minutos, em potência média, ou até o líquido secar.
4. Retire. Polvilhe com a salsa e misture levemente com um garfo. Deixe descansar por sete minutos antes de servir.

Rolinhos de bacalhau com repolho

Para 4 pessoas
Tempo de preparo: 18 minutos
Fácil

Ingredientes:

- 1,5 kg de filés de bacalhau fresco
- sal a gosto
- suco de 1 limão
- 1/2 xícara (chá) de vinho branco seco
- 1 cebola ralada

Recheio

- 1 cebola picada
- 2 dentes de alho picados
- 1 colher (sopa) de azeite
- 1 xícara (chá) de camarão pequeno
- 1 xícara (chá) de cogumelos em fatias
- sal a gosto
- 1 colher (sopa) de queijo gruyère ralado
- 2 colheres (sopa) de farinha de rosca
- 1 repolho pequeno
- 1 xícara (chá) de água
- 1 colher (sopa) de margarina

Preparo:

Num refratário, ponha os filés e tempere com sal, suco de limão, vinho e a cebola. Deixe descansar por 1 hora.

Recheio

1. Ponha a cebola, o alho e o azeite em um refratário. Leve ao microondas por três minutos em potência alta. Acrescente o camarão e o cogumelo.
2. Tempere com sal e leve novamente ao microondas por mais três minutos, mexendo na metade do tempo. Retire do microondas, acrescente o queijo e a farinha de rosca e misture. Reserve.
3. Num refratário, ponha as folhas do repolho com a água. Leve ao microondas por dois minutos em potência alta. Retire, escorra e reserve.
4. Recheie os filés com a mistura de camarão. Enrole-os nas folhas de repolho e arrume num refratário. Espalhe a margarina por cima. Tampe e leve ao microondas por dez minutos na mesma potência.

Rolinhos de bacalhau com aspargos e molho de queijo

Para 4 pessoas
Tempo de preparo: 10 minutos
Fácil

Ingredientes:
- 4 filés de bacalhau fresco
- 200 g de aspargos descongelados
- 1 colher (sopa) de margarina
- 1/2 xícara (chá) de creme de leite
- 2 colheres (sopa) de vinho branco seco
- 1 colher (sopa) de farinha de trigo
- 1 pitada de pimenta-do-reino
- 1/2 xícara (chá) de queijo parmesão ralado

Preparo:
1. Ponha os filés sobre uma tábua de carne e, no centro deles, os aspargos. Enrole-os e disponha num refratário quadrado com as bordas para baixo.
2. Sobre cada um, coloque um pedaço de margarina. Tampe e leve ao microondas em potência alta por quatro minutos. Gire o refratário na metade do tempo.
3. Transfira os rolinhos para um prato e mantenha aquecidos. Adicione o creme de leite, o vinho, a farinha e a pimenta ao molho que se formou no refratário.
4. Cozinhe em potência alta por quatro minutos, mexendo duas vezes. Junte o queijo e cozinhe por mais um minuto, na mesma potência. Ponha os rolinhos lado a lado e despeje o molho sobre eles. Aqueça por mais um minuto em potência alta. Sirva em seguida.

Salada de bacalhau

Para 4 pessoas
Tempo de preparo: 25 minutos
Fácil

Ingredientes:
- 2 postas de bacalhau demolhadas e limpas
- 1 1/2 xícara (chá) de água
- 1 xícara (chá) de ervilhas frescas
- 1 couve-flor em buquês
- 1 alho-poró em rodelas
- 1 colher (sopa) de farinha de trigo
- 1 colher (sopa) de creme de leite fresco
- 1 colher (sopa) de molho de tomate refogado
- 2 colheres (sopa) de azeite
- 2 xícaras (chá) de espinafre cozido

Preparo:
1. Num refratário, ponha o bacalhau e uma xícara (chá) de água e leve ao microondas em potência alta por cinco minutos.
2. Ponha os legumes em outro refratário com a água restante. Retorne ao microondas na mesma potência por oito minutos.
3. Retire o bacalhau e, na água que restou do cozimento, coloque a farinha, o creme de leite, o molho de tomate e o azeite aquecido. Misture bem e cozinhe por dois minutos, em potência alta, mexendo na metade do tempo. Deixe esfriar.
4. Numa saladeira, coloque o bacalhau em pedaços no centro e os legumes cozidos em volta, intercalados com o espinafre. Sirva com o molho de azeite.

Salada de bacalhau com arroz

Para 4 pessoas
Tempo de preparo: 20 minutos
Fácil

Ingredientes:
- 2 postas de bacalhau demolhadas e limpas
- 2 cebolas
- 2 cravos-da-índia
- 3 xícaras (chá) de água
- sal e pimenta-do-reino a gosto
- 1/2 xícara (chá) de arroz
- 1 pimentão vermelho sem sementes
- 1 pimentão amarelo sem sementes
- 1 colher (sopa) de coentro picado
- 1 colher (sopa) de azeite
- 2 colheres (sopa) de vinagre de maçã
- 1 pé de alface romana

Preparo:
1. Num refratário alto, ponha as postas de bacalhau, uma cebola espetada com os cravos, duas xícaras (chá) de água, sal e pimenta. Tampe e leve ao microondas em potência alta por dez minutos, mexendo na metade do tempo. Retire o bacalhau e a cebola. Separe o peixe em lascas grossas e reserve.
2. Acrescente a água restante ao caldo de cozimento do bacalhau e junte o arroz. Cozinhe na mesma potência por dez minutos, mexendo três vezes. Escorra e reserve.
3. Pique a cebola restante e o pimentão em cubos. Misture o bacalhau com a cebola e o pimentão. Reserve.
4. Misture o coentro com o azeite e o vinagre. Distribua sobre o bacalhau com o arroz. Numa saladeira, ponha as folhas de alface bem lavadas e secas. Distribua o preparado de arroz por cima e sirva.

Sopa de bacalhau com ervilha

Para 4 pessoas
Tempo de preparo: 40 minutos
Fácil

Ingredientes:
- 400 g de ervilhas secas
- 300 g de postas de bacalhau demolhadas e limpas

- 1/2 xícara (chá) de cebola ralada
- 1 cenoura sem casca cortada em rodelas
- 1 xícara (chá) de alho-poró
- 1 colher (sopa) de ervas finas
- 4 xícaras (chá) de água
- 3 xícaras (chá) de caldo de legumes
- sal e pimenta-do-reino a gosto
- 1 colher (sopa) de salsa

Preparo:

1. Em uma peneira fina, ponha a ervilha. Lave bem e escorra.
2. Num refratário fundo, ponha a ervilha, o bacalhau, a cebola, a cenoura, o alho-poró e as ervas. Misture bem. Adicione a água e tampe o refratário. Cozinhe em potência alta por 20 minutos, mexendo na metade do tempo.
3. Adicione o caldo e retorne ao microondas na mesma potência por cinco minutos. Deixe descansar por 30 minutos.
4. Retire o bacalhau e reserve. Passe os ingredientes restantes pelo processador até obter um creme. Leve novamente ao refratário e adicione mais água, se necessário. Junte o bacalhau em lascas e cozinhe em potência alta por mais seis minutos. Tempere com sal, pimenta e salsa. Misture bem e sirva.

Sopa de bacalhau com legumes

Para 4 pessoas
Tempo de preparo: 18 minutos
Fácil

Ingredientes:

- 1 cenoura sem casca
- 1 cebola
- 2 batatas
- 2 colheres (sopa) de azeite
- 2 tabletes de caldo de legumes
- 4 xícaras (chá) de água
- 1 xícara (chá) de salsão
- 1 xícara (chá) de repolho à juliana
- 1/2 colher (sopa) de tomilho
- 1 folha de louro
- 200 g de bacalhau demolhado, limpo e desfiado
- sal a gosto

Preparo:

1. Corte a cenoura e a cebola em tiras bem finas. Descasque a batata e corte-a em cubos. Ponha o azeite em um refratário alto, cubra com papel-toalha e aqueça por 45 segundos em potência alta.
2. Dissolva os tabletes de caldo na água fervente. Junte ao azeite os legumes, as ervas e o bacalhau. Misture bem. Regue com meia xícara de caldo de legumes e leve ao microondas por 12 minutos na mesma potência.
3.
4. Acrescente o caldo restante. Tampe e leve novamente ao microondas por mais quatro minutos em potência alta, mexendo na metade do tempo. Tempere com sal, mexa e descarte o louro. Sirva.

Sopa de legumes com bacalhau e macarrão

Para 4 pessoas
Tempo de preparo: 25 minutos
Fácil

Ingredientes:

- 6 xícaras (chá) de água
- 1 colher (sopa) de margarina
- 1 posta de bacalhau demolhada e limpa
- 1 cebola cortada em quatro
- 2 cenouras
- 2 inhames
- 1 chuchu
- 1/2 xícara (chá) de ervilha fresca
- 1 tomate
- sal a gosto
- 1 mandioquinha grande
- 1/2 xícara (chá) de macarrão argolinha

Preparo:

1. Em um refratário fundo, ponha cinco xícaras (chá) de água. Adicione a margarina, o bacalhau e a cebola.
2. Tampe e leve ao microondas por seis minutos em potência alta. Aguarde dez minutos e retire o bacalhau. Separe o peixe em lascas e reserve.
3. No mesmo refratário, ponha os legumes descascados e cortados em cubos. Adicione a água restante. Tampe e leve ao microondas por oito minutos, na mesma potência.
4. Junte o bacalhau e o macarrão. Retorne ao microondas por mais cinco minutos. Sirva em seguida.

Sopa rápida de bacalhau

Para 4 pessoas
Tempo de preparo: 6 minutos
Fácil

Ingredientes:

- 6 xícaras (chá) de caldo de legumes
- 1/2 xícara (chá) de macarrão ave-maria
- 2 cenouras sem casca em cubos
- 1 cebola picada
- 1 posta de bacalhau demolhada e limpa

- sal e pimenta-do-reino a gosto

Preparo:

1. Num refratário fundo, ponha o caldo de legumes, o macarrão, a cenoura e a cebola. Tampe e leve ao microondas em potência alta por cinco minutos.
2. Adicione o bacalhau e cozinhe na mesma potência por dois minutos. Tempere com sal e pimenta na metade do tempo. Sirva em seguida.

Suflê de bacalhau

Para 4 pessoas
Tempo de preparo: 18 minutos
Fácil

Ingredientes:

- 2 postas de bacalhau demolhadas e limpas
- 1 cebola média
- 1 colher (sopa) de azeite
- 2 colheres (sopa) de margarina
- 2 colheres (sopa) de farinha de trigo
- 1 1/2 xícara (chá) de leite
- 1 colher (sopa) de ervas finas
- 5 ovos (claras e gemas separadas)
- 4 gotas de molho inglês
- 1 pitada de noz-moscada
- sal e pimenta-do-reino a gosto
- 1 xícara (chá) de queijo parmesão ralado

Preparo:

1. Separe o peixe em lascas e reserve.
2. À parte, pique a cebola e doure-a no azeite. Misture metade da margarina, por três minutos, na mesma potência. Retire, acrescente o bacalhau, mexa e reserve.
3. Derreta a margarina restante e junte a farinha, mexendo bem. Adicione o leite e leve ao microondas por dois minutos em potência média. Retire e acrescente o bacalhau, as ervas e as gemas batidas. Tempere com o molho inglês, a noz-moscada, o sal e a pimenta.
4. Por último, bata as claras em neve e misture-as delicadamente ao bacalhau. Transfira para forminhas de suflê polvilhadas com queijo e leve ao microondas por dez minutos em potência alta. Retire e sirva.

Surpresa de bacalhau com batata-doce

Para 4 pessoas
Tempo de preparo: 25 minutos
Fácil

Ingredientes:

- 500 g de batata-doce
- 1/4 de xícara (chá) de água
- 500 g de bacalhau demolhado e limpo
- 1 pitada de sal
- 1 pitada de pimenta-branca
- 1 ovo
- 1 colher (sopa) de margarina
- 1 colher (sopa) de cebolinha
- 1 colher (sopa) de cebola ralada
- 1 tomate sem pele e sementes picado
- 1/2 xícara (chá) de azeite
- 1 xícara (chá) de queijo cremoso

Preparo:

1. Em um refratário, ponha a batata-doce na água. Tampe e leve ao microondas por dez minutos em potência alta. Reserve.
2. Separe o bacalhau em lascas e reserve. Esprema a batata-doce e junte o sal, a pimenta, o ovo e a margarina. Misture bem, reserve uma parte e disponha o restante em um refratário.
3. Misture o bacalhau com a cebolinha, a cebola, o tomate e o azeite. Prove o sal e cubra o purê com o bacalhau. Aqueça o requeijão no microondas por 30 segundos em potência alta e distribua por cima do preparado de bacalhau.
4. Com um saco de confeiteiro com bico pitanga, cubra o bacalhau com o purê reservado. Leve ao forno por mais quatro minutos na mesma potência.

Vatapá de bacalhau

Para 4 pessoas
Tempo de preparo: 40 minutos
Fácil

Ingredientes:

Caldo de peixe

- 3 postas de bacalhau demolhadas
- 1 xícara (chá) de alho-poró
- 1 cenoura sem casca picada
- 1 talo de salsão em cubos
- 6 grãos de pimenta-do-reino branca
- 1 pitada de tomilho
- 1/2 xícara (chá) de vinho branco seco
- 3 xícaras (chá) de água

Vatapá

- 2 pães franceses sem miolo cortados em cubos
- 1 cebola
- 1 tomate sem sementes
- 2 colheres (sopa) de azeite-de-dendê

- 1 colher (sopa) de azeite
- 1 xícara (chá) de leite de coco
- sal e pimenta-malagueta a gosto
- 2 colheres (sopa) de amendoim torrado e picado
- 1 colher (sopa) de coentro

Preparo:

Caldo

1. Limpe o bacalhau, reservando as aparas, pele e espinhas. Reserve também o peixe. Num refratário, ponha as aparas, pele e espinhas do bacalhau. Junte os demais ingredientes. Misture bem e tampe. Cozinhe em potência alta por 15 minutos, mexendo duas vezes. Deixe repousar por cinco minutos.
2. Forre uma peneira com uma gaze dobrada e coe a mistura. Reserve o caldo. Ponha o bacalhau num refratário e leve ao microondas com o caldo de peixe coado por cinco minutos, na mesma potência.
3. Retire o bacalhau do caldo e separe-o em lascas. Reserve. Passe o caldo pela peneira.

Vatapá

1. Amoleça o pão cortado em cubos no caldo coado. À parte, pique a cebola e o tomate. Ponha em um recipiente e regue com os dois tipos de azeite. Leve ao microondas por três minutos em potência alta.
2. Retire do microondas e junte o pão. Leve novamente ao microondas pelo mesmo período de tempo. Acrescente o bacalhau, o leite de coco, o sal e a pimenta sem sementes picada. Retorne ao microondas em potência alta. Mexa na metade do tempo e junte o amendoim. Polvilhe com o coentro e sirva.

Virado de bacalhau

Para 4 pessoas
Tempo de preparo: 15 minutos
Fácil

Ingredientes:

- 3/4 de xícara (chá) de azeite
- 1 cebola picada
- 1 dente de alho espremido
- 800 g de bacalhau demolhado, limpo e em lascas
- 2 pimentões vermelhos sem sementes e em tiras
- 1 alho-poró em rodelas grossas
- 2 tomates pelados
- 1/4 de xícara (chá) de vinho branco seco
- sal a gosto
- 3 xícaras (chá) de arroz cozido

Preparo:

1. Num refratário fundo, aqueça o azeite por dois minutos em potência média. Junte a cebola e o alho e cozinhe por mais dois minutos na mesma potência.
2. Adicione o bacalhau e os ingredientes restantes, exceto o arroz. Misture bem. Retorne ao microondas, por mais seis minutos, em potência alta. Misture novamente na metade do tempo.
3. Aguarde cinco minutos de espera e sirva em seguida com o arroz.

Vol-au-vent de bacalhau

Para 4 pessoas
Tempo de preparo: 25 minutos
Média dificuldade

Ingredientes:

- 2 xícaras (chá) de bacalhau demolhado, limpo e desfiado
- 4 fatias de bacon picadas
- 1 cebola pequena picada
- 1 talo de salsão picado
- 1 dente de alho espremido
- 1/2 colher (chá) de tomilho seco
- 1 colher (sopa) de farinha de trigo
- 1/2 xícara (chá) de creme de leite
- sal e pimenta-do-reino a gosto
- 4 unidades grandes ou 8 pequenas de vol-au-vent pré-pronto

Preparo:

1. Afervente o bacalhau. Escorra, reservando o peixe e quatro colheres (sopa) da água do cozimento.
2. Coloque o bacon em um refratário. Cubra com papel-toalha e doure em potência alta por cinco minutos, mexendo duas vezes. Retire e escorra sobre papel-toalha.
3. Na gordura do bacon, ponha a cebola, o salsão, o alho e o tomilho. Cozinhe em potência alta por três minutos. Junte a farinha e mexa bem. Acrescente a água reservada e o creme de leite. Cozinhe na mesma potência por quatro minutos ou até engrossar, mexendo duas vezes.
4. Adicione o bacalhau e cozinhe na potência alta por um minuto. Tempere com sal e pimenta. Cubra e deixe descansar por cinco minutos.
5. Aqueça os vol-au-vents no forno convencional por cinco minutos. Recheie com a mistura de bacalhau, polvilhe com o bacon e sirva.

PRATOS CLÁSSICOS

A primeiras referências à utilização do bacalhau são encontradas na obra Cozinheiro Moderno, *de Lucas Rigaud (1780). Este francês chefiou as cozinhas da Corte Real Portuguesa e criou o Bacalhau à Provençal, assado na grelha ou preparado na frigideira.*
Os pratos apresentados nas próximas páginas são excelentes fontes de história. É o caso do Bacalhau à Gomes de Sá, criado por José Luiz Gomes de Sá Júnior — cozinheiro de um restaurante português que resolveu inovar e cismou de servir o peixe em lascas deixadas de molho no leite quente para amolecer. O resultado? Só provando...
Outro bom exemplo é o Bacalhau à Zé do Pipo, também um prato com lascas, mas que são recobertas com maionese e vão ao forno para gratinar. Foi criação de Zé do Pipo, proprietário de um restaurante na cidade do Porto. Destaque também é o Bacalhau à Lagareiro, refogado em muito, mas muito azeite. Os portugueses costumam dizer que essa é uma criação de Viseu, onde morava um dono de restaurante fanático pelo peixe e pelo azeite. Quando ele resolveu misturar os dois, deu no que deu. A humanidade, sem dúvida, agradece o legado. E não faltam obras com toque e sabor brasileiros, muitas com azeite-de-dendê e leite de coco. Delicie-se com esses também.

Açorda de bacalhau com consomê

Para 4 pessoas
Tempo de preparo: 1h20m
Média dificuldade

Ingredientes:

Consomê

- *2 claras geladas*
- *300 g de aparas de bacalhau*
- *1/2 xícara (chá) de salsão picado*
- *1/2 xícara (chá) de cebola picada*
- *1/2 xícara (chá) de cenoura sem casca picada*
- *1/2 xícara (chá) de alho-poró picado*
- *1/2 xícara (chá) de tomate sem sementes picado*
- *suco de 1 limão*
- *1 pitada de sal*
- *1 bouquet garni*
- *4 xícaras (chá) de água*

Açorda

- *400 g de bacalhau demolhado e limpo*
- *1 1/3 de xícara (chá) de azeite*
- *1 cebola cortada em fatias finas*
- *6 batatas bolinha com casca picadas*
- *1 colher (sopa) de cebolinha francesa picada*
- *sal a gosto*
- *1 pitada de pimenta-do-reino*
- *4 fatias de pão francês amanhecido*
- *100 g de tomates-cereja cortados ao meio*
- *4 folhas de salsa*
- *4 folhas de coentro*
- *1/2 xícara (chá) de azeitona preta picada*
- *4 dentes de alho sem casca*
- *6 ovos de codorna cozidos e sem casca*
- *1 colher (sopa) de suco de limão*

Preparo:

Consomê

1. *Numa tigela, batas as claras ligeiramente com um batedor manual. Misture todos os ingredientes, com exceção do bouquet garni e da água.*
2. *Ponha essa mistura com a água em uma panela. Amarre o bouquet no cabo da panela e coloque para ferver junto com o caldo. Assim que ferver, abaixe o fogo.*
3. *Deixe cozinhar por 40 minutos em fogo baixo sem mexer. Coe o caldo em um coador de papel. Reserve o consomê.*

Açorda

1. *Numa tigela, ponha o bacalhau e o azeite. Deixe de molho por 1 hora. Retire o peixe, corte-o em pedaços e reserve. Reserve separadamente o azeite.*
2. *Refogue a cebola em duas colheres (sopa) do azeite reservado até dourar. Acrescente a batata e a cebolinha e tempere com sal e pimenta.*
3. *Grelhe as lascas de bacalhau numa frigideira antiaderente untada com uma colher (sopa) do azeite*

reservado até dourarem.

4. Em cada prato fundo, disponha uma fatia de pão. Por cima, ponha a batata e o bacalhau. Ao redor, disponha o tomate-cereja, a salsa, o coentro, a azeitona, o alho e o ovo. Pingue duas gotas de suco de limão no prato.
5. Polvilhe com pimenta-do-reino e regue com o azeite restante. Aqueça o consomê e despeje sobre os pratos. Sirva em seguida.

Açorda de bacalhau com gemas

Para 4 pessoas
Tempo de preparo: 45 minutos
Fácil

Ingredientes:

- 650 g de bacalhau demolhado e limpo
- 1 pão caseiro
- 1 xícara (chá) de água
- 3 dentes de alho
- 1 cebola
- 1/2 xícara (chá) de azeite
- 4 xícaras (chá) de caldo de peixe
- pimenta-malagueta em rodelas e cominho a gosto
- 1 colher (sopa) de coentro picado
- 2 gemas cozidas

Preparo:

1. Separe o peixe em lascas e corte o pão em pedaços. Passe o pão pela água, escorra e reserve.
2. Pique o alho e a cebola. Refogue-os no azeite por cinco minutos. Junte o bacalhau, o pão amolecido e o caldo de peixe. Tempere com a pimenta e o cominho. Misture e salpique o coentro.
3. Acrescente as gemas e misture bem. Sirva.

Açorda de bacalhau com ovo pochê

Para 4 pessoas
Tempo de preparo: 35 minutos
Fácil

Ingredientes:

- 1 xícara (chá) de azeite
- 4 dentes de alho picados
- 400 g de bacalhau demolhado e limpo
- 1/2 xícara (chá) de água
- 350 g de pão de forma sem casca torrado
- 4 ovos pochês
- 1 colher (sopa) de coentro picado
- suco de 1 limão
- sal e pimenta-do-reino a gosto

Para decorar

- 1 ramo pequeno de coentro

Preparo:

1. Leve ao fogo o azeite, aqueça bem e doure o alho. Retire do fogo e reserve.
2. Desfie bem o bacalhau e refogue no azeite. Junte a água e misture.
3. Corte o pão em pedaços e acrescente à panela com o bacalhau. Misture bem e deixe cozinhar até que se desfaça. Retire do fogo, adicione o ovo pochê, o coentro e o suco de limão.
4. Misture bem e tempere com sal e pimenta. Transfira para um refratário e leve ao forno para dourar. Decore com o coentro e sirva.

Açorda de bacalhau com pão francês

Para 4 pessoas
Tempo de preparo: 35 minutos
Fácil

Ingredientes:

- 300 g de bacalhau demolhado e limpo
- 1/2 xícara (chá) de azeite
- 1 cebola ralada
- 2 tomates sem pele e sem sementes picados
- 2 dentes de alho picados
- 3 pães franceses cortados em pedaços
- sal a gosto
- 1 pitada de cominho
- 1 folha de louro
- 1 colher (sopa) de salsa picada
- 1/2 colher (sopa) de azeite

Preparo:

1. Afervente o bacalhau e escorra, reservando duas xícaras (chá) da água do cozimento. Separe o peixe em lascas.
2. Numa panela, ponha o azeite, a cebola, o tomate e o alho e refogue por cinco minutos. Molhe o pão na água reservada e deixe por cinco minutos.
3. Esprema ligeiramente e acrescente à panela. Tempere

com o sal, o cominho e o louro. Junte o bacalhau e deixe ferver por dez minutos. Retire do fogo e deixe repousar por mais dez minutos.

4. Leve novamente ao fogo até levantar fervura, mexendo às vezes. Polvilhe a salsa, regue com o azeite, retire do fogo e sirva.

Açorda com pimentão

Para 4 pessoas
Tempo de preparo: 35 minutos
Fácil

Ingredientes:

- 4 postas de bacalhau demolhadas e limpas
- 1/2 xícara (chá) de azeite
- 2 cebolas
- 2 tomates sem sementes picados
- 3 dentes de alho picados
- 1 pimentão verde sem sementes em tiras
- 1 xícara (chá) de água
- sal a gosto
- 1 folha de louro
- 1/2 colher (sopa) de cominho em grãos
- 1 pão caseiro picado
- 1/2 colher (sopa) de vinagre
- 1 colher (sopa) de salsa

Preparo:

1. Desfie o bacalhau em lascas. Refogue no azeite a cebola em rodelas, o tomate, o alho e o pimentão.
2. Junte a água e deixe apurar. Tempere com o sal, o louro e o cominho. Mexa e acrescente o bacalhau. Deixe levantar fervura e retire do fogo.
3. Adicione o pão e misture ligeiramente. Retire do fogo, tampe a panela e deixe descansar por dez minutos.
4. Leve a panela ao fogo só até levantar fervura e ponha o vinagre. Misture com cuidado e transfira para uma travessa. Antes de servir, polvilhe com a salsa.

Açorda de bacalhau com tomate

Para 4 pessoas
Tempo de preparo: 35 minutos
Fácil

Ingredientes:

- 500 g de amêijoas
- 4 postas de bacalhau demolhadas e limpas
- 1 pão italiano redondo
- 1 xícara (chá) de azeite
- 1 cebola picada
- 2 dentes de alho picados
- 1 tomate maduro sem sementes picado
- 1 colher (sopa) de polpa de tomate
- sal e pimenta-do-reino a gosto
- 1 xícara (chá) de coentro picado

Preparo:

1. Coloque a amêijoa de molho em água e sal. Ponha quantidade suficiente para cobri-la. Mude a água pelo menos duas vezes para retirar as impurezas. Troque a água mais uma vez e leve ao fogo até cozinhar. Retire o miolo das que se abrirem e reserve a água. À parte, separe o bacalhau em lascas.
2. Corte uma tampa da parte superior do pão e retire todo o miolo. Transfira o miolo para uma tigela e regue com a água do cozimento da amêijoa.
3. Pincele a casca do pão com metade do azeite e leve-o ao forno para dourar. Refogue no azeite restante a cebola e o alho. Adicione o tomate e a polpa. Refogue por mais dez minutos. Junte o bacalhau, o miolo do pão e tempere com sal e pimenta.
4. Mexa bem até que os ingredientes estejam bem incorporados. Ponha a amêijoa e o coentro e cozinhe por cinco minutos. Retire do fogo e preencha o pão com essa mistura. Sirva em seguida.

Bacalhau à alentejana

Para 4 pessoas
Tempo de preparo: 45 minutos
Fácil

Ingredientes:

- 3 postas de bacalhau demolhadas e limpas
- 6 batatas
- 1/2 xícara (chá) de azeite
- 2 ovos cozidos sem casca
- 4 dentes de alho
- sal e pimenta-do-reino a gosto
- 1/2 xícara (chá) de azeitonas pretas
- 1/2 colher (sopa) de salsa picada

Preparo:

1. Separe o peixe em lascas. Cozinhe a batata em água e sal. Quando ficar macia, escorra e reserve. Corte a batata em rodelas.
2. Numa assadeira untada com uma colher (sopa) de azeite, arrume camadas de batata, bacalhau, rodelas de ovo e alho picado.
3. Tempere com sal e pimenta e regue com o azeite restante. Leve ao forno por dez minutos. Decore com a azeitona e polvilhe com a salsa antes de servir.

Bacalhau à Almeria

Para 4 pessoas
Tempo de preparo: 35 minutos
Fácil

Ingredientes:

- 3 postas de bacalhau demolhadas e limpas
- 3 colheres (sopa) de azeite
- 3 colheres (sopa) de margarina
- 2 cebolas picadas
- 2 dentes de alhos picados
- sal e pimenta-do-reino branca a gosto
- suco de 1 limão

Batata

- 7 batatas
- 150 g de bacon em tiras
- 2 cebolas picadas
- 1/2 xícara (chá) de óleo
- sal e pimenta-do-reino a gosto

Preparo:

1. Ponha as postas em uma travessa untada com uma colher (sopa) de azeite.
2. À parte, leve ao fogo a margarina com o azeite restante. Refogue a cebola e o alho. Tempere com sal e pimenta e misture bem.
3. Deixe dourar e junte o suco de limão. Despeje esse molho sobre as postas e reserve.

Batata

1. Cozinhe a batata em água e sal por dez minutos. Descasque e rale-a num ralador grosso. Refogue o bacon com a cebola no óleo. Junte a batata e refogue por mais cinco minutos. Tempere com sal e pimenta.
2. Quando formar uma crosta, vire a mistura. Doure novamente. Ponha o bacalhau em pratos individuais e sirva com a batata.

Bacalhau à alsaciana

Para 4 pessoas
Tempo de preparo: 45 minutos
Fácil

Ingredientes:

- 3 postas de bacalhau demolhadas e limpas
- 6 batatas sem casca cozidas e em pedaços
- 1/2 xícara (chá) de margarina
- 1/2 xícara (chá) de azeite
- 2 cebolas picadas
- sal e pimenta-do-reino branca a gosto
- 1 xícara (chá) de miolo de pão picado
- coentro picado a gosto

Preparo:

Ponha o peixe em uma travessa com a batata. À parte, doure a cebola na margarina misturada com o azeite. Tempere com sal e pimenta. Adicione o miolo de pão, misture bem e despeje sobre o bacalhau e a batata. Polvilhe com o coentro e sirva.

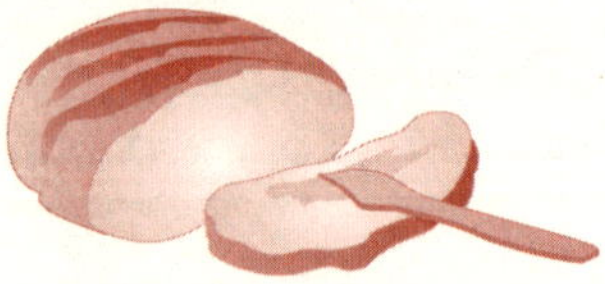

Bacalhau à Andaluzia

Para 4 pessoas
Tempo de preparo: 45 minutos
Fácil

Ingredientes:

- 4 postas de bacalhau demolhadas e limpas
- 3 pimentões vermelhos
- 1/2 xícara (chá) de azeite
- 2 cebolas em rodelas
- 3 tomates sem sementes
- 3 dentes de alho picados
- sal a gosto
- 1 ramo de ervas aromáticas
- 1/3 de xícara (chá) de farinha de trigo
- 1/2 xícara (chá) de água
- 8 batatas

Para polvilhar

Farinha de rosca

Preparo:

1. Separe o peixe em lascas e reserve. Asse o pimentão na brasa. Remova as sementes e corte-o em tiras. Reserve.
2. Leve ao fogo uma frigideira com uma colher (sopa) de azeite e refogue a cebola. Junte o tomate cortado em quatro, o alho, o sal e as ervas aromáticas. Misture e cozinhe por dez minutos. Junte a farinha de trigo dissolvida na água. Cozinhe por mais cinco minutos, mexendo às vezes. Retire do fogo e reserve.
3. À parte, cozinhe a batata em água e sal. Quando estiver macia, escorra, descasque e corte-a em rodelas. Cubra com as rodelas o fundo de um refratário untado com uma colher (sopa) de azeite. Por cima, disponha o bacalhau e o pimentão reservado. Regue com o molho, o azeite restante e polvilhe com a farinha de rosca. Leve ao forno para dourar e sirva.

Bacalhau à Aracaju

Para 4 pessoas
Tempo de preparo: 40 minutos
Média dificuldade

Ingredientes:
- 500 g de postas de bacalhau demolhadas e limpas
- 1/4 de xícara (chá) de azeite
- 150 g de camarão miúdo limpo
- 400 g de camarão graúdo limpo
- 5 tomates sem sementes picados
- 1 pimentão maduro sem sementes em tiras
- 2 dentes de alho amassados
- 1/2 maço de cheiro-verde picado
- 1 colher (sopa) de manteiga de garrafa
- sal a gosto
- 1 cebola em rodelas
- 2 colheres (sopa) de azeite-de-dendê
- 1/2 xícara (chá) de leite de coco

Preparo:
1. Numa frigideira antiaderente untada com uma colher (sopa) de azeite, grelhe as postas até dourarem. Reserve.
2. À parte, cozinhe os dois tipos de camarão separadamente por dez minutos. Escorra e reserve.
3. Numa panela, ponha o azeite, o tomate, o pimentão, o alho, o cheiro-verde e a manteiga de garrafa. Tempere com sal e mexa bem. Cozinhe até engrossar ligeiramente.
4. Acrescente o camarão, a cebola, o dendê e o leite de coco. Mexa e cozinhe por mais dez minutos. Cubra o bacalhau com esse molho e sirva em seguida.

Bacalhau à aristocrata

Para 4 pessoas
Tempo de preparo: 35 minutos
Fácil

Ingredientes:
- 3 postas de bacalhau demolhadas e limpas
- 6 batatas
- 2 colheres (sopa) de banha de porco
- 2 cebolas
- 200 g de presunto
- 2 dentes de alho
- 1 colher (sopa) de margarina
- 2 ovos
- 1 colher (sopa) de farinha de rosca

Preparo:
1. Desfie o peixe e reserve. Cozinhe a batata em água e sal. Descasque e esmague.
2. Numa panela, adicione a banha, a cebola picada muito fina, o presunto em cubos pequenos e o alho picado. Doure bem.
3. Junte o bacalhau em lascas e a batata, misturando tudo muito bem. Quando estiver bem ligado, despeje numa travessa untada com a margarina. Cubra com os ovos batidos e polvilhe com farinha de rosca. Leve ao forno para dourar e sirva.

Bacalhau à Assis

Para 4 pessoas
Tempo de preparo: 1 hora
Fácil

Ingredientes:
- 4 postas de bacalhau demolhadas e limpas
- 8 batatas sem casca
- 4 cenouras sem casca
- 1/2 xícara (chá) de óleo
- 2 cebolas
- 1/2 xícara (chá) de azeite
- 100 g de presunto picado
- 1 pimentão vermelho sem sementes
- 8 ovos batidos
- 1 colher (sopa) de salsa picada
- sal e pimenta-do-reino a gosto
- 1/2 xícara (chá) de azeitonas pretas picadas

Preparo:
1. Separe o peixe em lascas e reserve. Corte a batata e a cenoura em palitos finos e frite no óleo bem quente. Retire, escorra sobre papel-toalha e reserve.
2. Corte a cebola em meia-lua e refogue no azeite. Junte o presunto e o pimentão cortado em cubos.
3. Ponha o bacalhau e refogue. Acrescente a batata e a cenoura e misture bem. Junte os ovos e a salsa e cozinhe. Tempere com sal, pimenta, misture e sirva decorado com a azeitona.

Bacalhau à baiana

Para 4 pessoas
Tempo de preparo: 1h5m
Fácil

Ingredientes:
- 1 kg de bacalhau demolhado e limpo
- 4 colheres (sopa) de azeite
- 3 colheres (sopa) de azeite-de-dendê
- 1 tomate sem sementes picado

- 1 cebola picada
- 1 pimentão verde sem sementes cortado em quatro
- 2 xícaras (chá) de leite de coco

Preparo:

Corte o bacalhau em pedaços e refogue nos dois tipos de azeite. Ponha o tomate, a cebola e o pimentão. Acrescente o leite de coco, misture e cozinhe por dez minutos em fogo baixo. Retire do fogo e sirva.

Bacalhau à baiana com azeitona

Para 4 pessoas
Tempo de preparo: 1h5m
Fácil

Ingredientes:

- 1 kg de bacalhau demolhado e limpo
- 1 cabeça de alho cortada em lâminas
- 2 cebolas cortadas em meia-lua
- 2 pimentões amarelos sem sementes
- 1 xícara (chá) de azeite-de-dendê
- 2 xícaras (chá) de molho de tomate refogado
- 1 1/3 de xícara (chá) de leite de coco
- 1 xícara (chá) de coentro picado
- 1 pimenta dedo-de-moça
- 1/2 xícara (chá) de azeitonas pretas picadas

Preparo:

1. Corte o bacalhau em pedaços médios e reserve. Refogue o alho, a cebola e o pimentão cortado em cubos em duas colheres (sopa) de dendê. Adicione o molho de tomate e cozinhe por 20 minutos.
2. Junte o leite de coco, o dendê restante, o coentro e a pimenta picada. Deixe por mais cinco minutos. Transfira para uma travessa e decore com a azeitona antes de servir.

Bacalhau à Baixa do Sapateiro

Para 6 pessoas
Tempo de preparo: 1h20m
Média dificuldade

Ingredientes:

- 1 coco fresco
- 1 xícara (chá) de água fervente
- 1 kg de bacalhau demolhado e limpo
- 1 pimentão verde grande sem sementes em rodelas
- 6 tomates sem sementes em rodelas
- 2 cebolas em rodelas
- 1 maço de coentro picado
- 1/2 maço de cebolinha verde picada
- 4 pimentas-malaguetas picadas
- suco de 2 limões
- 1/2 xícara (chá) de óleo
- 1/2 xícara (chá) de azeite
- 1/2 xícara (chá) de azeite-de-dendê
- 3 dentes de alho picados
- sal a gosto

Preparo:

1. Rale o coco e reserve. Esprema a polpa para tirar o leite grosso. Despeje a água fervente sobre o bagaço e esprema novamente para tirar o leite fino.
2. Numa panela larga, faça camadas alternadas com o peixe em lascas, o pimentão, o tomate, a cebola, o coentro, a cebolinha e a malagueta.
3. Regue com o suco de limão, o óleo e os dois tipos de azeite. Despeje o leite fino e tempere com o alho e sal. Misture e deixe ferver até o peixe cozinhar. Antes de servir, adicione o leite grosso, misture delicadamente e leve ao fogo por mais cinco minutos.

Bacalhau à Barcelona

Para 4 pessoas
Tempo de preparo: 35 minutos
Fácil

Ingredientes:

- 8 batatas sem casca cozidas
- 4 postas de bacalhau demolhadas e limpas
- 2 cebolas
- 1 xícara (chá) de azeite
- 8 tomates sem sementes
- 2 dentes de alho picados
- 1 xícara (chá) de ervas de Provence picadas
- 1/2 colher (sopa) de açafrão
- sal e pimenta-do-reino a gosto
- 1 colher (sopa) de amido de milho
- 2 pimentões verdes sem sementes

Preparo:

1. Corte a batata em rodelas e separe o peixe em lascas grandes. Reserve ambos.
2. À parte, pique a cebola e refogue no azeite até dourar. Pique o tomate e ponha na panela. Junte o alho e metade das ervas. Tempere com o açafrão, sal e pimenta. Quando o tomate ficar macio, acrescente o amido e mexa bem.
3. Misture novamente e retire a panela do fogo. Asse o

pimentão e retire a pele. Corte em rodelas.

4. Numa travessa, disponha alternadamente camadas de batata, bacalhau e pimentão. Regue com o molho de tomate e leve ao forno até dourar. Antes de servir, polvilhe com o restante das ervas.

Bacalhau à Bairrada

Para 4 pessoas
Tempo de preparo: 30 minutos
Média dificuldade

Ingredientes:

- 1 colher (sopa) de suco de limão
- 2 colheres (sopa) de cachaça
- sal e pimenta-do-reino a gosto
- 1 kg de filés de bacalhau fresco
- 250 g de camarões médios limpos
- 1 pacote de creme de cebola
- 2 cebolas grandes picadas
- 6 tomates maduros sem sementes picados
- 2 pimentas-malaguetas picadas
- 1 folha de louro
- 1/2 colher (sopa) de coentro em pó
- 1 colher (sopa) de cheiro-verde picado
- 1 pitada de pimenta-do-reino
- 1/2 xícara (chá) de azeite
- 1/2 colher (sopa) de colorau
- 1/2 xícara (chá) de leite de coco
- 1/2 xícara (chá) de azeite-de-dendê
- 1 lata de creme de leite

Preparo:

1. Numa tigela, misture o suco de limão, a cachaça, o sal e a pimenta. Misture bem e ponha o peixe de molho na metade dessa marinada. Na metade restante, ponha o camarão. Deixe descansar por 30 minutos.
2. Retire o peixe da marinada, escorra bem e passe no creme de cebola. Recheie com o camarão, enrole e prenda com um palito. Reserve o camarão que sobrar.
3. Misture as marinadas do peixe e do camarão. Adicione a cebola, o tomate, a pimenta-malagueta, o louro, o coentro, o cheiro-verde e a pimenta-do-reino.
4. À parte, coloque o azeite numa panela e aqueça. Retire do fogo e junte o colorau, o leite de coco e o azeite-de-dendê, misturando bem.
5. Forre o fundo de um refratário retangular com metade da mistura de azeites e metade do molho.
6. Disponha cuidadosamente os filés de peixe enrolados e cubra com o restante do molho, da mistura de azeites e o camarão reservado. Leve ao forno por 20 minutos. Junte o creme de leite, mexa cuidadosamente e volte ao forno por mais cinco minutos, sem deixar ferver. Sirva.

Bacalhau à basca

Para 4 pessoas
Tempo de preparo: 1h40m
Média dificuldade

Ingredientes:

Caldo

- 1 cabeça de peixe
- 1 cebola
- 1 talo de aipo
- 1 cenoura sem casca
- 1 maço pequeno de cheiro-verde
- sal e pimenta-preta em grãos
- 1,5 l de água

Bacalhau

- 4 filés de bacalhau fresco
- sal e pimenta-do-reino a gosto
- suco de 1 limão
- 1/2 xícara (chá) de leite
- 2 colheres (sopa) de farinha de trigo
- 3 colheres (sopa) de azeite
- 1 colher (sopa) de margarina
- 3 dentes de alho picados
- 1 xícara (chá) de vinho branco seco
- 500 g de ervilhas frescas
- 250 g de amêijoas limpas e cozidas
- 1 colher (sopa) de coentro picado
- 1 folha de louro
- 100 g de camarões limpos e cozidos

Preparo:

Caldo

Leve ao fogo todos os ingredientes e deixe cozinhar por 1 hora. Retire do fogo, coe e reserve.

Bacalhau

1. Tempere os filés com sal, pimenta e suco de limão. Deixe tomar gosto por 30 minutos. Escorra o peixe sobre um pano. Passe-o pelo leite e depois pela farinha.
2. Numa frigideira, ponha duas colheres (sopa) de azeite e doure as postas. Transfira para uma travessa untada com a margarina.
3. Doure o alho no azeite restante e regue com metade do vinho. Deixe ferver por cinco minutos. Junte uma xícara (chá) do caldo de peixe, tempere com sal e pimenta e regue as postas com essa mistura.
4. À parte, cozinhe a ervilha em água e sal. Escorra. Ponha a amêijoa no vinho restante e misture o coentro e o louro. Disponha a ervilha ao redor das postas e, sobre elas, disponha o camarão e a amêijoa. Leve ao forno preaquecido em temperatura média por cinco minutos. Retire e sirva.

Bacalhau à Beira-Alta com batata

Para 4 pessoas
Tempo de preparo: 45 minutos
Fácil

Ingredientes:

- 4 postas de bacalhau demolhadas e limpas
- 1 1/2 xícara (chá) de azeite
- 4 dentes de alho picados
- pimenta-calabresa sem sementes picada e sal a gosto
- 7 batatas
- 3 colheres (sopa) de sal grosso

Preparo:

1. Unte as postas com meia xícara (chá) de azeite e grelhe-as até dourarem. Reserve. À parte, coloque em uma panela o azeite restante, o alho, a pimenta e o sal. Refogue, mexendo às vezes, até o alho dourar.
2. Separe o peixe em lascas e adicione à panela com o azeite e o alho. Refogue por cinco minutos, retire e reserve.
3. Lave a batata sem remover a casca e passe pelo sal grosso. Transfira para uma assadeira e leve ao forno. Assim que a batata ficar macia, retire. Quando estiver quase fria, aperte-a com a palma da mão para que se abra.
4. Leve novamente ao forno até dourar. Retire do forno e sirva com o refogado de bacalhau.

Bacalhau à Beira-Alta rápido

Para 4 pessoas
Tempo de preparo: 35 minutos
Fácil

Ingredientes:

- 4 postas de bacalhau demolhadas e limpas
- 1/2 xícara (chá) de azeite
- 2 colheres (sopa) de vinagre branco
- 6 dentes de alho bem picados
- 1/4 de xícara (chá) de farinha de rosca

Preparo:

Num refratário, ponha as postas e cubra com o azeite. Por cima, despeje o vinagre e espalhe o alho. Polvilhe com farinha de rosca. Leve ao forno preaquecido em temperatura média e asse por 25 minutos ou até o peixe dourar e se desprender em lascas.

Bacalhau à Braga

Para 4 pessoas
Tempo de preparo: 40 minutos
Fácil

Ingredientes:

- 800 g de postas de bacalhau demolhadas e limpas
- 3 dentes de alho em lâminas
- 1 folha de louro
- 1 xícara (chá) de azeite
- 3 cebolas
- sal e pimenta-do-reino a gosto
- 1/2 xícara (chá) de vinho branco seco
- 8 batatas
- 1 colher (sopa) de salsa picada

Para fritar

Óleo

Preparo:

1. Tempere o bacalhau com o alho, o louro e um fio de azeite. Reserve.
2. À parte, corte a cebola em quatro partes. Refogue no azeite restante e tempere com sal e pimenta. Regue com o vinho branco e cozinhe por cinco minutos. Retire e reserve.
3. Descasque a batata e corte-a em rodelas não muito grossas. Frite em óleo quente e escorra sobre papel-toalha. Reserve.
4. Ponha o bacalhau na panela com a cebola e leve ao fogo novamente até dourar o peixe.
5. Transfira para uma travessa. Ao redor, ponha a batata. Polvilhe com a salsa e sirva.

Bacalhau à Brás

Para 4 pessoas
Tempo de preparo: 45 minutos
Média dificuldade

Ingredientes:

- 300 g de bacalhau demolhado e limpo
- 1/2 xícara (chá) de azeite
- 1 cebola picada
- 2 dentes de alho picados
- 4 ovos batidos
- 2 xícaras (chá) de batata palha
- 1/2 xícara (chá) de salsa picada
- 100 g de azeitonas pretas sem caroço

Preparo:

1. Separe o peixe em lascas e reserve. Em uma panela

média, aqueça metade do azeite e refogue a cebola. Quando dourar, junte o alho e cozinhe por cinco minutos.

2. Acrescente o peixe e misture bem. Regue com o azeite restante. Adicione o ovo e misture. Apague o fogo e ponha a batata-palha e a salsa, misture novamente e sirva decorado com a azeitona.

Bacalhau à Brás rápido

Para 4 pessoas
Tempo de preparo: 35 minutos
Média dificuldade

Ingredientes:

- 10 batatas
- 2 cebolas
- 2 dentes de alho
- 1/2 xícara (chá) de azeite
- 800 g de bacalhau demolhado, limpo e em lascas
- 6 ovos
- sal e pimenta-do-reino a gosto
- 1 colher (sopa) de salsa picada
- 1/2 xícara (chá) de azeitonas pretas sem caroço
- 2 tomates cortados em rodelas

Para fritar

Óleo

Preparo:

1. Descasque a batata e rale-a no ralo grosso. Frite em óleo bem quente. Quando dourar, escorra sobre papel-toalha e reserve.
2. À parte, corte a cebola em rodelas e pique o alho. Doure-os no azeite. Junte o bacalhau, a batata frita e o ovo. Misture bem e deixe cozinhar por dez minutos. Tempere com sal e pimenta. Retire do fogo e transfira para uma travessa. Polvilhe com a salsa e decore com a azeitona e o tomate em rodelas.

Bacalhau à brasileira

Para 6 pessoas
Tempo de preparo: 45 minutos
Média dificuldade

Ingredientes:

- 2 kg de bacalhau demolhado e limpo
- 8 dentes de alho amassados
- suco de 1 limão
- 1/2 colher (sopa) de cominho
- 1 xícara (chá) de azeite

Farofa

- 1 cebola média picada
- sal a gosto
- 1 xícara (chá) de azeite-de-dendê
- 2 xícaras (chá) de farinha de mandioca torrada
- 1 xícara (chá) de amendoim torrado e moído

Molho

- 1/4 de xícara (chá) de azeite
- 4 dentes de alho picados
- 2 cebolas picadas
- 1/2 colher (sopa) de molho de tomate
- sal e coentro picado a gosto
- 1 xícara (chá) de creme de leite
- 1 xícara (chá) de leite de coco

Preparo:

Corte o bacalhau em pedaços médios. Tempere com o alho, o suco de limão, o cominho e metade do azeite. Transfira para uma forma untada com uma colher (sopa) de azeite. Regue com o azeite restante, cubra com papel-alumínio e asse por 30 minutos em temperatura alta. Retire do forno e reserve.

Farofa

Refogue a cebola com o sal no dendê. Ponha a farinha de mandioca e o amendoim. Mexa bastante e deixe cozinhar, sem parar de mexer, por mais dois minutos. Retire e reserve.

Molho

Refogue no azeite o alho e a cebola. Junte o molho de tomate e misture bem. Tempere com sal. Adicione o creme de leite e o leite de coco e cozinhe por cinco minutos. Acrescente o coentro, misture e sirva com o peixe e a farofa.

Bacalhau à bon vivant

Para 4 pessoas
Tempo de preparo: 45 minutos
Fácil

Ingredientes:

- 2 cebolas
- 2 batatas sem casca
- 1 pitada de pimenta-calabresa
- 1 colher (sopa) de ervas finas
- 1 dente de alho picado
- 4 postas de bacalhau demolhadas e limpas
- 1/2 xícara (chá) de leite
- 1/3 de xícara (chá) de água
- 1/2 xícara (chá) de farinha de trigo
- 2 gemas
- sal a gosto

Preparo:

1. Corte a cebola e a batata em rodelas. Ponha em uma frigideira e polvilhe com a pimenta, as ervas e o alho. Separe o peixe em lascas e disponha por cima da batata.
2. Numa tigela, misture o leite, a água, a farinha e as gemas batidas. Tempere com sal e despeje sobre o bacalhau. Leve ao fogo até cozinhar e sirva.

Bacalhau à bruxa

Para 4 pessoas
Tempo de preparo: 35 minutos
Fácil

Ingredientes:

- 3 cebolas
- 1 ramo de salsa picado
- sal a gosto
- 1 pimenta-dedo-de-moça sem sementes picada
- 2 dentes de alho picados
- 1/2 xícara (chá) de azeite
- 1/2 xícara (chá) de margarina
- 3 postas de bacalhau demolhadas e limpas
- 6 batatas sem casca
- 1 colher (sopa) de vinagre
- 1 colher (sopa) de farinha de trigo

Preparo:

1. Numa panela de barro, ponha a cebola em rodelas e a salsa. Tempere com sal e pimenta. Junte o alho, o azeite e metade da margarina. Por cima, disponha o bacalhau em lascas e a batata em rodelas.
2. Alterne as camadas até os ingredientes terminarem. Regue com o vinagre e polvilhe com a farinha de trigo. Leve ao forno com a panela tampada até a batata ficar macia. Sirva.

Bacalhau à bruxa de Valpaços

Para 4 pessoas
Tempo de preparo: 45 minutos
Fácil

Ingredientes:

- 1 kg de bacalhau demolhado e limpo
- 6 cebolas
- 50 g de toucinho fresco
- 2 dentes de alho
- 6 batatas sem casca
- 1 colher (sopa) de salsa picada
- sal e pimenta-do-reino a gosto
- 1 colher (sopa) de manteiga
- 3 colheres (sopa) de vinagre
- 3 colheres (sopa) de farinha de trigo
- 1 xícara (chá) de azeite

Preparo:

1. Separe o bacalhau em lascas e corte a cebola em rodelas. Pique o toucinho e corte o alho em lâminas. Ponha uma porção de cebola no fundo de uma panela de barro. Por cima, disponha o bacalhau, a batata em rodelas, o toucinho e os ingredientes restantes, exceto a farinha e o azeite.
2. Polvilhe com a farinha e regue com o azeite. Tampe a panela e leve ao fogo por 30 minutos ou até a batata ficar cozida. Regue às vezes com o molho que se formar na panela.

Bacalhau à Bauru

Para 4 pessoas
Tempo de preparo: 45 minutos
Fácil

Ingredientes:

- 600 g de bacalhau demolhado e limpo
- 1/2 xícara (chá) de salsa picada
- 1/4 de xícara (chá) de azeitonas pretas
- 2 cebolas grandes em rodelas
- 2 colheres (sopa) de margarina
- 2 dentes de alho picados
- 6 tomates sem pele e sem sementes picados
- sal a gosto
- 1 folha de louro
- 1 xícara (chá) de molho branco
- 1 xícara (chá) de creme de leite
- 1 xícara (chá) de batata palha

Preparo:

1. Separe o peixe em lascas. Ponha numa tigela e misture com a salsa e a azeitona. Reserve.
2. Em uma panela, frite a cebola na margarina até murchar. Adicione o alho, o tomate e tempere com o sal e o louro. Deixe o molho apurar por dez minutos. Apague o fogo, retire o louro e reserve.
3. Aqueça o molho branco. Quando começar a ferver, acrescente o creme de leite. Misture bem. Em um refratário, ponha o bacalhau, o molho de tomate e o molho de creme Cubra com a batata palha e leve ao forno para gratinar. Sirva em seguida.

Bacalhau à caipira

Para 4 pessoas
Tempo de preparo: 2h20m
Fácil

Ingredientes:
- 1 kg de filés de bacalhau fresco
- 2 xícaras (chá) de vinagre
- suco de 1 limão
- 1 dente de alho socado
- sal a gosto
- 1 cebola picada
- 2 colheres (sopa) de salsa
- 1 xícara (chá) de fubá

Para fritar

Banha

Preparo:
1. Ponha os filés em uma tigela e junte o vinagre, o suco de limão, o alho, o sal, a cebola e a salsa. Deixe nesse tempero pelo menos 2 horas e escorra.
2. Passe no fubá e frite na banha bem quente até dourar. Retire com a escumadeira e ponha para escorrer em papel-toalha. Sirva em seguida.

Bacalhau à camaresca

Para 4 pessoas
Tempo de preparo: 1 hora
Fácil

Ingredientes:
- 4 postas de bacalhau demolhadas e limpas
- 2 colheres (sopa) de margarina
- 1 xícara (chá) de creme de leite
- 1/3 de xícara (chá) de leite
- sal e pimenta-calabresa a gosto
- 1/2 colher (sopa) de amido de milho
- 150 g de camarão limpo e cozido
- 100 g de cogumelos fatiados
- 1 xícara (chá) de queijo cremoso
- 100 g de queijo parmesão ralado

Para untar

Azeite

Preparo:
1. Unte uma grelha com azeite e grelhe as postas até dourarem. Retire da grelha e reserve.
2. Numa panela, derreta a margarina, acrescente o creme e metade do leite. Tempere com sal e pimenta. Misture.
3. Assim que levantar fervura, adicione aos poucos o amido dissolvido no leite restante e mexa sempre, até obter consistência.
4. Junte o camarão e o cogumelo e deixe tomar gosto por cinco minutos em fogo baixo. Numa travessa, disponha as postas grelhadas e despeje o molho por cima.
5. Cubra com o queijo cremoso, polvilhe com o parmesão e leve ao forno para gratinar por cinco minutos em temperatura alta. Sirva.

Bacalhau à camponesa

Para 4 pessoas
Tempo de preparo: 1 hora
Fácil

Ingredientes:
- 2 postas de bacalhau demolhadas e limpas
- 2 cebolas picadas
- 2 dentes de alho picados
- 5 colheres (sopa) de azeite
- 1 colher (sopa) de margarina
- 4 unidades de costelinha de porco cortadas em pedaços
- 100 g de bacon picado
- 2 colheres (sopa) de água
- 2 colheres (sopa) de molho de tomate
- 400 g de vagem semicozida e em pedaços
- sal e pimenta-do-reino a gosto
- 1 xícara (chá) de farinha de trigo
- 1 colher (sopa) de salsa picada

Para fritar

Azeite

Preparo:
1. Separe o peixe em lascas grandes. À parte, doure a cebola e o alho no azeite e na margarina. Adicione a costelinha e o bacon e frite até que a carne esteja dourada. Regue com a água e junte o molho de tomate. Tampe e cozinhe por dez minutos.
2. Adicione a vagem, tempere com sal e pimenta e deixe apurar mais 20 minutos em fogo baixo.
3. À parte, passe as lascas de bacalhau pela farinha e depois frite em azeite bem quente. Junte à panela com a vagem, tampe e cozinhe por mais dez minutos. Polvilhe com salsa e sirva.

Bacalhau à Charlotte

Para 4 pessoas
Tempo de preparo: 45 minutos
Fácil

Ingredientes:

- 4 postas de bacalhau demolhadas e limpas
- pimenta-malagueta sem sementes picada e sal a gosto
- suco de 1 limão
- 3 colheres (sopa) de manteiga
- 2 cebolas grandes
- 2 cenouras sem casca
- 1 xícara (chá) de água
- 1 xícara (chá) de vinho branco seco
- 2 colheres (sopa) de farinha de trigo
- 100 g de cogumelos em conserva
- 2 gemas
- 1 xícara (chá) de creme de leite fresco

Preparo:

1. Tempere o peixe com pimenta, sal e suco de limão. Reserve.
2. Numa panela, doure as postas na metade da manteiga por três minutos de cada lado. À parte, corte a cebola e a cenoura em rodelas finíssimas. Ponha a cebola na panela com as postas.
3. Dê uma rápida fervura na cenoura e escorra. Junte às postas. Adicione a água, o vinho, a manteiga restante e polvilhe com a farinha. Misture e tempere com sal. Tampe e cozinhe em fogo baixo por 15 minutos.
4. Acrescente o cogumelo cortado ao meio e cozinhe por mais dez minutos, com a panela sem tampa.
5. Ponha as postas numa travessa funda e reserve. No molho que sobrar na panela, adicione as gemas e o creme de leite. Misture e leve ao fogo baixo, mexendo às vezes. Cubra as postas com uma parte desse molho e sirva o restante à parte, numa molheira.

Bacalhau à Coimbra

Para 4 pessoas
Tempo de preparo: 50 minutos
Fácil

Ingredientes:

- 400 g de bacalhau demolhado e limpo
- 1 xícara (chá) de azeite
- 2 cebolas em rodelas
- 2 xícaras (chá) de leite
- 250 g de miolo de pão francês
- 2 colheres (sopa) de vinagre
- 2 gemas
- sal, pimenta-do-reino e dill a gosto

Preparo:

1. Separe o peixe em lascas e reserve. Numa frigideira, aqueça o azeite (reserve uma colher de sopa) e refogue a cebola até ficar transparente. Junte o bacalhau e refogue bem. Retire do fogo e reserve.
2. À parte, ferva o leite e junte o pão e o vinagre. Deixe por cinco minutos. Despeje na panela com o bacalhau e leve ao fogo, mexendo sempre, por cinco minutos.
3. Transfira para uma assadeira untada com o azeite reservado. Cubra com as gemas batidas e tempere com o sal, a pimenta e o dill. Leve ao forno quente até dourar. Sirva.

Bacalhau à Costa do Sol

Para 4 pessoas
Tempo de preparo: 45 minutos
Fácil

Ingredientes:

- 500 g de bacalhau demolhado e limpo
- 10 batatas sem casca em rodelas
- 1 xícara (chá) de azeite
- 3 cebolas em rodelas
- 1 chouriço de 200 g em rodelas
- 2 cenouras sem casca em tiras finas
- 150 g de toucinho fresco em tiras
- 4 dentes de alho picados
- 1 colher (sopa) de salsa picada
- sal e pimenta-calabresa a gosto
- 1 colher (sopa) de colorau
- 1/2 xícara (chá) de vinho branco seco
- 100 g de azeitonas pretas a gosto

Preparo:

1. Separe o peixe em lascas grossas e reserve. Arrume a batata no fundo de um refratário untado com uma colher (sopa) de azeite. Por cima ponha a cebola, o chouriço, a cenoura e o toucinho. Polvilhe com o alho e a salsa.
2. Tempere com o sal, a pimenta e o colorau. Regue com o azeite restante e o vinho e leve ao forno para assar. Sirva com a azeitona.

Bacalhau à Diamantina

Para 4 pessoas
Tempo de preparo: 50 minutos
Média dificuldade

Ingredientes:

- 1 xícara (chá) de salsa picada
- 1 xícara (chá) de coentro picado
- 5 cebolinhas verdes picadas
- 1 kg de bacalhau demolhado e limpo
- sal a gosto
- 1/4 de xícara (chá) de azeite

Preparo:

1. Numa tigela, misture a salsa ao coentro e à cebolinha. Separe o peixe em postas e faça um corte em cada uma no sentido do comprimento, mas sem separar os pedaços totalmente.
2. Recheie esse corte, como se fosse um sanduíche, com porções da mistura de ervas. Tempere com sal e unte os pedaços com metade do azeite.
3. Forre uma assadeira com papel-alumínio. Ponha o peixe e regue com o azeite restante. Cubra com o papel-alumínio, fechando bem as bordas. Asse em forno quente preaquecido até o bacalhau ficar dourado.

Bacalhau à Dona Candinha

Para 4 pessoas
Tempo de preparo: 45 minutos
Fácil

Ingredientes:

- 1 kg de bacalhau demolhado e limpo
- sal a gosto
- 1 pimenta-malagueta
- 2 dentes de alho picados
- 1/2 colher (sopa) de estragão
- 1/2 xícara (chá) de azeite
- 2 tomates sem pele e sem sementes
- 1 pepino
- 5 folhas de manjericão

Preparo:

1. Separe o peixe em postas e tempere-as com sal, pimenta, o alho e o estragão. Grelhe-as numa frigideira antiaderente untada com uma colher (sopa) de azeite.
2. À parte, corte o tomate em lâminas e o pepino em rodelas. Coloque-os num recipiente com tampa e leve ao freezer até ficarem tenros.
3. Num prato, ponha o bacalhau. Ao lado, distribua o tomate e o pepino. Decore com o manjericão e sirva.

Bacalhau à moda do duque

Para 4 pessoas
Tempo de preparo: 45 minutos
Fácil

Ingredientes:

- 1 kg de bacalhau demolhado e limpo
- 6 fatias de bacon
- 400 g de alho-poró em tiras
- 2 cenouras sem casca em tiras
- 2 xícaras (chá) de creme de leite fresco
- sal e pimenta-do-reino a gosto
- 4 batatas sem casca cozidas

Preparo:

1. Separe o peixe em lascas e reserve. Numa frigideira, frite o bacon na própria gordura até dourar. Retire e escorra sobre papel-toalha.
2. Em uma panela, ponha o alho-poró, a cenoura, o creme de leite, o sal e a pimenta. Cozinhe em fogo baixo, mexendo às vezes, até ficarem macios, porém firmes. Junte o peixe e cozinhe por mais cinco minutos. Transfira para um refratário e leve ao forno por 15 minutos ou até dourar levemente. Sirva com o bacon e a batata.

Bacalhau à espanhola

Para 4 pessoas
Tempo de preparo: 35 minutos
Fácil

Ingredientes:

- 750 g de bacalhau demolhado e limpo
- 1 xícara (chá) de farinha de trigo
- 1 1/3 de xícara (chá) de azeite
- 5 tomates maduros sem sementes
- 2 cebolas médias
- sal e pimenta-calabresa a gosto
- 1 folha de louro
- 1 xícara (chá) de tomilho picado
- 1 pimentão verde sem sementes
- 1 xícara (chá) de caldo de legumes
- 1 limão-siciliano em rodelas
- 2 pimentões vermelhos sem sementes à juliana

Preparo:

1. Separe o peixe em pedaços grandes e passe pela farinha. Frite-os no azeite quente (mas reserve antes duas colheres de sopa) até dourarem. Retire do fogo, escorra sobre papel-toalha e reserve, mantendo aquecidos.
2. Corte o tomate em pedaços grandes e a cebola em rodelas e refogue no azeite reservado. Tempere com sal, pimenta, o louro, o tomilho e o pimentão verde em cubos. Adicione o caldo de legumes e cozinhe, em fogo baixo, até que o tomate amoleça.
3. Passe pela peneira e retorne ao fogo até levantar fervura. Retire. Ponha o bacalhau nos pratos, cubra com

o limão e o pimentão vermelho. Regue com o molho quente e sirva imediatamente.

Bacalhau à espanhola com parmesão

Para 4 pessoas
Tempo de preparo: 45 minutos
Fácil

Ingredientes:

- 1,5 kg de filés de bacalhau fresco
- pimenta-malagueta em flocos e sal a gosto
- 1 colher (sopa) de coentro picado
- suco de 2 limões
- 4 ovos
- 2 colheres (sopa) de queijo parmesão
- 1 xícara (chá) de farinha de trigo
- 1 1/3 de xícara (chá) de margarina
- 1 limão-siciliano

Preparo:

1. Tempere os filés com a pimenta, o sal, o coentro e o suco de limão. Coloque em uma travessa e deixe por 30 minutos.
2. À parte, bata os ovos com o queijo. Escorra os filés e passe nessa mistura. Frite-os na margarina aquecida. Quando dourarem, retire, escorra sobre papel-toalha e sirva com o limão em rodelas.

Bacalhau à fiorentina

Para 4 pessoas
Tempo de preparo: 40 minutos
Fácil

Ingredientes:

- 1 kg de bacalhau demolhado e limpo
- 1 1/3 de xícara (chá) de molho bechamel
- 1 maço de brócolis japonês cozido
- 1 pitada de pimenta-rosa
- 1 xícara (chá) de farinha de trigo
- 2 colheres (sopa) de queijo parmesão

Preparo:

1. Separe o peixe em postas e reserve.
2. Numa panela, ponha o bechamel, o brócolis picado e a pimenta. Misture bem e cozinhe por dez minutos em fogo baixo. Retire do fogo e reserve.
3. Passe as postas na farinha de trigo e arrume em um refratário médio. Cubra com o molho de brócolis e polvilhe com o queijo. Leve ao forno médio preaquecido em temperatura baixa por dez minutos ou até gratinar. Retire e sirva.

Bacalhau em grande estilo

Para 4 pessoas
Tempo de preparo: 1h15m
Média dificuldade

Ingredientes:

Caldo de peixe

- 5 xícaras (chá) de água
- 12 mexilhões limpos e escovados
- 1 cebola
- 1 talo de salsão
- 1 cenoura grande
- 1 alho-poró
- sal a gosto
- 1 folha de louro
- 2 ramos de salsa picados

Bacalhau

- 4 filés de bacalhau fresco
- sal a gosto
- 1 1/2 colher (sopa) de farinha de trigo
- 4 colheres (sopa) de azeite
- 6 dentes de alho picados
- 5 colheres (sopa) de salsa picada
- 1/2 xícara (chá) de vinho branco seco
- 1/4 de xícara (chá) de suco de limão
- 1/4 de xícara (chá) de ervilha congelada
- 2 ovos cozidos sem casca
- 8 talos de aspargos em conserva
- 8 mariscos bem pequenos limpos

Preparo:

Caldo

Ponha em uma panela todos os ingredientes e deixe ferver. Cozinhe com a panela tampada por 1 hora. Coe e reserve.

Bacalhau

1. Tempere o peixe com sal e passe-o na farinha de trigo. Aqueça duas colheres (sopa) de azeite numa frigideira grande e frite o peixe em fogo alto até dourar. Retire e transfira para um refratário.
2. Aqueça o forno em temperatura alta. Aqueça o azeite restante numa frigideira e frite o alho em fogo médio até dourar. Junte quatro colheres (sopa) de salsa, o vinho, uma xícara (chá) do caldo reservado e o suco de limão.
3. Cozinhe, mexendo por três minutos, até obter uma

mistura homogênea e suave. Ponha a ervilha e tempere com sal. Despeje o molho sobre o bacalhau e decore com o ovo picado e o aspargo. Leve ao forno por dez minutos.
4. À parte, cozinhe os mariscos em água e sal. Retire os que se abrirem e sirva com o bacalhau polvilhado com a salsa restante.

Bacalhau à Gomes de Sá

Para 4 pessoas
Tempo de preparo: 35 minutos
Fácil

Ingredientes:

- 4 postas de bacalhau demolhadas e limpas
- 3 cebolas cortadas em quatro
- 2 dentes de alho picados
- 1/2 xícara (chá) de azeite
- 8 batatas com casca cozidas
- sal e pimenta-do-reino a gosto
- 2 ovos cozidos sem casca
- 1 colher (sopa) de salsa picada
- 100 g de azeitonas pretas sem caroço

Preparo:

1. Separe o peixe em lascas grossas e reserve.
2. À parte, doure as cebolas e o alho no azeite. Junte o bacalhau e a batata em rodelas. Tempere com sal e pimenta. Refogue por cinco minutos.
3. Transfira para um refratário e leve ao forno para dourar. Decore com o ovo cortado em quatro, a salsa e a azeitona. Sirva.

Bacalhau à italiana

Para 4 pessoas
Tempo de preparo: 45 minutos
Fácil

Ingredientes:

- 6 batatas
- 400 g de bacalhau demolhado e limpo
- 1 xícara (chá) de azeite
- 1 cebola grande picada
- 3 dentes de alho picados
- 2 colheres (sopa) de queijo parmesão ralado
- 1 colher (sopa) de manteiga
- 100 g de azeitonas pretas

Preparo:

1. Descasque a batata e cozinhe em água e sal. Escorra, corte-a em rodelas e reserve. Separe o peixe em lascas e reserve.
2. À parte, aqueça o azeite numa panela e doure a cebola e o alho. Acrescente o bacalhau e cozinhe por cinco minutos em fogo baixo, mexendo às vezes.
3. Num refratário, monte camadas de bacalhau e batata. Por cima, polvilhe com o queijo e a manteiga em pedaços. Leve ao forno para gratinar. Antes de servir, decore com a azeitona.

Bacalhau à Lagareiro com espinafre

Para 4 pessoas
Tempo de preparo: 40 minutos
Fácil

Ingredientes:

- 8 batatas pequenas sem casca
- 2 cebolas miúdas em pedaços
- sal grosso a gosto
- 4 postas de bacalhau demolhadas e limpas
- 2 xícaras (chá) de azeite
- 1 maço de espinafre cozido
- 4 dentes de alho

Preparo:

1. Lave bem a batata e a cebolinha. Tempere com o sal grosso e asse num refratário. Quando a batata começar a dourar, retire do forno e reserve.
2. Separe o peixe em postas e grelhe numa frigideira antiaderente untada com duas colheres (sopa) de azeite. Transfira para uma travessa e reserve.
3. À parte, refogue o espinafre e um dente de alho picado em uma colher (sopa) de azeite. Reserve.
4. Doure o alho restante cortado em lâminas no azeite que sobrou e regue o bacalhau com essa mistura. Sirva com a batata, a cebolinha e o espinafre.

Bacalhau à Lagareiro prático

Para 4 pessoas
Tempo de preparo: 50 minutos
Fácil

Ingredientes:

- 4 postas de bacalhau demolhadas e limpas
- 2 cebolas em rodelas
- 1 cabeça de alho
- sal a gosto
- 1 1/3 de xícara (chá) de azeite
- 8 batatas pequenas sem casca

Preparo:

1. Ponha as postas de bacalhau em uma assadeira, cubra com a cebola, o alho picado e tempere com sal.
2. Regue com o azeite e leve ao forno preaquecido em temperatura média por 45 minutos. Regue às vezes durante o cozimento com o azeite que escorrer para a forma.
3. Cozinhe a batata em água e sal. Quando estiver macia, escorra e transfira para o refratário com o peixe. Leve ao forno por 25 minutos ou até dourar e sirva.

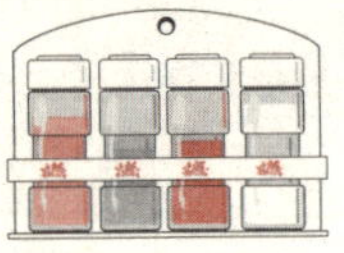

Bacalhau à Maceió

Para 4 pessoas
Tempo de preparo: 1h5m
Fácil

Ingredientes:

- 4 filés de bacalhau fresco
- sal a gosto
- 1 pitada de pimenta-do-reino
- suco de 1 limão
- 1 xícara (chá) de leite
- 1 xícara (chá) de água
- 1 cenoura picada
- 1 cebola sem casca em pedaços
- 1 colher (sopa) de alecrim picado
- 1 folha de louro
- 1 colher (sopa) de alcaparras
- 1 colher (sopa) de amido de milho
- 100 g de queijo de coalho picado

Preparo:

1. Corte o peixe em pedaços e tempere com sal, pimenta e suco de limão.
2. Ferva o leite com a água, a cenoura, cebola, o alecrim e o louro. Tempere com sal e deixe ferver por 45 minutos em fogo baixo.
3. Ponha o peixe na panela com o leite e cozinhe por cinco minutos. Retire e coloque num refratário. Reserve.
4. Adicione ao caldo a alcaparra e o amido de milho. Misture bem até engrossar um pouco e despeje sobre o peixe. Salpique com o queijo e leve ao forno para gratinar por dez minutos.

Bacalhau à Michelangelo

Para 4 pessoas
Tempo de preparo: 50 minutos
Fácil

Ingredientes:

- 4 postas de bacalhau demolhadas e limpas
- 1 colher (sopa) de azeite
- 3 colheres (sopa) de manteiga
- 5 aspargos em conserva picados
- 2 palmitos em rodelas
- 1 xícara (chá) de cogumelos inteiros
- 1 xícara (chá) de tomate seco
- 3 fundos de alcachofra cortados em quatro

Preparo:

1. Grelhe as postas de bacalhau numa frigideira antiaderente untada com o azeite até dourarem. Retire e transfira para uma travessa.
2. À parte, refogue bem os ingredientes restantes na manteiga. Cubra as postas com essa mistura e sirva.

Bacalhau à moda caipira

Para 4 pessoas
Tempo de preparo: 45 minutos
Fácil

Ingredientes:

- 4 postas de bacalhau demolhadas e limpas
- 2 dentes de alho
- 1 xícara (chá) de leite
- 2 ovos batidos
- 1 xícara (chá) de farinha de rosca
- 8 colheres de (sopa) de azeite
- 2 cebolas grandes
- 10 tomates-cereja
- sal e pimenta-do-reino a gosto
- 2 xícaras (chá) de milho-verde em conserva escorrido
- 5 batatas-doces sem casca
- 4 colheres (sopa) de maionese
- 1 xícara (chá) de salsa picada

Para fritar

Óleo

Preparo:

1. Tempere o peixe com um dente de alho picado e o leite. Deixe descansar nessa mistura por 30 minutos. Escorra e passe pelo ovo, pela farinha de rosca e frite na metade do azeite. Escorra sobre papel-toalha e reserve.
2. Refogue em três colheres (sopa) de azeite a cebola cortada em rodelas, o alho restante em lâminas e junte o tomate cortado ao meio. Tempere com sal, pimenta e deixe apurar por dez minutos em fogo baixo. Acrescente o milho e misture bem. Deixe cozinhar por cinco minutos e retire do fogo.
3. À parte, corte a batata em rodelas grossas e frite-as

em óleo. Escorra e tempere com sal.

4. Transfira as postas de bacalhau para um refratário untado com o azeite restante e cubra com o refogado de cebola. Ao redor, disponha a batata-doce frita. Cubra com a maionese e leve ao forno para gratinar. Antes de servir, polvilhe com a salsa.

Bacalhau à moda de Cascavel

Para 4 pessoas
Tempo de preparo: 35 minutos
Fácil

Ingredientes:

- 500 g de filés de bacalhau fresco
- sal a gosto
- 1 tablete de caldo de peixe
- 1 xícara (chá) de água quente
- 4 colheres (sopa) de farinha de trigo
- 4 colheres (sopa) de manteiga
- 2 colheres (sopa) de alecrim fresco
- 1 xícara (chá) de iogurte natural

Preparo:

1. Tempere os filés com sal e deixe tomar gosto por dez minutos. Dissolva o tablete de caldo de peixe na água quente e reserve.
2. Passe os filés em três colheres (sopa) de farinha e frite-os em duas colheres (sopa) de manteiga até ficarem dourados. Reserve em lugar aquecido.
3. Em outra frigideira, derreta a manteiga restante e junte a farinha de trigo que sobrou. Mexa até dourar. Ponha o caldo dissolvido e misture até obter um creme grosso. Acrescente o alecrim.
4. Retire do fogo e misture o iogurte. Despeje sobre os filés e sirva.

Bacalhau à moda da casa

Para 4 pessoas
Tempo de preparo: 55 minutos
Fácil

Ingredientes:

- 1 colher (sopa) de manteiga
- 100 g de camarão limpo
- 2 corações de alcachofra picados
- 1 cebola picada
- 1/4 de xícara (chá) de conhaque
- 1/2 xícara (chá) de molho madeira
- 1/2 xícara (chá) de molho branco
- 4 postas de bacalhau demolhadas e limpas

Preparo:

1. Numa panela, refogue na manteiga o camarão, a alcachofra e a cebola. Quando a cebola dourar, flambe com o conhaque. Acrescente o molho madeira e o molho branco, misture e deixe apurar por cinco minutos.
2. Ponha as postas em pratos individuais e regue com o molho. Sirva em seguida.

Bacalhau à moda da chalana

Para 4 pessoas
Tempo de preparo: 40 minutos
Média dificuldade

Ingredientes:

- 1 kg de bacalhau demolhado e limpo
- 2 colheres (sopa) de azeite
- 2 tomates sem pele e sem sementes picados
- 2 xícaras (chá) de salsa
- 1 pimenta-dedo-de-moça sem sementes picada

Creme

- 2 colheres (sopa) de manteiga
- 2 cebolas médias raladas
- 5 colheres (sopa) de farinha de trigo
- 4 xícaras (chá) de leite
- 5 gemas
- 1 pitada de sal
- 1/2 xícara (chá) de queijo parmesão ralado

Preparo:

Separe o peixe em lascas grossas. Aqueça uma colher (sopa) de azeite numa panela e refogue o tomate, a salsa e a pimenta picada com o peixe. Refogue até que o bacalhau esteja macio. Retire do fogo e reserve.

Creme

Em outra panela, derreta a manteiga e refogue a cebola até murchar. Dissolva a farinha no leite e acrescente à panela, mexendo sempre. Adicione as gemas, uma a uma, e o sal. Mexa sempre até obter um creme consistente. Retire do fogo.

Montagem

Num refratário, ponha metade do creme. Por cima, disponha o refogado de peixe. Cubra com o creme restante e polvilhe com o queijo. Leve ao forno em temperatura alta até dourar. Sirva.

Bacalhau à moda chinesa

Para 4 pessoas
Tempo de preparo: 55 minutos
Fácil

Ingredientes:

- 4 filés de bacalhau fresco
- 1/2 colher (sopa) de mistura de especiarias chinesas
- 4 colheres (chá) de amido de milho
- 1 colher (sopa) de óleo de gergelim
- 3 cebolinhas verdes picadas
- 1/2 colher (sopa) de gengibre ralado
- 150 g de cogumelos
- 100 g de mini-espigas de milho
- 1/2 colher (sopa) de xerez
- 1 pitada de açúcar
- sal a gosto
- 1 pitada de pimenta-do-reino

Preparo:

1. Passe os filés na mistura de especiarias e no amido. Aqueça o óleo numa frigideira e frite a cebolinha verde, o gengibre, o cogumelo e as mini-espigas cortadas em rodelas. Deixe por dois minutos, mexendo sempre.
2. Adicione o peixe e cozinhe por mais cinco minutos, virando uma vez.
3. À parte, misture o xerez e o açúcar. Despeje sobre o peixe e cozinhe em fogo baixo por dois minutos. Tempere com sal e pimenta e sirva.

Bacalhau à moda da fazenda

Para 4 pessoas
Tempo de preparo: 45 minutos
Fácil

Ingredientes:

- 1 kg de bacalhau demolhado e limpo
- 4 xícaras (chá) de leite
- 3 colheres de sopa de margarina
- 1 cebola média picada
- 2 xícaras (chá) de polpa de tomate
- 1 xícara (chá) de água
- 1/2 xícara (chá) de salsa picada
- sal a gosto

Molho

- 3 colheres (sopa) de margarina
- 3 colheres (sopa) de farinha de trigo
- 4 xícaras (chá) de leite
- 1 xícara (chá) de queijo parmesão
- 300 g de mussarela fatiada

Preparo:

1. Afervente o peixe no leite por 20 minutos. Deixe esfriar, escorra e reserve.
2. À parte, derreta em uma panela a margarina em fogo médio e doure a cebola. Junte o bacalhau, a polpa de tomate e a água. Misture bem.
3. Tampe a panela e cozinhe por dez minutos. Acrescente a salsa e o sal. Misture novamente, retire do fogo e reserve.

Molho

Unte um refratário retangular grande com uma colher (sopa) de margarina e reserve. Em uma panela, derreta a margarina restante em fogo médio e junte a farinha e o leite. Mexa até engrossar. Ponha o parmesão e mexa novamente.

Montagem

No refratário, faça camadas de bacalhau, molho e mussarela, mas termine com a mussarela. Leve ao forno por 20 minutos para gratinar e sirva em seguida.

Bacalhau à moda da Régua

Para 4 pessoas
Tempo de preparo: 35 minutos
Fácil

Ingredientes:

- 4 postas de bacalhau demolhadas e limpas
- 1/2 xícara (chá) de azeite
- 5 colheres (sopa) de farinha de rosca
- 1/2 xícara (chá) de margarina
- 1 pimenta-malagueta sem sementes picada
- sal a gosto

Preparo:

Ponha as postas em uma assadeira untada com duas colheres (sopa) de azeite. Cubra com farinha de rosca e disponha por cima pedaços de margarina. Polvilhe com a pimenta e o sal. Regue com o azeite restante e leve ao forno até formar uma crosta dourada. Sirva em seguida.

Bacalhau à moda da rendeira

Para 4 pessoas
Tempo de preparo: 40 minutos
Média dificuldade

Ingredientes:

- 1 kg de bacalhau demolhado e limpo
- sal a gosto
- 1 dente de alho espremido
- 1 kg de mandioca
- 1 1/2 colher (sopa) de banha de porco
- 2 pimentas-malaguetas picadas
- sal e cebolinha verde picada a gosto
- 2 xícaras (chá) de coentro picado

Preparo:

1. Corte o peixe em cubos pequenos e tempere com sal e o alho. Reserve.
2. Descasque a mandioca e corte-a em pedaços pequenos.
3. Aqueça bem a banha numa panela e frite a mandioca, mexendo por dois minutos. Ponha água até cobri-la. Tampe a panela e cozinhe até que a mandioca fique macia. Acrescente o peixe, misture e cozinhe por mais cinco minutos.
4. Ponha os ingredientes restantes e deixe no fogo até o caldo ficar grosso e um pouco picante. Sirva em seguida.

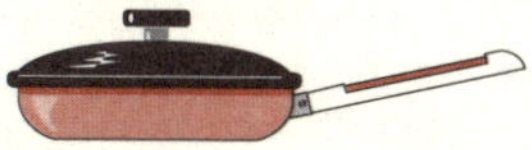

Bacalhau à moda da visita

Para 4 pessoas
Tempo de preparo: 45 minutos
Fácil

Ingredientes:

- 4 filés de bacalhau fresco
- suco de 1 limão
- 1 xícara (chá) de cogumelos em conserva
- 2 colheres (sopa) de salsa picada
- 1 pitada de estragão picado
- sal e pimenta-do-reino a gosto
- 8 colheres (sopa) de vinho branco seco

Para untar

Manteiga

Preparo:

1. Divida o papel-alumínio em quatro partes de tamanho suficiente para enrolar cada um dos filés. Unte o papel com manteiga e ponha um filé sobre cada pedaço. Regue com o suco de limão.
2. Corte o cogumelo em tiras e espalhe sobre o peixe. Polvilhe também com a salsa e o estragão e tempere com sal e pimenta.
3. Derrame sobre cada um dos filés duas colheres (sopa) do vinho branco. Misture bem e feche os pacotes de papel. Asse sobre uma grelha por 20 minutos ou até o peixe se desprender em lascas. Sirva em seguida.

Bacalhau à moda da vizinha

Para 4 pessoas
Tempo de preparo: 30 minutos
Fácil

Ingredientes:

- 3 colheres (sopa) de manteiga
- 3 colheres (sopa) de farinha de trigo
- 2 xícaras (chá) de tomate pelado
- 4 ovos
- 1 kg de bacalhau demolhado e limpo
- sal e molho de pimenta a gosto
- 1/2 colher (sopa) de tomilho picado
- 1 pitada de cominho

Para untar

Azeite

Preparo:

1. Numa frigideira, derreta a manteiga e junte a farinha, mexendo sempre. Sem retirar do fogo, acrescente aos poucos o tomate e os ovos ligeiramente batidos. Mexa e ponha o bacalhau em lascas.
2. Misture bem e tempere com o sal, o molho de pimenta, o tomilho e o cominho. Mexa e transfira para um refratário untado com azeite. Leve ao forno preaquecido até dourar e sirva.

Bacalhau à moda da vovó

Para 4 pessoas
Tempo de preparo: 30 minutos
Fácil

Ingredientes:

- 4 postas de bacalhau demolhadas e limpas
- 4 batatas grandes sem casca
- 2 cebolas
- 2 dentes de alho
- 4 folhas de hortelã
- 1 xícara (chá) de azeite

Preparo:

1. Num refratário grande untado com uma colher (sopa) de azeite, ponha o bacalhau, a batata cortada em quatro e os demais ingredientes picados. Regue com o azeite restante.

2. Leve ao forno preaquecido e asse por aproximadamente 20 minutos ou até a batata ficar macia. Retire do forno e sirva em seguida.

Bacalhau à moda do Algarve

Para 4 pessoas
Tempo de preparo: 45 minutos
Fácil

Ingredientes:

- 500 g de bacalhau demolhado e limpo
- 1 xícara (chá) de farinha de trigo
- 1 xícara (chá) de azeite
- 3 dentes de alho
- 2 cebolas
- 4 batatas grandes sem casca
- sal a gosto

Preparo:

1. Corte as postas ao meio e passe-as na farinha de trigo. Reserve.
2. Aqueça metade do azeite em uma frigideira grande e frite o peixe. Escorra sobre papel-toalha e mantenha aquecido.
3. No mesmo azeite em que fritou o bacalhau, ponha o alho picado, a cebola em rodelas finas e frite até dourar.
4. À parte, frite no azeite restante a batata cortada em rodelas e temperada com sal até dourar. Retire do fogo e escorra sobre papel-toalha.
5. Arrume o bacalhau em uma travessa e ponha a cebola por cima. Sirva com a batata frita.

Bacalhau à moda do editor

Para 4 pessoas
Tempo de preparo: 1 hora
Média dificuldade

Ingredientes:

- 1 kg de bacalhau demolhado e limpo
- 2 dentes de alho
- 2 colheres (sopa) de coentro
- 1/2 xícara (chá) de azeite

Mandioquinha

- 1 kg de mandioquinha
- 4 colheres (sopa) de azeite
- 1 cebola picada
- 1 dente de alho amassado
- 1 xícara (chá) de caldo de peixe
- 200 g de presunto picado
- 2 tomates sem pele e sem sementes
- sal a gosto

Preparo:

1. Separe o peixe em lascas grandes e pique o alho.
2. Em um refratário untado com uma colher (sopa) de azeite, arrume o bacalhau, o alho e o coentro e regue com o azeite restante.
3. Cubra com papel-alumínio e leve ao forno médio até o bacalhau ficar dourado.

Mandioquinha

1. Raspe a casca da mandioquinha e lave bem. Corte-a em rodelas com 3 cm e depois corte cada uma em quatro partes.
2. Aqueça metade do azeite e frite a mandioquinha por cinco minutos em fogo baixo. Mexa às vezes. Junte a cebola e o alho e refogue por mais cinco minutos.
3. Adicione o caldo de peixe aquecido e deixe cozinhar por mais dez minutos. Retire do fogo e reserve.
4. À parte, aqueça o azeite restante e refogue ligeiramente o presunto. Junte o tomate picado e deixe no fogo por cinco minutos.
5. Ponha o presunto refogado na panela com a mandioquinha, misture e leve novamente ao fogo. Tempere com sal e deixe no fogo por mais cinco minutos. Sirva com o bacalhau assado.

Bacalhau à moda de Niterói

Para 4 pessoas
Tempo de preparo: 45 minutos
Fácil

Ingredientes:

- 3 cebolas
- 1/2 xícara (chá) de azeite
- 4 tomates sem sementes picados
- 1 ramo de cheiro-verde
- 1 xícara (chá) de vinho branco seco
- 4 postas de bacalhau demolhadas e limpas
- 8 batatas
- 2 ovos batidos
- 1 xícara (chá) de farinha de rosca
- 1/2 xícara (chá) de óleo
- 1/4 de xícara (chá) de maionese
- 3 xícaras (chá) de vagem cozida e em pedaços
- 1/2 colher (sopa) de manteiga

Preparo:

1. Corte a cebola em rodelas e a refogue no azeite. Junte o tomate e o cheiro-verde. Misture, tampe e cozinhe por cinco minutos. Regue com o vinho e deixe no fogo até ferver.

2. Transfira para um refratário e remova o cheiro-verde. Por cima, ponha as postas de bacalhau e reserve.
3. Cozinhe a batata com a casca. Quando estiver macia, descasque e corte-a em rodelas grossas. Passe pelo ovo e pela farinha de rosca (reserve uma colher de sopa). Frite no óleo quente.
4. Escorra em papel-toalha e disponha ao redor do bacalhau. Cubra tudo com a maionese e polvilhe com farinha de rosca. Leve ao forno quente até dourar. Sirva com a vagem refogada na manteiga.

Bacalhau à moda do Porto

Para 4 pessoas
Tempo de preparo: 40 minutos
Fácil

Ingredientes:

- 800 g de bacalhau demolhado e limpo
- 5 batatas
- 2 cebolas em rodelas
- 1 colher (sopa) de salsa picada
- 3 dentes de alho
- 1 cravo-da-índia
- sal e pimenta-malagueta a gosto
- 1 xícara (chá) de azeite
- 150 g de azeitonas pretas sem caroço

Preparo:

1. Separe o peixe em lascas grossas. Descasque a batata e corte-a em rodelas.
2. Numa panela, ponha uma camada de batata, uma de cebola, a salsa, o alho cortado em lâminas, o cravo, o bacalhau e tempere com sal e pimenta. Alterne as camadas até os ingredientes terminarem, mas finalize com a batata.
3. Regue com o azeite e leve ao fogo baixo até cozinhar, mexendo delicadamente às vezes. Sirva com a azeitona.

Bacalhau à moda de Santo Antônio

Para 4 pessoas
Tempo de preparo: 45 minutos
Fácil

Ingredientes:

- 2 postas de bacalhau demolhadas e limpas
- 1/2 xícara (chá) de azeite
- 4 batatas sem casca
- 2 colheres (sopa) de margarina
- suco de 1 limão
- 2 ovos
- sal e pimenta-do-reino a gosto
- 100 g de azeitonas pretas

Preparo:

1. Ponha o bacalhau no processador e triture bem, juntando aos poucos o azeite.
2. À parte, cozinhe a batata e a esprema ainda quente. Misture a margarina, o suco de limão e os ovos batidos. Tempere com sal e pimenta.
3. Misture o bacalhau triturado com o azeite à massa de batata. Leve ao fogo e aqueça por cinco minutos, mexendo às vezes. Sirva com a azeitona picada.

Bacalhau à moda do Sol

Para 4 pessoas
Tempo de preparo: 45 minutos
Fácil

Ingredientes:

- 500 g de bacalhau demolhado e limpo
- 1 xícara (chá) de azeite
- 10 batatas sem casca
- 3 cebolas em rodelas
- 3 tomates sem sementes picados
- 3 pimentões verdes sem sementes em tiras
- 3 ovos cozidos sem casca
- 100 g de queijo parmesão ralado
- 100 g de azeitonas pretas sem caroço

Preparo:

1. Desfie o peixe em lascas grandes. Coloque uma colher (sopa) de azeite em um refratário e, por cima, disponha o bacalhau.
2. À parte, cozinhe a batata cortada em rodelas e coloque sobre o peixe. Regue com metade do azeite restante.
3. Coloque a cebola, o tomate e o pimentão. Ponha o ovo picado e regue com o azeite que sobrou. Polvilhe com o queijo e decore com a azeitona.Leve ao forno para gratinar por dez minutos.

Bacalhau à moda light

Para 4 pessoas
Tempo de preparo: 25 minutos
Fácil

Ingredientes:

- 1/3 de xícara (chá) de iogurte natural
- 2 colheres (sopa) de maionese light

- 2 colheres (sopa) de pepino picado
- 500 g de filés de bacalhau fresco
- 1/2 colher (sopa) de raspas de limão
- 1 pitada de páprica
- sal a gosto
- 1 maço de brócolis cozido

Preparo:

1. Misture bem o iogurte, a maionese e o pepino numa tigela e reserve.
2. Arrume os filés num refratário e polvilhe com as raspas de limão, a páprica e o sal. Asse até que o peixe se desprenda em lascas.
3. Cubra cada filé com o molho de pepino e sirva com o brócolis.

Bacalhau à madeirense

Para 4 pessoas
Tempo de preparo: 50 minutos
Fácil

Ingredientes:

- 1 kg de bacalhau demolhado e limpo
- sal e pimenta-do-reino a gosto
- 6 dentes de alho
- 1 folha de louro
- 1/2 xícara (chá) de vinagre
- 2 tomates maduros sem sementes
- 1 xícara (chá) de farinha de trigo
- 1 xícara (chá) de azeite

Polenta

- 1 colher (sopa) de margarina
- 1 dente de alho picado
- 1 cebola picada
- 4 xícaras (chá) de água
- 1 xícara (chá) de fubá fino
- sal a gosto
- 1 colher (sopa) de azeite

Preparo:

1. Corte o bacalhau em pedaços grandes. Tempere com sal e pimenta, o alho bem picado e o louro. Deixe descansar por 30 minutos. Regue com vinagre e junte o tomate em cubos. Deixe tomar gosto por mais 30 minutos.
2. Retire o peixe da marinada e passe pela farinha. Frite no azeite quente. Escorra sobre papel-toalha. Junte o azeite da fritura à marinada.
3. Mexa e leve novamente ao fogo. Deixe ferver em fogo baixo por dez minutos. Coe o molho, despeje sobre o peixe e mantenha aquecido.

Polenta

1. Aqueça a margarina e refogue o alho e a cebola até que estejam transparentes. Junte três xícaras de água e deixe ferver.
2. Umedeça o fubá na água restante e acrescente aos poucos à água fervente. Cozinhe por 20 minutos, sem parar de mexer. Tempere com sal, misture e transfira para um refratário untado com o azeite.
3. Deixe endurecer e corte em cubos. Ponha o bacalhau em pratos individuais e sirva com a polenta em cubos.

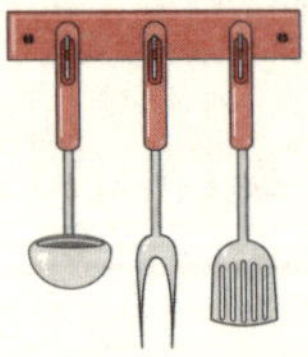

Bacalhau à moda de Tieta

Para 4 pessoas
Tempo de preparo: 55 minutos
Fácil

Ingredientes:

- 1,5 kg de filés de bacalhau fresco
- suco de 1 limão
- sal e coentro picado a gosto
- folhas de bananeira

Molho de pimenta e camarão seco

- 300 g de camarão seco e limpo
- 1/2 xícara (chá) de azeite-de-dendê
- 4 tomates sem sementes picados
- 2 cebolas picadas
- 3 colheres (sopa) de coentro picado
- 4 pimentas-malaguetas amassadas
- sal a gosto

Preparo:

1. Numa tigela, tempere o peixe com o limão, o sal e o coentro. Deixe apurar por dez minutos. Limpe as folhas de bananeira e embrulhe os filés.
2. Leve ao forno preaquecido em temperatura média por 20 minutos ou até que o peixe se desprenda em lascas. Retire e reserve.

Molho de pimenta e camarão

1. Bata o camarão no liquidificador e reserve.
2. Numa frigideira, aqueça o dendê e acrescente o tomate, a cebola e o coentro. Refogue por três minutos, mexendo sempre.
3. Junte o camarão triturado, a pimenta e o sal, misture e refogue por dois minutos. Adicione água se ficar muito espesso.
4. Retire o peixe da bananeira e sirva com o molho de camarão.

Bacalhau à moda Viana

Para 4 pessoas
Tempo de preparo: 35 minutos
Fácil

Ingredientes:
- 4 postas de bacalhau demolhadas e limpas
- 1 1/3 de xícara (chá) de azeite
- 3 dentes de alho
- sal a gosto
- 8 batatas sem casca

Preparo:

Ponha o bacalhau em uma panela grande e cubra com o azeite. Junte o alho cortado ao meio com casca e o sal. Leve ao fogo baixo e cozinhe até o peixe se desprender em lascas. Sirva com a batata cozida.

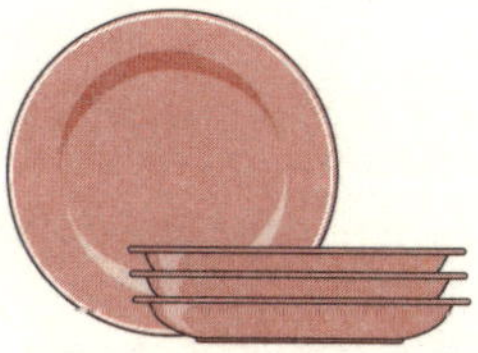

Bacalhau além-mar

Para 4 pessoas
Tempo de preparo: 35 minutos
Fácil

Ingredientes:
- 600 g de postas de bacalhau demolhadas e limpas
- 6 dentes de alho
- 2 xícara (chá) de azeite
- 6 tomates sem pele e sem sementes
- 1 pimentão vermelho sem sementes picado
- 1 pimentão verde sem sementes picado
- 1 pimenta-malagueta em rodelas
- 2 cebolas em rodelas
- 6 batatas cozidas sem casca em rodelas
- 1 colher (sopa) de salsa picada
- 100 g de azeitonas verdes sem caroço picadas

Preparo:
1. Corte o peixe em cubos e reserve. Amasse o alho e refogue na metade do azeite. Junte o tomate, o pimentão e a pimenta. Reserve.
2. Em uma frigideira, refogue a cebola no azeite restante. Reserve.
3. Arrume em uma panela de barro a batata, o bacalhau, a cebola e o molho de pimentão e tomate. Leve ao forno em temperatura alta por dez minutos. Retire e polvilhe com a salsa e a azeitona antes de servir.

Bacalhau à Monte Cristo

Para 4 pessoas
Tempo de preparo: 45 minutos
Fácil

Ingredientes:
- 500 g de bacalhau demolhado e limpo
- 4 mandioquinhas sem casca
- 2 cebolas
- 3 dentes de alho
- 100 g de margarina
- 1 xícara (chá) de creme de leite
- sal e pimenta-do-reino branca a gosto
- 2 colheres (sopa) de queijo emmenthal ralado

Preparo:
1. Separe o peixe em lascas. Cozinhe a mandioquinha em água e sal. Quando estiver macia, escorra e amasse até obter um purê. Reserve.
2. Pique a cebola e o alho e leve ao fogo com a margarina. Cozinhe até a cebola ficar transparente. Junte o bacalhau e cozinhe por dez minutos. Transfira para o processador e triture bem.
3. Misture o bacalhau triturado ao purê de mandioquinha. Adicione o creme de leite e tempere com sal e pimenta. Disponha em uma assadeira untada com margarina e polvilhe com o queijo. Leve ao forno em temperatura alta até gratinar e sirva.

Bacalhau à Montreaux

Para 4 pessoas
Tempo de preparo: 30 minutos
Fácil

Ingredientes:
- 5 batatas sem casca
- sal a gosto
- 3 postas de bacalhau demolhadas e limpas
- 1 colheres (sopa) de ervas de Provence
- 2 colheres (sopa) de manteiga derretida
- 1 pimenta-malagueta
- sal
- suco de 1 limão

Preparo:
1. Cozinhe a batata em água e sal. Quando estiver macia, corte-a em rodelas. Corte o peixe em cubos e

transfira com a batata para um refratário. Polvilhe com metade das ervas.

2. À parte, misture a manteiga com as ervas restantes, a pimenta, o sal e o suco de limão. Regue o bacalhau com essa mistura e leve ao forno até a batata dourar.

Bacalhau da mulher atual

Para 4 pessoas
Tempo de preparo: 25 minutos
Fácil

Ingredientes:

- 1 kg de filés de bacalhau fresco
- 1 xícara (chá) de farinha de arroz
- 2 colheres (sopa) de manteiga
- 1 pitada de sal
- 1/2 colher (sopa) de erva-doce
- 1 xícara (chá) de leite

Preparo:

1. Corte o peixe em tiras grossas e passe na farinha de arroz. Frite na manteiga até dourarem.
2. Coloque as tiras em uma panela e tempere com o sal e a erva-doce. Regue com leite e cozinhe até o peixe ficar macio. Sirva bem quente.

Bacalhau à napolitana

Para 4 pessoas
Tempo de preparo: 30 minutos
Fácil

Ingredientes:

- 6 tomates maduros sem sementes picados
- 2 dentes de alho picados
- 2 colheres (sopa) de azeite
- orégano e manjerona a gosto
- 4 postas de bacalhau demolhadas e limpas
- 200 g de ricota fresca picada
- 1 maço de espinafre cozido
- 100 g de mussarela de búfala fatiada

Preparo:

1. Numa frigideira grande, ponha o tomate, o alho, o azeite, o orégano e a manjerona. Misture bem e leve ao fogo por dez minutos ou até engrossar.
2. Espalhe numa travessa as postas de bacalhau, a ricota, o espinafre. Derrame o molho sobre o espinafre e cubra com a mussarela de búfala. Leve ao forno até gratinar.

Bacalhau à Nice

Para 4 pessoas
Tempo de preparo: 4h30m
Fácil

Ingredientes:

- 4 filés de bacalhau fresco
- 1/3 de xícara (chá) de azeite
- 2 colheres (sopa) de suco de limão
- 2 dentes de alho grandes bem picados
- 1/2 colher (sopa) de alecrim picado
- 1/2 colher (sopa) de tomilho fresco
- sal e pimenta-do-reino a gosto
- 1 limão em fatias

Preparo:

1. Arrume o peixe num refratário untado com uma colher (sopa) de azeite.
2. Misture numa tigela o azeite restante, o suco de limão, o alho, o alecrim e o tomilho. Tempere com sal e pimenta. Despeje sobre o bacalhau e cubra com filme plástico. Leve à geladeira por 4 horas.
3. Preaqueça o forno em temperatura alta e asse o peixe por 20 minutos ou até possa ser facilmente espetado com um garfo. Decore com o limão e sirva.

Bacalhau à nossa moda

Para 4 pessoas
Tempo de preparo: 35 minutos
Fácil

Ingredientes:

- 1 kg de bacalhau demolhado e limpo
- 1 1/3 de xícara (chá) de azeite
- 1 colher (sopa) de margarina
- 1 cebola cortada em cubos
- 1 colher (sopa) de mostarda
- 1 colher (sopa) de cebolinha verde picada
- 1 1/2 colher (sopa) de salsa picada
- 1/2 xícara (chá) de vinho branco seco
- 1 xícara (chá) de creme de leite sem soro
- sal a gosto

Preparo:

1. Separe o peixe em postas e frite no azeite. Retire e

reserve em local aquecido.

2. Na mesma frigideira, derreta a margarina e doure a cebola. Ponha a mostarda, a cebolinha, a salsa e o vinho e refogue bem. Retire do fogo, ponha o creme de leite, mexa e leve ao fogo por mais um minuto. Tempere com sal e sirva sobre o peixe.

Bacalhau à nossa moda com camarão

Para 4 pessoas
Tempo de preparo: 35 minutos
Fácil

Ingredientes:

- 2 cebolas médias raladas
- 2 colheres (sopa) de margarina
- 500 g de bacalhau demolhado e limpo
- 500 g de camarão médio limpo
- 4 xícaras (chá) de leite fervente
- 5 colheres (sopa) de amido de milho
- 1 xícara (chá) de leite frio
- 4 gemas
- 1 colher (sopa) de ketchup
- 300 g de palmito em conserva picado
- 1 colher (sopa) de azeite
- 2 colheres (sopa) de queijo parmesão ralado
- 1/2 xícara (chá) de azeitonas pretas picadas

Preparo:

1. Numa panela grande, doure a cebola na margarina. Junte o bacalhau em lascas e o camarão e refogue bem.
2. Acrescente o leite fervente e o amido de milho dissolvido no leite frio. Ponha as gemas e misture até engrossar.
3. Adicione o ketchup e o palmito e misture bem. Transfira para um refratário untado com azeite. Polvilhe com o queijo e decore com a azeitona. Leve ao forno por dez minutos ou até o queijo se derreter.

Bacalhau à Pamplona

Para 4 pessoas
Tempo de preparo: 45 minutos
Fácil

Ingredientes:

- 4 postas de bacalhau demolhadas e limpas
- 1 xícara (chá) de azeite
- 5 batatas sem casca
- 4 cebolas
- sal e pimenta-do-reino branca a gosto
- 1 xícara (chá) de farinha de rosca
- 1 xícara (chá) de queijo parmesão ralado
- 1 ovo

Preparo:

1. Separe o peixe em lascas e frite em metade do azeite até dourar.
2. Corte a batata e a cebola em rodelas grossas. Numa frigideira antiaderente, ponha o azeite restante e frite, mexendo às vezes, até a batata dourar.
3. Num refratário, ponha uma camada de cebola. Por cima, disponha o bacalhau e a batata. Polvilhe com o sal, a pimenta, a farinha de rosca e queijo parmesão. Alterne as camadas até terminarem os ingredientes, mas finalize com a batata. Cubra com o ovo batido e leve ao forno até dourar.

Bacalhau à Piauí

Para 6 pessoas
Tempo de preparo: 40 minutos
Fácil

Ingredientes:

- 1 kg de bacalhau demolhado e limpo
- sal e pimenta-do-reino a gosto
- 1 xícara (chá) de azeite
- 2 cebolas
- 1 dente de alho
- 1 folha de louro
- 1 colher (sopa) de salsa picada
- 1/2 colher (sopa) de vinagre

Preparo:

1. Separe o peixe em pedaços grandes. Tempere com sal e pimenta e frite em metade do azeite até dourar. Retire e escorra sobre papel-toalha. Reserve.
2. Descasque e corte a cebola em rodelas e esmague o alho. Aqueça o azeite restante e refogue a cebola e o alho com o louro, a salsa e o vinagre. Misture e deixe ferver por cinco minutos. Regue o peixe com o molho e sirva.

Bacalhau à Pil Pil

Para 4 pessoas
Tempo de preparo: 35 minutos
Fácil

Ingredientes:

- 600 g de bacalhau demolhado e limpo
- 2 xícaras (chá) de azeite

- 1 cabeça de alho
- 1 pimenta-malagueta sem sementes picada

Preparo:

1. Separe o peixe em lascas e reserve.
2. Aqueça o azeite com o alho cortado em lâminas e a malagueta. Mexa às vezes. Quando o alho dourar, retire da panela e reserve.
3. No mesmo azeite, ponha o bacalhau e deixe cozinhar até o bacalhau dourar. Ponha o alho e deixe no fogo por mais cinco minutos. Sirva.

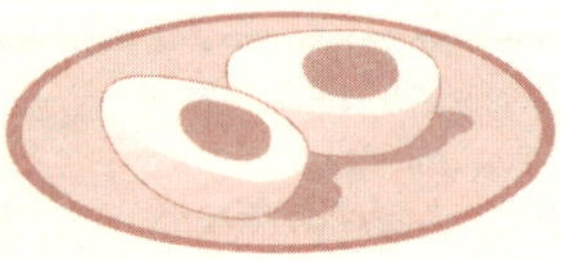

Bacalhau ao pomodoro

Para 4 pessoas
Tempo de preparo: 1h5m
Média dificuldade

Ingredientes:

- 7 colheres (sopa) de azeite
- 1 cebola picada
- 1 talo de salsão picado
- 2 dentes de alho picados
- 1 xícara (chá) de vinho branco seco
- 2 xícaras (chá) de tomate sem sementes picado
- 1/2 colher (sopa) de tomilho picado
- 1/2 colher (sopa) de erva-doce
- 1 pimenta-malagueta picada
- 1 lata de tomate pelado
- 1 berinjela sem casca cortada em fatias finas
- sal e pimenta-do-reino a gosto
- 1 kg de postas de bacalhau demolhadas e limpas
- 1/2 xícara (chá) de azeitonas verdes sem caroço

Preparo:

1. Numa frigideira, aqueça duas colheres (sopa) de azeite e refogue a cebola, o salsão e o alho por cinco minutos, mexendo às vezes.
2. Junte o vinho e deixe cozinhar até que o líquido se reduza à metade. Acrescente o tomate, o tomilho, a erva-doce, a malagueta e o tomate pelado. Tampe e cozinhe em fogo baixo por 15 minutos.
3. Aqueça uma grelha ou frigideira antiaderente. Salgue a berinjela e deixe-a numa peneira por 15 minutos. Seque-a, unte-a com o azeite restante e tempere com sal e pimenta-do-reino. Grelhe até dourar. Reserve.
4. Aqueça o forno em temperatura alta. Arrume o peixe numa assadeira e, ao redor, a berinjela. Acrescente a azeitona ao molho e regue o peixe e a berinjela. Leve ao forno e asse por dez minutos ou até que o peixe se desprenda em lascas. Sirva.

Bacalhau à portuguesa

Para 4 pessoas
Tempo de preparo: 35 minutos
Fácil

Ingredientes:

- 6 batatas sem casca
- 1/2 xícara (chá) de azeite
- 3 cebolas
- 1 folha de louro
- 400 g de bacalhau demolhado e limpo
- 1 colher (sopa) de vinagre
- 2 ovos cozidos sem casca
- 1 colher (sopa) de salsa picada
- sal e azeitonas a gosto

Preparo:

1. Cozinhe a batata em água e sal. Quando estiver macia, escorra e corte em rodelas. À parte, frite no azeite a cebola cortada em rodelas com o louro.
2. Acrescente o bacalhau em lascas e a batata. Deixe dourar um pouco e misture o vinagre. Cozinhe por cinco minutos. Antes de servir, decore com os ovos picados, a salsa e a azeitona.

Bacalhau à portuguesa com brócolis

Para 4 pessoas
Tempo de preparo: 50 minutos
Média dificuldade

Ingredientes:

- 4 postas de bacalhau demolhadas e limpas
- 4 batatas sem casca cozidas e cortadas em rodelas
- 4 ovos cozidos sem casca
- 2 cebolas em rodelas
- 500 g de brócolis cozido
- 1 xícara (chá) de azeite
- 100 g de azeitonas pretas sem caroço

Preparo:

Ponha o bacalhau em uma travessa de barro untada com uma colher (sopa) de azeite e arrume ao redor os outros ingredientes. Regue com o azeite restante. Leve ao forno preaquecido por 40 minutos ou até o peixe se desprender em lascas.

Bacalhau à príncipe de Pio

Para 4 pessoas
Tempo de preparo: 55 minutos
Fácil

Ingredientes:
- 4 xícaras (chá) de azeite
- 1,5 kg de bacalhau demolhado, limpo e em pedaços
- 15 batatas sem casca e cortadas em rodelas grossas
- 5 pimentões verdes sem sementes em tiras
- 5 pimentões amarelos sem sementes em tiras
- 8 tomates sem sementes cortados em rodelas
- 8 cebolas cortadas em rodelas
- 1/2 colher (sopa) de alecrim picado
- 1/2 colher (sopa) de orégano
- sal e pimenta-do-reino a gosto
- 300 g de azeitonas pretas sem caroço

Para decorar

4 ovos cozidos sem casca

Preparo:

Unte uma panela grande com uma colher (sopa) de azeite, arrume todos os ingredientes em camadas, regando sempre com o azeite, e finalize com a azeitona. Tampe bem e leve ao fogo. Deixe cozinhar até o peixe se desprender em lascas. Retire do fogo e decore com os ovos cozidos cortados ao meio antes de servir.

Bacalhau à provençal

Para 4 pessoas
Tempo de preparo: 2h35m
Fácil

Ingredientes:
- 4 postas de bacalhau demolhadas e limpas
- 2 xícaras (chá) de leite
- 3 colheres (sopa) de margarina
- 2 tomates pelados
- 2 dentes de alho picados
- 2 cebolas em rodelas
- 1 pitada de açafrão
- 1 colher (sopa) de farinha de trigo
- 1 xícara (chá) de creme de leite sem soro
- 1 xícara (chá) de vinho branco
- sal e pimenta-do-reino a gosto
- 4 batatas cozidas sem casca

Preparo:

1. Mergulhe as postas no leite e deixe ficar de molho durante 2 horas. Retire, escorra e doure na margarina.
2. Na mesma frigideira, ponha o tomate, o alho, a cebola, o açafrão e a farinha.Mexa bem com uma colher de pau e deixe ferver em fogo baixo por dez minutos.
3. Acrescente o creme de leite e o vinho e cozinhe por mais dez minutos, mexendo às vezes. Tempere com sal e pimenta. Despeje sobre o bacalhau e sirva com a batata cozida.

Bacalhau à provinciana

Para 4 pessoas
Tempo de preparo: 35 minutos
Fácil

Ingredientes:
- 4 postas de bacalhau demolhadas e limpas
- 8 batatas sem casca
- 2 gemas
- 1 xícara (chá) de leite
- 2 colheres de (sopa) de margarina
- sal, pimenta-do-reino e noz-moscada a gosto
- 2 cenouras sem casca
- 4 ovos
- 300 g de espinafre cozido
- 1 1/2 xícara (chá) de azeite

Para pincelar

1 gema batida

Preparo:

1. Separe o peixe em lascas e reserve. Cozinhe a batata em água e sal. Escorra e passe pelo espremedor. Junte a gema, o leite e a margarina.
2. Tempere com sal, pimenta e noz-moscada. Mexa bem até formar um purê. Cozinhe a cenoura e o ovo. Corte-os em rodelas.
3. Arrume em um refratário uma camada de purê, o bacalhau, o espinafre e as rodelas de cenoura e de ovo. Regue com o azeite e cubra com o purê restante. Pincele com a gema e leve ao forno preaquecido em temperatura alta por 20 minutos. Sirva em seguida.

Bacalhau à puritana

Para 4 pessoas
Tempo de preparo: 35 minutos
Fácil

Ingredientes:
- 3 postas de bacalhau demolhadas e limpas
- 3 batatas sem casca cozidas
- 1 1/4 de xícara (chá) de leite

- 1 dente de alho sem casca
- 1/2 xícara (chá) de azeite
- sal a gosto
- 1 colher (sopa) de salsa

Preparo:

1. Desfie o bacalhau. Amasse a batata e misture ao peixe. Ferva o leite e reserve.
2. Esfregue o alho numa panela de barro e despeje um fio de azeite. Leve ao fogo baixo e ponha a mistura de bacalhau e batata. Mexa sempre com uma colher de pau. Adicione o azeite restante aos poucos, sem parar de misturar.
3. Quando começar a ferver, ponha o leite e mexa mais uma vez. Tempere com sal e polvilhe com a salsa. Sirva em seguida.

Bacalhau à Sergipe

Para 4 pessoas
Tempo de preparo: 40 minutos
Fácil

Ingredientes:

- 1/2 xícara (chá) de azeite
- 1 alho-poró em fatias
- sal e pimenta-do-reino a gosto
- 500 g de filés de bacalhau fresco
- 1 xícara (chá) de coentro picado
- 400 g de purê de mandioquinha
- 100 g de queijo de coalho ralado
- 1 colher (sopa) de salsa desidratada

Preparo:

1. Unte um refratário com metade do azeite e disponha o alho-poró. Polvilhe com sal e pimenta. Ponha os filés por cima e salpique com o coentro. Tempere com mais sal e pimenta.
2. Arrume o purê por cima e polvilhe o queijo. Leve ao forno quente até dourar. Retire do forno e polvilhe com a salsa antes de servir.

Bacalhau demolhado à tia Alice

Para 4 pessoas
Tempo de preparo: 35 minutos
Fácil

Ingredientes:

- 4 postas de bacalhau demolhadas e limpas
- 1/2 xícara (chá) de azeite
- 5 batatas sem casca
- 2 cebolas
- 3 gemas
- suco de 2 limões
- 2 colheres (sopa) de salsa picada

Preparo:

1. Desfie o peixe em lascas e arrume uma camada no fundo de um refratário untado com uma colher (sopa) de azeite. Por cima, ponha uma camada de batata em rodelas. Alterne as camadas até os ingredientes terminarem, mas finalize com a batata.
2. Leve ao fogo uma colher (sopa) de azeite e a cebola picada. Quando dourar, retire do fogo e misture as gemas previamente batidas com o suco de limão.
3. Misture bem e despeje sobre o bacalhau. Regue com o azeite restante e polvilhe com a salsa. Leve ao forno até a batata ficar macia e sirva.

Bacalhau à Tiradentes

Para 4 pessoas
Tempo de preparo: 30 minutos
Fácil

Ingredientes:

- 1 cenoura sem casca cortada em quatro
- 1 chuchu pequeno sem casca cortado em quatro
- 2 inhames sem casca cortados ao meio
- 1 pimentão sem sementes em rodelas grossas
- 2 cebolas em rodelas grossas
- 2 tomates sem sementes em rodelas grossas
- 4 postas de bacalhau demolhadas e limpas
- sal e pimenta-malagueta a gosto
- 1 xícara (chá) de coentro picado
- 1/2 xícara (chá) de caldo de peixe
- 1 xícara (chá) de azeite-de-dendê
- 4 ovos cozidos sem casca

Preparo:

1. Numa panela, faça uma camada com metade dos legumes, a cebola e o tomate. Por cima, ponha as postas. Tempere com sal, pimenta e coentro.
2. Regue com metade do dendê. Faça outra camada com os legumes restantes, tempere com sal, pimenta, coentro, o caldo e o dendê restante.
3. Leve ao fogo baixo com a panela tampada e cozinhe por 20 minutos. Sirva com os ovos cortados ao meio.

Bacalhau à transmontana

Para 4 pessoas
Tempo de preparo: 35 minutos
Fácil

Ingredientes:

- 4 postas de bacalhau demolhadas e limpas
- 4 fatias de presunto
- 1 cebola
- 1/2 xícara (chá) de azeite
- 3 colheres (sopa) de manteiga
- 2 dentes de alho
- 1 tomate maduro sem sementes
- 1 colher (sopa) de farinha de trigo
- 1/2 xícara (chá) de vinho branco seco
- sal e pimenta-do-reino a gosto
- 1/2 xícara (chá) de vinho do Porto

Preparo:

1. Abra cada posta de bacalhau com se fosse um sanduíche e em cada uma coloque uma fatia de presunto. Corte a cebola em rodelas e doure no azeite misturado com a manteiga.
2. Coloque metade da cebola refogada em uma assadeira. Por cima, arrume as postas e cubra com a cebola restante. Reserve.
3. Junte o alho picado e o tomate cortado em rodelas à gordura na qual refogou a cebola. Cozinhe por cinco minutos e acrescente a farinha diluída no vinho branco.
4. Tempere com sal e pimenta, misture e cozinhe por mais cinco minutos. Adicione metade do vinho do Porto e deixe apurar por mais cinco minutos, mexendo às vezes.
5. Regue o bacalhau com o vinho restante e com o molho anterior. Leve ao forno por 15 minutos em temperatura alta. Sirva em seguida.

Bacalhau à Veneza

Para 4 pessoas
Tempo de preparo: 30 minutos
Média dificuldade

Ingredientes:

- 6 colheres (sopa) de azeite
- 2 cebolas grandes cortadas em rodelas finas
- 1 pimentão sem sementes cortado em tiras
- 1 kg de postas de bacalhau demolhadas e limpas
- 3 tomates sem sementes em rodelas
- 1 xícara (chá) de vinho branco seco
- 1 xícara (chá) de manjerona

Preparo:

1. Unte um refratário com 2 colheres (sopa) de azeite. Cubra com metade da cebola e do pimentão. Por cima, arrume as postas. Regue com o azeite restante e ponha a cebola e o pimentão reservados.
2. Cubra com as rodelas de tomate e regue com o vinho. Cubra com papel-alumínio e leve ao forno preaquecido por 20 minutos.
3. Remova o papel, polvilhe com a manjerona e regue com o molho que se formou. Abaixe a temperatura e asse por mais dez minutos.

Bacalhau à vilarejo

Para 4 pessoas
Tempo de preparo: 35 minutos
Fácil

Ingredientes:

- 6 batatas
- 400 g de bacalhau demolhado e limpo
- 1/2 xícara (chá) de azeite
- 3 cebolas
- 2 pimentões verdes sem sementes à juliana
- 1 folha de louro
- 1 colher (sopa) de vinagre
- 2 ovos cozidos sem casca
- 1 colher (sopa) de tomilho picado
- 100 g de azeitonas pretas sem caroço

Preparo:

1. Cozinhe a batata em água e sal. Quando estiver macia, descasque, escorra e deixe esfriar. Separe o peixe em lascas e reserve.
2. À parte, frite no azeite a cebola cortada em rodelas. Junte o pimentão e o louro. Misture e acrescente o bacalhau e a batata. Mexa bem e deixe cozinhar por dez minutos. Ponha o vinagre e misture bem. Sirva decorado com o ovo cozido em rodelas, o tomilho e a azeitona.

Bacalhau à Vila Real

Para 4 pessoas
Tempo de preparo: 50 minutos
Média dificuldade

Ingredientes:

- 1/2 xícara (chá) de azeite
- 1 kg de postas de bacalhau demolhadas e limpas
- 2 cebolas médias
- 6 dentes de alho
- 300 g de grão-de-bico cozido
- 6 folhas de louro

- 3 colheres (sopa) de vinagre
- 2 batatas cozidas com casca

Preparo:

1. Unte uma grelha com uma colher (sopa) de azeite e doure as postas. Reserve.
2. Aqueça o azeite restante e frite as postas em fogo baixo. Ponha a cebola cortada em rodelas, o alho picado e o grão-de-bico.
3. Adicione o louro e o vinagre. Ponha a batata com casca e sacuda a frigideira. Sirva em seguida.

Bacalhau à Zé do Pipo

Para 4 pessoas
Tempo de preparo: 2h35m
Média dificuldade

Ingredientes:

- 4 postas de bacalhau demolhadas e limpas
- 2 xícaras (chá) de leite
- 1/4 de xícara (chá) de azeite
- 2 dentes de alho
- 8 batatas sem casca
- sal a gosto
- 2 colheres (sopa) de margarina
- 1 cebola
- 250 g de maionese
- 1/3 de xícara (chá) de broa de milho triturada
- 100 g de azeitonas pretas sem caroço
- 2 colheres (sopa) de picles picados
- 1 colher (sopa) de salsa picada

Preparo:

1. Separe o peixe em lascas. Ponha em uma forma e regue com metade do leite e metade do azeite. Acrescente um dente de alho picado e deixe tomar gosto por 2 horas. Leve ao forno para assar até o peixe ficar bem macio. Retire e reserve.
2. À parte, cozinhe a batata em água e sal. Quando estiver macia, escorra e passe pelo espremedor até obter um purê. Adicione o leite restante, a margarina e sal. Leve ao fogo, mexendo bem até obter um creme liso. Retire e reserve.
3. Pique a cebola e o alho restante e doure no azeite que sobrou. Reserve.
4. Transfira o bacalhau para uma forma de barro. Ao redor, disponha o purê de batata. Por cima, distribua o refogado de cebola.
5. Cubra com a maionese e polvilhe com a broa de milho. Leve ao forno até gratinar. Retire do forno, decore com a azeitona, o picles e a salsa. Sirva em seguida.

Bacalhau à Zé do Pipo com queijo ralado

Para 4 pessoas
Tempo de preparo: 45 minutos
Média dificuldade

Ingredientes:

- 600 g de bacalhau demolhado e limpo
- 4 xícaras (chá) de leite
- 4 colheres (sopa) de azeite
- 2 cebolas médias picadas
- 750 g de purê de batata
- 1 xícara (chá) de maionese
- 2 colheres (sopa) de queijo parmesão ralado
- 2 colheres (sopa) de farinha de rosca
- 100 g de azeitonas pretas sem caroço picadas
- 2 colheres (sopa) de coentro picado

Preparo:

1. Coloque numa tigela o bacalhau com o leite. Ferva, escorra (reserve três colheres de sopa do leite) e desfie o peixe em lascas. Reserve.
2. Leve uma frigideira ao fogo com o azeite, a cebola e o leite reservado. Cozinhe em fogo baixo até a cebola ficar transparente.
3. Em um refratário, arrume uma camada de purê de batata. Por cima espalhe bacalhau, cebola refogada e cubra com maionese.
4. Alterne as camadas até os ingredientes terminarem. Finalize com o queijo e a farinha de rosca. Por cima, disponha a azeitona e o coentro. Leve ao forno em temperatura alta por cinco minutos ou até gratinar. Sirva.

Bacalhau à Zé do Pipo com cenoura

Para 4 pessoas
Tempo de preparo: 35 minutos
Fácil

Ingredientes:

- 8 batatas sem casca
- sal a gosto
- 2 colheres (sopa) de margarina
- 1/2 xícara (chá) de leite
- 1 pitada de pimenta-do-reino
- 1 pitada de noz-moscada
- 4 postas de bacalhau demolhadas e limpas
- 1/2 xícara (chá) de farinha de trigo
- 1 xícara (chá) de azeite

- 2 dentes de alho picados
- 1/2 xícara (chá) de vinho branco seco
- 2 xícaras (chá) de maionese
- 2 cenouras sem casca cozidas
- 2 minipepinos

Preparo:

1. Cozinhe a batata em água e sal. Escorra e passe pelo espremedor. Junte o sal e a margarina e leve ao fogo baixo. Adicione o leite aos poucos, sem parar de mexer. Tempere com pimenta e noz-moscada e retire do fogo. Reserve.
2. Seque as postas de bacalhau e passe na farinha. Frite no azeite quente (reserve duas colheres de sopa) e transfira para uma travessa de barro.
3. À parte, aqueça o azeite reservado e refogue o alho. Ponha o vinho, misture e cozinhe por cinco minutos. Regue o bacalhau com essa mistura.
4. Cubra as postas com a maionese e, ao redor, disponha o purê de batata. Leve ao forno em temperatura média por 20 minutos ou até dourar. Decore com a cenoura em rodelas e os minipepinos. Sirva em seguida.

Bacalhau à Zely

Para 4 pessoas
Tempo de preparo: 45 minutos
Fácil

Ingredientes:

- 1 kg de bacalhau demolhado e limpo
- 300 g de camarões médios limpos
- 5 dentes de alho picados
- 1 cebola média em cubos
- suco de 1 limão
- 1 xícara (chá) de ervas de Provence
- 1 pimenta-malagueta sem sementes
- 2 colheres (sopa) de azeite
- 5 tomates sem pele e sem sementes
- 1 tablete de caldo de peixe
- 1 xícara (chá) de água fervente
- 1 vidro de leite de coco
- 5 cenouras grandes sem casca cozidas e amassadas
- 400 g de queijo cremoso

Para untar

Margarina

Preparo:

1. Tempere o bacalhau e o camarão com o alho, a cebola, o suco de limão, as ervas e a pimenta picada. Deixe descansar por 30 minutos.
2. Aqueça o azeite em uma panela e refogue o bacalhau e o camarão por cinco minutos. Junte o tomate em cubos e o tablete de caldo dissolvido na água. Misture bem.
3. Adicione o leite de coco e cozinhe por dez minutos. Retire do fogo. Transfira o bacalhau e o camarão para um refratário untado com margarina. Reserve.
4. Ponha a cenoura na panela do cozimento do bacalhau. Leve ao fogo por cinco minutos. Misture bem e acrescente o queijo, mexendo até que se derreta. Regue o peixe com esse molho e leve ao forno preaquecido por 20 minutos.

Bacalhau à Alentejo

Para 4 pessoas
Tempo de preparo: 30 minutos
Fácil

Ingredientes:

- 4 postas altas de bacalhau demolhadas e limpas
- 12 batatas sem casca
- 1/2 xícara (chá) de azeite
- 4 tomates maduros sem sementes
- 1 pimentão verde sem sementes à juliana
- 1 pimentão vermelho sem sementes à juliana
- 1 pimentão amarelo sem sementes à juliana
- 3 colheres (sopa) de margarina
- sal e pimenta-do-reino a gosto
- 100 g de azeitonas pretas sem caroço

Preparo:

1. Separe o peixe em lascas. À parte, cozinhe a batata em água e sal. Deixe esfriar e reserve.
2. Unte uma forma com duas colheres (sopa) de azeite e arrume camadas alternadas de bacalhau, batata em rodelas, o tomate em cubos e os três tipos de pimentão. Por cima disponha a margarina e regue com o azeite restante. Tempere com sal e pimenta.
3. Leve ao forno em temperatura média por 20 minutos. Decore com a azeitona e sirva.

Bacalhau açoriano com ovos pochês

Para 4 pessoas
Tempo de preparo: 45 minutos
Fácil

Ingredientes:

- 250 g de bacalhau demolhado e limpo
- 4 fatias grandes de pão italiano picadas
- 7 dentes de alho
- 1 ramo de salsa picado

- 1 xícara (chá) de azeite
- 3 ovos pochês

Preparo:

1. Afervente o bacalhau. Escorra, reservando a água, e separe o peixe em lascas. Num refratário, arrume camadas alternadas de peixe e pão italiano. Reserve.
2. Leve ao fogo uma xícara (chá) da água na qual aferventou o bacalhau. Ponha o alho em lâminas e a salsa e leve ao fogo para ferver.
3. À parte, leve o azeite ao fogo apenas até levantar fervura. Regue o prato com o azeite e a água com o alho. Sirva com os ovos pochês.

Bacalhau açoriano

Para 4 pessoas
Tempo de preparo: 40 minutos
Fácil

Ingredientes:

- 750 g de bacalhau demolhado e limpo
- 500 g de pão amanhecido
- 1/4 de xícara (chá) de azeite
- 1 dente de alho em lâminas
- 1 colher (sopa) de salsa picada
- 2 ovos
- sal e pimenta-do-reino a gosto

Preparo:

1. Afervente o bacalhau. Escorra, reservando a água, e separe o peixe em lascas. Reserve.
2. Leve ao fogo uma xícara (chá) da água na qual aferventou o bacalhau e deixe ferver. Retire do fogo e regue o pão com essa água. Escorra o excesso de líquido.
3. Num refratário, arrume camadas alternadas de bacalhau e de pão. Reserve.
4. Numa panela, aqueça o azeite, junte o alho e a salsa e frite por cinco minutos. Retire do fogo e espalhe sobre o pão. Na mesma gordura, frite os ovos. Ponha sobre o pão e sirva em seguida. Tempere com sal e pimenta e sirva.

Bacalhau Aldeota

Para 4 pessoas
Tempo de preparo: 1h20m
Fácil

Ingredientes:

- 500 g de bacalhau demolhado e limpo
- 1 xícara (chá) de água
- 1 tablete de caldo de peixe
- 3 batatas médias picadas
- 1 tomate médio sem sementes cortado em rodelas
- 1/2 colher (sopa) de orégano

Molho vermelho

- 1/2 xícara (chá) de água
- 1 tablete de caldo de peixe
- 2 latas de molho de tomate refogado

Molho branco

- 2 xícaras (chá) de leite
- 1 tablete de caldo de peixe
- 2 colheres (sopa) de amido de milho
- 1 pitada de noz-moscada
- 2 xícaras (chá) de mussarela ralada

Para untar

Margarina

Preparo:

Separe o peixe em lascas e reserve. À parte, ferva a água e dissolva o tablete de caldo. Ponha a batata nessa água e cozinhe em fogo baixo por dez minutos ou até ficar macia. Escorra.

Molho vermelho

Ferva a água e dissolva o tablete de caldo de peixe. Junte o molho de tomate e cozinhe por cinco minutos em fogo baixo, mexendo às vezes.

Molho branco

Ferva uma xícara (chá) de leite e dissolva o tablete de caldo de peixe. Junte o amido dissolvido no leite restante, ponha na panela e leve ao fogo até engrossar. Tempere com noz-moscada e misture. Adicione metade da mussarela e mexa bem. Retire do fogo e reserve.

Montagem

Unte um refratário com margarina e alterne camadas de rodelas de batata, de bacalhau, de tomate e do molho vermelho. Polvilhe com orégano. Por cima, disponha o molho branco e polvilhe com a mussarela restante. Leve ao forno em temperatura média por 20 minutos ou até gratinar. Sirva em seguida.

Bacalhau Angra dos Reis

Para 4 pessoas
Tempo de preparo: 30 minutos
Fácil

Ingredientes:

- 1,5 kg de bacalhau demolhado e limpo
- 4 colheres (sopa) de margarina

- 1 colher (sopa) de ervas finas
- 1 colher (sopa) de tempero pronto
- molho de pimenta a gosto

Preparo:

1. Separe o peixe em postas e reserve. Aqueça uma grelha.
2. À parte, misture a margarina com as ervas, o tempero pronto e o molho de pimenta.
3. Unte o bacalhau com essa misture e grelhe de cada lado por 15 minutos ou até dourar. Sirva em seguida.

Bacalhau à Vintage

Para 4 pessoas
Tempo de preparo: 1 hora
Fácil

Ingredientes:

- 4 batatas sem casca
- 1/2 xícara (chá) de azeite
- 1 folha de louro
- sal e pimenta-do-reino a gosto
- 10 dentes de alho picados
- 3 cebolas picadas
- 1/2 xícara (chá) de leite
- 1 pitada de noz-moscada
- 800 g de bacalhau demolhado e limpo
- 1 xícara (chá) de vinho branco seco
- 1 colher (sopa) de salsa

Preparo:

1. Numa assadeira, ponha a batata, tempere com duas colheres (sopa) de azeite, o louro, o sal e a pimenta. Leve ao forno preaquecido em temperatura baixa por 1 hora ou até a batata dourar. Retire e corte a batata em pedaços pequenos. Descarte o louro.
2. À parte, doure no azeite restante metade do alho e a cebola. Junte a batata e regue com o leite. Deixe ferver por dez minutos.
3. Transfira para o processador e triture. Tempere com sal, pimenta e a noz-moscada. Retire e reserve.
4. Cubra o fundo de uma panela de barro com metade do azeite restante e o alho que sobrou. Por cima, ponha o peixe e regue com o vinho. Cozinhe por 40 minutos ou até o bacalhau dourar.
5. Retire o bacalhau do fogo e o separe em lascas. Passe pelo processador o molho da panela. Em pratos individuais, ponha lascas do bacalhau e regue-as com o azeite restante. Ao redor, arrume o purê e regue com o molho triturado. Polvilhe com a salsa e sirva.

Bacalhau albardado

Para 4 pessoas
Tempo de preparo: 35 minutos
Fácil

Ingredientes:

- 400 g de bacalhau demolhado e limpo
- 1/2 xícara (chá) de azeite
- 2 cebolas picadas
- 2 dentes de alho esmagados
- 1 folha de louro
- 5 tomates sem sementes picados
- 1 colher (sopa) de salsa picada
- 1 xícara (chá) de água
- 2 xícaras (chá) de feijão-roxinho cozido
- 2 xícaras (chá) de arroz
- 2 xícaras (chá) de farinha de trigo
- 2 ovos
- 1/2 xícara (chá) de leite morno

Para fritar

Azeite

Preparo:

1. Corte o bacalhau em pedaços e reserve. Refogue em duas colheres (sopa) de azeite a cebola, o alho, o louro, o tomate e metade da salsa.
2. Acrescente a água e junte o feijão. Espere ferver e adicione o arroz. Se necessário, despeje mais água quente. Assim que o arroz cozinhar, apague o fogo e mantenha a panela tampada.
3. Numa vasilha, ponha a farinha, os ovos batidos e a salsa restante. Tempere com sal. Ponha o leite e mexa até obter uma massa aveludada.
4. Passe o bacalhau pela massa e frite em azeite bem quente. Sirva de imediato com a mistura de arroz e feijão.

Bacalhau barriga-verde

Para 4 pessoas
Tempo de preparo: 35 minutos
Média dificuldade

Ingredientes:

- 4 postas de bacalhau demolhadas e limpas
- sal e pimenta-do-reino a gosto
- 4 colheres (sopa) de azeite

- 1 pimenta-malagueta sem sementes
- 4 cebolas roxas
- 1/2 xícara (chá) de água
- 1/2 colher (sopa) de farinha de trigo

Preparo:

1. Tempere o peixe com sal e pimenta. Arrume-o em um refratário untado com uma colher (sopa) de azeite. Leve ao forno preaquecido em temperatura baixa por 15 minutos.
2. Numa frigideira, ponha três colheres (sopa) de azeite, a pimenta-malagueta cortada em pedaços e a cebola em rodelas. Frite, mexendo às vezes, até a cebola dourar.
3. Retire o peixe do forno e junte a água ao caldo da assadeira. Ferva em fogo baixo e engrosse com a farinha. Tempere com sal e despeje sobre o peixe. Sirva o peixe com a cebola frita.

Bacalhau campinense

Para 4 pessoas
Tempo de preparo: 1h15m
Média dificuldade

Ingredientes:

Massa

- 1/2 xícara (chá) de água
- 1 xícara (chá) de cerveja
- 2 ovos
- 1 pitada de sal
- 1 pitada de fermento
- 2 1/2 xícaras (chá) de farinha de trigo
- 1/2 colher (sopa) de endro
- 700 g de bacalhau demolhado e limpo

Molho

- 1/3 de xícara (chá) de óleo de girassol
- 2 colheres (sopa) de azeite
- 3 dentes de alho socados
- 2 cebolas picadas
- 1 pimentão vermelho sem sementes picado
- 1 pimentão amarelo sem sementes picado
- 6 tomates em cubos sem sementes picados
- 1 xícara (chá) de molho de tomate refogado
- 1/2 xícara (chá) de água
- 1 tablete de caldo de peixe
- sal a gosto
- 1 xícara (chá) de vinho tinto seco
- 1 xícara (chá) de leite de coco
- 200 g de queijo cremoso
- 1 xícara (chá) de queijo emmenthal ralado

Para fritar

Óleo

Preparo:

Massa

1. Numa vasilha, misture todos os ingredientes, exceto o bacalhau. Adicione mais farinha de trigo, se ficar muito líquida.
2. Passe o bacalhau nessa mistura e frite em óleo bem quente. Escorra sobre papel-toalha e reserve.

Molho

1. Em uma panela grande, leve ao fogo o óleo e o azeite. Doure o alho e a cebola. Junte os pimentões e o tomate.
2. Refogue por cinco minutos, mexendo às vezes. Adicione os demais ingredientes (exceto o leite de coco e os queijos) e refogue por dez minutos.
3. Ponha o leite de coco e deixe no fogo por mais cinco minutos, mexendo às vezes. Retire do fogo.
4. Junte o queijo cremoso e misture bem. Num refratário, ponha o bacalhau e regue com o molho. Polvilhe com o queijo ralado e leve ao forno até gratinar.

Bacalhau capixaba

Para 4 pessoas
Tempo de preparo: 1 hora
Média dificuldade

Ingredientes:

- 4 filés de bacalhau fresco
- molho de pimenta vermelha e sal a gosto
- suco de 1 limão
- 1/2 xícara (chá) de azeite
- 2 cebolas cortadas em meia-lua
- 3 bananas-nanicas cortadas em rodelas
- 2 colheres (sopa) de pignoli picado
- 1/2 xícara (chá) de vinho branco seco
- 1 1/2 xícara (chá) de farinha de mandioca
- 1 xícara (chá) de salsa

Preparo:

1. Tempere os filés com o molho de pimenta, o sal e o suco de limão. Coloque em um refratário untado com uma colher (sopa) de azeite e cubra com metade da cebola.
2. Deixe tomar gosto por 30 minutos. Leve ao forno médio preaquecido por 20 minutos. Retire e reserve. Em uma panela média, frite a banana no azeite restante bem quente. Retire, escorra sobre papel-toalha e reserve.

3. Escorra o azeite, mas reserve uma colher (sopa). Doure a cebola restante nesse azeite e junte o pignoli e o vinho. Misture bem e ferva até que o líquido se reduza à metade.
4. Acrescente aos poucos a farinha e mexa bem. Coloque a salsa e a banana, sem parar de mexer. Deixe no fogo por mais quatro minutos. Ponha os filés em uma travessa e sirva com a farofa.

Bacalhau catarinense

Para 4 pessoas
Tempo de preparo: 30 minutos
Fácil

Ingredientes:

- 5 filés de bacalhau fresco
- 500 g de camarões frescos
- 3 limões
- sal e pimenta-do-reino a gosto
- 2 dentes de alho
- 1 xícara (chá) de azeite
- 2 cebolas grandes
- 2 tomates grandes sem pele
- 1/4 de xícara (chá) de cheiro-verde picado
- 1/2 colher (sopa) de grãos de coentro moídos
- 3 batatas médias sem casca cozidas

Preparo:

1. Tempere o bacalhau e o camarão com o suco de dois limões, sal e pimenta. Deixe tomar gosto por 30 minutos.
2. Esfregue o interior de uma panela de barro com o alho e unte com metade do azeite.
3. Rale a cebola, amasse o tomate e misture com o cheiro-verde e o coentro. Misture bem.
4. Arrume na panela camadas alternadas de peixe, camarão e os temperos misturados. Regue com o azeite restante e leve ao fogo alto até ferver.
5. Abaixe o fogo, tampe a panela e cozinhe por 20 minutos. Quando as postas de bacalhau estiverem cozidas, apague o fogo e ponha a batata em rodelas. Deixe tampada até o momento de servir.

Bacalhau com batata ao murro e brócolis

Para 4 pessoas
Tempo de preparo: 35 minutos
Fácil

Ingredientes:

- 2 cebola médias
- 1 xícara (chá) de azeite
- 2 pimentões vermelhos sem sementes
- 2 dentes de alho
- 4 batatas sem casca
- 1 kg de postas de bacalhau demolhadas e limpas
- 1 xícara (chá) de farinha de trigo
- 400 g de brócolis cozido

Preparo:

1. Descasque a cebola e corte-a ao meio. Ponha em um refratário untado com meia colher (sopa) de azeite e cubra com papel-alumínio. Leve ao forno médio até ficar macia e levemente dourada. Retire e reserve.
2. Corte o pimentão em tiras largas e frite em duas colheres (sopa) de azeite. Descasque o alho e corte em fatias não muito grossas. Frite-as em duas colheres (sopa) de azeite. Retire e escorra sobre papel-toalha.
3. Asse a batata em forno médio por 15 minutos ou até que fique macia. Retire e transfira para um prato. Feche a mão e dê um soco na batata para que amasse um pouco.
4. Passe as postas pela farinha de trigo e grelhe-as numa chapa ou frigideira de fundo largo até dourarem. Transfira o peixe para os pratos. Em cada prato arrume o brócolis, uma batata, metade de uma cebola e tiras de pimentão. Polvilhe com o alho frito e regue com o azeite restante. Sirva.

Bacalhau com batata ao murro

Para 4 pessoas
Tempo de preparo: 1 hora
Média dificuldade

Ingredientes:

- 4 postas de bacalhau demolhadas e limpas
- 1 xícara (chá) de farinha de rosca
- 1 1/2 xícara (chá) de azeite
- 8 dentes de alho
- 4 batatas grandes sem casca
- sal grosso a gosto

Preparo:

1. Seque bem o peixe e passe-o na farinha de rosca. Frite em meia xícara (chá) de azeite até dourar. Retire, escorra sobre papel-toalha e reserve.
2. Refogue o alho fatiado grosseiramente no azeite restante até dourar.
3. Arrume os filés em um refratário, cubra com metade do azeite com o alho torrado e leve ao forno para assar até se desprender em lascas.
4. Lave bem a batata e esfregue com sal grosso. Embru-

lhe em papel-alumínio e asse até ficar macia. Retire o papel e dê um murro para que se abra.

5. Regue com o azeite restante e com alho e asse por mais cinco minutos ou até dourar ligeiramente. Sirva com o bacalhau.

Bacalhau com camarão

Para 4 pessoas
Tempo de preparo: 1h55m
Fácil

Ingredientes:

- 8 batatas sem casca cortadas em rodelas grossas
- 3 tomates cortados em fatias grossas
- 3 cebolas cortadas em fatias grossas
- 600 g de camarão graúdo limpo
- 1 pimentão verde sem sementes à juliana
- 1 kg de bacalhau demolhado e limpo
- 6 xícaras (chá) de azeite

Preparo:

1. Num refratário ponha a batata, o tomate, a cebola, o camarão, o pimentão e o bacalhau cortado em pedaços grandes. Regue com o azeite e cubra com papel-alumínio.
2. Asse no forno preaquecido em temperatura baixa por 1 hora. Retire o papel- alumínio, deixe por mais 40 minutos e sirva.

Bacalhau com grão-de-bico do Ribatejo

Para 4 pessoas
Tempo de preparo: 40 minutos
Fácil

Ingredientes:

- 500 g de grão-de-bico
- 1 folha de louro
- 4 cebolas
- 4 dentes de alho
- 1 ramo de salsa
- 1 1/2 xícara (chá) de azeite
- 1/2 colher (sopa) de colorau
- 650 g de bacalhau demolhado e limpo
- sal e pimenta-do-reino a gosto
- 1/2 colher (sopa) de vinagre

Preparo:

1. Cozinhe o grão-de-bico na panela de pressão em água com o louro, sal e uma cebola inteira por 25 minutos. Retire e escorra.
2. Pique a cebola restante, o alho e a salsa. Transfira para uma panela com o azeite, o colorau e a pimenta. Refogue até o alho dourar. Junte o grão-de-bico e o bacalhau em lascas. Misture bem e tempere com sal. Deixe no fogo, mexendo às vezes até ferver. Acrescente o vinagre, misture rapidamente e deixe no fogo por mais cinco minutos antes de servir.

Bacalhau com molho de tomate seco

Para 4 pessoas
Tempo de preparo: 30 minutos
Fácil

Ingredientes:

- 1 colher (sopa) de margarina
- 500 g de filés de bacalhau limpos
- 1 tablete de caldo de peixe
- 1 1/2 xícara (chá) de leite
- 1 colher (sopa) de amido de milho
- 1/2 xícara (chá) de tomate seco picado
- 1 colher (sopa) de estragão

Preparo:

1. Em uma frigideira grande, derreta a margarina em fogo médio e doure os filés dos dois lados. Retire e reserve.
2. Dissolva o tablete de caldo em 1/2 xícara (chá) de leite fervente e despeje na frigideira em que fritou o peixe.
3. Dissolva o amido no leite restante e junte à frigideira. Ponha os filés fritos e cozinhe, mexendo sempre, até engrossar. Acrescente o tomate seco e o estragão. Misture e sirva.

Bacalhau com torresmo

Para 4 pessoas
Tempo de preparo: 1 hora
Média dificuldade

Ingredientes:

Torresmo

- 1 kg de toucinho
- suco de 1 limão
- 1 pitada de sal
- 1/2 xícara (chá) de óleo

Bacalhau

- 4 postas de bacalhau demolhadas e limpas

- 4 folhas de couve
- 4 batatas grandes
- 1/2 xícara (chá) de azeite
- 1 cebola picada
- 1 dente de alho picado
- 2 gotas de vinagre

Preparo:

Torresmo

1. Corte o toucinho em cubos e lave com água e o suco de limão. Escorra bem e reserve.
2. Leve uma panela de ferro ao fogo e acrescente metade do óleo e o toucinho. Tempere com sal e frite, mexendo às vezes, por 30 minutos ou até soltar toda a gordura. Retire com uma escumadeira, escorra sobre papel-toalha e guarde em um recipiente com tampa por um dia.
3. No dia do preparo, leve novamente ao fogo uma panela com o óleo restante e frite o torresmo até ficar crocante. Retire do fogo e reserve sobre papel-toalha.

Bacalhau

1. Afervente o bacalhau. Quando ficar macio, retire e reserve. Na mesma água, cozinhe a couve. Quando a couve estiver cozida, retire e ponha a batata. Se necessário, acrescente mais água. Quando a batata ficar macia, retire e descarte a água. Descasque a batata, corte-a em rodelas, e rasgue a couve.
2. Aqueça metade do azeite e refogue a cebola e o alho. Adicione o vinagre e o torresmo. Mexa e cozinhe por cinco minutos.
3. Numa panela de barro, disponha o azeite restante, a batata em rodelas, a couve e o bacalhau em lascas grossas. Cubra com o molho de torresmo, tampe e deixe cozinhar em fogo baixo por dez minutos. Retire e sirva.

Bacalhau da alta gastronomia

Para 4 pessoas
Tempo de preparo: 1h45m
Difícil

Ingredientes:

- 4 postas de bacalhau demolhadas e limpas
- 1 1/2 xícara (chá) de azeite
- 4 batatas
- 4 colheres (sopa) de pão duro ralado
- 2 colheres (sopa) de manjericão roxo
- 1 colher (sopa) de queijo parmesão ralado

Molho

- 8 tomates sem pele e sem sementes
- 2 dentes de alho picados
- 1/2 xícara (chá) de azeite
- sal a gosto
- 1 pitada de açúcar

Acompanhamento

- 4 batatas sem casca
- 1/2 xícara (chá) de azeite
- 2 cebolas roxas à juliana
- sal e pimenta-do-reino a gosto
- 1 maço de aspargos
- 1 pitada de açúcar
- 1/2 xícara (chá) de azeitonas pretas picadas
- 12 ovos de codorna cozidos e sem casca

Preparo:

1. Seque as postas de bacalhau e unte-as com uma colher (sopa) de azeite. Frite numa frigideira até dourarem.
2. Transfira para uma assadeira e regue com o azeite restante. Cubra com papel-alumínio e leve ao forno por 25 minutos em temperatura média.
3. Numa tigela misture o pão, o manjericão e metade do parmesão. Retire a assadeira do forno e remova o papel-alumínio. Polvilhe as postas com a farofa e leve ao forno novamente até dourar. Retire e reserve.

Molho

Pique o tomate e refogue numa frigideira com o alho e o azeite. Cozinhe por seis minutos ou até o líquido secar. Tempere com sal e açúcar. Misture bem e retire do fogo.

Acompanhamento

1. Corte duas batatas em fatias bem finas e afervente por cinco minutos. Retire com uma escumadeira e seque com um pano de prato. Reserve.
2. Cozinhe a batata restante. Quando estiver macia, escorra e amasse. Tempere com sal e pimenta. Reserve
3. Refogue no azeite (reserve uma colher de sopa) a cebola até murchar. Cozinhe o aspargo em água com o açúcar, sal e o azeite reservado. Escorra.
4. Em forminhas com aro removível, forre o fundo e as laterais com o purê de batata. Recheie alternando camadas de batata cozida, cebola refogada e azeitona, mas finalize com a batata cozida.
5. Cubra com papel-alumínio e leve ao forno por 15 minutos em temperatura média. Retire o papel e deixe por mais cinco minutos.
6. Ao servir, ponha no centro do prato o molho de tomate. Ao lado, arrume as postas, o aspargo e os ovos de codorna cortados ao meio. Sirva com as forminhas de batata.

Bacalhau da Barra

Para 4 pessoas
Tempo de preparo: 1h30m
Média dificuldade

Ingredientes:

Molho

- 4 colheres (sopa) de azeite
- 4 dentes de alho espremidos
- 2 cebolas grandes raladas
- 2 cenouras sem casca em pedaços
- 8 tomates grandes sem pele e sem sementes
- 1 colher (sopa) de orégano
- 2 folhas de louro
- 1 maço de cheiro-verde
- 1 pitada de açúcar
- sal a gosto

Bacalhau

- 1 xícara (chá) de azeite
- 4 batatas sem casca cozidas
- 1,2 kg de postas de bacalhau demolhadas e limpas
- 1 pimentão verde sem sementes
- 1 pimentão amarelo sem sementes
- 2 cebolas
- 5 dentes de alho moídos
- 1/2 colher (sopa) de açafrão

Preparo:

Molho

1. Refogue no azeite o alho, a cebola e a cenoura. Junte o tomate picado, o orégano, o louro, o cheiro-verde, o açúcar e o sal. Misture bem e cozinhe em fogo baixo por dez minutos.
2. Se necessário, acrescente um pouco de água. Quando estiver consistente, retire do fogo e passe pela peneira. Reserve.

Bacalhau

1. Unte um refratário médio e alto com uma colher (sopa) de azeite. Distribua a batata em rodelas e as postas de bacalhau. Cubra com o molho reservado.
2. Por cima, arrume o pimentão em tiras, a cebola em rodelas e polvilhe com o alho e o açafrão.
3. Despeje o azeite restante e leve ao forno em temperatura média por 1 hora ou até o peixe se desprender em lascas.

Bacalhau da casa

Para 4 pessoas
Tempo de preparo: 45 minutos
Fácil

Ingredientes:

- 8 filés de bacalhau fresco
- 2 dentes de alho amassados
- suco de 1 limão
- sal e pimenta-do-reino a gosto
- 1 cebola picada
- 2 colheres (sopa) de azeite
- 4 tomates sem pele e sem sementes picados
- 1/2 xícara (chá) de vinho branco seco
- 1/2 xícara (chá) de queijo parmesão em lascas
- 1 colher (sopa) de tomilho

Preparo:

1. Numa tigela, tempere os filés com o alho, o suco de limão, sal e pimenta. Deixe tomar gosto por 20 minutos.
2. À parte, doure a cebola no azeite e junte o tomate e o vinho branco. Deixe cozinhar por dez minutos. Acrescente o peixe e cozinhe por mais dez minutos. Ponha o queijo, misture e cozinhe até que se derreta. Tempere com o tomilho, misture, retire do fogo e sirva.

Bacalhau da colina

Para 4 pessoas
Tempo de preparo: 3h15m
Fácil

Ingredientes:

- 1 1/3 de xícara (chá) de vinho branco seco
- 1 xícara (chá) de vinagre
- 1 colher (sopa) de orégano
- 8 dentes de alho picados
- sal a gosto
- 800 g de filés de bacalhau fresco
- 1 xícara (chá) de farinha de trigo
- 1 xícara (chá) de azeite

Preparo:

1. Numa tigela misture o vinho, o vinagre, o orégano, o alho e sal. Ponha o bacalhau e deixe marinar por 3 horas.
2. Escorra o peixe e passe pela farinha. Frite no azeite bem quente até dourar. Retire, escorra sobre papel-toalha e sirva.

Bacalhau da colônia

Para 4 pessoas
Tempo de preparo: 40 minutos
Média dificuldade

Ingredientes:

- 6 tomates sem sementes picados

- 2 colheres (sopa) de azeite
- 2 dentes de alho picados
- orégano, manjerona e sal a gosto
- 2 colheres (sopa) de manteiga
- 1 cebola cortada em rodelas
- 4 postas de bacalhau demolhadas e limpas
- 2 ovos cozidos sem casca
- 1 xícara (chá) de azeitonas pretas picadas
- 1 xícara (chá) de queijo parmesão

Preparo:

1. Numa frigideira grande, ponha o tomate, o azeite, o alho, o manjerona, o orégano e o sal. Leve ao fogo baixo, mexendo às vezes, por dez minutos. Junte a manteiga e a cebola. Mexa e cozinhe por mais dez minutos.
2. Numa travessa, ponha o bacalhau e decore com o ovo em rodelas e a azeitona. Despeje o molho por cima e polvilhe com o queijo. Leve ao forno por cinco minutos ou até o queijo se derreter e sirva.

Bacalhau da comunidade

Para 4 pessoas
Tempo de preparo: 45 minutos
Fácil

Ingredientes:

- 1 cebola grande picada
- 1 cenoura grande sem casca em rodelas
- 200 de ervilha fresca
- 200 g de vagem picada
- 3 batatas sem casca raladas
- 1/2 xícara (chá) de azeite
- 2 xícaras (chá) de molho de tomate
- 2 xícaras (chá) de água
- sal a gosto
- 4 postas de bacalhau demolhadas e limpas

Preparo:

1. Refogue todos os legumes no azeite por 30 minutos em fogo baixo. Adicione o molho e a água e deixe ferver. Tempere com sal e mexa.
2. Acrescente o peixe e cozinhe por mais 30 minutos ou até o bacalhau se desprender em lascas. Se necessário, adicione mais água. Retire e sirva.

Bacalhau da fronteira

Para 4 pessoas
Tempo de preparo: 50 minutos
Média dificuldade

Ingredientes:

- 4 filés grandes de bacalhau fresco
- suco de 1 limão
- sal e pimenta-do-reino a gosto
- 2 dentes de alho picados
- 1 colher (sopa) de salsa picada
- 1 colher (sopa) de cebolinha verde picada
- 2 colheres (sopa) de azeite

Recheio

- 4 colheres (sopa) de manteiga
- 1 alho-poró em rodelas
- 1 cebola média ralada
- 3 tomates sem pele e sem sementes em cubos
- 1 folha de louro
- 2 colheres (sopa) de alcaparras
- sal e pimenta-do-reino a gosto
- 8 camarões-rosa limpos
- 1 colher (sopa) de salsa picada
- 1 colher (sopa) de cebolinha picada
- 1/2 xícara (chá) de farinha de mandioca
- 8 folhas de acelga aferventadas

Preparo:

Tempere o peixe com o suco de limão, o sal e a pimenta. Acrescente o alho, a salsa e a cebolinha. Regue com o azeite e deixe descansar por dez minutos.

Recheio

1. Ponha a manteiga em uma panela e junte o alho-poró e a cebola. Misture e refogue até a cebola dourar. Acrescente o tomate, o louro e a alcaparra. Tempere com sal e pimenta.
2. Cozinhe por cinco minutos e acrescente o camarão. Refogue por mais dois minutos. Polvilhe com a salsa e a cebolinha. Ponha a farinha e mexa até obter uma farofa úmida. Retire do fogo.

Montagem

Retire o peixe do tempero e recheie com a farofa. Embrulhe os filés nas folhas de acelga e asse na brasa até o peixe ficar macio. Sirva.

Bacalhau da modernidade

Para 4 pessoas
Tempo de preparo: 55 minutos
Fácil

Ingredientes:

- 4 filés de bacalhau limpos
- suco de 1 limão
- sal e pimenta-do-reino a gosto
- 1 xícara (chá) de farinha de trigo

- 1 colher (sopa) de manteiga
- 1 xícara (chá) de azeite
- 1 xícara (chá) de suco de maracujá
- 1/2 xícara (chá) de suco de laranja
- 1 xícara (chá) de suco de framboesa
- 1/2 xícara (chá) de suco de ameixa-preta

Preparo:

1. Tempere os filés com o suco de limão, o sal e pimenta. Deixe descansar por 1 hora. Escorra e passe pela farinha. Reserve.
2. Em uma panela, derreta metade da manteiga e uma colher (sopa) de azeite. Adicione o suco de maracujá e o de laranja. Misture bem e cozinhe até engrossar um pouco. Retire do fogo e reserve.
3. Em outra panela, ponha a manteiga restante e uma colher (sopa) de azeite. Acrescente o suco de framboesa e o de ameixa. Mexa bem e cozinhe até engrossar um pouco. Retire e reserve.
4. Em uma frigideira, aqueça o azeite restante. Escorra os filés e frite até dourarem. Retire do fogo e sirva com os molhos reservados.

Bacalhau da novela

Para 4 pessoas
Tempo de preparo: 35 minutos
Fácil

Ingredientes:

- 4 filés de bacalhau fresco
- suco de 1 limão
- sal e pimenta-do-reino a gosto
- 6 colheres (sopa) de manteiga
- 2 cebolas pequenas picadas
- 1/3 de xícara (chá) de amêndoa picada
- 1/2 xícara (chá) de tomilho

Preparo:

1. Regue os filés com o suco de limão e tempere com sal e pimenta. Deixe descansar por dez minutos. Escorra, pincele com duas colheres (sopa) de manteiga e grelhe até dourar. Reserve.
2. Em uma frigideira, aqueça a manteiga restante e refogue a cebola até ficar transparente. Ponha a amêndoa e deixe dourar, mexendo às vezes. Retire do fogo e distribua sobre o peixe. Tempere com o tomilho e sirva.

Bacalhau da pensão

Para 4 pessoas
Tempo de preparo: 25 minutos
Fácil

Ingredientes:

- 4 postas de bacalhau demolhadas e limpas
- suco de 1 limão
- sal e pimenta-do-reino a gosto
- 3 colheres (sopa) de margarina
- 2 colheres (sopa) de farinha de rosca
- 1 colher (sopa) de salsa picada

Preparo:

1. Arrume as postas em um refratário e regue com o suco de limão. Tempere com o sal e a pimenta. Cubra com a margarina derretida e a farinha de rosca.
2. Leve ao forno por 20 minutos. Antes de servir, polvilhe com a salsa.

Bacalhau da rainha

Para 4 pessoas
Tempo de preparo: 45 minutos
Fácil

Ingredientes:

- 4 filés de bacalhau fresco
- sal e pimenta-do-reino a gosto
- 1/2 xícara (chá) de manteiga
- 2 bananas-nanicas sem casca
- 200 g de mussarela ralada

Preparo:

1. Tempere os filés com o sal e a pimenta. Derreta a manteiga em uma frigideira e grelhe levemente os filés. Transfira para uma assadeira.
2. Corte a banana ao meio e cubra o peixe com uma porção de banana. Polvilhe com a mussarela e leve ao forno por dez minutos ou até o peixe se desprender em lascas.

Bacalhau de botequim

Para 4 pessoas
Tempo de preparo: 35 minutos
Fácil

Ingredientes:

- 1 posta de bacalhau demolhada e limpa
- 4 tomates

- 1 cebola
- 4 rabanetes
- 1 pepino pequeno
- suco de 4 limões
- 1/2 colher (sopa) de açúcar
- sal a gosto
- 1 dente de alho triturado
- 1 ramo de salsa picado

Preparo:

1. Congele a posta. Lave o tomate e corte a parte de cima como se fosse uma tampa. Com uma colher pequena, escave o interior e descarte as sementes.
2. Corte a cebola, o rabanete e o pepino em cubinhos e reserve. Numa tigela, misture o suco de limão, o açúcar, o sal e o alho. Mexa bem e reserve.
3. Retire o bacalhau do freezer e corte-o em fatias pequenas e bem finas. Recheie cada tomate com a mistura de legumes.
4. Ponha o tomate em pratos e junte o bacalhau. Regue com o molho. Antes de servir, decore com a salsa.

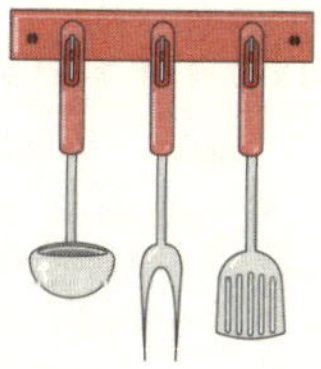

Bacalhau de domingo

Para 4 pessoas
Tempo de preparo: 45 minutos
Fácil

Ingredientes:

- 4 postas de bacalhau demolhadas e limpas
- sal e pimenta-do-reino a gosto
- 2 colheres (sopa) azeite
- 2 colheres (sopa) margarina
- 1 colher (sopa) ervas finas
- 1 pitada de páprica
- 1 colher (sopa) de salsa picada
- 3 batatas sem casca cozidas
- 2 tomates

Preparo:

1. Tempere as postas com sal e pimenta. Regue com o azeite e asse em uma chapa por cinco minutos de cada lado. Reserve.
2. À parte, misture bem a margarina, as ervas, a páprica, o sal, a salsa e a batata em rodelas.
3. Arrume as postas em uma travessa aquecida. Junte o tomate cortado ao meio. Decore com a mistura de batata e ervas e sirva.

Bacalhau de Itapoã

Para 4 pessoas
Tempo de preparo: 45 minutos
Média dificuldade

Ingredientes:

- 400 g de bacalhau demolhado e limpo
- 3 colheres (sopa) de margarina
- 1 cebola grande picada
- 2 dentes de alho amassados
- 3 colheres (sopa) de farinha de trigo
- 2 xícaras (chá) de leite
- molho de pimenta a gosto
- 3 batatas sem casca cortadas em palito e fritas
- 1/2 xícara (chá) de queijo de coalho ralado

Preparo:

1. Separe o peixe em lascas grandes. Ponha em uma panela antiaderente e junte a margarina, a cebola e o alho. Leve ao fogo, mexendo até dourar.
2. Acrescente a farinha diluída na metade do leite e cozinhe por dez minutos, mexendo às vezes. Adicione o leite restante e mexa até engrossar. Ferva por mais dez minutos em fogo baixo e tempere com o molho de pimenta.
3. Num refratário ponha a batata e, por cima, a mistura de bacalhau. Polvilhe com o queijo e leve ao forno preaquecido para gratinar.

Bacalhau de Manaus

Para 4 pessoas
Tempo de preparo: 40 minutos
Fácil

Ingredientes:

- 2 kg de lombo de bacalhau demolhado e limpo
- 2 colheres (sopa) de farinha de rosca
- 2 cebolas
- 5 colheres (sopa) de azeite
- 250 g de camarão limpo
- 2 colheres (sopa) de salsa picada
- miolo de 1 pão francês
- 1/4 de xícara (chá) de leite
- 1 ovo batido
- sal a gosto
- 3 pimentões vermelhos sem sementes

Preparo:

1. Em uma superfície lisa, ponha o bacalhau e polvilhe com farinha de rosca.
2. Corte a cebola em rodelas finas e leve ao fogo com 2 co-

lheres (sopa) de azeite. Refogue até dourar. Retire do fogo e junte o camarão e a salsa. À parte, molhe o pão no leite. Esprema e ponha na frigideira com o camarão. Retorne ao fogo e junte o ovo. Cozinhe até o ovo ficar cremoso.

3. Tempere com sal. Retire do fogo e distribua sobre o bacalhau. Enrole e feche bem para não escapar o recheio. Amarre com barbante de cozinha.
4. Ponha o peixe em uma assadeira e regue com três colheres (sopa) de azeite. Tempere com sal e leve ao forno previamente aquecido por 40 minutos. Nos dez minutos finais, junte o pimentão cortado em quatro. Na hora de servir, remova o barbante.

Bacalhau do Batata

Para 4 pessoas
Tempo de preparo: 55 minutos
Fácil

Ingredientes:

- 800 g de bacalhau demolhado e limpo
- 6 batatas sem casca
- 2 cebolas em rodelas
- 2 pimentões vermelhos sem sementes em rodelas
- 1 xícara (chá) de azeite
- 1 cabeça de alho picada
- sal e pimenta-de-cheiro a gosto
- 4 colheres (sopa) de cheiro-verde picado
- 2 ovos cozidos e sem casca
- 1/2 xícara (chá) de azeitona preta picada

Preparo:

1. Separe o peixe em pedaços grandes. Cozinhe a batata até ficar macia. Escorra, remova a casca e corte-a em rodelas. Reserve.
2. Tempere a cebola e o pimentão com duas colheres (sopa) de azeite e o alho. Misture bem e reserve.
3. Unte um refratário grande com uma colher (sopa) de azeite. Arrume uma camada da mistura de cebola. Por cima, ponha uma camada de batata e o peixe. Regue com o azeite restante.
4. Polvilhe com o sal e a pimenta. Alterne as camadas até os ingredientes terminarem e finalize com o cheiro-verde. Leve ao forno preaquecido em temperatura média por 45 minutos. Sirva com o ovo cozido cortado em rodelas e a azeitona.

Bacalhau do bistrô

Para 4 pessoas
Tempo de preparo: 35 minutos
Fácil

Ingredientes:

- 4 filés de bacalhau limpos
- sal e pimenta-do-reino branca a gosto
- 8 camarões médios limpos
- 100 g de ervilha-torta
- 200 g de vagem
- 150 g de minimilho
- 2 cenouras sem casca
- 150 g de mini-abobrinha
- 1/2 colher (sopa) de gengibre ralado
- 1/2 xícara (chá) de manteiga

Preparo:

1. Tempere o peixe com sal e pimenta. Abra uma folha de papel-alumínio e corte-a em pedaços médios. Disponha o peixe no centro e o camarão por cima.
2. Distribua aos poucos os legumes, o gengibre e a manteiga em pedaços. Feche o papel, formando um envelope. Leve ao forno preaquecido em temperatura média por 20 minutos ou até o peixe se desprender em lascas.

Bacalhau do Manuel

Para 4 pessoas
Tempo de preparo: 45 minutos
Fácil

Ingredientes:

- 4 postas de bacalhau demolhadas e limpas
- suco de 2 limões
- sal e pimenta-malagueta a gosto
- 1 xícara (chá) de farinha de rosca
- 1 ovo batido
- 1 xícara (chá) de azeite
- 2 cebolas cortadas em meia-lua
- 1 xícara (chá) de toucinho picado
- 1 xícara (chá) de vinho branco seco
- 2 gemas ligeiramente batidas
- 1 xícara (chá) de coentro picado

Preparo:

1. Corte o peixe em cubos e tempere com metade do suco de limão, o sal e pimenta. Deixe marinar por 30 minutos.
2. Escorra e passe pela farinha de rosca e pelo ovo batido. Aqueça o azeite (reserve duas colheres de sopa) e frite os cubos. Escorra sobre papel-toalha e reserve.
3. Numa panela, aqueça o azeite reservado e frite a cebola e o toucinho por cinco minutos. Regue com metade do vinho e cozinhe até o líquido se reduzir.
4. Retire do fogo e adicione o vinho e o suco de limão restantes, as gemas e o coentro.
5. Misture bem e tempere com sal e pimenta. Leve ao fogo até encorpar. Na hora de servir, distribua o bacalhau nos pratos e regue com o molho.

Bacalhau do novo mundo

Para 4 pessoas
Tempo de preparo: 45 minutos
Fácil

Ingredientes:

- *4 postas de bacalhau demolhadas e limpas*
- *1 xícara (chá) de farinha de trigo*
- *1/2 xícara (chá) de azeite*
- *2 dentes de alho picados*
- *1 xícara (chá) de cebola picada*
- *1 xícara (chá) de pimentão verde sem sementes em tiras*
- *sal e pimenta-rosa a gosto*
- *1 xícara (chá) de manjericão picado*
- *1 xícara (chá) de azeitonas verdes recheadas*

Preparo:

1. *Afervente o peixe, escorra e reserve a água. Seque o peixe e passe pela farinha (reserve duas colheres de sopa). Aqueça o azeite e frite as postas até dourarem. Retire do fogo, escorra sobre papel-toalha e reserve.*
2. *Na mesma frigideira refogue o alho, a cebola e o pimentão. Regue com duas xícaras (chá) da água do bacalhau. Tempere com sal e pimenta e cozinhe por dez minutos.*
3. *Retire duas colheres (sopa) do caldo e dissolva a farinha de trigo reservada. Ponha novamente na panela e mexa sempre para não empelotar.*
4. *Acrescente o manjericão e mexa mais um pouco. Distribua esse molho sobre o bacalhau e sirva com a azeitona.*

Bacalhau dos estudantes

Para 4 pessoas
Tempo de Preparo: 55 minutos
Fácil

Ingredientes:

- *1 lata de creme de leite*
- *3 gemas*
- *1 colher (sopa) de manteiga*
- *3 colheres (sopa) de queijo parmesão ralado*
- *2 colheres (sopa) de farinha de trigo*
- *2 colheres (chá) de tempero em pó para peixe*
- *1 colher (sopa) de molho inglês*
- *500 g de bacalhau demolhado, limpo e em lascas grandes*
- *2 tomates cortados em rodelas finas*
- *1 xícara (chá) de palmito em rodelas finas*
- *1 cebola cortada em rodelas finas*
- *3 claras batidas em neve*

Para untar

Azeite

Preparo:

1. *Numa vasilha, misture o creme de leite com as gemas, a manteiga, duas colheres de queijo, a farinha, o tempero em pó e o molho inglês.*
2. *Unte um refratário com azeite e distribua metade dessa mistura nele. Por cima, espalhe uma parte do bacalhau e metade do tomate e do palmito. Repita as camadas, mas finalize com a cebola e o palmito.*
4. *À parte, misture as claras batidas com o queijo restante e cubra o palmito. Asse no forno em temperatura média 30 minutos.*

Bacalhau dos aprendizes

Para 4 pessoas
Tempo de preparo: 30 minutos
Fácil

Ingredientes:

- *1 xícara (chá) de azeite*
- *8 xícaras (chá) de água fervente*
- *2 postas altas de bacalhau demolhadas e limpas*

Molho

- *2 colheres (sopa) de margarina*
- *1 cebola média ralada*
- *1 colher (sopa) de farinha de trigo*
- *2 xícaras (chá) de leite*
- *noz-moscada a gosto*
- *1/2 xícara (chá) de pistache torrado*

Preparo:

Numa panela de pressão, ponha o azeite, a água fervente e o bacalhau. Tampe e cozinhe por 30 minutos. Libere o vapor da panela e retire o bacalhau. Reserve.

Molho

1. *Aqueça uma panela, ponha a margarina e refogue a cebola até ficar transparente. Ponha a farinha e mexa bem, formando uma massa. Acrescente o leite e noz-moscada. Misture bem.*
2. *Aos poucos, acrescente o bacalhau e cozinhe até o molho começar a engrossar. Junte o pistache e cozinhe por mais 5 minutos antes de servir.*

Bacalhau dos artistas

Para 4 pessoas
Tempo de preparo: 35 minutos
Fácil

Ingredientes:

- 4 postas de bacalhau demolhadas e limpas
- 200 g de vagem
- 2 cenouras sem casca
- 200 g de couve-de-bruxelas
- sal a gosto
- 3 cebolas
- 5 tomates sem pele e sem sementes
- 1/2 xícara (chá) de azeite
- 1/2 xícara (chá) de coentro picado
- 1 pitada de pimenta-do-reino
- 1 xícara (chá) de vinho branco seco

Preparo:

1. Lave as postas de bacalhau e escorra. Limpe a vagem, a cenoura e a couve-de-bruxelas. Cozinhe os legumes separadamente em água e sal. Quando estiverem cozidos, escorra e reserve.
2. Corte a cebola em rodelas finas e o tomate em cubos pequenos. Leve uma panela ao fogo com o azeite e refogue a cebola. Adicione o tomate e o coentro. Tempere com sal e pimenta e cozinhe por cinco minutos.
3. Num refratário com tampa, ponha as postas de bacalhau e cubra com o refogado e o vinho. Tampe e leve ao forno por dez minutos ou até o peixe se desprender em lascas. Sirva com os legumes reservados.

Bacalhau do Centro-Oeste

Para 4 pessoas
Tempo de preparo: 1 hora
Média dificuldade

Ingredientes:

- 1 kg de postas de bacalhau demolhadas e limpas
- 2 colheres (sopa) de molho de pimenta
- suco de 1 limão
- 500 g de camarão médio
- sal e pimenta-do-reino a gosto
- 3 cebolas médias picadas
- 1 cenoura sem casca em rodelas
- 1 talo de salsão picado
- 1 cabeça de corvina
- 8 xícaras (chá) de água
- 6 colheres (sopa) de azeite
- 4 dentes de alho amassados
- 4 tomates em rodelas
- 2 pimentões vermelhos sem sementes em cubos
- 1/2 xícara (chá) de cheiro-verde picado
- 1 xícara (chá) de farinha de mandioca

Preparo:

1. Ponha as postas em uma tigela com o molho de pimenta e o suco de limão. Deixe tomar gosto por 20 minutos. Na metade do tempo, vire o bacalhau.
2. Limpe o camarão e tempere-o com sal. Reserve. Lave as cascas e as cabeças dos camarões e coloque em uma panela grande com uma cebola, a cenoura, o salsão, a cabeça de peixe e a água. Leve ao fogo e ferva até se reduzir à metade. Retire, coe e reserve.
3. Em uma panela média, ponha quatro colheres (sopa) de azeite e doure a cebola restante e o alho. Junte o caldo coado.
4. Escorra o bacalhau da marinada e ponha na panela com a cebola. Cubra com o tomate e o pimentão. Tempere com sal e pimenta e cozinhe em fogo baixo por 30 minutos.
5. Apague o fogo e salpique metade do cheiro-verde. Tampe a panela e reserve. Em uma frigideira antiaderente, ponha o azeite restante e doure o camarão por cinco minutos. Reserve.
6. Com uma escumadeira, retire as postas da panela e transfira para um refratário. Cubra com o camarão e mantenha quente.
7. Ao caldo que sobrou na panela, junte o cheiro-verde restante e leve ao fogo. Assim que ferver, acrescente aos poucos a farinha de mandioca, mexendo sempre. Cozinhe por três minutos, mexendo sempre. Retire. Sirva as postas e o camarão com o pirão.

Bacalhau do chefe

Para 4 pessoas
Tempo de preparo: 1h5m
Média dificuldade

Ingredientes:

- 700 g de filés de bacalhau fresco
- 2 cenouras sem casca cortadas em cubos
- 1 pimentão vermelho sem sementes cortado em cubos
- 120 g de ervilhas-tortas
- 1/2 xícara (chá) de cebolinha verde picada
- sal e pimenta-do-reino a gosto
- 1/3 de xícara (chá) de azeite

Preparo:

1. Corte os filés em quatro pedaços. Numa panela com água fervente e sal, escalde por dois minutos a cenoura e o pimentão. Acrescente a ervilha e leve ao fogo novamente. Quando a ervilha ficar macia, retire do fogo, escorra e resfrie em água corrente. Escorra bem e reserve.
2. Aqueça o forno em temperatura média. Corte quatro pedaços de papel-manteiga com 30 cm de comprimento. Unte um dos lados e ponha um pedaço de filé no centro da parte untada.
3. Ao redor, ponha um pouco de cenoura, pimentão e ervilha. Salpique com a cebolinha e tempere com sal e pimenta. Regue com o azeite. Dobre a parte não

untada sobre o peixe, fechando como se fosse um pacote. Arrume os pacotinhos numa assadeira e leve ao forno por 15 minutos.

4. Transfira para pratos individuais e, com uma tesoura, faça um corte em cruz sobre cada um. Dobre as bordas novamente e sirva de imediato.

Bacalhau do clube

Para 4 pessoas
Tempo de preparo: 35 minutos
Fácil

Ingredientes:

- 800 g de filés de bacalhau fresco
- 1/2 xícara (chá) de vinho branco seco
- 1/2 xícara (chá) de água
- sal e pimenta-do-reino a gosto
- 1/2 colher (sopa) de suco de limão
- 1 colher (sopa) de salsa picada
- 1 colher (sopa) de margarina

Molho

- 1 colher (sopa) de margarina
- 2 colheres (sopa) de farinha de trigo
- 1 xícara (chá) de leite desnatado
- 500 g de uva itália sem casca e sem sementes

Preparo:

1. Ponha em uma tigela os filés, o vinho e a água. Tempere com o sal, pimenta, o suco de limão e a salsa. Deixe marinar por 30 minutos.
2. Unte uma forma com a margarina e ponha os filés com o caldo da marinada. Leve ao forno em temperatura baixa por 20 minutos. Retire do forno e reserve o caldo do cozimento.

Molho

1. Derreta a margarina em fogo baixo e adicione aos poucos a farinha e o leite, misturando bem até engrossar.
2. Acrescente o caldo reservado e mexa às vezes, até obter uma mistura homogênea. Corte a uva ao meio e ponha na panela. Cozinhe por cinco minutos e retire do fogo. Sirva com o peixe.

Bacalhau do vilarejo

Para 4 pessoas
Tempo de preparo: 45 minutos
Fácil

Ingredientes:

- 1 kg de bacalhau demolhado e limpo
- 1 xícara (chá) de azeite
- 3 cebolas
- 2 xícaras (chá) de grão-de-bico
- sal a gosto
- 1 pitada de pimenta-do-reino branca
- 4 batatas sem casca
- 2 cenouras sem casca
- 2 xícaras (chá) de espinafre
- 2 dentes de alhos
- 1 colher (sobremesa) de ervas finas

Preparo:

1. Separe o peixe em lascas e refogue-as numa frigideira com duas colheres (sopa) de azeite e uma cebola cortada em meia-lua. Quando a cebola ficar transparente, retire do fogo e reserve.
2. Cozinhe o grão-de-bico em água e sal. Quando ficar macio, ponha no processador com meia xícara (chá) do caldo do cozimento. Triture até obter uma pasta. Tempere com sal e pimenta e reserve. À parte, corte a batata e a cenoura em rodelas e cozinhe. Escorra e reserve.
3. Refogue o espinafre em duas colheres (sopa) de azeite com a cebola restante e o alho picados. Tempere com sal e pimenta.
4. Na hora de servir, ponha o espinafre no centro e faça camadas alternadas de bacalhau, da pasta de grão-de-bico, da batata e da cenoura. Regue com o azeite restante e polvilhe com as ervas finas.

Bacalhau dos Burgos

Para 4 pessoas
Tempo de preparo: 30 minutos
Fácil

Ingredientes:

- 1 kg de bacalhau demolhado e limpo
- 1 colher (sopa) de suco de limão
- sal e pimenta-do-reino a gosto
- 1 xícara (chá) de farinha de trigo
- 1/2 xícara (chá) de azeite

Molho

- 2 cebolas médias cortadas em tiras
- 1 xícara (chá) de azeite
- 4 tomates sem sementes e cortados em rodelas finas
- 1 folha de louro
- sal a gosto
- 1 xícara (chá) de vinagre

Preparo:

1. Separe o peixe em postas e tempere-as com o suco de

limão, sal e pimenta. Deixe tomar gosto por 1 hora.

2. Passe o bacalhau na farinha e frite no azeite bem quente até dourar dos dois lados. Reserve.

Molho

Refogue bem a cebola no azeite. Acrescente o tomate, o louro e o sal. Cozinhe por cinco minutos. Junte o vinagre e, quando levantar fervura, retire do fogo. Em uma vasilha com tampa, alterne camadas de bacalhau e do molho. Leve ao fogo até aquecer e sirva.

Bacalhau dos imigrantes

Para 4 pessoas
Tempo de preparo: 40 minutos
Fácil

Ingredientes:

- 3 colheres (sopa) de manteiga
- 1 berinjela sem casca
- 1 cebola picada
- 2 xícaras (chá) de fundos de alcachofra picados
- 1/3 de pimentão amarelo sem casca em tiras
- 100 g de tomate seco
- 100 g de anchova
- 500 g de bacalhau demolhado e limpo
- 1 maço de cebolinha picada

Para decorar

Salsa a gosto

Preparo:

1. Numa frigideira, refogue por cinco minutos na manteiga a berinjela em tiras, a cebola, os fundos de alcachofra e o pimentão.
2. Junte o tomate seco, a anchova, o bacalhau em lascas e a cebolinha. Misture bem e deixe cozinhar por cinco minutos. Retire do fogo, decore com a salsa e sirva.

Bacalhau dos latinos

Para 4 pessoas
Tempo de preparo: 6h30m
Fácil

Ingredientes:

- 1 kg de bacalhau demolhado e limpo
- 300 g de camarões limpos
- 2 cebolas médias cortadas em fatias finas
- 1 pimenta-verde sem sementes em rodelas finas
- 1 xícara (chá) de suco de limão
- 1/4 de xícara (chá) de suco de laranja azeda
- sal a gosto
- 1 batata-doce sem casca e cortada em rodelas

Preparo:

1. Corte o peixe em cubos e o camarão em pedaços.
2. Em um recipiente de vidro, ponha camadas de peixe, camarão, cebola e pimenta. Cubra com os sucos de limão e de laranja. Tempere com sal. Tampe e coloque na geladeira. Agite às vezes o recipiente, para que o suco envolva o peixe. Deixe descansar por no mínimo 6 horas.
3. Cozinhe a batata-doce. Quando estiver macia, escorra e sirva com o bacalhau.

Bacalhau dos marqueses

Para 4 pessoas
Tempo de preparo: 35 minutos
Fácil

Ingredientes:

- 1/2 xícara (chá) de manteiga
- 2 colheres (sopa) de farinha de trigo
- 200 g de filés de bacalhau fresco
- 1 cebola em fatias
- 2 batatas sem casca e cortadas em rodelas
- 1/2 xícara (chá) de leite
- 2 colheres (sopa) de broa de milho picada

Preparo:

1. Unte um refratário de barro com uma colher (sopa) de manteiga e polvilhe com uma colher (sopa) de farinha. Arrume os filés no refratário lado a lado. Coloque a manteiga restante sobre os filés. Por cima, disponha a cebola e a batata.
2. Polvilhe com a farinha restante. Cubra com o leite e leve ao forno preaquecido por dez minutos. Cinco minutos antes de terminar esse tempo, polvilhe o bacalhau com a broa e leve novamente ao forno.

Bacalhau dos mestres

Para 4 pessoas
Tempo de preparo: 1 hora
Média dificuldade

Ingredientes:

- 1 xícara (chá) de molho bechamel
- 2 colheres (sopa) de ricota defumada apimentada
- 2 colheres (sopa) de queijo provolone ralado
- 2 colheres (sopa) de mussarela de búfala picada
- 2 colheres (sopa) de queijo gorgonzola picado
- 2 colheres (sopa) de queijo parmesão ralado

- 100 g de tomate seco picado
- 3 postas de bacalhau demolhadas e limpas

Preparo:

1. Leve ao fogo o molho e os queijos, exceto o parmesão. Misture bem e junte metade do parmesão. Mexa até que se derreta.
2. Acrescente o tomate e refogue por mais dois minutos.
3. Numa travessa, ponha o bacalhau e despeje o molho sobre o peixe. Polvilhe com o queijo parmesão reservado e leve para gratinar no forno em temperatura alta por cinco minutos.

Bacalhau dos planetas

Para 4 pessoas
Tempo de preparo: 15 minutos
Fácil

Ingredientes:

- 1 kg de bacalhau demolhado e limpo
- 2 colheres (sopa) de manteiga
- 1 xícara (chá) de azeite
- 1 cebola em rodelas
- 2 dentes de alho picados
- 2 pimentas-dedo-de-moça sem sementes
- 3 pimentões vermelhos sem sementes
- 2 colheres (sopa) de rum
- sal a gosto
- 2 bananas-nanicas sem casca
- 1 colher (sopa) de manjericão picado

Preparo:

1. Desfie o peixe. Em uma frigideira, derreta uma colher (sopa) de manteiga. Ponha o azeite na mesma frigideira, misture bem e junte a cebola e o alho picado. Ponha o bacalhau e refogue bem.
2. Corte a pimenta e o pimentão em pedaços e ponha na panela com o bacalhau. Cozinhe por dez minutos em fogo baixo e regue com o rum. Mexa vigorosamente. Tempere com sal.
3. À parte, corte a banana em rodelas e frite na manteiga restante. Sirva com o bacalhau polvilhado com manjericão.

Bacalhau dos publicitários

Para 4 pessoas
Tempo de preparo: 50 minutos
Média dificuldade

Ingredientes:

- 800 g de bacalhau demolhado e limpo
- 4 ovos
- 1 pitada de pimenta-do-reino
- 1 xícara (chá) de azeite
- 5 batatas sem casca cortadas em rodelas
- 2 cebolas em rodelas
- 100 g de azeitonas pretas sem caroço
- 2 colheres (sopa) de salsa

Preparo:

1. Separe o peixe em pedaços e passe-os em dois ovos batidos com a pimenta-do-reino. Frite no azeite até dourarem. Retire do fogo, escorra sobre papel-toalha e reserve.
2. No mesmo azeite, frite aos poucos a batata, em fogo baixo, até dourar ligeiramente.
3. Numa travessa de barro untada com um fio de azeite, ponha camadas de batata, bacalhau, cebola e azeitona. Regue com os demais ovos batidos. Alterne camadas até os ingredientes terminarem. Polvilhe com a salsa e leve ao forno até o ovo ficar cozido.

Bacalhau dos trópicos

Para 4 pessoas
Tempo de preparo: 1h15m
Média dificuldade

Ingredientes:

- 2 batatas sem casca
- 4 postas de bacalhau demolhadas e limpas
- 1 maço de brócolis cozido
- 2 cenouras sem casca cozidas
- 2 mandioquinhas cozidas
- 8 ervilhas frescas cozidas e refogadas
- 1 xícara (chá) de milho verde escorrido
- 2 ovos cozidos sem casca
- 1/2 xícara (chá) de azeite
- 1 colher (sopa) de aceto balsâmico
- 1/2 xícara (chá) de salsa picada

Preparo:

1. Cozinhe a batata até ficar macia. Escorra e reserve.
2. Em uma travessa, ponha o bacalhau e os legumes cortados em pedaços. Depois ponha a ervilha, o milho e o ovo cortado em rodelas sobre o peixe. Regue com o azeite e o aceto e polvilhe com a salsa.

Bacalhau em camadas

Para 4 pessoas
Tempo de preparo: 50 minutos
Média dificuldade

Ingredientes:

- 8 filés de bacalhau fresco
- 2 colheres (sopa) de suco de limão
- 1 pitada de sal

Recheio

- 500 g de camarão limpo
- 1 cebola média cortada em pedaços
- 2 dentes de alho amassados
- 1 colher (sopa) de gengibre em pó
- 2 fatias de pão de forma
- 1/2 colher (sopa) de molho de pimenta
- 1 pitada de sal

Molho

- 1/2 xícara (chá) de leite de coco
- 1/2 xícara (chá) de água
- 4 tomates médios sem pele e sem sementes
- 1 colher (sopa) de suco de limão
- 1 pitada de sal

Preparo:

Tempere o peixe com o suco de limão e o sal. Cubra com filme plástico e leve a geladeira por 12 horas.

Recheio

No processador, triture todos os ingredientes até obter uma mistura homogênea. Espalhe metade do recheio sobre a metade dos filés. Por cima, ponha os outros filés. Aperte bem, como se fizesse um sanduíche. Arrume-os em um refratário e reserve.

Molho

1. No processador, bata todos os ingredientes. Regue os filés com o molho e cubra com papel-alumínio. Deixe na geladeira até o dia seguinte.
2. Aqueça o forno em temperatura alta e asse com o papel-alumínio até que o peixe se desprenda em lascas. Transfira para uma travessa e sirva.

Bacalhau escocês

Para 4 pessoas
Tempo de preparo: 30 minutos
Fácil

Ingredientes:

- 4 colheres (sopa) de azeite
- 1/2 colher (sopa) de estragão
- 1/2 colher (sopa) de sálvia
- sal e molho de pimenta a gosto
- 4 filés de bacalhau fresco
- 4 colheres (sopa) de uísque

Preparo:

1. Numa vasilha, misture o azeite com o estragão, a sálvia, o sal e o molho de pimenta. Ponha o peixe e deixe tomar gosto por 20 minutos.
2. Corte quatro pedaços grandes de papel-alumínio, ponha um filé sobre cada pedaço e cubra com o azeite temperado. Regue com o uísque. Feche bem o pacote e asse em temperatura média por 20 minutos. Sirva em seguida.

Bacalhau espiritual

Para 4 pessoas
Tempo de preparo: 45 minutos
Fácil

Ingredientes:

- 800 g de bacalhau demolhado e limpo
- 6 batatas sem casca
- 4 cenouras sem casca
- 1 pão amanhecido
- 1/2 xícara (chá) de leite
- 3 cebolas picadas
- 2 dentes de alho picados
- 4 colheres (sopa) de azeite
- 1 xícara (chá) de creme de leite sem soro
- sal e pimenta-do-reino a gosto
- 1 colher (sopa) de queijo pecorino ralado

Preparo:

1. Separe o peixe em pedaços grandes e reserve. Cozinhe a batata e a cenoura e passe-as pelo processador.
2. Amoleça o pão no leite. Esprema e reserve. À parte, refogue a cebola e o alho no azeite e junte o pão reservado e o bacalhau. Misture bem e acrescente a batata, a cenoura e o creme de leite. Mexa bem. Tempere com sal e pimenta.
3. Transfira para um refratário e alise bem com as costas de uma colher. Polvilhe com o queijo e leve ao forno para gratinar. Sirva em seguida.

Bacalhau espiritual dos estudantes

Para 4 pessoas
Tempo de preparo: 45 minutos
Fácil

Ingredientes:

- 1 kg de bacalhau demolhado e limpo
- 2 colheres (sopa) de azeite
- 2 cebolas picadas
- 2 dentes de alho picados
- 4 tomates sem sementes em cubos

- 1 pimentão vermelho sem sementes em tiras
- 1 xícara (chá) de molho de tomate
- 1/2 tablete de caldo de peixe
- sal e pimenta-do-reino branca a gosto
- 1/2 xícara (chá) de vinho branco seco
- 1/2 xícara (chá) de creme de leite fresco
- 1 1/2 xícara (chá) de molho bechamel

Cobertura

- 1/2 xícara (chá) de queijo parmesão ralado
- 1 colher (sopa) de farinha de rosca

Preparo:

1. Desfie grosseiramente o bacalhau e reserve. Refogue no azeite a cebola, alho, o tomate, o pimentão e o molho de tomate. Misture e tempere com o tablete esmigalhado, o sal e a pimenta.
2. Ponha o bacalhau, o vinho e o creme de leite. Misture bem e deixe se reduzir quase à metade. Passe no processador e reserve. Transfira para uma panela e misture o molho bechamel.
3. Leve ao fogo até engrossar. Transfira para um refratário e polvilhe com o queijo e a farinha de rosca. Leve ao forno para gratinar. Sirva em seguida.

Bacalhau goiano

Para 6 pessoas
Tempo de preparo: 40 minutos
Fácil

Ingredientes:

- 8 xícaras (chá) de água
- 1 pitada de sal
- 1 colher (sopa) de urucum
- 1,5 kg de cabeças de peixe
- 2 xícaras (chá) de coentro picado
- 4 cebolinhas verdes picadas
- 3 tomates sem sementes e em rodelas
- 2 colheres (sopa) de vinagre
- 3 colheres (sopa) de azeite
- 2 kg de bacalhau fresco em pedaços grossos
- 1 1/2 xícara (chá) de farinha de mandioca grossa

Preparo:

1. Ponha em uma panela a água, o sal e o urucum. Quando ferver, ponha as cabeças de peixe. Junte o coentro, a cebolinha, o tomate, o vinagre e o azeite.
2. Deixe ferver por 15 minutos. Retire do fogo e coe o caldo. Acrescente o bacalhau e cozinhe até ficar macio. Retire o bacalhau e reserve separadamente o peixe e o caldo.
3. Deixe o caldo esfriar um pouco e adicione a farinha de mandioca. Mexa bem e leve ao fogo até cozinhar. Sirva com o bacalhau reservado.

Bacalhau Grande Hotel

Para 4 pessoas
Tempo de preparo: 1 hora
Média dificuldade

Ingredientes:

- sal e molho de pimenta a gosto
- suco de 1 limão
- 2 colheres (sopa) de azeite
- 1/2 colher (sopa) de mostarda
- 1 kg de filés de bacalhau fresco

Creme

- 1 cebola ralada
- 2 dentes de alho socados
- 2 colheres (sopa) de azeite
- 500 g de palmito em rodelas
- 2 xícaras (chá) de molho bechamel
- 1/2 colher (sopa) de noz-moscada
- 1 colher (sopa) de molho de tomate
- sal a gosto
- 2 colheres (sopa) de creme de leite
- 2 colheres (sopa) de sálvia

Preparo:

1. Numa tigela bata o sal, o molho de pimenta, o suco de limão, o azeite e a mostarda. Passe os filés nessa mistura e coloque-os em um refratário.
2. Cubra com a mistura restante e deixe tomar gosto por 1 hora.
3. Leve ao forno médio preaquecido por 20 minutos. Retire e reserve.

Creme

1. Em uma panela média, doure a cebola e o alho no azeite. Junte o palmito, o molho bechamel, a noz-moscada, o molho de tomate e o sal. Misture bem e deixe ferver. Acrescente o creme de leite, misture e retire do fogo.
2. Sirva os filés polvilhados com a sálvia e o creme de palmito.

Bacalhau imperial

Para 4 pessoas
Tempo de preparo: 30 minutos
Média dificuldade

Ingredientes:

- 4 filés de bacalhau fresco
- 2 dentes de alho
- 1 limão

- 4 colheres (sopa) de azeite
- 2 colheres (sopa) de salsa picada
- 1/2 xícara (chá) de vinho branco seco
- sal e pimenta-do-reino a gosto
- 1 cebola
- 1/2 xícara (chá) de manteiga
- 2 xícaras (chá) de arroz
- 3 xícaras (chá) de água
- 100 g de ervilhas frescas

Preparo:

1. Corte o peixe em pedaços. À parte, pique o alho e corte o limão em rodelas. Reserve.
2. Coloque o azeite numa frigideira antiaderente e aqueça. Quando estiver quente, junte o limão e o alho reservados. Ponha a salsa e cozinhe por três minutos, em fogo baixo. Depois, regue com o vinho e deixe ferver.
3. Misture bem e acrescente o bacalhau. Tempere com sal e pimenta. Tampe a frigideira e deixe cozinhar por oito minutos.
4. Preaqueça o forno em temperatura baixa. Transfira o bacalhau para um refratário e leve ao forno por 20 minutos.
5. Pique a cebola e refogue-a na manteiga. Ponha o arroz e tempere com sal e pimenta. Cubra com a água, misture bem e cozinhe até ficar macio.
6. Quando o arroz estiver quase cozido, junte a ervilhas e acabe de cozinhar. Sirva com o bacalhau.

Bacalhau indiano

Para 4 pessoas
Tempo de preparo: 40 minutos
Média dificuldade

Ingredientes:

- 1 kg de postas de bacalhau demolhadas e limpas
- suco de 1 limão
- 2 cebolas médias picadas
- 2 colheres (sopa) de azeite
- sal e pimenta-do-reino a gosto
- 1/2 xícara (chá) de água
- 2 fatias finas de gengibre fresco
- 1/2 colher (sopa) de raspas de limão
- 1 colher (sopa) de amido de milho
- 1/2 colher (sopa) de curry
- 1/2 xícara (chá) de iogurte natural
- 1 colher (sopa) de salsa picada

Preparo:

1. Numa vasilha, ponha o bacalhau e o suco de limão e deixe descansar por dez minutos.
2. Frite a cebola no azeite quente até dourar. Junte o peixe e frite dos dois lados por cinco minutos. Tempere com sal e pimenta.
3. Adicione a água, o gengibre, a raspa e o suco de limão da marinada. Tampe e cozinhe em fogo baixo por dez minutos.
4. Dissolva o amido em quatro colheres (sopa) de água e acrescente ao peixe. Junte o curry e deixe encorpar. Adicione o iogurte, misture com cuidado e retire do fogo. Polvilhe com a salsa e sirva.

Bacalhau Lagoa do Abaeté

Para 4 pessoas
Tempo de preparo: 55 minutos
Média dificuldade

Ingredientes:

- 1/3 de xícara (chá) de óleo
- 1/3 de xícara (chá) azeite
- 1/2 xícara (chá) de azeite-de-dendê
- 1 dente de alho picado
- 1 cebola ralada
- 5 tomates sem pele e sem sementes em cubos
- 1 colher (sopa) de molho de tomate refogado
- 1/2 xícara (chá) de vinho branco seco
- 1 kg de bacalhau demolhado e limpo
- 500 g de camarões médios limpos
- 200 g de camarões salgados
- 1/2 colher (sopa) de tempero baiano
- sal a gosto
- 1/2 colher (sopa) de cominho
- 1 xícara (chá) de cheiro-verde picado
- 3 colheres (sopa) de creme de arroz
- 1 xícara (chá) de leite de coco

Preparo:

1. Leve ao fogo em uma panela alta o óleo e os dois tipos de azeite. Doure o alho e a cebola. Junte o tomate, o molho de tomate e o vinho. Cozinhe por cinco minutos.
2. Acrescente o bacalhau em pedaços, o camarão e os demais ingredientes (exceto o creme de arroz e o leite de coco) e deixe cozinhar por dez minutos em fogo baixo.
3. Adicione o creme de arroz dissolvido em água e mexa até engrossar. Tempere com sal. Ponha o leite de coco e ferva por mais cinco minutos.

Bacalhau João do Buraco

Para 4 pessoas
Tempo de preparo: 35 minutos
Fácil

Ingredientes:

- 500 g de bacalhau demolhado e limpo
- 1 kg de camarão limpo
- 200 g de amêijoas
- 10 batatas sem casca
- 2 colheres (sopa) de margarina
- 1 colher (sopa) de leite
- sal a gosto
- 3 cebolas em rodelas
- 1/2 xícara (chá) de azeite
- 1 xícara (chá) de molho bechamel
- 100 g de azeitonas verdes recheadas

Preparo:

1. Separe o bacalhau em pedaços e reserve. Cozinhe o camarão e as amêijoas separadamente em água e sal. Quando as conchas se abrirem, retire as amêijoas do fogo. Escorra e reserve.
2. Cozinhe a batata. Quando estiver macia, esprema e junte a margarina e o leite. Tempere com sal e misture bem, formando um purê.
3. Leve a cebola ao fogo com o azeite (reserve uma colher de sopa) e refogue-a até dourar. Unte um refratário com o azeite reservado e cubra com a cebola, o bacalhau, o camarão e as amêijoas.
4. Por cima, disponha o purê, cubra com o bechamel e decore com a azeitona. Leve ao forno quente para gratinar.

Bacalhau João do Buraco II

Para 4 pessoas
Tempo de preparo: 45 minutos
Fácil

Ingredientes:

- 4 postas de bacalhau demolhadas e limpas
- 1 xícara (chá) de água
- 200 g de camarão limpo
- 1 kg de vôngole
- 1/2 xícara (chá) de azeite
- 3 cebolas grandes

Purê

- 10 batatas sem casca
- sal a gosto
- 2 colheres (sopa) de margarina
- 2 xícaras (chá) de leite
- 2 claras

Molho branco

- 2 colheres (sopa) de margarina
- 2 colheres (sopa) de farinha de trigo
- 3 xícaras (chá) de leite
- 2 gemas

Para polvilhar

Salsa picada e pimenta-do-reino a gosto

Preparo:

1. Separe o peixe em lascas. Cozinhe o camarão em água e sal por dois minutos. Escorra, descasque e pique, mas reserve alguns inteiros para decorar.
2. Lave bem o vôngole e aqueça-os em metade do azeite, mas reserve alguns inteiros para decorar. Elimine a casca dos restantes.
3. Corte a cebola em rodelas e refogue no azeite restante. Reserve.

Purê

Descasque e cozinhe a batata em água e sal. Numa tigela, amasse a batata e junte o sal, a margarina e o leite. Misture bem até obter um purê. Acrescente as claras em neve e bata mais um pouco. Reserve.

Molho

Ponha em uma panela a margarina e aqueça. Polvilhe com farinha e adicione aos poucos o leite. Mexa bem até formar um creme homogêneo. Retire do fogo e adicione as gemas batidas. Misture e reserve.

Montagem

1. Ponha em um refratário a cebola e o bacalhau. Polvilhe com a salsa e tempere com pimenta. Adicione metade do vôngole e o camarão picado.
2. Regue com o molho e cubra com o purê. Leve ao forno quente por 15 minutos ou até dourar. Decore com o vôngole e o camarão reservado. Sirva.

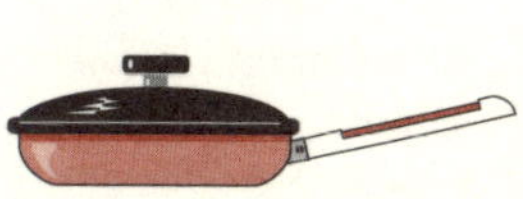

Bacalhau mediterrâneo

Para 4 pessoas
Tempo de preparo: 45 minutos
Fácil

Ingredientes:

- 500 g de bacalhau demolhado e limpo
- 1 couve-flor separada em buquês
- 1 colher (sopa) de azeite
- 2 colheres (sopa) de margarina
- 1 cebola cortada em cubos
- 6 tomates sem pele e sem sementes em pedaços
- 1 pimentão verde sem sementes em quadrados
- 50 g de azeitonas pretas sem caroço
- 100 g de azeitonas pretas picadas
- 1 colher (sopa) de ervas finas
- 8 dentes de alho fritos

Preparo:

1. Separe o peixe em lascas. Cozinhe a couve-flor em água e sal. Quando ficar macia, escorra.
2. Distribua o bacalhau numa travessa e ao redor disponha a couve-flor. Mantenha aquecido.
3. Em outra panela ponha o azeite e a margarina e refogue a cebola e o tomate. Junte o pimentão, a azeitonas e as ervas finas. Refogue por dez minutos ou até obter consistência de molho.
4. Despeje sobre o peixe e polvilhe com o alho frito antes de servir.

Bacalhau mexicano

Para 4 pessoas
Tempo de preparo: 25 minutos
Fácil

Ingredientes:

- 1 kg de bacalhau demolhado e limpo
- 2 colheres (sopa) de azeite
- 1 cebola média picada
- 5 dentes de alho
- 1 colher (sobremesa) de sal
- 2 colheres (sopa) de cheiro-verde picado
- 1 colher (sopa) de coentro picado
- 1 xícara (chá) de molho de tomate
- 1 kg de camarões médios limpos
- 1 colher (sopa) de molho de pimenta picante

Preparo:

1. Corte o bacalhau em pedaços médios. Aqueça o azeite e frite até dourar a cebola e o alho socado com o sal. Junte o cheiro-verde, o coentro e o molho de tomate. Deixe ferver por três minutos.
2. Acrescente o camarão, o bacalhau e o molho de pimenta. Misture bem e deixe ferver por dez minutos. Sirva.

Bacalhau modesto

Para 4 pessoas
Tempo de preparo: 40 minutos
Fácil

Ingredientes:

- 8 filés de bacalhau fresco
- 1/2 xícara (chá) de suco de limão
- 3 dentes de alho amassados
- 1 cebola ralada
- sal e molho de pimenta a gosto
- 1 xícara (chá) de farinha de trigo
- 1 xícara (chá) de azeite

Molho

- 4 colheres (sopa) de azeite
- 2 cebolas picadas
- 2 dentes de alho fatiados
- 1 pimentão vermelho em cubos
- 2 tomates sem sementes em cubos
- sal e pimenta-malagueta picada a gosto
- 1/2 xícara (chá) de água
- 1 xícara (chá) de coentro picado
- 1/2 xícara (chá) de cebolinha picada
- 1/2 xícara (chá) de leite de coco

Preparo:

1. Em uma travessa, tempere o peixe com o suco de limão, o alho, a cebola, o sal e o molho de pimenta. Deixe tomar gosto por 1 hora. Na metade do tempo, vire o peixe.
2. Escorra bem, passe na farinha de trigo e frite no azeite quente. Retire, escorra sobre papel-toalha e reserve.

Molho

1. Em uma panela, aqueça o azeite e doure a cebola. Acrescente o alho, o pimentão, o tomate, o sal, a pimenta e a água. Tampe a panela, abaixe o fogo e cozinhe por dez minutos. Retire e bata a mistura no liquidificador.
2. Leve ao fogo e junte o coentro, a cebolinha e o leite de coco. Mexa bem para não talhar.
3. Quando o molho ficar homogêneo, coloque os filés e cozinhe em fogo baixo por dez minutos. Retire com cuidado e transfira para um refratário. Cubra com o molho e leve ao forno apenas para aquecer.

Bacalhau na brasa à lisboeta

Para 4 pessoas
Tempo de preparo: 45 minutos
Fácil

Ingredientes:

- 4 postas de bacalhau demolhadas e limpas
- 3 xícaras (chá) de leite
- 8 batatas do tipo bolinha
- 1 xícara (chá) de azeite
- 4 cebolas
- 2 dentes de alho
- 1 folha de louro
- sal a gosto

Preparo:

1. Coloque o bacalhau num recipiente e regue com o leite fervido. Tampe e deixe repousar por 25 minutos. Escorra e seque as postas com um pano. Grelhe-as na brasa.

2. Enquanto isso, cozinhe a batata com casca em água e sal. Refogue no azeite a cebola em rodelas e o alho fatiado. Junte a batata e o louro. À medida que retirar as postas da brasa, coloque-as no preparado de cebola. Misture com cuidado e sirva em seguida.

Bacalhau da nossa cultura

Para 4 pessoas
Tempo de preparo: 35 minutos
Fácil

Ingredientes:

- 1 kg de filés de bacalhau fresco
- 1 colher (sopa) de suco de limão
- sal e pimenta-do-reino a gosto
- 1 xícara (chá) de farinha de rosca
- 1/2 xícara (chá) de azeite
- 1 colher (sopa) de manteiga
- 1 cebola média ralada
- 1 dente de alho picado
- 1/2 colher (sopa) de farinha de trigo
- 2 colheres (chá) de urucum
- 2 xícaras (chá) de leite
- 200 g de mussarela ralada grosso

Preparo:

1. Numa tigela, ponha os filés e tempere com o suco de limão, sal e pimenta. Deixe por dez minutos.
2. Escorra, passe o peixe pela farinha de rosca e frite no azeite quente até dourar dos dois lados. Retire e escorra sobre papel-toalha.
3. Numa panela derreta a manteiga, frite a cebola e o alho. Junte a farinha e mexa vigorosamente. Acrescente o urucum, sal e o leite. Misture bem e deixe ferver, mexendo até engrossar.
4. Ponha o peixe em um refratário e cubra com o molho. Por cima, disponha a mussarela. Leve ao forno até o queijo se derreter e sirva.

Bacalhau para todos os gostos

Para 4 pessoas
Tempo de preparo: 35 minutos
Fácil

Ingredientes:

- 1 cebola
- 2 colheres (sopa) de manteiga
- 1 alho-poró em rodelas
- 2 xícaras (chá) de arroz
- sal e pimenta-do-reino a gosto
- 1 1/2 xícara (chá) de água quente
- 750 g de filés de bacalhau fresco
- 1/2 colher (sopa) de gergelim
- 1/2 xícara (chá) de azeite
- 1 manga rosa sem casca
- 1/2 xícara (chá) de vinho moscatel
- 1/2 xícara (chá) de creme de leite
- 1 colher (sopa) de suco de limão

Preparo:

1. Pique a cebola e refogue-a na manteiga com o alho-poró. Adicione o arroz e tempere com sal. Misture bem e junte a água. Cozinhe por dez minutos em fogo baixo ou até ficar macio.
2. Corte o peixe em medalhões e tempere com sal, pimenta e gergelim. Frite ligeiramente no azeite. Quando dourar, retire e reserve.
3. Corte uma parte da manga em lascas e o restante em cubos. Salteie a manga no azeite em que fritou o peixe. Quando ficar macia, ponha o vinho e deixe cozinhar por mais cinco minutos.
4. Adicione o creme de leite, deixe levantar fervura e junte o suco de limão. Misture bem e sirva com o peixe e o arroz.

Bacalhau paraibano

Para 4 pessoas
Tempo de preparo: 30 minutos
Fácil

Ingredientes:

- 8 filés pequenos de bacalhau fresco
- 4 fatias de mussarela
- 4 bananas-nanicas sem casca e cortadas ao meio
- 1 tablete de caldo de legumes
- 1/2 xícara (chá) de água fervente
- 1 xícara (chá) de vinho branco seco
- 1/2 xícara (chá) de queijo cremoso
- 2 talos de cebolinha verde picados

Preparo:

1. Em cima de cada filé, coloque meia fatia de mussarela e um pedaço de banana. Enrole e prenda com um palito. Acomode os rolinhos em uma panela média.
2. Dissolva o tablete de caldo de legumes na água fervente e espalhe sobre os rolinhos. Junte o vinho e cozinhe em fogo médio por 15 minutos.
3. Retire os rolinhos, ponha-os em uma travessa e reserve em local aquecido. Junte o queijo ao molho da panela e mexa bem até se dissolver. Despeje sobre os rolinhos, polvilhe a cebolinha e sirva em seguida.

Bacalhau paranaense

Para 4 pessoas
Tempo de preparo: 45 minutos
Fácil

Ingredientes:

- 4 postas de bacalhau demolhadas e limpas
- 1 xícara (chá) de azeite
- 5 batatas sem casca em rodelas
- 4 cebolas sem casca em rodelas
- sal e pimenta-do-reino a gosto
- 2 colheres (sopa) de pão duro ralado
- 1 xícara (chá) de queijo parmesão ralado
- 1 gema ligeiramente batida

Preparo:

1. Separe o peixe em lascas grandes e frite-as em azeite quente. Quando dourarem, retire do fogo, transfira para uma travessa e reserve.
2. Na mesma panela, frite a batata e a cebola até dourarem. Se necessário, junte mais um pouco de azeite.
3. Numa travessa, alterne camadas de cebola, bacalhau e batata. Polvilhe com sal, pimenta, o pão e o queijo. Alterne até os ingredientes terminarem, mas finalize com a batata. Por cima, distribua a gema e o pão restante. Leve ao forno até dourar.

Bacalhau pernambucano

Para 4 pessoas
Tempo de preparo: 40 minutos
Fácil

Ingredientes:

- 6 colheres (sopa) de azeite-de-dendê
- 1 cebola picada
- 1 kg de bacalhau demolhado, limpo e em lascas
- 2 tomates sem sementes picados
- 1 maço de cheiro-verde
- 1 xícara (chá) de água
- 1 vidro pequeno de leite de coco
- pimenta dedo-de-moça sem sementes picada e sal a gosto
- 2 colheres (sopa) de amido de milho

Preparo:

1. Aqueça o azeite e refogue a cebola. Junte o bacalhau, o tomate batido no liquidificador, o cheiro-verde e a água (reserve uma colher de sopa). Misture e cozinhe com a panela tampada, em fogo médio.
2. Quando começar a secar, junte o leite de coco, a pimenta e o sal. Cozinhe em fogo baixo por cinco minutos. Com uma escumadeira, retire o bacalhau e transfira para uma travessa. Retire o cheiro-verde e engrosse o molho com o amido dissolvido na água reservada. Despeje sobre o bacalhau e sirva.

Bacalhau praiano

Para 4 pessoas
Tempo de preparo: 1h25m

Ingredientes:

Molho

- 2 colheres (sopa) de margarina
- 100 g de cogumelos fatiados
- 2 colheres (sopa) de cebola em flocos
- 1/2 colher (sopa) de alho em flocos
- 4 colheres (sopa) de tomate sem sementes picado
- 3 colheres (sopa) de azeite
- 1 colher (sopa) de páprica doce
- 1/2 colher (sopa) de orégano
- 1/2 colher (sopa) de colorau
- sal a gosto

Caldo

- 6 xícaras (chá) de água
- 1 saquinho de hondashi
- 1/2 colher (sopa) de sal
- 1 cenoura sem casca cortada em pedaços grandes
- 1 xícara (chá) de vinho branco seco
- 1 colher (sopa) de salsa desidratada
- 10 grãos de pimenta-do-reino preta
- 2 folhas de louro
- 1 colher (sopa) de aipo desidratado
- 2 colheres (sopa) de cebola desidratada
- 6 colheres (sopa) de flocos de milho pré-cozidos
- 1 kg de bacalhau demolhado, limpo e em lascas
- 500 g de camarão médio limpo
- 500 g de lula limpa e cortada em rodelas
- 250 g de polvo cozido e cortado em pedaços
- 250 g de vôngole cozido e sem concha

Preparo:

Numa panela, derreta a margarina e refogue o cogumelo, a cebola e o alho. Acrescente o tomate, o azeite, a páprica, orégano e o colorau. Deixe cozinhar por cinco minutos. Retire do fogo e reserve.

Caldo

1. Em uma panela, misture a água (reserve meia xícara), o hondashi, o sal, a cenoura, o vinho, a salsa, a pimenta, o louro, o aipo e a cebola. Leve ao fogo e cozinhe por 15 minutos. À parte, dissolva os flocos de milho na água reservada e junte à panela. Misture bem.
2. Adicione o bacalhau e o camarão e cozinhe por dez

minutos. Por último acrescente a lula, o polvo e o vôngole. Cozinhe por mais cinco minutos. Ponha o molho reservado, mexa bem e sirva em seguida.

Bacalhau quatro estações

Para 4 pessoas
Tempo de preparo: 45 minutos
Fácil

Ingredientes:

- 4 filés grandes de bacalhau fresco
- sal e pimenta-do-reino a gosto
- 150 g de brócolis
- 1/4 de xícara (chá) de azeite
- 1 cebola picada
- 1 dente de alho picado
- 1 cenoura sem casca ralada
- 1 xícara (chá) de arroz
- 1 1/3 de xícara (chá) de caldo de legumes
- 2 laranjas-da-baía
- 2 copos de iogurte natural
- 1 colher (sopa) de mostarda
- 2 talos de salsão
- 1 pitada de poejo

Preparo:

1. Tempere os filés com sal e pimenta e reserve. Limpe o brócolis e cozinhe em água e sal.
2. Aqueça o azeite e refogue metade da cebola e o alho. Deixe dourar um pouco. Acrescente a cenoura e o arroz. Refogue mais um pouco e adicione o caldo de legumes. Tempere com sal e cozinhe por 15 minutos ou até ficar macio e a água secar.
3. Aqueça uma grelha e disponha os filés, grelhando-os dos dois lados. À parte, descasque a laranja e a separe em gomos. Reserve.
4. Leve ao fogo baixo uma panela com o iogurte, a mostarda, a cebola restante e o salsão picado. Tempere com sal e pimenta. Mexa e não deixe ferver. Retire do fogo.
5. Sirva os filés com o brócolis e o arroz. Decore com a laranja e regue com o molho. Polvilhe com o poejo.

Bacalhau realeza

Para 4 pessoas
Tempo de preparo: 40 minutos
Fácil

Ingredientes:

- 1 pacote de creme de cebola
- 1 kg de postas de bacalhau demolhadas e limpas
- 3 colheres (sopa) de suco de limão
- 2 dentes de alho em lâminas
- 1/2 colher (sopa) de ervas de Provence
- sal e molho de pimenta a gosto
- 3 xícaras (chá) de purê de mandioquinha pronto

Preparo:

1. Prepare o creme de cebola conforme as instruções da embalagem e reserve.
2. Tempere as postas com o suco de limão, o alho, as ervas, sal e o molho de pimenta. Deixe tomar gosto.
3. Retire o alho e coloque as postas no centro de um refratário redondo e grande. Cubra com o creme de cebola. Ao redor, disponha o purê. Leve ao forno pré-aquecido em temperatura baixa até gratinar levemente. Sirva.

Bacalhau regional

Para 4 pessoas
Tempo de preparo: 1h30m
Média dificuldade

Ingredientes:

- suco de 1 limão
- sal a gosto
- 1 pitada de pimenta-do-reino
- 1 kg de postas de bacalhau fresco
- 1 1/2 xícara (chá) de farinha de trigo

Para fritar

Óleo

Preparo:

1. Numa tigela, ponha o suco de limão, o sal e a pimenta. Deixe o bacalhau nessa marinada por 1 hora.
2. Enxugue as postas com um pano e passe-as na farinha. Frite uma a uma no óleo quente. Escorra sobre papel-toalha e sirva.

Bacalhau romeno

Para 4 pessoas
Tempo de preparo: 35 minutos
Fácil

Ingredientes:

- 1 kg de filés de bacalhau fresco
- sal e pimenta-do-reino a gosto
- 1 colher (sopa) de suco de limão
- 3 colheres (sopa) de farinha de trigo

Molho

- 200 g de camarão pequeno limpo
- 2 colheres (sopa) de azeite
- 1 xícara (chá) de cogumelo cortado em fatias
- 1 colher (sopa) de alcaparras
- 1/2 colher (sopa) de molho inglês
- 1/2 xícara (chá) de vinho branco seco
- sal e pimenta-do-reino a gosto
- 1 colher (sopa) de salsa picada

Para fritar

Azeite

Preparo:

Tempere o peixe com sal, pimenta e suco de limão. Passe pela farinha e frite em azeite, dourando dos dois lados. Reserve.

Molho

Refogue o camarão no azeite. Acrescente o cogumelo, a alcaparra, o molho inglês e o vinho. Tempere com sal, pimenta e cozinhe por três minutos. Coloque sobre o peixe reservado e polvilhe com a salsa. Sirva em seguida.

Bacalhau do spa

Para 4 pessoas
Tempo de preparo: 35 minutos
Fácil

Ingredientes:

- 4 filés de bacalhau fresco
- sal e pimenta-do-reino a gosto
- suco de 1 limão
- 1/2 xícara (chá) de margarina light
- 2 dentes de alho picados
- 1 ramo de hortelã picada
- 1 alface crespa
- 1 alface roxa frisada
- 1 endívia
- 2 cenouras sem casca
- 1 colher (sopa) de azeite

Preparo:

1. Tempere os filés com sal e pimenta e regue com o suco de limão.
2. Aqueça a grelha e grelhe o peixe até dourar dos dois lados.
3. À parte, derreta a margarina numa frigideira e junte o alho. Retire do fogo e junte a hortelã. Regue o peixe com esse molho.
4. Lave as folhas e rale a cenoura. Sirva os filés com as folhas e a cenoura ralada, temperadas com sal e azeite.

Bacalhau do spa com iogurte

Para 4 pessoas
Tempo de preparo: 50 minutos
Fácil

Ingredientes:

- 1 kg de filé de bacalhau limpo
- 1/2 colher (sopa) de tempero para peixe em pó
- 1 colher (sopa) de suco de limão
- 2 colheres (sopa) de azeite

Molho

- 1 colher (sopa) de manteiga light
- 1/2 colher (sopa) de farinha de trigo
- 1 pote de iogurte natural
- 1 colher (sopa) de suco de limão
- 1 pitada de sal
- 1 colher (sopa) de endro

Preparo:

1. Tempere os filés com o tempero para peixe e o suco de limão. Deixe tomar gosto por dez minutos.
2. Retire o peixe da marinada e pincele-o com azeite. Frite numa frigideira antiaderente até dourar. Retire e reserve.

Molho

Em uma panela, derreta a manteiga e doure a farinha de trigo. Acrescente o iogurte, o suco de limão e o sal e misture. Despeje em seguida sobre os filés e polvilhe com endro antes de servir.

Bouillabaisse

Para: 4 pessoas
Tempo de preparo: 1 hora
Média dificuldade

Ingredientes:

- 1 cebola picada
- 4 tomates sem sementes picados
- 1 alho-poró em rodelas
- 1 colher (sopa) de erva-doce
- 4 colheres (sopa) de azeite
- 3 dentes de alho picados
- 1 bouquet garni
- 1 envelope de açafrão
- 1/2 xícara (chá) de água
- 1 kg de postas de bacalhau demolhadas e limpas
- 150 g de mariscos limpos
- 150 g de lulas limpas e em anéis
- 1 baguete em rodelas

Molho

- 1 pimenta dedo-de-moça sem sementes picada
- 2 dentes de alho amassados
- 1/2 envelope de açafrão
- 1 colher (sopa) de azeite
- 1 colher (sopa) de maionese
- sal a gosto

Preparo:

1. Numa panela refogue a cebola, o tomate, o alho-poró e a erva-doce com o azeite e o alho. Misture bem e, quando a cebola ficar transparente, ponha o bouquet garni.
2. Dilua o açafrão na água e junte à panela. Deixe refogar tudo por cinco minutos. Coloque o bacalhau, o marisco e a lula. Deixar cozinhar por 30 minutos e retire o bouquet garni.

Molho

Pique bem a pimenta e o alho. Ponha em uma tigela e junte os demais ingredientes. Misture bem. Em pratos individuais, ponha a baquete em rodelas e distribua o molho por cima. Cubra com o bacalhau refogado e sirva.

Bouillabaisse com pão italiano

Para 4 pessoas
Tempo de preparo: 1h30m
Média dificuldade

Ingredientes:

- 1 kg de bacalhau demolhado e limpo
- 1 kg de mexilhões limpos
- 1 xícara (chá) de vinho branco seco
- 1 colher (sopa) de salsa picada
- 2 alhos-porós
- 2 cebolas
- 2 dentes de alho
- 4 tomates sem sementes
- 1/2 xícara (chá) de azeite
- 1 colher (sopa) de farinha de trigo
- 1/2 colher (sopa) de açafrão
- sal e pitada de pimenta-do-reino a gosto
- 8 fatias de pão italiano

Preparo:

1. Corte o bacalhau em pedaços médios e reserve. AferVente os mexilhões em fogo alto com água suficiente para cobri-los, o vinho e a salsa.
2. Tire alguns mexilhões das conchas e reserve os outros. Coe o caldo e reserve quatro xícaras (chá).
3. Corte o alho-poró e a cebola à juliana e o alho e o tomate em rodelas.
4. Doure o alho, o alho-poró e a cebola no azeite. Junte o tomate e deixe apurar um pouco. Polvilhe com a farinha e o açafrão.
5. Misture bem e junte o caldo reservado. Assim que levantar fervura, adicione o bacalhau. Tempere com sal e pimenta. Cozinhe em fogo baixo por dez minutos.
6. Junte o mexilhão e cozinhe por mais cinco minutos. Coloque o pão num recipiente e disponha o bacalhau por cima. Ponha os mexilhões reservados ao redor, regue com caldo e sirva.

Caçarola de bacalhau com lagosta

Para 4 pessoas
Tempo de preparo: 1h15m
Média dificuldade

Ingredientes:

- 1 lagosta
- 6 colheres (sopa) de azeite
- 500 g de camarão limpo
- 500 g de bacalhau fresco e limpo
- 250 g de lula limpa
- 1 cebola pequena picada
- 1 pimentão vermelho sem sementes picado
- 3 dentes de alho picados
- 3 tomates médios sem pele e sementes picados
- 1/2 colher (sopa) de açafrão
- 2 colheres (sopa) de salsa picada
- 1 folha de louro
- 1/2 colher (sopa) de pimenta-vermelha esmagada
- 1/4 de xícara (chá) de vinho branco seco
- 1/4 de xícara (chá) de suco de limão
- sal e pimenta-do-reino moída a gosto
- 12 mariscos pequenos e limpos
- 12 mexilhões lavados e escovados
- 1/2 xícara (chá) de água

Preparo:

1. Corte as pinças e a cauda da lagosta. Corte-a em pedaços e reserve.
2. Aqueça o azeite numa panela e refogue rapidamente a lagosta em fogo alto por três minutos. Transfira-a para uma travessa e reserve.
3. Na mesma panela, refogue o camarão e o bacalhau em pedaços, em fogo alto, por um minuto. Retire do fogo e transfira para a travessa com a lagosta.
4. Na mesma panela, ponha a lula e refogue por um minuto. Adicione a cebola, o pimentão e o alho e frite em fogo médio até a cebola murchar.
5. Junte o tomate, o açafrão, a salsa, o louro e a pimenta esmagada e refogue por mais dois minutos.
6. Acrescente o vinho, o suco de limão, o sal e a pimenta-do-reino e cozinhe com a panela destampada por dez minutos. Acrescente a lagosta, o camarão e o bacalhau. Tampe e cozinhe em fogo baixo por mais dez minutos.

7. Coloque os mariscos e os mexilhões numa frigideira com a água. Tampe e mantenha em fogo alto. À medida que as conchas se abrirem, transfira para a panela com o peixe. Deixe apurar por cinco minutos e sirva.

Caldeirada à Campos

Para 4 pessoas
Tempo de preparo: 1h5m
Fácil

Ingredientes:

- 800 g de bacalhau demolhado e limpo
- 4 batatas com casca
- 2 tomates sem sementes
- 1 cebola grande
- 1 pimentão vermelho sem sementes
- 4 dentes de alho com casca e inteiros
- 4 xícaras (chá) de espinafre fresco picado
- 100 g de azeitonas verdes sem caroço inteiras
- 3 colheres (sopa) de alcaparras
- 3 colheres (sopa) de manteiga
- 1 colher (sopa) de salsa picada
- 1 colher (sopa) de cebolinha verde picada
- suco de 2 limões
- sal, pimenta-do-reino e cominho em pó a gosto
- 1/2 xícara (chá) de água

Preparo:

1. Separe o bacalhau em lascas grandes e corte a batata em pedaços e o tomate em rodelas.
2. Numa panela grande, arrume camadas de batata, cebola picada, bacalhau, tomate, pimentão em tiras, alho e espinafre. Alterne as camadas até os ingredientes terminarem, mas finalize com a batata. Por cima, arrume a azeitona, a alcaparra, a manteiga, a salsa e a cebolinha.
3. À parte, misture o suco de limão com o sal, a pimenta e o cominho. Junte à caçarola. Despeje a água e cozinhe em fogo baixo até a batata ficar macia.

Caldeirada de bacalhau com frutos do mar

Para 4 pessoas
Tempo de preparo: 1 hora
Média dificuldade

Ingredientes:

- 2 cebolas em rodelas
- 2 dentes de alho em lâminas
- 4 tomates sem sementes picados
- 1 xícara (chá) de cheiro-verde picado
- 1/2 colher (sopa) de colorau
- 1/2 xícara (chá) de azeite
- 1 xícara (chá) de vinho branco seco
- 4 postas de bacalhau demolhadas e limpas
- 300 g de amêijoas
- 5 batatas sem casca
- sal a gosto
- 1 pimenta-dedo-de-moça sem sementes picada

Preparo:

1. Em uma panela, faça camadas com a cebola, o alho, o tomate, o cheiro-verde e o colorau.
2. Regue com o azeite e o vinho. Acrescente o bacalhau, as amêijoas e a batata cortada em rodelas. Tempere com o sal e a pimenta e deixe cozinhar até a batata ficar macia. Sirva.

Caldeirada com lulas

Para 4 pessoas
Tempo de preparo: 2h30m
Média dificuldade

Ingredientes:

- 1 kg de bacalhau demolhado e limpo
- 500 g de camarões limpos
- 500 g de lula limpa e cortada em anéis
- sal e pimenta-do-reino branca a gosto
- 3 cebolas grandes
- 2 pimentões vermelhos sem sementes em rodelas
- 1 pimentão verde sem sementes em tiras
- 4 tomates sem pele e sementes picados
- 2 dentes de alho picados
- 2 pimentas-malaguetas verdes picadas
- 2 folhas de coentro
- 6 cravos-da-índia
- 1 bouquet garni
- 1 1/2 xícara (chá) de vinho branco seco
- 1/2 xícara (chá) de azeite

Preparo :

1. Corte o bacalhau em pedaços e reserve. Tempere o camarão e a lula com sal e pimenta e deixe descansar por 1 hora.
2. Forre a panela com duas cebolas cortadas em rodelas e reserve.
3. À parte, misture em uma tigela a cebola restante picada com o pimentão e o tomate. Tempere-os com o alho, a pimenta, o coentro e o cravo. Misture bem.
4. Disponha sobre a cebola na panela uma camada de bacalhau, uma camada da mistura de pimentão e outra de camarão. Alterne as camadas até os ingredientes terminarem.
5. Por cima, ponha o bouquet garni e regue com o vinho e o

azeite. Leve ao fogo baixo por 1 hora e 30 minutos. Quando o peixe ficar macio, retire o bouquet garni e sirva.

Caldeirada do fragateiro

Para 4 pessoas
Tempo de preparo: 1h20m
Fácil

Ingredientes:

- 3 cebolas em rodelas
- 8 tomates sem sementes picados
- 4 dentes de alho em lâminas
- 2 kg de bacalhau demolhado, limpo e em postas
- 1 kg de tainha limpa e em postas
- 1 kg de bagre limpo e em postas
- 1 kg de cação limpo e em postas
- 2 folhas de louro
- 1 pitada de sal
- 1 colher (sopa) de salsa picada
- 1 xícara (chá) de azeite
- 1 pão italiano médio em fatias

Preparo:

1. Numa panela grande, faça camadas de cebola, tomate e alho. Por cima disponha o bacalhau e os peixes restantes em postas.
2. Tempere com o louro, o sal e a salsa e regue com azeite. Tampe e leve a caldeirada para cozinhar em fogo baixo por 1 hora ou até os peixes ficarem macios.
3. Ponha o pão em pratos de sopa. Por cima, disponha a caldeirada e sirva.

Caldeirada deliciosa

Para 4 pessoas
Tempo de preparo: 35 minutos
Fácil

Ingredientes:

- 400 g de bacalhau demolhado e limpo
- 500 g de robalo
- 500 g de cação
- 3 cebolas
- 7 tomates maduros sem sementes
- 3 dentes de alho picados
- 1 ramo de salsa picado
- 1 folha de louro
- 1/2 xícara (chá) de azeite
- 3 colheres (sopa) de margarina
- sal e pimenta-do-reino a gosto

Preparo:

1. Corte o bacalhau em pedaços e reserve. Limpe os peixes e corte-os em pedaços também. Corte a cebola em rodelas e o tomate em pedaços. Ponha na panela.
2. Junte o alho, a salsa e o louro. Regue com o azeite. Por cima, distribua a margarina em pedaços. Tempere com sal e pimenta e leve para cozinhar em fogo baixo por 30 minutos ou até o peixe ficar macio. Sirva em seguida.

Caldeirada mista

Para 4 pessoas
Tempo de preparo: 1h50m
Média dificuldade

Ingredientes:

- 1 kg de bacalhau demolhado, limpo e em pedaços
- 1 kg de namorado limpo em pedaços
- 300 g de camarão limpo
- 400 g de lula limpa e cortada em anéis
- suco de 1 limão
- 1 dente de alho amassado
- sal, coentro, salsa e cebolinha picada a gosto
- 6 tomates sem sementes picados
- 3 cebolas cortadas em cubos
- 1 pimentão verde sem sementes cortado em cubos
- 1 pimenta-dedo-de-moça picada
- 8 dentes de alho descascados e inteiros
- 1 colher (sopa) de orégano
- 1/2 xícara (chá) de suco de tomate
- 1/2 xícara (chá) de azeite-de-dendê
- 1/2 xícara (chá) de azeite
- 1/4 de xícara (chá) de leite de coco

Preparo:

1. Tempere os peixes, o camarão e a lula com o suco de limão, o alho amassado, o sal, o coentro, a salsa e a cebolinha. Misture bem e deixe tomar gosto por 30 minutos.
2. Numa panela, alterne camadas de tomate, cebola, pimentão, pimenta-dedo-de-moça, os peixes, a lula, o camarão e o alho inteiro.
3. Polvilhe com o orégano. Repita, alternando as camadas, e finalize com o suco de tomate, os dois tipos de azeite e o leite de coco.
4. Leve ao fogo baixo por 40 minutos ou até o molho engrossar. Sirva.

Cataplana de bacalhau

Para 4 pessoas
Tempo de preparo: 30 minutos
Fácil

Ingredientes:

- 4 postas de bacalhau demolhadas e limpas
- 200 g de amêijoas
- 200 g de berbigão
- 200 g de mexilhão
- 2 cebolas em rodelas
- 1 pimentão vermelho sem sementes em tiras
- 8 batatas sem casca
- 300 g de camarão limpo
- 4 tomates sem sementes
- 1 pimenta-malagueta sem sementes picada
- 1 ramo de salsa picado
- 1 xícara (chá) de azeite

Preparo:

1. Separe o peixe em pedaços. Ponha os mariscos no fundo da cataplana e cubra com a cebola e o pimentão. Por cima, arrume a batata em rodelas, o bacalhau e o camarão.
2. Cubra com o tomate em rodelas. Acrescente a pimenta e polvilhe com a salsa. Regue com o azeite, tampe e deixe cozinhar por 25 minutos. Sirva.

Cataplana simples

Para 4 pessoas
Tempo de preparo: 1 hora
Fácil

Ingredientes:

- 4 postas de bacalhau demolhadas e limpas
- sal e pimenta-malagueta em rodelas
- 2 cebolas
- 4 dentes de alho
- 2 colheres (sopa) de margarina
- 1/4 de xícara (chá) de azeite
- 8 tomates sem pele e sem sementes
- 1 xícara (chá) de vinho branco seco
- 8 batatas sem casca
- 1 pimentão verde sem sementes
- 1 colher (sopa) de coentro picado

Preparo:

1. Tempere as postas com sal e pimenta. Pique a cebola e o alho e refogue na margarina e no azeite. Junte o tomate cortado em pedaços. Tempere com sal e pimenta. Tampe e cozinhe em fogo baixo.
2. Quando o tomate estiver macio, junte o vinho e ferva mais um pouco. Triture no processador e reserve.
3. Despeje o molho em uma cataplana. Quando levantar fervura, ponha a batata em cubos, as postas e o pimentão em tiras. Tampe a cataplana e cozinhe em fogo baixo por 20 minutos. Polvilhe com coentro e sirva.

Gumbo de bacalhau

Para 4 pessoas
Tempo de preparo: 1h35m
Média dificuldade

Ingredientes:

- 450 g de camarões médios
- 450 g de bacalhau demolhado e limpo
- 150 g de quiabos médios frescos
- 4 colheres (sopa) de azeite
- 4 colheres (sopa) de vinagre branco
- 1/2 xícara (chá) de farinha de trigo
- 1 xícara (chá) de cebola picada
- 1 xícara (chá) de cebolinha verde picada
- 1 dente de alho picado
- 1/2 xícara (chá) de pimentão verde sem sementes picado
- 1/2 xícara (chá) de salsão picado
- 1 colheres (sopa) de salsa fresca picada
- 1 lata de tomate pelado com o líquido
- 1 xícara (chá) de presunto cozido cortado em cubos
- 4 xícaras (chá) de caldo de peixe
- 2 folhas de louro
- 1 pitada de tomilho fresco
- 1/2 colher (sopa) de molho inglês
- 1/2 colher (sopa) de molho de pimenta
- sal a gosto
- 2 xícaras (chá) de arroz cozido

Preparo:

1. Retire a casca e a cauda do camarão e reserve. Desfie o bacalhau e reserve. Lave o quiabo e elimine as pontas. Corte o quiabo em pedaços de 1 cm.
2. Numa panela média, aqueça duas colheres do azeite em fogo médio. Junte o quiabo e refogue, mexendo por 30 minutos. Adicione o vinagre e continue mexendo por dez minutos ou até o quiabo dourar. Reserve.
3. Em uma panela de barro, aqueça o azeite restante. Ponha a farinha de trigo e cozinhe em fogo baixo, mexendo sem parar até ficar dourada. Adicione a cebola, metade da cebolinha, o alho, o pimentão, o salsão e metade da salsa.
4. Cozinhe, mexendo sempre até que os vegetais fiquem macios e ligeiramente dourados. Junte o tomate com seu molho, o presunto, o quiabo, o caldo de peixe, o louro, o tomilho, o molho inglês, o molho de pimenta e o sal.
5. Abaixe o fogo e cozinhe por 45 minutos. Adicione o arroz, o camarão e o bacalhau e cozinhe por mais dez minutos. Descarte o louro e polvilhe com a salsa e a cebolinha restantes antes de servir.

Lagarada de bacalhau

Para 4 pessoas
Tempo de preparo: 1 hora
Fácil

Ingredientes:
- 10 batatas pequenas
- sal grosso a gosto
- 4 folhas de couve-manteiga
- 1 kg de postas de bacalhau demolhadas e limpas
- 1 1/3 de xícara (chá) de azeite
- 4 dentes de alho sem casca
- 600 g de broa de milho em pedaços

Preparo:
1. Lave a batata e asse no forno com o sal grosso. Quando estiver macia, remova o sal e aperte a batata com a palma da mão.
2. Limpe, lave e cozinhe a couve em pedaços grandes. Escorra e reserve. Asse as postas de bacalhau até dourarem, numa grelha untada com uma colher (sopa) de azeite.
3. Numa panela de barro, despeje o azeite restante e o alho picado. Junte o bacalhau, a couve, a batata e a broa de milho. Leve ao fogo por dez minutos, mexendo às vezes com cuidado. Retire e sirva.

Migas de bacalhau à alentejana

Para 4 pessoas
Tempo de preparo: 1 hora
Fácil

Ingredientes:
- 500 g de bacalhau demolhado e limpo
- 1 pão italiano médio em fatias
- 4 dentes de alho
- 1/2 xícara (chá) de azeite
- 2 fatias de toucinho
- 1 xícara (chá) de água quente
- sal e pimenta-do-reino a gosto
- 1 xícara (chá) de azeitonas pretas sem caroço
- 1/2 colher (sopa) de coentro picado

Preparo:
1. Separe o peixe em lascas. Umedeça o pão na água fria e reserve.
2. Descasque e pique o alho. Em uma panela grande, leve ao fogo o azeite e frite o toucinho. Quando o toucinho estiver frito, retire-o e reserve.
3. Ponha o alho na panela. Esprema o pão e adicione à panela. Mexa até se desfazer. Acrescente a água quente.
4. Tempere com sal e pimenta e misture bem. Junte o bacalhau, mexa e deixe cozinhar por mais cinco minutos. Ponha a azeitona e polvilhe com o coentro antes de servir.

Migas de bacalhau

Para 4 pessoas
Tempo de preparo: 35 minutos
Fácil

Ingredientes:
- 500 g de bacalhau demolhado e limpo
- 1 pão italiano grande
- 1 colher (sopa) de poejo picado
- 1 xícara (chá) de água quente
- 2 ovos batidos
- sal a gosto
- 1 pimenta-dedo-de moça sem sementes picada
- 5 dentes de alho
- 1 xícara (chá) de azeite

Preparo:
1. Desfie o peixe e reserve. Corte o pão em fatias finas e polvilhe com o poejo. Despeje por cima a água quente e deixe descansar por dez minutos.
2. Junte o bacalhau e os ovos. Tempere com sal e pimenta e mexa bem até obter uma mistura mole.
3. À parte, doure o alho no azeite. Retire o alho e coloque a mistura de pão no azeite sem retirar do fogo. Mexa até a mistura secar um pouco e sirva com o alho frito.

Migas do pescador

Para 8 pessoas
Tempo de preparo: 1 hora
Fácil

Ingredientes:
- 4 xícaras (chá) de azeite
- 1/2 xícara (chá) de margarina
- 8 cebolas
- 10 tomates maduros sem sementes
- 1 xícara (chá) de salsa picada
- 1 xícara (chá) de coentro picado
- 1/2 xícara (chá) de molho de tomate
- 5 dentes de alho
- 2,5 kg de bacalhau demolhado e limpo
- 4 pães franceses
- 500 g de pão de milho
- 1 pitada de pimenta-do-reino branca

Preparo:

1. Numa panela, ponha o azeite e a margarina. Acrescente a cebola em rodelas, o tomate em pedaços, a salsa, o coentro, o molho de tomate e o alho picado.
2. Separe o peixe em lascas e junte ao molho. Cozinhe por 15 minutos, mexendo às vezes.
3. Corte o pão francês em rodelas e coloque numa sopeira. Cubra com o pão de milho esfarelado. Quando o molho engrossar, espalhe-o sobre o pão. Tempere com a pimenta, misture bem e sirva.

Mungunzá salgado com bacalhau

Para 4 pessoas
Tempo de preparo: 1h15m
Média dificuldade

Ingredientes:

- 300 g de canjica branca
- 2 colheres (sopa) de margarina
- 1 cebola picada
- 1 dente de alho picado
- 1 xícara (chá) de leite de coco
- sal, pimenta-do-reino e noz-moscada a gosto

Bacalhau:

- 3/4 de xícara (chá) de azeite
- 1 cebola picada
- 1 dente de alho picado
- 700 g de bacalhau demolhado, limpo e em pedaços
- 100 g de bacon em cubos grandes
- sal e pimenta-do-reino a gosto

Preparo:

1. Deixe a canjica de molho por 24 horas. Após este tempo, cozinhe-a na panela de pressão até ficar macia. Escorra e reserve.
2. Em uma panela, aqueça a margarina e refogue a cebola e o alho. Em seguida, ponha a canjica e refogue por mais alguns minutos.
3. Adicione o leite e tempere com sal, pimenta e noz-moscada. Misture bem e cozinhe por cinco minutos. Retire e mantenha aquecido.

Bacalhau

1. Refogue no azeite a cebola e o alho. Acrescente o bacalhau e o bacon e frite até ficar crocante. Tempere com sal e pimenta. Retire do fogo.
2. Distribua nos pratos o mungunzá e o preparado de bacalhau. Sirva.

Papelotes com bacalhau

Para 4 pessoas
Tempo de preparo: 20 minutos
Fácil

Ingredientes:

- 4 postas de bacalhau demolhadas e limpas
- pimenta-rosa a gosto
- 1 colher (sopa) de salsa picada
- 1 colher (sopa) de cebolinha picada
- 1 colher (sopa) de estragão
- 1 alho-poró à juliana
- 1/2 limão cortado em rodelas
- 3/4 de xícara (chá) de azeite

Preparo:

1. Tempere o bacalhau com a pimenta, a salsa, a cebolinha, o estragão e o alho-poró.
2. Coloque cada posta sobre um pedaço de papel-alumínio untado com azeite. Por cima, distribua as rodelas de limão.
3. Feche os papelotes, ponha numa assadeira e leve ao forno por 20 minutos. Retire, elimine o papel-alumínio e as rodelas de limão. Regue com o azeite restante e sirva.

Taioba recheada com bacalhau

Para 4 pessoas
Tempo de preparo: 1 hora
Média dificuldade

Ingredientes:

- 4 folhas médias de taioba
- 300 g de bacalhau demolhado, limpo e desfiado
- 200 g de palmito picado
- 250 g de requeijão cremoso
- folhas de manjericão a gosto
- 1 colher (sopa) de pimenta-rosa
- 1 1/2 xícara (chá) de molho de tomate

Preparo:

1. Afervente as folhas de taioba por 2 minutos. Escorra e reserve.
2. Numa tigela, ponha o bacalhau, o palmito e metade do requeijão. Misture até ficar bem homogêneo.
3. Abra uma folha de taioba, retire o talo e recheie com a mistura de bacalhau. Repita até terminarem os ingredientes.
4. Forre uma travessa refratária com molho de tomate e disponha a taioba. Cubra com o molho de tomate restante. Sobre cada taioba, distribua o requeijão restante, o manjericão e a pimenta. Leve ao forno por 10 minutos. Sirva em seguida.

BENDITA HERANÇA

O hábito de comer bacalhau chegou ao Brasil com os portugueses, na época do descobrimento. Mas foi apenas com a chegada da Corte, no século XIX, que o seu consumo tomou força. A primeira exportação oficial de bacalhau para o Brasil aconteceu em 1843. Durante muitos anos, esse peixe foi um alimento acessível e, por isso, esteve presente nas mesas das camadas mais populares. Era comum servi-lo às sextas-feiras, na Semana Santa e nas grandes festas de família. No entanto, a partir da Segunda Guerra Mundial e da crise que acometeu a Europa com esse conflito, seus preços dispararam. E subiram também em conseqüência da escassez do produto. Resultado: seu consumo na mesa brasileira se tornou mais raro, restringindo-se, ainda hoje, à Páscoa e ao Natal. História à parte, independentemente da ocasião, a verdade é que é possível elaborar verdadeiras iguarias com esse peixe. Como cozinhar requer arte, sugerimos o uso de ingredientes que vão deixar o seu prato mais sofisticado e especial. Nas próximas páginas, você vai encontrar receitas variadas com legumes, bebidas, frutas secas, mel, coco... Provoque paladares e bom apetite!

Bacalhau ao molho de champanhe e caviar

Para 4 pessoas
Tempo de preparo: 50 minutos
Fácil

Ingredientes:

- 1 xícara (chá) de vinho branco seco
- 2 cenouras sem casca picadas
- 1 alho-poró picado
- 1 1/2 cebola cortada em rodelas grossas
- sal a gosto
- 1 pitada de pimenta-do-reino moída
- 1/2 colher (sopa) de tomilho
- 1/2 colher (sopa) de alecrim
- 400 g de postas de bacalhau demolhadas
- 3 batatas-doces
- 2 xícaras (chá) de creme de leite
- 2 colheres (chá) de caviar
- 1 xícara (chá) de champanhe

Preparo:

1. Em uma panela, ponha o vinho, a cenoura, o alho-poró, a cebola, o sal, a pimenta, o tomilho e o alecrim. Misture bem e leve ao fogo. Deixe ferver até engrossar um pouco e coloque as postas do bacalhau. Cozinhe até o peixe ficar macio.
2. À parte, cozinhe a batata-doce em água e sal. Depois de cozida, remova a casca e amasse, formando um purê.
3. Transfira para uma vasilha e junte metade do creme de leite. Acrescente um pouco do caldo do bacalhau, tempere com mais sal e pimenta e mexa com cuidado. Reserve.
4. Despeje mais um pouco do caldo do bacalhau e o creme de leite restante numa frigideira e misture bem. Acrescente o caviar e o champanhe e continue mexendo. Ao servir, disponha o purê no centro do prato. Por cima, ponha o bacalhau e o molho de caviar.

Bacalhau ao molho de licor

Para 4 pessoas
Tempo de preparo: 50 minutos
Fácil

Ingredientes:

- 1 kg de bacalhau demolhado
- 2 colheres (sopa) de margarina
- 2 dentes de alho
- 2 cebolas
- 2 xícaras (chá) de licor de jabuticaba
- 2 xícaras (chá) de creme de leite
- 1 xícara (chá) de cogumelos pequenos
- sal a gosto

Para regar

Azeite

Preparo:

1. Afervente o bacalhau e reserve uma xícara (chá) da água. Retire a pele e as espinhas. Num refratário, disponha as postas, regue com azeite e asse por 30 minutos.
2. Numa frigideira antiaderente, aqueça a margarina, doure o alho e a cebola picados. Misture o licor e cozinhe até encorpar.
3. Adicione a água reservada e ferva até o líquido se reduzir um pouco. Retire e bata a mistura no liquidificador com o creme de leite. Junte o cogumelo e aqueça um pouco. Tempere com sal.
4. Na hora de servir, ponha o bacalhau em uma travessa e acompanhe com o molho.

Bacalhau asiático

Para 4 pessoas
Tempo de preparo: 40 minutos
Fácil

Ingredientes:

- 200 g de bacalhau demolhado
- 2 colheres (sopa) de saquê
- 1 xícara (chá) de água
- 8 cogumelos shitake bem lavados
- sal a gosto
- 1 dente de alho picado
- 1 colher (sopa) de azeite
- 1 cenoura pequena picada
- 2 1/2 xícaras (chá) de salsão à juliana
- 1 colher (sopa) de pimentão verde picado
- 1 xícara (chá) de alho-poró em rodelas
- 1 xícara (chá) de broto de feijão
- 1 colher (sopa) de molho de soja
- 1/2 colher (sopa) de creme de arroz
- 1/2 colher (sopa) de óleo de amendoim
- 1 colher (sopa) de gengibre cortado em fatias finas e aferventado
- 1/2 xícara (chá) de manjericão
- 1/2 colher (sopa) de sementes de gergelim
- 1 colher (sopa) de cebolinha francesa

Preparo:

1. Cozinhe o bacalhau por quatro minutos com o saquê, a água e o cogumelo. Prove o sal. Escorra e reserve o bacalhau e o cogumelo.
2. Doure o alho no azeite. Junte a cenoura, o salsão, o pimentão, o alho-poró, o broto de feijão e o molho de soja e refogue rapidamente.
3. Dissolva o creme de arroz em um pouco de água e junte aos legumes. Se necessário, ponha mais sal.
4. Arrume os legumes num refratário e disponha o bacalhau e o cogumelo ao lado. Reserve.
5. Aqueça o óleo de amendoim e refogue ligeiramente o gengibre e o manjericão. Regue o bacalhau com esse molho e polvilhe com o gergelim e a cebolinha. Sirva em seguida.

Bacalhau capixaba

Para 4 pessoas
Tempo de preparo: 30 minutos
Fácil

Ingredientes:

- 1,5 kg de bacalhau demolhado em postas
- 1 colher (sopa) de azeite
- 4 colheres (sopa) de tintura de urucum
- 2 dentes de alho picados
- 2 cebolas picadas
- 3 tomates sem sementes cortados em cubos
- 4 colheres (sopa) de coentro
- 6 bananas-nanicas verdes sem casca e cortadas em rodelas
- 2 xícaras (chá) de leite de coco
- sal
- 1 pimenta-malagueta sem sementes cortada em rodelas

Preparo:

1. Afervente o bacalhau, retire a pele e as espinhas. Abra as postas com cuidado, sem desfiá-las.
2. Numa panela de barro, faça um refogado com o azeite, o urucum, o alho, a cebola, o tomate e o coentro.
3. Acrescente o bacalhau e, quando começar a ferver, adicione a banana e o leite de coco. Misture com cuidado.
4. Tempere com sal e a pimenta. Cozinhe até a banana ficar macia. Sirva em seguida.

Bacalhau com abóbora

Para 4 pessoas
Tempo de preparo: 1 hora e 20 minutos
Média dificuldade

Ingredientes:

- 300 g de bacalhau demolhado
- 2 dentes de alho picados
- 1/2 xícara (chá) de azeite
- 1 cebola picada
- 1 xícara (chá) de salsão picado
- 1 xícara (chá) de arroz semicozido
- 1/4 de xícara (chá) de vinho branco seco
- 2 xícaras (chá) de abóbora assada
- 2 xícaras (chá) de lentilha cozida
- 1/2 colher (sopa) de alecrim
- 1 tomate sem pele picado
- 2 colheres (sopa) de margarina
- 1 colher (sopa) de farinha de rosca
- 1 colher (sopa) de queijo parmesão ralado
- 1 colher (sopa) de salsa

Preparo:

1. Afervente o bacalhau, reservando uma xícara (chá) da água. Remova a pele e as espinhas. Separe-o em lascas e reserve.
2. Em uma panela de barro, doure o alho no azeite. Junte a cebola e o salsão e deixe murchar. Adicione o arroz e refogue. Coloque o vinho e deixe no fogo até o líquido se evaporar. Mexa às vezes. Aos poucos, acrescente a água reservada e cozinhe.
3. Acrescente a abóbora, a lentilha, o alecrim e o tomate. Adicione o bacalhau, misture bem e cozinhe por

cinco minutos.

3. Por cima, ponha a margarina. Polvilhe com a farinha de rosca, o queijo e a salsa. Leve ao forno para gratinar por cinco minutos. Retire e sirva.

Bacalhau com amêndoa

Para 4 pessoas
Tempo de preparo: 1 hora
Fácil

Ingredientes:

- 300 g de bacalhau demolhado
- 250 g de camarão com casca
- 2 colheres (sopa) de azeite
- 1 cebola picada
- 3 dentes de alho picados
- 1 maço de espinafre aferventado e escorrido
- 6 bastonetes de kani kama desfiados
- 4 colheres (sopa) de farinha de trigo
- 4 xícaras (chá) de leite
- sal e pimenta-do-reino branca a gosto
- 4 ovos batidos
- 1 pacote de batata palha (200g)
- 1 1/4 de xícara (chá) de creme de leite fresco batido
- 1 xícara (chá) de amêndoa picada

Preparo:

1. Afervente o bacalhau, reservando uma xícara (chá) da água. Retire a pele e as espinhas e separe-o em lascas. À parte, cozinhe o camarão em água e sal. Escorra, limpe e reserve.
2. Refogue em uma colher (sopa) de azeite a cebola e o alho. Junte o espinafre e refogue mais um pouco.
3. Numa tigela, ponha o bacalhau, o camarão e o kani. Adicione a farinha e misture bem. Despeje, aos poucos, a água reservada e o leite. Tempere com sal e pimenta.
4. Acrescente os ovos, misture e ponha a batata. Se necessário, tempere com mais sal. Mexa com cuidado.
5. Unte um refratário com o azeite restante e disponha metade dessa mistura. Cubra com o creme de leite batido. Faça outra camada com o bacalhau restante e polvilhe com a amêndoa. Leve ao forno e deixe dourar ligeiramente. Retire e sirva em seguida.

Bacalhau com avelã

Para 4 pessoas
Tempo de preparo: 40 minutos
Fácil

Ingredientes:

- 400 g de postas de bacalhau demolhadas e limpas
- suco de 1 limão
- sal e pimenta-do-reino a gosto
- 1 colher (sopa) de farinha de trigo
- 1 cebola pequena picada
- 1/4 de xícara (chá) de margarina
- 1 maço de espinafre aferventado e escorrido
- 3 colheres (sopa) de creme de leite
- 1 pitada de noz-moscada
- 3 colheres (sopa) de óleo
- 4 colheres (sopa) de avelã sem casca picada

Preparo:

1. Tempere o bacalhau com o suco de limão, sal e pimenta. Polvilhe com a farinha.
2. À parte, refogue a cebola na metade da margarina e junte o espinafre, o creme de leite e a noz-moscada. Misture e deixe cozinhar por cinco minutos.
3. Numa frigideira, aqueça em fogo médio o óleo com a margarina restante e frite as postas até dourarem. Retire o bacalhau da frigideira e doure a avelã na gordura que sobrou. Se necessário, acrescente mais um pouco de margarina. Deixe dourar bem. Sirva com o bacalhau e o creme de espinafre à parte.

Bacalhau com banana

Para 4 pessoas
Tempo de preparo: 30 minutos
Fácil

Ingredientes:

- 1 dúzia de bananas-nanicas verdes
- 200 g de bacalhau demolhado, limpo e desfiado
- 200 g de camarão seco aferventado e escorrido
- sal a gosto
- 1 pimenta-dedo-de-moça picada
- 1/2 colher (sopa) de açafrão
- 1/2 xícara (chá) de coentro
- 1/2 xícara (chá) de salsa

Preparo:

Descasque a banana e corte-a em rodelas. Numa panela, misture todos os ingredientes, cozinhe por 20 minutos, mexendo às vezes, e sirva.

Bacalhau com castanha

Para 4 pessoas
Tempo de preparo: 1 hora e 20 minutos
Média dificuldade

Ingredientes:
- 400 g de postas de bacalhau demolhadas
- 400 g de batata sem casca
- 1 cebola picada
- 1/2 xícara (chá) de azeite
- 2 colheres (sopa) de farinha de trigo
- 1 xícara (chá) de leite
- sal a gosto
- 1 kg de castanha portuguesa
- 2 colheres (sopa) de erva-doce
- 2 colheres (sopa) de margarina
- 1 colher (sopa) de farinha de rosca
- 3 claras

Preparo:
1. Afervente o bacalhau, reservando a água. Retire a pele e as espinhas. Separe-o em lascas. Cozinhe a batata na água reservada até ficar macia. Escorra e esprema.
2. À parte, doure a cebola no azeite e junte o purê de batata e o bacalhau. Cozinhe por alguns minutos, mexendo sempre. Dissolva a farinha no leite e adicione à mistura de bacalhau. Cozinhe por mais alguns minutos. Tempere com sal e reserve.
3. À parte, cozinhe a castanha com sal e a erva-doce. Escorra, remova a casca e passe pelo espremedor. Reserve. Unte um refratário com margarina e polvilhe com a farinha de rosca. Espalhe o preparado de bacalhau por cima, alisando bem. Sobre o bacalhau, disponha o purê de castanha.
4. Bata as claras em neve até obter picos firmes e cubra o purê de castanha. Leve ao forno quente até dourar e sirva.

Bacalhau com castanha portuguesa e azeitona

Para 4 pessoas
Tempo de preparo: 1 hora e 20 minutos
Média dificuldade

Ingredientes:
- 400 g de postas de bacalhau
- 8 xícaras (chá) de leite
- 1 kg de castanha portuguesa cozida e sem casca
- sal e pimenta-do-reino a gosto
- 1/2 colher (sopa) de erva-doce
- 500 g de batata bolinha
- 3 dentes de alho espremidos
- 1 xícara (chá) de azeite
- 1/2 xícara (chá) de azeitona preta sem caroço
- 1 colher (sopa) de salsa picada

Preparo:
1. Após demolhar o bacalhau, deixe-o de molho por seis horas no leite.
2. À parte, ferva rapidamente a castanha na água temperada com sal e erva-doce. Escorra, remova a casca e reserve.
3. Cozinhe a batata com a casca e reserve. Escorra o bacalhau, reservando uma xícara (chá) do leite. Ponha as postas em um refratário. Junte o alho, o azeite e a pimenta. Descasque a batata e acrescente-a ao refratário com a castanha. Regue com o leite reservado. Leve ao forno e retire quando o bacalhau começar se desprender em lascas e a batata estiver dourada. Decore com a azeitona e a salsa. Sirva imediatamente.

Bacalhau com cebola

Para 4 pessoas
Tempo de preparo: 1 hora
Fácil

Preparo:
- 600 g de bacalhau demolhado e limpo
- 1 colher (sopa) de farinha de trigo
- 1/2 xícara (chá) de azeite
- 1,5 kg de abóbora sem casca e cozida al dente
- 3 cebolas grandes cortadas em rodelas finas
- 2 xícaras (chá) de molho de tomate
- 1 pitada de noz-moscada
- 1 colher (sopa) de gengibre fresco ralado
- sal
- 2 colheres (sopa) de água
- 1/2 xícara (chá) de queijo coalho ralado
- salsa crespa a gosto

Preparo:
1. Separe o bacalhau em postas e polvilhe com a farinha. Frite-o na metade do azeite. Assim que dourar, retire e escorra sobre papel-toalha.
2. Corte a abóbora em cubos. Numa panela, doure a cebola no azeite restante. Ponha o molho de tomate e a abóbora. Tempere com noz-moscada, gengibre e sal. Adicione a água.
3. Deixe cinco minutos no fogo e junte o bacalhau. Cozinhe por dez minutos ou até a abóbora ficar macia e o bacalhau se desfazer em lascas. Transfira para uma travessa, polvilhe com queijo e sirva com a salsa.

Bacalhau com coco

Para 4 pessoas
Tempo de preparo: 50 minutos
Fácil

Ingredientes:
- 300 g de postas de bacalhau demolhadas
- 4 cebolas cortadas em rodelas
- 3 dentes de alho amassados
- 1 xícara (chá) de azeite
- 1 pimentão verde sem sementes em tiras
- 1 pimentão vermelho sem sementes em tiras
- suco de 1 limão
- 1/2 xícara (chá) de leite de coco
- 2 colheres (sopa) de coco fresco ralado
- sal e pimenta-do-reino a gosto
- 1 colher (sopa) de coentro
- 4 batatas

Preparo:
1. Afervente o bacalhau, remova a pele e as espinhas. Numa panela grande, doure a cebola e o alho em metade do azeite. Junte os dois tipos de pimentão e refogue, mexendo sempre, por três minutos. Adicione o bacalhau e regue com suco de limão. Cozinhe em fogo baixo com a panela tampada por 20 minutos.
2. Acrescente o leite e o coco. Tempere com sal e pimenta e polvilhe com o coentro. Mexa com cuidado e deixe cozinhar por mais cinco minutos. Retire do fogo e mantenha aquecido. À parte, cozinhe a batata com casca. Escorra, descasque e corte em rodelas.
3. Numa frigideira, ponha o azeite restante e frite ligeiramente a batata até dourar. Retire, escorra sobre papel-toalha e sirva com o bacalhau reservado.

Bacalhau com especiarias

Para 4 pessoas
Tempo de preparo: 50 minutos
Fácil

Ingredientes:
- 1 colher (sopa) de óleo de girassol
- 1/2 xícara (chá) de cebola picada
- 1 colher (sopa) de gengibre ralado
- 1 xícara (chá) de leite de coco
- 1/2 xícara (chá) de água
- 1 colher (sopa) de açúcar mascavo
- 1 colher (sopa) de hondashi
- 1 colher (sopa) de molho de soja
- 1 colher (sopa) de açafrão
- 200 g de postas de bacalhau demolhadas e limpas
- 2 cenouras cortadas em tiras finas
- 8 buquês de brócolis limpos e aferventados
- 1 colher (sopa) de cebolinha picada

Preparo:
1. Aqueça uma frigideira antiaderente e ponha o óleo. Junte a cebola e o gengibre. Refogue até a cebola ficar transparente.
2. Adicione o leite, a água, o açúcar, o hondashi, o molho de soja e o açafrão. Ferva por quatro minutos.
3. Acrescente as postas cortadas ao meio e cozinhe por três minutos. Em seguida, ponha a cenoura e os brócolis. Tampe e cozinhe por mais três minutos.
4. Retire do fogo, coloque o bacalhau no centro do prato e disponha os legumes ao lado. Regue com o molho, salpique a cebolinha e sirva.

Bacalhau com legumes

Para 4 pessoas
Tempo de preparo: 1 hora
Fácil

Ingredientes:
- 1 kg de postas de bacalhau demolhadas
- 1 xícara (chá) de azeite
- 1 xícara (chá) de vinho do Porto
- pimenta-do-reino a gosto

Acompanhamento
- 200 g de couve-de-bruxelas
- 5 colheres (sopa) de azeite
- 1,5 kg de batata bolinha cozida
- sal a gosto

Purê de frutas
- 6 peras sem casca e sem sementes
- 2 maçãs ácidas sem casca e sem sementes
- gotas de limão
- 4 colheres (sopa) de margarina
- 1/2 colher (sopa) de açúcar
- 1/2 colher (sopa) de farinha de trigo
- 1 colher (sopa) de leite

Para empanar

Farinha de rosca

Preparo:
1. Afervente o bacalhau e remova a pele e as espinhas. Separe-o em pedaços grandes e passe pela farinha de rosca.
2. Distribua os pedaços num refratário untado com azeite. Regue com três colheres (sopa) de azeite e com o vinho. Tempere com pimenta e leve ao forno em temperatura média por 40 minutos ou até dourar.

Acompanhamento
1. À parte, cozinhe a couve. Quando estiver cozida, escorra e doure rapidamente em uma colher (sopa) de azeite.
2. À parte, cozinhe a batata em água e sal. Escorra, descasque e doure no azeite restante. Escorra sobre papel-toalha e mantenha aquecida.

Purê de frutas

1. Cozinhe a pêra e a maçã em água suficiente para cobri-las e com algumas gotas de limão. Quando estiverem cozidas, amasse-as. Numa frigideira, derreta a margarina e refogue o purê. Polvilhe com um pouco de açúcar e adicione a farinha diluída no leite. Misture bem até engrossar.
2. Em uma travessa, ponha o bacalhau com o purê de frutas. Ao redor, disponha a couve e a batata.

Bacalhau com leite de coco e manga

Para 4 pessoas
Tempo de preparo: 1 hora
Fácil

Ingredientes:

- 500 g de bacalhau demolhado
- 4 colheres (sopa) de azeite
- 2 cebolas grandes cortadas em rodelas finas
- 1 colher (sopa) de alho-poró
- 1/2 xícara (chá) de salsa picada
- 1/2 xícara (chá) de coentro picado
- 1 colher (sopa) de azeitona verde sem caroço picada
- 1 colher (sopa) azeitona preta sem caroço picada
- 1 xícara (chá) de leite de coco
- sal a gosto
- 1 xícara (chá) de vinho branco seco
- 2 mangas sem casca em fatias
- 1 colher (sopa) de cebolinha
- suco de 1 limão

preparo:

1. Afervente o bacalhau, retire a pele e as espinhas. Separe o peixe em lascas. Regue uma panela grande com metade do azeite e cubra com uma camada de cebola e alho-poró.
2. Faça outra camada com o bacalhau, salpique com salsa, coentro e a azeitona. Regue com o azeite restante e o leite. Tempere com sal. Repita as camadas até terminarem os ingredientes.
3. Regue com o vinho e tampe a panela. Leve ao fogo médio até cozinhar.
4. Numa vasilha, ponha a manga e tempere com a cebolinha e o suco de limão. Sirva à parte com o bacalhau.

Bacalhau com lentilha

Para 4 pessoas
Tempo de preparo: 1 hora
Fácil

Ingredientes:

- 4 postas de bacalhau dessalgadas
- 1/2 xícara (chá) de azeite
- 5 folhas de louro
- 5 dentes de alho
- 1 pimenta-malagueta sem sementes
- 3 limões-sicilianos cortados em tiras
- 1 xícara (chá) de alcaparras
- 1 xícara (chá) de azeitonas pretas sem caroço em rodelas

Lentilha

- 1 colher (sopa) de bacon
- 7 colheres (sopa) de margarina
- 1 cebola picada
- 4 dentes de alho bem picados
- 200 g de lentilha
- 1/2 xícara (chá) de água
- 2 xícaras (chá) de suco de cenoura coado
- 100 g de cebolinha japonesa picada
- sal a gosto
- 1 pitada de pimenta-do-reino

Preparo:

1. Afervente o bacalhau, retire a pele e as espinhas. Tempere o peixe com metade do azeite, o louro, o alho e a pimenta e deixe marinar por 2 horas.
2. Numa tigela, misture o azeite restante com o limão, a alcaparra e a azeitona. Mexa bem e reserve.

Lentilha

1. Refogue o bacon em metade da margarina. Junte a cebola e o alho. Misture por três minutos. Acrescente a lentilha, a água e o suco de cenoura e cozinhe até ficar macia. Se necessário, adicione mais água. Ponha a margarina restante e a cebolinha. Tempere com sal e pimenta.
2. Numa frigideira antiaderente, doure o bacalhau com o líquido no qual marinou. Quando dourar, transfira para um refratário e leve ao forno por dez minutos. Sirva num prato fundo com a lentilha no centro. Regue com o molho de limão reservado.

Bacalhau com mandioca

Para 4 pessoas
Tempo de preparo: 1 hora e 20 minutos
Fácil

Ingredientes:

- 1,5 kg de postas de bacalhau demolhadas
- 4 xícaras (chá) de leite
- 4 xícaras (chá) de água fria
- 1 colher (sopa) de vinagre
- 2 colheres (sopa) de coentro
- 2 dentes de alho picados
- 1 colher (chá) de pimenta-malagueta em flocos
- 8 colheres (sopa) de azeite
- 2 xícaras (chá) de farinha de mandioca fina
- 2 xícaras (chá) de óleo de girassol

Molho de manga

- 4 mangas verdes sem casca e cortadas em cubos
- 1 dente de alho sem casca e inteiro
- suco de 4 limões
- 2 colheres (sopa) de azeite
- 1 pimenta-malagueta sem sementes
- sal a gosto

Purê de mandioca:

- 1 kg de mandioca
- sal a gosto
- 2 xícaras (chá) de água
- 3 colheres (sopa) de margarina
- suco de 1/2 limão

Para untar

Azeite

Preparo:

1. Numa panela, ponha o bacalhau, o leite e a água e leve ao fogo até levantar fervura. Aguarde cinco minutos. Apague o fogo e deixe repousar por mais cinco minutos.
2. Retire da panela e espere amornar. Reserve uma xícara (chá) desse líquido. Remova a pele e as espinhas e corte-o em pedaços médios.
3. Numa frigideira, misture o vinagre, o coentro, o alho e a pimenta. Junte seis colheres (sopa) de azeite. Aqueça, sem parar de mexer, e reserve.
4. Passe o bacalhau na farinha de mandioca e aqueça o óleo de girassol com o azeite restante. Frite o bacalhau aos poucos. Assim que dourar, retire e escorra sobre papel-toalha. Mantenha aquecido.

Manga

Numa saladeira, misture todos os ingredientes e mantenha na geladeira.

Purê

Cozinhe a mandioca com sal, o caldo reservado do cozimento do bacalhau e a água. Escorra e passe pelo espremedor. Transfira para uma panela e aqueça por dois minutos. Junte a margarina e misture bem. Tempere com sal e adicione o suco de limão. Sirva com o bacalhau e o molho de manga.

Bacalhau com missô

Para 4 pessoas
Tempo de preparo: 50 minutos
Fácil

Ingredientes:

- 1/2 xícara (chá) de saquê
- 1/2 xícara (chá) de vinho doce de arroz
- 1/2 xícara (chá) de açúcar
- 1/4 de xícara (chá) de água
- 1 1/2 xícara (chá) de missô
- 400 g de bacalhau demolhado
- rodelas de limão-siciliano

Para fritar

Azeite

Preparo:

1. Numa panela, junte o saquê, o vinho, o açúcar e a água. Leve ao fogo e deixe ferver até o líquido se reduzir um pouco.
2. Acrescente o missô, mexa e deixe por mais alguns minutos no fogo. Retire.
3. Afervente o bacalhau, remova a pele e as espinhas. Ponha numa vasilha e deixe marinar em 2/3 do molho de missô. Tampe e leve à geladeira por 12 horas. Reserve o molho que sobrou.
4. Retire o bacalhau da marinada e frite-o em azeite quente até dourar.
5. Aqueça o molho reservado e sirva com o bacalhau. Decore com o limão antes de servir.

Bacalhau com palma

Para 4 pessoas
Tempo de preparo: 1 hora
Fácil

Ingredientes:

- 4 palmas
- 2 xícaras (chá) de água
- 1 colher (sopa) de vinagre
- sal a gosto
- 1 kg de bacalhau demolhado
- 1 colher (sopa) de azeite
- 1 cebola ralada
- 2 tomates maduros sem pele e sem sementes
- 2 dentes de alho picados
- 1 xícara (chá) de cheiro-verde
- 3 xícaras (chá) de leite
- 1 pitada de pimenta-do-reino
- 1 pitada de açafrão

Preparo:

1. Retire os espinhos da palma com uma faca. Em seguida, corte-a em cubos. Afervente-a na água com o vinagre e sal por cinco minutos. Escorra e reserve.
2. Afervente o bacalhau, remova a pele e espinhas. Desfie-o e reserve. Aqueça o azeite e refogue a cebola. Junte o tomate, o alho, o cheiro-verde e o leite.
3. Acrescente o bacalhau desfiado e a palma. Tempere com a pimenta, o açafrão e sal. Deixe no fogo até o líquido se reduzir à metade. Misture bem e sirva.

Bacalhau com palma e legumes

Para 4 pessoas
Tempo de preparo: 50 minutos
Fácil

Ingredientes:

- 3 palmas médias
- 400 g de bacalhau demolhado
- 3 colheres (sopa) de azeite
- 3 batatas grandes sem casca
- 2 cenouras sem casca
- 1 pimentão amarelo sem sementes
- 1 pimentão vermelho sem sementes
- 1 cebola grande
- 3 tomates
- sal e pimenta-do-reino a gosto
- 1 colher (sopa) de cheiro-verde
- suco de 1 limão

Preparo:

1. Retire os espinhos da palma com uma faca e corte-a em tiras bem finas. Afervente rapidamente. Escorra bem e reserve.
2. Afervente o bacalhau. Remova a pele e as espinhas e separe-o em lascas. Refogue as lascas em metade do azeite. Retire do fogo e reserve.
3. Descasque e corte a batata e a cenoura à juliana. Cozinhe em água suficiente para cobri-las por cinco minutos. Escorra e reserve.
4. Corte os pimentões em tiras finas. Pique a cebola e o tomate. Numa travessa, misture bem todos os ingredientes e tempere com sal, pimenta, o azeite restante, o cheiro-verde e o suco de limão. Sirva imediatamente.

Bacalhau com presunto

Para 4 pessoas
Tempo de preparo: 50 minutos
Fácil

Ingredientes:

- 1 kg de postas de bacalhau demolhadas
- 4 xícaras (chá) de leite
- 3 colheres (sopa) de azeite
- 3 cebolas cortadas em rodelas
- 200 g de presunto em fatias
- 1 kg de batata sem casca cortada em rodelas
- 2 ovos batidos
- 1 colher (sopa) de margarina

Para empanar

Farinha de rosca

Preparo:

1. Ponha o bacalhau e o leite em uma panela e regue com um fio de azeite. Leve ao fogo e cozinhe até o peixe ficar macio. Escorra. Remova a pele e as espinhas e o separe em lascas. Reserve.
2. Refogue a cebola em uma colher (sopa) de azeite. Transfira para uma forma e cubra todo o fundo. Por cima, disponha o presunto. No azeite que sobrar na frigideira, frite ligeiramente a batata.
3. Passe o bacalhau pelos ovos batidos e depois pela farinha de rosca. Coloque sobre o presunto. Por cima, espalhe a batata. Espalhe a margarina por cima e regue com o azeite restante. Leve ao forno até a batata dourar e sirva.

Bacalhau com proteína de soja

Para 4 pessoas
Tempo de preparo: 1 hora
Fácil

Ingredientes:

- 500 g de batata
- 3 xícaras (chá) de repolho à juliana
- 200 g de proteína vegetal texturizada
- 200 g de bacalhau dessalgado, limpo e desfiado
- 2 cebolas médias
- 100 g de azeitonas
- 2 colheres (sopa) de coentro
- 2 colheres (sopa) de cebolinha
- 3/4 de xícara (chá) de leite de coco
- 1/2 xícara (chá) de leite
- 3/4 de xícara (chá) de creme de leite
- sal a gosto
- 1 colher (sopa) de azeite
- 1 xícara (chá) de queijo frescal em cubinhos

Preparo:

1. Cozinhe a batata, descasque e corte-a em rodelas grossas. Cozinhe o repolho no vapor, escorra e reserve.
2. À parte, misture a proteína com o bacalhau e reserve. Corte a cebola em rodelas e pique a azeitona, o

coentro e a cebolinha.

3. Em um refratário, arrume a batata, alternando camadas de repolho, da mistura da proteína e bacalhau e dos temperos.
4. Misture os dois tipos de leite, o creme de leite e o sal. Regue o bacalhau com essa mistura. Por cima, despeje o azeite e polvilhe com o queijo. Leve ao forno para gratinar. Sirva quente.

Bacalhau com queijo

Para 4 pessoas
Tempo de preparo: 40 minutos
Fácil

Ingredientes:

- 100 g de bacalhau demolhado
- 4 tomates sem pele e sem sementes
- 2 cebolas
- 6 batatas sem casca
- sal e pimenta-do-reino a gosto
- 1 folha de louro
- 8 fatias de queijo prato
- 2 colheres (sopa) de margarina
- sal e pimenta-do-reino a gosto
- 1 xícara (chá) de azeitonas recheadas
- 3/4 de xícara (chá) de azeite

Preparo:

1. Afervente o bacalhau. Retire a pele e as espinhas. Separe o peixe em pedaços grandes e reserve. Corte o tomate em cubos e a cebola e a batata em rodelas.
2. Numa panela grande, disponha metade da cebola, o tomate, o bacalhau e a batata. Tempere com sal e pimenta. Adicione o louro, metade do queijo e da margarina.
3. Alterne as camadas até os ingredientes acabarem. Junte a azeitona e termine com o queijo. Regue com azeite, tampe e cozinhe em fogo baixo por dez minutos ou até o peixe ficar bem macio.

Bacalhau com uva passa

Para 4 pessoas
Tempo de preparo: 1 hora
Fácil

Ingredientes:

- 400 g de bacalhau demolhado
- 1 xícara (chá) de água
- 1/2 xícara (chá) de passas pretas
- 1/2 xícara (chá) de castanha-de-caju
- 2 colheres (sopa) de salsa picada
- 2 colheres (sopa) de suco de limão
- 1/4 de xícara (chá) de azeite
- sal a gosto
- 1 pitada de pimenta-do-reino

Preparo:

1. Afervente o bacalhau, elimine a pele e as espinhas. Separe-o em lascas grandes e reserve.
2. Numa panela pequena, ferva a água em fogo alto com a passa por dois minutos. Escorra e reserve.
3. Transfira o bacalhau para uma travessa e distribua a passa reservada e a castanha em pedaços. Polvilhe com a salsa e regue com o suco de limão e o azeite. Tempere com o sal e a pimenta e cubra com filme plástico. Deixe descansar em temperatura ambiente por 30 minutos. Sirva em seguida.

Bacalhau da Bahia

Para 4 pessoas
Tempo de preparo: 50 minutos
Fácil

Ingredientes:

- 350 g de bacalhau demolhado
- 1/2 xícara (chá) de azeite
- 1 cebola em rodelas
- 1 pimentão verde sem sementes cortado em tiras
- 1 pimentão vermelho sem sementes cortado em tiras
- 2 batatas sem casca em rodelas
- 5 rodelas grandes de palmito
- 1 xícara (chá) de azeitonas pretas
- 1 xícara (chá) de azeitonas verdes
- sal a gosto
- 150 g de requeijão do norte

Preparo:

1. Afervente o bacalhau, remova a pele e as espinhas. Separe-o em lascas. Refogue-o na metade do azeite. À parte, refogue no azeite restante a cebola e os dois tipos de pimentão.
2. Faça camadas alternando o pimentão, a cebola, o bacalhau, a batata, o palmito e a azeitona. Tempere com sal. Cubra com o requeijão e leve ao forno preaquecido para gratinar. Sirva em seguida.

Bacalhau diferente

Para 4 pessoas
Tempo de preparo: 1 hora
Média dificuldade

Ingredientes:

- 4 cebolas
- 1 colher (sopa) de margarina
- 6 batatas grandes cozidas sem casca
- 1 kg de bacalhau dessalgado
- 4 colheres (sopa) de azeite
- 2 dentes de alho amassados
- 1 pitada de pimenta-branca
- 2 cravos-da-índia
- 1/2 colher (sopa) de raspas de laranja
- 1/2 xícara (chá) de cebolinha verde
- 1 pitada de noz-moscada
- 1 xícara (chá) de leite
- 1 xícara (chá) de pinhões cozidos
- 1/2 xícara (chá) de amêndoas em lascas
- 1/2 xícara (chá) de passas sem sementes
- 1/2 xícara (chá) de azeitonas verdes
- 1 xícara (chá) de creme de leite
- 1/2 xícara (chá) de ervas finas
- 1 colher (sopa) de queijo parmesão ralado
- sal a gosto

Preparo:

1. Corte três cebolas em rodelas e refogue-as na margarina. Reserve. Corte a batata em fatias grossas e reserve.
2. Afervente o bacalhau, escorra e retire as espinhas. Separe-o em pedaços grandes.
3. Em uma panela, aqueça o azeite e refogue o alho, a cebola restante ralada, a pimenta, o cravo, as raspas de laranja, metade de cebolinha e a noz-moscada. Junte o bacalhau e o leite. Cozinhe por dez minutos.
4. Adicione o pinhão, a amêndoa, a passa e a azeitona e cozinhe por mais cinco minutos. Tempere com sal e retire do fogo. Acrescente o creme de leite e misture bem.
5. Em um refratário, arrume camadas da cebola e da batata reservadas. Por cima, disponha parte das ervas e metade do queijo. Ponha o bacalhau e polvilhe com o queijo restante e a cebolinha. Leve ao forno para gratinar e sirva em seguida.

Bacalhau frito com alface

Para 4 pessoas
Tempo de preparo: 30 minutos
Média dificuldade

Ingredientes:

- 1 pé de alface
- 1 colher (sopa) de farinha de trigo
- 2 gemas
- 1 colher (sopa) de vinho branco seco
- sal e pimenta-do-reino a gosto
- 4 postas de bacalhau demolhadas
- 1/2 xícara (chá) de azeite
- 50 g de bacon cortado em cubos
- 2 dentes de alho
- 2 fatias de broa de milho
- 1 colher (sopa) de salsa

Para fritar

Óleo

Preparo:

1. Separe e lave as folhas de alface. Corte em pedaços, escorra e reserve.
2. Numa frigideira, aqueça o óleo. À parte, numa tigela, misture a farinha, as gemas e o vinho. Tempere com sal e pimenta e reserve.
3. Passe os pedaços de bacalhau na mistura reservada e frite no óleo bem quente. Escorra e reserve.
4. Aqueça o azeite e frite ligeiramente o bacon. Junte o alho picado e a broa cortada em cubos. Deixe dourar, adicione a alface e a salsa e misture bem. Se necessário, tempere com sal e pimenta. Transfira para uma travessa e disponha o bacalhau frito por cima. Sirva em seguida.

Bacalhau marroquino

Para 4 pessoas
Tempo de preparo: 1 hora
Fácil

- 3 colheres (sopa) de azeite
- 1 cebola picada
- 1 bulbo de erva-doce picado
- 1 pimentão vermelho sem sementes cortado em tiras
- 2 abobrinhas em cubos
- 2 cenouras sem casca e cortadas em cubos
- 1,5 kg de postas de bacalhau demolhadas
- 1 pitada de gengibre ralado
- 1/2 xícara (chá) de hortelã
- 1/2 colher (sopa) de páprica
- 1 xícara (chá) de damasco
- 1 colher (sopa) de farinha de trigo
- 1 colher (sopa) de margarina
- 1 pitada de açafrão
- suco de 1 laranja
- 2 xícaras (chá) de caldo de peixe
- 1/2 colher (sopa) de cominho

Para o cuscuz:

- 2 tabletes de caldo de legumes
- 2 xícaras (chá) de água
- 1/2 xícara (chá) de margarina em temperatura ambiente
- 200 g de sêmola de grão duro

Preparo:

1. Em uma panela, ponha o azeite e refogue a cebola, a

erva-doce, o pimentão, a abobrinha e a cenoura por cinco minutos.

2. Afervente o bacalhau. Remova a pele e as espinhas. Desfie-o em lascas e junte ao refogado de legumes. Refogue um pouco e, em seguida, acrescente o gengibre, a hortelã, a páprica e o damasco. Refogue por mais cinco minutos e adicione a farinha e a margarina.
3. Mexa e junte o açafrão dissolvido no suco de laranja aquecido. Reserve. Acrescente o caldo de peixe ao refogado de bacalhau. Tempere com cominho e ferva por 15 minutos em fogo médio. Reserve.

Cuscuz

Dissolva o tablete de legumes na água quente. Junte a margarina e despeje lentamente sobre a sêmola. Misture bem e deixe hidratar até esfriar. Ao servir, disponha o cuscuz no prato com o bacalhau.

Bacalhau na moranga

Para 4 pessoas
Tempo de preparo: 1h50m
Média dificuldade

Ingredientes:

- 1 moranga
- 1 cabeça de alho picada
- 1 cebola média picada
- 1/2 xícara (chá) de azeite
- 1 pimentão vermelho sem sementes em rodelas
- 1,5 kg de bacalhau demolhado e em lascas
- 1 xícara (chá) de coentro
- 3/4 de xícara (chá) de leite de coco

Para untar:

Azeite

Preparo:

1. Aqueça o forno em temperatura alta. Recorte o topo da moranga, formando uma "tampa", e elimine as sementes. Unte a casca com azeite e a embrulhe em papel-alumínio.
2. Asse por 1 hora ou até a polpa ficar macia. Retire do forno e a mantenha aquecida. Retire a polpa, deixando uma borda de 1,5 cm. Amasse a polpa e reserve.
3. Numa frigideira, doure o alho e a cebola no azeite, acrescente o pimentão e refogue por alguns minutos até que amoleça.
4. Adicione o bacalhau e o coentro, refogue por mais alguns minutos. Ponha o leite e mexa bem. Junte a polpa amassada e reserve.
5. Despeje essa mistura na abóbora e a embrulhe em papel-alumínio. Transfira para uma forma com 30 cm de diâmetro e leve ao forno em temperatura média por 20 minutos ou até borbulhar. Retire do forno e sirva em seguida.

Bacalhau na moranga com batata frita e queijo

Para 4 pessoas
Tempo de preparo: 50 minutos
Fácil

Ingredientes:

- 1 1/2 colher (sopa) de azeite
- 1 cebola ralada
- 4 dentes de alho picados
- 1 pimentão vermelho sem sementes em tiras
- 1 pimentão verde sem sementes em tiras
- 8 buquês de brócolis cozidos e picados
- 1 kg de bacalhau demolhado, limpo e em lascas
- 1 pitada de pimenta-branca
- 1 colher (sopa) de salsa
- 300 g de batata palito congelada
- 1 moranga média cozida sem as sementes
- 200 g de queijo cremoso

Para fritar

Óleo

Preparo:

1. Em uma panela, refogue no azeite a cebola, alho e o pimentão. Quando estiver dourado, acrescente o brócolis.
2. Refogue por três minutos, junte o bacalhau e tempere com pimenta. Misture bem, tampe e cozinhe em fogo médio até o bacalhau ficar macio.
3. Acrescente a salsa e deixe por mais dois minutos. Apague o fogo.
4. À parte, frite a batata no óleo e escorra sobre papel-toalha. Reserve.
5. Unte a moranga por fora com óleo. Dentro dela, alterne camadas de bacalhau, batata e queijo. Repita as camadas até terminarem os ingredientes. A última camada deve ser de queijo. Leve ao forno bem quente por 15 minutos ou até borbulhar. Sirva.

Bacalhau oriental

Para 4 pessoas
Tempo de preparo: 1h20m
Média dificuldade

Ingredientes:

- 1 cebola
- 1 xícara (chá) de água
- 1 ovo
- 1 xícara (chá) de farinha de trigo
- 500 g de bacalhau demolhado
- 1/4 de xícara (chá) de saquê
- 200 g de tofu
- 1 xícara (chá) de azeite
- 1 colher (sopa) de raiz-forte
- 300 g de broto de feijão
- 4 folhas de massa para rolinho primavera
- 2 colheres (sopa) de salsa picada
- 1 colher (sopa) de alga marinha
- 1/2 xícara (chá) de cebolinha
- 200 g de cogumelo shitake
- 1 colher (sopa) de sementes de gergelim torradas
- 1 pitada de chá verde em pó
- sal a gosto

Para fritar

Azeite

Preparo:

1. Corte a cebola em rodelas grossas. Reserve. Numa vasilha, misture a água, o ovo e a farinha até ficar homogêneo, mas sem muita consistência. Depois, mergulhe as rodelas de cebola na massa de farinha e frite em azeite quente.
2. Cozinhe o bacalhau no saquê. Remova a pele e as espinhas e o desfie em lascas. Reserve o bacalhau e o saquê separadamente.
3. Ponha no processador o tofu com metade do azeite e a raiz-forte. Misture a pasta obtida com o broto de feijão, o bacalhau desfiado e o azeite restante (mas antes separe uma colher de sopa).
4. Frite a massa de rolinho primavera mantendo o formato de cone e recheie-o com a pasta de bacalhau. Leve ao forno preaquecido por dez minutos.
5. À parte, hidrate a alga em água fervente. Depois corte-a em tiras e misture à cebolinha e ao shitake. Refogue tudo no azeite reservado. Junte o gergelim, o chá e o sal.
6. Na hora de servir, disponha o rolinho de bacalhau e, ao lado, coloque o preparado de cebola. Cubra com o molho de gergelim e sirva.

Bochechas de bacalhau cozidas

Para 4 pessoas
Tempo de preparo: 1 hora
Fácil

Ingredientes:

- 2 cebolas
- 1 pimentão verde
- 4 tomates
- 600 g de bochechas de bacalhau demolhadas
- 1 pimenta-malagueta sem sementes
- 1 folha de louro
- 1 colher (sopa) de salsa
- sal e pimenta-do-reino a gosto
- 1/4 de xícara (chá) de vinho branco seco
- 1 kg de batata
- 1/2 xícara (chá) de margarina
- 1 colher (sopa) de ervas aromáticas

Preparo:

1. Corte a cebola em meia-lua, o pimentão em tiras e o tomate em quatro. Disponha-os alternadamente numa panela e, por fim, coloque as bochechas de bacalhau.
2. Junte a malagueta, o louro e a salsa. Tempere com sal e pimenta. Regue com o vinho e leve ao fogo baixo por 25 minutos.
3. Lave a batata, corte ao meio e cozinhe em água e sal. Escorra, retire a casca e doure-a na margarina com as ervas. Distribua a batatas sobre um prato e junte o preparado de bochechas. Sirva em seguida.

Bochechas de bacalhau empanadas

Para 4 pessoas
Tempo de preparo: 30 minutos
Fácil

Ingredientes:

- 4 xícaras (chá) de leite
- 6 dentes de alho
- 1 folha de louro
- 600 g de bochechas de bacalhau demolhadas
- 3/4 de xícara (chá) de azeite
- 1 broa de milho pequena cortada em cubos
- 1/2 maço de aspargos cozidos
- 1 colher (sopa) de salsa
- 1 colher (sopa) de cebolinha
- 1 ramo de endro
- 1 ovo bem batido
- 3 tomates sem pele e sem sementes
- 1 pepino em rodelas
- 2 colheres (sopa) de vinagre
- 1 pé de alface americana

Para empanar

Farinha de rosca

Preparo:

1. Ferva o leite com dois dentes de alho e o louro. Numa

vasilha, ponha as bochechas e despeje o leite. Cubra com papel-alumínio.

2. Leve metade do azeite ao fogo e, quando estiver bem quente, frite a broa. Ao dourar, junte os dentes de alho restantes picados e os aspargos. Retire.
3. Numa tigela, coloque a salsa, a cebolinha e o endro. Junte a broa e reserve.
4. Escorra as bochechas e passe-as pelo ovo e pela farinha. Frite no azeite restante. Numa tigela, ponha a broa, o tomate e o pepino com o vinagre. Tempere com o sal e sirva com a alface lavada e as bochechas.

Bochechas picantes

Para 4 pessoas
Tempo de preparo: 40 minutos
Fácil

Ingredientes:

- 1 cebola
- 2 dentes de alho
- 1/2 xícara (chá) de azeite
- 200 g de bacon em tiras
- 1 pimentão verde sem sementes em tiras
- 1 colher (sopa) de molho de tomate
- 4 xícaras (chá) de caldo de peixe
- 2 xícaras (chá) de arroz cru
- 1 kg de bochechas de bacalhau demolhadas
- sal e coentro a gosto
- 1 pimenta-malagueta sem sementes

Preparo:

1. Pique a cebola e o alho. Refogue-os no azeite. Junte o bacon e doure. Acrescente o pimentão e o molho de tomate. Tempere e adicione o caldo.
2. Quando ferver, ponha o arroz e cozinhe por dez minutos. Adicione as bochechas de bacalhau, misture bem e deixe cozinhar por mais três minutos ou até o arroz ficar macio. Prove o sal e tempere com o coentro e a pimenta.

Feijoada de bochechas

Para 4 pessoas
Tempo de preparo: 1 hora e 15 minutos
Fácil

Ingredientes:

- 2 cebolas picadas
- 2 dentes de alho picados
- 1/2 xícara (chá) de azeite
- 2 cenouras sem casca
- 1 lingüiça defumada
- 1 paio
- 2 tomates maduros
- 2 xícaras (chá) de água
- 1 colher (sopa) de tempero baiano
- 1 kg de feijão-preto cozido
- 1 kg de bochechas de bacalhau demolhadas
- 2 colheres (sopa) de coentro picado
- salsa e pimenta-do-reino a gosto

Preparo:

1. Refogue a cebola e o alho no azeite. Adicione a cenoura em rodelas, a lingüiça e o paio em cubos. Mexa bem.
2. Pique o tomate e junte-o ao refogado. Tempere e regue com metade da água. Cozinhe por dez minutos em fogo baixo e adicione o tempero baiano, o feijão e as bochechas de bacalhau. Ponha a água restante e deixe apurar. Se necessário, adicione mais água. Junte os ingredientes restantes e deixe cozinhar mais dez minutos. Sirva.

Bacalhau com banana e mexilhão

Para 4 pessoas
Tempo de preparo: 30 minutos
Fácil

Ingredientes

- 12 bananas-nanicas verdes
- 200 g de bacalhau demolhado, limpo e em lascas
- 200 g de mexilhões aferventados e sem as conchas
- sal a gosto
- 1/2 xícara (chá) de cebolinha picada
- 1 pimenta-malagueta sem sementes e em rodelas
- 1 pitada de açafrão
- 1 xícara (chá) de cebola picada
- 1/2 xícara (chá) de salsa
- 1 colher (sopa) de azeite

Preparo:

Descasque a banana e corte-a em rodelas. Leve ao fogo com o bacalhau, o mexilhão picado e os demais ingredientes, exceto a salsa e o azeite. Por último, regue com o azeite e cozinhe por 20 minutos, mexendo sempre. Antes de servir, polvilhe com a salsa.

Bacalhau com farofa de biscoito

Para 4 pessoas
Tempo de preparo: 40 minutos
Fácil

Ingredientes:

- 4 colheres (sopa) de azeite
- 2 dentes de alho picados
- 3 cebolas raladas
- 1,5 kg de bacalhau demolhado, limpo e desfiado
- 4 cenouras raladas
- 3 xícaras (chá) de molho branco
- 1 xícara (chá) de creme de leite fresco
- sal e pimenta-do-reino branca moída a gosto
- 1 pitada de noz-moscada
- 1 pacote de biscoito tipo cream cracker triturado
- 1/2 xícara (chá) de queijo parmesão ralado grosso

Preparo:

1. Aqueça o azeite e doure o alho. Junte a cebola, o bacalhau e a cenoura e refogue bem.
2. Adicione o molho branco e mexa até ficar num tom caramelado. Acrescente o creme de leite, o sal, a pimenta e a noz-moscada.
3. Transfira para um refratário e polvilhe com a farofa de biscoito e o queijo. Leve ao forno para gratinar e sirva.

Bacalhau com laranja

Para 4 pessoas
Tempo de preparo: 1 hora
Fácil

Ingredientes:

- 400 g de postas de bacalhau demolhadas e limpas
- 2 laranjas azedas
- sal a gosto
- 3/4 de xícara (chá) de azeite

Preparo:

1. Numa frigideira, grelhe as postas de bacalhau e separe-as em lascas.
2. Descasque a laranja e corte-a em pedaços. Num refratário, ponha as lascas de bacalhau e os pedaços de laranja. Tempere com sal e azeite. Misture bem e leve ao forno em banho-maria até o bacalhau ficar macio. Sirva em seguida.

Bacalhau com melado

Para 4 pessoas
Tempo de preparo: 1 hora e 40 minutos
Média dificuldade

Ingredientes:

- 4 xícaras (chá) de farinha de trigo
- 2 colheres (sopa) de canela em pó
- 800 g de postas de bacalhau demolhadas e limpas
- 1 xícara (chá) de azeite
- 1 kg de batata-doce sem casca cortada em rodelas
- 3 cebolas em rodelas
- 1 xícara (chá) de margarina
- 2 cabeças de alho
- 4 xícaras (chá) de alho-poró em rodelas
- 3 xícaras (chá) de salsão picado
- 1 xícara (chá) de azeitona preta em rodelas
- 1 pitada de pimenta-do-reino
- 1/2 xícara (chá) de melado

Preparo:

1. Numa tigela, misture a farinha com a canela. Em seguida, passe o bacalhau por essa mistura.
2. Unte um refratário com azeite e ponha as postas. Por cima, distribua a batata e metade da cebola. Regue com metade do azeite restante e cubra com papel-alumínio. Leve ao forno por 40 minutos.
3. À parte, derreta a margarina com o azeite que sobrou e acrescente o alho fatiado. Refogue por alguns minutos.
4. Espalhe a cebola restante, o alho-poró, o salsão e a azeitona. Tempere com pimenta. Refogue tudo e junte ao bacalhau.
5. Deixe no forno por mais 15 minutos. Retire o bacalhau do forno e regue com o melado. Misture com cuidado e sirva bem quente.

Bacalhau com ovos empanados

Para 4 pessoas
Tempo de preparo: 1h40m
Fácil

Ingredientes:

- 4 ovos
- suco de 1/2 limão
- 4 colheres (sopa) de azeite
- 4 colheres (sopa) de óleo de girassol
- 2 colheres (sopa) de tomilho

Bacalhau

- 2 xícaras (chá) de mel
- 1 xícara (chá) de vinagre
- 1 xícara de (chá) de molho de soja
- 1 colher (sopa) de gengibre ralado
- 2 paus de canela
- 8 pedaços de cardamomo triturados
- 2 anises-estrelados
- 500 g de lombo de bacalhau demolhado e limpo

Massa

- 1 xícara (chá) de amido de milho
- 3 1/4 xícara (chá) de farinha de trigo

- 4 xícaras (chá) de água gelada

Para fritar

Óleo
Azeite

Preparo:

1. Cozinhe o ovo em água suficiente para cobri-lo e suco do limão. Retire e mergulhe-os rapidamente num recipiente com gelo. Retire em seguida. Reserve.
2. Numa vasilha, ponha os ovos descascados e os demais ingredientes. Deixe na geladeira de um dia para outro.

Bacalhau

1. Numa panela, ferva o mel, o vinagre, o molho de soja, o gengibre, a canela, o cardomomo e o anis. Deixe em fogo baixo por aproximadamente 20 minutos e coe. Reserve.
2. Aqueça o azeite e frite o bacalhau por quatro minutos de cada lado.
3. Acrescente metade do molho coado e leve ao forno por cinco minutos.

Massa

Misture o amido, a farinha e a água. Reserve.

Montagem

1. Escorra os ovos e passe-os na massa. Frite-os rapidamente no óleo. Corte ao meio.
2. Retire o bacalhau do forno e sirva-o com o molho restante e os ovos à parte.

Bacalhau com tofu

Para 4 pessoas
Tempo de preparo: 50 minutos
Fácil

Ingredientes:

- 4 postas de bacalhau demolhadas e limpas
- 200 g de tofu em fatias
- sal e pimenta-do-reino branca a gosto
- 1/4 de xícara (chá) de azeite
- 1 pedaço de gengibre cortado em tiras
- 2 dentes de alho sem casca e cortados em lâminas finas
- 2 xícaras (chá) de broto de alfafa

Para untar

Azeite

Preparo:

1. Cozinhe o bacalhau no vapor por 15 minutos.
2. Tempere o tofu com sal e pimenta. Em uma frigideira antiaderente untada, grelhe o tofu e reserve.
3. Aqueça o azeite. Quando estiver bem quente, ponha o gengibre e doure. Escorra em papel-toalha. Deixe o azeite esfriar e então junte o alho e o sal. Misture bem.
4. Ponha num prato o bacalhau, as fatias de tofu e regue com o molho de azeite. Sirva com o broto de alfafa e o gengibre dourado.

Língua de bacalhau

Para 4 pessoas
Tempo de preparo: 35 minutos
Fácil

Ingredientes:

- 3/4 de xícara (chá) de azeite
- 1/2 colher (sopa) de alecrim
- 1/2 colher (sopa) de coentro
- 1 folha de louro
- 2 cebolas
- 800 g de línguas de bacalhau demolhadas
- 1 pimentão verde sem sementes em tiras
- 1 pimentão vermelho sem sementes em tiras
- 1 pimenta-malagueta sem sementes picada
- 4 dentes de alho picados
- 8 batatas
- 1/2 xícara (chá) de azeitonas pretas

Preparo:

1. Leve metade do azeite ao fogo com o alecrim, o coentro e o louro. Quando estiver quente, coloque a cebola em meia-lua e a língua em pedaços.
2. Após cinco minutos, junte o pimentão, a malagueta e o alho. Cozinhe por 20 minutos.
3. À parte, cozinhe a batata com casca. Quando estiver cozida, corte-a em rodelas e doure-a no azeite reservado.
4. Sirva a língua sobre a batata e, em volta, disponha o refogado de pimentão. Decore com a azeitona.

Língua de bacalhau com bechamel

Para 4 pessoas
Tempo de preparo: 20 minutos
Fácil

Ingredientes:

- 1 kg de línguas de bacalhau demolhadas
- 1 colher (sopa) de margarina
- 1 colher (sopa) de salsa
- suco de 2 limões
- 2 colheres (sopa) de azeite

- 2 cebolas picadas
- sal a gosto
- 3/4 de xícara (chá) de molho bechamel
- 1 colher (sopa) de molho de tomate refogado
- 100 g de cogumelos picados

Preparo:

1. Afervente, escorra e limpe a língua.
2. Numa panela, ponha a margarina, a salsa, o suco de limão e a língua. Salteie-a por dois minutos.
3. À parte, aqueça o azeite e refogue a cebola. Tempere com sal. Junte o molho bechamel e cozinhe por dois minutos. Adicione o molho de tomate e o cogumelo. Misture bem.
4. Disponha a língua no centro dos pratos. Cubra com o molho e sirva.

Língua de bacalhau com camarão e ervilha

Para 4 pessoas
Tempo de preparo: 50 minutos
Fácil

Ingredientes:

- 1 kg de línguas de bacalhau demolhadas
- 1 kg de camarões
- 8 xícaras (chá) de água fervente
- 1 colher (sopa) de banha de porco
- 1 cebola grande picada
- 3 dentes de alho picados
- 1 colher (sopa) de salsa
- 2 pimentas-malaguetas pequenas picadas
- 1/4 de xícara (chá) de molho de tomate
- 1/2 xícara (chá) de vinho branco seco
- sal a gosto
- 2 xícaras (chá) de ervilhas frescas

Preparo:

1. Afervente a língua e limpe-a. Reserve. Cozinhe o camarão com a casca na água fervente por três minutos. Retire o camarão e reserve a água do cozimento.
2. Numa panela, aqueça a banha, junte a cebola, o alho, a salsa e a pimenta. Refogue e adicione a língua.
3. Acrescente o molho de tomate e refogue por cinco minutos. Adicione o vinho.
4. Mantenha no fogo, coloque uma pitada de sal e despeje a água do cozimento dos camarões. Espere ferver e acrescente a ervilha. Prove o sal, ferva por mais cinco minutos, mexendo às vezes. Junte o camarão.
5. Deixe cozinhar por mais quatro minutos em fogo baixo ou até a ervilha ficar al dente. Sirva imediatamente.

Línguas de bacalhau com lentilha

Para 4 pessoas
Tempo de preparo: 1h20m
Fácil

Ingredientes:

- 500 g de lentilha
- 1 tablete de caldo de legumes
- 15 línguas de bacalhau demolhadas
- 1/2 xícara (chá) de azeite
- 3 cebolas picadas
- 3 dentes de alho espremidos
- 1 colher (sopa) de farinha de trigo
- 1 colher (sopa) de coentro
- sal e pimenta-do-reino a gosto

Preparo:

1. Cozinhe a lentilha em água suficiente para cobrir os grãos. Ponha o tablete de caldo de legumes e deixe cozinhar até ficar al dente. Escorra e reserve. À parte, cozinhe a língua. Escorra e reserve a língua e a água.
2. Numa panela, ponha metade do azeite, a cebola o alho. Refogue até a cebola ficar transparente.
3. À parte, em fogo baixo, torre a farinha no azeite restante e adicione o coentro e a água reservada, mexendo sempre. Junte a cebola, mexendo sem parar até a farinha cozinhar.
4. Tempere com pimenta e prove o sal. Junte a língua e a lentilha. Mexa bem e deixe ferver por mais dez minutos. Sirva em seguida.

Língua frita de bacalhau

Para 4 pessoas
Tempo de preparo: 1 hora
Fácil

Ingredientes:

- 16 línguas de bacalhau demolhadas
- 1 xícara (chá) de farinha de trigo
- 2 ovos bem batidos

Molho

- 1 cebola pequena
- 1 colher (sopa) de coentro
- 1 ovo cozido picado
- 3/4 de xícara (chá) de azeite
- 6 colheres (sopa) de vinagre
- sal e pimenta-do-reino a gosto

Para fritar

Azeite

Preparo:

1. Cozinhe a língua. Escorra bem, seque e passe pela farinha e depois pelos ovos.
2. Aqueça o azeite e frite a língua. Retire com uma escumadeira e escorra sobre papel-toalha. Reserve.

Molho

Numa molheira, ponha a cebola picada, o coentro e o ovo cozido. Junte o azeite, o vinagre, o sal e a pimenta. Bata rapidamente com um batedor de arame. Sirva com a língua reservada.

Ovas de bacalhau

Para 4 pessoas
Tempo de preparo: 40 minutos
Fácil

Ingredientes:

- 3 ovas de bacalhau
- 10 dentes de alho
- 1/2 xícara (chá) de azeite
- sal grosso moído e pimenta-do-reino a gosto
- 2 limões sicilianos médios

Preparo:

1. Lave as ovas de bacalhau com cuidado, para não romper a membrana. Seque com papel-tolha e reserve.
2. Descasque o alho, corte-o em fatias finas e reserve.
3. Ponha três colheres (sopa) de azeite em uma frigideira antiaderente e leve ao fogo até aquecer. Ponha a ova e frite por um minuto de cada lado. Vire com cuidado. Retire a ova da frigideira e reserve.
4. Na mesma frigideira, adicione o azeite restante e o alho. Frite, mexendo às vezes, até o alho começar a dourar. Polvilhe com sal e pimenta. Retire do fogo e reserve.
5. Lave o limão, seque e corte-o em gomos. Arrume as ovas em uma travessa e regue com o azeite e o alho. Sirva com as fatias de limão.

Teppan de bacalhau

Para 4 pessoas
Tempo de preparo: 50 minutos
Fácil

Ingredientes:

- 1 kg de bacalhau
- 4 xícaras (chá) de leite
- 1 cenoura
- 1 xícara (chá) de vagem
- 8 buquês de couve-flor
- 8 buquês de brócolis
- 2 cebolas
- 1 xícara (chá) de brotos de feijão
- 1 colher (sopa) de água
- 1 colher (sopa) de margarina
- 1/2 xícara (chá) de shoyu
- 1 colher (sopa) de hondashi
- 1 xícara (café) de saquê
- 1 dente de alho

Preparo:

1. Afervente o bacalhau no leite, retire a pele e as espinhas. Separe-o em pedaços grandes. Pique os legumes em pedaços médios. Ponha na frigideira com a água. Acrescente metade da margarina, o shoyu, o hondashi e o saquê. Misture bem e deixe cozinhar por dez minutos ou até os legumes ficarem macios. Reserve.
2. Em uma frigideira antiaderente ou na chapa, coloque a margarina restante e o alho picado. Frite as postas de bacalhau, dourando dos dois lados. Acrescente os legumes, refogue por cinco minutos e sirva em seguida.

Vatapá de bacalhau

Para 4 pessoas
Tempo de preparo: 2h30m
Média dificuldade

Ingredientes:

- 1 colher (sopa) de amendoim cru
- 1 colher (sopa) castanha-de-caju
- 500 g de robalo limpo e em postas
- sal e suco de limão a gosto
- 250 g de camarão seco
- 500 g de camarão fresco pequeno
- 1 coco fresco sem casca
- 3 colheres (sopa) de azeite
- 2 cebolas bem grandes
- 5 tomates sem pele e sem sementes
- 1 maço de coentro
- 1 maço de cheiro-verde
- 4 fatias de pão sem casca amanhecido e demolhado
- 2 colheres (sopa) de gengibre ralado
- 1/2 xícara (chá) de azeite-de-dendê
- 200 g de bacalhau dessalgado
- 1 pimenta-malagueta sem sementes

Preparo:

1. Triture no processador o amendoim e a castanha. Reserve. Tempere o robalo com sal e limão.
2. Triture também o camarão seco até obter um pó.

Reserve. Leve ao fogo as cabeças de camarão fresco com um pouco de água. Deixe ferver e coe. Reserve a água do cozimento.

3. Ponha o coco no processador e triture grosseiramente. Esprema e tire o primeiro leite. Em seguida, adicione água fervendo e tire o segundo leite. Descarte o bagaço.
4. Escorra o robalo da marinada. Seque-o e frite no azeite. Transfira para um prato e reserve.
5. Refogue na gordura que sobrou na panela a cebola, o tomate, o coentro e o cheiro-verde picados. Molhe o pão na água. Em seguida esprema para tirar a água. Ponha no liquidificador com o refogado de cebola e uma xícara (chá) do caldo das cabeças de camarão. Devolva o preparado batido à panela e junte a castanha, o amendoim, o pó de camarão, o bacalhau desfiado e o camarão fresco. Prove o sal e mexa.
6. Separe o peixe frito em lascas e ponha na panela. Adicione o gengibre, o dendê e a pimenta-malagueta em rodelas. Adicione o leite de coco. Misture bem e deixe no fogo até se desprender da panela. Sirva em seguida.

Vatapá de bacalhau picante

Para 4 pessoas
Tempo de preparo: 2h30m
Média dificuldade

Ingredientes:

Molho de pimenta

- 50 g de pimenta-malagueta verde
- sal a gosto
- 3 colheres (sopa) de vinagre
- 3 colheres (sopa) de azeite

Vatapá

- 500 g de bacalhau demolhado
- 1 kg de camarão fresco
- 500 g de camarão seco
- 1 cebola grande
- 1 pimentão verde
- 3 tomates sem sementes
- 2 dentes de alho
- 1/2 xícara (chá) de azeite
- 1 maço de coentro picado
- 1/2 xícara (chá) de azeite-de-dendê
- 3/4 de xícara (chá) de caldo de camarão
- 200 g de camarão seco triturado
- 1 xícara (chá) de leite de coco
- 8 xícaras (chá) de leite
- 3 xícaras (chá) de amido de milho
- sal a gosto

Ingredientes:

Molho

Ponha todos os ingredientes no liquidificador e bata em velocidade média por seis minutos. Passe para um vidro limpo, tampe e deixe curtir por três dias.

Vatapá

1. Afervente o bacalhau e retire a pele e as espinhas. Separe-o em lascas. Limpe o camarão fresco e hidrate o camarão seco deixando de molho em um pouco de água. Reserve a água.
2. Bata a cebola, o pimentão, o tomate e o alho no liquidificador. Reserve.
3. Refogue o bacalhau, o camarão fresco e o camarão seco no azeite. Junte o tempero batido e o coentro. Misture bem.
4. Acrescente o dendê e cozinhe por cinco minutos. Numa vasilha, misture o caldo e o pó de camarão aos dois tipos de leite.
5. Dissolva o amido em um pouco dessa mistura e, depois, junte o restante. Incorpore esse líquido ao refogado de bacalhau, mexendo sem parar, até obter um creme suave. Adicione mais leite se ficar muito grosso. Ferva, mexendo sempre. Prove o sal e sirva acompanhado com o molho de pimenta reservado.

Vieiras com bacalhau e maracujá

Para 4 pessoas
Tempo de preparo: 50 minutos
Fácil

Ingredientes:

- 300 g de bacalhau demolhado, limpo e desfiado
- 3 colheres (sopa) de margarina
- 1 xícara (café) de vinho branco seco
- sal a gosto
- 8 vieiras cozidas e picadas
- 2 maracujás grandes
- 100 g de creme de leite fresco
- 1 xícara (chá) de macarrão cabelo-de-anjo cozido al dente

Preparo:

1. Refogue o bacalhau na margarina por dois minutos, junte o vinho e tempere com sal. Deixe ferver em fogo baixo por três minutos e ponha a vieira. Cozinhe por mais um minuto e reserve.
2. Corte o maracujá ao meio, retire a polpa e junte-a ao creme de leite. Tempere com sal, acrescente o macarrão e misture bem. Junte o bacalhau e misture. Recheie as cascas de maracujá e sirva.

Cozinhar é uma arte e requer dedicação. Por isso, você precisa conhecer muito bem os termos, condimentos e especiarias usados nas receitas. Assim, não corre o risco de errar a mão no preparo de seu prato predileto. Aproveite este capítulo para esclarecer suas dúvidas.

A

Açafrão - condimento originário da Europa. O autêntico custa caro, pois é preciso colher 100 mil flores para conseguir 5 kg de estigmas, que, quando secos, são empacotados inteiros ou em pó. É freqüentemente usado para colorir os pratos. No Brasil existe o açafrão-da-terra, mais popular e barato.

Açorda - tipo de sopa de origem portuguesa. Em geral, é transparente e preparada com caldo de peixe, azeite, alho, coentro e migalhas de pão.

Al dente - termo italiano que define o ponto de cozimento de alguns ingredientes como massas e hortaliças.

Amêijoas - molusco semelhante ao vôngole e muito comum em Portugal. É encontrado sobretudo nas águas do Atlântico e do Mar Mediterrâneo.

Arroz arbório - variedade de arroz italiano utilizado no preparo de risotos. Seus grãos são grossos, redondos e brancos.

B

Bechamel - alguns chamam de molho branco. É feito com farinha de trigo, leite, manteiga e temperos. Acredita-se que tenha sido criado pelo financista francês Louis de Béchamel, no século XIV.

Bochechas de bacalhau - parte do peixe fresco muito comum e apreciada em Portugal, mas difícil de ser encontrada no Brasil. Quando a receita pedir bochecha, você pode usar postas.

Bouillabaisse - prato típico da região de Marselha, é um ensopado feito com várias espécies de peixes e frutos do mar.

Bouquet garni - amarrado de ervas frescas (louro, salsa, tomilho, salsão e até alho-poró), às vezes guardadas num saco de pano. É colocado nos pratos durante o cozimento para dar sabor e retirado após o cozimento.

C

Cardamomo - é uma das especiarias mais caras do mundo, depois do açafrão. No Oriente Médio e na Índia, dá gosto a marinadas.

Cogumelos - todos os tipos de cogumelos são classificados como fungos. Os comestíveis são usados como guarnição.

Colorau - condimento brasileiro extraído do urucum. É usado para dar cor aos alimentos industrializados, molhos e preparações caseiras.

Croûtons - pequenos cubos de pão, dourados na manteiga ou azeite e usados sobre saladas ou sopas.

Cúrcuma - especiaria de cor alaranjada, obtida a partir de uma planta de origem asiática.

D

Dill - tempero de cor verde, com aroma refrescante e sabor delicado. Pode ser encontrado fresco ou seco.

E

Emulsão - trata-se de uma mistura de dois líquidos em geral insolúveis.

Endro - erva de sabor adocicado e penetrante, como a alcaravia.

Ervas de Provence - mistura de aromas. Ingredientes: manjericão, alecrim, sálvia, manjerona, louro, segurelha e tomilho. Confere sabor às carnes, peixes, aves, patês e cremes.

Ervas finas - mistura que possui ingredientes especiais: salsa, cebolinha, estragão e tomilho. Picante, é ideal para molhos, omeletes, saladas, carnes e aves.

Estragão - erva de nobre aroma, sabor marcante e parecido com o anis. Indispensável na preparação do molho bearnaise.

F

Funghi secchi - são cogumelos desidratados. Conferem sabor característico aos molhos. Antes de utilizar, limpe-os bem.

G

Gengibre - condimento picante, pode ser encontrado fresco nas feiras ou supermercados.

Grelhar - colocar os alimentos para cozinhar numa grelha posta sobre brasas. Pode-se usar também uma chapa de metal antiaderente.

H

Hondashi – concentrado de peixe de origem japonesa, vendido industrializado. Pode ser encontrado em pó ou em flocos, em alguns supermercados.

Hortelã - usada no preparo de molhos para aromatizar pratos salgados, além de dar um sabor especial a bebidas e sobremesas.

I

Iscas - prato de origem portuguesa. São tiras finas de peixe ou carne fritas em azeite quente.

J

Jardineira - guarnição variada de legumes, principalmente cenouras e vagens, picados em cubos cozidos separadamente. Pode ser encontrada em pacotes congelados.

Juliana - nome dados aos legumes ou carnes cortados em tiras finas e longas.

L

Língua de bacalhau - é considerada uma iguaria finíssima e também muito rara no Brasil.

M

Marinar - mergulhar um alimento numa mistura líquida de temperos.

N

Noz-moscada - ideal para acompanhar pratos com queijo (tortas ou quiches), espinafre (suflê) e batata (ao forno, gratinadas com queijo e creme de leite). Deve ser ralada na hora para conferir um sabor mais forte, pois moída tende a perder o aroma rapidamente.

O

Orégano - erva aromática e medicinal, nativa da Europa Ocidental e da Ásia. É muito utilizada em molhos, peixes, bifes, pizzas e também para temperar queijos em aperitivos e saladas.

P

Páprica - condimento em pó feito a partir de pimentas vermelhas. A versão doce utiliza pimentas não-picantes. Já na picante usa-se uma variedade mais ardida. A picante pode substituir a pimenta-vermelha moída.

Pimenta-do-reino branca - é a mesma pimenta-do-reino, só que colhida num estágio diferente. Recomenda-se o uso em peixes e molhos brancos por causa da cor.

Pimenta-de-cheiro - é típica da culinária baiana e nordestina. Seu formato é pequeno e parece uma pitanga. Tem sabor forte e picante.

Pignoli - é uma semente do pinheiro. Seu tamanho é pequeno e seu sabor é semelhante ao da amêndoa. Na culinária árabe é conhecida como *snubar*.

Q

Queijo emmenthal - de origem suíça, sua massa é cozida e curada. É vendido em pedaços. Tem casca consistente e massa firme, amarelada e com buracos grandes e regulares. O sabor é adocicado.

Queijo gruyère - é um queijo suíço. Tem a cor amarela, é consistente e elástico, com sabor salgado e picante.

Queijo pecorino - feito com leite de ovelha, tem origem italiana. É usado no Brasil principalmente ralado.

Quenelle - tipo de bolinho de massa leve, formato oval e alongado.

R

Reduzir - diminuir o volume de um líquido pelo cozimento lento.

Risoto - prato típico italiano, em que o arroz é frito com cebola e cozido aos poucos, com caldo de carne, ave ou peixe e vinho.

S

Shitake - tipo de cogumelo. No Japão e no Brasil, é vendido fresco ou seco. O fresco é usado em pratos cozidos no vapor; e o seco, em pratos à base de arroz ou como acompanhamento.

Shoyu – espécie de molho de soja.

T

Tofu - também conhecido como queijo de soja, o tofu tem tido um papel importante na cozinha chinesa há mais de um milênio. Rico em proteínas, é pobre em gorduras e não tem colesterol.

Tortilha - nome dado à omelete espanhola. Tem o formato redondo e pode ser recheada com peixe, queijo, frutos do mar ou legumes.

V

Vinagrete - mistura de vinagre, água e azeite em partes iguais, à qual se adiciona cheiro-verde, cebola, tomate e, às vezes, pimentão. Usado para temperar carnes, aves, peixes e vegetais ou como acompanhamento.

Vol-au-vent - iguaria de origem francesa, feita com massa folhada em formato de cestinhas. Depois de assados, são recheados com misturas cremosas salgadas.

X

Xerez - vinho espanhol, seco ou doce, fabricado na Andaluzia.

Z

Zimbro - são pequenas bagas de cor arroxeada, cujo cheiro lembra o do pinheiro. Usado em marinadas, cozidos e peixes.

FACILITE A VIDA NA COZINHA

Algumas dicas ajudam você a aproveitar ao máximo os ingredientes e tornam sua vida na cozinha mais fácil. Veja a seguir alguns truques e técnicas para comprar, armazenar e preparar os alimentos.

Compre certo

Ao comprar peixes e frutos do mar, muita atenção. Veja se o bacalhau está limpo e sem manchas escuras. Tons de marrom e preto indicam resíduos de sangue ou bílis, sinal de que a cura não foi feita corretamente. Para saber se foi bem curado, segure a "cabeça" com força e solte a cauda. Se ficar reto ou quase reto, está bem curado. Se dobrar, está úmido e mal curado.

Não compre bacalhau com muito sal, pois seu sabor ficará alterado, assim como o valor nutricional após dessalgá-lo. No caso de peixes, as guelras devem ter cor vermelha e não podem apresentar viscosidade. Se estiverem cinza, marrom ou amarelo-claro e pegajosas, o peixe não está fresco. Atenção também aos olhos, que devem ser brilhantes, e ao odor, que não pode ser muito intenso.

Bacalhau dessalgado

Lave o bacalhau em água corrente e transfira para uma tigela. Ponha o peixe sobre uma grade ou peneira dentro da vasilha para não entrar em contato com o sal que se depositará no fundo. Cubra com água fria e deixe de molho na geladeira por, no mínimo, 36 horas. Troque a água várias vezes para eliminar o sal. Escorra, passe em água corrente e afervente o peixe para retirar a pele e as espinhas.

Lembre-se que, ao aferventar o peixe, a água deve apenas cobrir a posta. Se ferver muito, as fibras podem ficar secas, duras e escuras. Deixe o bacalhau repousar por 20 minutos. Só então escorra. Se preferir, afervente-o numa mistura de água e leite para deixar as fibras mais macias.

Sem tempo para dessalgar o peixe adequadamente? Faça o seguinte: se ele está salgado, cubra com leite e deixe de molho por alguns minutos. Se não ficou de molho, leve-o ao fogo com água. Assim que ferver, escorra e lave-o em água fria. Repita o processo de escorrer e aferventar até eliminar o sal, mas tome cuidado para o bacalhau não cozinhar. Ao dessalgar e limpar o bacalhau, aproveite a pele, as espinhas e as aparas em caldos que servirão de base para o preparo de sopas, para cozinhar batata ou mesmo fazer arroz.

Desfie fácil

Quando quiser desfiar o bacalhau para usá-lo em bolinhos, risotos, tortas e pães, depois de cozido retire as espinhas e a pele. Ponha o peixe em um pano de prato grosso. Esfregue bem e ele se desprenderá facilmente em lascas. Se preferir, passe-o pelo processador.

Frite, grelhe ou cozinhe

Quer preparar bolinhos bem enxutos? Atenção à temperatura da gordura, que deve ser bem alta. Caso contrário, ele ficará encharcado.

Para saber se o óleo está na temperatura ideal, ponha uma colher de pau no centro da panela. Estará no ponto quando se formarem bolhas em torno da colher.

No caso do bacon, experimente fritá-lo na própria gordura. Antes de fritar, fure-o com um garfo para não encolher. Outra dica é fritar no microondas, embrulhado em folhas de papel-toalha. Ficará crocante e sequinho.

O pior da fritura é a gordura que espirra. Isso pode ser evitado se você salpicar sal no fundo da frigideira antes de acrescentar os alimentos ou a gordura.

Frituras com óleo ficam mais gostosas se você acrescentar um pouco de manteiga ou margarina.

Se fritar peixe, experimente pôr um ramo de salsa no óleo da frigideira. Ele ficará mais gostoso e cheiroso.

Para evitar o cheiro de fritura pela casa, leve ao fogo uma panela com água, algumas cascas de laranja e cravos-da-índia na hora de fritar. O resultado é impressionante!

Atenção ao ponto de cocção da lula. Em geral, quando frita em óleo quente, ela fica macia e crocante em sete minutos. Quando cozida em água, se ela ficar rija, deixe-a no fogo com água por mais 45 minutos, que ficará macia novamente.

Para que o peixe que está sendo grelhado fique delicioso, regue-o de vez em quando com um ramo de cheiro-verde molhado em azeite e vinagre. Se optar por grelhá-lo no forno, não se esqueça de pôr no forno uma assadeira com água.

O cozimento em vapor pode ser feito utilizando panela de pressão ou um recipiente duplo, que se encaixe perfeitamente. Na panela de pressão, os alimentos cozinham em um terço do tempo previsto, mas ficam menos vistosos.

Ovos sem segredo

Antes de bater as claras em neve, junte uma pitada de sal. Elas chegarão ao ponto mais depressa.

Se você quer comer uma omelete, mas tem poucos ovos em casa ou seu colesterol está elevado, bata um ovo ou dois e acrescente um pouco de leite desnatado. Tempere a gosto e frite em azeite ou margarina light.

Quer fazer ovos mexidos? Lembre-se de que eles devem ser bem frescos. Experimente usar margarina ou manteiga na fritura, pois deixam um sabor mais agradável. E escolha uma frigideira antiaderente e de fundo grosso.

Suflês e purês perfeitos

Antes de assar o suflê, tenha o cuidado de espetá-lo em dois ou três lugares com uma agulha de tricô. Assim, ele não diminuirá de volume ao ser retirado do forno.

Para que o suflê não transborde quando estiver sendo assado, aumente a altura da forma com um anel largo de papel vegetal, colado com manteiga pelo lado de dentro.

Quer um purê mais leve e saboroso? Bata uma clara em neve bem firme e misture à batata amassada. Se você preferir, misture também um pouco de queijo parmesão ralado e mexa até se derreter.

Dê um gostinho especial ao purê misturando leite e manteiga às batatas amassadas.

Molho no ponto

Se estiver fazendo um molho branco com farinha e ele empelotar, deixe esfriar. Mexa com uma colher e depois bata com um batedor manual ou no liquidificador.

Molhos brancos podem ser temperados com caldos prontos. Dissolva dois tabletes de caldo no sabor desejado em duas xícaras (chá) do leite que será usado no molho. Adicione as ervas, a mostarda ou os queijos.

Mãos sem cheiro

Para eliminar o cheiro das mãos, especialmente de peixe, alho ou cebola, basta lavá-las com água corrente, usando uma colher pequena de inox como se fosse uma barra de sabão.

Congelamento sem erro

Se comprar uma quantidade maior de bacalhau do que a pedida na receita, dessalgue tudo de uma só vez. Use a quantidade que o prato pede e congele o restante. Depois de dessalgar o peixe, seque-o bem com um pano limpo. Unte com azeite para não ressecar. Leve-o ao freezer em um pote hermeticamente fechado.

Cuidado com os legumes

Ao limpar alface, use as folhas externas, mais velhas e duras, no preparo de sopas e caldos. Se comprar um pé de alface e ele ficar murcho no dia seguinte, não se desespere. Lave as folhas, uma a uma, e deixe de molho em água fria por 20 minutos. Escorra e leve à geladeira até a hora de servir. As folhas ficarão como frescas.

Quer cebolas bem douradas? Acrescente uma pitada de páprica ao refogado.

Nunca encoste objetos de metal no palmito, pois ele fica escuro ao entrar em contato com esse material.

Para remover a pele do tomate facilmente, faça um corte em forma de cruz na parte superior. Mergulhe-o em água fervente por um minuto e a pele começará a se soltar. Em seguida, mergulhe o tomate na água com gelo e puxe a pele com a ponta de uma faca afiada.

Para evitar que a vagem e o brócolis percam a cor, junte meia colher (chá) de açúcar à água do cozimento.

Evite lavar os cogumelos, para que não encharquem. Esfregue-os com um pano de prato úmido e retire a sujeira.

O feijão é um grão que deve ficar bem cozido para facilitar a digestão. Para isso, ponha algumas gotas de azeite na água do cozimento e o grão ficará mais macio.

Frutas

As frutas não escurecem ao serem descascadas se forem colocadas de molho em água com gotas de limão ou em suco de frutas como laranja ou abacaxi.

As laranjas dão um toque especial aos pratos. Mas a película branca pode amargar, se não for retirada. Com uma faca bem afiada, remova-a com cuidado.

Se as passas que você tem em casa estão murchas e ressecadas, coloque-as numa peneira e ponha sobre uma panela com um pouco de água fervente. Em pouco tempo, ficarão como frescas. Outra alternativa é deixá-las de molho em um pouco de água quente ou em bebidas como uísque e conhaque. Escorra e use.

Ervas aromáticas

Ao lavar as ervas aromáticas, passe-as rapidamente pela água corrente. Seque com papel-toalha. Após retirar as folhas, pique o caule para usar em caldos, molhos e cozidos.

Antes de picar a salsa, retire as folhas, lave e seque bem. Use uma tesoura de cozinha para picá-las.

Obtenha o máximo sabor da hortelã, amassando delicadamente suas folhas. Use em seguida.

Índice alfabético

C

E

F

Índice alfabético